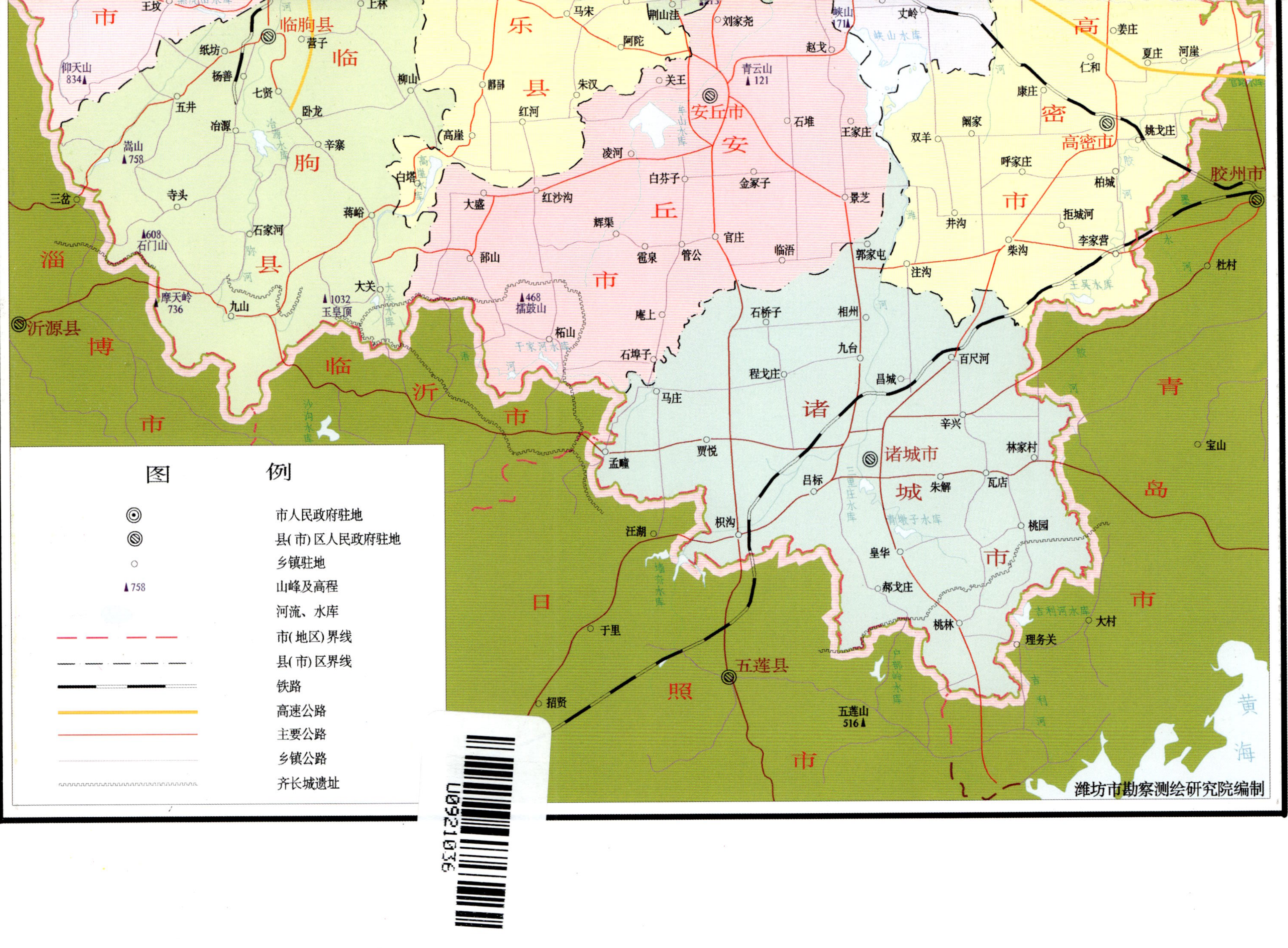
图例
市人民政府驻地
县(市)区人民政府驻地
乡镇驻地
山峰及高程
河流、水库
市(地区)界线
县(市)区界线
铁路
高速公路
主要公路
乡镇公路
齐长城遗址
潍坊市勘察测绘研究院编制
诸城市
安丘市
高密市
胶州市
临朐县
沂源县
五莲县
青岛市
日照市
临沂市
淄博市
黄海

2007 年 10 月 25 日，国务院副总理吴仪在省市领导陪同下来潍视察工作

2007 年 9 月 19 日 -21 日，全国政协副主席罗豪才（前中）来潍视察工作

潍坊市委书记张新起视察城市节水工作

市委副书记、市长许立全（右二）到鲁台经贸洽淡会视察工作

又好又快发展中的山东潍坊滨海经济开发区

中共潍坊市委常委
山东潍坊滨海经济开发区 苏立科
党委书记、管委会主任

山东潍坊滨海经济开发区原名潍坊海洋化工高新技术产业开发区，是经山东省人民政府批准、国家发改委审核公布的省级开发区，位于潍坊市西北部，渤海莱州湾南畔，总面积283平方公里，人口7万，是全国重要的生态海洋化工生产和出口创汇基地，先后被国家确定为“全国科技兴海示范区”和“中国石油化工（潍坊）产业区”。目前，正在创建“国家生态工业示范园区”。

伴随着国家环渤海经济圈建设和山东省打造半岛制造业基地战略的顺利实施，潍坊市委、市政府适时提出了加快北部沿海开发的发展思路，山东省委、省政府已将潍坊北部沿海经济开发列入全省“十一五”规划，纳入到鲁北开发的总体战略布局之中。近年来，山东潍坊滨海经济开发区在市委、市政府的正确领导下，坚持以科学发展观为指导，认真贯彻国家宏观调控政策，加快北部沿海开发，着力在提升发展质量、优化发展环境、构建和谐社会上下功夫，经济和社会各项事业继续保持了又好又快发展态势。在2005年各项主要经济指标增幅50%以上高速增长的基础上，2006年全区实现地区生产总值45亿元，同比增长27.2%；规模以上企业实现工业增加值35亿元，产品销售收入122亿元，同比分别增长29%和31%；完成财政总收入9.27亿元，其中地方财政收入3.87亿元，同比分别增长26.6%和28.2%，提前实现了主要经济指标在2004年基础上不到两年翻一番的目标。创新、务实、高效、诚信的滨海人期待着与国内外有识之士携手并进、奋力拼搏、共创美好未来！

山东潍坊滨海经济开发区

SHANDONG WEIFANG BINHAI ECONOMIC DEVELOPMENT AREA

新项目现场

公园一角

美好生活

▲以色列死海溴集团在开发区投资建设的亚太地区最大的溴化物项目

中国大地财产保险股份有限公司

潍坊中心支公司

中国大地财产保险股份有限公司是经国务院同意，中国保监会批准，由中国再保险集团公司投资控股设立的全国性股份制保险企业，注册资本金17.2亿元人民币，总部设在上海。截至2006年底，中国大地保险公司已在全国设立了32家省级分公司，下属1100多家机构已遍布全国各地，全国性服务网络已经形成。

2004年10月20日，经中国保监会山东监管局批准，中国大地财产保险股份有限公司潍坊中心支公司正式挂牌营业。目前，公司辖15个业务单位，5个管理部门，已经形成了一个稳定、团结、战斗力强的优秀集体。公司主要经营财产损失保险、责任保险、信用保险、短期健康保险和人身意外伤害保险业务。公司自成立以来，在潍坊市委、市政府以及社会各界的大力支持和帮助下，弘扬“立足大地、携手创业、共享未来”的企业精神，恪守“诚信为先、稳健经营、价值至上、服务社会”的经营理念，取得了社会效益和经济效益的双丰收。

2004—2006年度连续三年被山东分公司评为“先进单位”；荣膺总公司“卓越俱乐部”成员；在总公司组织的各项竞赛活动中，先后获得各种奖项7个；在山东分公司组织开展的各项竞赛活动中，先后获得各种奖项20个，被山东分公司授予“功臣团队”荣誉称号。2006年5月，公司被中国金融工会授予“五一劳动奖状”和职工职业道德建设“十佳班组”，11月，又被全国总工会授予职工职业道德建设“百佳班组”，这是山东省唯一一家获此殊荣的保险金融单位。

全国职工职业道德建设百佳班组颁奖仪式

“五一劳动奖状”颁奖仪式

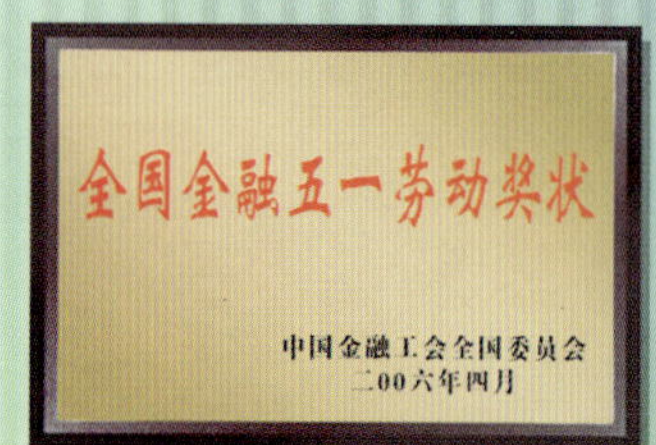

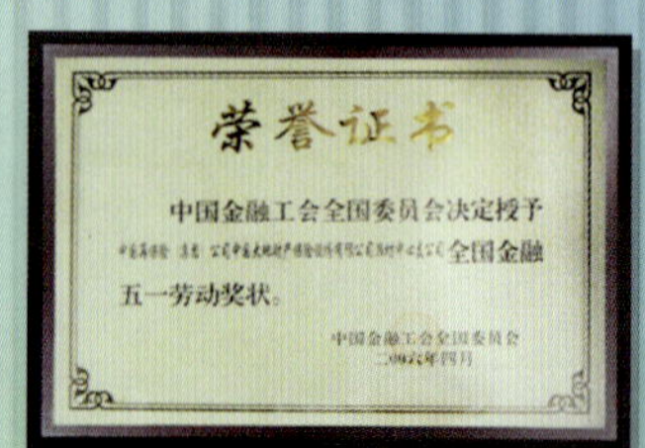

SINOLOOK 传递新文化 創造新生活

山东世纪泰华集团有限公司是一个集商业零售、房地产开发、酒店管理、物业管理于一体，业态互补、资源共享的综合性企业集团。公司拥有泰华城泰华新天地、世纪泰华广场、赛诺超市、早春园超级市场、世纪泰华商务酒店、鸢飞大酒店、潍坊英派斯健身俱乐部、世纪泰华物业管理公司、山东大墉置业有限公司、山东中鼎置业有限公司等经营机构，参股将军控股有限公司，企业员工5000余人。

公司秉持“品德、品质、品位”的管理理念和“全力演绎消费领域新体验”的经营理念，以缜密严谨的规划和系统科学的管理在现代消费领域不断探索和发展。2002年以来公司坚持“商业＋地产”互动模式的双引擎发展战略，本着“对社会负责，为社会尽责”的价值观，全力规划和运作位于城市中央商务区核心的“泛泰华城”项目，努力为潍坊打造一个集商务办公、商务酒店、高品质购物广场、时尚性生活消费、城市人文与自然景观于一体的高端商务社区，建成地级城市中央商务区地标性工程典范，取得了阶段性成果。

公司坚持所有的工作以“顾客满意”为标准，把财力、物力、人力、时间、空间、信息、激情、创意等有限的资源集中到令顾客满意的服务上；全力创造休闲、健身、购物、餐饮、娱乐、办公、商住、文化的“一站式消费”场所；倡导“用爱经营，用良心服务”的服务理念，以始乎心底的服务创造顾客消费的新体验。

创新　发展　和谐　繁荣

——充满发展活力的

山东潍坊经济开发区党工委书记、管委会主任　王培福

山东潍坊经济开发区是1994年5月经山东省人民政府批准成立，2006年4月经国家发改委重新审核确认的省级开发区，总规划面积57.8平方公里，辖1个街办，47个村（居），总人口7.2万。党工委、管委会是市委、市政府的派出机构，机构精简，办事高效快捷，享有地市级管理权限。

区位优势优越，交通通讯便捷。开发区位于潍坊市区北部，济青高速公路13、14号路口之间，距青岛国际机场97公里、国际港口120公里，距济南国际机场192公里，距潍坊港50公里，济青高速公路横贯东西，交通十分便利，能与青岛、烟台共享沿海投资黄金地带的地域优势、市场优势、信息优势和发展优势。与潍坊市区相连，能充分利用市区政治、经济、文化、科技、教育、人才等资源。

潍坊市委书记张新起到开发区检查指导工作

基础设施完善，发展环境良好。为给进区企业提供加快发展的良好平台，近年来，开发区先后投资7.9亿元，修建了民主街、月河路等“三纵三横”6条主干道路，建造了月河路跨济青高速公路立交桥、白浪河桥等14座桥涵，铺设各种管线200余公里，构筑起新区“三纵三横”的城市道路网架，切实满足了项目进区建设的要求。建立了健全的法律咨询、人才交流、合同仲裁、社会保险、金融服务等投资保障体系和社会服务体系。同时，成立行政服务审批大厅，完善“一条龙”、

美丽华小区

新美丽华酒店

东城·新海枫景　蜀国演义酒楼与

锦绣大厦

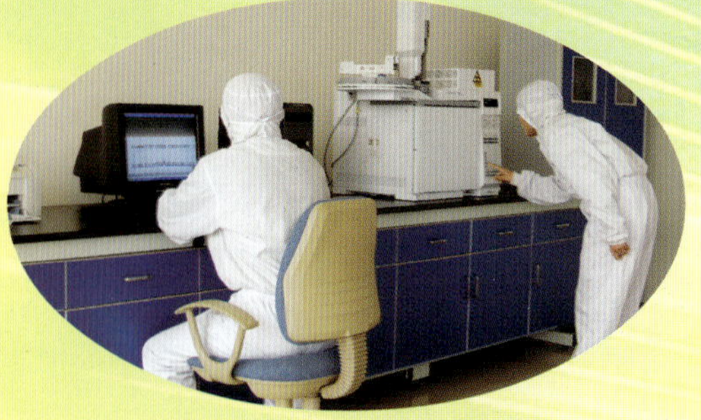
国家级药残检测中心

高科技产品驻极体传声器生产车间

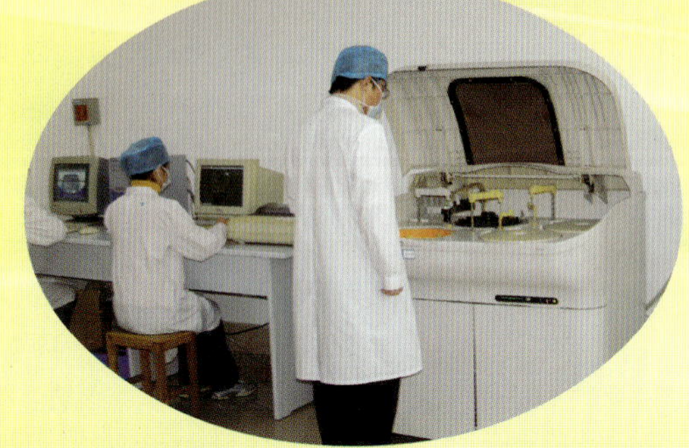
康华生物技术研发中心一角

山东潍坊经济开发区热忱欢迎海内外各界人士前来参观考察、投资兴业、共同发展！

山东潍坊经济开发区

"一站式"服务机制，给投资者提供从项目审批到生产经营全方位、包揽式服务。

功能布局科学，产业结构优化。按照"产业集聚、布局合理、资源集约、加快发展"的要求，科学规划"五大发展区域"，即两个服务业发展区、两个工业发展区、一个中心商务区，功能布局进一步完善，产业结构进一步优化。目前，区内企业达到376家，规模以上企业70家，外资企业42家，已初步形成了机械电子、纺织服装、印刷包装、食品加工、生物医药、环保新材料等六大主导产业。

2007年10月25日，国务院副总理吴仪来开发区华裕实业公司视察

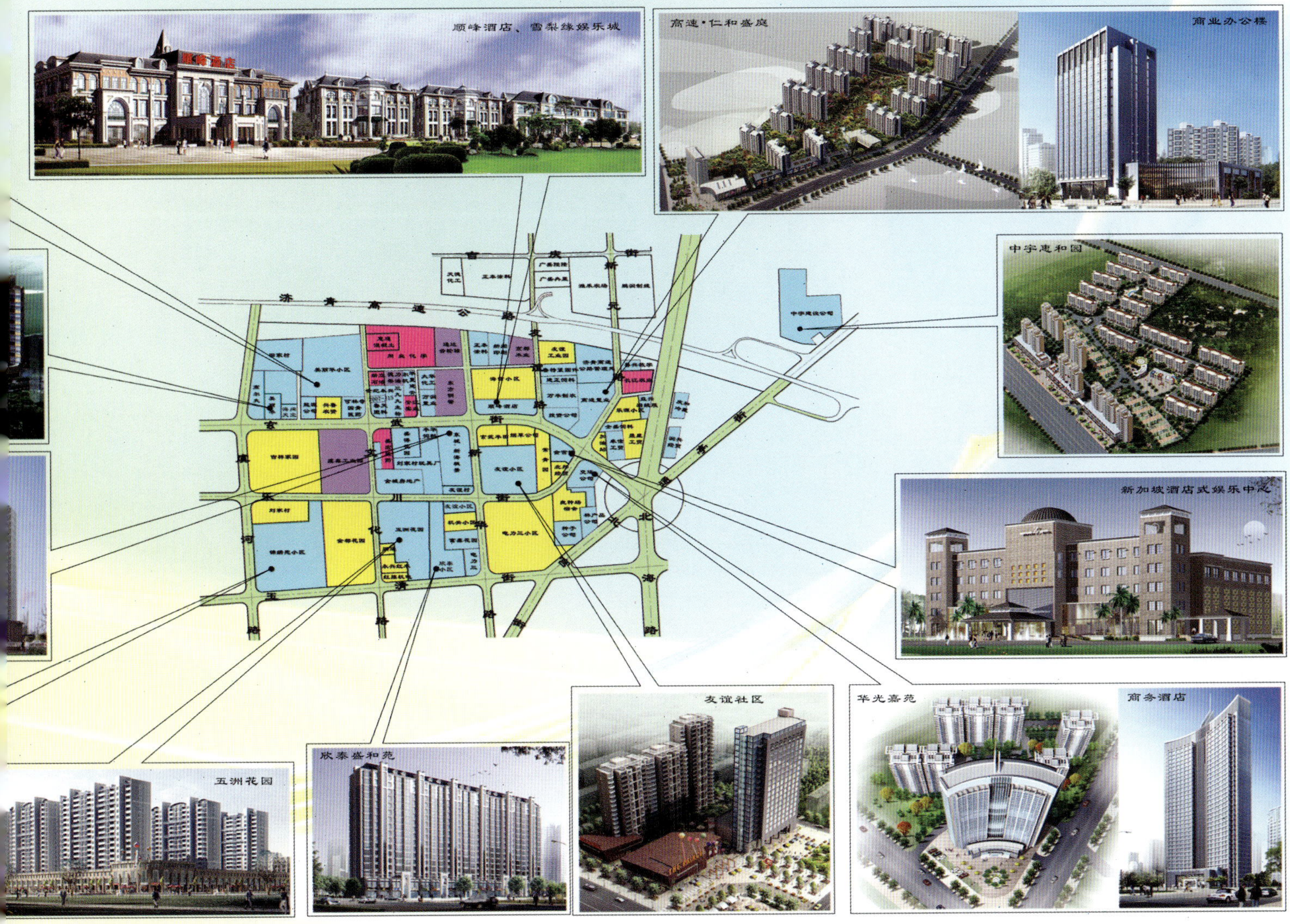

顺峰酒店、雪梨缘娱乐城

高速·仁和盛庭

商业办公楼

中宇惠和园

新加坡酒店式娱乐中心

五洲花园

欣泰盛和苑

友谊社区

华光嘉苑

商务酒店

例： 暂保留或土地利用较好企业　已完成土地改变用途企业　拟土地改变用途或加大工业项目建设　已建成小区

中国银行
BANK OF CHINA

北京2008年奥运会银行合作伙伴
OFFICIAL BANKING PARTNER OF THE BEIJING 2008 OLYMPIC GAMES

中国银行潍坊分行

在携手地方经济中谋求高效发展

党委书记、行长 宋志枫

中国银行是中国历史最悠久的银行，2004年8月26日整体改制成立中国银行股份有限公司(简称中国银行)。中国银行股份有限公司潍坊分行（简称中国银行潍坊分行）成立于上世纪八十年代初，现下设14家支行49个机构网点。自成立特别是近年以来，乘改革开放和中国银行股份制改革上市的强劲东风，机构和业务逐渐步入发展快车道。目前已经发展成为业务种类齐全、服务手段先进、资金实力雄厚、拥有大批优质客户群体和一支高素质国际金融人才队伍的股份制商业银行。

发挥整体传统优势，大力实施信贷战略。中国银行潍坊分行历届党委班子始终坚持以支持地方经济建设为己任，努力发挥整体传统优势，按照"有所为有所不为"原则，大力实施"以优质大客户为主体、中小客户为补充"的积极信贷战略，对符合国家产业政策的支柱行业、重点项目和重点企业、城市基础建设和一些具有良好治理机制、经营业绩显著的股份公司和上市公司进行重点扶持；按照"择优扶强、跟踪服务"的原则，确定重点扶持的中小企业客户目标，出台相应的优惠措施，逐步完善了对中小企业的配套金融服务体系。近年来先后重点支持了晨鸣纸业、山东海化、孚日家纺、亚星集团、诸城外贸、福田雷沃、昌邑石化、弘润石化等一大批国家重点骨干企业和上市公司的发展，成为地方经济发展的"牵引车"和"助推器"。2003年4月为晨鸣纸业提供3亿美元综合授信成为潍坊金融发展史的里程碑；2005年代理国家开发银行、进出口银行贷款达20亿元，为企业发展和城市建设插上了腾飞的翅膀。2005年被潍坊市委、市政府授予"城市建设先进单位"，并荣记集体二等功。特别是市行新一届党委班子上任以来，大力实施"信贷带动战略"，取得显著成效，今年新增投放35亿，列全省中行系统第一位，为我市工业强市做出了贡献。

功能齐全、专业化、个性化的理财中心

积极适应战略转型，努力打造个人金融业务半壁江山。近年来，适应股份制改造和金融竞争要求，按照"数一数二"的战略指导思想，积极倡导以客户为中心、分层次差异化的服务理念，在巩固传统业务的基础上，致力于个人金融业务的战略转型，着力打造中银理财、理想之家、中银信用卡、中银汇兑等拳头业务产品，业务范围由原来的单纯储蓄扩展为涵盖个人结算、贷款、理财等全方位的服务，努力把个人金融业务打造成我行业务的半壁江山。"中银理财"依托中国银行遍布全球的海内外服务网络、资深的财富管理专家，为贵宾客户奉上多元化的投资理财产品、专业化个性化和一对一的理财规划、量身定做的财富管理与投资建议，使广大客户的财富获得了更加丰厚的收益。"理想之家"个人综合贷款服务是直接面向个人客户提供的住房贷款、汽车贷款、投资经营贷款、教育助学贷款、质押贷款等各类消费信贷产品和服务的统一品牌，具有专家服务、一站式服务和星级服务三大优势。中国银行是国内第一家发行银行卡的银行。近年来，我行适应居民电子货币应用日益广泛的需要，推出了多种适应市场需求、具有中国银行特色的信用卡，主要包括中银信用卡、中银都市卡、中银公务卡、独有的中银VISA奥运信用卡、中银JCB信用卡、中银长城国际卓隽卡、长城ChinaRen卡等。贴心而全面、时尚而个性的银行卡系列产品，真正让您体验到"一卡在手，走遍五洲"的快捷与方便。我行独具特色的个人外汇业务旗下有"出国一站式服务""中银汇兑""个人外汇实盘买卖""纸黄金"等品牌。"外汇专享，一站称

经过模块化改造的支行营业厅

心”，让您尽享中行国际国内广阔资源的同时，真正体会到中行优质快捷高效的服务。

发挥传统优势，突出外汇和国际结算业务的品牌地位。中国银行潍坊分行依托遍布全球的581家境外分支机构、4000多家代理行的无可比拟的网络优势，以高素质的专业队伍、长期积累的从业经验和深厚的专业积淀为依托，坚持以市场和客户需求为导向，进一步加大了产品研发和创新的力度，致力于运用“量体裁衣”式的个性化服务理念为客户打造国际结算及资金业务服务的全面解决方案，形成了品种齐全、功能强大的国际结算产品体系，不仅可以提供信用证、保函、进出口押汇等传统的国际结算及贸易融资服务，还陆续推出了出口融信达、进口汇利达等新的结算及贸易融资产品；凭借长期经营外汇业务的专业优势，开办了加工贸易保证金台账、远期结售汇、进口付汇组合等业务，可以满足不同客户不同层次的结算及融资需求，让客户享受到快捷、通畅的资金清算服务及代理行在费率、质效等方面为中国银行客户所提供的优惠待遇。在广大客户的大力支持下，潍坊分行国际结算业务近年来获得了长足的发展，结算业务量以每年30%的增幅递增。今后，我们将继续以市场和客户需求为导向，不断提升服务质量，努力实现银企双赢。

宋志枫行长陪同省行领导到山东海化走访调研

加强软硬件建设投入，不断提高服务质量水平。近年来，客户对金融服务有了更高的需求。为此，我们一方面加强了服务的硬环境建设，加快服务产品创新，另一方面加强员工业务素质培训，不断提高服务质量。在硬件建设方面，我们按照总行、省行“新网点主义”的理念要求，采取有力措施，加快网点渠道建设进程。对全辖偏僻陈旧的网点按照国际先进理念进行了大规模的迁址改造装修，形象大为改观。为全力打造高端精品银行，在全辖所有支行营业厅全部设立理财工作室的同时，还在分行营业部和城东支行设立了两家高标准高档次的理财中心。理财中心采用统一人性化设计，为客户提供舒适优雅、功能齐备的专属理财空间，设有客户休息区、资讯区、低柜区、理财区、多功能区等不同区域，实行规范的标准化服务流程。在服务硬件建设提高的同时，我们进一步加大了服务软环境建设，每年都对一线员工进行套餐式业务培训，开展形式多样的技术练兵活动，推出了承诺服务、一站式服务等服务手段，大大提高了服务质效。自2003年潍坊市委、市政府组织行风评议活动开展以来，我行已连续五年荣膺本市商业银行系统榜首。

提高信息科技水平，为业务发展提供强有力的支持保障。以科技水平的不断创新促进业务的持续发展是我们的一贯追求。中国银行近年来推出的现代企业现金管理平台---“企业网上银行”，包括对公账户查询、汇划即时通、集团企业网银服务、报关即时通、定向账户支付、代发工资及代理报销、境外账户管理和期货e支付八大产品，具有安全高效稳定的特点。企业网银可以使企业实现统一、灵活的资金集中与调度，为企业的发展添燃助力。

中国银行潍坊分行置身于潍坊这片沃土，依靠中国银行山东省分行党委和潍坊市委、市政府的领导和广大客户的鼎力支持，携手我市经济的又好又快发展，自身也取得了长足的发展。员工素质明显提升，资金实力不断增强，中间业务稳步拓展，渠道建设加速推进，服务功能日臻完善，经营管理更加规范，服务质效持续提高，经营效益大幅提升。历经股份制改造的潍坊中行在新一届党委班子的领导下，一定会以更加崭新的姿态锐意进取、开拓创新，实现各项业务的超常规发展，再创新的辉煌业绩。

中国银行潍坊分行营业办公大楼——潍坊国际金融大厦

潍坊市装饰装修管理办公室

2007年在市建设局党委的正确领导下，在全体干部职工的共同努力下，潍坊市装饰装修办公室按照健全制度、加强监管、规范服务、促进发展的总体思路，认真贯彻执行国家和省市有关装饰装修行业的方针政策和法律法规，紧紧围绕完善法规建设、规范装饰装修市场秩序、加强工程质量安全管理和企业管理、强化培训提高人员素质等工作，认真履行行业管理和服务职能，行业管理明显加强，行业素质显著提高，获全国建筑装饰工程奖1项，省装饰装修工程质量泰山杯奖1项，被评为政协优秀提案办理先进单位。

一、整顿规范市场秩序，狠抓质量安全管理。积极开展综合检查和巡查，以施工现场综合管理为重点，查找工程质量、施工安全和室内环境污染控制方面存在的问题。督促工程建设各方主体进一步完善质量、安全保证体系，落实关键岗位人员持证上岗，强化技术资料规范化管理。大力开展安全生产专项整治活动，通过开展自查自纠、集中检查、“回头看”再检查和“工程施工安全月”等一系列活动，进一步强化了行业安全意识，提高了企业安全管理水平。

二、强化企业管理。对全市三级以上装饰装修企业进行了现场考察，全面掌握了企业的经营状况及工程技术人员的持证上岗情况。对全市装饰行业“工厂化”生产情况进行深入细致的调研，摸清了全市“工厂化”生产的现状。开展了装饰装修企业年度资质考核工作，严格按照资质标准，认真落实网上申报和月度快速调查制度，对网上资料与现场考察情况不符的企业，一律不予认可，对考核不达标企业坚决予以注销。严格对外地进鲁施工企业的管理，并把这项工作和整顿规范装饰装修市场秩序结合起来，努力抓出实效。加强企业项目经理管理，对装饰装修行业项目经理进行了资质审核和网上申报，规范了项目经理队伍。

三、积极开展行业培训工作。组织了安全员培训，共计81人；组织了统计员培训，共计128人；组织了项目经理继续教育，共计430人；组织了特殊工种培训，共计532人；组织参加了省建管局技师培训，共计22人；组织了建造师考试报名工作，共计386人；组织了岗位技能培训，共计1780人。

四、努力管好家庭居室装饰装修市场。加强对家装工程的监管，重点依法查处家装工程中乱砸乱建、使用有毒有害装饰装修材料和电气管线敷设不规范的现象。举办了“中百益家园杯”潍坊市第三届家装设计大赛，相比历届大赛，此次大赛规模最大、作品最多、影响最为广泛。“五一”期间参赛作品在潍坊市政府广场、风博广场和中百益家园广场进行了展出，受到市民的一致好评，并应广大市民的要求延长了展期。抓好家装队伍的管理，清理家装“马路游击队”和“三无”企业，对具备条件的企业颁发资格证书，为家装市场进一步营造了良好的市场环境。

五、努力建设和谐装饰装修行业。派专人驻清欠办负责装饰装修行业的拖欠工程款和农民工工资问题，抓好清欠工作，进一步优化装饰装修市场环境。完善农民工工资发放制度，认真落实《建设领域农民工工资支付管理暂行办法》等制度，严格按规定签订劳动合同，实行工资保证金制，确保农民工工资按时足额发放。搞好农民工合法权益明示制度。共向农民工发放维权手册1800余本，提高了农民工的自我保护意识。四是全面推行农民工工伤、意外伤害保险制度，全市装饰装修企业全部为职工办理了意外伤害保险，入保率100%，有力地保障了农民工权益，维护了行业的和谐稳定。

潍坊市装饰装修十佳企业

总经理 孙承安

潍坊百汇装饰工程有限公司为中国室内装饰协会会员单位、山东省室内装饰协会理事、装饰装修施工壹级资质企业。曾获得潍坊市技术监督局装饰工程质量优秀企业，山东省统计局、社会经济评价中心山东省建筑装饰企业五十强，省、市工商局重合同守信用企业，全国住宅装饰装修优秀企业，2004年度全国装饰优秀企业，2003至2006年连续被评为潍坊市十佳企业。公司法人代表被评为全国建筑装饰优秀企业家、被省建设厅、省建管局评为2002-2004年度“全省建筑业先进个人”。

公司严格恪守“用户至上、质量第一、信守合同、保证工期”的经营宗旨，十几年来每年装修工程大小不下十几个，全部签订书面合同，履行金额达3千多万元，履约率100%，无一起合同纠纷。多次承担省、市重点项目和大型工程的装修设计、施工任务，均以质量优、速度快、收费合理、工艺精湛、服务周到而受到社会各界人士的赞誉，赢得了建设单位的广泛信任。

建造优质工程和提供优质服务是百汇装饰不懈进取的目标，在竞争中求生存、在竞争中不断创新是百汇十年来悟出的至理名言。公司本着“重合同、守信誉、保质量”的原则，以新颖设计、优良施工、热情服务为目标，为把世界装扮的更加美好，付出更大的努力。

总经理 曾庆铭

山东华铭工程有限公司为国家壹级建筑装饰企业，同时具有钢结构网架工程贰级、建筑幕墙工程贰级、园林绿化古建筑工程贰级专业承包资质，公司生产的建筑幕墙及铝塑门窗为国家质检总局《全国工业产品生产许可证》认证产品。企业注册资本金1210万元，厂区占地面积2.8万平方米，是山东省装饰协会常务理事单位。公司下属工程公司、钢结构分公司、建筑幕墙分公司、钢构材料公司、化工公司五个分公司，是集设计、生产、施工于一体的专业化企业，是国内具有较强实力的建筑类工程和建筑材料的生产、加工、科研基地。

公司经过几载经营，业绩斐然，完成了一批具有代表性的工程，其中装饰工程如：山东省体育中心、济南世纪联华超市、莱芜建行营业厅、山东大学电力制造中心等；幕墙门窗工程如：山东省委壹宿舍26层住宅楼、山东大学科苑广场、济南名萃商厦、济南家乐福超市、青岛大学新校区、淄博荣宝斋大厦、山东常林集团办公楼、滨州学院等；钢结构工程如：济南公路局金宇车间、泰安华通车辆、莱芜赛博机电城、潍坊烟草公司复烤场、潍坊新昌动力设备公司、潍坊银燕制钳公司、潍坊火车站天桥等；园林古建筑工程如：青岛红岛韩家民俗村、济南天建集团天和园、青岛文昌集团、潍坊二战集中营遗址房屋修缮、诸城障日山庄等。以上工程均以高水准的施工、高标准的管理、高质量的服务，赢得建设单位等相关方的赞誉和嘉奖，公司的各类项目管理及施工技术水平取得了长足的发展，巩固了企业的品牌形象。

公司先后获得潍坊市先进企业、潍坊市装饰十佳企业、潍坊市优秀外出施工单位、潍坊市工商局守合同重信用企业等荣誉称号，并在潍坊市首届住宅装饰设计大赛中获得银奖，公司董事长曾庆铭获得中国建筑装饰协会2005年度“全国建筑装饰行业优秀企业家”称号，并被省建设厅、省建管局评为2002-2004年度“全省建筑业先进个人”。

总经理 王伟科

中百益家园是集建材、家居、装饰三位一体的大型建材家居超市，是潍坊市首家建材家居超市，具有国家建筑装饰工程施工三级资质，是潍坊市装饰装修行业的龙头企业，是潍坊市装饰装修潮流的引领者。

经营品类齐全：一楼经营地板、地砖、门窗、卫浴、整体厨房、厨电、油漆涂料、木材板材、五金建材、管材管件、园艺花卉等14个品类；二楼经营实木家具、板式家具等几十个国内外知名家具品牌。

管理体系完善：益家园注重规范管理，注重文明施工服务。在商品质量方面，超市从签约、验收、陈列、送检、巡检、施工六个方面对商品质量进行层层控制，确保商品质量合格；在服务方面，超市推出免费送货、退货保证、免费电脑调漆、木材切割等超值服务，让消费者放心购物；在价格方面，采取工料分离的"透明报价"方式，让消费者明明白白消费；在施工方面，严格按照超市制定的18道施工工序进行标准规范的施工，确保施工质量；在监理方面，采取施工与监理相互分离的管理模式，执行质检员、监理主任、装潢中心经理"三级巡检机制"，监督施工质量；在售后方面，提供"两年保修、终生维修"的售后服务，对出现的问题在24小时内上门解决，全力保护消费者利益。

企业信誉显著：益家园是国家装饰协会会员单位，先后荣获"潍坊市文明诚信（满意）单位"、"潍坊市重合同守信用企业"、"潍坊市消费者满意单位"、"潍坊市首家家装工程质量信得过企业"、"潍坊市2006年度装饰装修十佳企业"、"潍坊市绿色家装企业"、"全省百城万店无假货示范店"等诸多荣誉称号。

设计装修力量雄厚：益家园装潢中心为消费者提供专业咨询、免费设计、陪同选材、装修施工、环保检测、售后服务一条龙的室内装潢服务，现有专业设计施工人员300多名，为消费者提供专业室内设计及装饰装修服务。

装修业绩突出：益家园装潢中心先后为北海花园、圣荣广场、金城花园、怡和星国际、泛海城市花园、名门现代城、丽景苑、九龙苑、康桥水岸、世嘉铭园、中央丽景等近150个小区2000多户业主提供优良的室内装修服务。

装修质量优良：益家园主张"环保装修，健康消费"，三年来狠抓施工质量和环保装修，施工质量无一投诉，室内甲醛检测合格率100%，在业界赢得了很大的信誉。

总经理 赵军

山东创意环境营造工程有限公司始建于2000年6月19日，原名为潍坊创意装饰工程有限公司。2006年4月4日更名为山东创意环境营造工程有限公司，注册资金1000万元，是拥有国家装饰装修工程专业承包贰级、建筑幕墙工程和兼营房地产开发资质的综合公司。现已申报了国家装修装饰工程专业承包壹级资质。公司是山东省装修装饰协会常务理事单位，多次获得山东省"泰山杯"奖和潍坊市"鸢都杯"奖，受到了有关领导和社会各界的好评。公司设计施工人员260人，可承接室内外装饰工程的设计和施工。

山东创意环境营造工程有限公司在施工经营和企业管理中，逐渐积累了自己的物质文化、制度文化和精神文化，进而形成了公司具有特色的企业文化实施方案。企业文化实施方案从以上三个方面详尽而全面、科学而规范的制定了实施的具体内容和步骤，使公司进入一个良性的、快速的、可持续性的发展轨道，为公司的壮大奠定了一个稳固的基础。2004年，公司通过了ISO9001质量管理体系、ISO14001环境管理体系、GB/T28001健康安全管理体系认证。

近年来，公司主要承接了海化接待处、市国土规划测绘交易中心，省第四地矿院办公楼、潍坊钢铁集团公司宿舍楼、潍北监狱监管指挥中心、潍坊医学院科技培训中心、潍坊市人民政府接待中心、日照市中级人民法院、莱钢集团新兴大厦、泰安农业发展银行、日照大厦、日照建设银行、泰安体育馆、潍坊东方大酒店、山东旅游职业学院实验楼、风筝广场、和平宾馆、潍坊医学院行政楼等多处工程的改造装修装饰，在施工中未发生任何安全责任事故，经建设单位和质检部门验收优良率达100%。

公司在2005、2006年连续两年被潍坊市建设局评为十佳企业，是市装饰行业中的翘楚，在社会各界赢得了较高的声誉。我们本着"创意无限，营造致美"的经营理念，实现客户满意就是我们的目标，愿为和谐社会的建设贡献自己的力量。

诸城市新汉生装饰工程有限责任公司，成立于1993年。是一家正规化、专业化、系统化的国家贰级建筑装饰装修企业。同时具有工程勘察设计资质、建筑幕墙、铝合金、塑钢门窗生产许可证及施工安装资质。是山东省装饰装修协会会员单位；潍坊市装饰装修协会理事单位；山东省工程勘察设计协会会员单位；山东省建设机械协会建筑幕墙、铝合金、塑钢门窗产品会员单位。

公司下设五个装饰工程项目部、家装分公司、建材超市、板式家具木制作车间、油漆车间、铝合金、塑钢门窗车间、等4个生产车间。拥有职工198人，其中专业技术人员62人。现有机械设备75台（套）。主要产品有建筑幕墙、室内外装饰装修及家庭装修，同时承揽各种板式家具、木门、木制家具、厨房橱具、铝合金门窗、塑钢门窗、卷帘门、制材、油漆等业务。

2006年汉生公司从实际出发，根据装饰行业的新动态，通过合作共赢拓展开发家装市场，逐步走向集设计、施工、产品配送"一站式集成产品"服务模式，"工厂化"装修的家装管理体系。并且投资100万元，筹备建立了汉生建材超市，作为家装工程"一站式集成产品"服务模式的配送服务基地，同时依托驻地车间加工基地与深圳、青岛、淄博等集成产品商家联盟，实现了工厂化制作加工，现场安装的成品化模式，既节省了时间，同时提升了家庭装修的环抱指数，受到了客户的欢迎。建立完善的售后服务体系，转变服务理念。使汉生公司把家装项目由纯粹的工程施工型转变为服务施工型，"做装修，交朋友；做诚信人，办实在事"成为了"汉生装饰"新的经营理念。

2006年完成产值近4000多万元。其主要代表工程有诸城市人民医院门诊病房综合楼、潍坊海关办公楼及综合办公楼等众多装饰工程。2006年创"鸢都杯"工程质量奖两个，被潍坊市装饰装修管理办公室评为外出施工先进单位，潍坊市2006年度装饰装修十佳企业，被省建筑工程管理局评为2005至2006年度装饰装修优秀企业。

总经理 谭永成

潍坊光大建筑装饰有限公司成立于1992年9月，具有建设部颁发的建筑装饰工程二级资质，集装饰施工、设计、建筑结构、暖通工程、水电安装、幕墙施工等配套齐全的综合施工企业，是全国家装协会会员单位，潍坊市装饰装修协会理事单位。注册资本520万元。公司下设五部一室和六个各种专业的施工队伍。公司多次被评为潍坊市优秀民营企业和守合同、重信誉企业。曾获山东省装饰装修"泰山杯"工程质量奖，2004年度被评为"潍坊市装饰装修十佳企业"。

近年来，公司先后设计并施工的工程近百项，有办公楼、写字楼、培训中心、贸易大厦、酒店、宾馆、银行、生产车间、宿舍楼等，均得到业主和主管部门的一致好评。随着业务的不断扩展，公司又新上了中央空调业务，致力于家庭式中央空调的发展，给潍坊空调市场注入了新的血液，带领潍坊空调业又上新的台阶。

我们的工程要求

1、质量目标：保证工程一次验收达到优良。

2、工期保证：根据施工组织设计，在规定的工期内竣工。

3、安全目标：杜绝一切安全事故，把各种安全隐患消灭在萌芽状态。

4、文明施工：争创文明、树样板，实行标准化管理，做好现场文明施工，与各方搞好协作。

5、服务目标：严格按照施工图纸施工，保证质量，保证工期，同时做好竣工验收后的回访和维修防护工作。

总经理 王文顺

山东工美装饰有限公司，创建于1989年，是装饰装修施工贰级、园林古建筑施工三级、设计丙级资质企业，集设计、施工于一体。公司注册资金500万元，下设装饰工程分公司，园艺景观工程分公司，设计制作中心，塑钢门窗厂等六个单位，业务涵盖装饰装修、园林古建筑、景观雕塑、园艺绿化、铝合金、塑钢门窗、绿色保健品加工等多个领域。公司现有各类专业技术人员40余人及各类员工100余名。公司拥有雄厚的技术力量和先进的生产设备，管理体系完善，检测手段齐全，能独立承担中、高级建筑装饰装修及园艺景观装饰工程的设计与施工，并承接各类水、电、暖、卫、空调、音像系统的安装，以及家具制作与室内配套陈设。2003年公司被评为诸城市建设企业"先进单位"、2003—2006年连续四年被潍坊建设局评为潍坊市"装饰装修行业十强企业"，2004年11月又被山东省室内装饰协会评为"齐鲁装饰业经营管理优秀企业"；2005年1月公司董事长王文顺被评为"山东省建筑业先进个人"，并记三等功一次；6月又荣获中国建筑装饰协会评选的"全国建筑装饰业优秀企业家"荣誉称号，2006年十二月被评为潍坊市装饰装修工程质量"鸢都杯"奖；2007年在潍坊市"中百益家园杯"家装设计大赛中获得铜奖。

公司自创建伊始，就致力于企业文化和品牌效应的建设，在积累有形资产的同时，更加注重无形资产的培育和发展。十几年来公司逐渐形成了以管理哲学和企业精神为核心的极具特色的企业文化，人本管理使员工的归属感、积极性、创造性得到了超常的展现。实现价值、提高品位、不断超越，工美人以"缔造和谐、完美空间"为己任，着眼未来，不断开创新的服务领域。

总经理 徐 辉

高密辉煌装饰工程公司成立于2001年2月，是从事室内外装饰工程、环境绿化工程及装饰材料销售的专业化公司，国家三级资质企业，中国室内装饰协会会员单位。公司坚守"诚信经营，质量第一，用户至上"的宗旨，追求"美观实用，以人为本"的设计风格。推崇"绿色环保"装修和"智能化"装修。让办公、居住环境优雅、舒适、环保健康，突出行业特点和家居个性化。公司拥有专业的设计人员和施工队伍，对承担的工程项目，从设计到施工，从材料配送到施工监理实行全程化服务，只要用户想到我们就能做到做好，并完善提交。

公司先后获得潍坊市首届住宅装饰装修"发展杯"设计大赛优秀奖、潍坊市装饰装修工程质量"鸢都杯"、潍坊市2006年度装饰装修十佳企业，潍坊市消费者满意单位、高密市装饰装修先进企业等多项奖励和荣誉。先后创建了多项精品工程，如"光大汽车城、天成汽车城、高密大剧院、高密开发区办公大楼、宏达宾馆、国税局、供销大厦、工商局、密水街办、柏城街心花园、青岛齐海大酒店……等等室内、外装饰工程，荣获了"优质工程奖"。雄厚的实力和良好的信誉业绩，得到了用户的一致好评，赢得了社会信誉和知名度。

公司致力于队伍的建设和管理的规范，2007年10月又新成立了家装分公司，决心在工装和家装两个方面齐头并进，以良好的服务和质量争取更多的用户，扮靓社会每个角落。

总经理 娄维福

寿光市诚达装饰工程有限公司，成立于1999年初，是一家专业施工室内外高级装饰装修工程的施工企业，兼营电缆桥架的加工喷塑，涂料的加工生产，铝合金工程，防火封堵工程，电器安装等工程项目。

本公司注册资本500万元，固定资产250万元，净资产102万元。现有职工128人，其中具有职称的工程经济技术专业人员32人，其中高级职称1人，中级职称7人，初级职称24人；项目经理5人，各专业岗位人员健全，全部做到了持证上岗。下设多个职能科室，有四个项目部和三个配套加工厂。公司机构完善，管理科学施工力量雄厚，生产能力充足。

公司自成立以来，相继参与施工了潍坊海化大城化工厂办公楼装修工程、沾化发电厂集控室装饰工程、龙口电厂装饰工程、日照电厂室内外装饰工程、莱城电厂3＃、4＃机室内外装饰工程、潍坊电厂工程、广西钦州燃煤电厂集控室装修工程等项目，工程合格率100%，优良率90%，其中潍坊电厂、日照电厂获建设部"鲁班奖"荣誉称号，安全生产杜绝了人身伤亡事故的发生及重大设备的损坏，得到业主的好评和主管部门的表彰，2006年被评为"潍坊十佳装修企业"。

工程资料照片

潍坊建业装饰工程有限公司成立于1999年，注册资本1050万元，属国家建筑装饰工程专业承包壹级资质企业，机电设备安装及幕墙工程专业承包叁级资质企业，已获得ISO9001国际质量标准认证、IS014000环境体系认证、GBT28001健康安全管理体系认证，是中国装饰协会会员单位、山东省装饰装修常务理事单位、山东省2005—2006年度建筑装饰行业"优秀企业"、潍坊市装饰装修常务理事单位、潍坊市2003年度装饰装修行业十强企业、2004～2006年度装饰装修行业十佳企业、潍坊市装饰装修岗位培训先进企业等 。

建业装饰公司拥有较强的设计能力、技术能力、施工实力和丰富的从业经验，先后完成了潍柴工业园综合办公楼、潍坊市质量监督站办公楼、潍坊市电业大厦西附楼、青州卷烟厂科技综合楼、潍坊市投资公司办公楼、恒联集团办公楼、潍坊出入境检验检疫局办公楼及实验楼、奎文区政府常委楼、潍坊经济开发区办公楼、山东省税务学校教研楼、泛海大酒店、潍坊医学院培训中心、中石化管道培训中心、海化区人民医院综合门诊病房楼、潍坊、济南、泰安、龙口港华燃气客户服务中心、德蒙商务中心、中国工商银行潍坊分行及支行、潍坊市商业银行及支行等一百多项较大工程的设计、施工，展示了建业装饰的综合实力，也使"建业装饰"成为知名品牌。

建业装饰公司的工程合格率100％，优良率90％，其中潍坊市电业大厦西附楼、青州卷烟厂科技综合楼、潍坊九龙山小区南组团、山东省税务学校教研楼及潍坊市投资公司金城大厦荣获山东省装饰工程最高奖———泰山杯奖。青州卷烟厂科技综合楼、安丘新东方大酒店、潍坊港华燃气客户服务中心装饰工程、泛海大酒店KTV装饰工程荣获潍坊市装饰工程最高奖——鸢都杯奖。施工的多个项目还被评为潍坊市优秀装饰装修工程。

建业装饰公司致力于运用现代建筑技术实现日益变化的建筑设计及施工，营造有创意、良好、舒适、环保的工作、学习、娱乐、休闲、居住的环境。今天的建业装饰公司已拥有一批优秀的施工管理力量。在当今飞速发展的装饰市场中锻炼出能胜任不同规模、不同环境、不同风格、不同档次的工程施工队伍，给业主提供全方位的优良服务。

潍坊年鉴

WEIFANG YEAR BOOK

2007

潍 坊 市 人 民 政 府 主办
潍坊市地方史志办公室 编

吉林人民出版社

图书在版编目(CIP)数据

潍坊年鉴. 2007/潍坊市地方史志办公室编.
—长春:吉林人民出版社，2007.12
ISBN 978-7-206-05496-9

Ⅰ.潍... Ⅱ.潍... Ⅲ.潍坊市—2007—年鉴
Ⅳ.Z525.23

中国版本图书馆 CIP 数据核字（2007）第 205047 号

潍坊年鉴(2007)

编　　者：潍坊市地方史志办公室
责任编辑：李艳萍　　封面设计：姜光辉
吉林人民出版社出版 发行(长春市人民大街 7548 号　邮政编码:130022)
开　　本：889mm×1194mm　1/16
印　　张：19　字数：756 千字
标准书号：ISBN 978-7-206-05496-9
版　　次：2007 年 12 月第 1 版　　印次：2007 年 12 月第 1 次印刷
印　　数：1—5000
定　　价：150.00 元

编 辑 说 明

一、《潍坊年鉴》是在中共潍坊市委领导下，由潍坊市人民政府主持编辑出版的地方性、综合性、资料性工具书。该书旨在全面、系统、翔实、客观地记述潍坊市政治、经济、军事、文化、社会等各方面的新成就、新特点、新情况，为各行各业提供咨询服务，为各级领导进行科学决策提供可靠依据，为编修潍坊市第二部社会主义新方志积累资料，同时也为国内外朋友全面了解潍坊提供方便。

二、《潍坊年鉴》2007 卷系创刊以来的第 12 卷，主要内容的记述时限原则上为 2006 年 1 月 1 日至 12 月 31 日。为了反映事物的全貌，给读者以完整印象，有的资料作了适当上溯或下延至 2007 年 11 月底。

三、本卷《潍坊年鉴》采取分类编辑法。全书设 24 个部类，即特载、大事记、概况、政治、政法、经济管理、农业、工业、交通·邮政·电信、建设·环保、商业·旅游、个体私营经济、外经·外贸·招商引资、财政税务、金融、保险、教育、科学、文化、卫生·体育、社会生活、县市区概况、开发区、人物、附录。记述形式分类目、分目、条目 3 个层次，少数分目下设子目。条目为主要信息载体和基本的撰写形式，年鉴多数内容在条目中记载。

四、全书的资料大部分由各县市区和市直各部门提供，主要统计数字以市统计局公布的统计资料为准，有些使用了有关业务部门、单位的数据。为使年鉴资料准确无误、真实可靠，各供稿单位所供稿件均经该单位领导审核。各撰稿人在相应的条目后署名，编辑在类目后署名，以示负责。

五、本卷《潍坊年鉴》的编辑出版，是在各级各部门领导的关怀和支持下，经过广大年鉴工作者通力合作、辛勤劳动所取得的丰硕成果。在此，谨向关心和支持年鉴编辑工作的单位和个人表示衷心的感谢。

六、《潍坊年鉴》内容涉及各行各业，面广量大，再加我们水平有限，错误与纰漏在所难免，敬请广大读者给予指正，以使《潍坊年鉴》的质量不断提高。

目　录

特　载

张新起在中国共产党潍坊市第十次代表大会上的报告（2007年3月25日）……（1）
政府工作报告……（8）

大　事　记

1月……（16）
2月……（16）
3月……（17）
4月……（18）
5月……（19）
6月……（21）
7月……（23）
8月……（25）
9月……（27）
10月……（29）
11月……（30）
12月……（32）

概　况

地理概况……（35）
自然环境……（35）
自然灾害……（35）
2006年潍坊市国民经济和社会发展统计公报……（35）
组织机构……（40）
精神文明建设……（41）
思想道德建设……（41）
农村精神文明建设……（41）
城市精神文明建设……（42）
未成年人思想道德建设……（42）
群众性精神文明创建活动……（42）

政　治

中国共产党潍坊市委员会……（43）
全市对外开放工作会议……（43）
全市农村工作会议……（43）
全市民营经济工作会议……（43）
全市第六次加快发展现场会议……（44）
全市科学技术大会……（44）
全市领导干部会议……（44）
中共潍坊市九届九次全委会议……（44）
全市落实科学发展观推动又好又快发展现场观摩点评会议……（45）
·保密工作·……（45）
保密教育……（45）
保密管理……（45）
技术检查工作……（45）
·组织工作·……（45）
领导班子建设……（45）
干部队伍建设……（46）
基层党组织和党员队伍建设……（46）
·宣传思想工作·……（46）
理论工作……（46）
新闻宣传……（46）
思想道德建设……（47）
典型宣传……（47）
文化事业和文化产业……（47）
队伍建设……（47）
·统一战线工作·……（47）

民主党派工作 …… (47)
为经济社会发展服务工作 …… (47)
党外干部和党外知识分子工作 …… (47)
民族宗教工作 …… (48)
统战理论调研、宣传和信息工作 …… (48)
·市直机关党建工作· …… (48)
思想建设 …… (48)
组织建设 …… (48)
机关作风建设 …… (48)
党风廉政建设 …… (48)
和谐机关建设 …… (48)
群团组织建设 …… (49)
·信访工作· …… (49)
概况 …… (49)
信访工作法制化建设 …… (49)
信访工作长效机制建设 …… (49)
·党校工作· …… (49)
概况 …… (49)
·老干部工作· …… (49)
概况 …… (49)
·党史工作· …… (50)
概况 …… (50)
·对台工作· …… (50)
概况 …… (50)
第十二届鲁台经贸洽谈会 …… (50)
潍坊市人民代表大会常务委员会 …… (50)
市人民代表大会会议 …… (50)
市人大常委会会议 …… (51)
重要工作 …… (52)
人事任免 …… (53)
潍坊市人民政府 …… (54)
市政府常务会议纪要摘编 …… (54)
·政府法制· …… (54)
贯彻落实国务院《全面推进依法行政实施纲要》工作 …… (54)
市公共行政审批服务中心工作 …… (55)
行政审批制度改革 …… (55)
推行行政执法责任制 …… (55)
规范性文件制定 …… (55)
行政执法监督 …… (55)
行政复议应诉 …… (55)
·史志工作· …… (55)
贯彻落实“两个《条例》” …… (55)
全面推进史志工作 …… (55)
·沿海经济开发工作· …… (56)
概况 …… (56)
完善各项规划 …… (56)
坚持科学发展 …… (56)
招商引资工作 …… (56)
·无线电管理工作· …… (56)
概况 …… (56)
无线电频率台站管理工作 …… (56)
圆满完成“砺剑—防空 2006”军事演练无线电管理保障工作任务 …… (57)
·人事工作· …… (57)
人事编制服务 …… (57)
人才资源开发工作 …… (57)
公务员法实施工作 …… (57)
事业单位改革工作 …… (57)
军转安置工作 …… (57)
毕业生就业工作 …… (58)
工资福利工作 …… (58)
·外事侨务· …… (58)
外事接待 …… (58)
领导出访 …… (58)
因公出国（境）和涉外管理 …… (58)
对外交流 …… (58)
侨务工作 …… (58)
·中国人民政治协商会议潍坊市委员会· …… (58)
概况 …… (58)
市政协十届四次会议 …… (58)
市政协常委会议 …… (58)
市政协其它重要会议 …… (59)
重要活动 …… (59)
全国及省政协领导来潍考察视察 …… (60)
·中共潍坊市纪律检查委员会· …… (61)
市纪委第六次全会 …… (61)
全市纪委书记座谈会 …… (61)
优化经济发展软环境工作 …… (61)
纠风工作 …… (61)
领导干部廉洁自律工作 …… (62)
查处违纪违法案件 …… (62)
源头治理腐败工作 …… (62)
党风廉政教育和党内监督 …… (62)
贯彻落实党风廉政建设责任制 …… (62)
加强农村党风廉政建设 …… (62)
民主党派和工商联 …… (62)
·中国国民党革命委员会潍坊市委员会· …… (62)
概况 …… (62)
参政议政 …… (62)
社会服务工作 …… (62)
·中国民主同盟潍坊市委员会· …… (62)
概况 …… (62)
参政议政 …… (62)

社会服务工作 …… (63)

·中国民主建国会潍坊市委员会· …… (63)

参政议政 …… (63)

社会服务工作 …… (63)

·中国民主促进会潍坊市委员会· …… (63)

参政议政 …… (63)

社会服务工作 …… (63)

·中国农工民主党潍坊市委员会· …… (63)

概况 …… (63)

参政议政 …… (63)

社会服务工作 …… (64)

·九三学社潍坊市委员会· …… (64)

概况 …… (64)

参政议政 …… (64)

社会服务工作 …… (64)

·中国致公党山东省潍坊支部· …… (64)

概况 …… (64)

参政议政 …… (64)

·潍坊市工商业联合会· …… (64)

概况 …… (64)

参政议政 …… (64)

非公有制经济代表人士思想政治工作 …… (64)

社会服务工作 …… (64)

人民团体 …… (65)

·工会工作· …… (65)

概况 …… (65)

基层工会组织建设 …… (65)

劳动竞赛 …… (65)

厂务公开民主管理工作 …… (65)

困难职工帮扶救助工作 …… (65)

工会自身建设 …… (65)

创建“劳动关系和谐企业”活动 …… (65)

推行《劳动安全卫生协议书》 …… (66)

女职工“权益维护” …… (66)

潍坊市职工技术协会第三次代表大会召开 …… (66)

职工互助保险工作 …… (66)

·共青团工作· …… (66)

青少年思想政治工作 …… (66)

参与经济中心工作 …… (66)

文明创建工作 …… (66)

团的自身建设 …… (66)

希望工程救助工作 …… (67)

关心下一代工作 …… (67)

·妇联工作· …… (67)

参与物质文明建设 …… (67)

参与精神文明建设 …… (67)

维护妇女儿童权益 …… (67)

·潍坊市归国华侨联合会· …… (67)

概况 …… (67)

为经济建设服务 …… (68)

为侨服务 …… (68)

参政议政 …… (68)

军事 …… (68)

·潍坊军分区· …… (68)

思想政治建设 …… (68)

战备训练工作 …… (68)

依法从严治军 …… (68)

后勤装备工作 …… (68)

组织民兵对口专业分队按新大纲试训 …… (68)

年度征兵工作 …… (69)

召开军分区军事志工作会议 …… (69)

民兵预备役建设工作 …… (69)

潍坊军分区新营区落成 …… (69)

·中国人民武装警察部队潍坊市支队· …… (69)

党委机关建设 …… (69)

思想政治建设 …… (69)

执勤和军事训练工作 …… (69)

管理教育工作 …… (69)

后勤建设 …… (69)

周永康部长在寿光中队视察工作 …… (70)

·人防工作· …… (70)

概况 …… (70)

指挥通信建设 …… (70)

依法行政工作 …… (70)

人防宣传教育 …… (70)

政　法

综述 …… (71)

平安潍坊建设 …… (71)

“严打”整治斗争 …… (71)

治安防控工作 …… (71)

矛盾纠纷排查调处 …… (71)

法律服务工作 …… (72)

民主法制建设 …… (72)

政法队伍建设 …… (72)

社会治安 …… (72)

概况 …… (72)

周永康部长调研视察潍坊公安工作 …… (73)

“三基”工程建设深入开展 …… (74)

全面深化治安防控体系建设 …… (74)

推进队伍正规化建设 …… (75)

检察工作 …… (75)

查办和预防职务犯罪工作 …………………………… (75)
打击刑事犯罪、维护社会稳定工作 ………………… (75)
诉讼监督工作 ………………………………………… (75)
检务公开和人民监督员制度试点工作 ……………… (76)
检察队伍建设 ………………………………………… (76)

审判工作 ………………………………………… (76)
概况 …………………………………………………… (76)
最高法院副院长苏泽林来潍坊视察 ………………… (77)
社会主义法治理念教育等三项活动取得良好效果 … (77)
司法改革和机制创新进一步深化 …………………… (77)
基层基础工作进一步加强 …………………………… (78)

司法行政 ………………………………………… (78)
概况 …………………………………………………… (78)
构建和谐社会法律服务百日行活动 ………………… (79)

典型案例 ………………………………………… (79)
张国晓、张光和、王建新、蒋宪安、贾卫绪破坏易燃易爆设备、故意杀人案 ………………………… (79)
潍坊监狱原监狱长邵宗水受贿案 …………………… (80)
原告诸城市新郎服饰有限责任公司诉被告诸城市精益眼镜商行、毛周清、上海视必康光学眼镜有限公司侵犯商标专用权纠纷一案 ………………… (80)
原告昌乐县城关街道办事处田老庄村委员会（下称田老庄村委）与被告昌乐县人民政府、第三人田开瑞、田敬爱、田法利、田怀敬、田法忠、昌乐县城关街道办事处五闫村委（下称五闫村委）土地行政确认案 ………………………………………… (80)

经济管理

发展改革 ………………………………………… (82)
概况 …………………………………………………… (82)
固定资产投资和重大项目建设 ……………………… (82)
宏观调控 ……………………………………………… (82)
繁荣发展服务业 ……………………………………… (82)
体制改革 ……………………………………………… (82)
支援鄄城 ……………………………………………… (83)
对口支援和移民安置 ………………………………… (83)
经济合作 ……………………………………………… (83)

劳动管理 ………………………………………… (83)
概况 …………………………………………………… (83)
落实再就业优惠政策 ………………………………… (84)

工商行政管理 …………………………………… (84)
概况 …………………………………………………… (84)

物价管理 ………………………………………… (85)
价格调控和管理 ……………………………………… (85)
收费管理 ……………………………………………… (86)
价格监督检查 ………………………………………… (86)
成本调查监审与价格调节基金 ……………………… (86)
价格鉴证与价格法制建设 …………………………… (86)
机构改革和机构名称变更 …………………………… (86)

质量技术监督 …………………………………… (87)
概况 …………………………………………………… (87)
地理标志产品保护 …………………………………… (88)
“三位一体”质量电子监管网推广工作 …………… (88)

审计监督 ………………………………………… (88)
概况 …………………………………………………… (88)
预算执行审计 ………………………………………… (88)
专项资金审计 ………………………………………… (88)
经济责任审计 ………………………………………… (88)
政府投资审计 ………………………………………… (88)

统计工作 ………………………………………… (88)
概况 …………………………………………………… (88)
统计服务 ……………………………………………… (89)
统计法制建设 ………………………………………… (89)
信息自动化建设 ……………………………………… (89)
第二次农业普查 ……………………………………… (89)

食品药品监督管理 ……………………………… (89)
食品安全综合监管 …………………………………… (89)
药品市场稽查打假 …………………………………… (90)
农村食品药品“三网”建设 ………………………… (90)
应急体系建设 ………………………………………… (90)

农　　业

综述 …………………………………………… (91)
概况 …………………………………………………… (91)
全面推进农业和农村经济发展 ……………………… (91)
搞好村庄规划建设 …………………………………… (91)
发展农村公共事业 …………………………………… (91)
培育一代新型农民 …………………………………… (92)
落实支农惠农政策 …………………………………… (92)

种植业 …………………………………………… (92)
概况 …………………………………………………… (92)

林业 ……………………………………………… (93)
概况 …………………………………………………… (93)
全民义务植树活动 …………………………………… (93)
“创富裕新村　建绿色家园”活动 ………………… (93)
中国（昌邑）北方绿化苗木博览会 ………………… (93)
2006 中国（青州）花卉博览交易会 ……………… (93)
林业产业 ……………………………………………… (93)
资源保护 ……………………………………………… (93)
事业单位改革 ………………………………………… (93)

畜牧业……(93)
概况……(93)
畜牧协会成立……(94)
落实“五项措施”促进畜产品外销……(94)
特种动物迅猛发展……(94)
畜产品检测……(94)
对兽药生产、经营企业实施监管制度……(94)
村级动物防疫员队伍建设……(94)
海洋与渔业……(95)
概况……(95)
海域使用管理……(95)
海洋环境保护……(95)
渔业经济……(95)
良种产业化工程建设……(95)
水产品质量安全……(95)
渔业科技……(96)
海洋与渔业重点项目建设……(96)
海洋与渔业执法……(96)
海洋预报台建设……(96)
渔业船舶水上安全突发事件救生演习……(96)
水利……(96)
概况……(96)
防汛抗旱……(96)
大中型水库除险加固工程……(97)
白浪河水系联网工程……(97)
白浪河水库向符山水库调水工程……(97)
大型灌区节水改造项目……(97)
村村通自来水……(97)
水资源管理……(97)
水利执法……(97)
水土保持……(98)
潍河采砂管理……(98)
移民工作……(98)
精神文明建设……(98)
农业机械……(98)
概况……(98)
加快农机装备的发展……(98)
农机科技创新……(98)
农机行政执法……(99)
农机作业……(99)
农机博览会……(99)
农机购置补贴……(99)
农机培训……(99)
农业综合开发……(99)
概况……(99)
国家农业综合开发项目……(99)
新农村建设示范区项目……(99)
山区开发……(99)
扶贫开发……(99)

工　业

综述……(101)
概况……(101)
产业结构调整……(101)
经济运行……(101)
企业自主创新……(101)
节能降耗……(101)
招商引资……(102)
大企业发展……(102)
改革管理……(102)
轻工业……(102)
概况……(102)
技术投入……(102)
管理创新……(102)
纺织工业……(102)
概况……(102)
技改投入……(103)
科技攻关和技术创新……(103)
机电工业……(103)
概况……(103)
经济运行……(103)
企业技术进步……(103)
企业管理……(103)
市场营销……(104)
化学工业……(104)
概况……(104)
自主创新……(104)
固定资产投资……(104)
建材工业……(105)
概况……(105)
固定资产投资……(105)
医药工业……(105)
概况……(105)
职能发挥……(105)
治理商业贿赂……(105)
煤炭冶金工业……(105)
概况……(105)
安全生产……(105)
淘汰关闭小煤矿……(106)
五井煤矿跨区经营……(106)
电力工业……(106)

概况……………………………………………… (106)
安全生产………………………………………… (106)
电网建设………………………………………… (106)
创一流同业对标综合管理……………………… (106)
经营管理………………………………………… (106)
优质服务………………………………………… (106)
农电管理………………………………………… (106)
精神文明建设…………………………………… (107)
华电潍坊发电有限公司………………………… (107)

盐及盐化工 …………………………………… (107)

概况……………………………………………… (107)
企业组织结构调整……………………………… (108)
食盐流通现代化建设…………………………… (108)
盐政管理………………………………………… (108)

食品工业 ……………………………………… (108)

概况……………………………………………… (108)
培植名牌企业…………………………………… (108)
企业宣传………………………………………… (108)
调整产业结构…………………………………… (108)
食品安全………………………………………… (109)

交通 邮电

交通 …………………………………………… (110)

概况……………………………………………… (110)
基础设施建设…………………………………… (110)
综合经济运行…………………………………… (111)
行业管理………………………………………… (111)
法制建设………………………………………… (111)
安全生产………………………………………… (111)
党的建设和行业文明建设……………………… (111)

信息产业 ……………………………………… (112)

概况……………………………………………… (112)
《潍坊市“十一五”国民经济和社会信息化发展规划》颁布实施……………………………… (112)
全市固定电话实现村村通……………………… (112)
潍坊市“城市应急联动与社会综合服务系统”一期工程试运行……………………………… (112)
“企业基础信息共享应用系统”实现财税增收…… (112)
歌尔蓝牙在首届十大中国蓝牙品牌评选中荣列首位……………………………………………… (113)
青鸟华光照排有限公司的“华光汇闻采编管理系统软件”和“华光排版系统软件”荣获第十届国际软件博览会金奖、《基于ISO10646的维、哈、柯、傣文电子出版系统研发》项目获首届钱伟长中文信息处理科学技术奖……………………………… (113)
潍坊市信息产业在第三届中国（济南）国际信息技术博览会倍受关注……………………………… (113)
全市信息化推进大会召开……………………… (113)
潍坊市设立信息产业发展专项资金…………… (113)
寿光市被列为国家级县域经济信息化试点和国家农村信息化综合信息服务试点……………………… (113)
山东寿光蔬菜交易市场2006年交易额突破70亿元……………………………………………… (114)

邮政 …………………………………………… (114)

概况……………………………………………… (114)
全面推进城镇住宅楼房通邮工作……………… (114)
隆重举行邮政EMS开办十五周年客户联谊会 …… (114)
《潍坊市邮电职工书画作品撷选集》出版………… (114)
潍坊—上海航空邮路顺利开通………………… (114)
服务三农取得新成绩…………………………… (114)
潍坊在全国率先成立邮政服务三农协会……… (114)
潍坊航空速递物流中心正式投产运行………… (114)
潍坊邮政储蓄定期小额质押货款业务正式开办…… (115)

网通 …………………………………………… (115)

概况……………………………………………… (115)
信息化建设……………………………………… (115)
通信能力………………………………………… (115)
网络运行………………………………………… (115)

联通 …………………………………………… (115)

概况……………………………………………… (115)
网络建设………………………………………… (115)
业务发展………………………………………… (116)
客户服务………………………………………… (116)

铁通 …………………………………………… (116)

概况……………………………………………… (116)
企业管理………………………………………… (116)
网络通信………………………………………… (116)

建设 环保

城市建设 ……………………………………… (117)

概况……………………………………………… (117)
世界风筝都纪念广场建成开放………………… (117)
虞河综合整治…………………………………… (117)
宝通街、西环路、四平路、虞河路建成通车……… (117)
月河路、青年路、鸢飞路三个公铁立交道口建成通车……………………………………………… (118)
滨海项目区基础设施建设……………………… (118)
玉清街、清平路工程年度建设………………… (118)
城建行业管理…………………………………… (118)

城建档案管理…………………………………… (118)

国土资源管理…………（118）
概况…………（118）
国土资源执法监察…………（119）
矿产资源开发秩序整顿…………（119）
土地利用现状调查…………（119）
土地开发整理…………（119）
基层国土资源所规范化建设…………（119）
城市规划…………（119）
概况…………（119）
虞河综合整治工程…………（120）
北部沿海规划和重点项目规划建设…………（121）
策划调研工作…………（121）
新一轮村镇规划编制全面展开…………（121）
市政管理…………（121）
城市品牌创建工作…………（121）
园林事业…………（121）
环卫工作…………（121）
绿色节能夜景照明管理工作…………（122）
市政服务…………（122）
城市节水…………（122）
城市市政工程建设养护工作…………（122）
市政公用事业…………（122）
公用事业监管…………（122）
市政稽查…………（122）
城市供水…………（122）
城市供气…………（122）
城市公交…………（122）
城市供热…………（123）
房地产开发…………（123）
概况…………（123）
行业管理…………（123）
住宅产业化管理…………（123）
拆迁规范化管理…………（123）
村镇建设…………（123）
概况…………（123）
中心镇建设…………（123）
村庄整治工作…………（124）
农村新居建设指导…………（124）
建筑业…………（124）
概况…………（124）
建筑市场管理…………（124）
招标投标管理…………（124）
有形市场管理…………（124）
标准定额管理…………（124）
工程质量管理…………（124）
安全生产管理…………（125）
建设科技推广…………（125）
墙改与建筑节能…………（125）
装饰装修管理…………（125）
建设监理管理…………（125）
勘察设计管理…………（125）
重点建筑…………（125）
潍坊市中医院门诊综合楼工程…………（125）
乐得家花园A、B座工程…………（125）
环境保护…………（125）
概况…………（125）
重点流域、区域和重点污染源的治理…………（126）
建设项目的环境管理…………（126）
环境执法…………（126）
城市污水处理厂建设…………（126）
发展循环经济与生态市建设…………（126）

国内贸易　旅游

商业贸易…………（127）
概况…………（127）
城乡市场体系建设…………（127）
商品交易市场…………（127）
骨干企业发展…………（127）
现代物流业…………（127）
餐饮休闲服务业…………（128）
供销合作商业…………（128）
概况…………（128）
农村现代流通服务体系建设…………（128）
农村合作经济组织…………（128）
粮食流通…………（128）
概况…………（128）
粮食宏观调控…………（128）
国有粮食购销企业改革…………（128）
粮食行政执法…………（129）
粮食产业化经营…………（129）
军粮供应工作…………（129）
烟草…………（129）
概况…………（129）
烟叶生产经营…………（129）
卷烟销售和网络建设…………（129）
专卖管理和市场控制…………（129）
领导班子建设和企业管理水平…………（129）
旅游…………（130）
概况…………（130）
旅游宣传促销…………（130）
旅游资源开发建设…………（130）

旅游行业管理工作……………………………………（130）
旅游教育培训………………………………………（131）
全市旅游发展大会…………………………………（131）

个体私营经济

概况 ……………………………………………（132）
科技创新能力提高…………………………………（132）
规模实力增强………………………………………（132）
科学投入力度加大…………………………………（132）
特色优势突出………………………………………（132）
民营企业简介……………………………………（133）
诸城市良丰化学有限公司…………………………（133）
山东华燕制衣有限公司……………………………（133）
山东新方矿业集团有限公司………………………（133）
潍坊昌大建设集团有限公司………………………（133）
山东海龙博莱特化纤有限责任公司………………（133）

外经外贸　招商引资

对外经贸 ………………………………………（135）
概况…………………………………………………（135）
对外贸易……………………………………………（136）
对外经济技术合作…………………………………（136）
出入境检验检疫 ………………………………（136）
概况…………………………………………………（136）
企业自检自控体系和守法诚信建设………………（136）
工作创新……………………………………………（136）
科研成果、检测室建设……………………………（137）
潍坊海关 ………………………………………（137）
业务建设……………………………………………（137）
招商引资 ………………………………………（138）
概况…………………………………………………（138）
加大招商引资力度…………………………………（138）
招商活动……………………………………………（138）
滨海项目区招商引资工作…………………………（138）
专业招商基础工作…………………………………（139）

财政　税务

财政 ……………………………………………（140）
概况…………………………………………………（140）
财政收入……………………………………………（140）
公共服务……………………………………………（140）
社会保障……………………………………………（140）
支持发展……………………………………………（141）
体制创新……………………………………………（141）
资金监管……………………………………………（141）
队伍建设……………………………………………（142）
国家税务 ………………………………………（142）
概况…………………………………………………（142）
组织收入……………………………………………（142）
税收征管……………………………………………（142）
税收执法……………………………………………（143）
信息化建设…………………………………………（143）
队伍建设……………………………………………（143）
服务经济发展………………………………………（143）
地方税务 ………………………………………（144）
概况…………………………………………………（144）
服务经济发展………………………………………（144）
税源管理……………………………………………（144）
干部队伍建设………………………………………（144）
税收执法……………………………………………（144）

金融　保险

金融 ……………………………………………（146）
概况…………………………………………………（146）
有效贯彻执行货币政策，支持全市经济，金融良性协调发展……（146）
中国银行业监督管理委员会潍坊监管分局…………（146）
中国农业发展银行潍坊市分行……………………（146）
中国工商银行股份有限公司潍坊分行……………（147）
中国农业银行股份有限公司潍坊分行……………（147）
中国银行股份有限公司潍坊分行…………………（148）
中国建设银行股份有限公司潍坊分行……………（148）
交通银行潍坊分行…………………………………（149）
潍坊市商业银行……………………………………（149）
潍坊市农村信用合作社联合社……………………（149）
保险 ……………………………………………（150）
概况…………………………………………………（150）
中国人民财产保险股份有限公司潍坊市分公司……（151）
中国人寿保险股份有限公司潍坊分公司…………（151）
中国太平洋财产保险股份有限公司潍坊中心支公司……（152）
中国太平洋人寿保险股份有限公司潍坊中心支公司……（152）
中国平安财产保险股份有限公司潍坊中心支公司……（152）
中国平安人寿保险股份有限公司潍坊中心支公司……（152）
泰康人寿保险股份有限公司潍坊中心支公司………（153）

天安保险股份有限公司潍坊中心支公司……………（153）
永安财产保险股份有限公司潍坊中心支公司………（153）
中国大地财产保险股份有限公司潍坊中心支公司
……………………………………………………（153）
阳光财产保险股份有限公司潍坊中心支公司………（154）

教　育

综述 ……………………………………………（155）
综述……………………………………………（155）
潍坊被确定为全国素质教育先进典型……………（156）
普通高考各项指标均列全省前列…………………（156）
中考改革在12个县市区全部推开 ………………（157）
潍坊市区基础教育资源进一步优化………………（157）
国务委员陈至立考察潍坊教育工作………………（157）
教育信息化工作…………………………………（157）
学前教育 ………………………………………（157）
概况……………………………………………（157）
幼儿教育管理……………………………………（157）
基础教育 ………………………………………（157）
高中课改…………………………………………（157）
中小学校管理工作………………………………（157）
学校体育卫生与艺术教育…………………………（158）
特殊教育…………………………………………（158）
职业教育与成人教育 …………………………（158）
完善职业与成人教育体系…………………………（158）
推进职业教育“2431”工程………………………（158）
深化职业教育教学改革……………………………（158）
民办教育 ………………………………………（158）
概况……………………………………………（158）
民办教育呈现出良好发展局面……………………（158）
高等教育 ………………………………………（158）
潍坊医学院………………………………………（158）
潍坊学院…………………………………………（159）
潍坊职业学院……………………………………（160）

科　学

科技工作 ………………………………………（162）
概况……………………………………………（162）
高新技术及其产业………………………………（162）
科技计划…………………………………………（162）
农业与社会发展…………………………………（162）
科技成果…………………………………………（163）
海洋科技…………………………………………（163）
科技交流与合作…………………………………（163）
科技政策与法规建设………………………………（163）
创新体系建设……………………………………（164）
科学技术普及……………………………………（164）
知识产权工作……………………………………（164）
概况……………………………………………（164）
知识产权机构体系建设……………………………（164）
专利管理工作……………………………………（164）
专利行政执法工作………………………………（164）
企业专利工作……………………………………（165）
国家知识产权试点城市验收工作…………………（165）
科协工作 ………………………………………（165）
组织网络建设……………………………………（165）
秸秆生物气化技术试点成功………………………（165）
科普村村通宣传栏建设……………………………（165）
农民职业技能培训………………………………（165）
企业科普工作……………………………………（166）
服务科技工作者…………………………………（166）
科普宣传…………………………………………（166）
防震减灾 ………………………………………（166）
地震监测预报……………………………………（166）
地震应急工作……………………………………（166）
防震减灾法制建设………………………………（167）
地震综合防御工作………………………………（167）
成绩和荣誉………………………………………（167）
气象测报 ………………………………………（167）
自然灾害…………………………………………（167）
人工增雨防雹……………………………………（167）
气象现代化建设…………………………………（168）
气象服务…………………………………………（168）
社会科学 ………………………………………（168）
社会科学普及活动………………………………（168）
学会、协会、研究会管理…………………………（168）
第十四次社科优秀成果评选………………………（168）

文　化

艺术创作 ………………………………………（169）
文学艺术…………………………………………（169）
社会文化 ………………………………………（169）
非物质文化遗产保护工作…………………………（169）
文化信息资源共享工程……………………………（169）
社会文化活动……………………………………（169）
文化下乡和“警民共建” …………………………（170）
群众文化…………………………………………（170）
书画家联谊会……………………………………（170）
文物保护管理……………………………………（170）

文物管理工作……………………………………(170)
《潍坊文化三百年》出版……………………………(171)
青州香山汉墓陪葬坑出土大量珍贵文物…………(171)
潍坊新增15处省级以上文物保护单位 …………(171)
新闻出版 ……………………………………………(171)
“规划发展年”活动…………………………………(171)
“扫黄”“打非”工作 ………………………………(171)
出版物市场监管………………………………………(172)
版权工作………………………………………………(172)
新闻出版产业…………………………………………(172)
潍坊日报社……………………………………………(172)
广播电视 ……………………………………………(173)
宣传工作………………………………………………(173)
事业建设和社会管理…………………………………(173)
管理体制和运行机制…………………………………(174)
经营创收………………………………………………(174)
风筝文化 ……………………………………………(174)
第23届潍坊国际风筝会 ……………………………(174)
国际风筝联合会代表大会……………………………(174)
潍坊市荣获“最佳城市环境建设奖” ………………(174)
档案管理 ……………………………………………(175)
“三大记录工程” ……………………………………(175)
农业农村档案工作……………………………………(175)
社区档案………………………………………………(175)
档案馆建设……………………………………………(175)
档案工作年度考核……………………………………(175)

卫生 体育

卫生 …………………………………………………(176)
概况……………………………………………………(176)
公立医院改革…………………………………………(177)
张梅颖等领导调研潍坊卫生改革……………………(177)
潍坊获2006年度全省卫生工作考核总分第1名 …(177)
市公共卫生服务中心立项……………………………(177)
卫生监督体制改革……………………………………(177)
潍坊承担卫生部两项重大课题研究…………………(177)
艾滋病疫情监测………………………………………(178)
“满意在卫生”活动…………………………………(178)
体育 …………………………………………………(178)
竞技体育………………………………………………(178)
群众体育………………………………………………(178)
体育产业………………………………………………(178)
体育设施建设…………………………………………(178)

社会 生活

人口与计划生育 ……………………………………(179)
人口概况………………………………………………(179)
计划生育工作概况……………………………………(179)
党政重视情况…………………………………………(179)
破解热点、难题情况…………………………………(180)
加强基层基础工作……………………………………(180)
统筹解决人口问题……………………………………(181)
民政工作 ……………………………………………(182)
概况……………………………………………………(182)
潍坊市慈善总会成立…………………………………(183)
坊子区对村级事务实行契约化管理…………………(183)
人民生活 ……………………………………………(183)
城区居民生活…………………………………………(183)
农村居民生活…………………………………………(183)
社会保险 ……………………………………………(184)
社会保险制度体系建设………………………………(184)
残疾人事业 …………………………………………(184)
残疾人康复工作………………………………………(184)
残疾人就业工作………………………………………(184)
残疾人扶贫工作………………………………………(184)
残疾人宣传文体工作…………………………………(184)
残疾人维权工作………………………………………(185)
残疾人基础设施建设与无障碍建设工作……………(185)
老龄工作 ……………………………………………(185)
城乡社会养老保险和医疗保险………………………(185)
老年公寓和养老服务设施建设………………………(185)
落实省市优待老年人规定……………………………(185)
法律援助………………………………………………(185)
老人节的庆祝活动……………………………………(185)
民族宗教 ……………………………………………(185)
民族工作………………………………………………(185)
宗教工作………………………………………………(186)

县市区概况

临朐县 ………………………………………………(187)
中共临朐县委、县人大、县政府、县政协领导成员名单……………………………………………………(187)
抢抓机遇 奋力赶超 全县经济保持平稳发展……(187)
新农村建设“三变”求“一新” ……………………(189)
县域文化产业成发展引擎……………………………(189)
“五项机制”创建和谐企业…………………………(190)
乡镇、街道办事处概况………………………………(190)

昌乐县 ……………………………………………………… (194)
中共昌乐县委、县人大、县政府、县政协领导成员名单……………………………………………………… (194)
解放思想　抓住机遇　促进经济又好又快发展…… (194)
山东杰富意振兴化工公司正式投产………………… (196)
昌乐县被评为“中国珠宝玉石首饰特色产业基地”……………………………………………………… (196)
昌乐县被评为“平安山东”建设模范县…………… (196)
镇、街道办事处概况……………………………………… (196)
寿光市 ……………………………………………………… (200)
中共寿光市委、市人大、市政府、市政协领导成员名单……………………………………………………… (200)
加快和谐社会创建　建设富强和谐寿光…………… (200)
第七届中国（寿光）国际蔬菜科技博览会………… (201)
引弥入尧丹桂工程……………………………………… (202)
第二届山东寿光荷花节………………………………… (202)
寿光市人民医院病房大楼投入使用………………… (202)
乡镇、街道办事处概况………………………………… (202)
安丘市 ……………………………………………………… (206)
中共安丘市委、市人大、市政府、市政协领导成员名单……………………………………………………… (206)
落实科学发展观　推进经济社会发展……………… (206)
山东景芝酒业产品获中华老字号、中国驰名商标、中国白酒芝麻香型代表………………………… (207)
安丘大姜获得地理标志产品保护…………………… (207)
汶河水利风景区经国家水利部评审定为国家水利风景区……………………………………………… (207)
乡镇、街道办事处概况………………………………… (208)
昌邑市 ……………………………………………………… (213)
中共昌邑市委、市人大、市政府、市政协领导成员名单……………………………………………………… (213)
国民经济和社会发展概况……………………………… (213)
高新技术产业发展迅速………………………………… (214)
加快民营经济发展……………………………………… (215)
昌邑市金家庄村被评为 2006 年“中国十佳小康村”……………………………………………………… (215)
乡镇、街道办事处概况………………………………… (215)
高密市 ……………………………………………………… (219)
中共高密市委、市人大、市政府、市政协领导成员名单……………………………………………………… (219)
坚持科学发展　建设和谐高密……………………… (219)
坚持科学发展，综合实力进一步增强……………… (220)
民营经济持续发展……………………………………… (220)
饮用安全水工程………………………………………… (220)
小康河综合治理工程竣工……………………………… (220)
乡镇、街道办事处概况………………………………… (220)
青州市 ……………………………………………………… (225)
中共青州市委、市人大、市政府、市政协领导成员名单……………………………………………………… (225)
与时俱进　开拓创新不断开创经济社会发展新局面……………………………………………………… (225)
2006 中国（青州）花卉博览交易会 ………………… (226)
镇、街道办事处概况…………………………………… (226)
诸城市 ……………………………………………………… (231)
中共诸城市委、市人大、市政府、市政协领导成员名单……………………………………………………… (231)
牢固树立科学发展观努力建设富裕和谐现代化强市……………………………………………………… (231)
乡镇、街道办事处概况………………………………… (231)
潍城区 ……………………………………………………… (236)
中共潍城区委、区人大、区政府、区政协领导成员名单……………………………………………………… (236)
以科学发展观统领全局努力实现又好又快发展…… (236)
潍城区打造品牌教育探索出一条校企联合助学奖优新路子……………………………………………… (237)
长胜小区成为旧城综合整治亮点…………………… (238)
潍坊三中顺利通过省级规范化学校验收…………… (238)
各镇、街道办事处概况………………………………… (238)
奎文区 ……………………………………………………… (240)
中共奎文区委、区人大、区政府、区政协领导成员名单……………………………………………………… (240)
全面落实科学发展观　大力发展城市经济促进全区经济和社会事业协调健康可持续发展………… (240)
街道办事处概况………………………………………… (242)
坊子区 ……………………………………………………… (245)
中共坊子区委、区人大、区政府、区政协领导成员名单……………………………………………………… (245)
镇、街道办事处概况…………………………………… (246)
寒亭区 ……………………………………………………… (248)
中共寒亭区委、区人大、区政府、区政协领导名单……………………………………………………… (248)
招商引资………………………………………………… (249)
社会保障………………………………………………… (249)
乡镇、街道办事处概况………………………………… (249)

开　发　区

潍坊高新技术产业开发区 ………………………… (252)
概况……………………………………………………… (252)
自主创新………………………………………………… (252)
招商引资………………………………………………… (252)
项目建设………………………………………………… (252)

城市建设管理……(252)
现代服务业……(252)
和谐社会建设……(253)
街道办事处概况……(253)
潍坊经济开发区……(253)
概况……(253)
工业经济……(253)
服务业发展……(254)
新农村建设……(254)
投资环境……(254)
社会事业……(254)
滨海经济开发区……(254)
概况……(254)
招商引资质量提升……(254)
现有企业做大做强……(254)
城市承载功能完善……(254)
服务业发展……(254)
新农村建设扎实推进……(255)
和谐社会建设……(255)

人　　物

中共潍坊市第十届委员会书记、副书记、常委简历……(256)
新任市人大常委会副主任、秘书长……(260)
新任市政府领导人……(261)
新任市政协主席……(261)
新任市中级人民法院院长……(261)
2006年全国五一劳动奖章获得者（5名）……(262)
2006年山东省富民兴鲁劳动奖章获得者名单（36名）……(263)
山东省富民兴鲁劳动奖状获得单位名单（5个）……(263)
第十届潍坊市优秀民营企业家名单……(263)
逝世人物……(265)

附　　录

2006年市委重要文件目录……(266)
2006年市委办公室文件目录……(267)
2006年市政府重要文件目录……(269)
地方性法规和规范性文件选辑……(270)
潍坊市人民政府关于印发潍坊市“十一五”科学技术发展规划纲要的通知……(270)
潍坊市人民政府关于公布全市最底工资标准的通知……(275)

索　　引

索引……(276)

CONTENTS

Special Collection

The Report of Zhangxinqi ······ (1)
Government Report ······ (8)

Chronicle of Events

January ······ (16)
February ······ (16)
March ······ (17)
April ······ (18)
May ······ (19)
June ······ (21)
July ······ (23)
August ······ (25)
September ······ (27)
October ······ (29)
November ······ (30)
December ······ (32)

General Survey

Geographical Survey ······ (35)
A Survey of National Economy and Social Development of Weifang in 2006 ······ (35)
Organizations ······ (40)
Construction of Spiritual Civilization ······ (41)

Politics

Weifang Committee of the Chinese Communist Party ······ (43)
Standing Committee of the People' s Congress of Weifang ······ (50)
The People' s Government of Weifang ······ (54)
Chinese People' s Political Consultative Conference ······ (58)
Weifang Commission for Discipline Inspection of the CPC ······ (61)
Democratic Parties, Association of Industry and Commerce ······ (62)
Mass Organizations ······ (65)
Military Affairs ······ (68)

Executive and Law

A Summary ······ (71)
Social Public Order ······ (72)
Procuratorial Work ······ (75)
Trials ······ (76)
Administration of Justice ······ (78)
Typical Cases ······ (79)

Economic Management

Planned Management ······ (82)
Labour Management ······ (83)
Administration for Industry and Commerce ······ (84)
Price Administration ······ (85)
Technical Supervision ······ (87)
Auditorial Supervision ······ (88)
Statistics ······ (88)
Food and Drug Administration ······ (89)

Agriculture

A Summary ······ (91)
Planting ······ (92)
Forestry ······ (93)
Animal Husbandry ······ (93)
Sea and Aquatic products Industry ······ (95)

Water Conservancy ………………………………… (96)
Agriculture Mechanization ……………………… (98)
Comprehensive Exploitation of Agriculture ……………………………………………… (99)

Industry

A Summary ……………………………………… (101)
Light Industry ………………………………… (102)
Textile Industry ………………………………… (102)
Machine Industry ……………………………… (103)
Chemical Industry ……………………………… (104)
Construction Materials Industry ……………… (105)
Pharmaceutical Industry ……………………… (105)
Coal Industry …………………………………… (105)
Power Industry ………………………………… (106)
Salt and Salt Chemical Industry ……………… (107)
Food Industry …………………………………… (108)

Transportation , Posts and Telecommunication

Transportation ………………………………… (110)
Information Industry ………………………… (112)
Post Service …………………………………… (114)
Telecommunications ………………………… (115)
Unicom ………………………………………… (115)
Railcom ………………………………………… (116)

Construction and Environmental Protection

City Construction …………………………… (117)
Administration of Land ……………………… (118)
City Planning ………………………………… (119)
Administration of City ……………………… (121)
Public Utilities of City Construction ……… (122)
Development of House Property …………… (123)
Construction of Villages and Towns ……… (123)
Building Industry …………………………… (124)
Major Building ……………………………… (125)
Environmental Protection …………………… (125)

Commerce and Tourism

State—owned Commerce …………………… (127)
Supply and Marketing Commerce ………… (128)
Buying and selling of Grain ………………… (128)
Tobacco Industry …………………………… (129)
Tourism ……………………………………… (130)

Individual and Private Economy

Management and Development …………… (132)
The Introduction to Some Private—owned Enterprises ……………………………………… (133)

Foreign Trade

Foreign trade ………………………………… (135)
Entry—Exit Inspection and Quarantine …… (136)
Customs ……………………………………… (137)
Investment Promotion ……………………… (138)

Finance and Tax

Finance ……………………………………… (140)
State Tax ……………………………………… (142)
Local Tax ……………………………………… (144)

Banking and Insurance

Banking ……………………………………… (146)
Insurance ……………………………………… (149)

Education

A Summary …………………………………… (155)
Preschool Education ………………………… (157)
Fundamental Education …………………… (157)
Vocational Education and Adult Education ……………………………………………… (158)
Education Run By the Local People ……… (158)
Higher Education …………………………… (158)

Science

Science and Technology …………………… (162)
Patent Work ………………………………… (164)
Science Association ………………………… (165)
Earthquake Prevention ……………………… (166)
Weather Forecast …………………………… (167)
Social Science ………………………………… (168)

Culture

Literature and Arts ………………………… (169)

Social Culture ······ (169)
Administration of Cultural Relic ······ (170)
Journalism and Publication ······ (171)
Broadcast and Television ······ (173)
Kite Culture ······ (174)
Files Administration ······ (175)

Health and Sports

Hygiene ······ (176)
Sports ······ (178)

Social Life

Population and Birth Control ······ (179)
Civil Administration ······ (182)
People' s Life ······ (183)
Social Security ······ (184)
Working for Maimed Persons ······ (184)
Working for the Aged ······ (185)
National and Religious Affairs ······ (185)

Brief Introduction to Counties, Cities and Districts

Linqu County ······ (187)
Changle County ······ (194)
Shouguang City ······ (200)
Anqiu City ······ (206)
Changyi City ······ (213)
Gaomi City ······ (219)
Qingzhou City ······ (225)
Zhucheng City ······ (231)
Weicheng District ······ (236)
Kuiwen District ······ (240)
Fangzi District ······ (245)
Hanting District ······ (248)

Developing Zones

Weifang High & New Technology Developing Zone ······ (252)
Weifang Economy Technology Developing Zone ······ (253)
Weifang Sea Chemical High and New Technology Developing Zone ······ (254)

Characters

Winners of The national "May 1" Labour Medal in 2006 ······ (262)
Winners of The "Enriching People and Kejurenating Shandong" Labour Model in 2006 ······ (263)
Winners of The "Enriching People and Kejurenating Shandong" Labour Certificate of Merit ······ (263)
Passing Characters ······ (265)

Appendix

Index

潍坊军分区

2006年11月28日，军委徐才厚副主席 视察潍坊军分区

军分区办公楼

军区范长龙司令员视察潍坊军分区新营区

军区刘冬冬政委参观军分区军史馆、国防教育馆

军分区首长机关参加军区“前卫-206”网上演习

民兵防空导弹分队使用红缨-5模拟训练器进行训练

潍坊市公安局

11月23日，国家副主席曾庆红到潍柴动力工业园视察，市政府副市长、市公安局党委书记、局长黄潍连现场指挥安全警卫任务。

中共中央政治委委员、书记处书记、国务委员、公安部长周永康在省市领导的陪同下，视察潍坊公安工作。

潍坊市公安局辖12个县市区公安（分）局、3个开发区分局、2个直属分局，27个局直部门，238个派出所，共有公安民警、武警官兵6500余人。

2006年，全市公安机关以"打造平安潍坊、优化发展环境、构建和谐社会"为总目标，坚持基层基础建设、治安防控体系建设、队伍正规化建设"三位一体"、整体推进，不断加强和改进公安工作，有力地维护和促进了全市社会的和谐稳定。年内，圆满完成江泽民、曾庆红等中央领导同志来潍视察安全警卫任务和风筝会、鲁台会等一系列重大活动安全保卫任务，受到了中央和省、市领导的表扬；周永康部长把寿光确定为"三基"工程建设工作联系点，并专程来潍调研视察，给予充分肯定；全省公安机关"三基"工程建设工作会议、治安防控体系建设观摩会、队伍正规化建设会议在我市召开或参观现场，推广了我市的经验做法；理顺城市分局管理体制，推行机构整合和干部竞争上岗、调整交流，形成了正确的工作导向；首次成建制选派的10名赴海地维和民警胜利完成任务凯旋归来，涌现出全国公安系统二级英模杨希涛等一批先进典型，树立了潍坊公安良好形象。

年内，全市公安工作呈现出了"五降五升"的良好发展态势，"五降"，即：刑事发案降低，刑事案件立案同比下降6.2％，其中抢劫、抢夺、盗窃等可防性案件分别下降13.3％、14.8％和10.5％；治安发案降低，受理治安案件同比下降12.4％；群体性上访事件降低，到市集体上访同比下降4.7％；治安灾害事故降低，交通事故四项指标同比分别下降10.7％、10.9％、7％、13.2％，火灾事故发生起数和损失数同比分别下降10.4％、63.7％，消防监管连续三年保持"零死亡"；涉法信访案件降低，到部到省上访被登记通报数量下降50%。"五升"，即：打击效能提升，现行刑事案件破案率同比增长1.6％，抓获犯罪嫌疑人数量同比增长3.3％；基层实力提升，一线单位和派出所警力分别占到县级公安机关总警力的90.5％和45.6％；保障水平提升，全市公安机关经费预算同比增长31.6%；队伍素质提升，在省厅组织的10项比武竞赛中，取得了基层"五长"、国保、刑警、经侦、警卫5个"团体第一"；群众满意率提升，市公安局在上半年全市企业"双评"中，一举上升60个名次列第25位，年底又升至第19位。

省委书记张高丽视察潍坊公安交警一号警务工作站，并进行现场指挥调度和慰问。

省委副书记高新亭，省委常委、政法委书记阎启俊，省长助理、省公安厅厅长曲植凡在潍坊出席全省公安机关“三基”工程建设工作会议期间，视察公安“三基”工程建设。

我市首次成建制选派的10名赴海地维和民警胜利完成任务凯旋归来。

苦练基本功

我市启动城区街面治安巡控工程以来，社会治安秩序明显好转。图为潍坊中百大厦治安巡控点。

反恐演练

潍 坊 市 国 家 税 务 局

团结奋进的潍坊市国税局领导班子。局长：林凡坡（中），副局长：孙正密（左三）、苑振波（右三）、张文霞（左二）、张伟（左一），总经济师：孟和平（右二），总会计师：周庆华（右一）

全面推行税务人员综合评价体系，提高国税干部综合素质

推广应用税收分析预警系统，全面加强税源管理

召开全市国税系统和谐国税创建动员大会，推进和谐机关建设

举办税收与民生摄影大赛，在社会上引起了强烈反响

市领导视察潍坊国税工作，并给予充分肯定

近年来，潍坊市国家税务局积极贯彻市委、市政府和山东省国税局的总体部署，针对全市国税工作实际，提出了“抓落实、抓完善、抓创新、抓争先”的总体思路。在具体工作中，紧紧围绕省局确定的“开展税收政策调研、完善征管长效机制、推进税务文化建设、提高后勤保障能力”四项重点，按照“管理创新年”活动要求，求真务实，开拓进取，在依法治税、征收管理、队伍建设、文化建设、和谐创建和后勤保障等方面，都取得了较好的成绩。

2006年，全市国税系统组织税收收入100.8亿元，同时，办理减免退税优惠38.2亿元，不仅收入规模首次突破了100亿元大关，而且基本实现了应收尽收、应退尽退，为推进全市经济又好又快发展提供了坚实保障。

各级部门对潍坊国税的各项工作给予充分肯定，潍坊市国税局先后荣获“全国文明单位”、“全国税务系统文明单位”、“全省思想政治工作先进单位”、“全省先进基层党组织”和“富民兴鲁劳动奖状”等荣誉称号，全系统涌现出“全国税务系统先进集体”、“全国青年文明号”等省部级以上先进集体和个人49个。

省国税局胡金木局长（左一）到潍坊市国税局视察工作

举办第一届国税系统运动会，丰富广大国税干部的业余生活

潍坊市国家税务局办公楼

潍坊市

潍坊市畜牧局局长　王绍森

潍坊市畜牧局党组书记　王承策

潍坊市畜牧局是市政府主管全市畜牧业的职能部门，其主要职责是：拟订全市畜牧业发展的年度计划和中长期规划并组织实施；贯彻执行国家有关畜牧业的法律、法规和规章，研究拟订并组织实施与之相配套的管理办法；负责重大动物疫病的防控及动物疫病的防治；负责畜牧标准化生产的组织实施及畜产品品牌认证、畜产品质量安全；制订并实施全市生产基地、科技、教育、技术推广的计划、规划；负责全市畜牧业的对外经济、技术交流与合作；负责饲料行业管理及饲草饲料资源的保护开发利用、动物及其动物产品的防疫检疫、兽医医政、种畜禽管理、兽药药政药检等工作。

我市已成为全省全国的畜牧业大市，畜牧业是拉动我市经济又好又快发展的重要产业。2006年，全市肉蛋奶总量173万吨（其中肉类120万吨、禽蛋29万吨、奶类24万吨），居全省第一位；畜牧业产值95亿元(90年不变价)，畜牧业收入317亿元，均居全省第一位；家禽出栏4亿只，居全省第一位；禽肉出6.07万吨，占全省的60%，占全国的1/3，创汇1.95亿美元，居全省第一位；特种动物出栏686万只，居全省

畜牧局

局长王绍森（中）、党组书记王承策（右三）、、副局长韩国庆（左三）、副局长官淇泉（右二）、纪检组长张永华（左二）、副调研员麻福林（右一）、畜牧检测中心主任孟凡东（左一）

第一位；全市生猪出栏668万头，肉牛出栏32万头，肉羊出栏138万只，蛋鸡存栏2572万只，奶牛存栏8.5万头，均居全省前列。我市无规定动物疫病区项目建设进度和质量居全省第一位；重大动物疫病防控工作居全省第一位。我市的各项业务工作综合考核成绩居全省第一位。

潍坊市地方税务局

国家税务总局党组成员、副局长宋兰（前排右二）到潍坊地税检查指导工作，对潍坊地税开展需求型个性化干部教育培训、"三导融合"思想政治工作机制、纳税服务和税收征管改革等工作给予充分肯定。

山东省地方税务局党组书记、局长于希信（右二）到潍坊地税检查指导工作，对潍坊地税开展需求型个性化干部教育培训、纳税服务和税收征管改革等工作给予充分肯定。

潍坊市委书记张新起（左三），市委副书记、市长许立全（左二）等领导同志到潍坊地税检查指导工作，对潍坊地税组织税收收入、纳税呼叫服务、服务地方经济发展等工作给予充分肯定和热情鼓励。

潍坊市地方税务局综合办税服务楼。

潍坊市地方税务局成立于1994年7月。现局机关内设11个职能科室，辖3个直属分局、12个县市区局、3个开发区分局。全系统共有在职干部职工1999人，其中党员1680人，占总人数的84.1%。大专以上学历人数1538人，占总人数的76.9%。担负着全市10万多纳税业户的地税征管任务。

近年来，潍坊市地方税务局坚持以"三个代表"重要思想和科学发展观为指导，深入贯彻"定好位、收好税、带好队"总体工作要求，积极落实服务经济建设、服务社会发展、服务纳税人"三服务"理念，与时俱进，务实创新，推进了地税事业和谐发展。先后创出了一家查账多家认账、纳税信誉等级管理、需求型人性化纳税服务、需求型个性化干部教育培训等项被国家税务总局、省地税局总结推介的经验做法。中央、省、市领导先后作出重要批示26条次。地税收入总额由1994年的6.98亿元，增长到2006年的57.45亿元，为财政收支平衡和社会主义和谐社会建设提供了有力保障。潍坊市局先后荣获全国文明行业示范点、全国青年文明号、全国税务系统先进集体、山东省行风建设先进示范单位、省级文明单位、潍坊市经济建设十佳服务单位、潍坊市行风建设十佳部门等项市级以上荣誉称号。系统内有15个县局、基层分局被评为省级文明单位，16个县局、基层分局被评为市级文明单位，18个县局、基层分局被评为省级青年文明号，37个基层分局被评为市级青年文明号。

中央党校党建教研部副主任、中央思想政治工作研究会常务理事，全国思想政治工作科学专业委员会副会长戴焰军教授（左一）等专家实地考察潍坊地税"三导融合"思想政治工作，给予高度评价。

开展需求型个性化干部教育培训，举办中央财经大学潍坊地税提升管理能力高级培训班，组织县局长、市局各科长30人就提升管理能力等10个方面进行专题培训。

真情传播 情满潍坊

发展中的潍坊广电

潍坊市广播电视局干部职工子女军事夏令营

潍坊广播电视大厦高20层、建筑面积26000平方米，是一座集办公、技术于一体的综合性办公楼，2001年9月投入使用。800平方米电视演播厅、六讯道广播级转播车、大洋非线编网络、数字虚拟演播室等设施居国内领先水平。电视节目通过无线发射和光缆传输，覆盖整个潍坊地区，直接受众达1500万人。

潍坊电视台2005年开办的《直播潍坊》栏目，关注民生新闻，信息量大，全天候守望潍坊。全市35个社区居委会的负责人与《直播潍坊》栏目组记者分别对接，35个同样型号标准的《直播潍坊》记者"大名片"分别挂到了市区的35个社区居委会，《直播潍坊》已成为当地百姓最喜爱的电视节目之一，收视率最高时达到了15%。

潍坊有线电视实现了市、县、乡三级联网，网内用户140万户。有线电视网络在规模和功能上已达到了集有线电视、电话、互联网为一体的综合业务网络水平。2007年开始实施有线电视数字化整体转换。图为数字电视前端机房。

"行风在线"2002年7月开播以来，坚持以"听群众呼声，树行业新风；服务社会大众，构建和谐社会"为宗旨，已播出700多期，共接听电话12000多个，为群众解决实际问题9800多个，群众满意率达到96%。"行风在线"与电视、报纸、网络全面联动，社会影响力迅速提升，有效地促进了政府和百姓的沟通交流。

《潍坊广播电视报》坚持走媒体市场化、产业化、多元化发展之路，2004年首开媒体承办会展先河，先后成功举办了四次大型专业化汽车展览，赢得了汽车生产企业、经销商和广大消费者的赞誉，有力地推动了潍坊汽车业、会展经济的发展。

改革开放以来，潍坊广播电视形成了市县两级互补发展的格局。全市广电系统现有干部职工2535人，固定资产4.3亿元。有线电视实现了市县乡三级大联网，拥有140万有线电视用户。有线电视数字化整体转换已全面启动。2006年，全市广电系统实现经营总收入2.7亿元。

2001年6月，潍坊广播电视总台成立。总台以市电台、电视台、广播电视网络中心、广播电视报社国有资产为依托组建而成，是市政府直属的独立事业法人实体，现有干部职工955人，固定资产2.17亿元。总台旗下拥有电台、电视台、广播电视报三家媒体，一张直接联网22万用户的有线电视网络。市电台开办新闻、经济生活、交通音乐、健康娱乐、音乐5个频率，每天播出时间108个小时；市电视台开设新闻综合、影视、法制生活、娱乐、科教5个频道，每天播出时间100小时；广播电视报期发行量近20万份，是潍坊发行量最大的报纸。县市区有电视台6家、电台11家，形成了具有地方特色的广播电视节目体系。

近年来，潍坊广播电视立足高起点，持续加快事业建设，不断创新内部机制和管理方式，广播电视生产力不断得以释放，事业产业不断得到发展。

节目立台，品牌强台。——是潍坊广电人的不懈追求。集中资源打造名牌节目，通过名牌节目带动整体节目升级。民生新闻节目《直播潍坊》、新闻监督节目《行风在线》等一批群众喜闻乐见的名牌栏目和有影响力的精品节目不断出现。电视节目收视率在全省17城市电视台中位居第三。《直播潍坊》平均收视率达到11.54%，高踞潍坊地区电视节目收视率榜首。电台、电视台在省台、中央台新闻发稿位居全省前列。广播电视每年都有一批精品力作在全国、全省获奖，广播电视报被评为"华东地区优秀报纸"和"省级优秀报纸"。

面向市场，开拓创新。——是潍坊广电人在市场竞争和产业发展中形成的共识。潍坊广电人用商眼看商机，全面推进市场化运作、专业化分工和规范化管理。广告经营和有线网络等产业不断做大做强，2001年，市直广播电视收入仅有5000万元，到2004年突破1亿元，2006年达到1.5亿元以上。潍坊电视台广告收入进入全国地市台第一方阵；潍坊电台广告收入、市区有线网络收入跨入全省前列；广播电视报广告居全国全省同类报纸前列。有线电视数字化整体转换全面展开，在未来三到五年时间内，潍坊中心市区、各县市区城区和重点城镇、市属各开发区将全部实现数字电视整体转换，基于有线电视网络的语音通信、互联网接入、IP业务快速成长，社会信息化水平将获得明显提升。广播电视各媒体单位以提高社会化服务水平为着力点，提出了"因你而变，为你精彩，与你共赢"的服务口号，充分发挥媒体优势，不断举办大型活动。2005年开潍坊大型综合性车展之先河，连续三届车展成交额近三亿元。总台开办的门户网站"中国潍坊网"即将开通，移动电视、楼宇电视、动漫产业等新的产业项目展示出良好的发展前景。

积极发展广播电视事业，保障人民群众的收听收视权益。——是潍坊广电人努力追求的目标。新建的广播调频系统、大洋非线性电视编辑系统、800平方米电视演播厅、虚拟电视演播室、电视硬盘播出系统，有效提高了广播电视信号质量。广播电视村村通工作成效显著，受到国家广电总局、发改委、财政部的联合表彰。全市广播电视综合人口覆盖率达98.9%，农村有线电视平均入户率达到60%。广播电视无线发射实现了全市范围内的无缝隙覆盖。

市场经济大潮惊涛拍岸，广播电视发展日新月异。只有不断探索，与时俱进，才能在发展壮大之路上时刻把握先机。潍坊广电以集团化、产业化为目标，不断创新内部管理和运行机制，形成了以"一级法人、分级管理、统一经营、内部核算"为主要特点的集团化管理模式，实现了广电资源整合和规模效益的充分发挥。改革人事管理制度，实行了干部竞聘和员工竞岗，75人从普通员工走上管理岗位。推行了全员聘用、岗位绩效工资和干部任期与考评制度。在全省广电系统率先创建并推行了目标管理、成本核算和广电文化建设，使广播电视改革、发展、精神文明、队伍建设全面推进。借鉴先进企业管理经验，深入实施精细化管理，以"精、准、细、严"和可量化为标准，逐步建立完善的管理制度、高效的工作流程、精细的工作标准和准确的考核体系，实现广播电视业务流程的优化再造，在更高的层次上推动了广播电视的科学与和谐发展。

五色风筝排云上，便引诗情到碧霄。正如美丽动人的潍坊风筝时刻眷恋着无限高远的天空，潍坊广电无时不在憧憬和追求着做强做大的梦想。随着广电技术和文化产业的迅速发展，潍坊广电事业和产业将会在持续不断的探索与跨越中，走向新的辉煌！

山东海化集团

董事长、党委书记　肖庆周

海化集团总经理　韩星三

山东海化集团是于1995年8月，由原潍坊纯碱厂和山东羊口盐场两个国有大(一)型企业为龙头组建的，以发展海洋化工新兴产业为主导，集科、工、贸等为一体的现代化特大型企业，是"全国120家建立现代企业制度试点企业集团"和"山东省重点培育的大型骨干企业集团"之一。现有职工21000人，资产总额170多亿元，下设43个分、子公司和一个国家级技术中心，建有企业博士后工作站。主要产品有40多种，拥有"中国名牌"产品1个，"山东名牌"产品6个。其中，合成纯碱、硝盐、固体氯化钙三种产品产量居世界第一；原盐、溴素、溴化物、水玻璃、白炭黑等8种产品产能居全国第一，是全国最大的海洋化工生产和出口基地。

近年来，海化集团始终坚持以科学发展观为指导，积极推进经济增长方式转变，大力发展循环经济，有力地推动了企业的持续、快速、健康发展。2005年，全集团营业收入列中国企业500强第200位，居中国化工企业500强第1位(不含石化、医药)。2006年完成营业收入186.6亿元，实现利税14.7亿元，分别比上年增长20%和5%。企业先后获得"全国'五一'劳动奖状"、"山东省文明单位"等荣誉符号，并被国家六部委确定为全国首批循环经济试点单位之一。

国家环保总局副局长潘岳来海化视察

股份公司纯碱厂主控室

海化集团股份公司纯碱厂

盐田晨曦

海化集团办公大楼

海化集团石化分公司

海化集团氯碱树脂公司

海化集团热电分公司

潍坊市人口和计划生育委员会

2007年7月，市政府新闻办举行人口计生工作新闻发布会

2007年2月，市委、市政府召开全市人口和计划生育工作会议

2007年6月，市委、市政府召开全市计划生育重点管理帮促乡镇工作调度暨人口形势分析会议

2007年5月，市人口和计生委对全市计生服务站建设暨生育关怀行动进行观摩点评

2007年6月，全市人口计生系统和谐创建工作全面展开

2007年5月，对全市计生服务站建设进行观摩点评。

2006年12月，市人口和计生委启动连心服务直通车制度

市人口和计生委创办全省首家人口计生专刊——《鸢都人口》

WEIFANGRIBAOSHE

潍坊日报社党委书记、社长　来永生

潍坊日报社现有《潍坊日报》、《潍坊晚报》两张主报，一个“潍坊新闻网”网站，《大众科技报·生活周刊》、《文广传播》、《新闻天地》、《公安特刊》等多份子报子刊。同时，还与省内六家报社联合推出了《今日半岛》，创办了《今日诸城》、《昌乐新闻》、《今日青州》等县市地方新闻版。

《潍坊日报》是潍坊市委机关报，1984年7月1日创刊，每周52个版。《潍坊日报》坚持正确的舆论导向，围绕中心，服务大局，做好、做足、做深、做透主流新闻，不断创新形式，丰富内容，全力打造政经大报品牌，办报质量名列全省地市报前列。

《潍坊晚报》创刊于1994年1月1日，是由潍坊日报社主办的一份综合性生活类报纸，每周280个版。《潍坊晚报》关注社会民生，反映社情民意，强化舆论监督，全力打造新闻精品超市和市民生活百科全书，不断增强报纸的服务性和亲和力，深受广大读者的关注和喜爱。

“潍坊新闻网”是经山东省人民政府新闻办公室批准、国务院新闻办公室备案，潍坊市委宣传部主管、潍坊日报社主办的潍坊市惟一拥有新闻资质的综合网站，具有访问量高、技术力量雄厚、访问快捷、安全性高、原创内容多、应用创新多等优势，以“权威、准确、实用”为特色，是潍坊市目前最大的网上新闻发布中心、网上公众信息服务中心，是世界了解潍坊、潍坊走向世界的一个重要窗口。

《大众科技报·生活周刊》是潍坊日报社与科技日报属下的大众科技报社联合在北京创办的一张大型周刊。这是一张以科技为特色、与大众生活衣食住行密切相关的周刊，以“科技无处不在，新知引领生活”为核心理念，倡导富有科技含量的新生活方式，出版后取得良好反响。

《今日半岛》是潍坊日报社与青岛、日照、威海、烟台、淄博、东营六市报社联合成立山东半岛报业联盟，建立统一的编采平台创办的专刊。专刊最大限度整合新闻和广告资源，随《潍坊晚报》、《青岛早报》、《黄海晨报》、《威海晚报》、《今晨6点》、《淄博晚报》、《黄河口晚报》在省内七市一起发行，是山东半岛城市群发行量最大的平面媒体。

《文广传播》是潍坊日报社主管的大型广告信息资讯传媒，以“助推城市经济，服务商企大众”为办刊宗旨，兼具商报风格，融入经济、健康、时尚等时代元素，出版后成为市民既好看又实用的“信息航母”。

《新闻天地》是一份内部刊物，是潍坊日报社编辑记者进行业务探讨与研究的园地。《公安特刊》和《今日诸城》、《昌乐新闻》、《今日青州》等县市地方版，进一步开拓了潍坊日报社的宣传阵地，强化了舆论引导力量。

近年来，潍坊日报社解放思想，开拓创新，不断加快文化体制改革和文化事业发展，努力在报社构建全新的经营办报理念、全新的资本运营模式、全新的组织管理架构和全新的人事分配制度，不断激发活力、增强动力、挖掘潜力，各项事业实现了又好又快发展。

潍坊日报社坚持新闻强报、特色立报的办报理念，积极搞好组织策划，不断强化主题宣传，报纸质量和办报水平不断提高，舆论引导力、品牌影响力显著增强。潍坊日报社探索建立与现代企业制度和市场经济规律相适应的广告经营机制，全面推行广告经营代理制，不断拓展市场空间，降低经营风险，激发竞争活力，广告经营不断实现新突破，广告效益增长幅度位居全省前列。潍坊日报社创新发行机制，加大基础投入，健全发行网络，稳固发行队伍，拓展发行渠道，扩大发行领域，提高服务质量，报纸征订、零售数量不断提升，发行市场全面激活，《潍坊日报》期发份数达10万份，《潍坊晚报》期发份数达12万份。潍坊日报社不断深化改革，推进创新，通过推行人事代理制和全员聘用制，构建完善的人事制度和以绩效挂钩为导向的分配制度，充分调动广大干部职工的积极性、主动性和创造性，建立了一支理念先进、充满活力、能打硬仗、善打硬仗的核心团队。目前，报社共有全员聘用人员264人，其中各类专业技术任职资格人员214人，获得高级职称的59人，获得中级职称的104人。

潍坊日报社按照国家文化体制改革和文化产业发展的要求，坚持“突出主业，多元经营”的指导思想和“向上拓展，向下延伸，横向联合，强壮自身”的发展思路，整合资源，开放办报，大力发展文化产业，积极开拓报业发展新领域，目前正向着组建潍坊报业集团的目标开拓奋进。

潍坊日报社　地址：山东省潍坊市奎文区文化路500号　邮编：261031　新闻热线：0536-8196110　发行热线：0536-8196001　广告热线：0536-8196151

潍坊市房产管理局

党组书记、局长　王福亭

市房产交易中心

潍坊市房产管理局与潍坊市住房委员会办公室实行合署办公，主要职责是研究制定和组织实施全市房地产业政策；制定并组织实施全市城镇住房制度改革方案及配套政策；承担城市住房解困、廉租房的建设和管理；负责协调、指导全市房产权属登记、产籍管理和房产交易，全市房产物业的行业管理，市安居工程的开发建设管理；制定全市安居工程政策，指导协调全市商品房销（预）售登记管理；负责全市房地产价格评估、房地产咨询、房地产经纪等中介机构资质的审核、申报、认证等工作；全市落实私房政策、房屋安全鉴定；负责市区房地产业行政执法检查、监督和行政复议、行政应诉；会同测绘行政主管部门负责全市房产测绘管理；指导和推进城镇住宅产业化、房屋商品化。近年来，潍坊市房产管理局坚持认真实践“三个代表”重要思想，全面落实科学发展观，大力培育与活跃房产市场，不断解放思想、求实创新、开拓进取、规范管理，促进了全市住宅与房地产市场的持续健康发展。住房货币化分配政策全面实施，截止2006年底，全市住房公积金共累计归集36亿元，余额20.6亿元；房产市场环境进一步优化，房产交易日趋活跃，特别是通过全面落实开放和搞活住房二级市场政策、实行房屋权属登记与交易管理一体化、加强房产信息交流、拓展住房担保等业务，使制约房产市场发展的政策性与体制性障碍基本消除；住房保障体系进一步建立健全。廉租住房制度县市全面建立，住房租赁补贴开始发放，市《关于加强经济适用住房建设管理工作的意见》出台，2002年以来共开工建设71.42万平方米，竣工45.92万平方米，完成投资5.91亿元，解决了6500户低收入家庭的住房的问题；物业管理规范发展。到2006年底，全市共有物业管理企业218家，管理面积达到3600多万平方米，有全国优秀物业管理项目12个，省优26个。新建小区全面实行物业管理，整治改造后的小区物业管理逐步推广，居民居住环境得到了切实改善。潍坊市房产管理局先后被建设部授予全国、全省“房地产业管理先进单位”、全国“房改先进单位”等荣誉称号。

全国房改工作

先进单位

中华人民共和国建设部

二〇〇一年一月

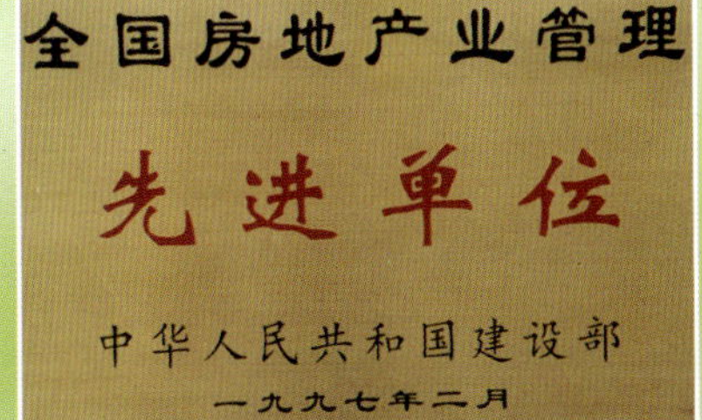
全国房地产业管理

先进单位

中华人民共和国建设部

一九九七年二月

奖状

授予：潍坊市房地产管理局

“全国房地产业管理先进单位”称号。

潍坊市农业机械管理局

局 长　张振之

潍坊市农业机械管理局是代表市政府主管农业机械化的职能部门。主要是贯彻执行国家及省、市有关农业机械化、设施农业工程、农用航空工作的方针、政策和法律法规，研究拟定全市农机管理工作的政策和规范性文件，制定具体实施细则和办法。负责拖拉机、联合收割机、农用航空器、农产品加工机械等农业机械的安全监理、使用管理和产品质量监督检验、试验鉴定、认证管理及推广工作；组织实施农业机械驾驶操作人员的技术培训、安全教育和考核发证工作；负责处理道路外农业机械事故，参与其他农机事故的调查处理等等。2006年，全市农机部门在市委、市政府的正确领导下，按照年初制定的“建设一城两中心，实施3090工程和突出抓好五项主要工作”的工作思路，认真研究加快发展农业机械化的新途径、新措施，使全市农机工作取得了新的成效。到2006年底，全市农机总值达到60.71亿元，农机总动力942.4万千瓦，分别比上年增长10%以上。联合收获机总量达到8984台，增长17%。其中玉米联合收获机增加631台，增长130%，增加数量列全省第一。全市共投入农机化资金4.7亿元，增长1.3%。共完成机耕作业面积1107万亩、机播731万亩、机收567万亩。其中玉米联合收获较上年增长82%。

团结奋进的领导班子

玉米联合收获、小麦免耕播种“一条龙”作业模式

全市农机部门每年组织4000多台小麦联合收获机参加跨区作业，为机手年增加收入8000多万元。图为跨区作业出征仪式。

潍坊市劳动就业办公室

团结奋进的潍坊市劳动就业办公室领导班子成员
潍坊市劳动保障局副局长、市劳动就业办公室主任于曼平(左三)、党支部书记尹建生(左二)、副主任张新武(右三)、副主任孙友欣(左一)、副主任董少卿(右二)、工会主席唐素华(右一)

潍坊市劳动就业办公室是属于市劳动和社会保障局领导，经市政府潍政办发[2001]120号文件批准，承担全市劳动就业行政职能的事业单位。下设8个业务科室，职工40多人。主要职责是贯彻执行国家和省有关劳动就业工作方针、政策和法律法规，统筹管理全市城乡人力资源，开办人力资源市场，促进人力资源的优化配置和合理流动；承担全市失业保险征缴、管理；负责对各类人员的就业培训、创业培训和劳动预备制度培训；审查、认定再就业扶持政策；管理全市劳服企业；开展劳动保障事务代理；开办国内外劳务输出；参与并负责市直破产、关闭企业的人员安置和社会保障工作等。

由市就业办管理的山东潍坊人力资源市场，是经市委、市政府批准投资兴建的大型社会公益性就业服务机构。列入了潍坊市“十一五”项目规划和省发改委发展服务业重点项目库，是市政府重点督察的为群众办实事的重要建设项目之一，是全省第一个按市级I类标准建成的人力资源市场，市场总面积1万多平方米，招聘洽谈大厅可以同时容纳近200家用人单位和6000多名求职者交流洽谈，属于全省一流市场，在全国名列前茅。它的建成投入使用，将为潍坊市经济发展和社会稳定起到积极的推动作用。

省劳动保障厅厅长矫学柏（左二）、副厅长李伯平（右二）在潍坊市委书记张新起（右四）、市长许立全（左一）、潍坊市劳动保障局局长李静波（右一）、副局长、市就业办主任于曼平（右三）等陪同下，视察社区平台信息化建设

近年来，在市委、市政府的正确领导下，在上级业务部门的大力支持下，市就业办认真贯彻落实科学发展观，积极构建和谐社会，就业再就业工作取得了显著成绩：就业再就业人数持续增加；农村劳动力转移步伐不断加快；失业保险作用不断增强，就业再就业工作呈现良好局面，城镇先后有53万人实现就业再就业，转移农村劳动力55万多人，城镇登记失业率控制在3.12%。连续多年在全省就业再就业工作考核中名列前茅。先后被省政府授予发展劳动就业服务事业先进单位、农村劳动力转移就业先进单位；被市委、市政府授予市级文明单位、“爱国拥军”先进单位、为民服务联动先进单位、巾帼文明岗等40多项荣誉称号。同时有10多人次被国务院、省政府记功或嘉奖，中央电视台、人民日报、山东电视台、大众日报等多家媒体报道过潍坊市就业再就业工作的先进事迹。

省劳动保障厅厅长矫学柏（前左六），潍坊市委书记张新起（前左七），潍坊市市长许立全（前左五）出席山东潍坊人力资源市场启用庆典仪式

潍坊人力资源市场招聘洽谈会现场

潍坊市委台湾工作办公室

市委书记、市人大主任张新起会见国民党副主席江丙坤

市委副书记、市长许立全，市委常委、副市长徐振溪陪同全国政协副主席罗浩才、国民党副主席林丰正考察工作

市委、市政府召开第十三届鲁台经贸洽谈会动员大会

团结奋进的领导班子

市委副书记崔建平（左一）在台办主任刘树亮（右一）的陪同下考察台湾成霖集团

临朐县公安局

2007年5月11日，潍坊市委副书记崔建平（左一）在临朐县委书记刘建国（右一），县公安局党委书记、局长许文远等领导的陪同下到临朐县公安局视察

2007年4月26日，山东省公安厅副厅长任学增（左二）在临朐县公安局局长许文远、政委石汝祥陪同下到临朐县公安局视察

群众向公安机关送锦旗

近年来，临朐县公安机关在县委、县政府和业务上级的正确领导下，按照“牢固树立政治意识，全力维护临朐平安，服务经济社会发展”的工作思路，以公安基层基础工程建设为总抓手，以“平安临朐”建设为主线，以打造和谐团队为目标，团结拼搏、开拓进取，有力地维护了全县社会稳定。深入开展社会主义法治理念教育，围绕构建和谐社会，重点抓好民警执法理念的转变，达到了法律效果与社会效果的统一，实现了连续三年无进京涉法上访，民警执法为民的思想意识明显提高；深化“严打”整治斗争，组织开展了“打霸治邪”等一系列专项打击整治行动，打击刑事犯罪的能力明显提高；大力加强动态监控系统建设，投资近千万元，组建了巡逻防暴队，在县城主要路口和重点部位安装电子监控系统，在县局建设指挥大厅，加强城市联网报警服务系统建设，构建了集“街面巡控、动态监控、联网报警、指挥调度”为一体的城区治安防控体系，驾驭治安局势的能力明显提高；强力推进“三基”工程建设，以信息化为主导，全面推动公安工作上台阶，建立了以基础信息系统、警民互动信息系统、动态监控系统和信息研判系统为主要内容的公安基础工作动态管理系统，其中警民互动信息系统在全市公安机关推广，信息化应用水平明显提高；立足本职，强化公安行政管理，在全县“双评”中的位次明显前移，服务经济社会发展的水平明显提高；大力加强公安队伍建设，在全局苦练基本功，“双达标双提高”的队伍建设经验得到市公安局肯定，队伍建设正规化水平明显提高。2006年11月，局长许文远率领潍坊市代表队在全省公安机关基层领导骨干苦练基本功综合比武竞赛中，获得了团体第一名的好成绩。由于工作成绩突出，2007年5月31日，潍坊市人民政府给党委书记、局长许文远记个人二等功。

民警体能测试

民警队列训练

民警街面巡逻

中国石化山东潍坊石油分公司

孙俊华 经理

团结奋进的领导班子（左起：钟文仁、副经理葛坤堂、经理孙俊华、党委书记刘建凤、副经理朱玉春）

公司办公大楼外景

中国石化山东潍坊石油分公司是具有50多年发展历史的石油经营企业，是我市成品油销售的主渠道。前身为山东省石油集团潍坊总公司。1998年成建制划入中国石油化工集团，2000年随中石化重组改制上市，现隶属于中国石油化工股份有限公司。公司现有资产净值4.6亿元，油库2座，库容量9万立方米，年吞吐能力180万吨，铁路专运线370米，接卸货位25个，一次接卸能力3000吨，自营加油站300座，是全市最大的成品油销售企业。2006年，公司实现经营总量110万吨，实现销售收入58亿元，实现利润1.2亿元，销售额、实现利润、纳税额位居潍坊市商贸系统首位。公司先后荣获“潍坊市文明单位标兵”、“潍坊市流通行业先进单位”等荣誉称号。

近年来，潍坊石油分公司在集团公司和市委、市政府的正确领导下，坚持以邓小平理论和“三个代表”重要思想为指导，全面落实科学发展观，牢固树立为当地经济建设服务和为城乡居民生活服务的经营宗旨，积极支持当地经济社会发展，在确保市场供应、维护市场稳定等方面作出了贡献。按照集团公司“规范、严谨、诚信”的经营理念，公司确立了“永远追求更高目标，服务顾客重于一切，尊重和关心每一位员工，诚实与正直”的企业文化内涵，走“以文化兴企”、内涵式发展的道路，不断提高企业的持续发展能力，增强核心竞争力，努力打造中石化服务品牌，树立了良好的品牌形象，赢得了广大消费者的信赖，公司的各项经营指标一直名列全省前茅。

加油站

油库消防演习

中国平安人寿潍坊中心支公司

公司为潍坊希望工程捐款

公司在潍坊市举办少儿乒乓球选拔赛

为公司VIP客户举办“爱在冬季、拥抱健康”讲座

为公司VIP客户举办“爱在冬季、拥抱健康”讲座

中国平安保险(集团)股份有限公司（以下简称“中国平安”）是中国第一家以保险为核心的，融证券、信托、银行、资产管理、企业年金等多元金融业务为一体的紧密、高效、多元的综合金融服务集团。公司成立于1988年，总部位于深圳。2004年6月和2007年3月，公司先后在香港联合交易所主板及上海证券交易所上市，股份名称“中国平安”，香港联合交易所股票代码为2318；上海证券交易所股票代码为601318。

中国平安人寿保险股份有限公司潍坊中心支公司，成立于1997年5月，公司经过10年的发展和壮大，各项指标稳步提升。

2007年，中国平安人寿保险股份有限公司潍坊中心支公司，严格执行保监办的相关规定，严格遵循和执行上级公司的各项制度，本着“平衡管理，系统运作、专业经营、科学发展”的经营思路，确立业绩、管理和服务理念不断创新和提升。加大业务品质管理的力度，业务和人力规模都取得了长足发展，平安品牌市场份额稳中提升，迎来了潍坊中心支公司的丰收年。截至2007年11月年度保费收入总额达到了3.28亿元，赔款支出1000余万元，业务发展能力进一步增强，服务水平进一步提高。同时还遵循“回馈社会，服务大众”的服务宗旨，相继举办了客户服务节、与潍坊市共青团市委共同举办了希望工程捐款、全市青少年乒乓球选拔赛、客户联谊会、VIP客户健康知识讲座、新年送福等活动，得到了社会各界的广泛认可和赞誉。2007年3月被潍坊市工商行政管理局、潍坊市消费者协会评为AAA级诚信经营（服务）单位。

荣誉证书

中国平安人寿保险股份有限公司潍坊中心支公司：

被评为二OO六年度AAA级诚信经营(服务)单位。

特发此证

潍坊市工商行政管理局　潍坊市消费者协会

二OO七年三月十五日

潍坊山水水泥有限公司

公司党委书记、董事长、总经理　李文忠

公司班子成员左起：财务负责人张卫军、常务副总经理齐文梯、董事长李文忠、总工程师于乐波、工会主席尹万年

潍坊山水水泥有限公司始建于1958年，2002年划归山东山水水泥集团有限公司，是山水集团总体发展战略和规划布局中的重要组成部分。

公司坐落在举世闻名的国际风筝放飞场——浮烟山脚下，北临胶济铁路和济青高速公路，拥有铁路专用线，交通运输极为便利。公司现有员工1100人，固定资产3.3亿元，占地面积115万平方米。目前拥有一条2500T/D新型干法熟料生产线，水泥年产能力达240万吨，拥有当今国内水泥生产最先进的工艺技术，是潍坊市乃至山东东部最大的水泥生产企业。2006年公司响应国家节能减排号召，投资建成4500KW水泥窑纯低温余热发电站一座，年利用废气6.4亿立方，发电量达2700万kwh，具有利废、环保、节能三重功效，大大提高了企业的经济效益和竞争力，具有很好的社会效益。

公司具有完善的质量保证体系，并通过ISO9001质量管理体系、ISO14001环境管理体系和OHSAS18001职业健康安全管理体系认证，计量检测体系亦通过ISO10012-1确认。公司工艺设备先进，检测计量手段完善，物流、生产、销售采用先进信息化系统管理，生产过程全部实行DCS系统控制，实现了集约化、规模化和自动化。

公司主导产品“山水东岳”牌（P·O42.5R、P·O32.5R、P·O32.5、P·S32.5、P·C32.5）水泥，获中国水泥房建材料产品质量认证中心（CQBM）的产品质量认证，是山东名牌，国家免检产品。公司连续四年被市政府命名为“百强工业企业”。

地　址：山东省潍坊市潍城区符山镇
电　话：0536-8111022
传　真：0536-8111045
邮　编：261055
E-mail：wfbgs@shanshuigroup.com

水泥窑余热发电机组

回转窑生产线

回转窑中央控制室

公司大门

潍坊山水公司全景

做优秀企业公民

——记尽责务实的潍坊移动通信公司

党委书记、总经理　邹立众

近年来，潍坊移动通信公司坚持以客户需求为导向，优化网络，细化服务，完善管理，满足不同客户群体的需求。2006年净增客户数、业务收入及增幅均创造了历年最高水平；通信能力建设达到公司成立以来历年总和的一半，充分满足了经济社会快速发展的需求；客户满意度居于同行业前列；业务发展量质并重，盈利能力同步并高于收入增长。在实现企业又好又快发展的同时，认真履行企业社会责任，树立了良好的企业公民形象。公司先后获"省级文明单位"，"省级消费者满意单位"等荣誉称号，2006年被中国消费者协会授予"诚信维权单位"称号。2007年，潍坊移动通信公司总经理邹立众被授予第十五届"山东省优秀企业家"。

增强使命感，坚持"网络优先、质量取胜"的经营理念，精益求精，追求高质量、高标准的网络建设，追求高水平的网络维护与优化，以无处不在、稳定、可靠的优质网络实现客户无时无处的沟通梦想，更好的承担责任。

网络覆盖能力和网络运行质量不仅是移动通信运营商为社会发展承担的责任之一，也是考验移动通信运营商实力和服务能力的标志之一。"手机的最大价值在于畅通"，打得通、通话清是网络承载的重要意义。

截止2007年6月底，潍坊移动已累计网络基础建设投资30多亿元，实施了GSM网络第十四期扩容工程，进行了"上山入海"式的建设、优化，已拥有基站1500多个，交换机容量超过700万户，实现了包括西南部山区在内的"村村通"。所有写字楼、星级以上酒店电梯间实现了全覆盖。在北部沿海，架设起100多米高的铁塔，使海上网络覆盖拓展到60里以外。潍坊移动客户已超过350万，不到3个人就有一部移动手机。通过持续的网络优化和网络维护，网络质量优于全国，在全省处于领先水平。

面对日益增加的网络设备种类、数量以及业务类型，潍坊移动通信对现网的设备、人员和管理进行集中，建立起一个高效的网络集中维护体系，对所有网元设备的告警、监测、日常维护以及基站、机房的动力环境监控系统实行集中管理，实现网络性能分析、告警监控信息共享，数据制作、网络分析、技术开发深度集中。建立多元化信息平台，原来需要两、三天才能到达的指令，现在只需半天就能到达，提高了工作效率，保证了网络安全和运维质量不断提高。

潍坊移动提出，网络考核要以客户体验为标准，网络好不好，让客户来说话。为此，潍坊移动创新思维，推行SLA服务标准、6δ管理等现代化管理手段，将客户体验作为网络日常维护、性能分析、网络研究、网络考核等各项工作的依据，建立了快速、灵活、高效的网络运维机制。通过第三方测试、委托社会测试、组巡测试、自测等分析客户对网络的感受，变被动为主动，实行动态维护、优化，做到网络维护及时响应，快速解决用户问题。针对潍坊节会多的特点，潍坊移动成立了网络快速反映小组，建立了应急通信预案，保证重要时刻能拉得出、打得胜。历届风筝会、菜博会、鲁台会等重要节会期间，潍坊移动以优质的通信质量广受好评。

以服务为支撑，以创建更加美好的信息社会为己任，积极投身于信息化建设、社会主义新农村建设，发挥自身技术优势，实现人们无时无地和谐沟通梦想。

近年来，潍坊移动认真实施十六大提出的"以信息化带动工业化，以工业化促进信息化"的重要决策，以构建和谐公平的信息社会、服务潍坊知识经济建设为己任，服务水平不断改善，也得到了消费者的认可。但是，社会在发展，消费者对服务的要求也在提高。潍坊移动认识到，要做好服务工作，必须抓住消费者最关心的问题。比如，哪些方面用户不满意？群众的意见就是服务的"短木板"，在发展业务的过程中一定要坚持"客户至上"的服务理念，把服务当作第一重要的工作来做，无论如何都不能伤害客户。无论是何种情况的客户投诉，都要做到件件有着落。他们在员工中开展"换位思考"活动，员工站在客户的角度上思考问题，替客户说话，努力使企业内部运行零阻力、零内耗，把公司的资源、能量、机制全部整合到以客户为中心上，建立畅通无阻的上级为基层、领导为员工、职能为生产、后台为前台、前台为用户服务的服务价值链，做好服务、做好支撑，最大限度地维护客户利益。

"十一五"规划纲要中提出"坚持把发展农业生产力作为建设社会主义新农村的首要任务"。农村通信建设是农村基础设施建设的重要组成部分，在社会主义新农村建设中起着基础性的促进作用。新农村的建设拓展了移动通信的发展空间，农村市场是通信业务新的增长点。农民不仅需要普及移动通信，还需要能够及时地为他们提供质量更高的内容信息服务。潍坊移动通信公司审时度势，及时把握市场脉搏，调整工作中心，努力作好农村移动市场开发经营，抓住国家农村发展战略为企业加快发展带来机遇，以实际行动服务社会主义新农村建设。

为了让农民不出家门就能办理移动通信业务，得到便捷的移动信息服务，潍坊移动下大力气增设服务网点。他们强化乡镇自办营业厅的功能，让老百姓不出乡镇就能办理所有业务；积极推动"村村有点"工程建设，利用村庄百货店、农机维修点、农村能人等，设立"移动通信业务代办点"，让农民不出家门就能办理交费等业务。目前，潍坊移动在全市已建村代办点8000多处，全市90%以上的村庄都建有代办点。在城区建立社区服务站1200多家，遍布各社区、街道，成为市民享受移动通信服务的“柴米油盐店”。同时，以“空中充值”作为村村有点服务的重要切入点，打个电话就能充话费，节省了村代办点建设成本，丰富了村级代办点的服务职能。

潍坊移动坚持把服务作为赢得市场的根本手段，构建客户服务工程，创新服务种类，拓展服务领域，提供各种延伸服务和增值服务，全球通VIP服务、绿色通道服务等大客户服务新举措，推进了差异化服务的进程，行业解决方案的推广增强了客户粘性，“话费差错，双倍返还”等诚信活动赢得了客户的广泛赞誉。从服务于全市经济社会建设大局着眼，着力普及推广了移动信息化技术在政府、公安、金融、物流等十大行业的应用。全省最大的政府“移动电子政务系统”率先投入应用，使移动信息化成为建设阳光政府、责任政府和服务性政府的重要手段，在市民与政府之间搭建了无处不在的沟通平台；在电力、公安、法院等行业，实现了远程抄表、GPS定位调度车辆、远程立案，大大提高了管理水平，同时又降低了管理成本；在金融领域，移动支付开辟了金融交易的新时代；在教育领域，移动“家校通”业务让孩子赢在起步阶段；在企业整体解决方案上，移动信息化成为各大企业集团做强增效的跳板。目前，包括企业直联、IP电话、GPRS上网、移动办公、无线POS等业务在内的企业整体解决方案和行业典型解决方案，正在广泛应用于潍坊各行业。

服务新农村建设

精干的网络维护人员队伍

以管理创新打造竞争力，务实创新严细管理，努力建设和谐企业，为和谐社会的构建贡献力量。

创新无止境，卓越无限度。2006年以来，潍坊移动不仅在客户数量上实现了历史新突破，更重要的是盈利能力不但与收入同步增长，而且还高于收入增长速度，使企业实现了又好又快发展，实现了由“粗放型”向“集约型”的经营管理转变。这得益于近年来潍坊移动在企业内部坚持管理制胜，持续抓好选人育人用人、运营机制建设、企业文化建设三件事，不断做强自我。

为建设高效、高素质的员工队伍，潍坊移动按照精细化管理的要求，积极完善职位管理体系与员工的职业发展途径，建立了完善的薪酬激励机制和以业绩为导向的绩效管理体系，有效提升了人力资源管理体系的科学性。

潍坊移动为风筝会、鲁台会提供优质通信保障

潍坊移动还积极推进项目全过程的精细化管理，使精细化管理思想体现在项目规划、计划、立项、实施及评估等每个环节，实现了市场细分化、业务个性化、网络集中化、服务优质化、资源最优化。他们坚持管理从基层做起，从班组做起，将推行ISO9000认证工作与QC小组、5S管理、6 ó 管理等各项质量活动有机地结合起来，在公司所有班组大力推行标准化班组建设，调动公司经理、班组长和员工的积极性，三位一体，责权利结合，走出了一条企业管理的新路子。

同时，潍坊移动积极建立企业文化，为“硬管理”提供了强有力的支撑。在中国移动“正德厚生，臻于至善”文化理念指导下，提出了鼓励竞合、鼓励争创第一、人人都为“第一”铺路搭桥；鼓励优质服务；鼓励勇于创新、敬岗爱业、认真做事、精益求精、追求卓越；倡导奉献者理应得到相应的回报等先进的企业文化，并且将这些文化认真落实到企业的日常工作中。

社会是企业的依托，企业是社会的细胞。作为在移动通信行业中居领导地位的企业，潍坊移动通信公司将继续坚定不移地以科学发展观统领发展的全局，从思想观念、网络技术水平、业务服务、企业管理等方面不断提升自我，真正实现每天都有新发展、新变化，以不断创新的精神引领企业实现创新发展的更高跨越，尽责务实，追求卓越，以优秀企业公民的姿态，为和谐社会的构建贡献力量。

潍坊移动机房一角

潍坊移动综合大楼

为一年一度的菜博会提供强大通信保障

遍布城乡的移动基站构建起潍坊移动优质网络

山东潍坊华润纺织有限公司

山东潍坊华润纺织有限公司是香港华润（集团）下属企业，位于潍坊市高新技术开发区。公司前身是潍坊棉纺织厂，1999年6月与香港华润纺织集团合资成立潍坊华润纺织有限公司，2001年华润集团独资收购，2003年由市区迁入高新区。公司员工总数2200人，注册资本2407万美元，占地面积325亩，总资产4.6亿元，拥有纱锭12万枚，织机402台，其中喷气织机234台。年生产棉纱12000吨，坯布2100万米。产品有纯棉、纯化纤及棉与化纤混纺、绞织等系列产品，80%的产品出口欧、美、亚等国家和地区，产品由于质量过硬，供不应求。

公司2000年8月通过了英国摩迪ISO9001质量认证。2003年8月通过了杭州万泰公司ISO14001环境认证和OHSAS18001职业健康安全管理体系认证，为潍坊市“工业百强企业”、“劳动保障诚信单位”、“外贸出口先进企业”、“A级纳税信用单位”。

目前公司已步入产业升级的新阶段，随着技术改造项目的推进，生产规模、产品质量、档次将逐步提高，公司秉承“诚信、务实、专业、团队、积极、创新”的华润精神，立志以一流的管理、一流的质量，一流的服务，打造华润纺织品牌，做行业领先者，为潍坊市经济的繁荣发展做出最大的贡献。

产品

细纱机

二〇〇六年度

外贸出口先进企业

中共潍坊市委高新区工委
潍坊高新区管委会
二〇〇七年三月

潍坊市2006年度

工业百强企业

中共潍坊市委
潍坊市人民政府
二〇〇七年一月

喷气织机

德国苏拉倍捻机

特　　载

全面落实科学发展观
为建设富裕文明和谐的现代化强市而努力奋斗

——在中国共产党潍坊市第十次代表大会上的报告
（2007年3月25日）

张新起

同志们：

现在，我代表中国共产党潍坊市第九届委员会向大会作报告。

中国共产党潍坊市第十次代表大会，是在潍坊进入新的发展时期召开的一次十分重要的会议。大会的主题是，高举邓小平理论和“三个代表”重要思想伟大旗帜，全面落实科学发展观，加快构建社会主义和谐社会，进一步加强党的先进性建设，团结一心，奋力开拓，继往开来，创新发展，为把潍坊建设成为富裕文明和谐的现代化强市而努力奋斗。

一、工作回顾和奋斗目标

市第九次党代会以来，我们在党中央和省委、省政府的正确领导下，深入贯彻党的十六大和十六届三中、四中、五中、六中全会精神，认真落实科学发展观，团结带领全市党员干部群众，解放思想，干事创业，胜利完成了市第九次党代会确定的任务，改革开放和现代化建设取得了令人瞩目的成就。

经济持续快速健康发展，综合实力跨上新的台阶。地区生产总值四年翻了一番，地方财政收入增长1.3倍。经济增长质量和效益明显提升，结构调整和增长方式转变取得重要进展。农业综合生产能力不断提高，农业的基础地位得到加强；工业经济快速发展，一批优势产业和大企业集团加速崛起，高新技术产业迅速成长，对经济的支撑和带动作用显著增强；现代服务业发展加快。完成了一批重大基础设施和产业项目，全面启动了新一轮沿海开发，为科学发展积蓄了后劲，开拓了空间。

城镇化进程明显加快，城乡面貌发生显著变化。全市城市化率从39%提高到45%。中心城市规划、建设和管理力度持续加大，发展布局更加合理，功能进一步完善，形象和品位迅速提升，竞争力显著增强，现代化中心城市的框架基本形成。城镇体系不断完善，县城和中心镇规划建设管理水平普遍提高。新农村建设实现良好开局。生态市建设初见成效。荣获中国特色城市奖，潍坊和寿光获得中国优秀旅游城市和国家环保模范城市称号。

改革开放深入推进，发展活力明显增强。企业改革取得重要成果，行政管理体制改革成效显著，公用事业改革取得突破，农村综合改革继续深化，环境创新收到明显成效。民营经济迅速发展，年纳税额突破100亿元，成为经济增长的主力军。对外开放成果丰硕，四年利用外商直接投资18.89亿美元，外贸进出口总额增长近2倍，对外交流合作不断加强，经济外向度提高到新水平。

各项事业全面发展，社会更加和谐进步。民主法制建设不断加强，人大和

政协的重要作用充分发挥，爱国统一战线进一步巩固壮大，民族、宗教、外事、侨务、对台工作以及工会、共青团、妇联等人民团体工作取得新进展。依法治市水平提高，平安建设扎实推进，社会保持安定有序。宣传思想和新闻舆论工作有效加强，精神文明创建活动蓬勃开展，公民素质和城乡文明程度提高。“科教兴潍”战略深入实施，科技实力不断增强，素质教育走在全国前列，职业教育、高等教育健康发展。文化、卫生、体育、计划生育、双拥、残疾人和老龄等事业取得新的成绩。被评为“全国科技进步先进市”，荣获“全国双拥模范城”称号。

发展成果惠及广大群众，人民生活明显改善。全市城镇居民人均可支配收入和农民人均纯收入分别是2002年的1.6倍和1.5倍，居民储蓄存款增长近1倍。居民消费结构加快升级，衣食住行等得到较大改善，生活质量明显提高。就业岗位大量增加，新增城镇就业41.8万人，城镇登记失业率控制在3.2%以内，38万农村劳动力实现转移就业。社会保障体系进一步完善，保障覆盖面不断扩大，城乡保障水平稳步提高。新型农村合作医疗参合率达到88.2%。社会救助力度不断加大，困难群众基本生活得到较好解决。

党的建设全面加强，党员干部队伍保持良好精神风貌。保持共产党员先进性教育活动取得重要成果，胡锦涛总书记亲临寿光参加联系点活动，并对寿光市先进性教育活动作出重要批示，给予充分肯定。理论武装工作不断深入，领导班子和干部队伍建设切实加强，基层党组织凝聚力、战斗力明显提高。党风廉政建设和反腐败斗争扎实推进，党风政风进一步转变。广大党员和各级干部思想观念发生深刻变化，维护大局、开拓创新蔚成风气，干事创业、科学发展的氛围日益浓厚。

市九次党代会以来的四年，我们经历了宏观环境的深刻变化，经受了前进道路上的种种考验，走过了不平凡的历程。在推进改革发展的实践中，我们不断加深对一些重大问题的认识，积累了宝贵经验。主要是：必须坚持解放思想，实事求是，与时俱进，用我们党理论创新的最新成果武装头脑、指导实践，以宽广视野审时度势，以先进理念引领发展，不断创新完善发展思路和发展举措；必须坚持以经济建设为中心，紧紧抓住第一要务，抢抓机遇、干事创业、科学发展，不断夯实现代化建设的物质基础；必须坚持以人为本，把实现好、维护好、发展好人民群众的根本利益作为一切工作的出发点和落脚点，让人民群众共享发展成果，最大限度地调动人民群众的积极性和创造性；必须坚持改革创新，着力解决制约经济社会发展的体制机制性问题，不断激发创新动力，增强发展活力，提升区域竞争力；必须坚持加强和改善党的领导，切实抓好党的先进性建设和执政能力建设，充分发挥党的领导核心作用、基层党组织的战斗堡垒作用和广大党员的先锋模范作用，为又好又快发展提供坚强保证。这些成绩和经验的取得，归功于党中央和省委的正确领导，归功于全市党员干部群众的团结奋斗，归功于历届市委打下的良好基础，归功于广大老同志、老干部的关心帮助和全社会的大力支持。在此，我代表九届市委，向全市广大党员和干部群众，向所有关心、支持和积极参与潍坊改革开放和现代化建设事业的同志们、朋友们，表示崇高的敬意和衷心的感谢！

面对新的发展形势和要求，我们也清醒地看到工作中存在的一些问题和矛盾。主要是，经济实力不够强，一些主要人均指标低于全省平均水平；自主创新能力不强，资源环境面临挑战，区域发展不够平衡；体制机制改革任务很重，发展环境仍需改善；社会事业发展不够全面和深入，关系群众切身利益的一些突出问题尚未得到有效解决；少数基层党组织软弱涣散，行政效率需进一步提高，廉政和作风建设离人民群众的期望还有较大差距，干部队伍在思想观念、知识能力、工作方法等方面与科学发展观的要求还不够适应，我们必须高度重视，切实加以解决和改进。

同志们，综观全局，我们正处在全面建设小康社会、加快推进现代化进程的重要历史阶段，今后五年，是潍坊工业化、城镇化、农业现代化加速发展的关键时期，我们的发展机遇极其难得，发展责任十分重大。经济全球化进程加快和国内经济结构调整、资本流动趋势，有利于潍坊承接产业和资本转移；国家加快环渤海地区开发开放战略的实施，山东半岛城市群和制造业基地建设进程的加快，将使潍坊获得新的发展空间和动力；经过多年的发展，特别是这几年科学投入、改革创新的成果，使潍坊具备了又好又快发展的基础和条件。尽管我们面临着市场、资源、技术、人才等日益激烈的竞争，面临着各地你追我赶、竞相发展的压力，但只要坚持科学发展，坚持以发展解决前进道路上的矛盾和问题，就一定能够开创改革和建设的新局面。站在新的起点上，我们要深入落实胡锦涛总书记的重要批示，努力实现科学发展、促进社会和谐、保持党的先进性，使潍坊经济更具实力，事业更加繁荣，群众更加富裕，社会更加和谐。全市各级党组织和广大共产党员，一定要增强使命感、责任感、紧迫感，牢牢抓住机遇，积极应对挑战，奋力开拓进取，努力谱写改革开放和现代化建设的新篇章。

今后五年，全市工作总的指导思想是，高举邓小平理论和“三个代表”重要思想伟大旗帜，以实现科学发展、促进社会和谐、保持党的先进性统领全局，全面推进经济、政治、文化、社会和党的建设。坚定不移地以经济建设为中心，科学发展工业经济、加快建设先进制造业基地，科学发展城市经济、加快建设现代化中心城市，科学发展县域经济、加快建设社会主义新农村；更加注重科学发展社会事业，不断解决好人民群众最关心、最直接、最现实的利益问题，促进社会和谐；坚持不懈地抓好党的先进性建设，提高党的执政能力和领导水平，领导和推进经济社会又好又快发展，努力建设富裕文明和谐的现代化强市。

全市总的奋斗目标是，全面完成“十一五”规划任务，全面建设小康社会，为建设现代化强市奠定坚实的基础。科学发展要取得新成果，工业经济实力显著增强，先进制造业基地形成规模；城市经济发展水平显著提升，区域带动力得到强化；县域经济发展步伐显著加快，新农村建设呈现出新面貌；经济增长方式显著转变，经济结构、质量和效益进一步优化和提高，到2011年，地区生产总值和地方财政收入力争比2006年翻一番，城乡居民收入持续较快增长，家庭生活状况和生活水平普遍改善和提高。促进社会和谐取得新成就，社会事业全面发展，利益共享机制基本建立，公共服务基本实现网络化、全覆盖，群众最关心、最直接、最现实的利益问题得到较好解决；城乡面貌发生较大变化，环境恶化得到遏制和较大改善，生态环境切实得到保护；民主法制进一步健全，社会保持安定有序，人民群众增加安全感；精神文明建设进一步加强，和谐文化深入人心，和谐创建深入开展，全社会文明程度普遍提高，社会更加和谐。党的先进性建设取得新成效，保持共产党员先进性长效机制更加健全，基层党组织薄弱环节全面加强，党的领导更加坚强有力，党组织的创造力、凝聚力、战斗力进一步增强，党员的先锋模范作用充分发挥，党群干群关系更加密切，人民群众对我们的各项工作比较满意和更加满意。确立这样的奋斗目标，是中央和省委的要求，也是全市人民的愿望；胜利实现这一目标，我们就能在建设现代化强市的道路上迈出坚实步伐，潍坊的明天就一定会更加美好。

二、全面落实科学发展观，奋力推进经济又好又快发展

建设富裕文明和谐的现代化强市，最根本的是以经济建设为中心，大力发展先进生产力。要立足科学发展，坚持以工业经济为主导，以城市经济为重心，以县域经济为基础，以科学投入和改革创新为动力，加快工业化、城镇化、农业现代化进程，好中求快，又好又快，不断壮大经济综合实力。

（一）科学发展工业经济，加快建设先进制造业基地。当前，我们正处在工业化的关键时期，同时又具备了科学发展工业经济的良好基础和条件。加速推进工业化，是推动经济又好又快发展的主导力量；实施工业强市，是潍坊科学发展的重点战略。要坚持全党抓经济、重点抓工业，坚持走新型工业化道路，加快建设先进制造业基地。

要大力实施高新技术产业赶超战略，加快工业结构优化升级。高新技术引领未来，决定潍坊的发展前景。要立足促进产业升级和引领未来发展，坚持整体追赶、局部超越，选择优先目标全力突破，努力实现提高创新能力的跨越，力争用五年左右的时间，使高新技术产业达到全省一流水平，成为工业经济的主要支撑力量。以发展电子信息、生物医药、新材料等产业为重点，突出抓好现有高新技术企业的培强做大，突出抓好传统产业和企业的信息化、高新化改造，突出抓好带动力强的高新技术项目的引进，促进集群发展，壮大高新技术产业规模。着力完善有竞争力的高新技术创新体系，建设一批国内一流的公共和企业高新技术研发平台，促进创新成果与各类要素融合，集中力量在重点产品的关键技术和规模化生产上取得突破。现阶段高新技术产业的加快发展，需要政府的强力推动，各级政府必须加大对高新技术产业发展的支持力度，创新完善金融服务、人才聚集和知识产权保护等政策，引导企业资本、政府采购、发展空间等发展的优势资源向高新技术产业集中，为高新技术产业快速成长营造良好环境。

继续实施优势产业、大企业集团和知名品牌带动战略，全面增强工业经济整体实力。进一步壮大机械装备、重化工业、纺织服装、食品加工、造纸包装等优势产业，着力培育石化、能源、钢铁等基础产业，形成具有自身特色、结构合理、充满活力、有竞争优势的产业体系。突出大项目带动作用，在重点制造业领域和区域着力发展一批产业龙头项目，拉长产业链条，发展产业集群。突出资本市场的作用，创造条件推动各类企业尤其是成长性好的企业加快进入资本市场，促进素质提升，实现规模效益。突出加快国际化进程，引导企业特别是大企业积极参与国际分工合作与竞争，逐步实现资本、市场、资源的国际化，促进产品、技术、管理水平提高，发展一批拥有自主知识产权、国际竞争力较强的大企业集团和知名品牌。

加快实施沿海开发战略，拓展工业经济发展空间。沿海地区是潍坊新一轮经济发展最重要的战略空间。要把沿海开发放在发展全局的重要位置，紧紧抓住历史机遇，坚持综合开发、科学发展，注重节约资源和保护环境，大力发展先进制造业，加快建设外向度高、综合实力强、生态环境好的现代化经济新区。依托四个项目区，突出培育骨干产业链，开拓石油化工、电力能源等战略性基础产业，加快项目聚集和现有企业发展，奠定高层次产业结构和集群发展的基础。按照完善配套、适度超前的原则，加快区内重要基础设施建设，畅通与周边地区和环渤海重要城市及开发区域的陆海交通，超前谋划可靠的资源渠道，为沿海开发提供有力支持。要坚持以港兴区，全力支持港口建设，加快发展临港经济。要协调发展生态农业和海洋经济，切实加强资源管理和生态保护，努力取得良好的经济效益、社会效益和生态效益。

积极实施循环经济发展战略，加快转变工业增长方式。发展循环经济是潍坊工业强市的基础。我市经济增长方式比较粗放，又处在工业化进程加快的历史阶段，资源环境与工业经济发展的矛盾十分突出，必须树立绿色工业理念，积极发展循环经济。要制定和实施好循环经济发展规划，从企业、园区、产业、社会四个层面，构筑循环经济体系，推动企业循环式生产、产业循环式组合、资源循环式利用，加快发展资源节约型、环境友好型工业。落实节约优先的方针，以节地、节水、节能为重点，突出抓好生产和建设环节的节约，优先发展节能环保产业，积极用先进节能环保技术改造传统产业，加快淘汰高污染、高耗能企业和行业，完成节能降耗任务，提高资源能源利用效率，加快形成节约型环保型工业增长方式，确保

工业经济发展路子越走越宽。

（二）科学发展城市经济，加快建设现代化中心城市。城市是效率高、辐射带动力强的经济体，是区域经济社会发展的重心和龙头。城市经济的又好又快发展，影响着一个区域的发展水平和竞争力。要站在赢得区域竞争的高度，以更广阔的视野谋划城市发展，进一步明确目标、科学规划、加快建设、科学发展，全面提升各级区域性中心城市的功能、品质和产出能力，增强城市体系的竞争力，显著提高潍坊在半岛城市群中的地位。

坚持产业先导战略，重点发展高新技术产业和现代服务业，提升城市的产业规模、层次和竞争力。要加快中心城区“四大板块”产业集群发展，东部高新区要牢记自身使命，奋力推进高新技术产业的跨越式发展，争取成为全省一流的高科技园区。西部要加快引进大型物流项目，尽快形成鲁东物流中心的规模，打造全省乃至华东地区的重要物流节点。中部要加快发展现代服务业，促进金融、商贸、文化、咨询、娱乐、房地产及各类中介等服务行业的繁荣健康发展。北部滨海项目区要在沿海开发中走在前面，努力成为先进制造业示范区。

加大规划建设力度，提升城市功能和品质。强化规划的龙头作用，引入先进理念，完善前瞻性、科学性、权威性的城市体系规划，引领城市科学发展。进一步完善城市基础设施，加快构筑立体化、现代化交通体系，优先发展公共交通。继续推进市政公用事业的改革和发展，加快科技、教育、文化、卫生等重大公共服务项目建设，增强城市综合服务功能。绿色是潍坊的城市本色，整洁是潍坊的城市面容，文化是潍坊的城市底蕴，繁荣是潍坊的城市价值，创新是潍坊的城市精神。要弘扬城市建设与发展的时代精神，丰富城市文化内涵，促进城市经济繁荣，改善城市生态环境，积极创建国家卫生城市和园林城市，提升城市品质，彰显世界风筝都风采。

推进管理重心下移，提高城市管理水平。城市管理重在社区。要按照现代化城市管理的要求，切实加强社区建设管理。理顺社区建设管理的组织领导体制，明确社区职能设置，科学调整社区布局，配套完善基础设施，加快社区企业改革。把城中村、旧居住区改造同社区建设结合起来，争取用三年左右的时间基本完成改造任务。健全完善城市管理体制和运行机制，优化公共管理资源配置，推动公共服务功能和公共执法体系向社区全面延伸，提高服务和管理水平，努力建设整洁、有序、安全、文明的和谐社区，让市民群众安居乐业。

实施城乡统筹与区域合作的发展战略。遵循中心城市的发展规律，加快基础设施对接和重要资源共享，促进要素聚集、功能互补、集约发展。中心城区要加快发展“半小时都市圈”，滨海经济开发区和昌乐县要加快融入中心城市，寿光市、昌邑市、安丘市要与中心城市相向发展。寿光市、诸城市、高密市、青州市要加快发展成为中等城市，安丘市、昌邑市、临朐县要建设成为规模合理、各具风貌的特色城市。要构筑市域“一小时经济圈”，加强与半岛城市群特别是青岛的战略合作，积极投入环渤海经济圈建设，加强与长三角、珠三角重要城市的合作，努力实现共同发展、合作共赢。

（三）科学发展县域经济，加快建设社会主义新农村。建设社会主义新农村是党中央作出的重大决策，是新时期解决“三农”问题的总抓手。县域经济是以农业为基础，以工业化、城镇化为带动，城乡统筹、一体化发展的区域经济。现阶段，县域经济承载着推进工业化、城镇化、农业现代化，加快建设新农村的历史重任，地位十分重要、十分突出。必须把发展县域经济作为新农村建设的主导力量，坚持工业强县，坚持统筹发展，大力发展现代农业，促进农民增收，扎实推进新农村建设。

要加快壮大县域经济实力。加速工业化是县域经济发展的首要任务，是农业现代化的重要支撑。要坚定不移地实施工业强县战略，增强县域经济实力，提高工业反哺农业的能力。加强工业园区集中建设，着力抓好大项目、骨干企业和特色产业发展，拉长产业链，做大产业规模，抓好节能环保，促进工业集约发展。注重发展劳动密集型产业和农产品加工业，拓宽农村劳动力转移渠道，增强农产品增值能力。要搞好城镇建设，抓好县城和中心镇的建设和发展，稳妥推进镇、村集中发展，适度扩大乡镇和中心村规模，逐步完善基础设施建设，增强产业、人口的承载功能。各县市要在县域经济发展中有更大作为，寿光市、诸城市要向更高目标迈进，青州市、高密市、昌邑市要奋力追赶，安丘市、昌乐县、临朐县要在经济总量上奋力突破。各县市都要努力实现在全省、全国的发展位次不断前进。

要大力发展现代农业。发展现代农业是增加农民收入的基本途径，是新农村建设的产业基础。要用现代发展理念引领农业，用现代物质条件装备农业，用现代科学技术改造农业，用现代产业体系提升农业，用现代经营形式推进农业，用培养新型农民发展农业。要加大对农业的投入，强化农业的物质技术支撑。重点加强农田水利建设，优化水资源配置，提高农业防灾抗灾能力；重点强化农业科技服务，建立起服务于每个农民的科技服务机制和网络，加强对农民的技术培训和新技术的推广应用，促进农业增长向科技推动型转变；重点提高农业生产装备水平，大力发展农用工业，增加农机具购置补贴，加强农业装备，提高农业生产效率；重点防范和控制农业面源污染，保护农业生态，提高农业可持续发展能力。要继续实施农业“三化三带动”战略，大力发展优质高效种养业，全面推行标准化生产，严格加强农产品质量管理，确保质量安全；大力发展农业龙头企业，提高农产品加工率和加工水平；大力开拓农产品市场，努力突破国际市场和国内高端市场，引领现代农业发展。要注重发展农业经济专业合作组织，提高农业生产组织化程度，提高市场竞争力。要实施品牌战略，全面提高农产品市场美誉度，做好潍坊农业品牌，巩固和扩大潍坊农业优势地位，推动潍坊由农业大市向农业强市转变。

要扎实推进社会主义新农村建设。按照中央“20字”方针，以发展农村经济、增加农民收入为核心，坚持因村制宜、科学规划，生产先行、各有所为，稳步推进、创新发展，推动新农村建设不断取得新进展，切实提高农民生活水平。要科学制定新农村建设的规划，认真落实党的支农惠农各项基本政策，改善农村基础设施条件，促进农业生产。要搞好镇村环境综合整治，改善农民居住条件，推进有条件的村实现居住社区化。要加大公共财政对农村公益事业的投入，不断提高医疗、教育、就业、养老等服务和保障水平。加强农村新文化建设，大力倡导健康、文明、科学的生活方式，积极培育新型农民。完善村民自治制度，提高农村民主管理水平，组织引导广大农民共同建设美好家园。

同志们，要全面实现潍坊经济又好又快的发展目标，我们必须坚持把科学投入和改革创新作为实现科学发展的动力，坚持加大科学投入，坚持推进改革创新，确保经济建设又好又快扬帆奋进。

必须加大科学投入力度，努力做大“好”的增量。科学投入的总量和速度，决定结构优化水平和经济实力强弱，是科学发展的关键所在。必须坚持科学发展观，抓住新一轮发展机遇，做快做大“好”的增量，确保经济又好又快发展。充分发挥市场的主导作用、政府的引导作用、企业的投资主体作用，促进科学投入稳定增长。坚定不移地抓好招商引资，扩大对外开放，注重提高引进外资的质量，着力引进产业关联度大、技术含量高、辐射带动力强、节能环保型的项目，同时注重更多地引进先进技术、管理经验和高素质人才；努力承接国际服务外包，积极扩大对外承包工程与劳务合作，支持自主品牌、高附加值产品和农产品扩大出口，不断提高对外经贸的质量和水平。坚定不移地做强做大现有企业，支持现有企业按照国家产业政策和自身发展规律，加大技改投入，做大企业规模，鼓励企业兼并收购，发展战略合作伙伴，扩大银企合作，积极上市融资，多渠道增加投入。坚定不移地发展民营经济，强化政策扶持，完善服务体系，鼓励民营企业技术改造和提升管理，鼓励科技型民营企业加快发展，最大限度地激活民间资本，鼓励人民群众创业致富。认真贯彻国家宏观调控政策，坚持节约用地、节能降耗和环境保护，引导各类资金主要投向高新技术产业、先进制造业、现代服务业和节能环保基础设施建设，切实优化投资结构。各级政府要把科学投入作为重中之重，紧紧抓住不放，努力抢占先机，务求更大成效，不断为科学发展积蓄力量、增强后劲，促进经济持续增长。

必须加大体制改革力度，进一步增强发展活力。要坚持社会主义市场经济的改革方向，加快消除制约科学发展的体制机制性障碍，进一步解放生产力。继续深化行政管理体制改革，创新政府管理方式，全面提高行政效率。加快事业单位的改革，分类指导实行企业化产权改革和事业规范化管理。积极推进现代企业制度建设，进一步健全法人治理结构，推进企业管理运营制度创新。强化经济园区的体制创新，建设高度开放、运行高效的运行机制，使园区经济发展充满活力。全面推进农村综合改革，为搞好“三农”工作提供机制保障和提高服务能力。通过改革，努力构建充满活力的体制机制，充分激发全社会发展经济、创新创业的活力。

必须加大环境创新力度，不断提升环境竞争力。在资源全球化的新形势下，环境竞争力成为区域竞争力的核心。要进一步强化“环境就是生产力，改善环境就是提高生产力”的观念，把环境创新作为科学发展的生命线来抓，着力创造让投资者放心、顺心、安心的发展环境。深化行政审批制度改革，减少审批事项，规范审批行为，提高审批效率。创新完善投资管理服务机制，在把握好规划、环保、安全、节能准入标准及国家产业政策的基础上，全面放开搞活投资市场；建立高度集中、高度权威、高度便捷的投资受理服务机构，让每一个投资者都能得到公平、顺畅、有效的服务。强化机关效能监察中心、经济发展软环境投诉中心职责，对不作为、乱作为等破坏发展环境、损害潍坊形象的行为严惩不贷，切实维护发展环境。各级各部门主要负责人都要亲自抓环境建设，出现问题要承担领导责任。全社会都要自觉维护潍坊的发展环境，努力提升环境竞争力，让优良的环境展现出潍坊宽阔的胸怀、高尚的风范、优秀的美德，为经济又好又快的发展保驾护航。

三、坚持以人为本，努力构建社会主义和谐社会

实现社会和谐，建设美好社会，是人民群众的共同愿望，也是我们党不懈追求的奋斗目标。构建和谐社会要坚持以人为本，扎实推进，以解决人民群众最关心、最直接、最现实的利益问题为出发点和落脚点，在促进社会和谐的进程中不断取得新成效。

（一）发展社会事业，保障社会公共利益。社会事业与群众利益息息相关。促进社会和谐，必须高度重视民本民生，加快社会事业发展。要进一步强化政府责任，在经济发展、财力增长的同时，加大公共财政对社会事业的投入，引导更多的社会资金投向社会事业领域，提高社会事业发展水平，不断增强解决群众切身利益问题的能力。坚持教育优先发展，巩固提升基础教育，以较高标准普及高中段教育，加快建设高职人才培养基地，扩大高等教育规模，推动城乡教育均衡发展，促进教育公平。加快发展医疗卫生事业，建立较高水平的农村和社区卫生服务体系，完善覆盖城乡、人人享有的基本卫生保健制度，努力解决好群众看病难、看病贵问题。加强城乡体育设施建设，广泛开展全民健身活动。始终把人口和计划生育作为促进全面协调可持续发展的战略问题抓紧抓好，落实基本国策，稳定低生育水平，不断提高人口素质。积极扩大就业，重点促进困难群体就业、大中专毕业生就业和失地农民就业，努力实现相对充分就业。加快完善城乡社会保障体系，逐步提高保障水平。健全社会救助制度，积极发展社会福利和慈善事

业，使城乡困难群众及时得到政府帮扶和社会关爱。

让人民群众共享发展成果，是实现经济发展和社会和谐的基础。从现阶段发展水平出发，在收入分配、劳动就业、社会保障、公共服务等方面积极探索建立各种与经济发展成就相对应的利益共享机制。推进改革、发展和建设，要统筹兼顾各方利益，保障好因为建设事业需要直接受到影响、做出贡献的群众所拥有的合法权益。要优化公共资源配置，各级政府财政转移支付要向农村和困难群众倾斜，向解决人民群众最关心、最直接、最现实的利益问题倾斜。注重提高低收入和困难群众的保障水平，使群众生活随着经济的发展而不断的改善，努力促进经济增长、惠风和畅，让发展成果惠及全市人民群众。

（二）加强民主法治，维护社会公平正义。推进民主法治是政治建设的基本要求，维护公平正义是促进社会和谐的重要任务。积极推进社会主义民主政治建设，扩大公民有序的政治参与，保证人民依法行使民主权利。坚持和完善人民代表大会制度，支持人大及其常委会依法行使重大事项决定权和监督权。坚持和完善中国共产党领导的多党合作和政治协商制度，充分发挥人民政协政治协商、民主监督和参政议政的职能。全面贯彻落实党的民族、宗教、对台和侨务政策，巩固和发展爱国统一战线。深入推进依法治市，广泛开展社会主义法治理念和普法教育，弘扬法治精神，提高法律素质。全面推进依法行政，稳步推进司法体制改革，加强对行政机关、司法机关的监督，确保严格执法、公正司法。深化政务、厂务和村务公开，扩大群众的知情权、参与权和监督权。加强制度建设，把社会各项管理逐步纳入法制化轨道。加快建立社会公平保障体系，促进规则公平、机会公平、权利公平。

（三）弘扬和谐文化，促进社会诚信友爱。要以倡导和谐理念、培育和谐精神、建设和谐文化来促进社会和谐。坚持马克思主义在意识形态领域的指导地位，把社会主义核心价值体系融入国民教育和精神文明建设全过程，巩固全市人民团结奋斗、科学发展、共建和谐的思想基础。倡树以“八荣八耻”为主要内容的社会主义荣辱观，倡导爱国、敬业、诚信、友善等道德规范，强化社会公德、职业道德、家庭美德教育，形成知荣辱、讲正气、促和谐的社会风尚。完善政府、企业和社会信用体系，增强全社会诚实守信意识，努力建设“诚信潍坊”。繁荣哲学和社会科学，大力发展文化事业和文化产业，加快推进文化体制改革，建设“文化名市”，为广大群众提供优质精神产品。坚持正确的舆论导向，为改革发展稳定营造和谐的思想舆论氛围。

（四）建设“平安潍坊”，保持社会安定有序。稳定是和谐的基础，和谐是稳定的升华。按照促进社会和谐的要求，扎实做好平安建设工作，努力实现全面的可持续的稳定。要深化社会治安综合治理，加强基层基础基本功，健全完善防控体系，搞好严打整治，提高社会治安控制力。正确处理人民内部矛盾，加强和改善群众工作，健全完善矛盾纠纷调处机制，最大限度地把矛盾纠纷化解在基层和初始状态。拓宽社情民意表达渠道，落实信访工作责任制，积极解决群众合理诉求，最大限度地化解不和谐因素。加强预警和应急机制建设，提高应对处置突发性、群体性事件的能力和水平。强化生产、消防、交通和食品药品安全管理，坚决防止重特大事故的发生。动员全社会广泛参与，携手共建“平安潍坊”。

（五）建设“生态潍坊”，保护社会环境和谐。实现人与自然和谐相处，是和谐社会的客观要求。坚持生态建设与经济建设一起推进，环境效益与经济效益一起考核，全面加强环境保护和生态建设，努力建设宜居城市、优美乡村，让人民群众呼吸上新鲜的空气，喝上干净的水，享有更多的青山绿地。实行最严格的环境保护制度，严格进行环境监管，对造成污染者，加大法律、行政、经济惩罚力度，确保完成污染物减排目标。要切实抓好污染防治，加快整治重点污染产业、区域、流域，控制农村面源污染，严格保护饮用水源。进一步促进环境基础设施建设，形成多元化的环保投入和市场化的运营机制。加快推进生态市建设，大力实施国土绿化工程，建设一批生态市县、环境优美乡镇和文明生态村，努力创建环境保护模范城市群。

构建和谐社会是社会共建工程，需要全社会的共同努力，全市人民要在共建中共享、在共享中共建，广泛开展和谐村庄、和谐社区、和谐单位、和谐家庭的创建活动，动员全社会共同参与和谐社会建设。各级党委、政府要切实加强组织领导，支持和谐创建活动，工会、妇联、共青团、民兵及各群众组织、各社会团体都要积极主动地投身到和谐创建活动中去。要把群众性精神文明创建活动、新农村建设、双拥共建等活动与和谐创建活动紧密结合起来，努力形成丰富多彩、生动活泼的和谐创建工作新局面。全市广大党员、干部和群众都要自觉追求和谐，积极促进和谐，努力维护和谐，我们的社会一定会更加文明和谐进步。

四、始终保持党的先进性，不断提高执政能力和领导水平

领导和推进潍坊各项事业，关键在党。要以与时俱进的精神，大力加强党的先进性建设，不断提高执政能力和领导水平，更好地担负起领导经济社会发展的历史重任，团结带领全市人民为实现科学发展、促进社会和谐的宏伟目标而奋斗。

（一）切实加强和改善党的领导。要始终坚持坚定正确的政治方向，认真贯彻党的路线方针政策，坚决与以胡锦涛同志为总书记的党中央保持高度一致。坚持科学执政、民主执政、依法执政，坚持党委总揽全局、协调各方，发挥党委对同级人大、政府、政协等各种组织的领导核心作用，加强和改进对工会、共青团、妇联等各群众团体的领导，高度统一思想，有效协调力量，充分调动各方面积极性，确保市委各项重大决策部署的贯彻落实。坚持民主集中制原则，健全完善重大问题决策的规则和程序，充分发扬民主，推进决策的科学化、民主化。落实常委分工负责制，充分发挥每个班子成员的作用，不断提高领导力和执行力。建立统一高效、相互合作的组织领导工作机制，强化目标管理，强化领导责任，强化工作落实，全面加强领导，奋力推进各项工作开创新局面。

（二）建设高素质的领导班子和干部队伍。干部队伍是事业成功的决定性因素，也是我们党的事业的宝贵财富。着眼于既定奋斗目标的实现，着眼于竞争发展的现实，着眼于全球化发展趋势，努力建设一支能够适应新形势、实现新发展、具有较强竞争力的干部队伍。坚定不移地贯彻党的干部路线和方针，坚持正确的用人导向，科学配置干部资源，全面优化干部队伍结构，造就干部队伍整体能力优势。要强化干部队伍的教育培训，扩大培训规模，提高培训水平，开发利用好各种有效的培训资源，充分发挥各级党校的主阵地作用，科学地精心地组织好干部培训工作，促进干部特别是关键岗位的干部知识及时更新，素质明显提升，全面提高干部队伍科学发展和促进社会和谐的能力。创新干部激励机制，按照科学发展、促进社会和谐的目标要求，改革和完善经济社会发展成果评价体系，建立全员目标、落实全员责任、实行全员考核，对各级领导班子和领导干部进行科学的绩效评价，激励干部队伍在科学发展中真抓实干，让会干事、干成事的优秀干部脱颖而出，让不干事、干坏事的干部受到警诫和惩处。同时，要注重关心爱护干部，发现问题及时纠正，发现困难及时帮助，建立和维护干事创业的革命感情。要把人才工作放在全社会发展的战略高度，坚持把企业家队伍、专业技术人才队伍建设与干部队伍建设一起抓，深入实施人才强市战略，进一步加大投入，创新机制，优化环境，做好人才引进、培养和使用工作，造就一支规模宏大、结构合理、素质较高的人才队伍，为科学发展、促进和谐社会建设建功立业。

（三）突出抓好基层党建薄弱环节，夯实党的事业的工作基础。党的基层组织是党的全部工作和战斗力的基础。要健全和落实党员教育管理、联系服务群众等党建工作长效机制，巩固扩大先进性教育活动成果，激发党员队伍的整体活力。要坚持围绕中心、服务大局、拓宽领域、强化功能，深化农村基层党组织“三级联创”活动，认真做好企业、社区和机关事业单位的党建工作，加强新型经济组织和社会组织党建工作。高度重视和突出抓好基层党建薄弱环节，尽快改变部分基层组织尤其是村级党组织的软弱涣散状况。拓宽选拔渠道，创新选拔方式，选好配强村级班子特别是村支部书记；完善工作制度，加强对村居干部的教育和监督，重点解决处事不公、在任不廉的突出问题；继续创新和实行驻村帮扶等有效办法，切实解决好村级组织运转的保障问题。通过几年的努力，要使大多数基层后进班子有明显变化，把党的基层组织真正建设成为能带领群众科学发展、共创和谐的战斗堡垒。

（四）始终保持良好的作风，永葆先进性。党的作风关系党的形象和生命。要紧紧围绕实现科学发展、促进社会和谐、保持党的先进性，全面加强思想作风、学风、工作作风、领导作风、干部生活作风建设，大力倡导胡锦涛总书记提出的八个方面的良好风气，努力做到为民、务实、清廉。要改进思想作风，坚持用马克思主义中国化的最新理论成果武装头脑，坚持解放思想、与时俱进，以创新的思维和办法谋划发展，推动工作。要改进学风，健全完善党委中心组读书会等学习制度，紧密结合实际，抓好重大问题的学习，通过学习统一思想，提高认识，推动工作。要改进工作作风和领导作风，坚持求真务实，狠抓落实，带头实干，在实干中实现领导。团结是领导班子的本质要求，团结是各级领导班子赖以存在和发挥作用的基础。要像爱护眼睛一样倍加珍视和维护团结，以领导班子的团结带动干部队伍团结共事，促进各方面的团结和谐。要改进干部生活作风，各级领导干部要严格自律，并按纪律要求管好家人和身边工作人员，不做有损于党的形象，有损于家庭和个人名誉的事情。加强对领导干部特别是“一把手”的管理和监督，各级领导干部都要按照党纪党风建设新的要求，进一步加强思想道德修养，践行廉政承诺，自觉接受监督。要坚持标本兼治、综合治理、惩防并举、注重预防的方针，建立完善教育、制度、监督并重的惩治和预防腐败体系，认真落实党风廉政建设责任制，加大反腐倡廉工作力度，严肃查处违法违纪案件，努力维护党纪的严肃性和党的纯洁。

同志们，实现科学发展、促进社会和谐，建设富裕文明和谐的现代化强市，是全市各级干部和广大党员的崇高使命。我们要始终保持坚韧不拔、奋发有为的精神状态，干事创业、追求卓越，团结带领全市人民艰苦奋斗，把我们的事业不断推向前进。市委常委和各级党的领导班子、领导干部一定要牢记使命，把人民的利益和党的事业放在第一位，切实履行好领导职责，不辜负上级党委的信任，不辜负全市 50 多万党员的重托，不辜负全市 860 万人民的期待，立党为公，勤政为民，恪尽职守，务实创业，自我加压，奋力拼搏，创造一流业绩，推动潍坊经济社会又好又快发展，努力让人民群众放心和满意。

未来五年，对潍坊的发展非常关键，重任在肩，时不我待。让我们更加紧密地团结在以胡锦涛同志为总书记的党中央周围，高举邓小平理论和“三个代表”重要思想伟大旗帜，全面落实科学发展观，奋力推进和谐社会建设，解放思想，实事求是，埋头苦干，开拓进取，以优异成绩迎接党的十七大胜利召开，为建设富裕文明和谐的现代化强市而努力奋斗！

政府工作报告

——2007年2月27日在潍坊市第十四届人民代表大会第五次会议上

潍坊市代市长　许立全

各位代表：

现在，我代表市人民政府向大会报告工作，请予审议；并请市政协委员和其他列席会议的同志提出意见。

一、2006年政府工作回顾

2006年，是我市现代化建设取得重大成就的一年。一年来，在省委、省政府和市委的正确领导下，在市人大常委会、市政协的监督支持下，市政府团结带领全市人民，以邓小平理论和“三个代表”重要思想为指导，全面落实科学发展观，认真贯彻中央一系列方针政策，按照市委“一个目标、两个确保、五个新突破”的总要求，开拓进取，扎实工作，圆满完成了市十四届人大四次会议确定的目标任务。全年完成地区生产总值1720.9亿元，增长16.5%；财政总收入177.7亿元，其中地方财政收入88.5亿元，分别增长26.1%和26.4%；社会消费品零售总额573.6亿元，增长16.3%；居民消费价格总水平上涨1.0%。

（一）认真落实宏观调控政策，增长方式实现积极转变。严把土地、信贷闸门和市场准入门槛，全面清理新开工项目，坚决控制投资规模，努力消除不健康因素，经济发展的稳定性、协调性和可持续性进一步增强。规模以上固定资产投资完成999.5亿元、增长20.3%，增幅同比回落14.1个百分点。高新技术产业、先进制造业、社会事业等领域的投资有较大幅度增长。坚持把节能降耗作为实现科学发展的重要举措，强化对高耗能行业、重点用能企业的监管，万元地区生产总值能耗呈现下降趋势。加大环境保护和污染防治力度，落实排污总量控制和环境影响评价制度，市内主要河流水质有较大改善，中心城区空气质量良好率达到97.5%。

（二）努力推进产业升级，经济结构进一步优化。大力推进工业强市战略，工业经济质量效益不断提高、主导地位更加突出。规模以上工业企业主营业务收入、利税分别增长30.2%和28.9%，新增规模以上工业企业338家、全国大型企业5家、中国名牌产品9个、中国驰名商标5件，有10家企业主营业务收入过50亿元、4家过100亿元。加快发展高新技术产业，设立高新技术产业发展基金，首批支持的6个企业研发中心建设取得较大进展；新增省级高新技术企业36家，高新技术产业产值增长34.3%，占工业总产值的比重达到22.1%。大力发展服务业，商贸、餐饮等传统产业持续增长，金融保险、现代物流、房地产、旅游等新兴产业日趋繁荣。银行存、贷款增量分别居全省第4位和第3位，旅游接待突破1000万人次。实现服务业增加值508.4亿元，增长16.1%。

（三）大力发展现代农业，新农村建设势头良好。深入实施“三化三带动”战略，积极探索新农村建设路子，农村经济持续快速发展。主营业务收入过亿元龙头企业达到129家，绿色、无公害、有机食品基地发展到465万亩。完善反哺农业机制，加大财政支农力度，农村生产生活条件不断改善。新增自来水受益人口82.9万，农村自来水普及率达到74.2%；新建、改造农村道路2005公里，村村通客车率达到98%；有线电视通村率达到90%。认真落实各项惠农政策，全面取消农业税，兑付粮食直补等各项补贴2.1亿元；农村义务教育“两免一补”工作进展顺利。“新农合”参合率达到88.2%。农村民主管理得到加强，村级事务契约化管理等新的探索得到社会好评。

（四）加大建设管理力度，城市功能更加完善。高起点修编城市总体规划和控制性详细规划，全力推进“四大板块”建设，中心城区产业发展框架更加清晰。加快功能性项目规划建设，高标准完成了风筝广场、虞河整治、火车站站房改造等重点工程，金融中心、娱乐中心、鲁东物流中心建设进展顺利；白浪河水厂投入运营，中心城区实现双水源地供水；生态市建设“十大重点工程百个建设项目”完成投资50.1亿元，中心城区新建、改建绿地面积781万平方米。加大城管综合执法力度，深入开展城市环境综合整治，市容市貌明显改观。创建国家卫生城市取得阶段性成果。成为山东省节水型城市，获得“中国人居环境奖（水环境治理优秀范例城市）”和“2006中国特色魅力城市”称号。沿海地区规划建设实现新突破。编制了沿海开发概念规划纲要、四个项目区总体规划和道路、水系、循环经济等专项规划。公路、港口等重大基础设施建设步伐加快，北海路北段建成通车；潍坊港3个3000吨级泊位建成试运营。四个项目区起步区实现“七通一平”，完成投资130亿元。

（五）深化改革扩大开放，发展活力不断增强。县市区国有企业基本完成改制任务；市属国有企业又有18家完

成改制、16家完成破产重组，改制重组面达到95%以上。孚日家纺、天德化工2家企业股票分别在深圳和香港上市。落实扶持政策，优化发展环境，民营经济迈上新台阶，年实缴税金突破百亿元，占全市税收总额的比重超过70%。积极推进事业单位改革，通过清理整合、改企转制，146家完成改革任务，压缩事业编制2962个。市政管理市场化改革不断深入。理顺市区、市县财政体制，初步建立起了稳定的收入增长和财力分配机制。对外开放水平进一步提高。各省级开发区开放载体功能不断增强，国家级出口加工区正式挂牌运行。积极转变招商引资方式，办好各类重大招商活动，引进市外资金534亿元，实际利用外资5.6亿美元；完成进出口总额51.9亿美元，其中出口38.6亿美元，分别增长31.6%和30.8%。对外承包劳务合同额达到14.3亿美元，增长539%。

（六）社会事业全面进步，精神文明建设进一步加强。大力实施科教兴潍战略，组织实施省级以上科技计划项目138项，获专利授权1370件、增长47.4%，科技进步考核居全省第一，再次被评为全国科技进步先进市。各级各类教育快速发展，教育教学质量不断提高。素质教育经验被国家教育部等五部委列为全国典型。新建职业教育实训基地5个，高校在校生达到10.7万人。潍坊风筝、杨家埠木版年画、高密扑灰年画、高密茂腔入选第一批国家级非物质文化遗产名录。医疗卫生事业加快发展，公共卫生、社区卫生、医疗急救体系进一步完善，标准化乡镇卫生院达到50个、村级卫生室2500所。参加21届省运会取得良好成绩。人口自然增长率控制在了4.0‰以内。广泛开展“八荣八耻”社会主义荣辱观教育，“文明和谐社区”、“星级文明户”等各类创建活动成效明显。新闻出版、广播电视、外事侨务、民族宗教、妇女儿童、老龄、残疾人、统计、地震、气象、人防等工作都取得了新进展。

（七）高度重视民本民生，关系群众切身利益的问题得到较好解决。加大公共资源倾斜力度，努力提高城乡居民生活质量，社会更加和谐稳定。实现城镇居民人均可支配收入11846元、农民人均纯收入5508元，分别增长14.8%和9.8%。汽车、文化、旅游等支出比重提高。新增城镇就业12万人，城镇登记失业率控制在了3.12%以内；转移农村劳动力11.9万人。健全社会保险体系，努力扩大覆盖范围，保险扩面净增20.9万人。提高了城镇最低工资标准和城乡低保标准。城镇廉租住房制度进一步完善。农村社会救助制度普遍建立。深入推进“平安潍坊”建设，加强社会治安综合治理，刑事、治安案件发案率稳中有降。安全生产形势持续稳定。城市应急联动与社会综合服务系统被列为国家级试点。圆满完成了上级交给的军事演习保障任务，全国双拥模范城通过省级验收。对口支援和重点帮扶工作取得阶段性成效。

（八）民主法制建设、政府自身建设不断加强。“五五”普法规划、“四五”依法行政规划顺利实施。认真执行人大常委会决议，303件人大代表建议和政协委员提案全部如期办结。深化行政审批制度改革，清理压减审批事项，审批服务水平进一步提高。市长公开电话作用更加突出。强化“三个体系”工作机制，认真开展“双评”活动，充分发挥行政监察、社会监督作用，促进了机关效能提高。认真贯彻实施《公务员法》，顺利完成了公务员登记。完善廉政公开承诺制，严格执行“五个不许”规定，反腐倡廉工作取得新的成效。各位代表，过去的一年，是我们站在新起点、实现新突破，为实施“十一五”规划迈出坚实步伐的一年；是我们深入落实科学发展观，坚决贯彻宏观调控政策，抢抓机遇，攻坚破难，跨入又好又快发展轨道的一年；是我们加快构建和谐社会，更加关注民本民生，努力推动经济社会逐步协调发展的一年；是我们不断解放思想，开拓创新，发展思路更加清晰，发展措施更加有力，发展信心更加坚定的一年。过去一年的成绩，令人鼓舞、来之不易。这是省委、省政府和市委正确领导的结果，是市人大依法监督、市政协民主监督、社会各界大力支持的结果，是全市人民共同奋斗、辛勤劳动的结果。在此，我代表市人民政府，向努力工作在各条战线上的广大干部群众，向各民主党派、工商联、各人民团体、无党派及各界人士，向驻潍人民解放军、武警官兵，向所有关心、支持潍坊发展的海内外朋友，表示崇高的敬意和衷心的感谢！在肯定成绩的同时，我们也清醒地看到，我市经济社会发展中还有不少问题和困难，政府工作也存在不少缺点和不足。主要表现在：一是粗放型经济增长方式尚未根本转变，经济结构性矛盾依然比较突出，能够带动产业升级的工业龙头项目不多，高新技术产业规模较小，服务业发展滞后，特别是新兴服务业发展不快。二是节能降耗、环境保护形势依然严峻，主要污染物减排压力大，个别流域、区域长期污染严重，能源、土地等资源利用率不够高。三是城乡、区域发展不够协调，农民增收难度较大，城市辐射带动能力和竞争力还不够强。四是社会保障制度有待进一步完善，覆盖范围还不够广，保障水平还不够高，关系群众切身利益的一些问题亟待解决。五是政府社会管理、公共服务水平有待提高，执法体系尚不完善，政府职能转变不到位，有些地方和部门作风不扎实、工作效率低，有的甚至存在严重的形式主义和官僚主义。对这些问题，我们将认真对待，切实加以解决。

二、2007年政府工作总体要求和目标任务

2007年是深入贯彻落实科学发展观、加快构建和谐社会的重要一年。综观全局，我们拥有良好的发展机遇和条件，特别是近几年来，经过全市人民的共同努力和艰苦创业，打下了坚实基础、积蓄了发展后劲。同时，我们也面临诸多困难和挑战，必须正确地分析形势，以科学的态度和奋发有为的精神状态，努力开创经济社会发展新局面。

根据市委的决策部署，今年政府工作的总体要求是，以邓小平理论和“三个代表”重要思想为指导，深入贯彻党的十六大和十六届三中、四中、五中、

六中全会精神，全面落实科学发展观，加快构建社会主义和谐社会，坚决执行国家宏观调控政策，坚持完善正确的工作思路和举措，紧紧围绕科学发展工业经济、加快建设先进制造业基地，科学发展城市经济、加快建设文明和谐的现代化中心城市，科学发展县域经济、加快建设社会主义新农村“三大发展任务”，突出工业强市、城市发展、新农村建设、沿海开发、服务业发展、节能环保“六个工作重点”，强化科学投入、改革创新、和谐创建、责任落实“四项保障措施”，确保实现经济总量进一步增加、结构进一步优化、质量进一步提高，经济又好又快发展的总目标，努力开创全市经济社会科学发展的新局面。

今年经济社会发展的主要预期目标是，地区生产总值增长15%；规模以上工业增加值增长20%；全社会固定资产投资增长18%；社会消费品零售总额增长15%；地方财政收入增长18%；城镇居民人均可支配收入和农民人均纯收入分别增长9%和7%；城镇登记失业率控制在3.5%以内；万元地区生产总值能耗下降4.5%，二氧化硫排放量减少3.8%，化学需氧量降低7.8%；人口自然增长率控制在6.2‰以内。

上述目标的确立，一是强化了结构、效益、民生等体现“好”的重要指标，努力把中央重大战略思想和市委的决策部署转化为可操作、可考核的具体抓手，把各方面注意力引导到科学发展轨道上来。二是对节能降耗、环境保护、人口增长等约束性指标作了明确要求，力求强化薄弱环节。三是经济增长类指标力求积极可行，整个指标体系与“十一五”规划进度和全省指标作了衔接，以最大限度保证目标的可行性。

实现上述目标，完成全年任务，必须不折不扣地贯彻中央政策，着力调整经济结构和转变增长方式，着力加强资源节约和环境保护，着力推进改革开放和自主创新，着力促进社会发展和解决民生问题。必须积极有为地贯彻中央政策，把执行上级精神与潍坊实际紧密结合起来，以更加宽广的视野研究落实政策、把握全局、见微知著，增强科学发展的预见性、主动性，创造性地做好经济社会发展的各项工作。

（一）大力发展工业经济。坚定不移地实施工业强市战略，坚持走新型工业化道路，努力培植壮大“三个一批”，加快发展先进制造业，促进工业经济优化、提升和扩张。一是强化科学投入。坚持以投入促调整，引导投资向符合国家产业政策的重要装备、先进制造业和节能环保产业倾斜。支持各类企业多形式、多渠道增加投入，特别是积极争取、用好各类专项资金、基金；引导商业银行的信贷投向，加强银企合作，保证重点项目、重点企业和成长性好的中小企业资金需求。二是壮大骨干产业。编制实施工业结构调整重点项目计划，加快装备制造、盐化工、石油化工、造纸包装、纺织服装、电子信息等支柱产业的技术改造，拉长产业链条，壮大产业群体，增强整体实力。新上一批能够带动全局发展的产业龙头项目和配套项目，突出抓好200个投资过亿元的重点技改项目，加快50个投资过5亿元的大项目建设，提升传统支柱产业，培植新兴优势产业。三是增强大企业竞争优势。在规划引导、资本运营和嫁接改造等方面对大企业实行重点扶持。组织主营业务收入过10亿元的企业逐个制定中长期发展战略规划。加快企业上市步伐，确保年内5家企业在境内外上市。大力实施名牌战略和国际化战略，鼓励引导大企业加快与国际知名品牌、强势企业合资合作。年内新增中国名牌和驰名商标5个以上，主营业务收入过10亿元的企业达到40家、过200亿元的3家。四是全面提升企业管理水平。引导企业按现代企业制度要求，加强成本管理、财务管理、质量管理。积极推广山工机械等企业的管理创新经验。加强企业经营管理人才、高级专业技术人才和高技能人才队伍建设。关心企业家成长，激励他们开阔视野，提高境界，引领企业加快发展。

（二）扎实推进社会主义新农村建设。认真落实中央新农村建设20字方针，坚持因村制宜、科学规划，生产先行、各有所为，稳步推进、创新发展，务求取得实实在在的效果。

一是积极发展现代农业。以促进农民增收为重点，继续实施“三化三带动”战略，努力提高现代农业发展水平。坚持用现代产业体系提升农业。在确保粮食安全的前提下，积极推进产业结构调整，大力发展农村二、三产业，增加农民的非农收入；继续抓好第一产业内部调整，进一步做强做大畜禽、瓜菜果品、花卉苗木等骨干优势产业。大力发展龙头企业，增强龙头企业带动能力，争取年内主营业务收入过亿元的龙头企业达到135家。高度重视和加强农业标准化生产，健全农产品质量标准体系、监督监管体系和动植物疫病防治体系，推进畜牧兽医体制改革，搞好禽流感等重大动物疫病防控工作，保护好、发展好潍坊农业品牌。坚持用现代物质技术条件装备农业。完善全市水系联网工程，搞好峡山、白浪河等9座水库除险加固工程，新建一批河道闸坝和小型水利设施。落实农机购置补贴政策，提高农业机械化综合水平。完善农业科技创新体系、技术推广体系，强化现代农业的科技和人才支撑。坚持用现代经营形式推进农业。积极培育农村经济协会、行业协会等专业合作组织，提高农民组织化水平。深入推进“万村千乡市场工程”，积极构建农村现代流通服务体系。大力培养新型农民，年内培训农民30万人，提高农民务农致富和务工就业的能力。

二是加大对新农村建设的投入。以提高农村公共服务能力为重点，增加财政性投入，探索建立农村投入稳定增长机制。加快以“路水电气医学”为重点的农村基础设施建设。坚持以城带乡、城乡统筹、一体发展，科学编制镇村规划，通过城镇聚集、企业带动、中心村转化、自身改造提升，加快新村改造建设步伐。深入实施村村通柏油路和通自来水工程，年内新建、改造农村公路2000公里以上，农村自来水普及率达到88%。大力发展农村新型能源，建设5处大中型沼气试点工程，新增农村沼气用户2.5万户。安排财政专项资金

1000万元，采取以奖代补方式，搞好农村中小学校舍维修改造。积极推行“新农合”，年内基本实现全覆盖，并逐步提高人均筹资标准、财政补贴标准、补偿比例和受益率。探索建立种粮农民收益综合补贴制度。加强农民负担管理，防止农民负担反弹。继续对财政支农资金进行有效整合，构建和完善金融支农体系。加大山区、库区开发扶持力度，促进新农村建设平衡发展。

三是加强民主管理与和谐村镇建设。全面深化村务公开，规范农村重大事务决策程序，保障农民的知情权、决策权、参与权和监督权。积极推广村级事务契约化管理经验，促进管理民主。搞好村级组织办公场所和农民文体活动场所建设。大力开展各类行之有效的精神文明创建活动，倡导健康文明的新理念，培育积极向上的新风尚，促进乡风文明。

加快社会主义新农村建设，事关全市530万农民群众的福祉，事关和谐潍坊建设的大局，事关率先进入全面小康社会奋斗目标的实现。各级都要尽最大努力，确保“三农”投入的资金高于上年，确保惠农政策的兑现落实，确保新农村建设取得新进展、新突破，让农民实实在在地享受到党的改革开放政策和经济社会发展成果带来的实惠。

（三）繁荣发展服务业。从经济社会发展全局和长远战略来深刻认识服务业发展的重大意义，坚持把加快服务业发展放在产业结构调整的突出位置，巩固提升传统服务业，大力培植新兴服务业，促进生产性、消费性和公共服务业全面发展。一是突出发展重点。高度重视金融产业发展，充分发挥金融在现代经济中的核心作用，抓住金融市场开放的机遇，优化金融生态环境，积极引进中外银行、保险、证券等金融机构，完善金融体系；深化地方金融机构改革，加大支持新农村建设和中小企业发展的力度，确保信贷投放总量有较大增长。加快发展现代物流业，推进物流中心、配送网络和信息体系建设；引导大型工业企业“主辅分离”，培育专业物流公司，发展第三方物流。加快发展旅游会展、信息中介和社区服务业，搞好旅游景区景点开发，加强旅游行业管理，力争年游客人数突破1100万人次；发挥潍坊节会资源优势，规划改造一批特色会展场所，做大会展经济。二是强化大项目带动。完成金融服务区一期工程、泰华城三期工程和鲁东物流中心100万平方米建设任务，加快文化艺术中心、体育中心、公共卫生服务中心、娱乐中心等项目规划建设进度，以大项目支撑带动服务业发展。三是着力培植服务业骨干企业、知名品牌。培强做大一批大型现代物流企业，配套完善一批大型专业批发市场，全力打造一批优秀品牌，促进服务业向全省、全国延伸发展。四是营造良好发展环境。落实各项优惠政策，完善多元化投融资机制，强化对重点领域和优势项目的扶持。建立专门统计考核制度，加强科学监管，保证服务业规范健康发展，确保服务业增加值增长15%。

（四）培强做大高新技术产业。以提高自主创新水平为中心，突出抓好重点领域和关键环节的技术创新，提高原始创新、集成创新和引进吸收再创新能力，加快科技成果的转化和应用，推进高新技术产业发展，增强区域经济的核心竞争力。一是抓好创新平台建设。按照国家行业标准，推动已启动的6家企业研发中心加快发展，使其早出成果并形成生产力。确保今年2亿元高新技术产业发展基金及时到位，支持新建高新技术研发平台。积极推进海洋化工产业研发平台建设。实施技术创新引导工程，发挥好企业创新主体作用，鼓励企业与高校院所搞好联合研发。二是加强产业载体建设。对高新区和省级以上开发区实行“特区特管”政策。进一步提升高新区孵化、吸纳、研发和服务能力，加快光电子信息、生物医药科技、高科技产业园等4个产业园区建设，促其尽快成为推动高新技术产业集群化、规模化发展的高地。引导促进各经济开发区重点发展高新技术产业，建设高科技项目聚集区。三是培植壮大骨干企业。选择100家成长性好、发展潜力大的高新技术企业，在政策、奖励和政府采购等方面进行重点扶持，促其快速膨胀，带动形成电子信息、生物医药、光机电一体化等高新技术产业集群。争取新增省级以上高新技术企业30家，高新技术产业产值突破950亿元，占规模以上工业总产值的比重达到25%以上。

（五）科学推进北部沿海开发。北部沿海地区是潍坊的竞争优势所在，是加快发展的潜力所在、希望所在。加快北部沿海开发，必须深化体制、机制改革，提高政府及沿海开发各办事机构的行政效能；必须合理调整、改进现有服务机构和服务方式，提高开发的质量和效益；必须科学保护和开发地下卤水等不可再生性资源，最大限度地提高资源利用率。一是完善基础设施配套。搞好路网、供电、供水、治污等基础设施建设，为沿海开发提供基础保障。加快重点项目建设，做好防潮大堤、万吨级码头前期准备工作，争取及早开工。坚持以港兴区，加快进港铁路、疏港高速公路规划建设，积极争取潍坊港实现一类口岸开放，提高港口吞吐能力和物流集散能力。加快项目区内商贸、物流等配套服务业发展，促进人口和生产要素的集聚。二是加快项目进区落地。完善项目进区政策，出台更有效的招商引资激励措施，吸引全市特别是中心城区引进的大型工业项目进区发展。集中力量抓好已签约项目和在建项目的立项、审批、建设，争取早开工、早投产、早见效。三是加强对沿海资源和生态环境保护。对无序开发、无证开发进行严肃治理，严厉打击掠夺性、破坏性开采地下资源的违法行为。提高项目准入门槛，严把项目立项、环评、规划等六道关口，节约、集约利用资源，搞好生态保护，真正把北部沿海地区建成循环经济示范区。

（六）加快建设现代化城市。坚持“巩固、优化、提升”原则，围绕增强城市在区域经济发展中的集聚、辐射、带动、反哺能力，进一步优化空间布局，强化城市功能，提升城市魅力，创新发展机制，努力打造富有竞争力的现代化城市。

一是进一步完善中心城市功能、提

升城市品位。完成城市总体规划的修编和报批，编制综合交通、供排水工程等专业规划和10个重要片区的控制性详细规划。加快推进“四大板块”建设，增强城市经济竞争力。加强功能性基础设施项目建设。完善城区路网，拓宽改造东外环、北外环，打通东部、北部和南部外环线。抓好电网“3109工程”，提升改造城区和主电网系统。搞好城市管网、环卫设施、停车站场等配套改造。加快推进“一山一河七中心”及火车站广场改造等重点项目规划建设进度。启动白浪河综合整治基础工程，争取用3年时间，建成社会效益最优、经济效益最好、生态效益最佳的商业、文化、景观带。综合运营城市资源，强化与金融机构合作，保证城建重点项目投入。

二是大力改善生活居住环境。坚持以人为本的理念，抓好背街小巷、旧小区、城中村、农贸市场和城乡结合部的综合改造，争取用3年时间完成30平方公里老城区改造任务，解决“路不平、灯不亮、水不畅、环境差”等突出问题，改善10万户居民的生活居住条件。深入开展环境综合整治，搞好城市绿化、净化、美化、亮化，营造整洁优美、功能完善、和谐有序的人居环境。完善城市管理长效机制，严格落实城市管理监督考核制度，强化区、街、社区三级管理职能。积极探索城市管理“社区化、市场化、专业化”的新路子。启动“中国人居环境奖”创建活动，争创国家卫生城市、国家园林城市。

三是努力完善城市体系。提升中心城市，壮大县级城市，加快建设小城镇，构建协调发展、优势互补、富有活力的现代化城市体系。加快交通枢纽工程建设，改造、提升中心城市与各县市的快速通道，重点抓好206国道、潍九路潍坊至临朐段、潍胶路改造建设；搞好荣乌、青莱高速公路和济青客运专线潍坊段建设，积极做好长深、潍日高速公路的前期准备工作，争取早日开工。完善空港功能，构建立体化大交通。加快构建“半小时经济圈”和“一小时经济圈”，优化中心城市与周边县市的资源配置，逐步实现供水、污水处理、文化体育等基础设施的共建共享。推进县市与中心城市相向发展，加强潍坊与周边城市的横向联合。

（七）着力推进改革开放。坚持依靠改革开放解决发展中的困难和问题，不断增强经济社会发展的活力和后劲。

以更大的力度推进改革。一是深化企业改革。完成国有企业改制扫尾任务，重点解决20户破产企业的重组和收购。加快企业规范化股份制改造，培植更多的上市资源。优化企业法人治理结构，建立完善现代企业制度。做好市属企业属地化管理工作，调动地方和企业加快发展的积极性。二是搞好事业单位改革。加快管理体制改革，基本完成经营开发服务类事业单位改企转制。全面推行岗位管理，实行人员聘用和公开招聘制度。三是加快农村综合改革。深化乡镇机构改革，理顺县乡事权关系，精简机构人员，提升基层依法行政和为民服务水平。深化农村义务教育改革，进一步落实“以县为主”管理体制，完善农村义务教育经费保障机制。加快县乡财政管理体制改革，逐步完善覆盖农村的公共财政制度，推进公共服务向农村倾斜。

以更高的境界扩大开放。一是坚定不移地抓好招商引资。转变招商引资理念，修订完善激励政策，重点引进高新技术、先进制造业、现代服务业、节能环保和基础设施大项目，提高利用外资的质量和水平。创新招商方式，发挥产业、资源优势，重点抓好大项目招商、产业招商和专业招商，增强招商引资的针对性和实效性。本着精简节约、讲求实效的原则，精心筹划风筝会、鲁台会、菜博会等重点招商活动，办出更高水平和更好效益。建立发展环境评价体系，优化投资环境，争取全年实际利用外资6亿美元。二是加大进出口工作力度。用足用好国家有关政策，增加先进技术和关键设备的进口，扩大高新技术、机电产品出口。组织好境内外重点贸易活动，加大农副产品、纺织服装等传统产品市场开拓力度。实施出口名牌战略，争取5个以上品牌入选商务部重点支持和发展的名牌出口商品。全年实现进出口总额60亿美元。三是大力实施“走出去”战略。以优势行业为重点，扩大对外承包工程与劳务合作。提升外派劳务人员培训档次和管理水平，扩大外派劳务规模。建立政策支持和服务体系，推动农业种植、纺织服装等优势产业对外直接投资。

（八）切实做好节能降耗、资源节约和环境保护工作。采取更加严厉的措施和更为有效的手段，促进资源集约利用和环境保护，加快建设资源节约型和环境友好型社会。一是强化节能降耗各项措施。突出抓好化工、机械、纺织等重点行业和125家耗能过万吨企业的节能减排。实行固定资产投资用能评估与审核制度，严格限制新上高耗能、高耗水、高污染和产能过剩项目。加强建筑节能工作。积极争取国债资金、节能专项资金，加快实施已批准的国债和节能节水项目。做好省循环经济试点城市各项工作，抓好51个市级以上循环经济企业试点，在机械制造、海洋化工等行业建设一批循环经济型园区。二是合理开发和节约利用各种资源。认真执行国家土地调控政策，加强耕地特别是基本农田保护，落实投资强度、建筑容积率和建筑密度等控制性指标，搞好存量土地的挖潜利用，提高土地利用效率和集约化水平。规范矿产资源的开发利用，依法严厉查处破坏资源的违法行为。改革水资源管理体制，合理开发利用水资源。严格执行工业用水定额标准，完成污水处理厂中水回用项目建设。建立城市用水价格调控机制，促进全社会节水。三是加大环境保护和污染治理力度。强化对重点流域、区域和重点污染源的监管治理，严格执行环境影响评价和“三同时”制度，全面实行排污总量控制。有效控制农业面源污染。巩固提升潍河、白浪河、弥河、北胶新河水体质量，全面启动峡山水库水源地保护、虞河下游综合治理工程。继续开展“整治违法排污企业、保障群众健康”环保专项行动，加大执法力度，严查违法行为。对污染严重、治理无望的企业，坚决予以关停。积极推动环保设施建设运营市场化。大力推进生态市建设，加快实施“十大重点工程百个建设项目”，完成造林20万亩。积极开展环保模范城市群创建活动。

（九）全面发展各项社会事业。一是优先发展教育事业。更加注重教育的普惠性，增加财政投入，推动均衡发展，加快教育现代化进程。全面提升基础教育和素质教育水平。统筹规划市区中小学布局，搞好新城区学校建设，改善中小学办学条件。充分利用教育资源，做大做强教育产业。大力发展高职教育，组织指导好驻潍高职院校的有机结合和资源共享，提高教育质量，支持高职院校办成全国重点示范学校；加快县域职教中心建设。支持潍坊学院、潍坊医学院改善办学条件，加强重点学科建设，提高办学水平。实施教育惠民工程，完善困难学生救助体系。全面落实农村义务教育“两免一补”政策，为68万名农村义务教育阶段学生全部免除杂费，为10.3万名农村贫困家庭学生免费提供教科书和补助寄宿生生活费，所需市县两级财政承担的7961万元经费，全部由市级财政承担。做好贫困大学生救助工作，切实保证每一个困难家庭的大学生都能顺利完成学业。整合各项教育救助基金，建立贫困生救助长效机制。各级政府要以强烈的责任感和执着的追求、不懈的努力，为全市所有儿童、青少年创造接受良好教育的条件，切实把教育公平落到实处。

二是努力做好科技、人才工作。深入实施全市科技发展规划纲要，严格科技进步责任考核，加快创新型城市建设，不断提高全民科学素质，增强科技对经济社会发展的支撑作用。坚持育才、引才、用才并举，落实各项人才激励政策，多渠道增加对人才队伍建设的投入，加快发展博士后事业，大力引进海内外人才智力，吸引更多的高层次、创新型人才来潍坊创业。

三是加快发展医疗卫生事业。突出大众卫生理念，坚持医疗卫生的公益性质，强化政府责任，建设覆盖城乡居民的基本卫生保障制度。加强公共卫生体系建设和重点传染病、地方病防治，完成县级卫生监督体制改革，提高疾病预防控制和应对突发公共卫生事件能力。加快县级医疗卫生机构和乡镇卫生院建设，完善农村医疗卫生服务网络。健全城市社区卫生服务体系，新建、改造、提升一批社区卫生服务机构，基本形成“小病在社区、大病到医院、双向能转诊、保健在家庭”的卫生服务新格局。启动“新城合”试点工作。积极推进公立医院改革，深入整顿医疗市场秩序，规范服务收费，加强药品价格监管。每个县市区建设1处平价医院，试行“病种阶梯收费”制度，千方百计解决群众看病难、看病贵问题。

四是扎实做好人口和计划生育工作。大力实施“强基固本”战略，推进工作规范化、队伍职业化、阵地标准化。强化政府为主、社会补充的人口计生利益导向政策体系，运用多种手段综合治理人口问题。坚持“一票否决”，持续稳定低生育水平，努力解决出生人口性别比例偏高问题，提高出生人口素质。

五是积极发展文化体育等事业。完善市、县、乡、村文化基础设施，努力推进文化领域投融资体制改革，加快发展新闻出版、广播影视等文化事业和文化产业。鼓励文化工作者多出精品。重视文化遗产的保护、开发和利用。培育和规范文化市场。搞好体育场馆和群众健身设施建设，办好第17届市运会，做好第11届全运会承办项目筹备工作。关心支持妇女儿童、残疾人和老龄工作。加快发展民族宗教、外事侨务、对台、统计、档案、气象、防震减灾等各项事业，搞好国防教育、经济动员、人民防空、民兵预备役工作。

（十）努力构建和谐潍坊。促进社会和谐，既是发展的重要保证，更是发展的根本目的。必须坚持以人为本、民生优先，加大公共财政投入力度，把扩大城乡就业作为重民生的头等大事、把加强社会保障作为解民忧的关键措施、把维护社会秩序作为保民安的基础工作来抓，切实解决好群众最关心、最直接、最现实的利益问题，最大限度提高人民群众的安全感、满意度和幸福感。

一是加强就业和再就业工作。鼓励发展就业容量大的产业，努力开发公益性岗位，安置城镇劳动力12万人，转移农村劳动力12万人。认真落实各项就业扶持政策，鼓励灵活就业、自主创业。统筹做好城镇新增劳动力、高校毕业生、复员转业军人就业工作。充分发挥潍坊人力资源市场和社区劳动服务平台的作用，搞好再就业培训、创业培训和就业指导。加强对“4050”人员等困难群体就业再就业援助。完善劳动保障维权体系，严格执行和适当提高最低工资标准，严厉查处恶意拖欠工资行为，维护好劳动者的合法权益。

二是完善社会保障体系。加快社会保险制度体系建设，全面推进社会保险“一票征缴”管理机制，努力扩大社会保险覆盖面，力争扩面20万人；积极探索建立失地农民基本养老保险制度，维护好失地农民的根本利益；加大社会保险基金监管力度，确保基金安全和保值增值。完善城乡救助体系，健全城乡最低生活保障制度，完善农村五保户供养筹资机制，做到应保尽保，不断提高补助水平。大力发展以扶贫、助残、救孤、济困为重点的社会福利事业；积极发展慈善事业，年内在所有县市区成立慈善总会，县市区城区普遍建立慈善超市。完善城镇廉租住房制度，出台经济适用住房建设管理工作意见，加快经济适用房建设，解决中低收入家庭住房困难。完善社会保障制度，努力实现老有所养、病有所医、弱有所助、困有所济，是不断改善民生、维护社会公平的基本要求。我们将竭尽全力做好这项工作，让广大群众特别是困难群众享受到经济社会发展的成果，感受到党和政府的温暖。

三是提高社会管理水平。深入推进“平安潍坊”建设。加强社会治安综合治理，深入开展严打整治斗争，着力构建治安防控体系。强化“三基”建设，建立警力下沉长效机制，推进社区和农村警务战略。健全信访工作责任制和矛盾纠纷排查调处机制，努力把不稳定因素化解在基层和萌芽状态。严格落实安全生产责任制，强化基层基础工作，强

化对重点行业、领域的监管，杜绝特大安全生产事故发生。整顿规范市场秩序，严厉打击假冒伪劣行为，确保食品、药品安全。加快建设城市应急联动与社会综合服务系统，完善自然灾害、事故灾难、公共卫生、社会安全等专项应急预案，提高政府保障公共安全和处置突发事件的能力。切实加强城市社区建设，加大社区服务设施投入，完善社区服务功能，推进社区服务队伍专业化；积极探索推进农村社区建设，夯实社会管理基础。

四是加强精神文明和民主法制建设。以“八荣八耻”教育为核心，广泛开展各类群众性精神文明创建活动，提高全社会思想道德水平。倡导和谐理念，培育和谐精神，弘扬和谐文化，加快建设和谐村庄、和谐社区、和谐单位、和谐家庭。完善政府、企业、个人三大信用体系，推进“诚信潍坊”建设。深入开展双拥共建活动，巩固军政军民团结，再创全国双拥模范城。认真实施“五五”法制宣传教育规划，提高全民法制意识。健全民主制度，推进基层民主政治建设。拓宽和规范法律服务，加强和改进法律援助工作。

各位代表，全心全意为人民服务是人民政府的根本宗旨，扎扎实实为群众谋利益是各级政府的神圣职责。今年，我们将围绕解决关系群众切身利益的热点难点问题，倾情倾力办好10件实事：

①提高城乡居民保障水平，中心城区低保标准提高到每人每月220元，农村最低生活保障每人每年不低于800元；农村五保对象集中供养率达到70%以上；按每人每年60元的标准，建立中心城区中小学生大病医疗统筹制度。②积极推进“零就业”家庭就业，确保有就业愿望和能力的家庭成员至少有1人就业。③完善廉租住房制度，为中心城区600户低收入家庭解决住房困难问题；对全市残疾人住房进行全面排查，搞好危房维修改造，确保住房安全。④对2000名城市低保家庭义务教育阶段学生实行“两免一补”；为低保家庭子女、孤儿提供免费高中教育；安排1000名城乡低保家庭的子女免费就读技工学校；确保进城务工人员子女义务教育阶段入学率达到100%。⑤启动农村中小学“一通二热三改”工程，年内为300所超过1.5公里就学半径和偏远山区的学校安排通校车，为353所农村不寄宿的中小学配备热水、热饭设施，改造部分农村中小学食堂、宿舍、厕所。⑥投资2000万元，建成北海学校，缓解城区中小学就学压力。⑦改善农村生产生活条件，新增自来水村1347个，受益人口88万；新增通柏油路村1000个以上；新建50处标准化乡镇卫生院和1000处标准化村级卫生室。⑧积极发展社区服务，新建社区服务中心8处、社区服务站52个。⑨加快旧城区改造步伐，完成中心城区20个旧小区、90条背街小巷综合整治任务，改善4万户居民的生活居住环境。⑩大力发展城区公用事业。中心城区新增集中供热面积100万平方米、管道燃气用户1万户；新增、优化、改造15条公交线路，新增100辆大公交车，规划建设3—5处公交换乘站；完成8万有线电视用户由模拟到数字的整体转换。

各位代表，对这10件实事，我们一定以高度负责的态度，逐一明确责任，逐一落实投入，逐一抓好督查，确保件件落到实处，让人民群众得到更多的实惠。

三、加强政府自身建设

全面贯彻落实科学发展观、推动经济又好又快发展、加快构建和谐潍坊，对政府自身建设提出了新的、更高的要求。各级政府必须强化执政为民理念，以建设法治政府、服务政府、责任政府、效能政府为目标，推进管理创新，提高执行力、公信力，努力建设人民满意的政府。

切实提高行政效率。继续深化行政审批制度改革，进一步清理压缩行政审批事项，简化和规范审批程序，推进网上审批、并联审批和市县审批网络联接，提高审批效率。加大督查力度，突出准确性、及时性和实效性，确保重大决策的落实，提高落实效率。加强电子政务建设，完善政务网站网络体系，推进信息公开、在线办事和公众参与，为企业和群众提供真正意义上的“一网式服务”。继续开展“双评”、“行风在线”等活动，充分发挥市长公开电话功能，加大“三乱”治理力度，进一步规范检查评比活动，努力打造有竞争力的发展环境。

切实转变政府职能。健全经济引导机制，创新政府经济管理制度和方式，综合运用经济、法律以及必要的行政手段，更多地运用市场手段推进经济增长方式转变，提高政府对经济发展的调控能力，把国家宏观调控政策落到实处。在改进经济调节和市场监管的同时，更加注重加强社会管理和公共服务。创新公共服务体制，优化公共资源配置，加强公共设施建设，提高社会管理水平，将财政增收部分更多地向解决热点、难点问题倾斜，为全体人民提供更多更好的公共服务。

切实加强“三个体系”建设。进一步健全重大事项集体决策、专家咨询、社会公示与听证、决策评估制度，提高决策的科学化、民主化水平。全面推行行政问责制，按照“谁决策、谁负责”的原则，把部门主要负责人和直接责任人作为首要追究对象，严格责任追究。强化决策执行，建立完善公务员绩效奖惩考核制度，科学确定绩效评估内容和指标体系，实现绩效评估的制度化、法制化及结果公开化。

切实推进依法行政。坚持依法向人大及其常委会报告工作，及时向人民政协通报情况，自觉接受人大及其常委会的法律监督、政协的民主监督和社会监督。发挥好审计、监察等部门的监督职能。认真办理好人大代表议案、建议和政协委员提案。主动听取民主党派、工商联、无党派人士和人民团体的意见建议。深入贯彻《行政许可法》和《全面推进依法行政实施纲要》，认真落实依法行政“四五”规划，强化行政执法监督，健全行政执法责任制、错案责任追究制和行政赔偿制度，做好行政复议应诉工作，规范执法行为，做到严格、公正、文明执法。

切实改进工作作风。深入贯彻胡锦涛总书记中纪委七次全会讲话精神，大力倡导八个方面的良好风气，全面加强思想作风、学风、工作作风、领导作风、生活作风建设。牢固树立正确的政绩观，继承艰苦奋斗、求真务实的优良传统，弘扬规范严谨、周密细致的科学精神，多做打基础、管长远的工作，使各项工作真正经得起实践、群众、历史的检验。各级领导干部要深怀爱民之心，恪守为民之责，深入基层、深入一线，了解群众疾苦，倾听群众呼声，为人民群众排忧解难。大力精简会议、文件，努力改进会风、文风，最大限度地减少礼仪性、应酬性活动。坚持从严治政，确保政令畅通。

切实加强廉政建设。认真落实党风廉政建设责任制，严格执行领导干部廉政建设各项规定。完善和健全廉政制度，用制度管权，按制度办事，靠制度管人。进一步健全政府采购、资金资产管理、工程建设招投标等制度，拓展从源头上防治腐败的工作领域。加大治理商业贿赂力度，从严查处违法违纪行为。各级领导干部要率先垂范，带头遵纪守法，严格要求家属、子女和身边工作人员，做到防微杜渐，警钟长鸣。全体公务员都要堂堂正正做人，清清白白从政，扎扎实实干事，树立人民政府“为民、务实、清廉”的良好形象。

各位代表！新的一年，我们肩负的任务光荣而艰巨。让我们紧密团结在以胡锦涛同志为总书记的党中央周围，高举邓小平理论和“三个代表”重要思想伟大旗帜，在市委的坚强领导下，以科学发展观统领全局，开拓创新，锐意进取，真抓实干，争创一流，以优异成绩迎接党的十七大的胜利召开，为把潍坊建设成为富足、文明、和谐的现代化强市而努力奋斗！

责任编辑　刘　敏

大事记

（2006 年）

1 月

3 日 潍坊市委书记张传林到潍城区检查禽流感防控工作。

5 日 市政协组织驻潍坊的部分省政协委员，就潍坊市北部沿海经济开发建设情况进行视察。

6 日 潍坊市组织收听收看全省深入开展“平安山东”建设电视电话会议。

同日 市慈善总会成立暨第一次会员代表大会在富华国际会议中心举行。市委书记、市人大常委会主任张传林，市委副书记、市长张新起为潍坊市慈善总会揭牌，省民政厅厅长、省慈善总会常务副会长杨金镜和张新起分别讲话。

同日 潍坊市人文自然遗产保护与开发促进会成立。市政协主席迟昭厚当选为会长。

6 日～8 日 中央第三批先进性教育活动巡回检查组一行 4 人，在副组长陈小江的带领下到潍坊市检查。

8 日 由中宣部、中央先进性教育活动办公室组织的中央新闻采访团一行 24 人及省、市两级媒体记者齐聚寿光，开始对王乐义先进事迹进行为期 4 天的集中采访。寿光市三元朱村党支部书记王乐义被中宣部、中央先进性教育活动办公室定为全国重大典型，拟在 2007 年春节前集中宣传。

10 日 市委副书记、市长张新起在全市行政效率建设工作暨市政府全体（扩大）会议上强调，各级政府、各部门要全力以赴，全面提高行政效率，打造一流队伍，提供一流服务，营造一流环境，创造一流业绩，确保实现全年又快又好的发展目标和“十五”规划的顺利实施。

同日 潍坊滨海经济开展区揭牌暨临港化工园命名中国农药（北方）工业园和招商引资重点项目签约仪式在滨海经济开发区海洋宾馆举行。

11 日 省委常委、政法委书记阎启俊，省政协副主席王宗廉带领省拥军优属慰问团来潍坊市走访慰问。

12 日 《潍坊市城市总体规划（纲要）》审查会在鸢飞大酒店召开。

同日 市委书记张传林到寿光青州两市检查指导第三批先进性教育活动，看望农村老党员，走访贫困户。

13 日 潍坊市在齐鲁饭店举行送行会，为住本市的省人大代表赴济出席省十届人大四次会议送行。省人大代表、市委党校常务副校长于生代表住潍坊市的省人大代表发了言。

14 日 德国大陆公司副总裁布克哈特·考勤率团来潍坊市就轮胎项目进行了实地考察，副市长蒋文彩向客人介绍了有关情况并陪同考察。

19 日 记者从全市建设工作会议上获悉，2006 年城市建设项目已经确定，重点是“一河、一山、七中心”九大新项目，完成“一河、两路、两广场”五大续建工程。

同日 潍坊市召开表彰大会，为获得残奥会铜牌的潍坊市优秀残疾人运动员张杰颁奖。

21 日 省委常委、组织部长刘伟在寿光市调研时强调，各地要围绕主线，突出主题，扎实推进先进性教育活动。

24 日 春节慰问老干部大会在富华国际会议中心举行。会议的主要议题是向老干部通报全市一年来的经济社会发展情况，共商发展大计，展望美好未来。

2 月

6 日 据潍坊市建设局的最新统计，“十五”末，全市城镇人均住房面积达到 28 平方米，市区人均达到 29 平方米，比“九五”末分别增加 8 平方米和 12 平方米，城镇和市区群众居住水平大幅提高。

7 日 中国人民政治协商会议第十届潍坊市委员会第四次会议在富华国际会议中心隆重开幕。

8 日 潍坊市第十四届人民代表大会第四次会议在潍洲剧场隆重开幕。540 名代表参加会议。

9 日 市委副书记郑金兰在富华大酒店会见了专程前来潍坊市拜访并感谢为企业排忧解难的德国福克斯公司总裁福克斯先生一行，宾主就进一步加强合作共谋发展进行了友好坦诚的交谈。

10日 中国人民政治协商会议第十届潍坊市委员会第四次会议在富华国际会议中心胜利闭幕。会议补选张敦柏、满国强为十届市政协副主席，曹学芹为十届市政协秘书长，王高宗、张明海、张桂昌、张爱君、胡嘉新为十届市政协常务委员。会议通过了市政协十届四次会议决议和提案审查委员会关于市政协十届四次会议提案审查情况的报告。

13日 全市对外开放工作会议在富华国际会议中心举行。

14日 中央宣传部、国家农业部、中共山东省委决定，2月17日在北京人民大会堂联合举行王乐义同志先进事迹报告会，之后将赴有关省、市、自治区作巡回报告。

17日 省委常委、组织部长刘伟到寿光检查指导第三批先进性教育活动时强调，要坚持高标准、严要求、重质量，善始善终地抓好第三批先进性教育活动。

同日 全国保持共产党员先进性、建设社会主义新农村重大典型王乐义同志先进事迹报告会在北京人民大会堂小礼堂隆重举行。报告会前，中共中央政治局委员、国务院副总理回良玉亲切接见了报告团成员，并发表重要讲话。农业部党组书记、部长杜青林，中共山东省委书记、省人大常委会主任张高丽，中宣部副部长欧阳坚，国务院副秘书长张勇，山东省委常委、宣传部长王敏，山东省委宣传部副部长高玉清，潍坊市委副书记郑金兰，市委常委、宣传部长刘明珂，市委常委、寿光市委书记徐振溪出席报告会。

18日 市委书记张传林在富华大酒店会见了马来西亚森达美集团总裁祖比一行。

20日 记者从市政府获悉，今年起潍坊市将重奖在科学技术进步活动中做出突出贡献的公民、组织，市政府设立科学技术奖，每年度评审一次，其中市科学技术最高奖的奖金为每人30万元；市科学技术进步奖一等奖、二等奖、三等奖的奖金分别为2万元、1万元、0.5万元。

21日 创建国家园林城市暨2006年中心市区城市绿化动员大会在富华国际会议中心召开。

21日 潍坊“城市应急联动与社会综合服务系统”方案在北京通过专家评审。市委副书记、副市长张江汀出席评审会并致辞。

22日 全市宣传思想工作会议在市级机关综合办公大楼召开。会议传达贯彻了全国、全省宣传部长会议精神，总结了2005年全市宣传思想工作，对全市宣传思想工作先进单位、先进个人进行了表彰。同时，对今年的宣传思想工作进行了部署。

23日 第七届中国（寿光）国际蔬菜科技博览会新闻发布会在北京人民大会堂重庆厅隆重举行。

27日 省委书记、省人大常委会主任张高丽到寿光检查第三批先进性教育活动，并就构建和谐社会、建设社会主义新农村进行调研。他强调，要坚持以胡锦涛总书记视察山东重要讲话为统领，突出“三个代表”重要思想这个主线，突出建设社会主义新农村这个主题，突出落实科学发展观和构建和谐社会这个要求，突出取得实效这个关键，确保先进性教育活动真正成为群众满意工程。

3月

1日 市委党校举行2006年春季开学典礼。市委书记、市委党校校长张传林出席开学典礼并讲话。市委常委、秘书长胡岗，市委常委、组织部长钟少林及市直有关部门和市委党校的有关领导同志出席开学典礼。

同日 寿光市三元朱村党支部书记王乐义在北京出席“保持共产党员先进性，建设社会主义新农村”中外记者新闻发布会。本次新闻发布会由中央先进性教育活动领导小组办公室和国务院新闻办公室共同举办，参加新闻发布会的有中央组织部副部长、中央先进性教育活动领导小组副组长兼办公室主任欧阳淞，江苏省华西村原党委书记吴仁宝，寿光市三元朱村党支部书记王乐义。

同日 潍坊市为赴京出席十届全国人大四次会议的驻潍坊市的全国人大代表们送行。

2日 全国保持共产党员先进性、建设社会主义新农村重大典型王乐义同志先进事迹报告会在山东会堂大会厅隆重举行。省委常委、宣传部长王敏，省人大常委会副主任陈延明，省委宣传部副部长高玉清等出席报告会。

3日 市纪委召开第六次全体会议。全会的主要任务是以邓小平理论和“三个代表”重要思想为指导，深入学习贯彻中央纪委六次全会和省纪委七次全会精神，回顾总结2005年全市党风廉政建设和反腐败工作，研究部署2006年的工作任务。

4日 王乐义同志先进事迹报告团载誉归来。潍坊市在寿光温泉大酒店隆重举行仪式，欢迎报告团凯旋。

6日 省人大常委会副主任陈延明到潍坊市考察调研北部沿海开发。

同日 全国总工会副主席、书记处书记孙宝树率领全国总工会调研组来潍坊市调研基层工会组织建设和维权机制建设，对全市的工会工作给予了高度评价。

6日～7日 副省长王仁元率领省直有关部门负责人来潍坊市就第一季度工业经济运行、农村市场开拓和安全生产工作进行考察调研，强调要抓住当前良好的发展环境，全面提升工业经济运行质量，加快社会主义新农村建设步伐，全力开拓农村市场，千方百计搞好安全生产工作，努力实现社会经济又快又好发展。

7日 市人大常委会党组书记、第一副主任王治华主持召开了市十四届人大常委会第42次主任会议。会议研究了市十四届人大常委会第二十次会议议程（草案）、市十四届人大常委会第六次法制讲座事宜和关于对述职评议工作的建议意见。

6日～9日 省委、省政府减轻农民负担检查组来潍坊市就减轻农民负担和农村税费改革工作进行检查指导，市委副书记郑金兰代表市委、市政府向检

查组汇报了有关情况。

10日 团中央书记处书记贺军科来潍坊市调研农村共青团工作。

10日～11日 中组部副部长欧阳淞，安徽省人大常委会副主任、中央巡回检查组组长朱成林一行，在省委常委、组织部长刘伟的陪同下，来潍坊市检查指导先进性教育活动。

14日 全市司法行政工作会议在齐鲁饭店召开，会议主要是贯彻全省司法行政工作会议和全市政法工作会议精神，总结工作，表彰先进，部署任务。市委副书记、纪委书记崔建平出席会议并讲话，市委常委、政法委书记李守玉出席会议。

15日 潍坊市出席十届全国人大四次会议的代表返回潍坊。市领导赵兴涛、王治华、杨继生、张敦柏等迎接代表归来，并出席了在富华大酒店举行的欢迎会。

17日 全市第三批先进性教育活动调度会在市级机关综合办公大楼召开。会议主要是传达学习中组部副部长、中央先进性教育活动领导小组副组长兼办公室主任欧阳淞在寿光检查先进性教育时的讲话精神，总结交流前段先进性教育活动情况，研究部署下一步工作任务和措施。

同日 潍坊市台湾同胞投资企业协会周年庆祝大会在潍坊国际金融大厦隆重举行。

21日 中国科协党组成员苑郑民在寿光考察工作，中国科协科普部副部长高勘、山东省科协副主席孙培锋等参加陪同考察。

21日 中国科协第三批科普示范县（市、区）创建工作培训会议在寿光市举办。中国科协党组成员、机关党委书记苑郑民，中国科协科普部副部长高勘，省科协副主席孙培峰，潍坊市领导郑金兰、徐振溪等出席开班仪式。来自江苏、浙江、上海、福建、广东、海南等7个省、110多个县（市、区）的科普工作代表参加培训。

同日 在2006年中日韩产业交流会（青岛）召开之际，潍坊—日本企业恳谈会在此隆重举行。

23日～24日 全国政协副主席罗豪才到潍坊市就“非政府组织在建设社会主义新农村中的作用”进行专题调研。省政协副主席周鸿兴、王志民，市委副书记赵兴涛、市政协主席迟昭厚陪同调研。

24日 潍坊市与北京人民大会堂、钓鱼台国宾馆、北京饭店、全国人大会议中心等高档消费机构开展优质农产品进京直供对接会，大会在北京人民大会堂湖南厅举行。

23日～25日 市委书记、市人大常委会主任张传林，市委副书记、市长张新起率团赴上海招商引资，引起强烈反响，取得圆满成功，共签订合同40个，合同利用外资额125.2亿元。

27日 全市领导干部理论学习报告会在市级机关综合办公大楼举行。中国社会科学院社会学研究所所长景天魁就“如何构建社会主义和谐社会”作了辅导报告。

26日～28日 菏泽市委副书记、代市长赵润田率领菏泽市政府考察团来潍坊市参观考察培育壮大骨干企业和加快城市建设的经验做法。

28日 市委书记张传林勘察潍坊至日照高速公路规划建设情况，并召开现场办公会，他强调，各级各部门要高度重视，积极争取，密切配合，力争早日实现潍日高速公路开工建设。

29日 国家水利部副部长胡四一来潍坊市考察调研水网建设情况。

同日 阿勒泰地区考察团来潍坊市参观考察，并在富华大酒店举行招商推介会。阿勒泰地委副书记杨玉柱，阿勒泰地区行政公署副专员叶林，市委常委、宣传部长刘明珂出席招商推介会并分别介绍了两地社会经济发展情况。

同日 首届潍坊市领导力建设高级研修班与清华大学领导专家、校属企业负责人联谊恳谈会在北京清华大学举行。

29日～30日 全国人大常委会副委员长兼秘书长盛华仁来潍坊市就县乡换届选举工作开展调研。

30日～31日 最高人民法院副院长苏泽林等一行在省高级法院院长尹忠显、副院长霍力民等陪同下来潍坊就审判流程管理、庭前准备程序改革进行调研。

31日 潍坊市国家环保模范城市授牌暨创模总结表彰大会在市级机关综合办公大楼召开。国家环保总局副局长张力军为潍坊市授牌、向市领导颁发领导奖和组织奖；副省长赵克志对潍坊市被授予“国家环保模范城市”称号表示祝贺。

4月

3月31日～4月1日 由马来西亚国家投资公司主席萨吉先生率领的马来西亚国家政府特大型企业高层访华团一行16人，来潍坊市参观访问。

2日 2006中国（潍坊）畜牧业博览会在国际展览中心举行。

3日～5日 省政府食品放心工程综合评价工作组来潍，对潍坊市食品放心工程给予充分肯定。

4日 潍坊市公共行政服务中心举行奠基仪式。

5日～6日 湖北省副省长郭生练率政府考察团在山东省有关部门负责人陪同下，来潍坊市考察人口和计划生育工作。

6日 全省法院司法警察工作会议在潍召开。会议推广了潍坊法院探索实施的外勤工作警务化改革实验。

8日 黑龙江省大庆市市委书记忽培元率大庆市考察团一行8人来潍坊市考察。

9日 全市社会主义新农村建设工作会议在寿光市召开。会议的主要内容是深入贯彻胡锦涛总书记视察潍坊时的重要讲话精神，认真落实中央和省市委一系列决策部署，对新农村建设工作进行再部署、再推动、再落实，确保实现突破性进展，促进全市经济社会又快又好发展。

7日～8日 省政协人口资源环境委调研组，到潍坊市寿光就开发利用风能资源、推动风电产业发展问题进行了调研。

10日 由农民日报社、山东省委

宣传部、潍坊市委联合主办的社会主义新农村建设理论研讨会在寿光温泉大酒店举行。

10日～11日 墨西哥墨中经济贸易促进会主席马里奥·可比安先生率代表团一行20人来潍坊市访问。

潍坊日报4月11日讯 中共中央政治局委员、书记处书记、国务委员周永康近日在潍坊调研。

12日 厦门市人大常委会副主任曾国玲一行10人，来潍坊市考察学习寿光市三元朱村建设社会主义新农村情况。

13日 济南军区副司令员叶爱群在省军区参谋长金培昌陪同下，来潍检查指导军分区新营区建设和全市预备役部队建设情况。

14日～15日 全省推广寿光产业建支部经验、创新农村党组织设置方式现场会在寿光召开。省委常委、组织部长刘伟出席会议并讲话。

15日 寿光市第三批保持共产党员先进性教育活动总结会议举行。省委常委、组织部长刘伟，市委书记张传林出席会议并分别讲话。

17日 以全国人大常委会委员、华侨委员会副主任委员杜铁环为组长的全国人大常委会执法检查组，在省人大常委会副主任曹学成等陪同下，来潍坊市检查归侨侨眷权益保护法贯彻实施情况。

19日 潍坊市举行世界风筝都纪念广场落成典礼，副省长孙守璞，市委书记、市人大常委会主任张传林，国家体育总局社体中心副主任、中国风协副主席公治民，国际风联主席季明涛为鸳标揭幕，市委副书记、市长张新起致辞。

19日～21日 全国人大常委会副委员长韩启德来潍坊市调研。

20日 第二十三届潍坊国际风筝会在市体育场隆重开幕，首届中国旅游电视周庆典晚会同时举行。

20日～21日 全国政协副主席李蒙来潍坊市调研。副省长孙守璞、省政协副主席张敏，市领导张传林、张新起、郑金兰、赵兴涛、迟昭厚、胡岗等陪同调研。

24日～26日 中共中央政策研究室农村局副局长冯海发一行来潍坊市调研农产品加工出口情况。

23日～24日 建设部副部长傅文娟一行就市政公用设施投资规模和需求问题来潍坊市调研。

5月

1日 潍坊首次开行进京直通旅客列车，将潍坊至北京的时间缩至6小时，这标志着潍坊至北京没有直通铁路客车从此成为历史。济南铁路局党委副书记王辉，潍坊市委副书记、副市长张江汀出席首趟列车开行仪式。

同日 中央党校培训部新疆班学员一行50多人，来潍坊参观考察。

同日 省政协副主席谢玉堂由市政协副主席王金卓陪同到寿光参观菜博会。

2日 市委副书记、副市长张江汀带领市直有关部门负责人到华电潍坊发电有限公司现场办公，对该公司发电二期工程建设中遇到的问题进行了分析研究，拿出了解决的初步方案，对三期扩建工程的筹备工作进行了部署。

3日 省政协副主席王久祜到寿光参观菜博会。

7日 市委副书记、副市长张江汀到滨海项目区现场办公，对项目区各项工作进行了部署，要求各部门加强协调，通力合作，全面推进项目区各项工作。

8日 市委副书记、市长张新起在城市建设重点项目调度会上强调，各级各部门要把握工作节奏，加快工作步伐，再接再厉，圆满完成今年确定的城市建设重点项目。

9日～24日 市委书记张传林率领潍坊市经贸代表团赴菲律宾、马来西亚、印度尼西亚、泰国招商引资，寻求合作，达到了预期目的，取得圆满成功。

9日 市委副书记、市长张新起主持召开市事业单位改革领导小组会议，强调各级各部门要以高度的使命感和责任感，加强领导，扎实工作，加快推进事业单位改革进程。

9日～10日 省委宣传部和省政协办公厅组织大众日报、山东人民广播电台、山东电视台、人民政协报山东记者站、齐鲁晚报、齐鲁电视台、联合日报等新闻单位的记者组成新闻采访团来潍，采访了潍坊市党委政府重视支持政协工作和政协履行职能的情况。

9日 市委副书记赵兴涛到滨海经济开发区调研民营经济发展情况时指出，要加大工作力度，把发展民营经济作为重要工作抓紧抓好。

9日 市人大常委会在高密召开座谈会，专题研究代表工作和乡镇人大工作。

9日～10日 全国保持共产党员先进性教育活动与党的先进性建设理论研讨会，在北京京西宾馆举行。市委常委、寿光市委书记徐振溪出席研讨会并作了大会发言。寿光市委撰写的《建设群众满意工程的理论意义和实践途径》被评为研讨会入选论文。

10日 由马来西亚农业研究与开发学员战略资源中心主任默哈迈德·约瑟夫·阿卜杜拉博士率领的马来西亚农业考察团一行5人访潍。

11日 交通部部长李盛霖在省政协副主席谢玉堂、省交通厅厅长周秋田的陪同下，来潍坊市检查指导交通工作。李盛霖对潍坊市经济社会发展特别是交通事业的发展取得成绩给予充分肯定。

11日～14日 人民大会堂管理局考察团一行6人，来潍坊市优质农产品生产基地和加工企业进行现场考察，确定直供产品。

12日 国务委员陈至立来潍坊市考察。陈至立一行深入车间、教室、科技园区，同教育、科技工作者和企业管理人员亲切交谈，就全面落实科学发展观，大力推进教育科技体制机制创新，促进社会主义和谐社会建设，进行了深入调查研究，充分肯定了全市的教育科技等工作。

同日 全省工商联工作座谈会在东方大酒店召开。省委统战部常务副部长

黄天俊，省统战部副部长、省工商联党组书记牛俊宪出席会议并讲话。

同日 国家交通部副部长冯正霖带领出席全国公路养护管理工作会议的同志来潍坊市参观，代表们对全市公路建设和养护管理工作给予高度评价。

13日～14日 副省长才利民来潍坊市考察工作，才利民充分肯定了全市经济社会发展所取得的成就。

14日～17日 省人大常委会副主任王道玉带领执法检查组一行7人，来潍坊市对《山东省全民体育健身条例》贯彻实施情况进行执法检查，检查组对全市贯彻实施省全民体育健身条例情况给予了充分肯定。

15日 全省农村五保供养工作座谈会在鸢飞大酒店召开。

同日 市委副书记、市纪委书记崔建平到昌邑市调研。

同日 中央电视台走遍中国栏目“潍坊专题片”录制工作启动，开机仪式在市人民广场举行。

16日 山东省暨潍坊市三夏农机跨区作业和福田重工第八次三夏跨区服务出征仪式在福田重工股份有限公司举行。国家农业部、省政府、省农机办、全国小麦主产区11个省市农机管理部门和解放军总后勤部的有关领导出席仪式。

同日 潍坊市“中国农机城”称号正式授牌仪式在福田重工举行。全国政协委员、中国特产之乡推荐暨宣传活动组委会副主任、中华全国供销总社原副主任林乃基，中国特产之乡推荐暨宣传活动组委会常务副主任、中国特产报社社长刘真授牌，中国农机学会理事长高元恩致贺词。

同日 “爱在风筝都”潍坊市2006年慈善文艺晚会在潍坊电视台演播大厅举行。晚会现场募捐175万元。

同日 中铁工程设计咨询集团有限公司总工程师吴麦奎一行6人在省直有关部门负责人的陪同下，来潍坊市就拟建德龙烟铁路项目进行考察。

同日 市委副书记、市纪委书记崔建平在诸城检查工作时要求，全市政法系统要下大力气搞好基层基础建设、队伍建设，全力维护社会稳定，推进“平安潍坊”建设。

17日 潍坊移动通信公司通信枢纽新楼正式启用。

同日 全省法院审判监督工作座谈会在诸城市召开。省高级人民法院副院长霍力民、市人大常委会副主任吴元宝、市中级人民法院院长程茂仁出席会议。诸城市人民法院作了《突出庭审监督深化“三全一考”探索建立可视化监督考核机制》的经验介绍。

17日 副市长邢培彬带领有关部门负责人到诸城检查黄烟生产情况。要求各级各有关部门一定要提高认识，加强领导，落实措施，确保全年烟叶增产增收。

18日 全国全省军转安置工作电视电话会议结束后，市委副书记、副市长张江汀在潍坊分会场就认真贯彻落实好会议精神，切实做好全市的军转干部安置工作讲了意见。

18日～19日 省人大常委会副主任、省人大财经委主任委员黄可华带领调研组来潍坊市，就社会审计机构运行情况进行调查研究。

同日 全市党的先进性建设理论研讨会在鸢飞大酒店召开，市委常委、组织部长、市委先进性教育活动领导小组副组长兼办公室主任钟少林出席会议并讲话。

19日 省物价局局长陈充，市委副书记、副市长张江汀在市物价局负责同志的陪同下，到临朐出席国家级规范化物价检查所揭牌仪式。

同日 市委副书记、副市长张江汀到临朐县检查指导工作。要求继续把招商引资作为经济工作的重中之重来抓，突出工作重点，加快经济发展。

同日 市人大常委会党组书记、第一副主任王治华、市人大常委会秘书长王维盛到潍城区对人大工作进行了调研。

同日 潍坊市工会基层组织建设现场会在寿光市召开，市政协副主席、市总工会主席满郭强出席会议并讲话。会议总结了寿光市在工会基层组织建设中组织农民工入会和维权的经验做法。

20日 全国政协副主席董建华来潍坊市考察调研。董建华对潍坊市近年来取得的突出成就给予了高度评价，对全市通过成功举办二十三届风筝会，七届菜博会等节会活动，强力推进对外开放，突出抓好招商引资，加快经济发展的做法给予了充分肯定。

20日 市委常委、统战部长杨卫东到临朐检查指导先进性教育工作，要求进一步促进长效机制建设。

同日 全市12358价格举报系统开通5周年暨价格服务进万家活动启动仪式在世界风筝都纪念广场举行。

21日 市委副书记赵兴涛到诸城就先进性教育活动群众满意度测评工作进行检查指导。要求落实整改措施，提高群众满意度。

同日 青州市人民医院举行新病房大楼启用仪式。

22日 市委副书记赵兴涛，市委常委、宣传部长刘明珂，市委常委、组织部长钟少林，在市级机关综合办公大楼分别主持召开了各级党代表、人大代表、政协委员座谈会，督导组、指导组座谈会，离退休党员干部座谈会，了解先进性教育活动群众满意度情况，确保教育活动取得实效。

22日～23日 全市知名企业税法知识电视大赛在潍坊电视台演播大厅举行。

22日 潍坊市工商联九届四次执委会会议在齐鲁饭店召开，市政协副主席杨肖青主持会议。

23日 荣获全国金融系统职工职业道德建设“十佳班组”暨全国金融“五一劳动奖状”荣誉称号的中国大地财产保险股份有限公司潍坊中心支公司在富华国际会展中心举行授牌仪式。

同日 市委常委、宣传部长刘明珂到昌邑就先进性教育活动群众满意度测评工作进行检查指导。强调巩固扩大教育成果，促进当地经济社会更快更好发展。

23日～25日 市人大常委会党组副书记、副主任赵凤池带领民侨外工作委员会有关人员，对潍坊市《山东省旅游条例》贯彻实施情况进行了调查。

24 日 山东出入境检验检疫局与潍坊市促进潍坊农副产品出口第五次联席会议在鸢飞大酒店召开。

同日 市委常委、宣传部长刘明珂到潍坊电视台调研工作。

同日 副市长、市委先进性教育活动领导小组副组长邢培彬到市水利局就先进性教育活动满意度测评工作进行检查指导。

25 日 满载 6 大类、10 余吨潍坊优质农产品的运输车从潍坊直抵北京人民大会堂。26 日上午，双方在人民大会堂北区举行了直供产品交接仪式，随后在人民大会堂台湾厅举行了座谈会。人民大会堂管理局局长刘水生对潍坊直供产品的产地环境、生产标准、产品品质给予了充分肯定。

25 日～26 日 中国少年先锋队潍坊市第九次代表大会在潍柴文化宫召开。

25 日 中国人民解放军总参谋部动员部人武动员办公室副主任王能山率总参谋部联合工作组，在济南军区、山东省军区有关领导的陪同下，到安丘市检查指导预备役部队建设情况。

同日 潍坊市举行民主党派、工商联主要负责人及无党派人士座谈会，听取对全市先进性教育活动的评价，以及对群众满意度情况的意见和建议。省委先进性教育活动巡回检查组组长黄泽存出席会议并讲话。

同日 市委常委、宣传部长刘明珂到临朐县检查指导工作。对临朐县产业集群发展、社会主义新农村建设和旅游业发展给予充分肯定。要求继续培强做大产业集群，推进社会主义新农村建设。

同日 省委先进性教育活动巡回检查组一行在市委常委、组织部长钟少林，市委常委、奎文区委书记王元榜的陪同下到广文街道文化路社区、廿里堡街道南屯村就先进性教育群众满意度测评工作进行检查指导，听取党员群众对先进性教育活动的评价，征求党员群众的意见建议。

同日 市人大常委会副主任李本跃带领财经工作委员会有关人员对市外经贸局局长任职情况进行了述职评议调查。

同日 中国华电集团公司总经理贺恭一行到华电潍坊发电有限公司检查工作。

26 日～27 日 莱芜市委书记、市人大常委会主任于建成率领莱芜市党政考察团一行 70 人来潍坊市考察。

28 日 市委书记张传林，市委副书记、市长张新起带领市级领导班子成员，市中级法院、市人民检察院领导，各县市区、市属各开发区、出口加工区党政主要负责人，市直有关部门主要负责人，对各县市区、市属各开发区进行了为期三天的现场观摩点评。

28 日～29 日 最高人民法院党组成员、纪检组组长李玉成一行 4 人在省高级法院党组成员、纪检组长张盛昌等陪同下来潍坊就探索建立新时期人民法院反腐倡廉机制进行了调研。

28 日 由中央人民政府驻香港特别行政区联络办主任高祀仁为特别顾问的香港知名人士山东访问团一行 47 人，在省政协副主席、省统战部部长齐乃贵陪同下来潍坊市参观考察。

29 日 市委副书记、副市长张江汀在东方大酒店鲁台会筹委会办公室会议厅召开有关部门负责人会议，专题研究调度第十二届鲁台经贸洽谈会筹备工作。会议听取了有关单位筹备鲁台会的工作的情况汇报，部署了下一步任务。

30 日 内蒙古自治区党委副书记杨利民率领内蒙古自治区考察团一行 38 人，在副省长贾万志的陪同下来潍坊市考察经济社会发展、城市建设等工作。

31 日 全市第六次加快发展现场会议在富华国际会议中心举行。会议主要议题是，以邓小平理论和“三个代表”重要思想为指导，按照科学发展观的要求，检查工作，部署任务，动员全市上下始终保持奋发有为的精神状态，聚精会神、埋头苦干、乘势而上、再创佳绩，推动经济社会又快又好的发展。

同日 山东电力集团公司与潍坊市在富华大酒店召开潍坊电网“十一五”发展规划座谈会。

同日 市委副书记、副市长张江汀到滨海项目区现场办公。要求争分夺秒，加快招商引资进度，确保项目尽快入驻，全面完成市委、市政府交给的各项任务。

同日 市委宣传部、中央党校管理科学研究中心、新华出版社联合向寿光市三元朱村赠送了价值 4 万余元的图书。

31 日 副市长王冰芬在市教育局负责同志陪同下到潍城区部分小学、幼儿园看望少年儿童，并对他们表示节日的祝贺。

31 日 潍坊市组织收听收看了全国、全省整治违法排污企业保障群众健康环保专项行动电视电话会议。

31 日～6 月 1 日 全国农村消防宣传工作现场观摩研讨活动在寿光市举行。公安部消防局、省公安厅有关领导及全国 31 个省市自治区和新疆建设兵团的消防总队负责人出席活动。

6 月

1 日～15 日 市委副书记、市长张新起率领潍坊市经贸代表团赴比利时、葡萄牙、德国、英国、瑞士开展招商宣传活动。

1 日 潍坊市庆“六一”城乡儿童手拉手共成长联谊大会在市级机关办公大楼召开。

同日 潍坊市拘留所暨看守所二期工程揭牌启用仪式在市看守所举行。

2 日 全市创建文明和谐社区现场会在奎文区召开。市委副书记郑金兰代表市委、市政府讲话，就创建文明和谐社区工作进行安排部署。

2 日～3 日 浙江省副省长茅临生率领浙江省农业科技考察团一行 25 人，来潍坊市考察农业科技、农业产业化经营等方面工作。

2 日 2006 年中国“潍坊杯”鲁能国际青少年足球邀请赛新闻发布会，在北京好苑建国商务酒店举行。中国足协专职副主席南勇，国家电网公司监察局局长刘广迎，鲁能泰山足球俱乐部常务副董事长李培林等出席新闻发布会。

副市长王冰芬代表本次比赛的主办地介绍了潍坊的相关的情况。

2日 副市长黄潍连召开白浪河水厂工程建设现场调度会，研究白浪河水厂建设有关情况。

3日 潍坊市美术家协会油画艺委会成立。同时，由潍坊市美术家协会、蜜雪儿化妆品有限公司、中百大厦、潍坊学院联合主办的蜜雪儿艺术中心馆藏作品展在中百美术馆举行。

4日～5日 省委副书记高新亭、副省长王仁元率参加全省县域经济现场会议的与会人员，对潍坊市的寿光、昌邑等地进行了现场观摩考察。

5日～6日 临沂市委书记、市人大常委会主任李群率领临沂市党政考察团，来潍坊市考察城市建设等方面的工作。

5日 潍坊市召开“品牌万里行山东潍坊活动日”协调会，副市长辛丕宏出席并讲话。“品牌万里行”活动由国家商务部组织，从11日在北京启动，到12月初结束。15日是“品牌万里行潍坊活动日”。

6日 市委副书记郑金兰、市人大常委会副主任杨继生、副市长王冰芬、市政协副主席郑汝智等到潍坊一中、潍坊七中等检查全市高考的筹备工作。

同日 全市人文自然遗产保护开发利用研讨会在市级机关综合办公大楼举行。

同日 “云门春杯”第二届丝绸之路国际模特大赛山东赛区选拔赛新闻发布会在东方大酒店举行。

6日～9日 市人大常委会副主任赵凤池带领部分委员和市人大代表，对全市贯彻实施药品管理法情况进行了视察。

6日 市政协主办的“2006中国(潍坊)铝型材、门窗幕墙及生产加工设备展览会”在潍坊富华国际展览中心开幕。

7日 全省县域经济现场会议在龙口召开，省委书记、省人大常委会主任张高丽在会上作重要讲话，省委副书记、省长韩寓群主持会议并就贯彻落实会议精神讲了要求。潍坊市的寿光、诸城分别受到省委、省政府表彰奖励和表扬。寿光市做了大会典型发言。

8日～13日 市人大常委会副主任吴元宝带领法制工作委员会有关人员，对全市“四五”普法和“三五”依法治市情况进行了调查。

10日～12日 全国政协副主席张梅颖率领全国政协城市医疗体制改革视察团在省政协副主席谢玉堂、周鸿兴的陪同下来潍坊市视察。

同日 潍坊市“行风在线”十佳上线部门颁奖暨潍坊人民广播电台新闻频道开播十周年庆典晚会在潍柴文化宫举行。

13日 市委副书记郑金兰带领市农业局等有关部门负责人到高密市检察工作，对高密市调整产业结构、抓大项目、发展循环经济和高产优质高效农业的做法给予了充分肯定。

13日～14日 英国西米德兰大区政府执行长官代表迈克尔·奥克斯率经贸代表团一行16人来潍坊市访问。

13日 西藏新转世活佛培训班参观团一行26人在中央统战部和省委统战部领导的陪同下来潍坊参观考察。

同日 潍坊市舞蹈家协会在华潍电力大酒店正式成立。

14日 全市领导干部理论学习报告会在市级机关综合办公大楼举行。国务院发展研究中心金融研究所所长夏斌应邀作了关于当前的经济形势和货币金融政策的主题报告。

同日 副市长蒋文彩在富华大酒店会见应邀前来潍坊市进行项目考察调研的德国南德化学公司副总裁厄瑞克·沃耐克先生一行，宾主双方就进一步加强在经济领域的合作进行了友好的交谈。

15日 “品牌万里行山东潍坊活动日”品牌推介会在富华大酒店召开。省人大常委会副主任陈延明出席推介会，市委副书记赵兴涛致辞，副市长辛丕宏主持会议。

同日 山东省省长助理、公安厅厅长曲植凡率参加全省治安防控体系建设现场观摩会的与会代表120多人，对潍坊市进行现场观摩考察。与会人员对潍坊市强力推进社会治安防控体系建设给予高度评价。

15日～22日 副市长蒋文彩率领市政府有关部门、有关县市区及部分企业负责人赴香港参加“2006鲁港经贸合作周”经贸活动，成效显著。共签订合同项目8个，合同额1.3亿美元；签订协议项目8个，协议额6619万美元；签订进出口合同10个，贸易额1.1亿美元。

18日 “云门春杯”第二届丝绸之路国际模特大赛山东赛区选拔赛总决赛暨颁奖晚会在潍坊电视台演播大厅举行。

20日 全市科学技术大会隆重召开，市委副书记郑金兰宣读了市委、市政府《关于2004—2005年度县市区、市属开发区党政领导干部科技进步目标责任制考核情况的通报》和《关于表彰奖励潍坊市十佳高新技术企业、示范研发中心和优秀民营科技企业的通报》。副市长鞠献宝宣读了市政府《关于颁发2005年度潍坊市科学技术进步奖的决定》。

同日 来自中国企业文化研究会成果评审委员会的专家们对华电潍坊发电有限公司的“三元”文化进行了评审，对“三元”文化理念体系给予了高度评价。

21日～22日 省委组织部就学习贯彻《干部教育条例》，推进大规模培训干部工作，在潍坊市召开学习观摩会。

22日 市委副书记、市长张新起率队参观了在济南开幕的山东省建设节约型社会成果展暨节能技术产品博览会。

同日 市委副书记郑金兰在富华大酒店亲切会见了前来潍坊考察访问的中美基金会主席比尔·强生一行。

同日 市委常委、组织部长钟少林在安丘市委、市政府主要负责同志陪同下，到安丘市走访慰问建国前老党员。

同日 副市长邢培彬在市直有关部门负责同志的陪同下检查了正在建设中的潍河济青高速路北橡胶坝建设工程，看望了干部职工，要求严把工程建设质量关，确保按时竣工。

23 日 国家发改委主任马凯在副省长王仁元、省发改委主任倪永康的陪同下来潍坊市调研。

同日 全市经济发展软环境建设工作会议在富华国际会议中心召开。

24 日 寿光市隆重召开庆祝建党85周年暨保持共产党员先进性教育活动总结表彰大会，省委常委、组织部长、省委先进性教育活动领导小组副组长、办公室主任刘伟，市委副书记、市长张新起出席会议并讲话。

同日 市委副书记赵兴涛在诸城市委负责同志的陪同下，先后到诸城市开发区诸冯村、吕兑村走访慰问老党员。

同日 市委常委、秘书长胡岗在寿光市负责同志的陪同下，代表市委书记张传林到该市稻田镇走访慰问老党员，向他们致以节日的问候，并送去了满怀深情厚谊的慰问金和慰问品。

26 日 全市庆祝中国共产党成立85周年暨保持共产党员先进性教育活动总结表彰大会在潍州剧场隆重举行。会议回顾了建党85周年的光辉历程，总结了全市保持共产党员先进性教育活动情况，表彰了全市先进基层党组织、优秀共产党员和优秀党务工作者，研究部署了下一步的任务措施，要求进一步推进党的先进性建设，为实现又快又好发展提供有力保证。

24 日～25 日 全省干部档案工作现场会议在潍坊市召开。省委组织部副部长兼老干部局局长董国勋出席会议并讲话。

26 日 2006年普通高考填报志愿咨询会在富华国际会展中心举行。今年，全市文、理、音乐、体育、美术五类高考本科上线人数达到37342人，比2005年增加2596人。全市重点本科上线人数、本科上线总人数及各项指标连续五年蝉联全省第一。

同日 市委常委、宣传部长刘明珂在昌邑负责同志的陪同下，到该市走访慰问老党员，给他们送去了满怀深情厚谊的慰问金和慰问品。

27 日 市委副书记、市长张新起在创建国家卫生城市工作调度会议上强调，各级各部门要充分认识创建工作的意义，进一步增强做好创建工作的紧迫感和责任感，明确责任，强化措施，扎扎实实推进创建工作，力争创建目标如期实现。

同日 庆祝建党85周年老干部座谈会在鸢飞大酒店举行。

28 日 市政府、华夏银行济南分行银企合作推进会议在鸢飞大酒店举行。这次华夏银行济南分行计划再向潍坊市民营企业授信20亿元贷款额度。

同日 市广播电视总台举行成立五周年庆祝大会。

同日 市委副书记、市纪委书记崔建平在寒亭区有关领导的陪同下，走访慰问了寒亭区部分老党员。

29 日 市委书记张传林在安丘考察时强调，要坚定不移地贯彻落实中央和省、市委的决策部署，以科学发展观统领经济社会发展全局，紧紧抓住发展这个第一要务，思想再统一，重点再突出，措施再强化，振奋精神，凝心聚力，推进经济社会更快更好发展。市委常委、秘书长胡岗和安丘市党政主要负责同志陪同调研。

同日 峡山水库暨潍河防汛会议在峡山水库管理局召开。市委书记张传林强调，各级各部门要进一步提高思想认识，立足防大汛、抗大灾，切实加强领导、强化措施，把各项防汛工作做到位，确保万无一失，努力夺取今年防汛工作的全面胜利。

同日 市委副书记、副市长张江汀在鲁台经贸洽谈会筹备工作调度会上要求，抓紧时间，积极筹备，举全市之力办好这届鲁台会。

同日 副市长王冰芬带领市直有关部门负责人对潍坊市创城有关工作进行了检查指导，并对存在的问题提出了具体的整改要求。

30 日 潍坊市慈善总会隆重举行捐赠仪式，在捐赠仪式上，潍坊市苏伯食品股份有限公司向市慈善总会捐赠现金5万元和价值3万元的食品，用于全市扶贫济困。

同日 市委常委、政法委书记李守玉到潍城看望慰问老党员。

7月

1 日 潍坊市在富华大酒店举行仪式，欢迎菲律宾众议院议长、基督教穆斯林民主力量党总裁何塞·德贝内西亚一行来潍坊市访问。

同日 潍坊市警官培训基地揭牌暨开训典礼隆重举行，市委副书记、市纪委书记崔建平为基地揭牌并讲话。

同日 市委常委、统战部长杨卫东在临朐县委主要负责同志的陪同下，到临朐走访慰问老党员。

2 日～3 日 省政协副主席周鸿兴带领调研组一行11人，来潍坊市就“增强自主创新能力，推进创新型省份建设”的有关情况进行了专题调研。

3 日～6 日 市人大常委会副主任杨继生带领人事代表工作室有关同志先后到潍城、昌乐、青州、临朐、奎文等县市区对代表建议办理工作情况进行了调查。

4 日～6 日 省双拥模范城检查组来潍，就全市的双拥工作进行了为期三天的检查指导。

4 日 潍坊市参加第二十一届省运会代表团成立暨誓师大会在市交通银行体育馆举行。

同日 市委副书记赵兴涛到包靠企业山东恒安纸业有限公司检查指导工作。

同日 市政协主席迟昭厚、副主席王金卓、郑汝智、姜绍华、张敦柏、秘书长曹学芹和部分驻会政协常委到潍坊海关进行了视察。

5 日～7 日 市委书记、市人大常委会主任张传林，市委副书记、市长张新起率团赴北京招商引资，取得圆满成功。共签订项目合同113个，合同利用外资额106亿元。6日上午，潍坊（北京）投资合作恳谈会在北京王府半岛大酒店隆重举行。

5 日～6 日 副省长张昭福带领省直有关部门负责同志来潍坊市督促检查防汛和夏粮收购工作。

6 日～8 日 以日本千叶县八街市市长长谷川健一先生为团长的八街市代

表团一行11人来潍坊市访问。

7日 辽宁省鞍山市市委书记张杰辉率领党政考察团一行33人来潍，考察全市经济社会发展代表性项目和寿光市社会主义新农村建设情况。

8日 市委副书记、副市长张江汀在滨海项目区工作调度会议上强调，各级要抓住鲁台会即将召开的有利时机，再掀招商引资、项目落地加快发展的新高潮。

同日 第二届山东寿光荷花节在寿光林海生态博览园隆重开幕。

9日 省委书记、省人大常委会主任张高丽在寿光市党员领导干部会议上强调，要认真学习贯彻胡锦涛总书记在庆祝建党85周年暨总结保持共产党员先进性教育活动大会上的重要讲话和重要批示精神，进一步增强使命感、责任感、紧迫感，求真务实，扎实工作，努力取得新成绩。会议认真传达学习了胡锦涛总书记关于寿光市先进性教育活动的重要批示。

10日 市委召开常委会议，传达学习贯彻胡锦涛总书记重要批示精神和省委书记张高丽在寿光市党员领导干部会议上的重要讲话精神，研究贯彻落实意见。

10日 潍坊市为出席山东省第十一次妇代会的潍坊代表团举行欢送会。

同日 市委副书记崔建平在市纪委等部门的负责同志陪同下，到市财政局就党风廉政建设情况进行调研。

同日 “知荣辱、讲文明、促和谐”潍坊市暨奎文区“文明之夏”广场文艺演出在市风筝广场举行，一年一度的“文明之夏”系列活动正式启动。

同日 副市长黄潍连带领市直有关部门负责人到朱里水源地和峡山水库给水输水主管道潍河段现场办公，对供水设施安全及水源地保护工作提出了具体要求。

11日～12日 济宁市委书记孙守刚，市委副书记、市长吕在模率领济宁市党政考察团来潍坊市考察城市建设和县域经济发展情况。

11日 市委副书记崔建平带领市直有关部门负责同志到诸城市墙夼水库检查防汛工作。强调做好各项工作，确保安全度汛。

11日～18日 市人大常委会副主任王永兴带领调查组，对全市贯彻实施防洪法情况进行了调查。

11日 市人大常委会副主任吴元宝带领市人大常委会视察团，到市公安局视察指导工作，对市公安局的工作给予了充分肯定。

12日～14日 山东省政协副主席林书香带领省政协经济委和省直有关部门负责人，来潍坊市考察北部沿海开发工作。

12日 潍柴2006年科技创新大会在潍柴文化宫召开。市委书记张传林，市委副书记、市长张新起出席大会，并为潍柴国家认定企业技术中心揭牌。

同日 朗盛亚星化学（潍坊）有限公司水合肼生产基地在潍坊市寒亭区正式落成。

18日～19日 副省长才利民带领省直有关部门负责同志来潍坊市调研，并在寿光市召开小清河沿线有关县市区政府、重点企业负责人座谈会，研究部署小清河流域水污染防治工作。

18日 全省大企业节能工作座谈会在富华大酒店召开。

同日 副省长王仁元在省有关部门负责人的陪同下，来潍坊市就工业经济运行情况和汛期安全生产工作进行调查研究。

同日 潍坊——无锡产业对接洽谈会在无锡举行。会上，推介了第十二届鲁台经贸洽谈会，举行了部分项目的签约仪式。

19日 市委理论学习中心组读书会结束。市委书记张传林作重要讲话，市委副书记、市长张新起主持会议并讲话。

同日 潍坊森达美港万吨级码头建设准备工程开工仪式在森达美港举行。市委书记张传林宣布准备工程正式开工。山东省交通厅副厅长迟焕然，市委副书记、市长张新起发表热情洋溢的致辞。

同日 省委常委、省总工会主席柏继民来潍坊市就工会组织农民工入会工作进行调研。

20日 副市长邢培彬带领水利部门负责同志到白浪河水系联网引水隧洞施工现场、峡山水库检查工程施工安全和防汛工作。

21日 市委副书记郑金兰带领市委农工办、市农业局、畜牧局、农开办、水利局、农发行、海洋渔业局等部门负责人到青州考察、现场办公，解决龙头企业发展和农民增收遇到的问题。

25日 省台办主任杨文庆一行来潍就第12届鲁台会筹备工作有关情况与市委、市政府及有关市直部门进行磋商，以期把会议办出更大规模、更高水平、更好效益。

同日 张新起签署第84号市长令，颁布《潍坊市实施〈山东省安全生产条例〉办法》。《潍坊市实施〈山东省安全生产条例〉办法》经市政府第40次常务会议研究通过，自2006年8月1日起施行。

同日 市委副书记赵兴涛带领有关部门负责人到昌邑考察民营经济时强调，各级要进一步优化发展环境，以优质的服务促进民营企业做大做强。

25日～27日 市人大常委会副主任李本跃带领财经工作委员会部分委员和人大代表，对2006年上半年国民经济计划和财政预算执行情况进行了调查。

25日～26日 日本日向市代表团来潍坊市访问。25日上午，副市长蒋文彩在潍坊大酒店会见了代表团一行。

26日 国务院召开通报全国经济形势电视电话会议。张新起在潍坊分会场强调，各级各部门要把思想高度统一到党中央、国务院和省委、省政府的决策部署上来，坚定不移地按照科学发展观的要求，加快推进潍坊经济又快又好发展。

28日 潍坊市举行军地领导座谈会，隆重庆祝中国人民解放军建军79周年。军地双方领导欢聚一堂，畅叙军民情谊，共商双拥大计，共谋和谐发展。

同日 省发改委沿海建港条件现场调研座谈会在潍坊市召开。省发改委党

组副书记、副主任薛克率省交通厅、海洋渔业局领导及国家、省建港专家赴潍坊滨海项目区、潍坊森达美港进行了实地考察，对潍坊森达美港建设万吨级泊位可行性进行了论证。

同日　市委、市政府在寿光温泉大酒店举行仪式，欢送王乐义赴北戴河参加2006年全国暑期专家休假活动。

29日　市委副书记、市纪委书记崔建平，市委常委、潍坊军分区政委曲新佩到驻潍某部慰问，在“八一”建军节到来之际，向部队官兵送去节日的问候。

同日　副市长蒋文彩在富华大酒店会见了比利时参议员、自民党团主席保罗·威尔先生一行，宾主双方就如何促进交流与合作进行了友好交谈。

29日～30日　郑州市副市长王林贺率领郑州市政府考察团来潍坊市就创汇农业、农业标准化生产和农业产业化发展等工作进行参观考察。

31日　市级领导班子成员集体参加军事日活动，并在市国防综合基地观摩了由潍坊军分区组织的民兵预备役部队军事训练科目汇报演练。

8月

1日　市委书记张传林出席第四期市各民主党派、工商联负责人学习研讨班开班典礼并作重要讲话。他强调，各级要深入学习贯彻全国统战工作会议和中央5号文件精神，进一步做好统战和多党合作工作，团结一切可以团结的力量，调动一切积极因素，群策群力，奋发有为，努力推动全市经济社会又快又好发展。

1日～2日　全省经贸工作座谈会在鸢飞大酒店召开。副省长王仁元出席并讲话。副市长辛丕宏向与会代表介绍了潍坊市上半年经贸工作情况和下半年主要工作措施。

1日　全省分管教育工作县市区长理论研讨班在潍坊市举行开班仪式。副省长王军民出席开班仪式，并作主题报告。

2日～3日　以中国女法官协会名誉会长、最高法院原副院长马原为组长的最高人民法院检查组一行四人在省法院领导陪同下，到潍坊就规范司法行为专项整改、社会主义法治理念教育、人民法庭工作、贯彻全国人大常委会《关于完善人民陪审员制度的决定》、贯彻落实全国法院涉诉信访工作电视电话会议精神等“五项活动”的开展情况进行了检查，听取了潍坊中院“五项活动”开展情况的汇报，并到潍城法院和望留法庭进行了实地检查。

2日～14日　以市委副书记、市纪委书记崔建平为团长的潍坊市经贸考察团一行3人，赴美国、加拿大进行了为期12天的考察访问，取得了圆满成功。

3日～4日　全国人大环境与资源保护委员会组织中华世纪行记者团一行20余人，来潍坊市对推进资源节约型、环境友好型社会建设情况进行采访报道。

3日　满载着潍坊人民及山东海王银河医药有限公司深情厚谊的150万元药品运抵宁夏银川，宁夏回族自治区政府举行了隆重的药品捐赠交接仪式。

5日　2006年中国“潍坊杯”雅马哈国际青少年足球邀请赛在鲁能泰山足球学校开幕。副省长张昭福出席开幕式并为比赛开球。

5日　中央统战部组织的少数民族代表人士考察团一行35人，由中央统战部二局副局长赵书钢带队，省委统战部副部长孙传宏陪同，来潍坊参观考察。市政协主席迟昭厚、副主席王庆德等向考察团成员介绍了潍坊的情况。

6日　二十集大型亲情电视连续剧《乐意为人》在寿光市三元朱村举行了开机仪式。中宣部文艺局副局长孟祥林，国家广电总局电影局副局长江平，中央电视台影视部主任汪国辉，省委宣传部副部长王凤胜，市委副书记郑金兰，市委常委、宣传部长刘明珂，市委常委、寿光市委书记徐振溪和电视剧《乐意为人》主人公人物原型王乐义出席开机仪式。

7日　为期五天的全省高校党委书记、校长暑期研讨班开班典礼在潍坊市举行。

同日　省委常委、秘书长杨传升，副省长王军民在潍坊市考察调研。先后考察了潍柴动力工业园和山东海王银河医药有限公司，听取了企业的发展情况汇报。

7日～10日　全省高校党委书记、校长暑期研讨班与会代表先后参观考察了潍坊市的城市建设、“三北”沿海开发以及寿光、诸城两市，对潍坊市近年来经济社会发展取得的成绩给予高度评价。

7日　中央党校副校长李君如率领中央马克思主义理论与建设工程专家考察团一行25人到潍坊市考察蔬菜种植、社会主义新农村建设及潍柴动力企业创新情况。

同日　市委副书记、副市长张江汀到滨海项目区现场办公。张江汀在实地察看了滨海项目区东区路网规划、建设和项目进区情况后指出，滨海项目区建设要紧紧围绕“一二一”总体思路，加强资源节约和环境保护，实现项目区既快又好发展。

同日　全市接待服务系统“人防杯”“文明接待优质服务月”活动在富华大酒店启动。

同日　中国石油和化工（潍坊）产业区命名授牌暨合作协议签字仪式在滨海经济开发区海洋宾馆举行。

8日　副省长王军民在潍坊市考察调研高新技术产业工作。

8日～9日　农民日报社党委书记、社长沈镇昭来潍坊市专题调研社会主义新农村建设有关情况。

8日　由市委宣传部、市文化局、市中医院和潍坊电视台等联合举办的“潍坊市中医院杯”庄户剧团大奖赛发布会，在潍坊电视台举行。

同日　在北京人民大会堂举行的“品牌中国”总评榜颁奖暨2006品牌中国高峰论坛会上，潍坊市荣获“中国25大典范品牌城市”称号。

9日～10日　副省长贾万志来潍坊市考察调研农业产业化和防汛工作。

9日～18日　由市委副书记、副市长张江汀带队，潍坊滨海经济开发区及

有关企业负责同志组成的招商经贸考察团赴台湾进行了为期10天的招商经贸考察。

10日 省政协副主席乔延春一行5人来潍坊市视察，对全市的工作特别是城市建设和政协工作给予了高度评价。

10日 潍坊市在潍坊博物馆举行“反渗透反窃密防泄密”展览。

11日 市委、市政府召开全市旅游发展大会。主要任务是，认真贯彻落实全省旅游发展大会精神，动员全市上下坚持以邓小平理论和“三个代表”重要思想为指导，以科学发展观统领全局，进一步统一思想、提高认识，理清思路、强化措施，努力建设旅游经济大市，推动全市经济社会又快又好发展。

12日 风筝广场购物公园隆重开业。市委书记张传林考察了风筝广场购物公园，详细了解了经营管理等情况。

同日 潍坊市名优农产品上海产销对接会在上海展览中心隆重举行，潍坊市农产品加工企业和上海农产品营销机构和消费团体广泛对接洽谈，共签订供货合同和协议45份，供货金额达43.93亿元。

13日 市委副书记、市长张新起在市交通局、市公路局及昌邑市和寒亭区主要领导的陪同下，考察了在建的荣乌高速公路潍坊段第3、4、5、6合同段，并亲切慰问了一线职工，对前段工程进展情况给予充分肯定。

13日 以挪威挪中友协会长埃文斯莫先生为团长的挪威商学院研究生代表团一行30人来潍坊市进行友好访问。

15日 市委书记张传林在潍坊市北部沿海地区调研时强调，要坚持以科学发展观为指导，把节约资源保护环境摆上更加突出的位置，进一步统一思想认识，加快基础设施建设，加大招商引资力度，优化发展环境，努力实现沿海经济开发的新突破。

同日 市委副书记赵兴涛带领市直有关部门负责人，赴菏泽考察鄄城（潍坊）工业园，菏泽市有关领导陪同考察。

16日 湖北省委副书记杨松来潍坊市考察城市建设等方面的工作。

同日 潍坊市召集社科理论界的部分专家学者在市级机关综合办公大楼召开学习《江泽民文选》座谈会，市委常委、宣传部长刘明珂出席座谈会并讲话。

同日 “佐田杯”第十三届全国大学生乒乓球锦标赛，在潍坊南郊的山东鲁能乒乓球学校开幕。

17日～18日 辽宁省盘锦市代市长陈淑珍率政府考察团一行24人，来潍坊市考察学习普通公路建设与养护管理工作。

18日 由中国建筑学会建筑史学分会和潍坊市人民政府共同举办的中国古典园林国际研讨会在潍坊市人民公园归真园开幕。

同日 市委副书记崔建平到昌邑调研农村社会稳定工作。

同日 在市政协主席迟昭厚的带领下，市政协组织有关委员对市区老年公寓建设情况进行了视察，以了解全市养老社会化的发展情况。

19日 市委副书记、市长张新起到山东世纪泰华集团现场办公时强调，各级各部门要从高度重视、积极发展、认真推动现代服务业发展的战略出发，提高行政服务效率，加快推进世纪泰华集团规划的重点项目的建设进程，加快推进现代服务业发展。

同日 潍坊市茶业商会成立大会在潍坊召开，选举产生了首届理事会及会长、副会长、秘书长，表决通过了商会章程和会员公约。

21日 市委召开常委扩大会议。主要议题是，组织学习《江泽民文选》，传达贯彻中央和省委关于经济工作的决策部署，认真落实科学发展观，正确分析当前经济形势，统一思想，提高认识，研究部署下一步经济工作，努力推动全市经济社会又快又好发展。市委书记张传林主持会议并作重要讲话。市委副书记、市长张新起就当前经济工作讲了重要意见。市委副书记郑金兰传达了中共中央、国务院转发《国家发展和改革委员会关于上半年经济形势和做好下半年经济工作的建议》的通知，市委副书记赵兴涛传达了省委常委扩大会议精神。

同日 市委副书记、市纪委书记崔建平到高密调研基层治安防控体系和治安网络建设情况。

22日～23日 省政府特邀顾问张惠来等22名驻鲁全国人大代表来潍坊，就建设社会主义新农村情况进行专题调研。

22日～23日 市委副书记、市纪委书记崔建平在市直有关部门负责人陪同下，先后到昌乐、坊子进行基层党风廉政建设调研，要求抓好基层党风廉政建设，为新农村建设提供有力保障。

23日 全市领导干部理论学习报告会在市级机关综合办公大楼第一会议室举行。著名经济学家黄卫平教授应邀作了“经济全球化趋势和当前国际贸易发展的新特点”专题报告。

23日～25日 省人大常委会副主任、法制委员会主任委员陈延明带队来潍坊市，对节能法、节能条例贯彻实施及资源节约情况进行了视察。

23日 全国唯一一处近江牡蛎原种自然保护区——潍坊莱州湾近江牡蛎原种自然保护区授牌仪式在潍坊滨海经济开发区海洋宾馆举行。

24日 应山东省人民政府邀请，中国美国商会代表团一行38人来潍考察。

25日 中国进出口银行董事长兼行长李若谷一行10人来潍坊市调研。

同日 市委副书记、市纪委书记崔建平带领市直有关部门负责人，到诸城调研信访工作。

同日 市政协主席迟昭厚，副主席王庆德、王金卓、郑汝智、杨肖青、张敦柏带领市政协部分常委、委员和人文自然遗产保护与开发促进会常务理事，对拟将胡家牌坊街开发建设成为古文化一条街进行了视察。

27日 国家烟草专卖局副局长何泽华在省烟草专卖局（公司）党组书记、局长孙公准，山东中烟工业公司党组书记、总经理赵华民等领导陪同下来潍坊市调研。

28日 山东宝泰科技产业园在潍坊出口加工区举行隆重的开工典礼。韩国驻青岛总领事馆领事朴焕善，青岛保税区党工委书记、管委会主任王怀岳出席开工典礼。

28日～29日 市委副书记、副市长张江汀，副市长蒋文彩就第十二届鲁台经贸洽谈会的筹备情况进行了现场调度。

28日 总投资12.5亿美元的青州金泉化工有限公司在青州经济开发区奠基。

30日 市委副书记、市长张新起在富华大酒店会见了中国国民党副主席江丙坤先生一行。

同日 台商会长齐鲁行启动仪式在鸢飞大酒店举行。市委书记张传林致辞。省台办主任杨庆文讲话。中国国民党副主席江丙坤，亲民党政策研究中心主任张显耀等出席仪式。

同日 市领导在富华国际会议中心亲切会见了亲民党政策研究中心主任张显耀先生一行。

同日 市委书记张传林在富华大酒店亲切会见了中国国民党中常委、台湾威京集团董事局主席沈庆京先生。

同日 杨希涛荣获“全国公安系统二级英雄模范”称号表彰大会在青州市召开。省公安厅副厅长、政治部主任于长安，市委副书记赵兴涛向杨希涛颁发了奖章、证书和奖金并讲话，市人大常委会副主任王永兴，副市长黄潍连，市政协副主席郑汝智等出席表彰大会。

31日 全国政协副主席张克辉，省委副书记、省长韩寓群，中共中央台办、国务院台办原常务副主任，海峡两岸关系协会常务副会长李炳才在潍坊富华国际会议中心多功能厅，会见了前来参加第十二届鲁台经贸洽谈会的中国国民党副主席江丙坤等台湾知名人士和台商代表。台湾工商协进会理事长黄茂雄，亲民党政策研究中心主任张显耀，中国国民党中常委蒋孝严、沈庆京，台湾工业协进会理事长李成家等台湾知名人士以及台商代表二十八人参加了会见。

同日 山东省人民政府在潍坊富华大酒店举办第十二届鲁台经贸洽谈会欢迎宴会。全国政协副主席张克辉，省委副书记、省长韩寓群，中共中央台办、国务院台办原常务副主任，海峡两岸关系协会常务副会长李炳才，副省长孙守璞，省政协副主席张敏，国台办经济局局长何世忠，省政府秘书长周齐；中国国民党副主席江丙坤，台湾工商协进会理事长黄茂雄，亲民党政策研究中心主任张显耀，中国国民党中常委蒋孝严、沈庆京，台湾工业协进会理事长李成家，市领导张传林、张新起、郑金兰、赵兴涛、张江汀、崔建平、迟昭厚、王治华等参加宴会。

同日 第十二届鲁台经贸洽谈会新闻发布会在鸢飞大酒店举行。

同日 第十二届鲁台经贸洽谈会《两岸情 齐鲁风》招待文艺晚会在富华国际会议中心一号剧场举行。

同日 台商会长齐鲁行签约仪式在鸢飞大酒店举行。

同日 出席台商会长齐鲁行活动的台商会长们对潍坊市城市建设和滨海项目区进行考察。

31日～9月2日 前来参加第十二届鲁台经贸洽谈会的全国政协副主席张克辉，在省政协副主席张敏，市领导张传林、张新起、郑金兰等陪同下在潍坊市进行调研。

9月

1日 第三届台商大会在潍坊富华国际会议中心隆重召开。全国政协副主席张克辉，省委副书记、省长韩寓群，中共中央台办、国务院台办原常务副主任，海峡两岸关系协会常务副会长李炳才，副省长孙守璞，省政协副主席张敏，国台办经济局局长何世忠，省政府秘书长周齐，省台办主任杨庆文，市委书记张传林，市委副书记、市长张新起出席大会。中国国民党副主席江丙坤，台湾工商协进会理事长黄茂雄，亲民党政策研究中心主任张显耀，台湾工业协进会理事长李成家，中国国民党中常委沈庆京等及参加鲁台经贸洽谈会的600多位台商代表出席了大会。韩寓群、李炳才、江丙坤分别讲话。孙守璞主持。张传林致欢迎辞。

同日 十二届鲁台经贸洽谈会暨2006海峡两岸制造业博览会，在潍坊富华国际展览中心广场隆重举行。

同日 第十二届鲁台经贸洽谈会山东省大项目签约仪式在潍坊富华国际会议中心举行。签约仪式由省台办主任杨庆文主持。

同日 第十二届鲁台经贸洽谈会潍坊市招商说明会在富华国际展览中心举行。中国国民党副主席江丙坤，省台办主任杨庆文、省台办副主任嵇建宝、省经贸委副主任李建生、省农业厅副厅长于风华、省信息产业厅副厅长张宁波等出席招商说明会，台湾知名企业和投资商、山东省16地市代表团代表参加。

2日 第二届海峡两岸人才与科技成果交流洽谈会暨“百名博士潍坊行”活动欢迎宴会在富华大酒店举行。参加宴会的有：国家人事部留学人员和专家服务中心主任庄子健，国家科技部海峡两岸科技交流中心主任赵新力，中国科学院沈阳分院院长王庆礼等人。

同日 市委副书记、市长张新起率领市直有关部门、各县市区主要负责同志，来到富华国际展览中心，参观第十二届鲁台经贸洽谈会及海峡两岸制造业博览会主会场。

同日 第五届中国（昌乐）国际宝石节在昌乐中华宝玉石博物馆开幕。市委副书记郑金兰出席开幕式并致辞，中国国民党中常委蒋孝严及夫人，山东省宝玉石协会常务副会长王学尧等3000多名中外宾朋齐聚宝石都，赏珠宝、谈项目、话友谊。

同日 市委领导亲切看望出席第二届海峡两岸人才与科技成果交流洽谈会暨“百名博士潍坊行”活动的院士和专家。

3日 第二届海峡两岸人才与科技成果交流洽谈会暨“百名博士潍坊行”活动开幕式在潍坊金宝国际会展中心举行。

同日 第十二届鲁台经贸洽谈会潍坊市大项目签约仪式在富华国际会议中心举行。

同日 潍坊市人民政府经济工作顾问聘任仪式暨院士座谈会在富华大酒店

召开，肖纪美、牛憨笨、陈洪铎、孙九林、刘焕彬、苏义脑、沈荣华、李乃胜八位院士、专家被聘为潍坊市人民政府经济工作顾问。市委副书记、市长张新起向院士、专家颁发聘书并致辞。

同日 2006中国博士后创新发展潍坊论坛在富华国际会议中心举行。国家人事部留学人员和专家服务中心主任庄子健主持论坛，副市长蒋文彩、省人事厅副厅长黄麟英分别致辞。

同日 第二届海峡两岸科技成果交流洽谈推介会在富华国际会议中心举行。国家科学技术交流中心、国家科技部海峡两岸科技交流中心主任赵新力致辞。

同日 第二届海峡两岸人才与科技成果交流洽谈会暨“百名博士潍坊行”活动在富华国际会议中心举行重点项目签约仪式。

4日～16日 副市长蒋文彩率潍坊市经贸代表团，赴日本、韩国进行了经贸洽谈和招商引资活动。

5日 省委常委、省军区政委张秉德来潍坊调研，对全市的工作给予了充分肯定。

5日～6日 省政协副主席、党组副书记王修智一行，来潍坊市考察社会主义新农村建设工作。

5日 省第二次农业普查方案培训会议在潍坊市金宝会议接待中心召开。

6日～8日 全国人大常委会委员、内务司法委员会副主任委员张志坚，全国人大常委会委员杨兴富带领调研组，在省人大常委会委员、内务司法委员会副主任委员刘学德陪同下，来潍坊市进行社会救助立法调研。

6日 市委副书记郑金兰到潍坊盲校调研。她强调，全社会都要关注教育、关爱孩子、关心下一代，让每一个盲童都健康快乐地成长。

同日 副市长王冰芬在市教育局负责同志陪同下，到高新区东明小学、潍坊滨海中学、潍坊一中看望了部分教育工作者，并代表市政府对广大教育工作者表示节日的问候。

7日 省委副书记、省长韩寓群来到潍坊一中亲切慰问广大教职员工，代表省委、省政府向他们并通过他们向全省广大教师和教育工作者致以崇高的敬意和节日的问候，向关心、支持教育工作的社会各界表示衷心的感谢。

同日 潍坊市妇女第十二次代表大会在富华国际会议中心隆重开幕。

同日 潍坊港总体规划专家评审会在鸢飞大酒店举行。

8日 市委副书记、市长张新起到青州市参加青州市委常委民主生活会，并对部分重点项目进行调查研究，他指出，要解放思想，科学发展，团结奋斗，振兴青州，让潍坊因为青州实现新的大的发展而骄傲。

同日 潍坊市新建的大型出版物批销市场——潍坊图书中心开业。

同日 潍坊市妇女第十二次代表大会选举产生了51名市妇联第十二届执行委员会委员，并举行第一次执委会议。

8日～9日 “中国芝麻香型白酒高峰论坛”在富华国际会议中心召开。中国酿酒工业协会理事长王延才，省轻工业办公室主任谢宁出席会议。

9日 潍坊市物流师培训基地在山东经贸职业学院揭牌。

12日～13日 宁夏回族自治区中卫市考察团在该市市委副书记马廷礼带领下，来潍坊市进行考察。两地共同举办了“潍坊——中卫经济发展合作恳谈会”。

12日 寿光获“国家卫生城市”，这是继“中国优秀旅游城市”、国家园林城市、“省文明城市”后，该市获得的又一殊荣，成为新标准实施后山东省第一个获得“国家卫生城市”称号的县级市。

13日 全国政协副主席李贵鲜来潍坊市考察调研。

13日～14日 潍坊名优农产品北京产销对接会在北京举行。市委副书记郑金兰出席产销对接会并讲话。

13日 韩国前议长金守汉一行，来潍坊市考察潍坊经济和韩资企业。

16日 潍坊市领导干部会议在市级机关综合办公大楼二楼第一会议室召开。省委组织部副部长贺可存受省委委托宣布了中共山东省委关于潍坊市党政主要负责同志职务调整的决定并讲话。张传林主持会议并讲话。张新起、许立全分别讲话。省委决定，张传林同志任山东省人民政府省长助理，省政府党组成员，不再担任中共潍坊市委书记、常委、委员、市委党校校长职务，不再担任潍坊市人大常委会主任职务（按法定程序办理）；张新起同志任中共潍坊市委书记兼市委党校校长，提名为潍坊市人大常委会主任候选人，不再担任潍坊市人民政府市长职务（按法定程序办理）；许立全同志任中共潍坊市委委员、常委、副书记，提名为潍坊市人民政府市长候选人（按法定程序办理）。

17日 参加全国工商系统基层建设和人才工作会议的代表160余人齐集潍坊市，现场学习潍坊市基层工商队伍建设和人才培养方面的经验。

18日 参加省公安队伍正规化建设会议的代表们现场观摩了潍坊市公安队伍正规化建设的基本情况。

同日 省人民检察院组织了“社会主义法治理念在我心中”巡回演讲团，到潍坊市作演讲。

18日 “2006潍坊——长沙商贸服务业合作恳谈会”在长沙举行。副市长辛丕宏、长沙市副市长向力力出席会议并分别致辞。

同日 潍坊市又一大型商贸项目中亚商贸城举行奠基仪式。

19日 潍坊市十四届人大常委会在市级机关综合办公大楼会议室举行第二十三次会议。市委书记张新起作重要讲话；市委副书记许立全在通过任命后讲了话。在分组审议和酝酿的基础上，会议以无记名投票的方式，表决通过了《潍坊市人民代表大会常务委员会关于接受张传林辞去潍坊市第十四届人民代表大会常务委员会主任职务请求的决定》、《潍坊市人民代表大会常务委员会关于接受张新起辞去潍坊市市长职务请求的决定》；表决通过了许立全为潍坊市副市长、代理市长的任命。

同日 2006中国（昌邑）北方绿化苗木博览会在昌邑市绿博园隆重开幕。原国家林业部部长高德占宣布盛会开幕。

19 日　市委、市政府召开科学发展城市经济座谈会。市委书记张新起主持座谈会并作重要讲话。他强调，要进一步明确目标，强化措施，加大力度，科学发展城市经济，加快建设文明和谐的现代化中心城市。

同日　市委党校举行 2006 年秋季开学典礼，市委副书记赵兴涛出席典礼并讲话。

同日　省法院涉外商事审判热点问题研讨会在潍坊市召开。

19 日～21 日　市人大常委会副主任吴元宝，带领市人大常委会法制工作委员会部分委员，先后到奎文、潍城、高密、诸城，就全市贯彻实施《妇女儿童发展纲要》情况进行了检查。

20 日　和谐盛世·百名将军百名部长百名画家作品全国巡展暨中国关爱成长行动——全国航天科普巡展山东潍坊展在潍坊博物馆隆重开幕。

同日　省委常委、省总工会主席柏继民来潍坊市考察工会工作。

20 日～21 日　国家税务总局党组成员、总会计师宋兰一行在省国、地税领导陪同下，到潍坊税务系统检查指导工作。

20 日　潍坊市第十四次社会科学成果奖评选会议在潍坊职业学院举行。市委副书记郑金兰出席会议并讲话，会议评选出了潍坊市 2004 年度社会科学优秀成果奖 253 项。

22 日　全省民兵预备役部队军事训练观摩会议在潍坊市召开。济南军区副司令员冯兆举，总参动员部民兵局副局长蔡绍彬莅临指导。

22 日　福田雷沃重工新型农业装备制造工厂投产仪式在福田雷沃重工奎文厂区隆重举行。

同日　省法院纪检监察监督工作座谈会在坊子区召开。

23 日　福田雷沃重工品牌国际化发布仪式在富华大酒店举行。

同日　第一届中国（潍坊）国际汽车工业展览会在富华国际会展中心隆重开幕。

25 日　越南共产党中央委员、岘港市委书记阮伯清一行 11 人，来潍坊市访问。

同日　上海市委宣传部副部长张子静、上海文汇新民联合报业集团党委书记缪国琴一行 5 人组成的上海文新集团考察团来潍坊市考察。

27 日　市委、市政府在寿光召开科学发展县域经济座谈会。市委书记张新起主持会议并作重要讲话。他强调，要坚持工业强县不动摇，科学发展县域经济，加快推进社会主义新农村建设。

27 日　全国第一条盐膜大型专用生产线开工奠基仪式在潍坊滨海经济开发区科技项目区隆重举行，省国资委主任曾昭起、省轻工办主任谢宁、省轻工集体联社主任李鹤年、副市长刘伟出席奠基仪式。

28 日　寿光市委召开常委（扩大）会议，专题研究建立保持共产党员先进性长效机制，进一步巩固扩大先进性教育活动成果，加强党的先进性建设的问题。市委书记张新起参加会议并作重要讲话。

同日　2006 中国（青州）花卉博览交易会隆重开幕，省委副书记高新亭宣布花博会开幕。

29～30 日　全省农业对外开放工作会议在潍坊市召开。副省长孙守璞、贾万志出席会议并分别讲话。

30 日　全省第二次农业普查领导小组（扩大）会议在鸢飞大酒店召开。

30 日～10 月 1 日　省委书记、省人大常委会主任张高丽到潍坊市看望慰问企业职工和农村群众，并进行调查研究。

10 月

1 日　省委副书记、省长韩寓群到鄄城（潍坊）工业园考察工作并慰问节日坚持工作的干部群众。韩寓群对工业园的建设情况表示非常满意。

2 日　中共中央党校原常务副校长郑必坚，中央办公厅调研室副主任施芝鸿等一行 4 人，在省委常委、宣传部长王敏陪同下来潍坊市考察。

8 日　潍坊市领导干部会议在富华国际会议中心召开。主要任务是，认真贯彻中央和省委、省政府一系列指示精神，对照年初确定的任务目标，安排部署年底前的工作，研究进一步强化落实加快推进的措施，动员全市上下以经济建设为中心，以科学发展观为动力，努力实现经济社会又快又好发展。

9 日　全省工商系统培育发展农村经纪人工作现场经验交流会议在潍坊市召开。

11 日～15 日　市委书记张新起率领潍坊市党政考察团赴广东省深圳市和东莞市考察学习。

11 日　青岛市委常委、秘书长张泽忠率青岛市党委办公厅系统考察团来潍坊市考察。

12 日　第八届高交会在深圳隆重开幕。市委书记张新起率领潍坊代表团出席开幕式。

同日　水利部常务副部长翟浩辉一行，来潍坊市青州参观考察。

13 日　潍坊（深圳）高新技术项目招商恳谈会暨重点项目签约仪式在鹏城隆重举行。香港特别行政区立法会主席范徐丽泰，深圳市总商会会长、广东省高科技产业商会理事会主席、深圳海王集团董事长、总裁张思民，北京中证万融投资服务有限公司、山东沃华医药科技股份有限公司董事长赵炳贤等贵宾分别致辞。

14 日～16 日　以国家环保总局副局长潘岳为组长的国务院督查组来潍坊市督查新开工项目清理工作。

15 日～17 日　全国人大常委会原副委员长曹志、全国人大常委会秘书局原局长袁亚平、全国人大常委会秘书局办公室主任梁志坚等一行六人，在省人大常委会原副主任赵林山等陪同下，来潍坊市视察工作。

16 日　潍坊学院建校 55 周年庆祝大会在学院体育场隆重举行。

18 日　全市全面推进事业单位改革工作会议在市级机关综合办公大楼召开。会议主要是深入贯彻全省事业单位改革工作会议精神，强化措施，加大力度，全面推进潍坊市事业单位改革，为促进经济社会科学发展、又快又好发展

注入新的生机和活力。

19日 国家建设部部长汪光焘在副省长才利民的陪同下来潍坊市参观考察。

20日 潍柴动力股份有限公司成立六十周年庆祝大会在潍柴文化宫隆重举行。省委书记、省人大常委会主任张高丽，省委副书记、省长韩寓群发来贺信，祝贺潍柴成立六十周年。市委书记张新起致辞。

同日 潍柴动力股份有限公司与工商银行山东省分行签署了银企战略合作协议。

23日 全国“反盗版百日行动”联合检查组来潍坊市检查验收。

24日 中共中央政治局委员、国务院副总理回良玉在《国内动态清样》上刊登的《立足农业做强农业服务农民培训农民——潍坊市委副书记郑金兰谈如何推进新农村建设》上批示：“建设社会主义新农村，必须加快建设现代农业，促进农业不断增效、农民持续增收。山东省潍坊市在这方面进行了有益的探索和实践，郑金兰同志进行了认真的研究和总结。请中农办和农业部研酌。”

25日 副省长贾万志来潍坊市检查指导抗旱工作，对潍坊市前段抗旱工作给予了充分肯定，对下一步的抗旱工作提出了要求。

26日 潍坊市组织收看在济南召开的第十一届全国运动会组委会成立大会暨筹备工作电视会议，潍坊市将作为2009年全运会后备赛场。

26日～27日 国家质检总局在山东省召开“从源头抓质量促进食品农产品扩大出口现场会”。26日下午，国家质检总局进出口食品安全局局长李元平率领与会代表约160人，在省人大常委会副主任陈延明的陪同下到山东凯加食品股份有限公司参观。

27日 省委书记、省人大常委会主任张高丽到寿光调研。他强调，要深入学习贯彻胡锦涛总书记关于寿光市保持共产党员先进性教育活动的重要批示和党的十六届六中全会精神，深化认识，凝聚力量，突出重点，抓住关键，扎扎实实推进社会主义和谐社会建设。

28日～29日 中国残联主席邓朴方在省委常委、省总工会主席柏继民的陪同下来潍坊市调研。

28日 潍坊职业学院建校五十周年庆祝大会在富华大酒店国际会议中心隆重举行。

同日 山东大学法学院和潍坊市公安局联合举办的社会主义法治理念与刑事执法理论研讨会开幕式暨山东大学法学院潍坊教学实践基地揭牌仪式在潍坊市警官培训基地举行。

同日 2006年第二届中国全面小康论坛在北京人民大会堂隆重举行。潍坊市坊子区荣获2006年度全面小康与新农村建设“中国十大政府创新典型”奖。

30日 得利斯集团创建20周年庆典活动在诸城市密州宾馆隆重举行。

同日 庆祝书法家协会、日本国习字研究社缔结友好社团20周年书法联展在潍坊市博物馆举行。

31日 市委书记张新起在富华大酒店亲切会见前来潍坊市访问的马来西亚农业及农基工业部副部长拿督马袖强一行。

同日 2006～2007年步步高全国排球联赛潍坊“新昌绿鸽”赛区首场比赛在潍坊市交通银行体育馆隆重举行。

11月

1日 市委副书记、代市长许立全到福田雷沃国际重工股份有限公司、华电潍坊发电有限公司、潍柴动力工业园调研时强调，工业企业要立足自主创新，加快企业做强做大步伐，为全市经济社会又好又快发展作出更大贡献。

同日 全市民营经济工作现场会在诸城召开。市委副书记赵兴涛强调，今后一段时间，各级各部门要突出发展重点，努力培植新的民营经济增长点，为全市经济社会又快又好发展做出贡献。

同日 山东新闻网潍坊工作站成立，山东新闻网潍坊频道同时开通。省委宣传部副部长刘保聚，市委常委、宣传部长刘明珂分别致辞并为工作站成立揭牌。

1日～2日 全省“万村千乡市场工程”现场会议在富华国际会议中心召开。副省长王仁元，省经贸委党组书记、主任李书绅，省供销社党组书记、理事会主任白志刚，省邮政局局长徐建洲，副市长辛丕宏出席会议。

2日 中国共产党潍坊市第九届委员会第九次全体会议举行。会议由市委常委主持。市委书记张新起作了重要讲话。全委会认真传达学习了党的十六届六中全会和省八届十三次全委会议精神；听取和讨论了张新起同志受市委常委委托作的工作报告；审议通过了《中共潍坊市委关于贯彻党的十六届六中全会和省八届十三次全委会精神努力构建社会主义和谐社会的决定》。

2日 潍坊市成立潍坊市环境保护工作委员会，这标志着全市环保大格局的形成。

3日 市人大常委会党组书记、第一副主任王治华主持召开了市十四届人大常委会第52次主任会议。会议传达了省人大常委会监督法学习培训班精神并研究了贯彻意见，研究了关于全市贯彻实施妇女儿童发展纲要情况的检查报告、关于《山东省地方史志工作条例》实施情况的检查报告以及下一步需要做好的几项工作。

3日～4日 沈阳市党政考察团在辽宁省委常委、沈阳市委书记陈政高带领下，来潍坊市考察。考察团对潍坊市城市建设、工业企业、历史文化等给予高度评价。

4日 全国政协常委、京昆室副主任、外事委员会副主任张国祥为团长的全国政协考察团一行来潍，就“文艺院团体制改革的进展情况和不同类型戏曲院团的改革发展运作模式”进行了专题调研。

同日 潍坊市吕剧院建院五十周年庆典在潍坊大酒店举行。

5日 潍坊机场北京－潍坊－深圳货运正式开航。同时“潍坊航空物流中心”正式成立。

6日 全国民族地区地州统战部长研讨班考察团一行由中央统战部二局副

局长路晓峰带队，省委统战部副部长孙传宏陪同来潍坊参观考察。

7日 潍坊军分区举行新营区落成典礼。济南军区副司令员李洪程，省军区副司令员尚书国，驻潍某部副政委张建设莅临祝贺。

同日 副省长才利民在省环保局局长张凯的陪同下来潍坊市调研。才利民对潍坊市及临朐县和青州市经济社会发展所取得的成就给予了充分肯定。

同日 市委副书记郑金兰带领市农工办、水利局、环保局、财政局等单位负责人先后到“引牟入白”水网工程，安丘、诸城污水处理厂，峡山水库等地，检查指导水源地保护工作。

同日 潍坊市煤炭经营协会成立大会在国际金融大厦召开。

11日～12日 由中国社科院农业发展研究所所长、博士生导师张晓山带领的农业考察团，来潍坊市考察现代农业发展情况，对潍坊市推进社会主义新农村建设的做法给予充分肯定。

11日～12日 国家建设部原副部长、中国城镇供排水协会会长李振东带领国家级节水型城市考核验收组来潍，对潍坊市创建国家级节水型城市进行考核验收。

12日 省工会促进就业工作经验交流会议在潍坊市召开。省委常委、省总工会主席柏继民出席会议并讲话。

12日～13日 日本日向市市长黑木健二先生为团长、日向市议会议长松木良和先生为副团长的代表团一行18人，来潍坊市进行访问。

13日 广东省茂名市市委书记周镇宏率党政代表团来潍坊市考察。

15日 中央电视台经济频道《希望快车》栏目组在昌邑绿博园进行电视节目录制。市委副书记郑金兰参加了节目录制。她介绍了潍坊打造全国最大农产品生产、加工、销售基地，发挥农业主导产业龙头带动作用，立足农业培育发展新型农民、最终富裕农民的成功经验。

16日～17日 省委副书记高新亭在省直有关部门负责同志陪同下来潍坊市检查指导抗旱工作。

16日～17日 全省公安机关“三基”工程建设工作会议在潍坊市召开。

16日 市委副书记、代市长许立全在调研抗旱工作时强调，各级各部门要充分认识做好抗旱工作的重要性，进一步增强对抗旱工作的责任感和紧迫感，加强领导，落实责任，强化措施，集中人力、财力、物力抓好抗旱工作。

同日 市政协主席迟昭厚，副主席王庆德、王金卓、郑汝智、张敦柏和秘书长曹学芹等，到山东景芝酒业股份有限公司就企业自主创新情况进行了视察。

16日 省渔业互保协会潍坊市办事处举行揭牌仪式，省海洋渔业厅副厅长王守信、副市长邢培彬为办事处揭牌。

16日～17日 《潍坊市总体规划（2006年～2020年）》行政审查会在鸢飞大酒店召开。省建设厅邀请建设部等有关专家，会同省发改委、国土资源局等部门，对潍坊市2006年～2020年城市总体规划进行了行政审查。

17日 市人大常委会党组书记、第一副主任王治华到寒亭区进行调研。

同日 潍坊市印刷协会第三届会员大会暨三届一次理事会在东郊宾馆召开，会议选举产生了新一届领导机构。

同日 2006中国（潍坊）农业科技博览会在富华国际展览中心开幕。

20日 市委书记张新起到菏泽市鄄城县，考察了潍坊市援建的鄄城（潍坊）工业园。

20日～21日 全省加快菏泽发展第二次现场会议在菏泽市召开。省委书记张高丽，省委常委、常务副省长林廷生分别率与会人员到潍坊市援建的鄄城（潍坊）工业园考察。

20日 济南军区政委刘冬冬在省委常委、省军区政委张秉德陪同下来潍坊市考察。

20日～21日 “全省中药材、中药饮片真伪鉴别技术比武”活动在市接待中心举行。

22日 市委书记张新起在东方大酒店会见了来潍的海航机场集团总裁康和生。

同日 潍坊大众网在鸢飞大酒店举行开通仪式。

同日 潍坊北大青鸟华光照排有限公司与新疆维吾尔自治区民族语言文字工作委员会、云南省西双版纳报社联合完成的《基于ISO10646的维、哈、柯、傣文电子出版系统研发》项目，荣获首届“钱伟长中文信息处理科学技术奖”。

同日 青年路改造工程被授予2006年度“山东省市政金杯示范工程”称号。

23日～24日 中共中央政治局常委、国家副主席曾庆红到潍坊市考察调研。他强调指出，党的十六届六中全会《决定》和保持共产党员先进性教育活动启示我们，在新世纪新阶段，党领导的伟大事业要把和谐社会建设和新农村建设放在更加突出的地位，党的建设新的伟大工程要把执政能力建设和先进性建设放在更加突出的地位。

23日 市人大常委会党组书记、第一副主任王治华在青州主持召开座谈会，就制定2007年市人大常委会的工作计划征求意见。

24日 市委书记张新起在富华大酒店会见了来访的马来西亚森达美集团总公司总裁拿督祖笔先生。

同日 潍坊市孚日集团股份有限公司在深圳证券交易所挂牌上市。

同日 全国医疗垃圾焚烧处理技术与设备经验交流会在潍坊市召开，全面推广潍坊市在医疗垃圾焚烧处理方面的做法和经验。

27日 潍坊市组织收看收听了全国农村党的建设“三级联创”活动工作视频会议。市委常委、寿光市委书记徐振溪代表寿光市委在全国农村党的建设“三级联创”活动工作视频会议上作了典型发言。

同日 吉林省县市区领导干部赴山东（潍坊）农业产业化专题培训班在潍坊市第一招待所举行开班仪式。

29日 2006年度山东省人口责任目标党政线考核潍坊汇报反馈会在富华国际会议中心召开。省人口责任目标考核组组长、省人口计生委主任班开庆等领导听取了潍坊市人口和计划生育情况

的汇报，并反馈了对潍坊市的考核结果。市委书记张新起出席并讲话，市委副书记、代市长许立全汇报了全市2006年度人口责任目标落实情况。

同日 潍坊人民捐赠的棉衣被等爱心物资和捐款的车队，从市级机关综合办公大楼出发，奔赴革命老区临沂进行支援，为灾民们送去了110万元的捐款和价值70万元的棉衣被。

12月

1日 潍坊市按照全省的统一部署，在高新区清池街道举行全国第二次农业普查宣传月活动启动仪式。这次农业普查工作从2007年1月1日开始入户普查。目的主要是为了查清近10年来农业、农村和农民的发展变化情况，为研究确定国民经济发展战略和规划，制定各项社会经济政策提供依据。

同日 从市食品工业办公室获悉，在日前评出的“全国食品工业强县（市、区）”中，诸城市榜上有名。

3日 全市落实科学发展观推动又好又快发展现场观摩点评会议，在富华国际会议中心举行了大会。

同日 中共潍坊市九届十次全委会议举行。会议审议通过了《关于召开中共潍坊市第十次代表大会的决议》。市委常委主持会议，市委书记张新起作重要讲话。会议讨论通过了关于筹备召开中国共产党潍坊市第十次代表大会的有关事宜，决定：根据《党章》规定和省委指示精神，中国共产党潍坊市第十次代表大会于2007年3月在潍坊召开。

同日 由中共中央党校经济学部编著、中国书籍出版社印制的《和谐发展看寿光》一书正式出版发行。该书共20多万字，系统总结了寿光经验和寿光模式，是一部全面反映寿光市经济社会发展的综合性文献。

同日 多哈亚运会男子10米气手枪团体及个人比赛中，潍坊籍运动员谭宗亮夺得团体和个人两枚金牌。5日，市委市政府向中国体育代表团发电祝贺。

4日 第六届全国县域经济基本竞争力百强县（市）即“全国经济百强县（市）”评价结果揭晓，潍坊市有寿光、诸城进入百强，寿光位列第25位，诸城位列第45位。

同日 2006第十届中国“华东大奖”设计艺术展日前在济南落幕。潍坊市闫继顺创作选送的原生酱菜系列包装荣获由中国包装联合会设计委员会颁发的平面设计类金奖，这是山东省获得的六个金奖之一。

5日 市委书记张新起在富华大酒店亲切会见前来潍坊市访问的韩国SK株式会社山东支社社长金永锡一行。

5日～6日 全省督查工作座谈会在潍坊市召开。

5日 全省人事系统法制宣传教育工作会议在潍坊东方大酒店召开。

同日 潍坊籍运动员谭宗亮与队友庞伟、徐坤在多哈亚运会射击男子50米手枪慢射团体比赛中，以1682环的成绩获得金牌。这是谭宗亮在本届亚运会上夺得的第三枚金牌。

同日 沈阳市副市长王玲带领该市教育、体育、卫生、文化等部门的负责人来潍坊市考察、交流。

同日 潍坊市邮政服务三农协会成立大会暨第一次会员代表大会在鸢飞大酒店举行。

同日 省政府检查组来潍坊市检查指导社会保险基金监督管理工作。

同日 市政协副主席、市民建主委郑汝智带领部分民建企业界会员赴青州偏远山村小学举办“送温暖、献爱心”活动。

同日 经山东省著名商标认定委员会评审，2006年潍坊市又有39件商标被认定为山东省著名商标，新增数量居全省第一位。拥有山东省著名商标144件，总量位列全省第三位。“潍柴”、“新郎·希努尔”、“景阳春”3件商标被认定为中国驰名商标，中国驰名商标数量增至8件，位列全省第四位。

同日 央视“赢在中国”第一赛季全国前五强座次排定，齐鲁晚报选送的潍坊选手周宇夺得亚军，赢得700万元的创业资本。

7日 省长助理臧海强来潍就北部沿海开发进行调研，对潍坊市北部沿海开发给予了充分肯定。

同日 四川省眉山市市委常委、宣传部长周成仕带领该市宣传系统负责同志来潍坊市考察交流宣传、文化工作。

8日 第六届“山东省十大杰出青年农民”评选结果在济南揭晓。寒亭区固堤镇李家营村农民李志军榜上有名，是全市唯一入选的青年农民。”

11日 山东杰富意振兴化工有限公司举行仪式，庆祝30万吨/年煤焦油深加工项目正式投产。

同日 由中国科协、国家财政部组织实施的“科普惠农兴村计划”正式启动实施。潍坊寿光蔬菜高科技示范园科普基地项目和昌乐县鄌郚镇笤帚研究会会长吴廷勤分别荣获“全国科普惠农兴村先进单位”和“全国科普惠农兴村先进个人”荣誉称号，分别获20万元和5万元物质奖励。

12日 潍坊市新兵入伍欢送大会在潍坊火车站广场举行。

12日～14日 市人大常委会副主任康凤英等4名住潍全国人大代表及17名住市城区的省人大代表，在市人大常委会组织下，对潍坊市进行集中视察。

12日 从有关部门获悉，由教育部、中宣部、人事部、社科院、团中央等部门联合进行的素质教育系统调研后，全国确立了七大素质教育成功典型，其中潍坊名列其中，位列第三。潍坊市相关经验将形成专题报告，上报党中央和国务院，供党和国家领导人参考。

同日 潍坊学院文学与新闻传播学院教学科研实践基地揭牌仪式在潍坊日报社举行。

同日 寒亭区央子镇新农村电气化建设率先通过了考核验收，成为潍坊市首个新农村电气化乡镇。

同日 “景芝神酿——中国白酒芝麻香型代表”授牌仪式在济南山东大厦隆重举行。商务部及中国酿酒工业协会的领导为芝麻香型白酒代表企业——山东景芝酒业股份有限公司授牌。

13日～14日 全省消费者协会工

作会议暨基层组织建设现场会在潍坊市召开。会议主要是总结今年全省消协工作，推广潍坊消协基层组织建设经验，并对明年全省消协工作做出部署。省工商局副局长、省消协会长蔡福安出席会议并讲话。

14日 潍坊市规划管理技术中心正式揭牌，标志着全市的规划管理工作迈上了新的台阶。

15日 市委副书记、代市长许立全到高密市调研时强调，要充分发挥当地的区位优势，开拓思路，谋划长远，进一步巩固和延伸产业链条，推动当地经济社会又好又快发展。

同日 内蒙古自治区巴彦淖尔市市委书记郭启俊率党政考察团一行23人来潍坊考察。

同日 市金融学会2006年年会暨潍坊区域金融研究中心成立仪式在富华大酒店国际会议中心举行，齐鲁讲坛潍坊市金融分坛同时开坛。

同日 从市有关部门获悉，全省优秀女企业家最近评出，其中潍坊市3人上榜。她们是：山东维多利现代农业发展有限公司董事长杨淑华、潍坊市百域商务车有限公司董事长兼总经理薛迎春、山东华燕制衣有限公司董事长刘海燕。

16日 孚日集团股份有限公司上市庆祝大会在富华大酒店隆重举行。副省长张昭福，中国纺织工业协会副会长杨东辉出席大会并讲话。

同日 潍坊市防空防灾机动指挥系统评审鉴定会在潍坊市举行。

同日 山东省评出2006年“山东创业十杰”。潍坊诸城市昊宝服饰有限公司总经理企业家常金香榜上有名。

17日 全省高速公路施工技术研讨会在富华国际会议中心召开。

同日 潍坊市野生动物救护中心在金宝乐园动物园挂牌成立。这是全省成立的第一家由政府部门指定的野生动物保护专门机构。

同日 反映潍坊市农业建设成就的访谈节目《金土地·希望周刊》，在中央电视台经济频道播出。

18日 从市信息产业局获悉，日前公布全省首批省级信息化培训6处机构名单，潍坊3所高职院校入选。分别是：山东信息职业技术学院、山东科技职业学院和潍坊职业学院。

19日 从市国税局获悉，潍坊市国税收入规模和兑现优惠政策总量双创历史新高：截至目前，全市国税收入突破100亿元大关；同时，全市国税系统通过积极争取，累计办理减、免、退税优惠35.58亿元，同比增加8.24亿元，增长30.16%。

21日 《潍坊文化三百年》暨《考古发现与齐史类征》举行首发式。

同日 国家质检总局公布了2006年“国家免检产品”名单，潍坊市23家企业的23个产品榜上有名，其中19家企业的19个产品为新增国家免检产品。

22日～23日 省政协副主席谢玉堂率省委省政协检查组来潍坊市，对全市贯彻落实《中共中央关于加强人民政协工作的意见》和全省政协工作会议精神情况进行检查。

同日 从市环保局了解到，经国家环保总局批准，潍坊市昌乐县被列为全国农村小康环保行动计划试点。

同日 市直机关5800余名副科级以上干部进行了集中普法考试。

26日 从市委统战部获悉，潍坊市委统战部荣获“全国统战工作先进集体”称号，这在全省是唯一的一家。

同日 潍坊邮航速递物流中心正式投入运行，自此潍坊邮政航空邮件和物流货物将实现与全国236个大中城市次日递，巩固了潍坊作为全国第四大航空邮件转运中心和全省物流中心的重要地位。

同日 潍坊至北京波音737航线首航仪式在潍坊机场举行，结束了潍坊机场近8年进京航班没有大机型的历史。

同日 从市市政管理局了解到，为改善生态环境，打造滨水城市景观，2006年以来潍坊市共对5条城市河流进行了大手笔改造，总投资达到了5.97亿元。

27日 潍坊市召开2006年名牌产品颁奖典礼，对获名牌企业进行表彰。今年潍坊市9家企业的9个产品获得中国名牌产品称号，列全省第三位；获得山东名牌产品77个，山东将军鸢飞大酒店等5家企业的5个服务项目获得山东服务名牌称号，孚日集团获得省政府质量管理奖。诸城市、寿光市、昌邑市、青州市、安丘市、高密市被授予潍坊市实施名牌战略质量兴市工作先进单位称号。

同日 从潍坊海关获悉，2007年1月1日起，潍坊海关将与全国各海关一起同步运行报关员记分管理系统。届时，报关员向海关申报报关单时，系统将对报关员身份和申报行为自动进行监控。

28日 市政协主席迟昭厚带领部分驻会常委和委员对解决新形势下城区学生“上学难”问题进行了视察。副市长王冰芬介绍了就“上学难”问题形成并预交市政协十届五次会议的提案情况。

28日～29日 省政协委员、香港关键性零部件制造协会理事长姜永正率香港工业界山东经济与技术考察团一行28人来潍坊市进行了参观访问。

28日 从市卫生局了解到，截至目前，全市12个县市区全部推行新型农村合作医疗，覆盖农村居民超过570万人。

29日 潍坊医学院举行新校区奠基仪式。

同日 第三届山东迎春农产品、名优食品博览会暨2007中国（潍坊）食品交易会在富华国际会展中心举行。

同日 从市劳动部门获悉：截至目前，全市参加城乡两大社会养老保险人口分别突破百万关口，达到109.1万人和110.87万人，覆盖城乡居民的社会养老保险体系已日渐成型。

30日 潍坊学院山东半岛经济社会发展研究院成立暨揭牌仪式举行。

同日 潍坊邮政储蓄将在市区、安丘、寿光和青州的四个邮政支局开办定期存单小额质押贷款。这是潍坊邮政储蓄首次开展资产类业务，结束了潍坊市邮政恢复开办储蓄业务20年来“只存不贷”的历史。

同日 2006年山东人居环境（范例）奖日前揭晓，全省共有13个项目获奖，潍坊的人民公园改造项目、寿光市生态农业观光园榜上有名。

31日 从市财政局获悉：2006年全市财政总收入177亿元，总支出115亿元，保持了收支平衡，略有节余。

同日 从青州市旅游部门获悉，在中国优秀旅游城市复核检查中，青州市顺利通过专家组复核。

（市档案局 供稿）

责任编辑 刘 敏

概　况

地理概况

【自然环境】 位置、面积　潍坊市位于山东半岛西部，地跨北纬35°41′—37°26′，东经118°10′—120°01′。南倚沂山，北濒渤海，东连青岛，西接淄博、东营。辖奎文、潍城、寒亭、坊子4区，青州、诸城、寿光、高密、安丘、昌邑6市，昌乐、临朐2县。全市有141个乡镇、49个街道办事处，共9577个自然村。全市总面积15859平方公里。

地形　潍坊市地势由北向南，海拔逐渐增高，大体由潍北滨海低地，潍中洪积、冲积平原，潍南低山丘陵区3个地貌区的18个地貌类型组成。海岸线为东南、西北走向，呈弧形曲线状，西起淄脉河口，东到胶莱河口，全长143公里。

河流　潍坊市域共有大小河流112条，其中流域面积在100平方公里以上的有55条。主要水系有潍河、弥河、白浪河、胶莱河、小清河5条，除小清河外，均为季节性河流。大型河道有潍河、小清河。

（史志办　供稿）

【自然灾害】 2006年总的气候特点是：冬季（2005. 12—2006. 2）、春季气温较常年偏高，降水、光照偏少，气候干旱；夏季气温偏高，炎热干旱，降水分配不均；秋季气温偏高，降水严重偏少，秋旱严重。主要气象灾害为冰雹、暴雨、干旱等。总的来看，全年降水资源严重不足，大范围的干旱严重影响工农业生产，损失严重。综合评价，全市2006年天气气候条件在农业上属于歉收年景。

2006年全市年平均气温14.1℃，较常年偏高1.5℃，较上年高1.2℃。全市年平均降水量381.4毫米，较常年偏少233.9毫米，较上年偏少323.0毫米。全市年平均日照时数2197小时，较常年偏少281小时，较上年偏少214小时。总之全年气温偏高，降水偏少，光照不足，干旱严重。

2006年气候特征：潍坊市各季节平均气温均较常年同期偏高。冬季初期气温明显偏低，春季干燥少雨，夏季部分县市干旱严重，秋季气温高旱情严重。

（刘龙章　李树军　供稿）

2006年潍坊市国民经济和社会发展统计公报

2006年是“十一五”规划的开局之年，全市上下以实现“一个目标、两个确保，五个新突破”为目标，坚持以经济建设为中心，全面落实科学发展观，团结一心，奋力开拓，取得了经济社会发展的新成就。城乡面貌发生了新的变化，各项社会事业繁荣进步，政治建设、经济建设、文化建设和党的建设全面推进，社会政治和谐稳定，人民生活水平继续提高。

一、综合

全市经济快速健康发展，经济结构进一步调整。初步核算，2006年潍坊市生产总值（GDP）完成1720.88亿元，按可比价格比上年增长16.5%。其中第一产业增加值211.81亿元，增长0.2%；第二产业增加值1000.63亿元，增长20.6%，其中工业增加值916.51亿元，增长21.7%；第三产业增加值508.44亿元，增长16.1%，一、二、三产业分别拉动GDP增长0.03、11.74和4.73个百分点。按常住人口计算，人均GDP达到19677元（按现行汇率折算为2520美元），比上年增长16.2%。产业结构调整取得新进展，工业在国民经济中的主导地位更趋明显。一、二、三产业的比例关系由上年的13.69：56.86：29.45调整为12.31：58.15：29.54。

2006年各县市区生产总值（GDP）完成情况：潍城区62.21亿元，寒亭区59.79亿元，坊子区48.21亿元，奎文区55.99亿元，青州市177.65亿元，诸城市249.05亿元，寿光市268.10亿元，安丘市115.01亿元，高密市158.07亿元，昌邑市141.47亿元，临朐县80.89亿元，昌乐县83.50亿元，高新技术产业开发区70.28亿元，滨海经济开发区43.16亿元，经济技术开发区13.43亿元。

第四季度反映企业综合经营状况的企业景气指数达146.43%，企业家信心指数145.42%。

各项改革不断深化，发展环境明显改善。企业上市工作取得新突破，孚日家纺和天德化工分别在深交所和香港主板成功上市，晨鸣纸业和山东海化分别发行20亿元和10亿元短期融资债券。首发上市和上市公司再融资达36.3亿元。2006年末累计有10家企业、10只股票、2只可转换债券、2家潍坊企业控股的辖区外公司上市。改革取得新成效，又有18户市属中小企业完成改制，16户市属企业完成破产重组，13家生产经营类事业单位完成改制。

名牌创建工作有新突破。到2006年底，全市共有18个中国名牌，10个中国驰名商标，34个国家免检产品，141个山东名牌，8个山东省服务名牌，144个山东省著名商标。

沿海开发工作成绩显著。2006年，全市快速推进沿海地区重大基础设施和各项目区建设，积极组织招商推介活动和项目引进工作。四个项目区共签订招商引资合同180个，总投资额350亿元，其中过亿元项目76个，过10亿元项目6个。共有84个项目开工建设，总投资额203亿元。滨海项目区签订项目合同60个，总投资额213亿元，其中45个项目已开工建设，总投资额112亿元。

非公有（民营）经济发展迅速。2006年，全市非公有（民营）经济增加值完成931.4亿元，比上年增长20.1%，占GDP的比重由上年的51%上升到52.6%；全市非公有（民营）经济户数18.3万户，增长4.1%；从业人员93.5万人，增长22.0%；注册资金631.5亿元，增长22.4%；纳税额115.9亿元，增长31.0%，占全部税收比重71.5%，提高了2.1个百分点。

安全生产形势持续稳定好转。2006年，全市各级各部门各单位坚持“安全第一，预防为主，综合治理”的方针，以开展“安全生产落实年”活动为主线，以防堵特大安全事故、减少人员伤亡为目标，狠抓安全专项整治、重大隐患整改、宣传教育培训、安全检查督查等关键措施的落实，全市杜绝了特大生产安全事故，减少了一般事故，全年共发生各类安全生产事故4383起，死亡691人，同比分别下降10.3%和10.3%。

二、农业

2006年，农村政策全面有效落实，全面取消了农业税，农民人均减负13.2元；落实了粮食直补、良种补贴、农资综合补贴等惠农政策，补贴总额2.05亿元，农民人均补贴38.8元。

主要农作物产量有增有减。2006年，全市粮食播种面积达到1128.7万亩，增长5.9%；粮食总产量433.2万吨，比上年增加10.8万吨，增长2.6%；棉花产量4.6万吨，减少5.4%；花生产量23.8万吨，减少1.5%；烤烟产量2.6万吨，增长27.6%。瓜菜产量1143.5万吨，减少4.9%，其中蔬菜产量959万吨，减少7.2%；水果产量106.4万吨，减少9.9%。

林业工作取得明显成效。2006年，全市共完成成片造林12.9万亩，新建和完善农田林网122万亩，封山护林11.6万亩，森林管护面积达到180万亩，建设绿色通道600公里，四旁植树1246万株，森林覆盖率达到24.4%。市林业局被全国绿化委员会、国家人事部和国家林业局评为“全国绿化先进集体”。

畜牧业生产低迷。2006年，全市生猪年末存栏287万头，减少6.8%；家禽年末存栏1.03亿只，减少4.0%；肉类总产量119.7万吨，减少7.6%；禽蛋产量28.9万吨，减少22.7%；牛羊奶产量23.6万吨，减少4.7%。

渔业经济持续发展。2006年，全市渔业总产值达到24.1亿元，水产品总产量64.4万吨，分别比上年增长19.5%和6.7%。其中海水养殖品产量9.7万吨，同比增长46.1%。

农业机械化水平进一步提高。2006年，全市农业机械总动力942.4万千瓦，增长4.3%；农业机械总值60.7亿元，增长5.9%；在国家农机购置补贴政策的激励下，大型机械的购置大幅增长，大中型拖拉机2.2万台，增长12.0%，联合收获机达到8984台，增长17.0%，玉米联合收获机达到1076台，比上年增加631台，列全省第一。全年共完成机耕作业面积738.4千公顷、机播面积487.5千公顷、机收面积378千公顷。实现农机服务产值46亿元。

加强村镇建设和村庄整治，推进新农村建设。2006年，全市完成村镇建设投资70亿元，增长56.0%，村镇基础设施投资18亿元，比上年翻了一番，新修道路2005公里，排水沟管2400公里，安装路灯1.2万盏，新农村建设实现了良好开局。9420个行政村实现村村通汽车、通电话，自来水受益村数达7164个。全年农村用电量51.5亿千瓦小时，增长12.1%；化肥施肥量（折纯）60.9万吨，增长6.5%。年末常用耕地面积671.4千公顷，减少0.2%。

三、工业

工业生产效益同步提高。大力实施工业强市战略，进一步壮大工业经济，工业生产增速明显加快。截止2006年底，全市规模以上工业企业达到4171家，比上年增加338家；实现增加值852.7亿元，同比增长27.8%。全市工业产品销售率97.95%，比上年同期下降0.19个百分点。工业产品产量较快增长，统计范围内的200种主要产品中，同比增长的有165种，占82.5%。

国有及年销售收入500万元以上非国有工业主要产品产量如下：

产品名称及单位	2006年	比上年增长(%)
原煤(万吨)	100.4	−1.2
发电量(亿千瓦时)	100.8	36.5
钢材(万吨)	276.0	32.7
水泥(万吨)	818.3	30.2
焦炭(万吨)	111.0	16.1
烧碱(万吨)	38.0	33.1
纯碱(万吨)	205.0	7.5
原油加工量(万吨)	179.1	−8.0
化肥(万吨折纯)	53.2	10.0
合成氨(万吨)	84.1	7.2

农业运输机械(万辆)	8.9	−6.5
小型拖拉机(万台)	19.9	5.5
内燃机(万千瓦)	3578.8	54.4
合成洗涤剂(万吨)	8.4	12.7
服装(万件)	38583.4	20.5
纱(万吨)	51.9	6.3
布(亿米)	22.6	12.4
印染布(亿米)	17.1	−13.2
原 盐(万吨)	1146.6	8.4
卷 烟(亿支)	191.4	1.5
饮料酒(千升)	28.7	47.9
纸浆(万吨)	149.2	32.7
机制纸及纸板(万吨)	332.1	15.1
轮胎外胎(万条)	1802.7	−16.3
塑料制品(万吨)	22.6	17.6

工业投入保持较快增长。2006年，全市完成工业投资724.4亿元，增长20.5%。在建项目5410个，其中3533个项目建成投产。全市开工建设过5000万元的项目940个，其中过亿元的项目386个，当年完成投资385.2亿元，占规模以上投资的38.5%。

经济效益明显提高。2006年，全市规模以上工业完成主营业务收入3527.4亿元，增长30.2%；实现利润177.8亿元，增长29.6%，实现利税286.7亿元，增长28.9%；实交税金115.7亿元，增长24.5%。规模以上工业亏损面2.35%，提高0.46个百分点，亏损企业亏损额1.4亿元，下降29.3%。产成品存货151.3亿元，增长13.8%，应收帐款净额189.9亿元，增长26.0%，两项资金占流动资产平均余额的35.8%。

四、固定资产投资及建筑业

固定资产投资平稳增长。2006年，全市全社会固定资产投资完成1043.2亿元，比上年增长18.6%。其中规模以上投资完成999.5亿元，增长20.3%；规模以下投资完成43.7亿元，下降10.5%。规模以上投资施工项目5203个，其中总投资过1000万元的项目2605个。在规模以上投资中，一产投资完成12.9亿元，下降42.4%；二产投资完成754.9亿元，增长16.7%；三产投资完成231.7亿元，增长44.5%。城镇投资完成691.3亿元，增长20.8%；农村投资完成308.2亿元，增长19.0%。

房地产开发投资较快增长。2006年，全市共完成房地产开发投资98.4亿元，比上年增长24.6%，其中住宅投资64.1亿元，增长28.1%。全年商品房销售额73.5亿元，比上年增长20.2%。

建筑业较快发展。2006年，全市资质以上建筑施工企业完成产值228.2亿元，增长27.6%；全员劳动生产率117052元/人，增长23.6%。实行投标承包工程面积2002.2万平方米，增长16.5%，占施工工程面积的80.5%。

五、交通运输邮电

交通运输业稳步发展。2006年，全市交通基础设施建设共完成投资19.7亿元，其中公路投资18.3亿元。到年末，全市公路通车里程19739.9公里(包括村道11963.4公里)，其中高速公路204.5公里，一级路840.7公里，二级路2389.6公里，三级路2798.1公里，四级路13200.4公里，等外路306.6公里，公路密度达124公里/百平方公里。全市营业性机动车辆达到8.5万部，其中客车7357部(含出租车3925部)，货车37835部。完成公路客运量6924万人，增长6.5%，旅客周转量44.5亿人公里，增长8.8%；货运量9016万吨，增长16.6%，货物周转量56.2亿吨公里，增长22.4%。水上货运量183万吨，增长7.0%，货物周转量38.8亿吨公里，增长7.0%。潍坊港完成吞吐量550万吨，增长42.8%；航空客运量50100人，增长11.1%。

邮政事业稳步发展。2006年，全市完成邮政业务总量4.7亿元，增长13.2%。信函总数完成3535.8万件，包裹完成28.5万件；特快专递发展迅速，2006年累计完成117.8万件，增长13.7%，其中国内异地特快专递93.7万件，增长18.6%；报纸累计完成8467.3万份，杂志579.6万份。邮政储蓄余额128.6亿元，比上年增长14.2%。年末邮政局总数291处，比上年增加5处。

电信业保持较快发展。2006年，全市电信企业实现电信业务总量51.3亿元，比上年增长24.8%。移动电话用户发展到334.7万户，比上年增长31.2%，固定电话用户发展到269.1万户，增长1.5%。

六、国内贸易

国内消费市场稳中有升。2006年，全市实现社会消费品零售总额573.6亿元，比上年增长16.3%。按销售地区分，城市零售额实现336.7亿元，增长16.5%，县零售额实现30.4亿元，增长43.3%，县以下零售额实现206.5亿元，增长12.8%。按行业分，批发贸易业零售额101.3亿元，增长22.5%；零售贸易业零售额388.0亿元，增长13.9%；餐饮业零售额52.1亿元，增长21.6%。

七、对外经济贸易与合作

进出口继续保持较快增长。据海关统计，2006年全市进出口总额51.9亿美元，比上年增长31.6%。其中出口38.6亿美元，增长30.8%；进口13.3亿美元，增长34.1%。按企业性质划分，三资企业出口17.3亿美元，增长30.4%；民营企业出口13.4亿美元，增长47.1%。按出口国别分，对日、美、欧、韩四大市场出口24.7亿美元，占全市出口总额的64.0%，同比增长23.5%。

2006年，全市新签对外承包劳务合同额14.4亿美元，增长539.0%。外派劳务5224人次，增长11.0%。

2006年，全市共签订利用外资项目219个，合同利用外资额7.2亿美元，实际利用外资6.9亿美元(商务部反馈数，省外经贸厅通报数为5.6亿美元)。

旅游业进一步发展。2006年，全市共接待境外游客4.3万人次，创汇收入1292万美元，分别增长20.0%和22.0%；接待国内游客1038万人次，旅游收入61.9亿元，分别增长17.0%和21.0%；旅游总收入62.9亿元，同比增长20.9%。

八、财政金融保险

财政收入迈上新台阶。2006年，全市财政总收入177.7亿元，增长26.1%，其中地方财政收入88.5亿元，增长26.4%。地方收入中，增值税18.1亿元，增长23.5%；营业税14.3亿元，增长24.6%；企业所得税7.1亿元，增长37.7%；个人所得税1.8亿元，增长

18.4%。财政总支出114.9亿元,增长20.6%。其中地方财政支出107.4亿元,增长21.7%。财政总支出中,企业挖潜改造资金8.7亿元,增长13.0%;科技三项费用1.97亿元,增长24.5%;教育事业费用25.2亿元,增长10.7%;行政管理费支出13.3亿元,增长17.3%;社会保障补助支出3.5亿元,增长15.2%。财政收支相抵,当年净节余61万元,累计净节余4297万元,市级及12个县市区全部实现了财政收支平衡,全市已连续20年实现财政收支平衡。

金融运行呈良好发展态势。2006年,全市金融机构存、贷款总量大幅增加,经营效益明显提高,支持了全市经济的发展。年末全市金融机构人民币各项存款余额1425.5亿元,比年初增加176.3亿元,增长14.1%,人民币存款增量居全省第4位。储蓄存款余额913.0亿元,比年初增加108.0亿元,同比多增20.7亿元。各项贷款余额达1031.7亿元,较年初增加183.4亿元,增长21.6%,同比多增35.6亿元,人民币贷款增量居全省第3位。货币持续回笼,全年现金收支相抵,净回笼55.8亿元,同比多回笼15.9亿元。金融机构经营效益大幅增加,实现盈利合计13.0亿元,同比增盈2.4亿元。

保险业健康发展。2006年,全市产、寿险累计实现保费总收入31.8亿元,同比增长6.9%;其中产险实现保费收入10.0亿元,同比增长30.6%;寿险实现保费收入21.7亿元,同比下降1.4%。全年共支付赔款和给付保险金12.5亿元,其中产险支付赔款6.2亿元,赔付率61.8%,寿险支付赔款6.3亿元,赔付率28.8%。有效地发挥了保险业在全市经济发展和安定社会生活方面的重要作用。

九、科学技术

科技创新能力明显增强。围绕提高主导产业技术创新水平和核心竞争力,充分发挥科技计划项目立项和资金的引导扶持作用。2006年全市争取国家、省科技计划项目138项,其中中微光电子、潍柴动力、福田重工等一批重点项目列入了国家科技支撑、国家“863”和省重大科技专项。组织实施市级各类科技计划140项,研究开发具有自主知识产权的高科技产品150多种,引进和培育农业新品种100多个。有20项科技成果获山东省科技进步奖,23项科技成果获得山东省软科学成果奖;评出了2006年度潍坊市科技进步奖104项。新建市级以上企业工程技术研究中心57家,其中国家级2家、省级24家,全市企业研发中心发展到了468家。

质量技术监督工作成绩突出。以转变经济增长方式、提高经济增长质量和效益为宗旨,坚持质量兴市,全市规模以上企业均导入了ISO9000等管理体系,累计有1900余家企业获得了管理体系、环保体系和健康体系认证。全市累计5家企业获得山东省质量管理奖。标准化工作迈上新台阶,针对“技术专利化,专利标准化,标准全球化”的新形势,积极引导企业采用国家标准或国外先进标准,2006年完成采标认可36项,比去年增长44.0%,同时鼓励企业承担全国专业标准技术机构任务,实质性参与国际标准化活动,组织17个龙头企业申报了全国标准化技术委员会、分会(工作组),申报了5个国家标准制定项目和4个国家标准科研项目。有35家企业通过了标准化良好行为验收。围绕市委、市政府关于加快服务业发展的部署,新制定2个服务标准规范,累计有13个服务标准规范,促进了服务业的发展。加强企业计量工作,2006年有50家企业获得了测量管理体系认证,全市累计达到500余家;有5家企业获得了C标志,全市累计7家,企业的计量保证能力大幅度提高,为节能降耗提供了基础支持。

高新技术产业呈现快速发展势头。2006年,围绕电子信息、生物医药、光机电一体化、新材料和能源环保等产业,以高新区为龙头,以培强做大现有高新技术企业、培植成长型科技企业、开发高新技术产品为主线,通过集成资源、落实政策、强化考核激励等措施,推进高新技术产业比重增幅居全省前列。全年新增省级高新技术企业36家,全市高新技术企业发展到306家;完成高新技术产业产值780.3亿元,占规模以上工业产值的比重达到22.1%,比年初提高了6.2个百分点。

2006年,潍坊高新技术产业开发区完成技工贸总收入620亿元,增长26.0%;完成地区生产总值(GDP)70.28亿元,增长23.2%;出口总额3.4亿美元,增长18.0%;完成全社会固定资产投资77.7亿元,增长11.0%;实际利用外商直接投资5865万美元,增长23.0%。完成全口径财政总收入29.1亿元,比上年增长42.0%,税收收入29亿元,增长40.0%。全年招商引资引进项目337个,总投资733亿元,增长36.0%。实现规模以上工业增加值39.8亿元,增长21.0%;主营业务收入145.0亿元,增长29.2%;工业利税完成21.2亿元,增长20.0%。

2006年,潍坊滨海经济开发区完成地区生产总值(GDP)43.16亿元,增长22.4%;完成地方财政收入3.9亿元,增长28.3%;实现国税收入5.6亿元,地税收入3.2亿元,分别增长21.5%和24.3%;实际利用外资1615万美元,增长122.2%;出口总额完成1.7亿美元,增长42.1%;规模以上固定资产投资完成41.6亿元,增长28.8%;规模以上工业实现增加值33.9亿元,增长25.0%;主营业务收入完成122亿元,增长31.1%;工业利税完成16.6亿元,增长19.0%。

2006年,潍坊经济技术开发区完成地区生产总值(GDP)13.43亿元,增长22.5%;规模以上工业主营业务收入实现30.0亿元,增长42.9%;规模以上固定资产投资完成27.2亿元,增长25.7%;出口创汇4845万美元,增长63.4%;实现地方财政收入7373万元,可比增长44.1%。招商引资工作取得新突破,全年共引进项目32个,其中过5000万元项目13个,过亿元项目9个。

十、城市建设与环境保护

突出城市重点工程建设,改善人居环境。2006年,全市共完成城市建设总投资34亿元,其中中心城市城建投资14亿元,新改扩建道路29条、总长度123公里,安装路灯2570套。世界风筝都纪念广场、虞河路、宝通街、西环路、四平路等一批重点工程相继竣工。虞河全线12.7公里改造为富有特色的滨水景观带;宝通街、西环路两条道路总长度33公里,绿化面积170万平方米,成为景观大道、绿色长廊;滨海项目区完成了西区亮化、绿化和水系景观,形成了东区路网框架。城市面貌发生了新的变化,综合承载能力提升,辐射带动作用增强。中心城市建成区绿化覆盖率达到35.5%,创建成为“省级园林城市”,获“中国人居环境奖(水环境治理优秀范例城市)”,创建“国家卫生城市”工作取得新进展。

环保工作成效明显。2006年,全市环保工作紧紧围绕改善和提升环境质量这一总体目标,加强重点流域、重点区域和重点污染源的治理,加快城市污水处理厂和燃煤电厂脱硫工程建设;大力发展循环经济,加强生态保护与建设;不断加大环保执法力度,严肃查处各类环境违法行为,生态环境恶化趋势得到遏制,环境状况不断改善,成为全国第50个国家环保模范城市。完成污染治理项目85个,关停并转迁污染企业196个,主要污染物COD控制在4.98万吨以下、二氧化硫控制在13.64万吨以下;工业废水排放达标率达到98%以上,工业用水重复利用率达到89%,城市污水集中处理率达到60%;烟尘控制区覆盖率达到100%,工业固体废物综合利用率达到91.5%;自然保护区面积达到358平方公里,生态示范区面积达到7592平方公里;城市空气环境质量级别为二级,良好率为97.53%,城市饮用水源水质达标率为100%,河流水质状况有所好转,部分河段水质明显改善。

十一、教育、卫生、文化、体育

教育事业稳步发展。2006年,全市素质教育不断深化,有中小学学校1883所,在校学生108.9万人,其中小学学校1454所,在校学生60.4万人;中学学校429所,在校学生48.5万人。再次被确定为全国素质教育先进典型。普通高考本科上线3.7万人,各项指标继续稳居全省首位。到2006年底全市有高等教育学校11所,在校学生10.7万人,其中普通高校10所,在校学生9.4万人。办学体制改革成效显著,全市教育系统利用外资超过10亿元,全日制民办中小学达到105处,在校学生15.2万人,占在校学生总数的12.6%,民办高校2处,民办幼儿园达1426处,各类民办培训机构有730处。教育信息化建设快速发展,全市中小学配备计算机达到13.5万台,实现每10名学生拥有一台计算机,基本普及信息技术教育。农村免费义务教育工程得到全面落实,市级财政全部承担农村学生免杂费补助近8000万元,并每年投入危房改造奖励性资金1000万元,成为全省唯一实现省市财政全部承担的市。

卫生事业发展有新突破。2006年,全市卫生系统深入实施“大众卫生”理念,全市人民健康水平和健康保障水平进一步提高,全市卫生事业运行良好。卫生资源配置进一步优化,全市拥有各类卫生机构1738所,其中医院、卫生院265所;实际开放床位24176张,其中医院、卫生院开放床位22382张;卫生技术人员29753人,其中执业(助理)医师13213人,注册护士9845人。公立医院发展与改革实现新突破,取得了“两增(工作数量、卫生投资)”、“两控(医疗费用、医疗质量)”、“三满意(群众、政府、员工)”的效果,局直公立医院次均医疗费用十年来首次出现负增长。潍坊市新型农村合作医疗继续保持全省领先,省级试点县数量、参合人数、筹资总额均居全省前列,参合农民577万人,参合率88%。潍坊市创建国家级卫生城市工作通过了全国爱卫会的第一次暗访。

文化出版事业蓬勃发展。2006年,文化系统在市以上报刊、杂志、新闻媒体发表、播出各类文艺作品1600多件;组织举办了“市长论坛”大型文艺晚会、广场民间文艺表演、风情游园、嘉年华文艺巡游、“文明之夏—四进社区”广场文艺展演活动、纪念建党85周年和红军长征胜利70周年文化活动、全市庄户剧团电视大奖赛等文化艺术活动,丰富了人民群众的精神文化生活。全市共查处违规网吧80家,取缔3家,查处非法音像制品30余万盒(盘),整顿和规范文化市场秩序工作取得明显成效。组织进行了文物行政执法和博物馆备案审批工作,开展了第一个文化遗产日和“5.18”国际博物馆日宣传活动。完成了十笏园东部区域的环境营造,市博物馆顺利搬迁。临朐冶源崔芬壁画墓和诸城王烬美故居被国务院公布为第六批全国重点文物保护单位。13个项目入选第一批省级非物质文化遗产名录,全国艺术科学规划重点课题《潍坊文化三百年》由文化艺术出版社正式出版。

体育工作成绩突出。在2006年山东省体育锦标赛中,潍坊市体育健儿参加了27个大项目的比赛,共获得178枚金牌。进一步加强了与国外田径、武术、跆拳道等项目的交流。全市公共体育设施不断完善,全民健身工程总投资60万元,进一步满足了群众的健身需求。群众体育活动蓬勃开展,“全民健身月”活动参与人数达258万人,群众体质水平不断提高。

十二、市场物价

2006年,全市居民消费价格总指数101.0%,同比上涨1.0个百分点。其中消费品价格上涨0.9%,服务项目价格比上年上涨1.3%。分类别看,食品类、居住类、家庭设备及维修服务类、娱乐教育文化用品及服务类价格分别上涨2.7%、1.9%、1.4%和0.9%,衣着类、烟酒类、交通通讯类分别下降1.0%、1.3%、2.0%。扣除食品涨价影响,非食品价格指数上涨0.1%。原材料燃料动力购进价格和工业品出厂价格分别上涨2.0%和1.1%。房屋销售价格指数、土地交易价格指数和房屋租赁价格指数分别上涨6.6%、5.2%和2.1%。固定资产投资价格指数上涨0.8%。

十三、居民生活与人口

城乡居民收入增长明显。据抽样调查,2006年全市城镇居民人均可支配收入11846元,比上年增长14.8%。城镇居民人均消费性支出8816.3元,增长15.1%;年末百户城区居民家庭拥有彩电122台,电冰箱(柜)113台,洗衣机97台,空调器75台,移动电话183部,家用电脑39台,家用汽车9辆。全年农民人均纯收入5508元,增长9.8%;农民人均生活消费支出3565元,增长12.5%。

年末百户农村居民家庭拥有彩电107台,电冰箱(柜)54台,洗衣机65台,移动电话102部,摩托车80辆。

劳动就业再就业成效显著,工资水平有所提高。2006年,全市实现城镇就业再就业11.97万人,完成市计划的109%,其中下岗失业人员实现再就业3.83万人,完成市计划的106%,城镇登记失业率控制在3.12%。举办招聘洽谈会531场次,全市共培训城乡各类人员16.79万人。年末在岗职工人数78.7万人,同比增长16.2%;全年工资总额119.7亿元,增长26.1%;在岗职工平均工资15173元,增长8.2%。

社会保障水平继续提高。2006年,全市参加基本养老保险的人数达110.2万人,其中在职职工参保人数为88.19万人,收缴基本养老保险金26.35亿元,收缴率达99%;全年共支付养老金26.91亿元。农村养老保险参保人数为111.07万人,收缴保险费6635万元。参加失业保险的企事业单位达到7996家,职工64.8万人;收缴失业保险金1.57亿元,共向4.61万名失业人员支付失业金及补贴1.16亿元。参加基本医疗保险的职工达88.16万人,收缴医疗保险费7.27亿元,支出6.48亿元。

社会福利、城乡社会救助水平进一步提高。2006年,全市城镇低保人数3.7万人,持续保持动态下的应保尽保;救灾捐赠工作成效显著,捐助网络不断完善,全市共投入城镇低保金共计3154万元、农村及其他社会救济资金6475.9万元;社区服务设施建设加快,社区服务逐步向网络化、社区化、产业化、规范化方向发展;社会福利事业蒸蒸日上,2006年发行社会福利彩票3.7亿元。

计划生育综合改革稳步推进,低生育水平保持稳定。据统计,2006年全市出生人口81648人,合法生育率达97.7%,人口自然增长率4.00‰,性别比104.3。据公安部门统计,全市年末总人口855.3万人,其中非农业人口328.3万人。

注:(1)公报所列地区生产总值(GDP)、增加值等价值指标按当年价格计算,增长速度按可比价格计算。

(2)公报所列数字为年快报数或初步统计数字,正式数字以《2007年潍坊统计年鉴》为准。

(市统计局 供稿)

组织机构

中共潍坊市委及办事机构领导名单

市委书记 张新起

市委副书记 许立全 崔建平

市委常委 胡岗 蒋文彩 刘明珂 钟少林 徐振溪 曲新佩 解维俊 刘德成 苏立科 张小梅(女)

秘书长 刘德成

中共潍坊市纪律检查委员会机关(市监察局与其合署)

市委办公室

市委组织部

市委宣传部

市委统一战线工作部

市委政法委员会(社会治安综合治理委员会办公室与其合署)

市委政策研究室

市委台湾工作办公室(挂市政府台湾事务办公室牌子)

市委市直机关工作委员会

市委农村工作领导小组办公室

市人大常委会及办事机构领导名单

主任 张新起

副主任 李守玉 程茂仁 张建国 王永兴 康凤英(女) 杨继生 吴元宝 李本跃

秘书长 张军

办公室

人事代表工作室

研究室

代表资格审查委员会

法制工作委员会

财政经济工作委员会

教育科学文化卫生工作委员会

城乡建设环境保护工作委员会

农业与农村工作委员会

潍坊市人民政府及办事机构领导名单

市长 许立全

副市长 胡岗 徐振溪 鞠献宝 王冰芬(女) 辛丕宏 黄潍连 邢培彬 刘伟

秘书长 宋赤锋

市政府办公室

市发展和改革委员会

市经济贸易委员会

市教育局

市科学技术局

市公安局

市监察局(与纪委机关合署)

市民政局

市司法局

市财政局

市人事局(机构编制委员会办公室与其合署)

市劳动和社会保障局

市国土资源局

市规划局

市建设局

市政管理局

城市管理行政执法局

市交通局

市水利局

市农业局

市海洋与渔业局

市对外贸易经济合作局

市文化局

市卫生局

市人口和计划生育委员会

市审计局

市环境保护局

市体育局

市统计局

市林业局

市安全生产监督管理局

市外事与侨务办公室

市中小企业局

市高新技术产业开发区管理委员会

市经济技术开发区管理委员会

市滨海经济开发区管理委员会

市出口加工区管理委员会

政协潍坊市委员会及办事机构领导成员名单

主　　席　赵兴涛
副 主 席　杨卫东　郑汝智　尹景尧
　　　　　杨肖青　姜绍华
　　　　　邹芙林(女)　张敦柏
　　　　　满郭强(女)
秘 书 长　曹学芹

办公室
研究室
政协委员活动工作室
提案委员会
经济委员会
人口资源环境委员会
科教文卫体委员会
港澳台侨和外事委员会
社会法制委员会
文史资料委员会

市中级人民法院
市人民检察院
市城郊地区人民检察院

直属事业单位
市委党校
潍坊日报社
市招商工作委员会办公室
市畜牧局
市农业机械管理局
市广播电视局
市房产管理局
市级机关事务管理局
市地震局
市新闻出版局
市老龄工作委员会办公室
市旅游局
市信息产业局
市供销合作社联合社
市农业综合开发办公室
市沿海经济开发办公室
潍坊国际风筝会办公室
市住房公积金管理中心
潍坊学院
潍坊职业学院
高级技工学校
市农业科学院

省和市双重领导以省领导为主的单位
潍坊市国家安全局
潍坊市工商行政管理局
潍坊市地方税务局
潍坊市质量技术监督局
潍坊市食品药品监督管理局

民主党派
中国国民党革命委员会潍坊市委员会
中国民主同盟潍坊市委员会
中国民主建国会潍坊市委员会
九三学社潍坊市委员会
中国农工民主党潍坊市委员会
中国民主促进会潍坊市委员会

人民团体
市总工会
共青团潍坊市委员会
市妇女联合会
市文学艺术界联合会
市科学技术协会
市归国华侨联合会
市社会科学界联合会
市工商业联合会
市贸促会(中国国际商会潍坊商会)
市残疾人联合会

说明：

潍坊市委工作机构设9个，市政府工作机构设31个。

另设：1.部门管理机构7个：信访局由市委办公室、市政府办公室管理，以市委办公室管理为主；老干部局由组织部管理。市政府调查研究室、法制局、民族宗教事务局由市政府办公室管理；物价局、粮食局由发展和改革委员会管理；市贸易办公室由市经济贸易委员会参照部门管理机构进行管理；市中小企业局按政府序列部门对待；市政府金融证券业发展协调办公室归口市政府办公室管理。

2.议事协调机构的办事机构1个：市人民防空办公室。

(市委组织部　市编办　供稿)

精神文明建设

【思想道德建设】 切实加强理论武装。把学习邓小平理论、“三个代表”重要思想和科学发展观，以及党的十六届五中、六中全会精神作为精神文明建设的首要任务。突出抓了各级党员领导干部的学习。组织开展了《江泽民文选》学习活动；围绕构建和谐社会、落实科学发展观、建设社会主义新农村等重大主题，组织开展了多种形式的学习宣传活动。先后多次邀请中央高层次专家来潍坊作辅导报告，举办学习十六届六中全会精神理论骨干培训班，组建理论宣讲团，深入基层开展了一系列理论宣讲活动。大力加强荣辱观教育。3月份，召开了学习胡锦涛总书记“八荣八耻”讲话座谈会，市委印发了《关于深入学习实践社会主义荣辱观加强思想道德建设的实施意见》及《目标任务分工》，对全市的宣传教育实践活动进行了部署。组织开展了报告会、座谈会、大讨论、演讲比赛、宣誓签名等活动，积极推动荣辱观进机关、进学校、进企业、进基层，在全社会掀起了学习实践社会主义荣辱观的热潮。认真实施公民道德教育。贯彻落实《公民道德建设实施纲要》，实施公民道德建设工程。围绕第四个“公民道德宣传日”，通过文艺演出、知识竞赛、读书征文等形式，大力宣传和倡导20字基本道德规范；坚持不懈地开展爱国主义、集体主义、社会主义和社会公德、职业道德、家庭美德教育，加强文明新风和移风易俗教育，努力培育文明道德新风尚；围绕纪念建党85周年和红军长征胜利70周年，精心组织开展了丰富多彩的主题教育活动。

【农村精神文明建设】 以文明生态村创建为载体，以村容整洁为突破口，大力加强农村精神文明建设。6月份，专门组织各县市区文明办及有关单位人员赴河北省承德市就文明生态村建设进行了考察学习。对寿光市加强新农村建设的情

况进行了调研，形成了《以培育新型农民为着力点　推进社会主义新农村建设》调研报告，山东省文明委以文件形式给予转发。“文明一条街”建设继续深化，“星级文明户”、“文明信用户”、“好婆婆”、“好媳妇”等创评活动广泛开展，进一步提高了村民文明素质，推动了农村精神文明建设的不断深入。部署开展了城市文明单位与农村精神文明共建活动，推进城乡文明共建、协调发展。

【城市精神文明建设】 以“六大家园”建设为重点，在全市组织开展了文明和谐社区创建活动。6月份，召开了全市文明和谐社区创建工作现场会，对创建文明和谐社区工作进行了专题研究部署。狠抓社区管理与服务。以服务居民为准则，推出了“零失业社区”创建活动；通过开展“慈心一日捐”、建立“爱心超市”等形式，逐步形成了经常性捐赠与阶段性救助相结合的救助机制；积极推进社区卫生建设，提高了居民生活质量。大力推进学习型社区建设。结合“文明之夏——四进社区”系列活动，广泛开展了全民读书、科普宣传等活动，提高了居民的科学文化素质。大力加强文体设施建设，引导社区居民发展家庭文化、社区文化等特色文化，使群众在参与中陶冶了情操、提高了素质。营造社区良好环境。广泛开展了文明小区、文明楼院、文明家庭、文明户等创评活动，形成了社区文明和谐的良好风尚；通过加强法制教育、开展“星级平安社区”创建活动、建立健全社区治安防控体系，提高了社区的治安防范能力；加大绿化美化力度，开展了环境卫生集中整治活动，使社区生活环境大为改观；开展了社区共建活动。协调社区内各单位积极参与文明和谐社区建设，支持社区工作，实现资源共享，营造了和谐发展的良好氛围。活动开展以来，已有30个社区被评为市级文明和谐社区，39个社区被评为全市“文明和谐社区创建工作先进单位”，14个社区被评为“市级绿色社区”。“爱我潍坊，做文明市民”活动深入开展。制定下发了关于进一步深化“爱我潍坊，做文明市民”活动的指导意见。重点组织开展了文明交通活动。以“提高市民文明素质，查纠交通违法行为”为主题，大力加强宣传教育和严管重罚，取得了良好效果。开展了“文明交通路口”、“文明停车场”、“文明交通安全单位”等创建活动。部署开展了“文明之夏”系列活动。以宣传贯彻社会主义荣辱观为主题，坚持科教、文体、法律、卫生四进社区，吸引了群众的广泛参与。全市共组织广场文艺演出1000余场次，观众达100万人次，极大地丰富和活跃了群众的精神文化生活。

【未成年人思想道德建设】 继续抓了为未成年人办的十件实事的落实。认真落实各种公益性文化设施和场所对未成年人免费开放；开展了网吧暑期专项治理以及“倡导网络文明，创建绿色网吧”活动，加大对盗版教材、教辅和淫秽图书、有害卡通图画、游戏软件的查缴力度，净化了未成年人的成长环境；切实减轻中小学生课业负担、加大校园周边环境治理等工作，在群众中引起良好反响。未成年人思想道德建设“三位一体”教育格局基本建立。学校教育，以德育为中心，大力加强理想信念、行为养成和道德实践教育，提高了未成年人思想道德素质。在中央文明办组织的全国第二届未成年人思想道德建设创新案例征集评选活动中，临朐县朐阳小学的“班级循环日记”获二等奖。家庭教育，围绕提高家长素质、规范家长学校，深化推进“亲子共成长”工程，营造了良好的家庭教育环境。社会教育，各级各部门齐心协力，综合运用包括舆论、文化、法律、政策在内的多种有效手段，积极营造了有利于未成年人健康成长的社会环境。工作队伍和网络进一步建立健全。各级建立起了联席会制度，建立关心下一代工作组织1011个，专兼职工作人员达7077人，“五老”志愿者队伍达36200人。进一步巩固未成年人德育阵地建设，全市共建成中小学生综合实践活动基地9处。经验文章《潍坊市建立校外活动与学校教育衔接工作机制》被中央文明办《未成年人思想道德建设工作简报》刊发。

【群众性精神文明创建活动】 加强了对各级各类文明单位的建设和管理。对全市所有省、市级文明单位、文明村镇、文明机关、文明社区进行了三次大规模的考核验收，提高了创建质量。2006年，全市已有3个单位被评为全国级文明单位，2个村被评为全国文明村，5个单位被评为全国精神文明创建工作先进单位，4个村镇被评为全国文明村镇创建工作先进单位；有省级文明单位157个，省级文明村镇32个，省级文明机关35个；市级文明单位已达390个，市级文明村镇137个，市级文明机关182个，市级文明社区30个。行业精神文明建设取得新成效。以公共行政审批服务中心和市长公开电话为重点的政务服务平台进一步完善；“12345”市长公开电话受理群众来话的总办结率、反馈率均达到100%、群众满意率达98%；以“行风在线”、新闻110、聚焦栏目、潍坊行风监督网站为主体的舆论监督成效显著；继续开展了企业“双评”活动，有效地促进了行风的转变。

（逄国君　供稿）

政　治

中国共产党潍坊市委员会

【全市对外开放工作会议】 2月13日，全市对外开放工作会议召开，市委书记张传林作了重要讲话。会议指出，近年来，潍坊市坚持把扩大开放作为经济工作的“六个战略重点”之一，坚定不移地把招商引资作为“要务之要务、重点之重点、中心之中心”来抓，取得了明显成绩。2006年任务目标：引进到位市外资金700亿元，其中利用外商直接投资6亿美元，分别增长15%和20%以上；完成出口创汇38亿美元，增长30%以上；完成对外承包劳务营业额3亿美元，外派劳务5500人次(新口径)，分别增长20%和15%以上。工作中，要突出抓好以下几点：一要进一步提高招商引资的质量和水平。继续坚持一切行之有效的思路措施，进一步突出重点，创新方式，着力在提高招商引资质量和水平上下功夫、求实效。二要千方百计扩大外贸出口与对外合作。进一步研究措施，加大力度，保持外贸出口持续大幅度增长。三要充分发挥各类平台的重要作用。会议还要求，要加强领导，精心组织，强力推进，确保完成、力争超额完成全年工作任务。

【全市农村工作会议】 2月28日，全市农村工作会议召开，市委书记张传林作了重要讲话。会议指出，近几年来，全市上下紧紧围绕农业增效、农民增收和农村稳定，大力实施“三化、三带动、三变”战略，加快发展农村经济和各项社会事业，开创了“三农”工作的新局面，全市实现农业增加值201.4亿元，增长9.7%，农民人均纯收入达到5017元，同比增长13.1%。当前和今后一个时期，社会主义新农村建设总的要求是，坚持以邓小平理论和“三个代表”重要思想为指导，以科学发展观统领全局，按照“生产发展、生活宽裕、乡风文明、村容整洁、管理民主”的要求，认真贯彻工业反哺农业、城市支持农村和“多予少取放活”的方针，坚持以产业化提高农业、以工业化致富农民、以城市化带动农村，深入实施“三化、三带动、三变”战略，以发展农村经济、增加农民收入为中心，协调推进农村经济建设、政治建设、文化建设、社会建设和党的建设，努力建设繁荣、富裕、文明、和谐、民主的社会主义新农村。工作中，要突出抓好以下五个方面：一是大力发展农村经济，实现农民收入水平新提高。二是加强精神文明建设，形成农村健康文明新风尚。三是搞好村庄规划建设，创建农村人居生活新环境。四是加强民主法制建设，推动和谐社会建设新进展。五是加强基层组织建设，增强领导农村发展新本领。会议还要求，必须切实加强组织领导，狠抓工作落实，确保新农村建设扎实推进，健康发展，尽快见到实效。会议对2005年度全市农村工作先进单位和个人进行了表彰。

【全市民营经济工作会议】 4月4日，全市民营经济工作会议召开，市委书记张传林作了重要讲话。会议指出，2005年，各级各部门认真贯彻落实市委、市政府加快民营经济发展的一系列工作部署，紧紧围绕总量扩张、质量提高、实力增强的目标要求，抢抓机遇，乘势而上，全市民营经济进入了快速发展的新阶段，全市民营经济规模不断扩大，质量明显提高，发展后劲增强，贡献越来越大。当前和今后一个时期，全市民营经济发展的总体要求是，坚持以科学发展观为指导，深入贯彻落实党中央、国务院加快非公有制经济发展的一系列方针政策，继续坚持“四个放开、六个一样”的原则，在进一步扩张总量、膨胀规模的同时，着力推进自主创新、做强做大现有企业、加快产业优化升级，促进民营经济转变增长方式、提高运行质量、提升发展水平，努力实现又快又好发展。2006年，要确保新增注册民营业户1万户，新增从业人员10万人，新增注册资金100亿元，实交税金突破100亿元。工作中，要突出抓好以下几点：一要集中力量做强做大现有企业；二要着力提高自主创新能力；三要加快培植壮大产业集群；四要充分激发全民创业活力。会议还要求，各级一定要加强领导，采取强有

力的政策措施，努力为民营经济发展创造有利环境，提供可靠保证。会议对“百强”民营企业和“百佳”个体工商户进行了表彰。

【全市第六次加快发展现场会议】 5月31日，全市第六次加快发展现场会议召开，市委书记张传林作了重要讲话。这次会议分两个阶段进行：从5月28日开始，利用三天的时间，组织对各县市区、市属开发区进行观摩点评；5月31日是第二阶段，集中进行会议总结。会议指出，2006年上半年，全市上下全面落实科学发展观，振奋精神，抢抓机遇，开拓进取，拼搏实干，经济社会呈现出又快又好发展的良好势头。三年多的丰富实践和发展变化，带来许多启示，其中最重要的一条，就是坚持以科学发展观统领全局，紧紧抓住第一要务不放松，聚精会神搞建设，一心一意谋发展。张传林要求，下一步要以邓小平理论和“三个代表”重要思想为指导，以科学发展观统领全局，认真贯彻中央和省委一系列指示精神，全面落实市委、市政府决策部署，进一步强化关键措施，加大推进力度，着力培植发展优势，全面提升发展质量，努力实现“一个目标、两个确保、五个新突破”，为顺利实施“十一五”规划打下坚实的基础。工作中，一要坚定不移地贯彻落实已有发展思路；二要努力在又快又好发展上下功夫；三要千方百计加大工作创新力度。

【全市科学技术大会】 6月20日，全市科学技术大会召开，市委书记张传林作了重要讲话。会议指出，近年来，潍坊市着眼于又快又好发展，把科技工作摆在重要位置，大力实施“科教兴潍”战略，全市科技创新步伐加快，科技实力不断壮大，科技对经济社会发展的支撑和带动作用明显增强。当前和今后一个时期，全市科技工作总的要求是，以科学发展观统领全局，认真贯彻自主创新、重点跨越、支撑发展、引领未来的方针，深入实施“科教兴潍”战略，以建设创新型城市为目标，以发展高新技术产业为重点，健全完善技术创新、知识创新和创新服务“三个体系”，着力增强原始创新、集成创新和引进消化吸收再创新“三个能力”，全面提升科技实力和竞争力，为经济社会又快又好发展提供有力支撑。力争到“十一五”末，高新技术产业产值占规模以上工业产值的比重达到40%，科技进步对经济增长的贡献率达到60%，全民科技素质和创新意识显著增强，科技创新体系更加完善，自主创新能力明显提高，科技综合实力进入全省先进行列。工作中，一要突出发展高新技术产业；二要着力提高自主创新能力；三要加快推进创新体系建设。会议对市十佳高新技术企业、示范研发中心和优秀民营科技企业进行了表彰。

【全市领导干部会议】 9月16日，全市领导干部会议召开，省委组织部副部长贺可存宣读了省委关于调整潍坊市委、市政府主要领导同志的决定，张传林同志和张新起同志分别作了重要讲话。张传林同志在讲话中回顾了自己在潍坊的工作，表达了对潍坊人民的热爱之情，同时也对潍坊人民对市委工作的支持表示了衷心感谢。张传林同志表示，省委对潍坊市党政领导班子的调整，充分体现了省委对潍坊的关心和重视，自己坚决拥护省委的决定，一定按照省委的要求，努力做好各项工作。张新起同志指出，近几年来，在省委、省政府的正确领导下，以传林书记为班长的市委一班人，团结带领全市广大干部群众，高举邓小平理论和“三个代表”重要思想伟大旗帜，坚持以科学发展观统领全局，解放思想，抢抓机遇，开拓进取，拼搏实干，开创了改革和建设的新局面。张新起同志表示，他坚决拥护省委对潍坊领导班子的调整，欢迎许立全同志来潍坊工作，同时对省委决定由自己接替传林同志担任市委书记感到责任重大。张新起同志指出，当前工作要重点把握好以下几点：一要始终坚定正确的政治方向；二要坚定不移地推进又好又快发展；三要大力加强党的先进性建设；四要努力做到为民、务实、清廉。

10月8日，全市领导干部会议召开，市委书记张新起作了题为《以经济建设为中心，以科学发展观为动力，奋力推进经济社会又快又好发展》的重要讲话。会议要求，要进一步认清形势，把握大局，增强科学发展、加快发展的紧迫感。要突出重点强力推进，又快又好地完成经济发展目标。当前，主要做好八个方面的工作：一要加快发展工业经济，努力打造先进制造业基地；二要加快发展城市经济，强化区域经济竞争力；三要加快发展县域经济，加快推进社会主义新农村建设；四要进一步加快进度，提高水平，努力推动“三北”开发取得新突破；五要提高自主创新能力，全力推进高新技术产业跨越式发展；六要加快推进项目建设，努力繁荣发展服务业；七要抓好节能降耗，强化环境保护；八要加快市场取向的改革，推动市场经济发展。要更大力度地招商引资，促进经济加快发展。张新起最后强调，要加强对经济工作的组织领导，为又快又好发展提供坚强保证。

【中共潍坊市九届九次全委会议】 11月2日，中共潍坊市九届九次全委会议召开。会议传达学习了党的十六届六中全会和省八届十三次全委会议精神；审议通过了《中共潍坊市委关于贯彻党的十六届六中全会和省八届十三次全委会精神努力构建社会主义和谐社会的决定》。市委书记张新起受市委常委委托向全委会作了工作报告，并就学习贯彻六中全会精神，加强和谐社会建设提出了要求。会议审议通过的《中共潍坊市委关于贯彻党的十六届六中全会和省八届十三次全委会精神努力构建社会主义和谐社会的决定》，从七个方面提出了实施意见：（一）深刻把握构建社会主义和谐社会的重大意义、指导思想和目标要求；（二）始终抓好发展这个第一要务，为构建和谐社会创造雄厚的物质基础；（三）以解决人民群众最关心、最直接、最现实的利益问题为重点和突破口，全面推进社会事业发展；（四）加强和改进社会管理，促进社会有序发

展；（五）深化平安潍坊建设，维护社会稳定；（六）建设和谐文化，打牢社会和谐的思想道德基础；（七）加强党的先进性建设，提高领导和谐社会建设的能力和水平。张新起在讲话中要求，要认真学习贯彻十六届六中全会精神，扎实推进和谐社会建设；要推动经济又好又快发展，为构建和谐社会奠定雄厚的物质基础；要突出解决群众最关心、最直接、最现实的利益问题，确保和谐社会建设取得实实在在的效果；要大力加强党的先进性建设，提高构建和谐社会的领导能力，为构建和谐社会提供坚强有力的政治保证。

【全市落实科学发展观推动又好又快发展现场观摩点评会议】　12月3日，全市落实科学发展观推动又好又快发展现场观摩点评会议召开，市委书记张新起作重要讲话。这次会议分两个阶段进行：从11月30日开始，利用三天的时间，组织对各县市区、市属开发区进行观摩点评；12月3日是第二阶段，集中进行会议总结。会议指出，2006年，全市各级党政坚持以邓小平理论和“三个代表”重要思想为指导，以科学发展观统领全局，认真贯彻国家宏观调控政策，努力推动经济持续快速健康增长，经济社会发展取得了新的成绩，无论从指标进度上还是从现场观摩的情况看，完成全年的任务目标已成定局。突出表现在，各项主要指标保持较快增长；转变经济增长方式取得新的进展；城乡面貌进一步改善；社会事业发展步伐加快。张新起强调，要坚持“又好又快、好中求快、突出重点”的原则，扎扎实实地做好经济工作，重点推进工业经济、中心城市、县域经济的科学发展。第一，工业经济的又好又快发展是产业发展的重点，科学发展工业经济要决不动摇。第二，城市经济尤其是中心城市经济又好又快发展是区域经济发展结构的重心，科学发展城市经济要决不动摇。第三，县域经济尤其是农村经济又好又快发展是区域经济发展的基础，由于面广量大，其发展水平关系到区域发展的整体水平，科学发展县域经济要决不动摇。第四，必须优化经济发展环境。张新起指出，要统一对新农村建设和和谐社会建设的认识，一是新农村建设必须有所为，二是构建和谐社会关键要开展好创建活动。

（市委办公室　供稿）

·保密工作·

【保密教育】　（1）强化保密干部和重点涉密人员的教育培训。制定下发了《潍坊市“五五”保密法制宣传教育规划》，突出抓好保密干部和重点涉密人员的教育培训。全年共举办保密干部和重点涉密人员培训班40多期，培训4000多人。（2）开展多形式的保密法制宣传活动。8月至11月在全市范围内组织播放了保密警示教育片，近万名领导干部和涉密人员受到了直观的保密教育。8月份，市保密局与市国家安全局联合举办了“反渗透反窃密防泄密展览”，仅2天时间就有3200多名县级以上干部和涉密人员到场参观。（3）抓好党校保密教育。在全市党校系统各类班次中开设了保密教育课，市县两级党校共完成60多个主体班次的保密教学任务。各级保密部门的负责同志和保密干部主动为党校学员讲课，进一步强化了各级领导干部的保密观念。（4）认真抓好信息报送。加大向省局报送信息工作的力度，编排了《保密工作者之歌》等文艺节目，撰写了《坚持五个加强努力做好公安保密工作》的论文，并按时上报省局。在国家保密局主办的《保密工作》杂志刊发文章4篇，在省保密局《委员参阅》等刊物上刊发4篇。

【保密管理】　（1）认真组织对专网的检查。7月份，组织检查组对全市29个与省党务、政务专网有节点的单位进行了一次拉网式检查。（2）制定出台了计算机保密管理等方面的文件和规定，转发了国家保密局《关于加强新技术产品使用保密管理的通知》。与市教育、公安等部门联合对全市高考保密室及试题保密管理进行了专项检查，确保了2006年全市普通高考的安全保密。认真抓好全国统一司法考试、二级建造师考试的保密管理。组织对全市涉密计算机管理使用情况进行了全面检查。（3）加强保密技术防护和管理工作。制定下发了《潍坊市保密科学技术“十一五”发展规划》。（4）加强定密管理。突出抓好定密责任人制度的落实，加强指导，督促各单位建立健全了定密责任人制度。（5）加强对国家秘密载体的管理。对市县两级国家秘密载体定点复制单位实行了年审制度，与单位法人签定了保密责任状，对定点复制单位工作人员进行了教育培训，并对定点复制单位进行不定期抽查、检查，发现问题，及时整改。针对当前计算机保密管理中存在的突出问题，在调查研究的基础上，出台了《关于加强计算机信息系统国际联网保密管理工作的通知》，加强了计算机及网络的保密管理。（7）抓好重要会议、重大活动的保密检查管理。风筝会、鲁台会、菜博会等重要会议、重大活动期间，积极协调指导各主办单位，对会场、宾馆等场所研究制定保密措施，对重点人员进行保密教育，在重要场所安装了会议保密设施，保证了重要会议和重大活动的安全保密。（8）积极搞好服务。认真做好武器装备科研生产单位保密资格认证工作。对有关单位保密资格认证进行了上门服务。8月份，精心组织协助省局在寿光市成功举行了“全省分管秘书长、保密局长暨保密干部培训会议”。

【技术检查工作】　市及各县市区都按省保密局的要求，购置了电磁干扰器、会议保密机和计算机安全保密管理检查工具，使全市保密技术检查服务水平上了一个新台阶。加强对涉密信息设备维修和秘密载体销毁的管理。按照保密规定，要求各级各部门在维修涉密信息设备和需销毁国家秘密载体时，必须定点维修、定点销毁。按照省委办公厅的统一要求，全市党政专用通信网改造工程已基本完成。

（市保密局　供稿）

·组织工作·

【领导班子建设】　（1）运用中组部制

定的综合考核评价试行办法，大力推进领导班子配备改革，扎实做好县乡党委换届选举的各项工作。新提名的144名县市区委常委候选人，平均年龄42.1岁，比换届前下降2.7岁；第一学历全日制本科的57人、具有研究生学历和硕士学位的55人，分别比换届前增加17人和14人；女干部15人，比换届前增加2人，其中书记1人，副书记（县长）1人。（2）按照中央和省、市委规定的代表条件、构成比例和推荐程序，认真把好素质关、结构关和程序关，共推荐出十七大代表候选人初步人选729名、省第九次党代会代表候选人初步人选2168名。（3）以年度考核工作为重点，加强对领导班子和领导干部的经常性考察，并注重考核结果的运用。配合省委组织部做好市级领导班子换届考察各项工作。全年共调整市直党政部门和企事业单位干部397人，其中提拔重用160人，平职交流或变动相关职务183人，到龄免职54人。

【干部队伍建设】 （1）完成全市1574名县级干部档案“三龄一历”审核整理任务，指导各县市区和市直部门对18万名科级及以下干部档案进行认定审核。在全省率先建成数字化档案，对1656名在职县级干部的档案实行数字化管理，初步实现了档案网上查借阅。（2）在干部人事制度改革工作方面，会同人事部门积极稳妥地推进《公务员法》实施和公务员工资制度改革工作；重新确定30家市级重点管理企业，及时落实相关待遇；出台《潍坊市干部考察员管理暂行办法》，举办干部考察业务培训班，确认191名干部考察员资格；改进公开选拔办法，先后面向全市公开选拔了市城市管理行政执法局局长人选和10名年轻副县级领导干部人选；印发《潍坊市领导干部公开选拔和竞争上岗面试考官管理试行办法》，自主研发《公开选拔和竞争上岗综合知识测评系统》，全市领导干部考试与测评工作取得新进展。（3）干部监督工作方面，加强对贯彻执行《党政领导干部选拔任用工作条例》情况的监督检查；对新提拔重用的296名县级干部全部实行全程记实和任前档案审核，制定并实施拟提拔干部人选征求市纪委、市检察院意见的暂行办法，进一步提高了选人用人质量。实行严重违规用人问题立项督查制度，细化完善领导干部诫勉谈话、函询制度。（4）干部教育培训工作方面，全年全市共培训各级各类干部12.8万人次，其中，参加省以上脱产培训及境外培训的领导干部212人，参加市委党校和市级干部培训基地脱产培训的1372人。突出抓了“新、高、外、实”培训项目，先后组织实施了赴加拿大翻译人才和赴新加坡政府在线一体化及城镇规划与环境保护培训班。组织县市区党政“一把手”参加了中组部举办的社会主义新农村建设专题研究班。分两批组织92名县市区党政“一把手”和市直部门主要负责人到清华、北大进行提升领导执行力培训。会同有关单位组织举办了企业经济管理高级研修班、EMBA班、MBA班及MPA班。（5）人才工作方面，认真履行牵头抓总职能，指导制定《潍坊市“十一五”人才发展规划》，对全市人才队伍建设中长期发展的目标、任务和措施进行规划安排。出台《关于为社会主义新农村建设提供人才支持的意见》、《关于实行全市人才工作目标责任制的意见》，将人才工作纳入各级领导班子和领导干部实绩考核体系。加强高层次人才、高技能人才和农村实用人才队伍建设。全市有1人被聘为“泰山学者”，12人被评为第一批“山东省首席技师”。指导完成第八批市级专业技术拔尖人才评选工作。市直单位引进博士12人、硕士118人。

【基层党组织和党员队伍建设】 （1）进一步深化农村党的建设“三级联创”活动。推行“两推一选”、“公推直选”村党组织班子，提倡“两委”成员交叉任职，把政治素质高、群众威信高、带头致富能力强、带领群众共同致富能力强的“双高双强”型人才选拔为村干部，全市80%以上的村党组织书记成为致富能手。（2）完善政治理论、岗位技能、现代科技、领导方式和工作方法、学历教育“五位一体”培训模式，农村干部素质有了明显提高。全面推行“产业建支部、党员带头富、农民增收入”模式，在产业化经营组织中建立基层党组织2255个，1542个村党支部按照产业化要求，调整了党小组设置，建立产业党小组2168个。（3）认真做好第14批市直部门包村帮扶工作。加强村级组织活动场所建设，各级共落实资金4929万元，建成村级组织活动场所171处，在建66处。（4）加强社区党建和新经济组织、新社会组织党的建设，全市已建立党组织的非公有制企业达2398家。在国有企业开展创建“四好”领导班子活动，推进企业厂务公开、民主管理。认真做好发展党员工作，2006年全市发展党员9982名。（5）坚持“建、管、学、用”并举，扎实做好党员干部现代远程教育工作。在城市社区、老年大学新建接收站点413个，乡村两级终端接收站点接入互联网8523个。在全省率先开通市级远程教育直播频道，为中央和省远程教育频道提供课件120部。

·宣传思想工作·

【理论工作】 组织广大党员干部深入学习邓小平理论和“三个代表”重要思想，认真学习《江泽民文选》，学习以胡锦涛为总书记的党中央提出的一系列重大战略思想。突出加强党委中心组理论学习，举办了多种形式的读书会、研讨班、座谈会和理论骨干培训班。组织一系列高层次专家讲座。与农民日报社、省委宣传部共同举办社会主义新农村建设理论研讨会，取得积极成果。在全市部署开展“落实科学发展观、构建社会主义和谐社会”主题教育活动，开展以科学发展为主题的“2006社科普及周”活动，举办“五洲杯”全市综合理论知识竞赛，推动了理论普及工作。

【新闻宣传】 配合全市重大工作部署，先后组织进行了社会主义新农村建设、北部沿海开发、重大投资项目和重点工程、经济软环境建设、发展民营经济、繁荣服务业等一系列主题宣传活动。突出进行了贯彻落实科学发展观、构建社会主义和谐社会、保持共产党员先进性教育活动的宣传。成功组织了第23届潍坊国际风筝会和第12届鲁台经贸洽谈会的新闻宣传。围绕热点难点问题开展舆论监督，取得明显成效。对上发稿实现新突破，在新华社、中央电视台和山东电视台发稿量达到历史最好水平。加强新闻宣传的宏观管理，完善新闻发布制度，坚持新闻例会、新闻阅评等各项制度，确保了导向正确和新闻安全。积极参加市委、市政府组织的赴广州、长沙和深圳高交会等大规模的招商引资活动，广泛宣传潍坊。邀请接待了大量海外及网络媒体记者，对外发出一批重点稿件。加强互联网新闻管理，成立互联网管理工作协调领导小组，对全市网站违规登载新闻情况进行了清理整治。

【思想道德建设】　召开全市学习胡锦涛总书记“八荣八耻”讲话座谈会，对全市社会主义荣辱观教育活动作了全面部署。深入开展“爱我潍坊，做文明市民”、文明礼仪宣传教育、“爱护环境、建设美好家园”和“知荣辱、树新风”等一系列道德实践活动。开展以“社会主义荣辱观与公民道德建设”为主题的系列宣传教育活动。组建了社会主义荣辱观宣讲团，深入基层广泛宣讲，推动社会主义荣辱观进农村、进企业、进机关、进学校。精心组织纪念建党85周年、红军长征胜利70周年重大宣传活动。加强未成年人思想道德建设，推动了为未成年人办的十件实事的落实工作。各种公益性文化设施和场所对未成年人免费开放，对网吧和电子游戏厅等娱乐场所进行了专项治理。深入开展“百城万店无假货”活动，评选表彰了一批企业文化建设示范单位，“阳光财险杯”知名文化品牌评选活动在全市产生广泛影响。

【典型宣传】　围绕加强党的先进性建设和社会主义新农村建设，集中宣传王乐义这一重大典型，在全国产生强烈反响。省、市委先后作出向王乐义同志学习的决定。中宣部、中央先进性教育活动办公室组织中央新闻媒体对王乐义进行了集中宣传。中宣部、农业部、山东省委在北京人民大会堂联合举行王乐义先进事迹报告会，并到全国各地作了巡回报告。围绕落实科学发展观，在全国、全省总结宣传潍柴动力自主创新、诸城发展县域经济以及寿光市和坊子区眉村镇王三村新农村建设的典型。为推进创新型城市建设，在全市推广了中微光电子、豪迈科技、同大集团、福田雷沃重工等一批企业自主创新的典型。配合建党85周年和先进性教育活动，举办了杨希涛同志事迹报告会，推出崔效杰、陈永林、秦贞福、刘涛等一批优秀共产党员典型。

【文化事业和文化产业】　积极参加省首届文化产业博览会。精品创作保持良好势头。组织大型吕剧报告剧《王乐义》的加工创作与排演，并在中央电视台戏剧频道播映。20集电视剧《乐意为人》完成拍摄。7部作品被列入全省2006—2008年文艺创作规划，成为省委宣传部重点调度的作品。深入开展文化科技卫生“三下乡”活动，举办庄户剧团大奖赛，组织“风筝都之歌”的创作和评选活动。文化体制改革工作逐步推开，召开文化体制改革和文化产业发展专题研讨会。推出沈学仁画廊等一批发展文化产业的典型。开展文化产业调查统计工作，建立了文化产业数据库。

【队伍建设】　加强宣传系统领导班子和工作队伍的思想道德建设和业务培训，评选表彰了“十佳编辑”、“十佳记者”、“十佳播音、主持人”，开展企业政工和新闻播音系列职称的评审工作，加强宣传思想工作“三个体系”建设，推动了全年目标任务的完成。

（管延会　供稿）

·统一战线工作·

【民主党派工作】　（1）以学习贯彻中央5号文件为主线，进一步加强多党合作的宣传，认真落实民主协商制度，以市委名义召开协商会、座谈会、情况通报会和个别征求意见会5次。（2）中共潍坊市委印发了《关于贯彻落实中央、省委两个〈意见〉，进一步加强中国共产党领导的多党合作和政治协商制度建设的实施意见》。（3）举办了第四期各民主党派、工商联主要负责人学习研讨班，形成了《潍坊市各民主党派、工商联负责人学习研讨班纪要》，并组织赴浙江4市1区进行了实地考察。（4）协助市6个民主党派市委会顺利完成了换届工作。

【为经济社会发展服务工作】　（1）组织统一战线广大成员积极建言献策。各民主党派、工商联和无党派人士共提出议案、提案120多条，其中40多条议案、提案和建议进入了党委政府的决策。（2）积极引导非公有制经济人士投身新农村建设。下半年在全市工商联会员中开展了“民企帮村”活动，近千家民营企业踊跃参与。在今年“一先双优”表彰活动中，有44家企业和87名个人受到表彰。（3）光彩事业取得长足发展。成立了潍坊市光彩事业促进会，组织开展潍坊市光彩事业巴中行活动，为6000多名仍健在的老红军送去了价值33万元的药品。（4）招商引资和海外统战工作深入开展。全市统战系统共完成招商引资28795万元，引进项目40个。

【党外干部和党外知识分子工作】　（1）党外干部实职安排工作取得突破。加强了党外干部的实职安排工作，一次配齐了市法、检两院党外副职，新安排部门正职1名，提拔市直部门副职1名。至2006年底，市直部门、党群组织共安排了15名县级党外干部，其中部门正职2名，安排县级党外干部的市直部门达部门总数的22.5%。（2）党外干部队伍建设方面不断加强。坚持培训制度，全年举办各类培训班3个，培训人数127名。首次依托中央社会主义学院，成功举办了潍坊市县级党外领导干部、统战部长培训班，并组织到革命圣地西柏坡等地进行传统教育。结合2008年各级人大、政府、政协换届，对党外干部安排情况进行了统计摸底，

为换届工作储备了一批高素质人选。(3) 党外知识分子工作进一步发挥作用。对中央关于党外知识分子工作领域五个文件的贯彻落实情况，进行了总结、检查。充分发挥社会新阶层党外知识分子联谊会的作用，落实制度，加强联系，引导他们围绕中心，建言献策。

【民族宗教工作】 (1) 建立了民族工作长效机制，协助市委召开了民族工作会议暨第二次全市民族团结进步表彰大会，对20个模范集体和42名模范个人进行了表彰。(2) 注重少数民族与汉族群众个别突发纠纷事件的协调工作，对个别回汉居民因风俗、生活习惯不同引发的矛盾纠纷，都进行了及时妥善处理。潍坊市少数民族主要聚集地青州市第四次被评为全国民族团结进步先进单位。(3) 宗教工作坚持重心下移，进一步健全完善了市、县、乡、村四级宗教管理网络和行政、宗教、信息三线并举的管理机制，继续做好《宗教事务条例》的学习、宣传工作，依法加强宗教事务管理，坚决抵御境外势力利用宗教进行的渗透。(4) 深入细致做好宗教界代表人士的思想政治工作，举办了3期宗教界人士培训班，培训160余人。在全市宗教界开展了“我为构建社会主义和谐社会做贡献”活动。

【统战理论调研、宣传和信息工作】 完善统战理论调研、信息和宣传工作量化考核评审制度，加强工作调度和把握。2006年全市共完成理论调研宣传文章156篇，在市以上刊物发表91篇。出版《潍坊统一战线》4期，采编《统战信息》、《信息快报》、《统战信息专报》80多期。全年，中央统战部采用信息14条，省委统战部采用55条。2006年度，获全省统战信息工作先进单位一等奖第二名。

(于进强 供稿)

·市直机关党建工作·

【思想建设】 市直机关各部门坚持把加强机关党的思想政治建设摆在重要位置，把用理论指导实践、加强党的执政能力建设作为衡量和检验学习成效的重要标准。机关工委对市直机关理论学习作出了专门部署，并督促各部门制定具体学习计划。市直机关各级党组织通过多种形式，积极引导广大党员干部深入学习理论，加强政治修养，普遍建立了“学习园地”，配发了读书笔记本，定期组织党员撰写学习心得体会，进行学习交流。

【组织建设】 机关工委在总结实践经验、深入调查研究、广泛征求意见的基础上，把机关党的建设逐步纳入了规范化管理的轨道。把实行机关党务工作目标管理作为加强和改进机关党的建设的重要举措，强化了对加强党的基层组织建设、转变作风、保持党员先进性和促进经济发展等方面的考核。“七一”前夕，评选表彰了60个先进基层党组织、200名优秀共产党员和50名优秀党务工作者。坚持抓了基层组织建制、换届改选、班子配备、缺额补选、任职谈话“五个落实”。年内，共新建、改建机关党组织15个，换届改选基层党组织14个，调整充实了28名基层党组织成员。举办了党员发展对象培训班，共培训发展对象1197名，全年发展新党员414名，并组织新发展的党员进行了集体入党宣誓。

【机关作风建设】 机关工委坚持把服务中心、服务大局、推动经济社会发展作为机关党建工作的出发点和落脚点，突出抓了三项工作：(1) 深入组织开展了“优质服务项目”创评活动。年初，对上年度涌现出的50个“优质服务项目”进行了表彰，并制定印发了《潍坊市直机关“优质服务项目”创评活动实施细则》，组织发动市直各部门先后申报创评项目79个，经审查，批准立项64个。(2) 加大了对经济发展“软环境”整治的力度。充分发挥市直机关“软环境”建设投诉中心的作用，认真受理机关作风方面的投诉，协助有关部门组织了“企业双评”活动。广泛开展了加强“软环境”建设调研活动，并专门召开了市直机关效能建设工作交流会议。(3) 着力推动机关作风转变。牵头在企业、农村建立了18个市直机关工作联系点，并定期组织有关部门到联系点现场办公，开展有针对性服务，帮助解决生产和发展中的问题。

【党风廉政建设】 专门制定下发了市直机关党风廉政建设和反腐败工作实施意见，对党风廉政建设和反腐败工作进行了全面部署。在市直机关党员干部中组织开展了“勤政廉政、科学发展”主题教育活动，编发了活动配档表，突出抓了“五个一”活动，并组织7000多名党员进行了党风廉政建设知识答卷。认真抓好信访和党内违纪案件的处理。年内，共受理群众信访5起，查处违规违纪案件5起，对1名党员领导干部进行了纪律处分。

【和谐机关建设】 从机关特点出发，坚持以人为本，围绕构建和谐机关，认真组织开展了五大类丰富多彩、健康向上的主题系列活动：(1) 精神文明创建活动。研究制定了精神文明创建规划和文明单位管理办法，有力促进了文明单位创建活动的开展。集中组织开展种植“纪念树”活动。(2) 群众文化体育活动。先后举办了市直机关乒乓球比赛、青年保龄球比赛、全市残疾人创业成果展等一系列文化体育活动。(3) 扶贫济困活动。注重加大了对社会弱势群体的救助工作，机关工委春节期间筹资21万元，对1500多名机关离退休老干部普遍进行了走访慰问，并对103名机关困难职工发放了生活救济金和生活用品。(4) 关心下一代系列活动。成立了由38个成员单位组成的市直机关关心下一代工作委员会，发动92个部门和单位分别组成了工作机构，选聘168名同志组成了“五老”志愿者队伍；组织开展了“城乡中小学生手拉手”活动，结成对子320个，为农村贫困学生捐款捐物17.6万元。(5)“平安潍坊”创建活动。把“平安潍坊”建设纳入了市直机关党务工作目标管理的检查考核范围，作为各级基层党组织加强自身建设的重要内容。认真组织进行了“四五”

普法工作总结和验收，制定了“五五”普法工作规划和工作计划，组织市直机关3221名副科级以上干部进行了普法考试。

【群团组织建设】 各级群团组织紧紧围绕党的中心任务，充分发挥各自的职能作用，创造性地开展工作。工会组织认真开展了多种形式的岗位建功活动，总结经验，选树典型，做好特困职工帮扶救助工作，取得了明显成效。共青团组织深入开展共青团员意识主题教育和争做青年志愿者、争创青年文明号活动，认真实施“青春创业”行动，进一步激发了团员青年的积极性和创造性。妇女组织认真落实《妇女发展纲要》，深入开展“巾帼建功”、“春蕾计划”等系列活动，在提高妇女素质、维护妇女儿童合法权益等方面发挥了积极作用。

（刘英杰　供稿）

·信访工作·

【概况】 2006年，全市信访工作以解决信访群众的实际问题为根本出发点，最大限度地减少不和谐因素，增加和谐因素，实现了全市信访数量大幅下降。1至12月，市、县、乡三级受理信访21351件起，同比下降13.6%，其中来信下降1.8%，来访下降21.7%；受理集体上访1655批23757人次，批数及人次数分别下降29.9%和33.7%。市一级受理信访3975件起，同比下降6.4%；去省上访同比下降33.3%，数量在省委登记的8个市中列第6位；进京正常上访25批，为全省较少的市之一；省交办进京非正常上访134案，按期应结114案，全部处结，其中结服及稳定87案，结服及稳定率达76.3%。全市192个乡镇有163个达到“三无”标准，达标率为84.9%。

【信访工作法制化建设】 大力开展纪念《信访条例》实施一周年宣传教育活动，参与人员达300人次，现场接受群众咨询和投诉600余人次，散发宣传材料1.5万余份。举办信访干部培训班、研讨班78期，培训各级党政干部10871人次。认真落实信访事项三级终结、书面告知及信访听证制度，及时形成规范性文件下发全市执行。潍坊市推行信访事项三级终结和书面告知的做法，得到国家及省业务上级的充分肯定，先后被《人民信访》、《山东信访》、省《信访情况》刊文推广。

【信访工作长效机制建设】 （1）强化苗头排查预警体系，把好事前预防关。1至12月，全市共排查信访不安定因素1445起，落实县级以上包案领导625人，成立工作组678个，落实工作人员3345人，排查到的不安定因素，有95%以上被控制化解在县级以下。（2）完善案件调处体系，把好信访事中化解关。坚持市级五大班子领导逢五逢十轮流公开接访和公、检、法、司、信访“五长”联合接访制度；坚持市信访局领导班子成员每人每周接待1天群众来访、每周阅批10至20封群众来信、每季度至少包督包查1起重点信访事项、每半年撰写1篇信访调研报告或2至3篇信访典型案例制度。（3）落实责任追究体系，把好信访责任追究关。对信访工作中的失职、渎职行为，市信访局积极提出处分建议，由市委、市政府和有关部门按照《信访条例》及信访工作责任追究“三个文件”的规定，严肃追究有关单位和人员的责任。

（冯树玲　供稿）

·党校工作·

【概况】 2006年，市委党校认真贯彻落实十六届六中全会和全国全省党校校长会议精神，以争创一流党校和构建和谐党校为目标，各项事业都有了新的发展。（1）教学管理。在办学思路、培训方式、班次设置等方面，不断创新办学理念，提高了教学的针对性、实效性。2006年，共举办县级干部进修培训班6个、科级干部进修班4个、中青年干部培训班1个、垂直管理部门干部培训班1个，培训学员477人，圆满完成了市委的培训任务。同时坚持和完善“一个中心、四个方面”的教学新布局，创新培训形式和教学方法，大力推行研究式教学。（2）科研工作。2006年，全校共发表论文110多篇，其中国家级6篇，省级59篇，市级48篇。出版专著2部。强化实践锻炼，组织教研人员深入基层第一线调查研究达150多人次，为教研工作提供了鲜活的第一手资料。建立了相对固定的调研基地和联系点20多处。搭建开放式的科研平台，实施“课题带动战略”，提升科研整体水平。成功申报全国党校系统课题2项、省哲学社会科学规划课题1项，完成全省党校系统课题2项。组织召开了全市党校系统“建设社会主义新农村”理论研讨会暨科研工作会议。（3）后勤保障本着“有效保障、节约开支”的原则，加强对日常设施维护保养，保证党校工作的正常运行。修订完善了《校委重大事项督查督办制度》等规章制度10余项，各项管理工作已纳入制度化、规范化轨道。（4）队伍建设。始终坚持胡锦涛总书记提出的党校姓“党”、从严治校的办学方针和曾庆红同志提出的“实事求是、与时俱进、艰苦奋斗、执政为民”的办学要求，抓好党校各方面工作。通过竞争上岗，提拔副处级干部6人；调整提拔正科级干部13人，副科级干部3人。在师资队伍建设上，坚持政治素质与业务素质并举。2006年，有近百人次的教师参加了培训研修，执教能力得到提升。

（傅永宁　供稿）

·老干部工作·

【概况】 2006年，市委老干部局按照中央和省市委关于做好老干部工作的方针政策要求，带领全市老干部工作者，解放思想，狠抓落实，各项工作取得了新进展。（1）完善制度，全面落实老干部政治待遇。先后组织部分担任过市级以上职务的离退休干部赴青州、寿光、滨海项目区以及苏州、无锡、连云港、杭州等地参观考察。按照《山东省离退休干部党支部工作暂行规定》及中组部的要求，积极创新离退休干部党支部设置方式，在全市共建离退休干部党支部（总支）659个，离退休干部党小组1996个；健全和完善了离退休干部党

支部组织建设、培训教育和考评表彰“三项制度”。(2)创新思路，认真落实老干部生活待遇。市委老干部局多次协调人事、劳动等部门，对市直困难企、事业单位重新进行了认定，制定了新年度财政支持办法，对统筹金缴纳确有困难的，实行由财政按比例或全额负担。全市共有200多个困难单位的800多名离休干部医疗统筹金，全部由财政负担；有250多个困难单位的1200名离休干部医疗统筹金，实行财政按比例补贴。(3)按照省级示范校标准严格要求，加强老年大学规范化建设，做到管理与服务并重，教学与活动齐抓。市老年大学共开设33个班，17个专业，秋季新招生1100多人。全市共建老年大学（学校）266所，市县乡三级老年大学（学校）办学率均已达到100%。全市老干部活动中心（站、室）达625处，总建筑面积6万多平方米。(4)老干部管理服务工作进一步规范。根据“双高”期离休干部的特点，创新服务方式，深化“亲情服务”活动。组织有关部门对市区离休干部及遗属进行了春节物资优惠供应，向市直离休干部发放了近30万元慰问品。全市普遍对离休干部进行了健康查体，组织部分老干部工作人员对全市安置到省外的离休干部进行走访慰问。(5)积极引导老干部多渠道发挥作用。在全市离退休干部中广泛开展“我为十一五做贡献”活动、“建言献策”活动和“离退休干部参与社会主义新农村建设活动”。市局协调人民医院组织7名离退休老专家、老教授到昌乐县朱刘街道万庄村为村民义诊，并免费发放了价值2000元的药品和300多份宣传资料。

（李德战　供稿）

·党史工作·

【概况】 2006年，潍坊市委党史研究室始终坚持围绕全市工作大局，努力发扬部门精神，求真务实，开拓创新，开创了全市党史工作新局面。(1)圆满完成中央、省委党史研究室统一部署的《抗战时期人口伤亡和财产损失》课题调研工作，取得了大量的人证材料、档案文献资料、口述声像资料和伤亡人员名录。(2)参与完成了省委党史研究室组织编写的《中共鲁中地方史》的修改、审稿工作；完成了省委党史研究室下达的《山东党史人物传》、《中共八大代表名录》、《中共山东年鉴》(2005)、《中共山东历史图集》等书的撰稿、资料提供和图片征集工作。(3)认真办理市委014号、077号批件。对魏嵋故居、寒亭区东常寨村潍县战役指挥部、市区向阳路潍坊特别市委旧址进行实地考察，形成调查报考，为市委领导提供了准确而详实的决策依据。(4)与市委宣传部联合在《潍坊日报》开设“纪念红军长征胜利七十周年”理论专刊；启动地方党史二卷的征集、编写工作。撰写《昌潍区的土改运动》等6个专题综述材料，整理回忆录5篇。(6)全方位、多渠道宣传党史。撰写了一批质量较高的文章在中央、省、市各级媒体发表，一年来，共发表文章20余篇次。(7)强化创新意识，拓展党史工作领域。承担市委组织部主办的干部培训班的地方党史课程的授课任务；到潍坊一中等学校开办地方党史讲座，对青少年进行爱国主义、革命传统教育和弘扬民族精神的教育；办好党史网站，利用网络新媒体向社会宣传党史知识，发布党史信息和党史成果。

（栾世文　供稿）

·对台工作·

【概况】 2006年度，全市对台工作认真贯彻落实中央对台方针政策和省、市委的决策部署，紧紧围绕为对台工作大局服务，各项对台工作实现了新突破。(1)利用台资持续增长。全市新批台资项目42个，合同利用台资2.64亿美元，实际利用台资2.62亿美元，实际利用台资比去年增长10%，在实际利用境外资金中占有26%的份额。台商来潍投资呈现出信心显著增强、领域更加宽泛、强度明显提高的发展态势。截至年底，全市累计批准台资企业818家，合同利用台资18.4亿美元，到位台资11.7亿美元，对台经济总量居全省第三位。(2)潍台双向交流健康发展。全市接待台胞14836人次，同比增长27.6%。实现包括4名市级领导在内的12批41人次赴台交流，均取得了良好的交流效果。截至年底，全市累计接待台胞6.5万人次，赴台交流120批539人次。(3)涉台稳定得以加强。成立了潍坊市台商投诉协调处理工作委员会，为调处台商投诉工作奠定了组织基础。全年全市共接到台商投诉11起，其中国台办、省台办转来的9起，全部得到及时有效的调处，确保了涉台稳定。(4)对台宣传成绩突出。结合对鲁台会的宣传推介工作，开展了富有成效的宣传推介活动。配合省台办、山东卫视《服务台胞齐鲁行》专题片的摄制工作，选取对台工作一线的鲜活事例和台商创业典型上镜，展现了全市良好的发展环境和台资企业的风采。对鲁台会网站全面升级改版，拓展了对台宣传的渠道和空间。

【第十二届鲁台经贸洽谈会】 2006年9月1日—4日召开。全国政协副主席、台盟中央主席张克辉，海协会常务副会长李炳才，国台办经济局局长何世忠等领导莅临大会。中国国民党副主席江丙坤等一大批台湾知名人士、工商界领军人物出席大会。大陆地区91个地级以上城市的台商会长和4位周边国家及地区的台商会长应邀参会。大会共到会台商1100多人。会议期间，全省共签约台资项目197个，合同台资额21.1亿美元，其中合同台资额1000万美元以上的大项目69个；签约外资项目58个，合同外资额9亿多美元，内资项目188个，合同额194亿元人民币。

（王希才　宋晓辉供稿）

潍坊市人民代表大会常务委员会

【市人民代表大会会议】 市十四届人大四次会议　2006年2月8日至12日在潍坊召开。本届市人民代表大会共有代表名额570名，出席会议的代表539名。会议听取审议了张新起市长作的政府工作报告、赵凤池副主任作的潍坊市

人大常委会工作报告、程茂仁院长作的潍坊市中级人民法院工作报告和王卫东检察长作的潍坊市人民检察院工作报告。书面印发了潍坊市国民经济和社会发展第十一个五年规划纲要、潍坊市2005年国民经济和社会发展计划执行情况与2006年国民经济和社会发展计划草案的报告、潍坊市2005年预算执行情况和2006年预算草案的报告。会议通过了关于上述报告的决议和关于潍坊市国民经济和社会发展第十一个五年规划纲要的决议。会议补选王治华为市十四届人大常委会第一副主任，杨继生、吴元宝、李本跃为市十四届人大常委会副主任，王继美、闫云田、李文国、李建泉、李晓明、张立华、张国华、国正平、韩韦俭为市十四届人大常委会委员。会议表决通过了关于接受孙守伏等辞去潍坊市第十四届人民代表大会常务委员会有关职务的请求的决定。

【市人大常委会会议】　*市十四届人大常委会第十九次会议*　2006年1月21日召开。会上，市人大常委会副主任孙守伏作了关于补选代表的代表资格的审查报告，市人大常委会秘书长王维盛作了关于市十四届人大四次会议筹备工作情况的汇报。经过审议，会议表决通过了市人大常委会关于召开潍坊市第十四届人民代表大会第四次会议的决定、市人大常委会代表资格审查委员会关于补选代表的代表资格的审查报告，表决通过了拟提请市十四届人大四次会议预备会议通过的大会议程草案、主席团和秘书长名单草案、议案审查委员会和计划预算审查委员会名单草案；决定了列席市十四届人大四次会议人员范围；议定了市人大常委会在市十四届人大四次会议上的工作报告。市委书记、市人大常委会主任张传林作了重要讲话。

市十四届人大常委会第二十次会议　2006年4月7日召开。会上，市人大常委会副主任杨继生受主任会议委托，提请了人事任免名单并介绍了被提请任命干部的有关情况；市委副书记、副市长张江汀受市长张新起委托提请了人事任免名单，市人事局局长杨同光介绍了市政府被提请任命干部的有关情况；市检察院检察长王卫东提请了人事任免名单并介绍被提请任命干部的有关情况。市科技局局长李春玲作了关于贯彻实施科学技术普及法情况的汇报；市中级法院院长程茂仁作了关于全市法院商事审判工作情况的汇报。会议对各项汇报、有关议案和决定草案及名单进行审议、酝酿讨论后，表决通过了市人大常委会关于调整市人大常委会代表资格审查委员会组成人员的议案和关于接受满郭强同志辞职的决定及人事任免事项。会议结束时，市委书记、市人大常委会主任张传林与市人大常委会党组书记、第一副主任王治华分别作了重要讲话。

市十四届人大常委会第二十一次会议　2006年6月21日至22日召开。会上，市财政局局长夏芳晨作了关于潍坊市2005年市级财政决算草案的报告；市审计局局长孟庆亮作了关于潍坊市2005年市级预算执行和其他财政收支的审计工作报告；市人大常委会财经工作委员会主任魏本芳作了关于潍坊市2005年市级财政决算草案的审查报告；市规划局局长张恒道作了关于潍坊市城市总体规划（2006—2020）草案编制情况的报告；市人大常委会城建环保工作委员会主任闫云田作了关于潍坊市城市总体规划（2006—2020）草案的审查报告；市司法局局长郭步坤作了关于潍坊市“四五”普法、依法治市情况及“五五”普法规划的汇报和潍坊市2006—2010年依法治市规划草案的说明；市旅游局局长高永贤作了关于贯彻实施山东省旅游条例情况的汇报；市人大常委会副主任杨继生受主任会议委托，提请了人事任免名单并介绍了被提请任命干部的有关情况；市中级法院院长程茂仁提请了人事任免名单并介绍了被提请任免干部的有关情况；市人大常委会副秘书长、人事代表工作室主任周晓钟作了关于评选优秀市人大代表情况的说明。会议听取了市建设局局长崔学选、市对外贸易经济合作局局长王保贤、市检察院副检察长赵克林作的述职报告。会议对各项汇报、报告和有关决议、决定草案进行审议和评议，酝酿人事任免名单后，表决通过了《潍坊市人民代表大会常务委员会关于批准潍坊市2005年市级财政决算的决议》、《潍坊市人民代表大会常务委员会关于同意〈潍坊市城市总体规划（2006—2020）草案〉的决议》、《潍坊市人民代表大会常务委员会关于在全市公民中开展第五个五年法制宣传教育的决议》、《潍坊市人民代表大会常务委员会关于〈潍坊市2006—2010年依法治市规划〉的决议》、《潍坊市人民代表大会常务委员会关于表彰优秀市人大代表的决定》，通过了人事任免事项。会议结束时，市人大常委会党组书记、第一副主任王治华讲了话。

市十四届人大常委会第二十二次会议　2006年8月29日召开。会上，市人大常委会秘书长王维盛受主任会议委托提请人事任免名单；副市长邢培彬受市长张新起委托提请了人事任免名单，市人事局局长杨同光介绍了市政府被提请任命干部的情况；市中级法院院长程茂仁、市检察院检察长王卫东分别提请了人事任免名单；副市长邢培彬作了关于市十四届人大四次会议代表所提建议批评意见办理工作情况的汇报；市长助理、市发展和改革委员会主任陈仁杰作了关于潍坊市2006年上半年国民经济和社会发展计划执行情况的汇报；市财政局局长夏芳晨作了关于潍坊市2006年市级预算调整方案（草案）的报告，关于潍坊市2006年上半年财政预算执行情况的汇报；市公安局副局长朱玉林作了关于贯彻实施人民警察法情况的汇报；市体育局副局长赵志廉作了关于贯彻实施体育法情况的汇报；市水利局局长刘光辉作了关于贯彻实施防洪法情况的汇报。会议对有关报告、汇报和有关决定草案进行审议、对人事任免名单进行酝酿后，表决通过了《潍坊市人民代表大会常务委员会关于批准潍坊市2006年市级预算调整方案的决定》和人事任免事项。

市十四届人大常委会第二十三次会议　2006年9月19日召开。会上，市人大常委会党组书记、第一副主任王治华受主任会议委托，提请了人事任命名

单并介绍了被提请任命干部的情况。在分组审议和酝酿的基础上，会议表决通过了《潍坊市人民代表大会常务委员会关于接受张传林辞去潍坊市第十四届人民代表大会常务委员会主任职务请求的决定》、《潍坊市人民代表大会常务委员会关于接受张新起辞去潍坊市市长职务请求的决定》；表决通过了许立全为潍坊市副市长、代理市长的任命。市委书记张新起作了重要讲话；市委副书记许立全在通过任命后讲了话。

市十四届人大常委会第二十四次会议 2006年10月25日召开。会上，市农业局局长范西智作了关于贯彻实施农村土地承包法情况的汇报；市科学技术局局长李春玲、市安全生产监督管理局局长高华忠、市中级人民法院副院长杜士忠作了述职报告；会议在对有关汇报、报告和决定草案进行审议、评议后，表决通过了关于接受张江汀辞去潍坊市副市长职务的请求的决定。

市十四届人大常委会第二十五次会议 2006年12月27日召开。会上，市政府外事与侨务办公室主任王桂英作了关于贯彻实施《中华人民共和国归侨侨眷权益保护法》情况的汇报；市中级法院院长程茂仁提请了人事任免名单。会议分组审议了有关汇报和决定草案，酝酿了人事任免名单。会议表决通过了《潍坊市人民代表大会常务委员会关于召开潍坊市第十四届人民代表大会第五次会议的决定》；议定了市人大常委会二○○七年工作计划；通过了人事任免名单，免去了刘亚宁的潍坊市中级人民法院副院长、审判委员会委员职务。市人大常委会党组书记、第一副主任王治华作了重要讲话。

【重要工作】 潍坊市人大常委会从人大工作的定位和特点出发，全力促进市委重大决策的贯彻落实，保证“一个目标、两个确保、五个新突破”的实现。(1)把经济社会发展、计划和预算的执行作为监督工作的重点，适时审查批准2005年市级决算和2006年市级预算调整方案，及时听取审议市政府关于上半年计划、预算执行和审计工作情况的报告，对全市财政集中支付制度推行情况开展专题调查。为推动转变经济增长方式，对贯彻实施科学技术普及法进行检查并听取审议了市政府的专题汇报，配合省人大常委会对节能法和节能降耗工作开展视察。针对潍坊市第三产业比重偏低的实际，组织代表深入商贸企业和项目建设工地，对全市服务业发展情况进行视察，督促市政府加快发展旅游业，带动餐饮、娱乐等产业融合发展。把推动新农村建设放在突出位置，组织代表对“三农”工作开展集中视察和专题调研，听取审议市政府关于贯彻实施农村土地承包法情况的汇报。常委会还审查通过了新的潍坊市城市总体规划，为加快中心城市建设、提高综合竞争力奠定了基础。围绕构建和谐社会，更加注重各项社会事业发展。围绕群众普遍关注的食品药品安全等现实问题，组织代表视察食品卫生法贯彻实施情况，检查药品管理工作。对妇女儿童事业发展、归侨侨眷权益保护和民族工作等实施了监督。听取审议市政府关于贯彻实施体育法情况的汇报，对城市市容和环境卫生管理条例的实施情况进行调查，对潍河综合治理情况进行视察，分别以生态保护和资源保护为主题，组织开展了两次“风筝都环保世纪行新闻采访活动”，积极配合中华环保世纪行和齐鲁环保世纪行记者团在潍坊市采访，促进了“生态潍坊”建设。(2)深入贯彻依法治国方略，保障宪法法律的全面有效实施。积极参与依法治市工作的领导，把法制宣传教育作为贯彻实施依法治国基本方略、弘扬社会主义法治理念的基础环节，及时听取审议了市政府关于“四五”普法、依法治市情况和“五五”普法规划的汇报，并作出了相应的决议。对人民警察法、防洪法、动物防疫法等11部法律法规实施情况进行了监督，听取审议了全市法院商事审判、集中清理执行积案工作和全市检察机关民事行政检察工作情况的汇报。就制定社会救助法、山东省学前教育条例、山东省渔业港口和渔业船舶管理条例，修订山东省无线电管理条例开展立法调研，提出并向上级人大报送了建议意见。进一步加强群众来信来访和申诉控告的办理工作。坚持实行主任会议成员和驻会委员定期轮流公开接访、案件转处督办、限期办结和情况通报等制度，信访工作质量不断提高。全年共受理群众来信来访2573件次，处结率为98.3%，对其中272件重点案件进行重点督促办理，依法维护了人民群众的切身利益和合法权益。(3)切实履行服务保障职能，充分发挥人大代表的作用。组织召开了全市人大代表工作会议，总结交流换届以来代表工作经验。进一步加强与代表的联系。常委会组成人员认真执行日常分工联系代表制度，积极开展人代会前的“联系代表月”活动，坚持邀请代表列席常委会会议制度，组织代表参加常委会开展的调查、视察和检查活动。通过召开座谈会、寄送资料、新闻媒体和人大网站等多种方式，及时为代表知情知政提供信息。加强对代表小组召集人的培训，指导开展经验交流活动，组织市人大代表开展专题调研和驻潍省人大代表赴青岛进行专题调研。对代表活动情况进行台帐式管理，指导建立代表实绩档案和代表小组活动记录簿，继续推行代表向选民或原选举单位述职并接受评议的制度，全市已述职的市人大代表达到80%。评选表彰了50名优秀市人大代表，并对他们的先进事迹进行广泛宣传。推荐和组织代表参加政府及有关部门举行的听证会、政风行风评议会、民意调查会，参与建立警民互动信息系统，更好地协助政府推行工作。年内市人大代表开展视察、检查和专题调研活动500多次，评议政府及有关部门的工作60多次，提出建议意见900多条。高度重视代表建议办理工作。在及时转办、加强协调的基础上，严把办理质量关，加大督办力度。对办理情况进行专题调查，听取审议了市政府办理工作情况的汇报；对涉及经济社会发展全局、群众关注的重点建议进行重点督办，先后召开3次调度会并组织代表视察办理情况；建立代表建议销号制度，办结一件注销一件；召开两次代表座谈会听取代表的意见，对代表不满意的退回承办单位重新办理。市人代会

期间代表提出的110件建议意见已基本办理完毕，代表满意率达到99%。(4)加强联系指导，努力提高全市人大工作的整体水平。通过通报重要情况、召开对口部门联系会、交流文件资料等形式，不断加强与"一府两院"及有关部门的联系协调。加强对县乡人大工作的联系与指导。常委会领导同志深入有关县市区召开座谈会，分别就代表工作、街道人大工作室建设、制定年度工作计划等问题，进行具体指导，推动了县乡人大工作的开展。坚持实行县市区人大常委会负责同志列席常委会会议制度，制定年度工作计划事先征求县市区人大常委会的意见，重大视察、执法检查活动上下联合开展。先后举办全市人大信访干部培训班、全市县市区人大常委会主任和秘书长监督法培训班，召开调研工作座谈会、代表工作座谈会，相互交流经验，共同提高。不断加强人大宣传工作，召开了全市人大宣传工作会议，出台加强和改进人大宣传工作的意见，建立健全工作联系、情况通报、考核奖惩等制度，改进人大常委会网站和刊物。

【人事任免】　2006年4月7日，潍坊市第十四届人民代表大会常务委员会第二十次会议，根据市人大常委会主任会议的提名，决定：杨继生为潍坊市人大常委会代表资格审查委员会主任委员；李建泉、周晓钟为潍坊市人大常委会代表资格审查委员会委员。孙守伏不再担任潍坊市人大常委会代表资格审查委员会主任委员职务；孙秀云不再担任潍坊市人大常委会代表资格审查委员会委员职务。根据市人大常委会主任会议的提名，任命：韩书俭为潍坊市人大常委会法制工作委员会主任；王志坤、孙秀云、李文国为潍坊市人大常委会法制工作委员会委员；李建泉、张益军为潍坊市人大常委会财政经济工作委员会委员；王义正为潍坊市人大常委会教育科学文化卫生工作委员会委员；闫云田为潍坊市人大常委会城乡建设环境保护工作委员会主任；王琰方、李刚为潍坊市人大常委会城乡建设环境保护工作委员会委员；王继美为潍坊市人大常委会农业与农村工作委员会委员；张国华为潍坊市人大常委会民族侨务外事工作委员会主任；马东宁、王照宏、齐晓政、李晓明、张立华、陈建军、崔全华、程学民为潍坊市人大常委会民族侨务外事工作委员会委员；于均收为潍坊市人大常委会办公室副主任。免去：孙秀云的潍坊市人大常委会法制工作委员会主任职务；张爱军、邵宗水的潍坊市人大常委会法制工作委员会委员职务；马连芹的潍坊市人大常委会财政经济工作委员会委员职务；李刚的潍坊市人大常委会城乡建设环境保护工作委员会主任职务；满郭强的潍坊市人大常委会城乡建设环境保护工作委员会委员职务；赵伟的潍坊市人大常委会研究室副主任职务。根据市长张新起的提名，决定任命：宋赤锋为潍坊市人民政府秘书长；张树琛为潍坊市交通局局长；杨锡广为潍坊市人口和计划生育委员会主任；李春水为潍坊市环境保护局局长；侯方武为潍坊市统计局局长；王桂英为潍坊市人民政府外事与侨务办公室主任。决定免去：杨继生的潍坊市人民政府秘书长职务；闫云田的潍坊市交通局局长职务；李建泉的潍坊市人口和计划生育委员会主任职务；曹学芹的潍坊市环境保护局局长职务；王福亭的潍坊市统计局局长职务；李静波的潍坊市人民政府外事与侨务办公室主任职务。根据市检察院检察长王卫东的提请，任命：宋修栋为潍坊市人民检察院检察委员会委员；郭晓英、乔雷为潍坊市人民检察院检察员；吕学智为潍坊市城郊地区人民检察院检察员。免去：李爱国的潍坊市人民检察院检察委员会委员、检察员职务；徐以曾的潍坊市城郊地区人民检察院检察委员会委员、检察员职务。

2006年6月21日至22日，潍坊市第十四届人民代表大会常务委员会第二十一次会议，根据市人大常委会主任会议的提请，任命：于均收为潍坊市人大常委会副秘书长。免去：于均收的潍坊市人大常委会办公室副主任职务。根据市中级法院院长程茂仁的提请，任命：赵绪斌、李金鹏为潍坊市中级人民法院审判委员会委员；李福海为潍坊市中级人民法院刑事审判第二庭庭长、审判委员会委员；杨培锋为潍坊市中级人民法院民事审判第二庭庭长、审判委员会委员；张金川为潍坊市中级人民法院民事审判第四庭庭长、审判委员会委员；韩昆亮为潍坊市中级人民法院刑事审判第二庭副庭长；张金华为潍坊市中级人民法院民事审判第二庭副庭长；薛明友为潍坊市中级人民法院民事审判第三庭副庭长；孙绍军为潍坊市中级人民法院民事审判第四庭副庭长；吕宜民为潍坊市中级人民法院行政审判庭副庭长；张同升、李华为潍坊市中级人民法院执行一庭副庭长；徐伟东为潍坊市中级人民法院执行二庭副庭长；魏焕才为潍坊市中级人民法院审判员。免去：韩亮的潍坊市中级人民法院刑事审判第二庭庭长、审判委员会委员职务；赵绪斌的潍坊市中级人民法院民事审判第二庭庭长职务；谌祖龙的潍坊市中级人民法院民事审判第四庭庭长、审判委员会委员职务；钟元林的潍坊市中级人民法院民事审判第三庭副庭长职务；张同升的潍坊市中级人民法院行政审判庭副庭长职务；赵琴的潍坊市中级人民法院审判监督庭副庭长职务；孟强、孙绍军的潍坊市中级人民法院执行一庭副庭长职务；吕宜民的潍坊市中级人民法院执行二庭副庭长职务。

2006年8月29日，潍坊市第十四届人民代表大会常务委员会第二十二次会议，根据市人大常委会主任会议的提请，任命：胡景东为潍坊市人大常委会研究室副主任。根据市长张新起的提请，决定任命：董胜勇为潍坊市城市管理行政执法局局长。决定免去：刘洪源的潍坊市城市管理行政执法局局长职务。根据市中级人民法院院长程茂仁的提请，任命：王贤臣为潍坊市中级人民法院副院长、审判委员会委员。根据市人民检察院检察长王卫东的提请，任命：陈曦为潍坊市人民检察院副检察长、检察委员会委员，马言圣为潍坊市人民检察院检察员、检察委员会委员。免去：王洪广、周金明的潍坊市人民检察院检察委员会委员、检察员职务。批

准免去：马言圣的安丘市人民检察院检察长职务；

2006年9月19日，潍坊市第十四届人民代表大会常务委员会第二十三次会议，根据市人大常委会主任会议的提请，决定任命：许立全为潍坊市副市长、代理市长。会议表决通过了关于接受张传林辞去潍坊市第十四届人民代表大会常务委员会主任职务请求的决定、关于接受张新起辞去潍坊市市长职务请求的决定。

2006年10月25日，潍坊市第十四届人民代表大会常务委员会第二十四次会议，表决通过了关于接受张江汀辞去潍坊市副市长职务的请求的决定。

2006年12月27日，潍坊市第十四届人民代表大会常务委员会第二十五次会议，根据市中级人民法院院长程茂仁的提请，免去：刘亚宁的潍坊市中级人民法院副院长、审判委员会委员职务。

（刘月甫　供稿）

潍坊市人民政府

【市政府常务会议纪要摘编】 第34次会议　2006年1月24日上午，张新起主持召开，研究确定了下列事项：研究了《政府工作报告》并提出了修改意见，研究了2006年财政预算安排意见，听取了计划生育工作情况汇报。

第35次会议　2006年2月5日，张新起主持召开，研究确定了下列事项：研究了《加快全市高新技术产业发展的意见》、《加快潍坊高新区高新技术产业发展的规定》和《山东潍城经济开发区深化管理体制改革的实施意见》，研究了第二十三届潍坊国际风筝会暨首届中国旅游电视周筹备方案，研究了《潍坊市潍河河道管理办法》，研究了全市安全生产工作情况，听取了潍坊市第一次经济普查情况的汇报。

第36次会议　2006年2月28日下午和3月1日下午，张新起主持召开，研究确定了下列事项：研究了全市2006年土地利用计划预分配方案，研究了马来西亚森达美集团公司在潍投资项目的有关事项，研究了关于加快高新区发展的几个问题，研究了2006年市级领导出访计划，研究了艾滋病防治工作的意见，研究了调整完善市区财政体制方案。

第37次会议　2006年3月20日下午，张新起主持召开，研究确定了下列事项：研究了中心市区“城中村”改造有关事项，研究了调整城区供水价格的意见，研究了整顿城市供水市场秩序的意见，研究了调整潍坊出口加工区管理体制的实施意见。

第38次会议　2006年4月30日上午，张新起主持召开，研究确定了下列事项：研究了全市安全生产工作，研究了建设节约型社会的意见，听取了全市成品油价格改革财政补贴情况，研究了事业单位进人实行公开招聘的意见。

第39次会议　2006年5月23日上午，张新起主持召开，研究确定了下列事项：研究了第十二届鲁台经贸洽谈会筹备工作，研究了规范国有企业改制的实施意见，研究了进一步加快商贸流通发展的意见，邢培彬同志通报了近期农口部门的重点工作。

第40次会议　2006年7月14日下午，张新起主持召开，研究确定了下列事项：研究了《潍坊市高新技术产业发展基金管理暂行办法》，研究了《潍坊市实施〈山东省安全生产条例〉办法》，研究了市委党校校舍搬迁新建方案，听取了当前全市环境保护工作的汇报，研究了全市水库移民后期扶持政策和理顺公共供水单位水资源费征收方式，研究了2006年全市土地利用计划分配方案，研究了《关于严格落实人口和计划生育追踪奖惩一票否决制度的意见》和全面实行农村部分计划生育家庭奖励扶助制度问题。

第41次会议　2006年9月13日下午，张新起主持召开，研究确定了下列事项：研究了《峡山水源地保护工程方案》、《虞河下游污染综合整治方案》和第八次全省环境保护大会贯彻意见，研究了济南军区离退休干部移交地方政府安置工作会议贯彻意见，研究了《关于加快全市高新技术产业发展的意见》和《关于增强自主创新能力、建设创新型城市的决定》。

第42次会议　2006年10月17日下午，许立全主持召开，研究确定了下列事项：研究了贯彻落实全省实施公务员法工作会议精神的意见，研究了《关于进一步促进服务业发展的若干意见》，研究了调整部分统计体制实施在地统计的意见，研究了《潍坊市高毒剧毒农药管理办法》、《潍坊市森林防火管理办法》、《潍坊市防控重大动物疫病责任追究办法》和《潍坊市依法行政“四五”规划（2006—2010）》，听取了潍坊市禁毒工作的情况。

第43次会议　2006年11月3日下午，许立全主持召开，专题研究分析经济形势，要求正确研判形势和切实抓好下一步工作。

第44次会议　2006年11月20日下午，许立全主持召开，专题研究了工资改革、义务教育、社区建设三项转移支付资金保障落实意见。

第45次会议　2006年12月25日下午，许立全主持召开，研究确定了下列事项：传达学习了全省经济工作会议和发展改革工作会议精神并研究了贯彻意见，研究了市属企业实行属地化管理的意见，听取了潍坊供电公司关于2007年电网建设改造工作的汇报，研究了贯彻落实全省改革公务员工资制度和规范公务员分配秩序工作会议精神的实施意见。

（市政府办公室　供稿）

·政府法制·

【贯彻落实国务院《全面推进依法行政实施纲要》工作】 2006年，市政府法制局紧紧围绕全面推进依法行政、建设法治政府这一目标，继续贯彻落实《全面推进依法行政实施纲要》（以下简称《纲要》）。对2005年贯彻落实《纲要》工作情况进行了全面考核，审查确定了2006年年度执法目标，制作了目标责任书。总结表彰了全市依法行政“三五”规划工作，调研起草并以市政

府文件印发了潍坊市依法行政“四五”规划。

【市公共行政审批服务中心工作】 (1) 围绕提高行政效率30%目标，提高审批办件效率。全年办件22.1万件，比上年增长33%。涉及投资项目审批的发改、规划、建设、国土、工商、外经、经贸等七个主要部门在审批投资项目、投资额以及注册资金等指标增幅均实现30%以上。市公共行政审批服务中心53%的承诺件实现了当天办结，实际用时比承诺用时缩短三分之二以上。(2) 完善中心功能。市投资服务中心边筹建边运行，积极发挥作用，全年共召集联审会议62次，审批项目133个，涉及投资额101亿元。公共资源交易服务中心发挥公开透明、规范高效交易平台作用，办理交易业务事项214件。滨海项目区审批服务窗口全力协调服务北部沿海开发项目审批。组织现场办公43次，协调办理投资项目45个。

【行政审批制度改革】 规范行政审批。共压减行政审批环节162项，其中涉及投资项目前置审批环节34项，企业设立前置审批环节21项；进一步规范行政审批程序，完善运行机制；开展了行政许可实施主体清理；会同财政、物价部门全面清理了行政事业性收费。推进网上审批。结合政府电子政务建设，开发建设网上审批和在线查询监督系统，这一系统基本建成投入试运行。

【推行行政执法责任制】 2006年，以市政府办公室名义分别下发了推行行政执法责任制的实施意见和通知，通过召开座谈会、编发简报等形式，加强了面上工作的指导协调。组织60个市政府部门开展了执法依据的梳理工作，共梳理出规章以上执法依据903项，具体行政执法行为2084项。建立完善了行政执法情况报告制度、行政执法主体资格制度、规范性文件备案审查制度、重大行政处罚备案审查制度和行政执法过错责任追究制度，草拟了行政执法案卷评查制度和行政执行过错责任移交追究办法、行政执法有误通报制度。

【规范性文件制定】 全年共审查23个部门提报的规范性文件46个，出台了《潍河河道采砂管理办法》、《潍坊市实施〈山东省安全生产条例〉办法》、《潍坊市市区小餐饮业管理办法》等20个规范性文件。

【行政执法监督】 以健全行政执法主体资格制度为目标，将市级93个行政处罚主体、74个行政许可主体和3200多名行政执法人员名单通过网络进行公示，广泛接受社会监督。配合有关部门开展了食品药品监督、节能降耗、人防、产品质量等方面的行政执法检查。组织市直部门和县市区新调入或调整岗位的执法人员进行了公共法律知识考试，并及时办理了行政执法证件。做好全市行政执法人员信息资料的录入工作，健全了管理数据库，初步实现对行政执法人员的动态性、经常性管理。2006年，围绕在重点镇中心镇开展相对集中行政处罚权试点工作，分别以市政府办公室名义下发通知、转发省政府法制办的通知，提出具体工作要求。

【行政复议应诉】 坚持积极受案、依法审理，采取直接受案、信访移交、案件转送等方式，认真落实办案首问负责调查核实、集体会审和执法建议书呈阅件等制度，促进办案质量明显提高。进一步加强行政复议制度建设，制定完善了行政复议听证审查办法、与法院联席会议制度。通过专题辅导、举办培训班等形式，加强对全市行政复议工作人员的培训。全年共收到复议案件65起，立案审理43起，其中维持13起，终止15起。

（孙春雷　供稿）

·史志工作·

【贯彻落实“两个《条例》”】 2005年9月29日，山东省第十届人大常委会第十六次会议通过了《山东省地方史志工作条例》，12月1日正式施行。2006年5月18日，国务院总理温家宝签署第467号国务院令，公布《地方志工作条例》。“两个《条例》”颁布后，市地方史志办公室认真贯彻落实《条例》精神。(1) 2006年1月7日召开了全市史志工作会议，对《条例》进行认真学习；3月22日和7月19日，市史志办分别在高密市、昌邑市召开县市区史志办主任会议，学习、理解领会《条例》；举办了一期全市史志系统《条例》学习班，全市史志系统工作人员参加了由市法制局组织的行政执法考试，申领了行政执法证。(2) 抓好《条例》的宣传普及工作，努力提高全社会对《条例》的认知度。在《潍坊日报》上发表了市政府领导学习宣传贯彻《条例》的署名文章，同时刊发《条例》全文；各县市区政府分管史志工作的领导也分别在当地主要媒体上发表文章或者电视讲话，向全社会宣传《条例》。通过电视台、广播电台、报社等新闻媒体对《条例》的学习宣传实施等各项活动进行报道，并适时组织了专版宣传、专题时段宣传等项活动；市、县两级都在政府办公地点及有关场所悬挂宣传条幅。(3) 强化措施，深入贯彻《条例》。市政府办公室以潍政办发［2005］291号文件，印发了《潍坊市人民政府办公室关于认真学习贯彻〈山东省地方史志工作条例〉的通知》。为进一步促进《条例》的贯彻落实，10月17日—20日，市人大对全市贯彻落实《条例》的情况进行执法检查。市人大副主任赵凤池带队，深入诸城市、潍城区、奎文区，听取汇报，调查座谈，实地查看，并将执法检查情况向政府通报。

【全面推进史志工作】 (1)《潍坊市志》续修工作进展顺利。为加强对《潍坊市志》各承编单位的指导，各编辑小组深入供稿单位，与各单位编纂人员对篇目进行深入研究探讨，指导撰稿单位编好志稿。为进一步加快编纂进度，市史志办从第四季度起每月举办一次业务交流会，提高了编纂质量，促进编纂人员业务水平的提高。截止到10月底，在全市150个供稿单位中，有近一半的部门完成了初稿，志稿总体质量较高。

(2) 年鉴编辑工作卓有成效。在各供稿单位的大力支持与密切配合下，经过编纂人员的努力，2006卷《潍坊年鉴》于12月份出版。全书共60多万字，近100幅宣传彩页，图文并茂地反映了上年度全市在政治、经济、文化及社会发展等方面的新成就、新经验、新进展、新情况，系统地反映了全市各县市区、市直各行各业的发展情况。2005卷年鉴的发行工作也卓有成效。(3) 各县市区史志工作全面展开。全市12个县市区都按要求落实了史志机构，确定了编制，配备了专职工作人员，各县市区史志机构共有在编人员60人，其中大专以上学历的占80%以上。在12个县市区中，《临朐县志》(1988—2000) 已于2005年出版，这是潍坊市新一轮修志工作中出版的第一部县志。昌乐县、寒亭区、潍城区、高密市、青州市、昌邑市启动了续志工作，成立了编委会，制订了续志规划、方案与篇目。昌乐县、寒亭区、高密市续志工作进展较快。寿光市组织编纂第三部《寿光年鉴》，昌乐县、高密市在做好主体业务的同时，还编纂出版了《天南地北昌乐人》、《天南地北高密人》。(4) 资料库和地情网站建设成绩显著。潍坊市情资料馆收藏全国各地志书、年鉴、地情资料、理论著作、杂志、工具书等图书5000多册。年内先后接待来自省内外查阅资料者100多人次，与全国各地交换了一批新志书、年鉴。潍坊市情网规模逐渐扩大，内容进一步丰富。网站除市志、年鉴等专题数据库外，还设置了全市概况、领导简介、潍坊风筝、木版年画、历史名人、名优特产等栏目，对潍坊的历史与现状、自然与社会、地理与人文进行了全面介绍。潍坊市情网入库资料已达1500多万字，网站运行正常，访问量逐渐增加。县级地情资料库建设取得新突破。市政府办公室于9月29日以潍政办发［2006］106号发出通知，要求各县市区进一步加强地情资料库建设。年内全市12个县市区的地情资料库建设任务全部完成。(5) 保质保量地完成了上级部门交办的各项任务。(1) 为《中国城市年鉴》的中文版和英文版提供有关宣传潍坊的文字材料一万多字、照片十余幅。(2) 为《山东年鉴》提供文字材料1万多字。(3) 为市委办公室、市政府办公室、市委统战部、潍坊日报社、潍坊旅游局等单位提供历史与现实方面的资料近10万字。(4) 及时向市委、市政府领导提供全面了解潍坊历史与现实方面的书籍、资料。

(程森枝　供稿)

·沿海经济开发工作·

【概况】 超常规完成了防潮堤可研、环评、海域使用论证等有关报告的编制和专家评审工作，环评报告已经国家海洋局核准，海域使用权，在国家宣布封海之前，抢先一步，由国家海洋局上报国务院审批。组织了防潮堤规划设计和招商的有关工作。滨海项目区，采取了边规划、边建设、边招商的超常规工作思路，仅一年多的时间，起步区西区20Km^{2}实现了“七通一平”，东区30Km^{2}道路已于8月底全部建成，正在配套建设。临港化工园、寿光渤海化工园、昌邑沿海经济发展区起步区基本实现了“七通一平”。四个项目区全年基础设施建设已投入资金21.3亿元，具备了项目进驻条件。

【完善各项规划】 坚持以规划为龙头，指导沿海经济开发。协调配合天津规划院编制了沿海地区2657Km^{2}概念性规划和滨海项目区278Km^{2}总体规划，组织有关方面编制了滨海项目区50Km^{2}起步区建设规划，先后完成了西区水系调整规划、东区道路水系调整规划和中心区控制性详细规划，为科学开发打下了基础。

【坚持科学发展】 坚定不移地贯彻科学发展观和“一二一”的总体开发思路，突出抓了以下四点：(1) 集约利用土地资源。严格执行国家土地政策，既保证项目落地需要，又严格控制土地使用，使每一寸土地发挥最大的收益。(2) 组织编制循环经济规划。协调山东大学启动了沿海地区循环经济建设规划的编制。(3) 科学利用卤水资源。委托省地矿四院完成了北部卤水资源勘探，为科学开发利用摸清了家底。研究探索了卤水资源监管的有效模式，着力实现盐、溴配套联产和“一卤多用”。(4) 按照国家相关产业政策，建立了严格的项目准入标准。所有进区项目，必须进行环评和安评。鼓励引进符合国家产业政策、科技含量高、资源消耗少、环境污染小的大项目、好项目。

【招商引资工作】 会同有关部门先后组织了30多次国内外招商推介活动，利用风筝会、鲁台会等重要节会，举办了三次大型项目对接会，先后邀请了国内百强化工企业负责人、国内外台商协会会长来沿海地区考察。组建了招商小分队到重点区域上门招商。在市行政审批中心、滨海项目区和沿海市区都设立了沿海经济开发服务窗口，为外来客商提供“一站式”优质高效服务。沿海各项目区共签订招商引资合同180个，总投资额350多亿元。其中，滨海项目区签订招商引资合同60个，总投资额210多亿元。

(王淮清　赵显刚　供稿)

·无线电管理工作·

【概况】 通过科学管理，无线电设备已经广泛应用于党政军民、各行各业。截至2006年底，全市共有无线电发射设备3276416部，比2005年增加近60万部。其中公众移动通信网手机用户数突破300万部，广播电台48部，甚高频、特高频电台1124部，船舶电台753个，蜂窝基站1836个，无线接入基站7195，无线数据电台426个，卫星地球站8个，微波台站206个，业余电台83个。

【无线电频率台站的管理】 (1) 在频率（呼号）的指配和新设无线电台站的审批工作中，严格遵守各项法律法规和规章制度，所有行政许可事项按照市政府的要求统一纳入市行政审批中心集中办理，全年共受理设台审批事项88件，指配频率17个，办理电台执照870个。全年组织执法人员开展无线电监督检查

4次，查处擅自设台、违规设台单位15家。(2)精心组织实施无线电台站清理登记工作。按照国家提出的在山东省开展无线电台站清理登记工作的试点要求，年内，较好地完成了全市无线电台站清理登记工作的前期任务。(3)规范了对手机干扰器的管理。针对个别单位或个人擅自设置使用手机干扰器的行为，加大对手机干扰器的管理力度，擅自设置使用现象得到了有效遏制。11月份，专门召开了潍坊市治理无线电干扰器工作座谈会，会后，市无线电管理办公室与市保密局根据有关规定联合下发了《关于规范移动通信干扰器使用管理的通知》。(4)对机场、船舶专用电台的保护工作取得显著成效。市无线电管理办公室对市辖区内机场的通信导航无线电台站进行了核查，并会同有关部门对机场周围设置的无线电台站和大功率无绳电话进行了清查，机场的净空电磁环境得到了有效保护。(5)加强无线电监测工作，确保通信畅通和信息安全。针对无线电发射设备数量快速增长，电磁环境日趋复杂的状况，拟定了《潍坊市无线电管理突发事件和重大事项处置应急预案》，积极应对可能出现的突发事件，特别是在风筝会、蔬菜博览会和"两会"以及重大节日期间，监测站实行24小时值班制度，对各重要频段进行不间断监测监听，确保无线电通信及信息的安全畅通。

【圆满完成"砺剑—防空2006"军事演练无线电管理保障工作任务】　"砺剑—防空2006"军事演练期间，市无线电管理办公室承担了演练期间的无线电管理保障工作。专门成立了"砺剑—防空2006"军事演练无线电管理保障工作小组，全力以赴为军事演习提供保障。演习期间，将演练区域内登记的2000余部各类民用无线电台站资料，1000余条民用无线电频率协调资料报送演习部队作参考资料，并在市政府的领导下成功的对演习区域实施了无线电管制，配合参演部队圆满地完成了演习任务，受到有关部门的肯定和赞扬。

（王桂江　供稿）

·人事工作·

【人事编制服务】　积极推进乡镇机构改革试点，青州、寿光、潍城3个试点县市区分别研究拟定了乡镇改革方案。深化部分行业行政管理体制改革，完成了出口加工区、公安管理体制优化调整，完善了乡镇食品药品监督体系。对全市机构编制进行了冻结，研究下发了在县市区直机关事业单位实行实名制管理意见，部署在县市区直机关事业单位中推进实名制管理工作。健全了监督检查机构，开通了"12310"人事编制举报电话，年内受理投诉举报9人次，均作了妥善处理。

【人才资源开发工作】　(1)大力引进海内外高层次人才智力。编印了《潍坊市2006年急需人才目录》，通过外出招聘、柔性流动等形式，吸引了3000余名高层次人才报名来潍就业；执行外国专家项目87个，引进外国专家87人次。发放高层次人才补助费84万元。(2)最大限度地促进人才资源的市场化配置。加强了网上市场和媒体市场建设，初步形成了有形市场与无形市场、人才市场与就业市场双位一体的市场配置体系。先后举办大型人才交流会8次，人才集市115次，15万人入场应聘，达成意向的近6万人。(3)专业技术人员队伍建设得到加强。制定了全市中小学教师"评聘合一"的意见。完成了第八批市级拔尖人才、"百千万人才工程"人选等高级专家的选拔、推荐。推荐上报了两名"百千万人才工程"人选，自1995年国家实施这一制度以来，全市人员首次入选参评。制定了《潍坊市专业技术人员继续教育办法》及证书、学分等配套办法，11.4万人参加了继续教育培训。博士后管理工作取得新进展，全市博士后工作站达到6家。(4)成功举办了第二届"百名博士潍坊行"活动，推介各类技术合作项目1000余项，11名博士被聘为客座教授，8位院士专家被市政府聘为经济工作顾问，实现了科技成果推介和人才智力引进的有机结合。

【公务员法实施工作】　制定出台了《潍坊市实施〈中华人民共和国公务员法〉工作方案》和《潍坊市公务员登记实施方案》。坚持组织登记和自上而下、先易后难的原则，扎实有效地完成了公务员登记工作。制定出台了《关于在市政府部门实施公务员绩效考核指导意见(试行)》，在市政府部门推行了公务员绩效考核工作。大规模开展公务员培训，建立了新录用公务员到基层锻炼制度，在各级机关进行了全员轮训。与青岛大学联合举办了公共管理硕士培训班。录用制度进一步完善，坚持以人为本，改进面试办法，为各级机关考录公务员340名。

【事业单位改革工作】　筹备召开全市推进事业单位改革工作会议，分解落实改革改制任务，加快事业单位分类管理和清理整合。截至2006年12月，全市已完成改企转制和清理整合的事业单位622家，收回事业编制19594名，分流安置约16960人。市直事业单位分类方案初步拟定。制定下发了事业单位公开招聘人员暂行办法，建立了事业单位"凡进必考"制度，对全市事业单位全面推行人员聘用制度进行了部署。改革事业单位登记年检办法，及时办理了245家事业单位的年检。出台《潍坊市人事争议处理暂行办法》和《潍坊市人事争议仲裁裁决保障执行办法》，完善人事争议仲裁配套政策，对建立事业单位新的用人机制具有重要意义。

【军转安置工作】　全力做好企业军转干部思想稳定工作，认真落实企业军转干部解困政策。全市688名军队转业干部得到了妥善安置，其中计划分配631名，自主择业57名。另有随调家属89名。军转培训和自主择业军转干部管理服务工作不断改进。工作中，认真贯彻落实《军队转业干部安置暂行办法》和中央、省市党委、政府领导的指示精神，全市631名计划安置的军转干部，分配到机关单位的487名，占77.1%，分配到事业单位的144名，占22.8%，基本达到了部队、地方和军转干部"三

满意”。

【毕业生就业工作】 加大毕业生就业工作力度，成立“潍坊市人力资源部长联谊会”，出台引导和鼓励高校毕业生面向基层就业的意见，组织实施了高校毕业生“三支一扶”计划，首批派出46名毕业生到农村服务。创新大学生实践基地模式，积极搭建信息化平台，实现了全市毕业生就业供需交流网络化。全市共接收毕业研究生和大中专毕业生18376人，综合就业率达到81%。

【工资福利工作】 拟定了全市公务员工资制度改革实施意见。对全市公务员工资制度改革、规范津贴补贴做了部署。初步拟定事业单位人员收入分配制度改革意见，与公务员工资制度改革同步推进事业单位收入分配制度改革。建立离退休人员管理系统，开展机关人员身体健康检查，3400余人分别参加了28个项目的检查。建立优秀公务员健康休养制度，14名优秀公务员分两批到海南、江西进行了考察休养。共为51名工伤人员鉴定了伤残等级，为333人办理了退休（职）手续。

（肖新学 供稿）

·外事侨务·

【外事接待】 2006年，全市共接待来自26个国家和地区96批代表团920余人次。其中接待外国省部级以上团组11批120人次，主要有菲律宾众议院议长、基督教穆斯林民主力量党总裁何赛·德贝内西亚、韩国前议长金守汉、香港立法会主席范徐丽泰等。

【领导出访】 2006年市级领导率团出访28批。其中，外侨办领导陪同张传林、郑金兰、张江汀、崔建平、蒋文彩等市领导率团出访了24个国家和地区，累计举办境外经贸、招商恳谈会9次，到会客商1000余人，达成合作意向、协议126项。

【因公出国（境）和涉外管理】 2006年，进一步推进因公出国审批制度改革，不断简化因公出国报批手续，减少环节，简化程序，狠抓效率，出国审批工作得到提速。全年共办理因公出国（境）审批手续514批1391人次；办理因公出国护照签证手续514批1391人次；办理邀请外国人来华签证通知445批701人次；核发聘请外国文教专家、经济专家61人次。

【对外交流】 不断加强与友好城市的交流合作，策划实施了潍坊市中小学生与日本友城日向市、韩国友城安养市的中小学生书画联展和日向市中小学生一行17人住潍坊市民家中活动；组团参加了日本日向市与东乡町合并仪式和韩国安养市韩中亲善协会成立10周年纪念活动；策划实施了潍坊市与日向市缔结友好城市20周年庆典活动和与八街市结好5周年系列纪念活动；促成了韩国安养亲善协会向潍坊学院、山东纺织职业学院、山东经贸职业学院捐赠450套《韩中词典》，韩国京畿道眼镜协会向全市老年人捐赠800副老花镜，日本日向市的山下昭良向青州李家崖村捐赠10000元人民币。

【侨务工作】 认真落实侨务政策。协调有关部门依法落实归侨侨眷的社会保障权益；及时审批涉侨事项。为3名三侨考生、9名归侨侨眷办理了身份认定；认真处理涉侨事务。受理7起涉及经济纠纷、寻根问祖、有关待遇等问题涉侨事件；加大扶持贫侨力度。拨付贫侨救济款10万元，救济贫侨130余户；积极引导参政议政。引导归侨侨眷积极建言献策、参政议政、反映侨情民意，为全市经济发展、政治稳定和社会进步做出贡献；深化服务，为侨企发展创造良好环境。确定了坊子富源增压器有限公司等10家重点企业为联系点，经常深入企业，召开座谈会，协调处理有关事宜；积极争取侨务捐赠。昌邑华侨张锡恩先生在昌邑设立“鸿启奖学金”，奖励学生已达到466人，累计发放奖学金40多万元；美国欣欣教育基金会捐助1万美金在高密建立“注沟庆葵—欣欣希望小学”，为该校捐助11台微机。香港潍坊籍凯威有限公司董事长郭锦鹏先生出资200万元在潍坊设立教育奖学金，建立希望小学。

（崔晓燕 供稿）

·中国人民政治协商会议潍坊市委员会·

【概况】 中国人民政治协商会议第十届山东省潍坊市委员会于2003年2月换届产生，任期5年。现有委员509人、常委82人。市政协第十届委员会下设办公室、调研室、委员活动工作室和提案委员会、经济委员会、人口资源环境委员会、科教文卫体委员会、港澳台侨和外事委员会、社会法制委员会、文史资料委员会7个专门委员会。

【市政协十届四次会议】 2月7日至10日，市政协十届四次会议在潍坊国际会议中心举行。492名政协委员参加了会议。会议听取了中共潍坊市委书记张传林的重要讲话；听取并讨论审议了市政协主席迟昭厚代表十届市政协常务委员会作的工作报告和市政协副主席鞠法昌代表十届市政协常务委员会作的提案工作报告；列席了市人大十四届四次会议，听取并协商讨论了市政府工作报告；协商讨论了计划和财政报告以及市中级人民法院、市人民检察院工作报告；22位委员和5个单位分别作了大会发言或书面发言；通过了市政协十届四次会议决议和提案委员会关于市政协十届四次会议提案审查情况的报告和有关人事事项。

【市政协常委会议】 市政协十届十三次常委会议 1月21日，在市级机关综合办公大楼召开。市政协主席迟昭厚出席会议并讲话，副主席鞠法昌主持会议。会议审议通过了关于召开市政协十届四次会议的决定；审议通过了市政协十届四次会议的会议议程、日程、执行常委名单、委员讨论组召集人名单、列席单位名单及有关人事事项；听取了市政协十届四次会议筹备工作情况的汇报；审议通过了提交市政协十届四次会议审议通过的市政协常委会工作报告和提案工作报告；讨论审议了市政协各专门委员会书面工作报告。

市政协十届十四次常委（扩大）会议　2月6日，在富华国际会议中心举行。市政协主席迟昭厚主持会议并讲话。市委副书记赵兴涛作了关于人事事项的说明。会议审议通过了有关选举事项，并就市政协十届四次会议的有关事项作了说明。

市政协十届十五次常委会议　4月6日，在市级机关综合办公大楼举行。市政协主席迟昭厚出席会议并讲话，副主席王庆德主持会议。会议分组学习了《中共中央关于加强人民政协工作的意见》；书面传达了全国政协十届四次会议精神；审议通过了市政协2006年工作要点；审议并表决通过了有关人事事项。

市政协十届十六次常委会议　7月11日，在潍坊大酒店举行。市政协主席迟昭厚出席会议并讲话，副主席王庆德主持会议。会议审议通过了《关于繁荣发展我市现代服务业的调查与建议》和《关于全市人文自然遗产保护开发利用情况的调查报告》；审议通过了有关人事事项；研究部署了当前工作。

市政协十届十七次常委会议　11月9日，在市级机关综合办公大楼举行。市政协主席迟昭厚出席会议并讲话，副主席王金卓主持会议。市政府副市长蒋文彩通报了市政协十届四次会议提案办理情况。会议分组学习了中共十六届六中全会公报，讨论并审议通过了市政协《关于认真学习贯彻中共十六届六中全会精神的意见》。

【市政协其它重要会议】　*潍坊市人文自然遗产保护与开发促进会成立大会*　1月6日，潍坊市人文自然遗产保护与开发促进会在潍坊大酒店召开成立大会。省政协副主席王志民、市委副书记赵兴涛出席成立大会并讲话。市委常委、宣传部长刘明珂出席了成立大会，市政协主席迟昭厚当选为会长。

潍坊市各界人士迎春茶话会　1月23日，在潍坊大酒店举行。市政协主席迟昭厚主持会议。市领导、驻潍省级老同志、往届市政协领导与各界人士代表欢聚一堂，喜迎新春佳节，共商发展大计，展望美好未来。市委书记张传林在茶话会上发表讲话。市政协副主席、市民盟主委姜绍华代表各民主党派、工商联作了发言。

全市政协通讯报道工作会议　3月14日，在市级机关综合办公大楼召开，市政协副主席王庆德出席会议并讲话，秘书长曹学芹主持会议。会议总结了2005年度全市政协通讯报道工作情况，表彰了9个先进集体和41名先进个人。

全市政协文史工作会议　5月24日，在市级机关综合办公大楼召开。市政协副主席王庆德、王金卓、郑汝智、姜绍华出席会议，副主席王金卓作了讲话。会议传达贯彻了全省政协文史工作会议精神，表彰了全市政协文史工作优秀集体、优秀文史工作者和优秀文史书刊，并向获奖单位和个人颁发奖牌和证书。

全市人文自然遗产保护开发利用研讨会　6月6日，在市级机关综合办公大楼举行。市政协主席迟昭厚出席会议并讲话，副主席王金卓出席会议，秘书长曹学芹主持会议。会上，8位同志围绕郑板桥纪念馆、坊子德日式建筑等题目进行了口头交流发言，其他17篇论文和8篇调查报告进行了书面交流。会议评选出一二三等奖和优秀奖共25名，并对获奖的单位和个人颁发了荣誉证书。

办理各民主党派、工商联提案座谈会　7月25日，在市级机关综合办公大楼举行。市委副书记、副市长张江汀出席会议，市政协副主席王庆德主持座谈会。张江汀代表市政府通报了今年以来办理民主党派、工商联提案的有关情况。市各民主党派、工商联对提案办理工作表示满意，同时对今后的办理工作提出了意见和建议。

全市政协工作会议　8月3日，在市级机关综合办公大楼召开。市委书记张传林，市委副书记、市长张新起分别作了重要讲话。市委副书记赵兴涛主持会议并宣读了《中共潍坊市委关于表彰潍坊市优秀政协委员的通报》。会议印发了《中共潍坊市委关于进一步加强人民政协工作的意见》和《潍坊市人民政府关于支持人民政协工作的意见》，并为评选出的50名市优秀政协委员颁奖。

全市政协宣传工作会议　8月28日，在市级机关综合办公大楼召开。市政协副主席王庆德出席会议并讲话。会议传达贯彻了全省政协宣传工作会议精神，代表省政协为4个全省政协宣传工作先进单位和11名先进个人颁了奖，总结交流了做好政协宣传工作的做法和经验，研究部署了下步全市政协宣传工作任务。

《潍坊市人文自然遗产名录》征编会议　9月13日，在市级机关综合办公大楼召开。市政协主席迟昭厚、副主席王金卓出席会议并讲话，秘书长曹学芹主持会议。迟昭厚强调，要切实提高对《名录》编辑工作重要性的认识，真正把这项工作抓紧抓好。

全市政协发挥专委会作用座谈会　11月15日，在市级机关综合办公大楼举行。市政协副主席王庆德出席会议并讲话，秘书长曹学芹主持会议。会上，各县市区政协围绕如何发挥专委会作用进行了座谈交流，王庆德就政协专委会的地位作用、职能任务和如何扎实有效地开展工作讲了意见。

市政协联系重点民营企业委员第四次座谈会　12月6日，在奎文区召开。市政协主席迟昭厚出席会议并讲话，市政协副主席王庆德主持会议，市政协副主席王金卓、姜绍华、张敦柏、满郭强和秘书长曹学芹出席座谈会。与会人员参观了奎文区部分民营企业，市委常委、奎文区委书记王元榜陪同并介绍了民营经济的发展情况。

【重要活动】　3月22日至23日，市政协副主席姜绍华带领部分市政协委员对全市体育事业发展情况进行专题调研。调研组首先听取了市体育局的情况汇报，现场察看了市体育馆、体育运动学校、体育彩票管理中心，并深入到奎文、潍城、青州等市区的部分学校、社区、居委会、体育健身俱乐部进行了实地调研。

4月3日至5日，市政协副主席张敦柏带领“繁荣发展现代服务业”调研组在圣荣商务大厦召开全市金融系统座谈会。市政府副市长刘伟向调研组介绍了全市金融业发展情况。先后到奎文、潍城、坊子、寒亭四区和部分服务业园区、市场、企业进行了实地调研。

4月7日，市政协组织部分省、市政协委员对城区公交发展情况进行调查。调查组首先听取了市市政管理局的情况汇报，通过现场察看、召开座谈会等形式，委员们分析了全市公交事业发展的现状、制约因素及构建“大公交”面临的困难等，并就公交发展的措施和构建“大公交”的框架设想提出了意见或建议。市政协副主席郑汝智参加了调查。

4月10日，市政协繁荣发展现代（中介）服务业调研座谈会在泛海大酒店召开。调研组听取了7家中介组织负责人的情况介绍，并进行了座谈交流。市政协副主席张敦柏参加活动并讲话。

4月13日，市政协召集工商、技术监督、经贸、农业、中小企业等有关部门主要负责人，就“大力实施商标战略，推动全市经济又快又好发展”提案的办理和落实，举行督办重点提案座谈会。市政协副主席张敦柏出席座谈会。

6月29日，市政协组织部分政协委员对全市《药品管理法》实施情况进行视察。视察组听取了市药监局的情况汇报，实地察看了山东海王银河医药有限公司、金通大药店、市中医院、3V生物工程集团等单位。市政协主席迟昭厚，副主席王庆德、满郭强参加了视察。

7月6日，市政协组织部分住潍省政协委员和市政协委员，围绕近年来全市各园区贯彻落实科学发展观，推动园区自主创新；扩大招商引资，培植新的经济增长点；落实特区特管政策，优化发展环境等情况进行了视察。委员们先后听取了寒亭经济开发区、坊子凤凰山高新技术产业园区、潍坊出口加工区和潍坊高新区的情况汇报，实地察看了园区内部分企业，结合视察情况，提出了合理化建议。

8月2日，市政协组织部分政协委员对全市城市医疗体制改革情况进行视察。视察组在听取了市卫生局负责人的情况汇报后，先后到市第五人民医院、市人民医院、市中医院、市公共卫生服务中心进行了实地视察，并就公共卫生服务情况进行了座谈。市政协主席迟昭厚，副主席王庆德、郑汝智、姜绍华、邹芙林、张敦柏和秘书长曹学芹参加了视察。

8月14日至15日，市政协组织部分住潍省、市政协委员视察潍坊市信息化建设情况。市政协主席迟昭厚、副主席张敦柏参加了视察，市委常委、宣传部长刘明珂陪同视察了广电系统信息化的建设情况。

8月18日，市政协组织部分委员对市区老年公寓建设情况进行了视察。市政协主席迟昭厚，副主席王庆德、郑汝智、姜绍华、张敦柏和秘书长曹学芹参加了视察。

8月25日，市政协主席迟昭厚和副主席王庆德、王金卓、郑汝智、杨肖青、张敦柏带领市政协部分常委、委员和市人文自然遗产保护与开发促进会常务理事，对拟将建设胡家牌坊文化街进行了视察。

10月10日，市政协组织部分政协委员对“发展农村卫生事业”重点提案的办理落实情况进行视察。市政协主席迟昭厚，副主席王庆德、郑汝智、姜绍华、张敦柏参加了视察。

10月11日至16日，市政协副主席王金卓带领部分委员对全市工业企业节约能源情况进行调研。调研组听取了市经贸委的情况介绍，先后到昌邑市、钢铁集团、青州市、亚星集团、海化集团、晨鸣集团和诸城市进行实地考察。

10月24日至25日，市政协副主席郑汝智带领部分省、市政协委员对全市“台属致富工程”工作开展情况进行视察。视察组听取了市台办关于潍坊市开展“台属致富工程”工作的基本情况汇报，并分别到潍城、高密、昌邑、昌乐四个县市区的14家台属企业进行了实地视察。

11月16日，市政协主席迟昭厚，副主席王庆德、王金卓、郑汝智、张敦柏和秘书长曹学芹，带领市政协驻会常委、机关副县级以上干部，到山东景芝酒业股份有限公司就企业自主创新情况进行了视察。视察组先后听取了企业负责人的情况介绍和安丘市的经济社会发展情况的汇报，实地参观考察了该公司三个厂区的酿酒工艺，并就企业自主创新促发展工作进行了座谈。

11月21日至24日，市政协副主席王庆德带领部分市政协委员，先后到奎文、潍城、高密、青州四市区，就潍坊市平安建设情况进行了调研。

12月28日，市政协主席迟昭厚带领部分驻会常委和有关人员对解决城区学生“上学难”问题的提案办理情况进行了视察。副市长鞠献宝在高新区陪同视察，副市长、市农工党主委王冰芬分析了有关问题形成原因，介绍了有关提案的办理情况。

【全国及省政协领导来潍考察视察】 3月23日至24日，全国政协副主席罗豪才来潍就“非政府组织在建设社会主义新农村中的作用”进行专题调研。省政协副主席周鸿兴、王志民，市委副书记赵兴涛、市政协主席迟昭厚陪同调研。

4月20日至21日，全国政协副主席李蒙来潍坊出席风筝会和菜博会。省政协副主席张敏，市领导张传林、张新起、赵兴涛、崔建平、迟昭厚等分别陪同活动。

4月25日至26日，省政协副主席王久祜率省政协视察组来潍，就潍坊市北部沿海开发建设情况进行专题视察。市委书记张传林看望了视察组一行。市委副书记、副市长张江汀向视察组一行介绍了全市沿海开发工作情况。

5月20日，全国政协副主席董建华来潍考察调研。省政协主席孙淑义，市领导张新起、赵兴涛、迟昭厚等陪同。市委副书记、市长张新起汇报了全市经济社会发展情况。考察调研期间，董建华先后考察了第七届中国（寿光）国际蔬菜科技博览会展厅、世界风筝都纪念广场、潍坊风筝博物馆和张面河改造绿化工程，对潍坊市通过成功举办二十三届风筝会、七届菜博会等节会活动，强力推进对外开放，突出抓好招商引资，加快经济发展的做法给予了充分肯定。

6月10日至12日，全国政协副主席张梅颖率领全国政协城市医疗体制改革视察团，在省政协副主席谢玉堂、周鸿兴的陪同下来潍视察。市领导张传林、郑金兰、迟昭厚等分别陪同活动。

7月2日至3日，省政协副主席周鸿兴来潍就"增强自主创新能力，推进创新型省份建设"的有关情况进行专题调研。市领导迟昭厚、辛丕宏、姜绍华陪同调研。调研组对潍坊市增强自主创新能力、建设创新型城市的做法给予了充分肯定，并就技术引进后的消化吸收、农业科技、人才问题等提出了意见和建议。

7月12日至14日，省政协副主席林书香带领省政协经济委和省直有关部门负责人，来潍坊考察北部沿海开发工作。市领导张传林、迟昭厚等陪同考察。

8月10日，省政协副主席乔延春一行5人来潍视察。市委书记张传林，市政协主席迟昭厚等陪同视察。省政协领导对潍坊市的城市建设和政协工作给予了高度评价，认为潍坊市的城市建设和政协工作经验做法值得各地学习借鉴。

8月31日至9月2日，全国政协副主席张克辉在省政协副主席张敏陪同下来潍调研。在潍期间，张克辉出席了第十二届鲁台经贸洽谈会开幕式和其他重要活动，到潍坊风筝博物馆、杨家埠进行调研，并参观了潍坊的市容市貌。张克辉听取了市领导的汇报，对潍坊市经济、社会发展取得的成绩给予了充分肯定。

9月5日至6日，省政协副主席、党组副书记王修智一行，来潍考察社会主义新农村建设工作。市政协主席迟昭厚、副主席张敦柏陪同考察。

9月13日，全国政协副主席李贵鲜来潍考察调研。省政协副主席林书香，市委书记张传林，市委副书记、市长张新起，市委副书记赵兴涛，市政协主席迟昭厚等陪同考察。在潍坊期间，李贵鲜听取了潍坊市近年来经济社会发展和有关工作情况的汇报，参观考察了潍柴动力工业园等企业和城市建设。

11月4日，全国政协常委、京昆室副主任、外事委员会副主任张国祥为团长的全国政协考察团一行来潍，就"文艺院团体制改革的进展情况和不同类型戏曲院团的改革发展运作模式"进行了专题调研。

12月22日至23日，省政协副主席谢玉堂率省委、省政协检查组来潍坊，对潍坊市贯彻落实《中共中央关于加强人民政协工作的意见》和全省政协工作会议精神情况进行检查。检查组在认真听取汇报、深入到诸城市进行检查的基础上，对潍坊市认真贯彻落实中央《意见》和全省政协工作会议精神的做法和取得的成效给予了充分肯定。

（张法明　供稿）

·中共潍坊市纪律检查委员会·

【市纪委第六次全会】 3月3日，中共潍坊市纪律检查委员会召开第六次全体会议，学习贯彻中纪委六次全会和省纪委七次全会精神，回顾总结2005年全市党风廉政建设和反腐败工作，研究部署2006年的工作任务。市委常委，市人大、市政协主要负责同志，市法院院长、市检察院检察长出席会议。市委书记张传林同志作重要讲话，市委副书记、市纪委书记崔建平同志作工作报告。市纪委委员，不是市纪委委员的市监察局副局长，县市区纪委书记、监察局长，市属各开发区纪工委书记，市直各部门（单位）、各高等院校、市属各重点企业、各人民团体主要负责同志和纪检组长（纪委书记），市纪委机关副县级以上领导干部参加了会议。

【全市纪委书记座谈会】 8月29日，市纪委召开全市纪委书记座谈会，传达学习贯彻全省市纪委书记座谈会精神，总结交流反腐倡廉工作，研究部署下一步党风廉政建设和反腐败工作任务。市纪委常委，各县市区纪委书记，市属各开发区纪工委书记，市直各派出（驻）部门纪（工）委书记、纪检组长，市纪委机关各室主任参加了会议。

【优化经济发展软环境工作】 全市各级纪检监察机关紧紧围绕中心、服务大局开展反腐倡廉工作，始终把软环境治理作为落实科学发展观、服务"第一要务"的最佳切入点和结合点，强化措施，努力为经济社会又好又快发展创造良好的环境和条件。(1)召开会议进行再动员、再部署。6月下旬，市纪委召开了全市经济发展软环境建设工作会议，进行再动员、再部署。(2)组织开展"双评"活动。组织4000多家规模以上企业、外来投资企业和个体私营企业，先后两次对市直86个党政部门及其工作人员进行了评议。(3)严查"三乱"案件、促进环境优化。全市共受理投诉举报784件次，处理损害经济发展环境的机关工作人员179人次，其中党政纪处分10人次，免职10人次，辞退12人次，诫勉7人次，其他处理140人次；查处"三乱"案件180起，对5起典型案件公开曝光，奖励举报人5人次，兑现奖金15万元，在全社会形成了治理"三乱"的强大声势。(4)营造干事创业良好氛围。市县两级纪检监察机关对1092名有群众信访举报的领导干部实施了信访监督，497名领导干部解决和纠正了自身存在的问题，解决纠正问题823个；为595名受到误告的领导干部澄清了问题，澄清问题805个。

【纠风工作】 突出抓好"五个专项治理"，加强"四个载体"建设，不断加大纠风治乱力度，全市查处违规经营药品480余件，整治降低药品价格1797.4万元，上交"红包"、开单提成金额20万元。查处涉农举报案件4起，全市减轻农民负担1.47亿元；查处中小学乱收费案件19起，清退违规资金18.53万元；查处违规停车场10家。特别是在治理商业贿赂专项工作方面，查处商业贿赂案件80起，涉案金额465万元，对9起典型案件公开曝光，

使治理商业贿赂专项工作取得明显阶段性成果。

【领导干部廉洁自律工作】 突出抓好“三项专题教育”、“一个专项清理”，严格规范从政行为，促进领导干部廉洁自律。“三项专题教育”：即深入开展学习贯彻党章教育、社会主义荣辱观教育和“勤政廉政、科学发展”主题教育活动，全市共选树党风廉政建设先进典型60多个，推出的社会主义新农村建设带头人王乐义在全国引起强烈反响。“一个专项清理”：即认真组织开展清理整顿违规建购干部职工住房。制定出台了《关于清理整顿违规建购干部职工住房若干问题的处理意见》，并认真抓好落实，全市共清退多占房改房112套，清退公款装修款445.88万元，追缴违规领取住房补助255.32万元，退还公款垫付建房资金1393.6万元。

【查处违纪违法案件】 主要做到“三个强化”，坚持搞好“三个结合”，不断加大查办案件工作力度。“三个强化”：即强化信访举报工作，强化案件查办工作，强化案件审理工作。与此同时，坚持搞好“三个结合”：查办案件与搞好警示教育相结合，与开展专项治理相结合，与建章立制相结合。全市各级纪检监察机关共受理信访举报4833件次。立查违纪违法案件817起，处分党员干部731人，涉及县处级干部8人，科级干部76人，挽回经济损失1634万元。

【源头治理腐败工作】 积极推进“六项改革”，严格执行“四项制度”，不断深化“三务”公开工作。在推进“六项改革”方面，全市取消、下放行政审批项目161个；在市直49个部门、105个单位积极稳妥地推进国库集中支付制度改革。在执行“四项制度”方面，全市87项城市建设工程项目纳入中心交易，中标总价4.96亿元，节支率21%；招标拍卖土地741宗1693.87公顷，纯收益20.26亿元，矿产资源招拍挂129宗，纯收益1450万元；政府采购完成招标合同金额9.22亿元，节约资金1.36亿元，节支率达12.7%。在深化“三务”公开工作方面确保政务公开真正做到全面真实、注重实效、及时便民，不断深化村务和厂务公开工作。

【贯彻落实党风廉政建设责任制】 强化四项措施，努力形成全党动手反腐败的良好局面：即从考核分值、考核内容、考核方式三个方面对配套制度进行了完善提高，增强了责任制检查考核的可操作性；健全完善《领导干部廉政档案管理信息系统》，把全市1600名县级和1万名科级干部廉政档案全部纳入电子档案网络管理；加大检查考核力度，对全市贯彻落实责任制情况进行全面检查考核，并注重考核结果使用；对27名不履行或不认真履行党风廉政建设责任的领导干部，实施了严格的责任追究，维护了责任制的严肃性。

【加强农村党风廉政建设】 市纪委监察局专门制定下发《关于充分发挥职能作用，为深入推进社会主义新农村建设提供有力保证的意见》。《意见》要求全市各级纪检监察机关充分发挥职能作用，为社会主义新农村建设提供五个保障：一是加强监督检查，为深入推进社会主义新农村建设提供坚强的政治保障；二是加强党风政风建设，为深入推进社会主义新农村建设提供务实的作风保障；三是深化村务公开、加强民主管理，为深入推进社会主义新农村建设提供可靠的制度保障；四是坚持从严治党方针，为深入推进社会主义新农村建设提供严明的纪律保障；五是强化支持保护职能，为深入推进社会主义新农村建设提供良好的环境保障。

（张学芹　供稿）

民主党派和工商联

·中国国民党革命委员会潍坊市委员会·

【概况】 截至2006年底，全市共有中国国民党革命委员会（以下简称民革）党员203人，其中女党员61人，占30%；大学以上学历171人，占85%；中高级以上职称167人，占83%，平均年龄45岁，党员结构与年龄进一步优化。全市民革党员中担任全国人大代表的1人；享受国务院特殊津贴的1人；市人大副主任1人；区人大代表1人；市政协副主席1人，市政协常委1人，市政协委员共11人；区政协副主席2人，常委3人，县（市、区）政协委员共10人，8人被有关部门聘为特约监督员。主任委员康凤英被中共中央统战部和全国各民主党派、工商联授予“全国各民主党派、工商联、无党派人士为全面建设小康社会作贡献先进个人”等荣誉称号。

【参政议政】 潍坊民革市委继续秉承“参政议政专题化”的工作思路，全年共向各级人大、政协提交各类提案议案近30件，完成了“加强农产品质量安全管理”调研课题，被民革省委确定为全省重点课题，推荐参加了民革中央组织的全国参政议政优秀成果展。民革市委广开渠道，内引外联，深入做好对台工作和海外联谊工作。6月份，民革市委接待了来潍寻亲的台湾邓发将军遗孀、台湾淡江大学退休教授王淑英女士及其子、台商邓治平先生一行，并专程将她们一行送至青州老家。

【社会服务工作】 积极开展扶贫帮困助学和“三下乡”活动。民革市委各支部、小组和广大党员发挥自己的优势和特点，积极参与扶贫助困、咨询服务、义诊、义务培训等活动，社会反响强烈。发挥专长，踊跃参与和谐社会建设。广大党员利用自身优势，踊跃参与社区文化演出50多场、参与社区卫生服务60多次，免费培训专业人才20余人，接纳安置下岗人员10多人次。

（刘　滨　供稿）

·中国民主同盟潍坊市委员会·

【概况】 到2006年底，全市共有中国

民主同盟（以下简称民盟）成员238名，中高级职称占91.5%。辖有一个总支，八个支部，两个小组。民盟成员中，有省人大代表1名，省政协常委1名；市政协副主席1名，市政协常委1名，市政协委员13名；县级政协副主席3名，县级政协常委4名，县级政协委员13名，县级人大代表1名。

【参政议政】 民盟市委会成员多次参加中共潍坊市委、市政府召开的协商会、座谈会，在2006年市政协十届四次会议上，市委会提交集体提案5件，其中两件作为市政协重点办理提案，在大会上作的调研报告《对公立医院改革改制的建议与思考》，引起市委、市府高度重视和较大的社会反响。

【社会服务工作】 民盟市委会组织成员对“三北开发”、防风绿化、农业产业化等问题进行了调研；教育支部到五莲山区考察山区经济后，又到日照就港口建设、大学城、招商引资及城市规划等问题进行考察；科技支部组织到大泽山就社会主义新农村建设过程中的资源、环境保护等问题进行了调研；高密小组对学生上网问题进行了调查，共发放问卷945份，并与32名学生及校长、班主任、任课老师进行了座谈，形成了调研报告，被《山东教育》采用发表。

（孙兆军　供稿）

·中国民主建国会潍坊市委员会·

【参政议政】 中国民主建国会（以下简称民建）潍坊市委员会主要负责同志多次参加中共潍坊市委、市政府召开的协商会、情况通报会、座谈会等，提出的意见、建议受到高度重视。在省政协九届第四次全体会议上，民建潍坊市委会主要负责同志的调研文章《关于加快沿海经济开发的建议》进行了书面大会交流，并在《联合日报》和省政协网站进行刊登。理论调研文章《加强制度创新，提高参政能力》被评为2006年度民建山东省委优秀宣传作品；调研报告《农村合作经济组织的调查与思考》、《完善农村基础设施供给机制的探讨》获得2006年度民建山东省委参政议政优秀成果二、三等奖。潍坊学院支部的《公用事业市场运营与政府规制研究》，被全国哲学社会科学规划办公室列为国家级立项课题，实现了潍坊市社科项目国家级立项零的突破。

【社会服务工作】 1月10日，民盟市委会主要负责同志率领民建企业界会员到临朐偏远山村举办“送温暖，献爱心”活动，为当地农民送去新棉被和面粉。12月6日，到青州偏远山村小学为全校300多名学生赠送新校服。民盟市委会会员、青州尧王制药有限公司总经理宗立成响应“中国光彩事业四川巴中行活动”，赴四川捐赠价值120万元的制药流水线一条和现金10万元，为当地出资建立农贸市场一处，为老红军捐赠33万元的药品，出资20万元在四川南江县建尧王光彩学校一处，宗立成被评为第二届全国优秀中国特色社会主义事业建设者，并获得山东省“齐鲁光彩奖章”。

（刘伯胜　供稿）

·中国民主促进会潍坊市委员会·

【参政议政】 2006年，中共潍坊市委、市政府召开座谈会多达10余次，邀请中国民主促进会（以下简称民进）潍坊市委员会领导就全市有关重大问题征求意见，进行政治协商。在2006年召开的政协潍坊市十届四次会议上，提交集体提案3件，其中，《关于完善社会养老保险制度的建议》作为市政协重点办理提案。会上，陈立宝主委代表市委会作了《落实科学发展观，推动城镇化健康有序发展》的大会发言。在2006年召开的全省民主党派基层组织建设经验交流会上，蒯贤魁同志被评为全省民主党派基层组织先进个人。2006年12月民进潍坊坊子支部成立。

【社会服务工作】 （1）“西行助学行动”成效显著。2006年6月，民进潍坊市委携同潍坊寒晓经贸有限公司和济南华纳科技有限公司对平原县实地考察并与平原县教育局探讨、协商，确定援助平原县建立教育城域网。双方经过近半年的共同努力，于2006年11月24日，民进山东省委“西行助学行动”现场总结交流会之际，平原教育城域网开通。同时，在“西行助学行动”总结会上，民进潍坊市委作为唯一的地市级市委会作了典型发言。（2）积极开展“三下乡”活动。2006年9月8日，民进潍坊市委援建的临朐县九山镇政府网站正式开通。市直文教支部委员蒯贤魁捐赠200余套服装。

（孙其孝　供稿）

·中国农工民主党潍坊市委员会·

【概况】 2006年底，全市共有中国农工民主党（以下简称农工党）党员115名。其中，医疗卫生界69名，占党员总数的87%；博士学位1人，硕士学位8人，大学本科学历52人；具有高级、中级技术职称的110人，占党员总数的96%；女党员43人，占党员总数的37%；平均年龄45岁。农工党市委会成员中有省人大代表1名，省政协委员1名；副市长1名；市政协常委1名、市政协委员6名；县（区）级人大常委1名、政协副主席1名、常委4名、委员4名；各级监察员、监督员6名。寒亭支部被农工党山东省委表彰为先进基层组织。

【参政议政】 农工党市委会领导先后多次参加中共潍坊市委、市政府及有关部门举行的座谈会、协商会、情况通报会，全年共提交集体提案5件，个人提案20件，大都被各级政府及相关部门采纳。在省政协九届四次会议上，王冰芬同志代表农工党省委提交的《全社会共同遏制艾滋病快速蔓延的趋势》的大会发言，被作为重要信息报中共山东省委、省政府主要领导参阅。全年，共向省、市委统战部报送信息20多条，被采用10多条。在国家级刊物上发表论文20篇，在省级刊物上发表论文50篇，在市级刊物上发表文章20篇。针

对城市医疗体制改革出现的新情况、新问题，组织有关人员进行了深入调研并提出建议。全国政协副主席张梅颖同志带队与农工党中央组织部长肖燕军同志、修瑞娟同志来视察时给予充分肯定，潍坊市医疗体制改革成为卫生部全国试点市。

【社会服务工作】 （1）扎实开展扶贫助弱和社会服务活动。农工党市委会经常性开展义诊、医疗、法律咨询、文艺演出等活动，利用休息日、节假日，为群众免费查体，开展健康、法律咨询活动。2006年市委会在青州人民医院举办了以“山东高血压防治教育进万家大行动”为主题的第18届国际科学与和平周活动。（2）关心农工党老党员生活，每年为80岁以上老党员祝寿；在三八节期间，举办“关爱自己热爱生活”保健讲座；在老人节期间，召开农工党新老党员座谈会。在春节来临之际，对往届农工党市委委员进行走访慰问。

（孙秀珍　供稿）

·九三学社潍坊市委员会·

【概况】 到2006年底，全市共有九三学社社员218人，平均年龄38岁。其中高级职称126人，占社员总数的57%。市委会辖有8个支社。社员中有省人大代表2名，省政协委员2名，市政协副主席1名，市政协常委3名，市政协委员9名，区、县级政协副主席1名，常委3名，委员9名。

【参政议政】 紧紧围绕中共潍坊市委、市政府的中心任务，积极建言献策，在市政协十届四次大会上，调研报告《关于建设“数码广场”带动我市信息服务业发展的建议》，受到高度重视，“潍坊信息数码广场”项目已被列入潍坊市2007年城市建设重点项目计划。在全市受表彰的50名优秀政协委员中，市委会有5名九三社员受到通报表彰。

【社会服务工作】 组织科技、教育、医药卫生界等方面学有专长、经验丰富的技术人才，常年开展科技支农、扶贫义诊等活动。先后到潍城区、奎文区的部分村庄就作物栽培、病虫害防治、珍稀动物养殖等开展技术指导和咨询服务，医务界的社员也同时前往为当地百姓义诊，免费赠送药品。

（任惠卿　供稿）

·中国致公党山东省潍坊支部·

【概况】 2006年，全市新发展致公党党员10名，潍坊致公党员共有28名。其中市级政协常委1名，市级政协委员3名，县级政协副主席1名，区级政协委员1名。具有大学以上学历的党员占党员总数的82%。

【参政议政】 认真学习八个民主党派中央联合印发的《关于进一步做好民主党派组织发展工作座谈会纪要》，进一步明确组织发展的有关原则和要求。圆满完成了致公党山东省委安排的关于村镇政权建设和山东省海岸线调研两项调研任务。2006年，2名党员评为省致公党优秀党员，1名党员获潍坊市优秀政协委员荣誉称号。充分发挥致公党海外联系广的优势，积极协助政府引进资金、技术、人才、设备，促进对外贸易，为全市的招商引资工作提供信息，牵线搭桥。

（尹春娟　供稿）

·潍坊市工商业联合会·

【概况】 2006年，市工商业联合会（以下简称工商联）紧扣做好非公有制经济代表人士思想政治工作这条主线，积极参政议政，拓宽服务领域。全市共有会员7456家，其中企业会员3336家，团体会员15家，个人会员4105个。

【参政议政】 2006年，在市委统战部的指导下，对全市部分民营企业进行了各个方面的调研，详细了解企业发展的有关情况。同时，多次与市政协、市委统战部联合召开部分民营企业负责人座谈会，在深入调查的基础上，写成了《关于进一步加大全市服务业发展的建议》、《关于加大全市民营企业科技含量的建议》、《关于对全市大型超市进行规划建设的建议》、《关于进一步加大民营企业知识产权保护力度的建议》等提案，其中《关于对全市大型超市进行规划建设的建议》的提案被市政协评为优秀提案。

【非公有制经济代表人士思想政治工作】 （1）加强理论学习，提高政治素质。通过下发文件、召开座谈会等形式引导非公有制经济代表人士认真学习党的路线、方针、政策，尤其是对《国务院关于鼓励、支持和引导非公有制经济发展的若干意见》，专门召开由部分非公有制经济代表人士参加的座谈会，进行交流学习。同时，会同市政府有关部门对文件中的36条意见逐条分工、落实责任到具体单位。（2）继续深入开展以“致富思源、富而思进”和“爱岗、敬业、守法、诚信”为主要内容的思想政治教育工作。引导他们积极参与光彩事业和社会公益事业，增强社会责任感。（3）积极开展各种评优树先活动。会同市委统战部和市直有关部门召开了“一先双优”表彰大会，与市总工会联合举行了“双爱双评”活动。

【社会服务工作】 （1）截止到年底，在潍坊市“民企帮村”活动中，全市共有890个会员企业积极参与进来，共帮扶了462个自然村，通过活动使农民共增收586万元。在具体项目实施上，共上项目106个、投资达2600万元。（2）积极组织会员企业开展各种经贸洽谈活动。成功组织了“大连——潍坊招商引资项目介绍暨民营企业合作项目洽谈会”，积极参与了鲁台经贸洽谈会、中国北方苗木展销洽谈会、中国寿光国际蔬菜博览会、昌乐宝石节等重大活动。（3）积极开展对外联络工作。2006年，接洽河南省、大连市、黑龙江省鹤岗市、宁夏银川、陕西八市地、新疆乌鲁木齐等省市工商联来潍坊参观考察，并与之结为友好商会。协助成立了潍坊台州商会、潍坊河南商会、潍坊泉州商会筹备处、潍坊华乡人商会筹备处，并协助潍坊温州商会进行了换届。（4）做好投融资服务。2006年，市工商联积极与中国光大银行、上海浦东银行、招商银行和恒丰银行联系，为全市的10余家企业争取贷款。(5)与市劳动和社会保障局联合组织了“民营企业招聘周”活动。全市共有300多家民营企业提供就业岗位11000多个。

（谭晓东　供稿）

人民团体

·工会工作·

【概况】　2006年，潍坊市总工会在市委和省总工会的正确领导下，按照“扩大覆盖面、增强凝聚力”的要求，认真落实“组织起来、切实维权”的工作方针，积极履行基本职能，工会各项工作都取得了新的突破和发展。2006年，市总工会被省总推荐为“全国推进厂务公开民主管理先进单位”。

【基层工会组织建设】　各级工会以组织农民工入会为重点，开展了“农业产业链上建工会，让农民工入会进家”活动，总结推广了农民工建会维权“寿光模式”，创造了符合潍坊实际的农业产业农民工建会的“五种新模式”。2006年，全市新建工会委员会2764家，新增涵盖基层单位15799家，发展会员37万余人。对潍坊市农业产业链上建工会的做法，中共中央政治局委员、全国人大副委员长、中华全国总工会主席王兆国同志作出重要批示，要求全总书记处认真研究推广。新华社《国内动态》以及工人日报《情况参考》刊登了潍坊的经验做法。外商（港澳台）投资企业建会工作有了突破性进展。经过积极努力和认真细致的工作，世界500强企业沃尔玛集团的分支机构深国投潍坊东风东街分店成立了工会组织，有力地推动了外商（港澳台）企业建会工作，截至年底，全市外商（港澳台）投资企业建会率达到70%以上。

【劳动竞赛】　重点组织开展了全市第二届职工职业技能大赛和以“我为三北开发做贡献”为主题的重点工程立功竞赛，推动全市职工层层开展了各种形式、富有成效的劳动竞赛。联合市劳动和社会保障局组织开展了全市第二届职工职业技能大赛，有5名企业工种的优秀选手被劳动部门授予潍坊市技术能手称号。围绕市委加快“三北”开发的部署，联合市沿海经济开发办公室，组织开展了“三北”开发重点工程立功竞赛，动员参与重点工程建设的单位和职工，以“五比”（比奉献、比效率、比创新、比质量、比廉政）为内容，开展比、学、赶、帮、超活动，促进了“三北”开发重点基础设施工程和重点工业项目建设的进度，确保了工程质量，有22项重点工程、2300余名建设者报名参赛。按照省总工会等五部门的部署，组织职工参与“全省百万职工技能培训、技能练兵、技能竞赛活动”，并组队参加了全省职工电焊工比赛，市总工会获优秀组织奖。据统计，年内各级工会组织开展的各种劳动竞赛，参赛职工达67万余人。

【厂务公开民主管理工作】　全市各级工会以贯彻《山东省企业职工代表大会条例》为抓手，积极推行职工代表巡视、职代会资料展评、职工代表评议厂务公开民主管理工作等制度。进一步建立健全各级厂务公开民主管理领导机构和工作机构，层层制定下发了加强职代会制度规范化建设的意见，召开会议进行工作部署，推动了厂务公开民主管理工作的深入开展。全市国有、集体及其控股企业和教育、卫生等事业单位已全部实行厂务公开（政务公开）；非公有制企业中，实行厂务公开民主管理的达到72%，建立职代会制度的达到51%。

【困难职工帮扶救助工作】　全市各级工会以深入开展“五助”活动为重点，困难职工帮扶救助工作进一步强化。各级工会充分发挥“12351”服务热线和困难职工帮扶中心的作用，继续开展了以“助资、助学、助医、助岗、助法”为主要内容的“五助”行动。2006年元旦春节期间，全市工会系统共筹集送温暖资金328.32万元，其中政府拨款171.39万元，工会筹集124.83万元，其它方面筹集32.1万元，共走访慰问困难企业392家，慰问特困、困难职工家庭9874户。深入开展“金秋助学”活动，全市共资助687名困难职工子女上大学，发放救助金96.3万元。进一步完善《特困职工优待证》和《购药优惠卡》制度，重点解决特困、困难职工在医疗、购药、个体经营、子女入园入学、就业等方面遇到的困难。健全完善职工法律援助机制，实行“特困职工法律援助联系卡”制度，及时为职工提供法律援助。深入实施“4050”失业人员再就业工程，协助政府做好就业和再就业工作，潍坊市工会促进就业工作走在了全省前列，省总工会在潍坊召开了全省工会促进就业工作经验交流会议，市总工会在会上介绍了经验。

【工会自身建设】　各级工会认真巩固保持共产党员先进性教育的成果，加强决策目标、执行责任、考核监督“三个体系”建设。注重调查研究，先后就全市农民工现状、乡镇（街道）和外商投资企业工会组织建设现状、工会组织在构建和谐社区中如何发挥作用等课题进行深入调研。密切与基层单位和职工群众的联系，广泛征求对工会工作的意见和建议，增强了工作的针对性。采取多种方式开展对工会干部的培训和教育，加强对企业工会干部的上岗培训，2006年全市培训工会干部5700多人次，寿光市总工会被全国总工会授予“全国工会干部教育工作先进单位”荣誉称号。

【创建“劳动关系和谐企业”活动】　按照全总、省总的统一部署，在全市范围内深入开展了创建“劳动关系和谐企业”活动。市、县两级分别成立了以党委负责同志为组长的创建活动领导小组，市总工会起草了《共建和谐企业，共谋企业发展——致全市企业厂长（经理）的公开信》，编印了4000册《开展

创建劳动关系和谐企业活动资料汇编》，发放到全市规模以上企业，指导企业开展创建活动。在开展创建活动中，始终坚持创建活动的主体是企业，工会是组织者，努力引导广大职工积极参与。全市各级工会坚持把精力放在外资企业、非公有制企业上，把重点放在解决集体合同、劳动合同、保险、工资、劳动保护等影响劳动关系和谐、职工最需要解决的问题上。据不完全统计，自创建活动开展以来，全市共有3592家规模以上企业近20万名职工参与了创建活动。

【推行《劳动安全卫生协议书》】 在全市非公有制企业中大力推行签订《劳动安全卫生协议书》工作，并在试点基础上在全市进行了推广。年初，市总工会会同市安监局、卫生局下发了《关于加强非公有制企业劳动保护工作的意见》，对在非公有制企业中推行《劳动安全卫生协议书》工作进行了安排部署。上半年，全市共确定65家试点企业，并全部完成了试点工作，之后各县市区积极推广试点经验，努力提高建制率和履约率，到年底全市有234家非公有制企业签订了《劳动安全卫生协议书》。

【女职工“权益维护”】 4月份，市总工会与市劳动和保障局、企业家协会联合下发了《关于开展签订女职工特殊权益专项集体合同工作的意见》，12个县市区也都下发文件对该项工作进行了部署。到年底，全市签订女职工特殊权益保护专项集体合同企业3664家，签订行业性、区域性女职工特殊权益保护专项集体合同52份，覆盖女职工27万人；全市有6019名女职委主任参与签订集体和同，7605名女职委主任参加劳动争议调解委员会，95%的企业定期为女职工进行查体。2006年，潍坊市总工会、寿光市总工会、昌乐县总工会女职工委员会及寿光鲁丽集团工会在开展签订女职工特殊权益保护专项集体合同工作的经验、做法分别在全总和省总女职工工作会议上发言。

【潍坊市职工技术协会第三次代表大会召开】 2006年7月13日，潍坊市职工技术协会第三次代表大会在潍坊大酒店召开。省总工会副主席、省职工技术协会会长陈先宏出席会议并致辞，潍坊市副市长辛丕宏代表市政府作了重要讲话。会议审议通过了潍坊市职工技术协会第二届委员会工作报告，通过了潍坊市职工技术协会章程，选举产生了潍坊市职工技术协会第三届理事会及领导成员。郭召义当选为潍坊市职工技术协会第三届会长，李传新当选为副会长兼秘书长。会议同时聘请潍坊市政府副市长辛丕宏和潍坊市政协副主席、市总工会主席满郭强担任名誉会长，聘请市经贸委、科技局、劳动和社会保障局、民政局、地税局有关领导担任名誉副会长。

【职工互助保险工作】 2006年，中国职工保险互助会潍坊办事处加大工作力度，广泛吸纳职工入会，切实做好理赔工作，全市职工互助保险工作取得新进展。下发了《关于进一步推进全市职工互助保险工作发展的意见》，抓好《在职职工住院医疗互助合作保险计划》的落实，确保措施到位。各县市区工会都把职工互助保险工作纳入年度考核，做到与工会其他工作同研究、同部署、同检查、同考核。截至年底，全市团意参保人数和保费分别增长33.8%和29.2%，医疗保险参保人数和保费分别增长20.8%和20.5%。

（刘金星　供稿）

·共青团工作·

【青少年思想政治工作】 以青少年社会主义荣辱观教育为主线，以青少年理想信念、爱国主义、传统美德教育为重点，设计开展了一系列行之有效的活动。围绕荣辱观教育，通过举办座谈会、讨论会、报告会、演讲比赛、签名明誓等方式，使“八荣八耻”成为广大青少年健康成长的思想基础；围绕理想信念教育，引导青少年认真学习邓小平理论、“三个代表”重要思想，全面领会科学发展观的深刻内涵；围绕爱国主义和民族精神教育，紧紧抓住清明节、五四、七一、十一、纪念长征胜利七十周年等契机，开展了“继承先烈遗志、弘扬时代精神”演讲比赛、“民族精神代代传”主题队会、重温入团誓词、“最感动我的长征精神”征文等活动，使青少年成为高举爱国旗帜、弘扬传统美德的先锋；围绕道德素质教育，开展了“手拉手”、“雏鹰争章”、“杰出青年进校园”等活动，使青少年的道德素养在实践中不断提升。

【参与经济中心工作】 积极开展了建设新农村工作，以百千万农村青年创业计划为抓手，促进了农村青年的增收成才。创造性实施了“青春创业行动”，昌乐县设立青年创业基金、建立企业信用协会和经济发展合作联盟的做法赢得了团省委的充分肯定。扎实推进青工技能振兴计划，通过技能培训、岗位练兵、创新创效等方式，使青工整体素质不断提高，促进了企业的发展；广泛开展十大杰出青年、杰出青年农民、优秀青年知识分子等的评选，为广大青年树立了投身实践的先进典型，营造了促进发展的良好环境。

【文明创建工作】 以青年志愿者行动、青年文明号、青年文明社区创建等活动为抓手，千方百计为青少年办实事、解难题，不断倡导社会新风正气。广泛开展了青年志愿者行动，先后以“文化助残”、“双百爱心服务”、“情注夕阳红”为主题，招募志愿者服务孤残、老弱群体，营造了奉献、友爱、互助、进步的新风。深入推进青年文明号创建活动，不断拓展创建领域、提高创建水平，组织青年文明号集体开展信用建设、与祖国共奋进等主题鲜明的示范、倡导活动，使他们成为建设“文明潍坊”的重要力量。扎实开展了青少年维权工作，想青少年所想，帮青少年所盼，热心帮助青少年中的弱势群体，维护了青少年的权益。深入实施了预防未成年人违法犯罪、优秀“青少年维权岗”创建等工作，为建设平安、促进稳定做出了贡献。

【团的自身建设】 积极探索农村、非

公有制经济组织、城市社区等领域的团建模式，进一步扩大了团组织的覆盖面，增强了团组织的凝聚力。举办了全市共青团干部专题培训班和少先队辅导员培训班，使团队干部队伍建设得到加强。不断巩固团员意识教育活动的成果，使广大团员的自身素质不断提高。高度重视青联、学联组织建设，坚持以活动带建设，靠制度促建设，使青联、学联的作用得到有效发挥。发扬“全团带队”的优良传统，扎实推进少先队建设，全市少先队组织日益活跃。

【希望工程救助工作】　按照拓宽筹资渠道、扩大救助规模、创新救助方式、规范救助程序、强化工作宣传的思路，希望工程取得长足发展。2006年，共收到社会结对救助捐款54.9万元，捐物价值约11万元；募集救助特困大学生捐款61.6万元，救助特困大学生223名，提供打工助学岗位121个；县市区筹资93.4万，学生西服100套价值6.86万，救助学生423人。

【关心下一代工作】　突出抓好市、县两级直属部门横向关工委组织建设，各级关心下一代组织达到9678个，专兼职工作人员达到14000人。关心下一代工作委员会（以下简称关工委）队伍日益壮大，“五老”志愿者达41900多名。另外，全市各级关工委设计开展了青少年思想道德教育、帮扶特殊青少年群体、倡树文明新风、参与新农村建设等一系列丰富多彩、富有成效的活动，扩大了关工委的影响。

（程玉健　田红霞　供稿）

·妇联工作·

【参与物质文明建设】　（1）全面参与新农村建设。市妇联确定以创建“巾帼示范村”为抓手，全面服务新农村建设，在安丘召开现场会，下发实施意见，加强督查指导，推动了“巾帼示范村”创建活动在全市蓬勃开展，市妇联在全省妇女建设新农村现场会上作了典型发言。（2）积极组织科技培训工作。围绕科技培训、示范、服务三大网络建设，联合劳动、农业等部门，大力实施“百万妇女星火科技培训计划”，加强实用技术培训，全市举办培训班106期，40多万名妇女受益。新建“三八”养殖、种植基地94处，新发展“妇字号”示范基地、龙头企业65处，辐射带动16万名妇女增收致富。（3）做好农村剩余妇女劳动力转移工作。市县乡村四级联动，层层落实责任制，强化监督考核，确保了每村转移5名劳动力的任务。在继续与鲁西南和吉林通榆、河北石家庄等16个省市妇联搞好劳务对接的同时，市妇联又组织30多名企业家和妇联干部，赴广西、陕西、山西等地开展劳务洽谈活动，与市内外104家用工单位达成了劳务合作协议。开展培训、择业、签约、上岗、维权于一体的就业行动，不断畅通就地就近转移、跨省市转移和跨国转移渠道。2006年，全市妇联系统共转移劳动力11.5万人，其中就地就近转移8.5万人。（4）积极服务民营经济发展。各级妇联充分发挥女企业家联谊组织作用，协调融资贷款，帮助招商引资，全方位服务会员企业。市妇联组织女企业家参加第二届泛珠三角区域妇女发展合作洽谈会，举办全市女企业家创新思维培训班，召开全市妇女第二次加快民营经济发展现场会，组织参观三北开发区及会员企业。全年各级妇联为会员企业融资贷款3亿多元，帮助42家企业增资扩产、上档升级。（5）主动做好妇女就业创业工作。充分发挥“大姐”牌服务机构作用，积极帮扶城乡妇女就业创业。举办月嫂、家政服务等实用技术培训班，386人接受培训。联合劳动局举办了第八届庆“三八”失业妇女就业招聘洽谈暨第三届妇女创业项目展示会，6270名妇女通过招聘会实现就业。

【参与精神文明建设】　（1）扎实推进和谐家庭建设。围绕美德教育、环境美化、节约消费等“六进家”活动，层层开展了五好文明家庭和优秀家庭角色创评活动，充分发挥“巾帼文明队”作用，凝聚广大妇女和家庭积极参与创建。（2）积极参与优化经济发展软环境。围绕“爱我潍坊，做文明市民”活动，以“双争”为抓手，不断深化“优化环境建强市、巾帼争当排头兵”活动，引导广大妇女弘扬职业道德，倡树行业新风。市妇联在全市优化经济发展软环境会议上作了经验介绍。（3）不断深化未成年人思想道德建设。各级妇联将荣辱观教育纳入儿童工作全过程，广泛开展丰富多彩的“双合格”主题活动；依托农村父母课堂、家长学校，举办家长培训班160多场次，20万家长受益；4处家长学校被全国妇联、教育部联合命名为全国示范家长学校；开展农村贫困儿童摸底调查，为2000名孤残儿童办理免费保险。“春蕾计划”再掀高潮，全市共捐款120万元，新资助4150名贫困女童。市妇联争取全国儿童少年基金会拨款20万元，在临朐九山镇筹建春蕾小学。

【维护妇女儿童权益】　（1）全面落实妇女儿童发展纲要。市县妇联充分发挥职能作用，组织开展“两纲”监测评估工作，争取市县人大对“两纲”实施情况进行视察，对重点难点问题重点督查，有效推动了“两纲”目标的落实。认真贯彻全国及省市培养选拔女干部、发展女党员会议精神，女干部参政议政工作有较大提高。市直及高密、诸城、昌乐、昌邑、青州、坊子等县市区都落实了科级干部男女同龄离岗。（2）深入开展“平安家庭”创建活动。在妇女和家庭中广泛开展“人人学法律、家家创平安”等多种活动，以家庭平安促进社会稳定。关注贫困、流动、失业妇女等困难群体，及时了解推动妇女问题的解决。（3）积极维护妇女合法权益。结合“五五”普法，大力宣传男女平等基本国策和《妇女权益保障法》等法律法规，积极开展“优秀妇女维权岗”和“零家庭暴力社区”创建活动，认真做好妇女信访工作。全年处理来信来访460余起，处结率达98%以上。

（郑可新　供稿）

·潍坊市归国华侨联合会·

【概况】　2006年，市归国华侨联合会

（以下简称市侨联）以邓小平理论、“三个代表”重要思想为指导，认真落实科学发展观，紧密团结归侨侨眷，广泛联系海外侨胞。在海外联谊、参政议政、为侨服务、群众工作、自身建设等方面都取得了一定成绩，被省侨联评为先进单位。

【为经济建设服务】 加大海外联谊力度，找准切入点，把引资工作的重点放在潍坊籍华侨华人较为集中的东南亚，把引进技术、人才的重点放在北美、欧洲。向外推荐招商引资项目100多个。把滨海新区开发作为重点向海内外客商大力推介。邀请了欧洲爱国侨领、意大利华侨著名企业家陈兆间先生率领的意大利华侨企业家考察团一行11人来潍坊进行经贸考察。经市侨联牵线搭桥，引进新加坡安利兴集团投资3亿元在昌邑建设生物质发电项目，外方已投入资金1500万元开工建设。组织归侨侨眷大力发展民营经济。全市的归侨侨眷民营企业共计361家，固定资产达8亿多元，总产值近10亿元，利税8000多万元。昌邑、青州、高密等市的归侨侨眷民营经济得到了较快发展。昌邑丽晶纺织有限公司年内先后被市政府评为棉花产业农业产业化市级重点龙头企业和潍坊市优秀民营企业。同时注意发挥留学归国人员的作用，促进科研成果的转化。

【为侨服务】 市侨联坚持“情为侨所系、权为侨所用、利为侨所谋”，贯彻落实《中华人民共和国归侨侨眷权益保护法》及其实施办法。认真做好信访工作，依法维护了归侨侨眷和海外侨胞的合法权益。接访50余次，圆满处理印尼归侨、香港同胞的劳资纠纷，帮助印尼华侨妥善解决侨房问题。关心帮助贫困归侨侨眷，积极筹集救济款、物资。走访贫困归侨、侨眷128余户，发放救济慰问金共计4万多元，各类物资折合人民币2万多元。

【参政议政】 2006年各级人大、政协侨界代表、委员共撰写涉侨提案、议案20多件，引起市委、市政府的重视。协助全国人大华侨委员会执法检查团、山东省政协调研组做好相关工作，真实反映潍坊侨界群众最关心、最直接、最现实的利益问题并提出建议。

（李　颖　供稿）

军　事

·潍坊军分区·

【思想政治建设】 突出抓好团以上党委机关理论学习，组织团以上领导干部参加集中培训和远程同步培训，全区副团职以上干部年度培训率达90%以上。深入开展军队历史使命、理想信念、战斗精神和社会主义荣辱观等教育，广泛开展纪念红军长征胜利70周年宣传活动，官兵的使命意识和战斗精神得到强化。开展学习贯彻党章活动，制定下发了关于保持共产党员先进性长效机制和加强团级党委班子廉政建设的《意见》。认真贯彻落实《军队基层党支部工作条例》，组织对53名各类党支部书记进行培训，做法被省军区转发。指导干休所扎实开展体制编制调整改革教育，积极推进老所改造，服务质量不断提高，工休关系进一步密切。

【战备训练工作】 积极参加军区“前卫—206”网上演练，提高了信息化条件下的作战指挥能力。筹备组织了山东省民兵预备役部队专业技术分队军事训练观摩会，军分区民兵应急分队和专业技术分队成建制遂行任务课目作了汇报演练。筹资280万元新建5个训练专修室、多功能训练场，完善了国防综合基地训练配套设施；投入316万元统一规划建设“七网合一”的信息化指挥平台；编写训练教材40份，研发训练器材30件，开发软件6个，全区信息化条件下训练保障能力明显提高。

【依法从严治军】 按照“四化”（条令化、经常化、制度化、正规化）促“四防”（防案件、防事故、防严重违纪、防失泄密）的工作思路，坚持依法从严治军，严格落实条令条例和各项法规制度。制定了《潍坊军分区关于进一步加强依法治军的意见》，军分区军政主官、分管领导与所属单位主官逐级签订了“四防”责任书，深入开展“学条令、用条令”活动，所属人员条令意识进一步增强。开展车勤人员安全教育整顿活动，狠抓“学、教、查、考、改”五个重点环节落实，提高了驾驶员素质，经验做法被省军区转发，并在省军区车辆安全管理工作会议上介绍了经验。坚持教育、制度和技术防范并重，投资42万元安装GPS车辆定位系统、门禁系统、机关干部上下班考勤系统，加强对人员、车辆、枪弹和涉密载体的检查和管控，确保了部队的安全稳定。加大民兵武器装备仓库管理力度，全区民兵武器装备管理实现了连续22年安全无事故。

【后勤装备工作】 下大力抓好军事斗争后勤准备规划的落实，组织人武部配备、更新了后勤战备器材和战备资料。修订完善了军分区本级后勤战备计划、方案，组织对人武部、预备役高炮团13个后勤保障计划方案进行了评审。进行后勤动员潜力和国民经济动员潜力调查，开展第二次军队经济普查，军分区被评为全军经济普查工作先进集体。开展资金集中支付改革，组织财务检查，人武部财务帐户撤并工作完成圆满。健全完善规章制度，强化经费管理，组织对团以上离任主官进行经济责任审计，确保了经费使用效益和安全。

【组织民兵对口专业分队按新大纲试训】 2006年，按照总部下发的《民兵军事训练与考核大纲（纲目）》（对口专业分队分册）规定的试训任务，军分区新编了民兵对口专业分队，对规范的专业训练类别进行了试训。经考核验收，个人单科目成绩合格率达90%以上，分队训练合格率达85%以上，2006年9月在总参“大连会议”上介绍了经验做法。

【年度征兵工作】 2006年兵役登记工作开始后，利用电台、电视台、报纸等宣传媒体，大力开展以“依法服兵役是每个公民应尽的义务”为主要内容的宣传活动。全市69167名适龄青年踊跃参加兵役登记，通过目测初审确定了19909名预征对象。

【召开军分区军事志工作会议】 3月3日，在临朐县人武部召开了由各县（市、区）人武部副部长、军事志主编或主笔等31人参加的军分区军事志工作会议。会议传达了济南军区、省军区军事志工作会议精神，部署了2006年军事志工作任务；各单位汇报交流了上年度军事志编纂进展情况、存在问题和2006年工作打算

【民兵预备役建设工作】 （1）为深入贯彻落实中发［2006］13号文件和全国、全省民兵预备役政治工作会议精神，进一步推进民兵预备役政治工作创新发展，11月29日，潍坊市委、市政府和军分区组织召开了全市民兵预备役政治工作会议。省军区南兵军副政委带领机关同志莅临会议指导。会议总结了近年来全市民兵预备役政治工作，部署了下一步的任务。（2）扎实抓好预备役部队思想政治教育。2006年，预备役高炮团党委结合预备役部队工作特点，积极探讨新形势下预备役思想教育方法。3月份在整组期间，积极开发利用地方党员干部远程教育网络平台，开展网络教育。根据人员流动性大的特点，开展随机教育和补课学习；根据不同层次和需求，开展针对性教育，取得了明显成效。

【潍坊军分区新营区落成】 潍坊军分区机关营区迁建工程从2003年下半年开始启动，2004年5月，中央军委下达部署调整命令，同年11月，总后下达新营区建设工程计划。营区建设着眼战备、训练、工作、生活需要，于2005年5月16日动工，2006年10月整体进驻，完成了自军分区成立以来历史性的搬迁，实现了军区首长提出的“军区一流、潍坊一景”的目标要求。

（潍坊军分区 供稿）

·中国人民武装警察部队潍坊市支队·

【党委机关建设】 贯彻落实《军队党委工作条例》、《关于加强支队（团）以上党委民主集中制建设的若干规定》，形成了依靠法规制度推动工作落实的良好氛围。认真贯彻《武警部队团以下干部选拔考核暂行办法》，坚持正确的用人导向，年内共提升43名干部，做到了名额、条件、程序、结果四公开，营造了靠素质立身、凭实绩进步的浓厚氛围。以学习贯彻《党内监督条例》和《高中级干部教育管理若干规定》为契机，深入开展党风党纪教育。

【思想政治建设】 深入贯彻《武警部队基层思想政治教育十项制度》，通过集中备课试讲、巡回授课、交流经验等有效举措，增强教育效果。预防犯罪工作和心理工作扎实有效，积极做好官兵的心理咨询、心理排解、心理疏导等工作，发现并成功转化个别人19名，帮助2名战士解决了家庭涉法问题。士兵科学文化教育、警民共建工作成果显著，年内组织366名战士参加学历教育，50余篇稿件被省以上新闻媒体刊用，连续两年被总队表彰为新闻报道工作先进单位。

【执勤和军事训练工作】 深入开展勤务治理和正规化执勤等级评定活动，全面提升部队正规化执勤水平，支队机关和17个中队被评为正规化执勤一级单位。针对潍北野外随队看押勤务实际，进行专题调研，召开现场会，进行以出工过程中在押犯脱逃为背景的情况处置联合方案演练，改进推广野外执勤液压升降平台，提高了执勤安全系数。严格勤务管理，狠抓执勤秩序正规，制定了《作战勤务值班和网络查勤暂行办法》，召开了执勤工作现场会，对执勤部署、管理、文书、值班室和哨位物品设置等进一步做了规范。重大临时任务完成圆满，先后参加并圆满完成“4·12”、“11·22”重大临时警卫勤务、第23届潍坊国际风筝会、第12届鲁台经贸洽谈会等临时勤务19起，完成货币押运勤务32起，押解勤务26次，押犯1100余名。参与并圆满完成坊子区烟花爆竹严重爆炸事故抢险救灾任务。深入开展勤训轮换和“五小练兵”活动，培养“四手”骨干91名，官兵执勤处突能力明显增强。圆满完成总队“滨海行动”实兵演习保障任务。

【管理教育工作】 始终坚持把工作重心放在基层，利用10天时间，分两批对基层干部进行培训，严格落实《蹲点调研帮建工作规定》，利用常委下基层蹲点之机，对基层干部有重点地进行传帮带，基层干部的实际工作能力得到不断提高。在帮建对象上，重点对6个连续3年以上没有跨入先进行列中队实施不间断帮扶，明确由常委分工挂靠，重点帮建。在枪弹管理上，坚持人防、物防、技防相结合，严格落实哨兵自控、基层干部查控和各级值班干部可视监控制度，确保了枪弹安全。狠抓车辆管理，认真落实车辆封存、派遣、驾驶员复训和警地联管等制度，全年共出动车辆6千余台次，累计实现安全行车40余万公里，圆满完成了运输保障任务。严格落实“禁酒令”和《支队“治酒”规定》，利用巡查或检查等时机，检查了解基层单位“治酒”情况，对违规喝酒人员进行严肃处理。狠抓士官队伍建设，细化《士官分月量化管理细则》，狠抓安全防事故工作，先后7次组织大面积拉网式安全检查。

【后勤建设】 搞好基础设施建设，3月份在寿光市中队召开基层基础设施建设现场会。充分发挥审计监督职能，先后对16个大、中队主官进行离任审计，审计凭证5000多个，审计金额1200多万元，审计率达100%。因地制宜发展农副业生产，全年生产收益80余万元，补入伙食30余万元，官兵生活质量进一步提高。重视抓好后勤各类专业人员培训，组织了司务长、炊事员、驾驶员和卫生员培训，提高

了业务技能。

【周永康部长在寿光中队视察工作】 4月6日下午，中共中央政治局委员、书记处书记、国务委员、公安部部长兼武警部队第一政委周永康，在省市领导的陪同下，到山东总队潍坊市支队寿光市中队视察工作。在总队长戴肃军、政治委员冯金安、潍坊支队支队长张正江、政治委员董清虎等陪同下首先来到中队全天候综合训练馆，周部长仔细查看了功能齐全的训练器材，并询问了相关情况。周部长对中队的工作很满意，要求官兵贯彻落实科学发展观，促进部队建设整体提高，实现保“十一·五”、保发展、保稳定的“三保”目标，积极争做党和人民的忠诚卫士。

（王重阳 供稿）

·人防工作·

【概况】 2006年，是全市人防建设取得重大成果的一年。人防工程总量实现快速增长，全年完成人防工程面积12万平方米、比上年增长54%，综合防护能力明显加强。平战结合向纵深发展，开发利用面积达到13.7万平方米，较上年增长50%；安排就业岗位720个，人防自身创收256万元，增长50%。

【指挥通信建设】 市、县及街道三级防空袭方案体系完全形成；疏散基地路基桥涵工程完成建设；新增警报设备31台（套），增长34%，音响警报覆盖率达到95%；新增高端监控点4个，增加44%，重点目标预警覆盖率达到100%；全市城区和县市区首次实施统一试鸣防空防灾警报，警报报知效果进一步增强；“两防一体化”加速推进，市人防办被市政府纳入首批应急联动综合服务系统成员单位；“防空防灾应急指挥车”通过国家鉴定，为在全国推广打下了坚实的基础。

【依法行政工作】 严格执行国家、省、市确定的收费标准依法收取人防建设费。大力推行行政执法责任制，对执法职责进行分解落实，建立了有效的行政执法责任体系。抓软环境建设，召开市直相关部门单位和服务对象人防行政执法座谈会，开门纳谏，改进工作作风。严抓执法监督检查，依法查处违反人防法律法规的案件5起，追缴易地建设费104万元，维护了人防法律法规的严肃性。

【人防宣传教育】 积极拓宽教育渠道，大力开展人防宣传教育，市人防办被国家人防办评为人防宣传教育先进单位。全市初级中学、中等院校和各级党校普遍开设人防教育课，有2.7万人接受人防法律法规和防空防灾知识培训。全年在国家、省、市新闻媒体刊发稿件60余篇，结合统一试鸣防空防灾警报和纪念《人民防空法》颁布十周年活动实施聚焦宣传，取得了良好的效果。

（王福升 供稿）

责任编辑 刘 敏

政　法

综　述

【平安潍坊建设】 全市各级政法部门以深入开展平安潍坊建设为总抓手，坚持从实际出发，创造性地开展工作，有力推动了政法稳定工作的深入进行。制定下发了《中共潍坊市委政法委员会、潍坊市社会治安综合治理委员会关于深化平安潍坊建设的意见》，使决策目标更加明确、执行责任更加细化、考核监督更加到位。出台了《全市平安潍坊建设工作重点立项督查工作》的文件，对市直及上属59个部门单位平安建设工作实行了重点立项督查，把平安建设的任务细化到部门单位，形成了齐抓共管的局面。各级政法部门结合本地实际，创造性开展工作，培植和推广了一批好的经验做法，收到了良好的社会效益。坊子区在开展试点取得成功的基础上，在全区推行了农村事务契约化管理的做法，取得了明显成效，全区农村各类矛盾纠纷下降30.8%，治安案件下降17.1%，信访案件下降34.8%。结合新农村建设，继续推进“争创信用守法村户”活动，拓展创建领域、提高创建质量、扩大创建影响。

【“严打”整治斗争】 本着“什么犯罪突出就重点打击什么犯罪，那里治安问题严重就重点整治那里”的原则，重点打击影响群众安全感的严重暴力犯罪和多发性侵财犯罪，集中解决影响社会治安的突出问题，形成了对违法犯罪分子的高压态势，牢牢掌握了驾驭社会治安局势的主动权。重点打击抢劫、抢夺等街头犯罪，入室盗窃、盗抢机动车等多发性侵财犯罪，爆炸、投毒、杀人、放火、伤害等严重暴力犯罪。认真组织开展打黑除恶专项行动，重点打击有组织犯罪和团伙犯罪，特别是注重深挖有组织犯罪和团伙犯罪的“黑后台”和保护伞。年内全市共打掉各类犯罪团伙596个，抓获和深挖团伙成员2187名，取得了显著成果。加大侦查破案力度，对重点案件实行领导包案，严格落实办案责任制，实现了命案必破。把打击流窜犯罪作为一个重点，严密布控，强化侦查，及时消除社会影响，流窜犯罪案件多发的势头得到了有效遏制。在娱乐场所开展了扫除“黄赌毒”等社会丑恶现象专项行动；在社区开展了打击传销、变相传销集中行动，始终保持对刑事犯罪分子的高压态势。深入开展对治安问题突出的村庄、公共复杂场所、学校周边治安秩序和铁路沿线的治安整治。年内，共排查出治安不好的村庄174个，治安混乱区域和部位257处，治安复杂的公共场所356处。

【治安防控工作】 坚持把推进治安防控体系建设作为维护社会稳定的重要载体，坚持人防、物防、技防同步提高，以城区为突破，以农村为重点，构建起了以“七大系统”为主要内容的治安防控体系，驾驭控制社会治安局势的能力明显提高。落实街面巡控，大力实施24小时不间断网格化治安巡逻。严格落实“一居一警”标准，全市684家重点安全保卫单位和规模以上企业，全部实行特派员和信息联络员制度。加强治安卡点防控系统建设，形成“四道防线”，提高了打击流窜犯罪的能力。加大“两口一屋”的管控力度，全面落实“以房管人”和分层次动态管控机制，积极探索实行租赁房屋代收税管理办法，有效提高了实有人口的管控率。健全完善以村为单位，乡镇所在地为重点，乡镇综治办、村治保会、村调委会、护村队为主要力量的治安防范责任制，形成了与农村三级报警服务系统相结合的治安防控网络。农村各类治安、刑事案件比上年分别下降了16.5%和27.3%。大力开展技防系统建设，充分运用市场化手段，积极推广电视监控、区域联网报警等技防设施，深入开展技防单位、技防小区、技防一条街等科技活动，并逐步与公安机关实现联网。年内，全市已安装监控探头3.2万个，区域联网报警用户1200余家，治安防控能力有了较大提高。

【矛盾纠纷排查调处】 全市各级政法部门牢固树立以人为本的理念，把群众利益放在首位，坚持多管齐下，妥善处理各方面利益关系，及时化解各类矛盾纠纷，从根本上消除不稳定因素。完善

了以乡镇（街道）调解中心为枢纽的矛盾纠纷排查调处网络。重点抓了乡镇（街道）调解中心、村（居）社区调委会和纠纷信息员队伍建设，积极探索建立行政调解组织、司法调解组织、企事业单位内部调解组织相结合的调处网络。全市共成立各类调委会10353个，其中乡镇（街道）调委会193个，村（居）调委会9419个，企事业单位调委会602个，区域性行业调委会108个，其它调委会31个，共有调解人员35378人，在调处和化解矛盾纠纷方面发挥了重要作用，成为维护社会稳定的第一道防线。认真解决事关群众切身利益的问题，重点排查、妥善化解在城镇拆迁、土地征用、企业重组改制、工程建设、拖欠职工工资等侵害群众利益的问题，防止集体上访和重大群体性事件的发生。对重大上访案件，进行全程跟踪督办；对重大疑难案件，组织专人专项督办，及时总结、调度各地涉法涉诉问题的处理情况。年内，全市共排查各类矛盾纠纷36783起，调处成功36158起，调处成功率为98.3%。积极研究新形势下预防和减少涉法涉诉案件的措施、办法，努力从根本上预防和减少涉法涉诉案件。对上访老户，全部实行“定包案领导、定办案人员、定解决方案、定结案时限”的“四定”责任制，最大限度地把上访老户稳定在了当地，息访率达到了93.6%。坚持政法部门联合接访制度，县市区每月、市里每季一次组织政法部门集中接访，面对面受理群众诉求、答复群众疑问、提供法律咨询、受理对干警的投诉等，即方便了群众上访，也拉近了与群众的距离，社会反映很好

【法律服务工作】 紧紧围绕全市工作重心，牢固树立中心意识和服务意识，正确处理管理与服务的关系，全面加强和改进执法管理工作，认真执行和坚决兑现各项服务承诺，积极主动地为全市经济社会发展提供了优质高效服务。市委政法委出台了《关于加快和保障服务业发展的意见》，为全市服务业发展提供了宽松的环境。公安机关着力加强市场治安管理，严厉打击“市霸”、“行霸”，市场经营秩序始终保持在正常轨道内运行，为各类市场投资、经营者业务开展创造了良好的治安软环境。年内，全市共立查各类经济犯罪案件451起，挽回经济损失4400多万元。积极参与规范和整顿市场经济秩序活动，配合经济主管部门开展了非法传销专项治理活动，打掉非法传销团伙1283个，教育遣散传销人员1.7万余名，打击处理传销骨干人员306名。检察机关加大查办职务犯罪工作的力度，依法从重从严打击国家工作人员的职务犯罪活动，年内共立查各类职务犯罪案件197起，挽回经济损失2028万元，有力推动了反腐败斗争和行政司法机关的依法行政。法院系统进一步强化调节和服务职能，通过调处各类侵权活动、合同纠纷，依法保护企业的合法权益。年内全市法院共处结民商事案件63837件，执结31167件，特别是妥善处理涉及企业改制、改组、兼并方面的案件，进一步加大了破产案件审判力度，办理破产案件48件，金额59亿元，促进了全市经济结构的战略性调整。司法行政系统通过狠抓律师机构和律师队伍建设，法律服务质量和水平有了新的提高，全市律师共为各类单位和公民个人担任常年法律顾问1570家，办理法律服务案件12297件，办理各类公证30635件，涉及金额43.7亿元。

【民主法制建设】 各级各部门围绕实施“五五”普法和“四五”依法治市规划，坚持面向基层、面向群众、面向实际，积极组织了开展“法律下乡”、“法律进社区、进企业”以及“创建民主法治村”等活动，教育引导广大群众遵守法律法规，依法办事，依法维权，取得明显效果。突出抓了普法重点对象和重点内容的落实，继续把领导干部、行政执法人员和在校生作为普法重点，坚持“学法日”制度和举办法制讲座。年内举办县级以上领导干部法制讲座26次，有4000余人参加，并对全市2.5万多名科以上干部进行了法律知识考试，促进了领导干部和执法人员带头学法用法。科级干部法律学历教育逐步走上正轨。针对青少年违法犯罪不断上升和呈低龄化的趋势，大力开展了青少年“学法、知法、守法”系列活动，逐步建立健全家庭、学校、社区、司法、社会“五道防线”。各级政法部门发挥优势，选派1682多名干警兼任中小学法制副校长，使在校生的法制教育工作有了新的进展。同时，采取群众喜闻乐见的普法宣讲团、文艺演出、送法上门等多种形式，开展了声势浩大的全民法制宣传活动，增强了干部群众的法制观念，促进了大局稳定。

【政法队伍建设】 全市各级政法部门按照中央和省里的部署，在开展“规范执法行为、促进执法公正”专项整改活动取得成效的基础上，根据中央和省委的统一部署，在全市政法系统开展了社会主义法制理念教育活动，全市9000多名政法干警全部参加了教育。深入开展了“抓基层、抓基础、大练基本功”的“三基”活动，强化对全体政法干警的业务培训，确保拉得出、冲得上、打得赢。健全完善干部人事管理制度，坚持统一招考录用、竞争上岗、交流轮岗等行之有效的制度，在队伍中形成有效的竞争激励机制。切实加强监督，健全完善执法活动的全程控制机制，在全市政法部门建立执法档案，把执法的整个过程都纳入监察监督控制之中。大力加强廉政制度建设，逐级建立起了不愿为的自律机制、不敢为的惩戒机制和不能为的防范机制，从而促进了公正司法、廉洁办案，干警违法违纪现象同比下降了38%，在全市树立了政法机关的良好执法形象。

（政法委　供稿）

社会治安

【概况】 2006年，全市公安机关在市委、市政府和省公安厅的正确领导下，以党的十六大和十六届六中全会精神为指导，以科学发展观统领公安工作全

局，按照“打造平安潍坊、优化发展环境、构建和谐社会”的总体要求，坚持基层基础建设、治安防控体系建设、队伍正规化建设“三位一体”、整体推进，不断加强和改进公安工作，圆满完成了各项公安保卫任务，为促进全市经济社会又好又快发展创造了稳定和谐的社会环境。年内，全市公安工作呈现出了“五降五升”的良好发展态势，“五降”，即：刑事发案降低，刑事案件立案同比下降6.2%，其中抢劫、抢夺、盗窃等可防性案件分别下降13.3%、14.8%和10.5%；群体性上访事件降低，到市集体上访同比下降4.7%；治安灾害事故降低，交通事故四项指标同比分别下降10.7%、10.9%、7%、13.2%，火灾事故发生起数和损失数同比分别下降10.4%、63.7%，消防监管连续三年保持“零死亡”；涉法信访案件降低，到部到省上访被登记通报数量下降50%。“五升”，即：打击效能提升，现行刑事案件破案率同比增长1.6%，抓获犯罪嫌疑人数量同比增长3.3%；基层实力提升，一线单位和派出所警力分别占到县级公安机关总警力的90.5%和45.6%；保障水平提升，全市公安机关经费预算同比增长31.6%；队伍素质提升，在省厅组织的10项比武竞赛中，取得了基层“五长”、国保、经侦、刑警、警卫5个“团体第一”；群众满意率提升，市公安局在上半年全市企业“双评”中，一举上升60个名次列第25位，年底又升至第19位。

维护社会政治稳定。(1) 大力加强情报信息工作，深入开展不安定因素排查调处活动，共收集上报信息6820条，其中重要信息710条，及时化解各类矛盾纠纷480条，有效发挥了预警作用。(2) 不断完善工作方案、处置预案和指挥调度机制，加强市级机关保卫和武警值班守卫，强化特警队伍建设和实战训练，依法妥善处置了一批群体上访等事件，没有引发大的问题。(3) 强化对境内外敌对势力、敌对分子和“法轮功”等邪教组织的控制，深入开展网上斗争，严密防范、严厉打击了各类捣乱破坏活动和网络违法犯罪活动。(4) 精心组织，周密部署，完成各类警卫任务和重大活动安全保卫任务161批次，特别是圆满完成江泽民、曾庆红、周永康等中央领导同志来潍视察和风筝会、鲁台会等一系列重大活动安全保卫任务。

深入开展严打整治斗争。强化大要案件侦破，破获现行涉命案件152起，侦破率达95.6%，侦破涉命积案16起，被省公安厅授予“全省命案侦破先进单位”称号。严厉打击有组织犯罪，打掉犯罪团伙657个2398人，其中黑社会性质犯罪团伙1个、恶势力犯罪团伙20个，成员175名，破获案件246起。严厉打击多发性侵财犯罪，抓获“两抢一盗”犯罪嫌疑人4278名，破获各类侵财性案件14242起；组织开展了4次大规模反扒打流集中行动，抓获违法犯罪分子102名。严厉打击各类经济犯罪活动，破获经济犯罪案件245起，挽回经济损失5668万元；组织开展打击传销行动43次，取缔窝点902处。加强监管看守场所深挖犯罪工作，获取各类线索3096条，破获刑事案件1260起，抓获犯罪嫌疑人328名。突出整治治安混乱的区域、部位、行业、场所，限期扭转了治安落后的局面；严厉打击“黄赌毒”等违法犯罪活动，进一步净化了社会环境。

加强治安管理工作。(1) 人口管理。以开展“二代证”换发为重点，认真做好常住人口管理工作，共办理“二代证”304万个，办理户口变更12万余人次，解决疑难户口300余人次；门楼牌重新调查、整理、编排工作基本完成；组织开展了“两口一屋”专项清理整治行动，探索推行了以房管人的暂住人口管理模式，登记暂住人口30余万人，列管重点人口509人，协助外地函查700余人。(2) 出入境管理。深化“出入有境、服务无境”活动，共批准公民因私出国（境）20576人次，临时入境人员17366人次，办理各类出入境证件、签证、签注5704人次，侦办各类出入境违法犯罪案件152起，查处“三非”案件102起，处置涉外事件18起。(3) 枪爆剧毒危险物品管理。以开展为期4个月的整治枪支弹药、爆炸危险物品、管制刀具专项行动为重点，加强剧毒危险物品管理，严厉打击涉枪涉爆违法犯罪活动。先后检查涉枪涉爆单位3341处，清查涉剧毒物品企业、单位167家，签订责任书20余万份，查改隐患816处；查处涉枪涉爆案件138起，打击处理违法犯罪嫌疑人169名；取缔非法烟花爆竹生产窝点66个，收缴枪支655支、手榴弹416枚、各类子弹934发、管制刀具3230余把、炸药2889公斤、导火索3352米、雷管2730枚、烟花爆竹1300余万头；先后分2次将1874支非法枪支和385支报废军用枪进行了统一销毁。(4) 消防安全监督管理。以公众聚集场所、易燃易爆单位为重点，深入开展消防安全整治，加强消防安全监管力度。先后开展了人员密集场所、易燃易爆场所、建筑工程、消防产品、“九小场所”等消防安全专项治理，共检查单位2.8万余家次，督促整改火灾隐患8900余处，有效预防和减少了火灾事故的发生。(5) 道路交通管理。以创建“平安畅通活动”为平台，以预防道路交通事故为中心，深入开展城市文明交通活动，先后组织开展了打击盗抢机动车、机动车超员超载专项整治等多次整治行动，查纠各类交通违法行为28万余起，维护了全市良好的道路交通秩序。

优化发展软环境。进一步简化程序，减少环节，积极推进行政审批制度改革，实现了市政府提出的“提速30%”的目标。严格落实公安部“30项便民利民措施”和省公安厅“79条规定”等服务承诺，推出了自选“九二式”机动车号牌、交通事故快速处结、警企共建、“双述双评”等措施。同时，大力推行警务公开，实行阳光收费，坚决杜绝了“三乱”问题。认真落实为企业特别是50强企业发展服务的意见，加强企业周边治安秩序整治，严厉打击危害企业生产经营的违法犯罪活动，为企业发展保驾护航。

【周永康部长调研视察潍坊公安工作】

4月5日至8日，中共中央政治局委员、中央书记处书记、国务委员、公安

部长周永康在张高丽、高新亭、阎启俊、曲植凡和张传林、张新起、崔建平、胡岗、黄潍连等省、市领导的陪同下，深入寿光联系点进行调研，视察潍坊公安工作，亲切看望慰问广大公安民警，对全市的公安工作特别是基层基础建设予以充分肯定，并就进一步加强公安基层基础建设作出重要指示，提出了殷切期望和明确要求。周部长先后深入到寿光市公安局稻田派出所、圣城派出所、刑警大队、看守所、马寨村警务室、蔬菜批发市场警务室、武警寿光市中队进行调研，视察了交警支队1号警务工作站，检阅了多警种合成作战实战演练，途经视察奎文公安分局世纪泰华巡控点、潍坊警官培训基地，视察了安丘市公安局“网上办案”、“三台合一”和警察文化建设等情况。周部长在寿光和潍坊分别召开了公安基层基础建设座谈会、市县公安局长座谈会，并同市县公安机关领导干部、武警现役部队团级以上干部和全市公安机关英模代表合影留念。期间，周部长还听取了省市党委、政府的工作汇报，考察了寿光三元朱村、蔬菜高科技示范园、世纪学校、现代中学、晨鸣纸业集团股份有限公司，考察了潍坊经济社会发展情况和城市建设情况，对全省、全市的经济建设和社会事业予以充分肯定。

【“三基”工程建设深入开展】 (1)强力推进警力下沉。将4个城市分局内设机构统一精简为“四室五队”，其余县市区局全部按照上级要求，采取精简合并、合署办公等形式，将内设机构严格控制在11个之内，为警力下沉创造了有利条件。出台了一系列激励政策，从各个方面向基层民警倾斜，落实非领导职数220个，拨出专项资金2310万元，提高了基层一线民警的政治、经济待遇。年内，全市共下沉警力1334名，其中下沉到派出所的警力986名。(2)深入实施社区和农村警务战略。加强警务室建设，在城区，将警务室纳入城市建设总体规划，与小区建设同步进行；在农村，依托乡镇管区合理划分责任区、建立警务室。改革警务工作机制，落实联席会议、双向监督、配合协作等制度，采取弹性、错时、联勤等措施，实行“居家式”、“搭档式”和以社区民警名字命名等模式，真正把警力向案件高发、防范薄弱、群众需求时段倾斜，提高了社区和农村治安管控能力。全市建成社区和农村警务室790个，其中以社区民警名字命名的警务室144个、“居家式”警务室5个，配备社区民警869人，社区警力占派出所总警力的60.3%，初步打造了服务群众、维护稳定的第一线平台。(3)着力强化信息化应用。坚持信息主导警务的理念，加大资金投入，完成三级网升级改造，开通了四级网，正在建设连通到社区警务室的“五级网”，全市百名民警拥有联入公安网计算机达80台，公安主干网的覆盖率为97.7%。在全市推广警民互动信息系统，形成了警民信息互通、工作互动、信息共享的良好格局。整合各种信息资源，基本建立了以县市区为主要平台、覆盖基层基础主要领域、基本满足实战需要的警务信息综合应用系统，促进了基础工作信息化、信息工作基础化。强化信息资料的搜集、分析、汇总、研判，提高了信息预警、信息导侦、信息导防的能力。年内通过网上信息直接或间接破案1789起，直接或间接抓获犯罪嫌疑人670人。同时，依托信息化管理，不断探索完善“以房管人”的人口管理机制，逐步推行租赁房屋税费返还的办法，提高了实有人口的管控率。11月16日至17日，省委、省政府在潍坊召开全省公安机关“三基”工程建设工作会议，推广了全市的经验做法。(4)不断加强基本建设和装备配备。高质量地完成了市看守所、拘留所和警官培训基地一期工程并按期投入使用，市局治安防控指挥中心大楼封顶，市车驾管综合服务大厅正在施工，市机动车驾驶考试中心和武警、边防新营房等建设项目正在运作中。为基层增加警用汽车、摩托车214辆及必要的警用装备，为42个基层所队新建、改建办公用房，新建社区和农村警务室113个，全市一级、二级派出所分别达到14个和67个，一级、二级刑警中队分别达到8个和19个。(5)大力开展苦练基本功活动。加强正规化教育培训，制定了《2006—2010年全市公安教育训练工作规划》，以市警官培训基地为平台，培训民警23期2700人；广泛开展岗位练兵，全市举办各类培训班220期，培训民警1.2万人次，提高了民警的政治、业务和体能素质。

【全面深化治安防控体系建设】 (1)抓网络布局，扩大社会覆盖面。巩固完善已建成的街面、社区、内部单位防控系统和治安卡点堵控系统“四张网络”，形成了点线面有机结合、市县乡三级布控、上下左右相互策应的网络化社会面防控机制，提高了防范、打击现行违法犯罪的能力和水平。积极推进指挥系统、技防系统和人口场所行业物品管控系统，提高了防控工作的整体效能。全市共划分巡控区142个，配备警车201部，部署巡控警力1844名。(2)抓市场引导，破解投入难题。充分运用市场化手段，积极推广视频监控、区域联网报警等技防设施，深入开展技防单位、技防小区、技防一条街等科技创安活动，并逐步与公安机关实现联网，多层面地加强技防体系建设。全市安装视频监控探头3.7万个，80%与公安机关联网或纳入公安机关管理，区域联网报警用户达1230家。按照“属地管理”的原则，落实“分级建设、分级监控”责任制，建立市局、县市区局、派出所三级监控平台，提高了防控工作的科技含量。(3)抓专群结合，不断推进社会化。大力指导和规范保安服务业发展，促其形成规模产业，全市保安队伍已发展为1.2万人，重点单位保安进驻率达到96%，城区机关、学校、企事业单位、居民社区和娱乐场所保安进驻率达到85%以上。广泛组织开展联村联防、联户联防、联企联防等多种形式的群防群治活动，全市县、乡、村三级共成立了2850支、有12万人参加的专兼职治安联防队伍，有效预防和减少了治安问题的发生。以“七大系统”为主要内容的治安防控体系总体框架基本建成，驾驭控制治安局势的能力明显增强。6月

16日，全省治安防控体系建设现场观摩会人会代表到寿光参观，肯定了全市的经验做法。

【推进队伍正规化建设】　(1) 深化思想政治建设。深入开展社会主义法治理念等一系列教育活动，用先进理论武装头脑、指导实践、推动工作，保持了公安队伍忠于党、忠于祖国、忠于人民、忠于法律的政治本色。(2) 加强领导班子建设。在市委的领导和支持下，新提拔副县级干部35名、科级干部338名，并进行了大幅度调整交流，县市区公安局长和市局警种单位主要负责人交流面达100%，进一步优化了各级公安机关领导班子结构，增强了凝聚力和战斗力。(3) 强化执法监督和涉法信访工作。大力开展执法质量检查考评和基层执法服务队活动，审核各类案件13622起，无一起因复议诉讼被撤销或变更案件。深入开展涉法信访问题专项整治，受理接待群众来信来访4767起，其中接待来访2780起1348人次，结案率和息访率分别达到95.4%和91.5%。(4) 严格队伍教育管理。认真贯彻执行“五条禁令”，强化内外监督制约，开展专项督察活动112次，聘请执法执纪监督员2200名，处理违法违纪民警8人。组织开展了为期3个月的队伍集中教育整顿活动，解决了队伍纪律作风方面存在的突出问题。(5) 深入开展公安宣传和立功创模活动。在市级以上媒体发表各类稿件8715篇，其中省级以上3812篇。首次成建制选派的10名赴海地维和民警圆满完成任务胜利凯旋归来，涌现出全国公安系统二级英模杨希涛等一批先进典型，全市有43个单位和123名民警被部、厅、市局记功表彰，树立了潍坊公安的良好形象。

（王刚　陈永刚　孙全玉　供稿）

检察工作

【查办和预防职务犯罪工作】　全市检察机关坚决贯彻中央和省、市委关于反腐败斗争的部署，强化措施，加大力度，依法查办职务犯罪案件。突出查办国家工作人员贪污受贿、渎职侵权大案要案。全年共立查贪污贿赂等职务犯罪大案要案122件180人；立查渎职侵权职务犯罪重特大案件28件48人。如立查的潍坊监狱原监狱长邵XX（正县级）、原副监狱长沈XX（正县级）等8人受贿窝案；原山东潍坊贸易学校校长丁XX（正县级）受贿案；潍坊第二中学原党委书记孙XX（正县级）受贿案；青州市朱良镇政府杨XX等4人非法拘禁案等，都在社会上引起了很大反响。集中力量查办群众反映强烈、容易激化矛盾、影响稳定的职务犯罪案件。如立查的昌乐县针织厂留守处负责人杨XX贪污、挪用下岗职工生活费、特困救济金、离退休职工医疗费22.6万余元案，杨被依法判处有期徒刑6年，维护了下岗工人的合法权益。积极推行与完善讯问职务犯罪嫌疑人全程同步录音录像，侦查工作一体化工作机制，案件动态全程监控体系，规范执法行为，提高执法水平，办案质量稳步提升，办案效果进一步增强。立查的贪污贿赂、渎职侵权等职务犯罪案件，已侦查终结189件273人，提起公诉179件258人，法院已作有罪判决168件239人，案件侦结率、起诉率、有罪判决率都有新的提升。省检察院指定管辖由市检察院公诉的济宁市原副市长李信受贿案公诉庭，被最高人民检察院评为全国检察机关“十佳”公诉庭。坚持惩防并举，积极开展职务犯罪预防工作。采取以案释法、建立警示教育基地、开展“廉政文化进社区”活动、开通“声讯警示教育信息台”等形式，大力加强法制宣传教育，增强国家工作人员廉洁自律的自觉性。在教育、卫生、税务、电力、交通、银行等14个系统32个重点行业部门，共同开展了系统预防工作，建立了经常性的预防工作机制。结合办案，对发案单位存在的问题，提出检察建议111份，协助建章立制261项；积极推行行贿档案查询工作，全年提供查询49次，被查询单位381个，被查询人员127人，对推动惩治和预防腐败体系建设起到了积极作用。

【打击刑事犯罪、维护社会稳定工作】　全市检察机关始终把维护稳定作为首要任务，坚持依法从重从快的方针，与公安、法院等部门密切配合，充分发挥批准逮捕和提起公诉职能，严厉打击暴力犯罪、“两抢一盗”多发性犯罪等严重刑事犯罪活动，切实保障人民群众的生命财产安全。全年共批捕各类刑事犯罪嫌疑人3882人，起诉6802人。其中批捕爆炸、杀人、抢劫、绑架等严重暴力犯罪嫌疑人1051人，起诉1235人。办案质量和水平进一步提高，社会效果进一步增强。同时坚持宽严相济的刑事政策，对初犯、偶犯、轻微刑事犯罪和未成年人犯罪，依法从轻处理，最大限度地减少社会对抗。全年依法从轻处理未成年人犯及其他轻微刑事罪犯374人。积极参与社会治安防控体系建设，深入乡村、社区开展法律宣传服务，广泛开展“青少年维权岗”活动，促进了社会的和谐稳定。

积极参与整顿和规范市场经济秩序工作，在金融、证券、财税、商贸等重点领域，重点打击走私、金融诈骗、偷税骗税、制假售假等严重破坏市场经济秩序的犯罪，共批捕上述各类犯罪嫌疑人41人，起诉92人。积极开展查办破坏社会主义市场经济秩序渎职犯罪专项工作，共立查15件22人，有力维护了全市经济秩序的健康发展。立查商业贿赂犯罪案件82人，其中涉及教育、医疗、建筑、土地征用、房屋拆迁等事关民生领域的案件41件。依法打击侵害“三农”案件，突出查办农村和基层职务犯罪案件，共立查基层乡镇站所、农村基层干部职务犯罪案件46件68人。加强控告申诉检察工作，依法及时解决群众的合理诉求。全年共受理群众来信来访1543件，均依法作出妥善处理。认真开展信访集中整治专项活动，对排查出的8件重点案件，全面落实“四定两包”责任制，年内全部息访息诉。

【诉讼监督工作】　全市检察机关抓住群众反映强烈的有法不依、执法不严、

执法不公等突出问题，依法开展诉讼监督工作。加强刑事立案监督。坚决纠正有罪不究、以罚代刑、不该立案而立案等问题，共监督立案188件，监督撤销案件14件，使有罪者受到惩处，无罪者得到保护。加强侦查活动监督。对不构成犯罪、不符合逮捕、起诉条件的，依法不批准逮捕380人，不起诉29人。对应当批捕、起诉而未提请批捕和移送起诉的，依法追捕132人，追诉279人。追捕的漏犯中有18人被判处10年有期徒刑以上刑罚；追诉的漏犯中有51人被判处10年有期徒刑以上刑罚。加强刑罚执行监督。批捕又犯罪案件74件129人，起诉又犯罪案件87件184人。对违法减刑、假释、保外就医以及虐待被监管人、刑期计算错误等问题，依法监督纠正9件。落实预防超期羁押的各项措施，保持了全市看守所连续22年无超期羁押，依法维护了在押人员的合法权益。加强审判监督。对认为不当的刑事判决裁定，依法提出抗诉7件，法院已改判和发回重审3件。对认为确有错误的民事、行政判决裁定提出抗诉95件，人民法院改判、调解结案48件；提出再审检察建议77件，法院采纳50件，有效维护了当事人的合法权益。同时，自觉维护司法权威，对不服人民法院正确裁判的167件申诉，逐一做好当事人的服判息诉工作，化解了矛盾纠纷，促进了社会和谐。

【检务公开和人民监督员制度试点工作】 全市检察机关进一步深化检务公开措施，将人民检察院的性质、职权、机构设置，立案范围、标准，办案工作程序，诉讼参与人的权利义务，检察工作纪律，检察官廉洁自律规定等内容以便捷的形式向社会公开，增强执法的透明度，增加人民群众对检察工作的知情权和参与权，把检察工作置于党委、人大和人民群众的有效监督之下，确保严格公正文明执法。积极推行人民监督员制度试点工作，年内人民监督员监督“三类案件”27件，监督“五种情形”6件，强化了人民群众对检察工作的参与和监督，在规范检察机关执法行为、保证办案质量等方面发挥了积极作用。

【检察队伍建设】 全市检察机关紧紧围绕“建一流班子，带一流队伍，创一流业绩”的目标，认真贯彻《中共中央关于进一步加强人民法院、人民检察院工作的决定》，大力加强检察队伍自身建设。扎实开展社会主义法治理念教育活动。结合召开民主生活会、开展社会主义法治理念教育万人评、组织案件质量评查、召开析案明理现场会、开展警示教育、进行赃款赃物专项检查等活动，坚持边学习边整改，认真查找和解决与之不适应、不符合的问题，进一步促进了严格、公正、规范、文明执法。市委政法委先后在寒亭、安丘、临朐等3个基层检察院召开了教育活动现场观摩会；省委副书记高新亭到青州市院检查指导工作时，对该院开展社会主义法治理念教育活动等工作给予了充分肯定和高度评价。以迎接省检察院检查点评为契机，大力提升规范化建设水平。修订编印了《全市检察机关规范化建设制度汇编》，统一规范各业务部门的工作职责及业务工作流程；整理、规范了2004年以来各类卷宗2137卷；投资建成高标准的大要案侦查指挥中心和办案工作区，机关整体面貌明显改观，规范化水平进一步提高。在省检察院组织对市级院的检查点评中，成绩名列前茅，受到了省院领导和与会人员的高度评价。以公正执法为核心、专业化建设为方向，进一步加强业务建设。通过组织岗位练兵活动、聘请专家学者讲座、选派业务骨干深造、举办案例抗辩赛等方式，对1093名干警进行了正规化业务培训，对97名未取得法律职称人员进行专项培训，进一步提高了干警的专业技能和执法水平。坚持“一岗双责”，严格落实党风廉政建设责任制，普遍建立起干警执法档案，进一步规范了执法行为，全市检察干警没有发生严重违法违纪问题。潍坊市院被高检院表彰为全国检察机关纪检监察工作先进集体。全市有40个集体和137名个人受到市级以上表彰，其中多名干警被授予全省“十佳”基层检察长、全省“公正执法标兵”、山东省“优秀青年卫士”、全国民事行政检察先进个人等荣誉。安丘市院被高检院表彰为“全国模范检察院”，并被山东省委、省政府授予“人民满意政法单位”称号，寿光市院被高检院表彰为“全国先进检察院”。

（王俊丽　供稿）

审判工作

【概况】 2006年，全市法院坚持以邓小平理论和“三个代表”重要思想为指导，以科学发展观为统领，紧紧围绕党和国家工作大局，全面贯彻落实《中共中央关于进一步加强人民法院、人民检察院工作的决定》，深入践行“公正司法、一心为民”方针，忠实履行宪法和法律赋予的职责，大力加强自身建设，各项工作都实现了新发展。全年共处结各类案件106007件，占全省法院的八分之一强，连续4年突破10万件，为维护稳定，促进经济社会又好又快发展作出了积极贡献。省委领导、省法院主要领导先后14次对全市法院工作作出批示，给予充分肯定。自2001年省法院对各中级法院实施综合考核以来，市中级法院在连续5年被授予“全省法院先进集体”基础上，2006年又被授予“全省法院先进集体”，始终保持了在全省法院综合考核中的领先位次。

刑事审判。全市法院积极参与“平安潍坊”建设，全年共依法判处一审刑事案件4505案6821人，同比分别上升5.3%和6.2%，其中判处五年以上有期徒刑至死刑的966人，占处刑总数的17.2%，有效遏制了犯罪高发势头。深入开展“严打”整治斗争，严厉打击“两抢一盗”等严重刑事犯罪，增强了人民群众安全感；积极参与整顿和规范市场经济秩序工作，依法判处偷税漏税、票据诈骗等犯罪案件61件111人，保障了市场经济秩序健康发展；深入开展“惩治商业贿赂犯罪”专项斗争，全年共判处贪污、贿赂、挪用公款和商业贿赂等犯罪案件160件228人，其中涉及一批县处级领导职位的大要案，昭示了党和政府惩治腐败的坚定决心，推动了反腐败斗争深入开展；认真贯彻“严格控制死刑、少杀慎杀”刑事政策，确保了宽严相济、不枉不纵；继续深化社会治安综合治理，先后召开宣判大会51场次，集中公开处理256案375犯，依法办理减刑假释案件2412件，回访帮教“缓管免”人员970人次，深入乡村、社区、学校以案讲法190场次，特别是对市区未成年人刑事案件实行集中管辖，促进未成年犯矫正工作，取得了良好效果。2006年全市7个法院被授予全国或省级“优秀青少年维权岗”。

民事审判。继续完善“远程立案”、“双轨制”立案等便民立案措施，建立“诉讼指导”、“风险告知”、“法律释明”等制度，设置“流动法庭”、“假日法庭”、“车载法庭”进行“巡回审理、就地办案”，便利了人民群众运用法律武器保护自身合法权益。全年共审结婚姻家庭、医疗保险、工资拖欠等涉及群众切身利益的各类一审民事案件40512件，增进了社会团结和睦。进一步加大调解力度，82.5%的民事案件通过调解或撤诉方式解决，最大限度地做到案结事了。全年共处结各类合同、票据证券、财产权属等一审商事案件23325件，标的额96.6亿元，为全市经济健康发展营造了良好法治环境。妥善审理涉及企业改制、公司上市等产权制度改革的案件，促进了经济结构的调整；加大破产案件审理力度，积极稳妥审理48家企业破产案件，破产金额59亿元，全部实现“无震荡”破产；依法及时审理了涉及侵犯商标、专利等知识产权案件106件，认定“新郎·希努尔”服装、“景阳春”酒业和“孚日家纺”为中国驰名商标，推动了全市“品牌战略”的实施；深入开展了“院企共建”活动，组织走访全市规模以上企业2000余家，提供法律咨询；认真审理涉外民商事案件，营造了开放有序、充满活力的投资兴业环境。

行政审判。妥善审理各类“民告官”案件，增进“官民”和谐，全年共依法处结一审行政诉讼案件2938件，执结非诉行政案件3274件，特别是在大量的城建规划、土地征用、房屋拆迁案件中提供了有力的法律保障，既保护了行政相对人合法权益，又促进了依法行政，保证了重点项目建设顺利进行。

立案、审监工作。认真解决涉诉信访问题。坚持对上访群众诉求合理的解决到位，对要求过高的教育到位，对无理纠缠的稳控到位，对触犯法律的处置到位，使许多老问题案结事了，新问题就地化解。全市涉诉信访同比下降18%，信访案件与审执结案件之比仅为万分之七点八，在全省法院中是最低的。加强对弱势群体的司法救助，全年共为经济确有困难的1250起案件当事人减缓免诉讼费251.4万元，彰显了社会主义司法文明和人文关怀。坚持“实事求是、有错必纠”原则，全年共审结再审案件444件，既纠正了确有错误的裁判，又维护了生效裁判既判力，保证了法律的准确全面实施。

执行工作。深入贯彻中央11号文件和中政委52号文件精神，深入开展清理执行积案活动，积极推进“两权两化”和“执行程序化”改革，倡导建立执行工作“联动机制”和“威慑机制”，通过集中执行、媒体曝光、依法追究拒不执行判决裁定罪等措施，全年共执结案件31167件，执行标的额20亿元，及时保护了当事人的合法权益。

【最高法院副院长苏泽林来潍坊视察】 2006年3月30日至31日，最高人民法院副院长苏泽林、政治部副主任宋建朝、立案庭庭长刘学文、行装局副局长陈伟、研究室副主任罗东川等一行8人在省高级法院院长尹忠显，副院长霍力民，山东法官培训学院党委书记、省法院行政装备管理处处长罗大乐等陪同下，来潍坊就审判流程管理、庭前准备程序改革进行了调研。苏泽林听取了潍坊中院程茂仁院长的工作汇报，参观了中院审判大楼、信息中心、图书室、监控室等设施，并到诸城、高密法院进行了实地调研。苏泽林对潍坊法院工作，特别是队伍建设给予了充分肯定和高度评价。潍坊市委书记、市人大主任张传林，市委副书记、纪委书记崔建平，市委常委、政法委书记李守玉，市委常委、秘书长胡岗，市人大副主任吴元宝，市中级法院院长程茂仁、副院长刘亚宁陪同调研。

【社会主义法治理念教育等三项活动取得良好效果】 2006年，根据中央、省市委和上级法院统一部署，全市法院深入开展了社会主义法治理念教育、社会主义荣辱观教育和“规范司法行为年”活动。专门成立了活动领导小组，认真制定了严格的活动计划，组织了知识竞赛、演讲比赛、庭审观摩等10项载体活动。从立案、庭审、调解、文书制作、执行等方面，进一步规范了司法行为，办案质量明显提升，在2006年8月份最高法院“五项工作”大检查中受到充分肯定。引导干警深刻理解和把握依法治国等社会主义法治理念的基本内涵和本质要求，牢记公正司法、一心为民使命，进一步解决“为谁掌权、为谁执法、为谁服务”的根本问题，打牢了为党和人民掌好用好审判权的思想根基。深入开展社会主义荣辱观主题实践活动，引导干警对照“八荣八耻”，从我做起，从点滴做起，做践行“八荣八耻”的表率，广大干警进一步树立了正确的世界观、人生观、价值观和荣辱观。

【司法改革和机制创新进一步深化】 坚持以改革创新促公正、求发展的思路，继续发扬优良传统，全面推进司法改革和机制创新，2006年省法院先后在潍坊召开了司法警察、审判监督、行政审判以及涉外商事审判、审理公司案件等5个现场会和专题研讨会，对我们在实践中探索的多项经验做法给予肯定和推广。“大立案”审判流程管理、“刑事庭前证据开示”、“审前程序改革”和“简易民事案件即审”等传统改革经验在原有的基础上得到了全面的深化、巩固和提高。“可视化庭审监督”、“三分离、四限制、五管理”执行流程管理、“宽进严出”再审立案模式、“审前程序和预审法官制度”、“外勤警务化”、“执

行程序化”等经验做法，成为新的改革“亮点”。

【基层基础工作进一步加强】 坚持重心下移方针，在领导精力、工作部署、物质装备等方面向基层倾斜，通过出台规范性文件、总结推广经验、实行联系点制度、完善考核机制等措施，加强对基层法院和人民法庭工作的监督指导。特别是以贯彻落实中央关于加强“两院”工作的决定为契机，进一步帮助解决基层的困难和问题，推动了全市法院各项工作整体进步，全面发展。2006年，中院和12个基层法院均实现“六无”目标，53处人民法庭全部达“五化”标准，受到省院充分肯定。

（邱金山　宋宗明　孙小玮　供稿）

司法行政

【概况】 2006年，全市司法行政机关在市委、市政府和省司法厅的领导下，坚持以邓小平理论和“三个代表”重要思想为指导，认真贯彻党的十六大和十六届五中、六中全会精神，以科学发展观为统领，树立和践行社会主义法治理念，紧紧围绕全市又好又快发展和平安潍坊建设、构建和谐社会这条主线，按照“一个全面加强、两个重点突破、三个显著提高”的目标要求，充分发挥职能作用，各项工作取得新的进展和成效。

开展社会主义法治理念教育。5月份，全市司法行政系统深入开展了社会主义法治理念教育活动，各级司法行政机关层层制定实施方案，加强领导，认真组织，整个活动做到了组织领导到位、思想发动到位、计划安排到位、督察指导到位，为教育活动的顺利开展提供了有力保障。活动中，采取专题辅导、集中学习、个人自学、座谈讨论、演讲比赛、笔记评查、组织收看电视讲座等多种形式加强学习，组织人人参与，圆满完成了各阶段目标任务，促进了司法行政队伍建设水平的显著提高。

司法所规范化建设和基层基础工作取得新进展。认真开展乡镇（街道）司法所和调解中心规范化建设，健全组织机构，改善基础设施，基层工作更加活跃。市司法局制定下发了《关于加强司法所规范化建设的实施意见》、《司法所规范化建设标准》、《司法所规范化建设考核细则》等文件，指导各县市区司法所规范化建设。在基础设施建设方面，高密市司法局在仁和镇、夏庄镇、柴沟镇分别新建三座面积为500～600平米的司法所办公楼，产权归高密市司法局所有，结束了全市司法所没有自己的办公场所产权的历史。9月份，省委副书记高新亭同志在潍坊进行工作调研时，高度赞扬了潍坊市的司法所建设和基层调解工作。全市共有128个司法所达到或基本达到省级标准，占总数的67.3%，位居全省前列。司法所干警队伍发展到468人，司法行政编制人员316人，有15位司法所长被明确为副科级。人民调解工作不断深化，村有调解组织、乡有调解中心、县有联席会议的矛盾纠纷“大调解”网络进一步健全，工作机制进一步完善，化解效能进一步提高。全年各级调解中心共受理矛盾纠纷5953起，调处成功率96.7%以上，预防和制止群体性上访113起。强化刑释解教人员帮教安置工作的衔接管控和动态管理，建立刑释解教人员危险性评估体系，有效预防和减少了重新违法犯罪。在部分县市区建立安置帮教基地，为刑释解教人员提供了大量就业机会。全市共接收刑释解教人员1364人，已有1322人得到了妥善安置，全市刑释解教人员安置率达到90%以上，重新违法犯罪率控制在3%以下。

劳教场所保持安全稳定。以创建平安劳教所为目标，严格落实劳教场所安全稳定长效机制，不间断地组织监管秩序整顿、安全生产专项整改和综合整治，不断加大安全基础设施投入，人防、物防、技防水平明显提升，全年实现了管教安全“零报警”的目标任务。积极推进三种管理模式，实行建制、区域、处遇、警戒四分开，坚持不同管理模式实行不同管理措施，保证了“依法、严格、科学、文明”管理。探索建立教育改造质量评估体系，实施劳教人员心理矫治，不断强化思想、法制和文化技能教育培训，劳教工作法制化、科学化、社会化建设工作日趋规范，教育挽救质量不断提高。劳教生产经济效益不断增长，全年劳务总收入比去年增长140%。

扎实开展法律服务工作。市司法局出台了《关于组织全市律师积极为建设社会主义新农村办实事的意见》，引导广大法律服务工作者不断拓宽服务领域，规范服务行为，提高服务层次和质量，为农村基层社会稳定搞好服务、为农村民主法制建设搞好服务、为县域经济发展和农民群众依法维权搞好服务。重视发挥律师在维护社会稳定中的特殊作用，与市信访局联合出台了《潍坊市律师参与涉法信访工作实施细则》，促进律师参与涉法信访向县市区一级延伸。不断壮大律师队伍，新组建律师机构4个，发展律师30人，全市律师机构达到52个，执业律师人数达到538人。全市律师共为政府机关、企事业单位和公民个人担任常年法律顾问992家，诉讼代理9817件，非诉讼法律事务2480件，为有关单位和当事人避免和挽回经济损失17亿元。认真贯彻落实《公证法》，积极制定公证机构布局规划方案，稳步推进公证工作改革。全年共办理公证业务30635件，服务收费800多万元。公证工作积极服务全市重点项目建设，涉及标的额20多亿元。加强和改进法律援助工作，法律援助机构规范化建设不断深入，法律援助经费和办案数量有了明显增长，全市法律援助经费160.7万元，办理法律援助案件1560件，同比分别增长17.7%、30%。深入开展“司法鉴定机构规范建设年”活动，认真做好审核登记、建章立制等工作，司法鉴定管理进一步规范。新设立司法鉴定机构4家，全市司法鉴定机构达到18家，共做鉴定3767件，采信率达98%以上。

认真开展普法依法治理工作。在认真总结“四五”普法工作表彰先进的基础上，市委常委会议、市人大常委会议

分别听取了市司法局关于“四五”普法工作汇报，讨论通过了“五五”普法规划和新的五年依法治市规划，市委、市政府批转了“五五”普法规划。全市“五五”普法规划和“四五”依法治市规划启动后，全市各级司法行政机关，认真贯彻落实，坚持边规划、边实施，重点抓好领导干部、青少年、农村“两委”成员和农民工的法制宣传教育，大力推进法律进乡村、进学校、进企业、进社区活动，积极参与潍坊电视台“行风在线”栏目，组织搞好“12·4”全国法制宣传日等活动。深入推进“民主法制示范村”创建活动，总结了坊子区村居事务契约化管理等经验做法，把农村各项事务逐步纳入法制化管理轨道，村级法制化管理水平提高，丰富了以城乡基层为重点的依法治理实践。在“四五”普法工作中，昌乐县被评为“全国普法先进县”，全市有2人被评为全国普法先进个人，有19个先进集体和20个先进个人受到省普法领导小组的表彰。

【构建和谐社会法律服务百日行活动】 12月4日，潍坊市司法局举行全市“构建和谐社会法律服务百日行”活动启动仪式，在全市范围内集中开展法律服务、法制宣传活动。整个活动从2006年12月开始到2007年3月份结束，利用100天时间，专门组织由法律援助工作人员、律师、公证员、基层法律工作者、法律援助志愿者组成的法律服务队伍，深入社区、乡村、企业、学校、部队、敬老院、公共场所及特殊群体和弱势群体中，开展多种形式的法制宣传和法律服务活动，提高群众的法律素质和法制观念，解决广大群众遇到的法律难题，及时实施法律援助，维护广大群众的合法权益。

（司法局办公室　供稿）

典型案例

【张国晓、张光和、王建新、蒋宪安、贾卫绪破坏易燃易爆设备、故意杀人案】 张国晓，男，山东省东营市人，张光和，男，山东省桓台县人，王建新，男，山东省寿光市人，蒋宪安，男，山东省泗水县人，贾卫绪，男，山东省淄川区人。2005年10月份，为打孔盗油，邓丕军（已被害身亡）组织被告人张国晓、王建新、蒋宪安以及李海营、辛红霞、陈朋、陈同、张士清、小陈、小王（以上七人均另案处理）在寿光市化龙镇高家村潍高路北侧高效志的房子内挖地道，至东黄（东营至黄岛）输油管道老线69号线桩西80米处时，由邓丕军等人在该输油管道上焊接阀门并打孔一个，然后铺设管道至高效志的屋子内。邓丕军、李海营伙同被告人张国晓、王建新、蒋宪安等人利用该孔，盗窃原油一车，重约5吨，价值2万元。2005年11月25日晚，邓丕军、李海营以及被告人张国晓、王建新、蒋宪安、贾卫绪等人利用该孔，盗窃原油3车，重约15吨，价值6万余元。2005年12月24日至2006年1月份，邓丕军、李海营、高效志、汤滨志（另案处理）伙同被告人张光和、蒋宪安、张国晓、王建新等人在上次偷油的位置，盗窃原油50余车，重约260余吨，价值78.5万余元。2006年2月7日至2月13日，被告人张光和、贾卫绪以及赵沿海、高效志、汤滨志、高广文（另案处理）等人在上次偷油的位置，盗窃原油35车，重约150吨，价值64.9万余元。2006年2月21日晚，被告人张光和、贾卫绪以及赵沿海、高效志、汤滨志、高广文等人在上次偷油的位置，盗窃原油5.02吨，价值21750元。2005年8月份，为打孔盗油，被告人张国晓、张光和以及邓丕军、李海营、卞士瑞（在逃）从寿光市文家街道办事处张家河头村张兰双的屋子内向北挖地道，至东黄输油管道老线76号线桩西300米处，邓丕军等人在该输油管道上焊接阀门后打孔，然后铺设管道至张兰双的屋子内。同年8月28日至9月13日，被告人张光和、张国晓以及李海营、邓丕军等人利用该孔，共在此处盗窃原油约188.14吨，价值76万余元。2005年8月份，被告人张国晓以及邓丕军、李海营、孙荣禄、“老于”（另案处理），在寿光市化龙镇步西村潍高路南侧被告人孙荣禄的房屋内挖坑1米至东黄输油管道处，被告人张国晓与邓丕军等人在东黄输油管道上打孔一个。然后利用该孔，在此处盗窃原油约8吨，价值3万余元。在邓丕军组织被告人张国晓、王建新、张光和以及高效志、汤滨志等人实施打孔盗油过程中，因分赃等原因，被告人张国晓、王建新、张光和以及高效志、汤滨志对邓丕军产生不满，预谋杀死邓丕军，平分其手中的赃款。2006年1月22日晚，在广饶县稻庄镇城坞村被告人张国晓、张光和、王建新等人的租房内，被告人张国晓、王建新、张光和以及高效志、汤滨志五人，乘邓丕军睡觉之际，将邓丕军捆绑住后，抬到邓丕军的别克商务车上，由被告人汤滨志驾驶开至东营市龙居镇麻湾大坝，欲将邓丕军扔入黄河中，但发现水面结冰，遂又开车返回出租房。在出租房内，被告人张国晓、王建新、张光和以及高效志、汤滨志五人又对邓丕军实施第二次捆绑，将邓丕军捆到一根水泥柱上，嘴里塞上毛巾，连同水泥柱一起抬到商务车上，把车开至寿光市弥河屯田桥中间偏西位置时，张国晓、王建新、张光和、高效志四人将邓丕军扔到河中，致其溺水窒息死亡。潍坊市中级人民法院审理认为，被告人张国晓、张光和、王建新无视国法，在国家输油管道上打孔盗油，造成严重后果，并又因分赃等原因行凶杀人，致一人死亡，其行为均已构成破坏易燃易爆设备罪和故意杀人罪。因犯数罪，应予并罚。被告人蒋宪安、贾卫绪参与打孔盗油，造成严重后果，其行为均已构成破坏易燃易爆设备罪。依法判决被告人张国晓、张光和、王建新犯故意杀人罪、破坏易燃易爆设备罪，判处死刑，缓期二年执行，剥夺政治权利终身。被告人蒋宪安犯破坏易燃易爆设备罪，判处无期徒刑，剥夺政治权利终身。被告人贾卫绪犯破坏易燃易爆设备罪，判处有期徒刑十五年。宣判后，蒋宪安不服，提出上诉。经山东省高级人民法院

二审裁定，驳回上诉，维持原判。

【潍坊监狱原监狱长邵宗水受贿案】
邵宗水，男，山东省文登市人，捕前系山东省潍坊监狱监狱长、党委书记。隋君，女，黑龙江省鸡西市人，捕前系北京市朝阳区水之门俱乐部总经理。1998年下半年至2004年12月，被告人邵宗水利用担任山东省潍坊监狱副监狱长、政委、监狱长等职务上的便利，为他人谋取利益，单独或伙同被告人隋君索取或非法收受14个单位和个人送的人民币2529000元、购物卡71000元、本田雅阁轿车一辆，价值263000元，共计折合人民币2863000元。其中，被告人邵宗水单独受贿1903000元，被告人邵宗水和隋君共同受贿960000元。案发后，从被告人邵宗水处追回赃款1200000元、本田雅阁轿车一辆（价值263000元）；从被告人隋君处追回赃款800000元。潍坊市中级人民法院审理认为，被告人邵宗水身为国家工作人员，利用职务之便，单独或伙同被告人隋君非法收受或者索取他人财物，并为他人谋取利益，其行为已构成受贿罪，应予惩处；被告人隋君与被告人邵宗水勾结，利用被告人邵宗水的职务之便为他人谋取利益并收受他人财物，其行为亦构成受贿罪，应予处罚。对于被告人隋君所提“自己不是国家工作人员，不属于受贿”的辩解意见，因其与被告人邵宗水相勾结，利用邵宗水的职务之便为他人谋取利益，并收受他人贿赂，故其是否具有国家工作人员身份，不影响受贿犯罪构成。依法判决被告人邵宗水犯受贿罪，判处有期徒刑十三年，被告人隋君犯受贿罪，判处有期徒刑五年。

【原告诸城市新郎服饰有限责任公司诉被告诸城市精益眼镜商行、毛周清、上海视必康光学眼镜有限公司侵犯商标专用权纠纷一案】 原告诸城市新郎服饰有限责任公司成立于1994年3月26日，经营范围为：制造、销售服装、服饰、床上用品、皮革制品、家具；经营本企业自产产品及技术的出口业务；经营本企业生产、科研所需的原辅材料、仪器仪表、机械设备、零配件及技术的进出口业务；经营本企业的进料加工和“三来一补”业务。原告诸城市新郎服饰有限责任公司是一家以服装制造、销售为主的大型企业、国家级重合同守信用企业、中国服装工业百强企业。“新郎·希努尔”商标于2002年9月21日由诸城市新郎服饰有限责任公司经国家工商行政管理局商标局注册，核准使用商品为第25类：衬衫；服装；工作服；领带；帽子；茄克（服装）；袜；鞋；腰带；制服衣服。注册号为1938122。原告在经营过程中，大力实施名牌战略，重点培植“新郎·希努尔”商标，不断提高其知名度。“新郎·希努尔”商标于2003年被认定为“山东省著名商标”；2004年被国家有关部门认定为“中国名牌”；“新郎·希努尔”牌产品荣获中国名牌、国家免检产品、连续三届被评为消费者满意产品等荣誉称号。“新郎·希努尔”商标现已在相关公众中享有较高的知名度。“新郎·希努尔”商标产品销往国内北京、上海、天津、山东、河南、河北、辽宁、吉林、陕西、内蒙、黑龙江、湖北、山西、西藏等28个省、市、自治区，出口至日本、韩国、美国、英国、加拿大等20多个国家和地区。2001－2004年全国服装行业百强企业利润总额分别位列全国第11、12、6、4位。自“新郎·希努尔”商标注册以来，原告以影视广告、户外广告牌等宣传方式，在亚洲地区、全国、山东省、潍坊市对“新郎·希努尔”商标进行长时间、全方位的广告宣传。自2004年11月起，第三被告即开始生产、销售带有“新郎·希努尔”商标的眼镜，该眼镜包装上的商标标识与原告注册商标文字部分完全相同，具体销售数量不详。第二被告亦开始销售带有“新郎·希努尔”商标的眼镜，但未提供证据证明合法来源。第一被告于2005年11月12日从第二被告处购进并开始销售带有“新郎·希努尔”商标的眼镜，提供了从第二被告购进的发票。根据以上查明的事实，潍坊市中级人民法院依法作出一审判决，认定原告的“新郎·希努尔”商标为驰名商标，判决三被告立即停止侵犯原告“新郎·希努尔”商标的行为，共同赔偿原告经济损失20000元，并互负连带责任。

【原告昌乐县城关街道办事处田老庄村委员会（下称田老庄村委）与被告昌乐县人民政府、第三人田开瑞、田敬爱、田法利、田怀敬、田法忠、昌乐县城关街道办事处五闫村委（下称五闫村委）土地行政确认案】 在1980年左右，第三人五闫庄村地多人口少，耕种有困难，该村党支部书记李茂昌找原告田老庄村时任党支部书记田来胜协商，将该村55.35亩耕地借给田老庄村耕种，并由田老庄村缴纳农业税。1998年10月在土地延包时，涉案争议的土地，田老庄村委承包给第三人田开瑞、田敬爱、田法忠、田法利、田怀敬耕种，被告于1998年10月为五名第三人颁发了土地承包经营权证。2002年11月20日昌乐县人民法院作出民事裁定以“原被告双方当事人对争议土地均不能提供所有权证书，本案有待有关行政部门对争议土地的所有权确认以后，才能作出判决”为由，中止诉讼。2003年10月9日第三人五闫庄村委向昌乐县规划与国土资源局提出申请，请求被告对争议土地作出裁决，昌乐县国土资源局受理后，经调查进行了调解，五闫庄村与田老庄村未达成协议，为此，昌乐县规划与国土资源局报请被告作出裁决，于2005年5月8日被告作出乐政土行决字（2005）第1号行政决定，原告收到行政决定后，2005年9月26日向潍坊市人民政府提出行政复议，潍坊市人民政府2005年12月22日作出潍政复决字（2005）第84号行政决定，2006年1月5日原告向本院提起行政诉讼。潍坊市中级人民法院审理认为，本案争议焦点应当首先确认原告的起诉是否超过起诉期限；其次是被诉行政行为是否合法。首先，根据《中华人民共和国土地管理法》第十六条规定，“土地所有权和使用权争议，由当事人协商解决，协商不成的，由人民政府处理，……当事人对有关人民政府的处理决定不服的，可以自接到处理决定通知之日起三十日，向人民法院起诉。”被告昌乐县人民政府对涉案争议土地有权作出处理决定，有义务告知复议期限与起诉期限。《中华人民共和国复议法》第三十条规定，“公民、法人或者其他组织认为行政机关的具体行为侵犯其已经依法取得的土地……等自然资源的所有权或者使用权的，应当先行申请行政复议；对行政复议决定不服的，可以依法向人民法院提起行政诉讼。”在本案中被告昌乐县人民政府因原告与第三人五闫庄村委土地权属争议问题作出处理决定，被告应当告知当事人如对本决定不服，先行复议再向人民法院起诉。而被告告知当事人的权利是60日内潍坊市人民政府复议或30日向人民法院起诉，因受复议前置的限制，当事人未经复议，不能提起行政诉讼。被告在告知上存在瑕疵，但未影响原告按时复议和起诉。原告2005年8月15日收到处理决定，于2005年9月26日提起行政复议，复议机关于2005年12月22日作出复议决定，原告于2006年1月6日提起行政诉讼，没有超过法定的复议期限与起诉期限。被告与第三人五闫庄村委主张原告的复议和起诉均已超过了法定期限，其理由不能成立，本院不予支持。其次是被诉行政行为是否合法，国家土地管理局1995年3月11日颁布的《确定土地所有权和使用权的若干规定》第二十一条规定，“农民集体连续使用其他农民集体所有的土地已满二十年的，应视为现使用者所有；连续使用不满二十年，或者已满二十年但在二十年期满之前所有者曾向现使用者或有关部门提出归还的，由县级以上人民政府根据具体情况确定土地所有权”。根据上述规定，被告在本案的土地行政争议的行政决定中，应当依照该条规定对原告田老庄与第三人五闫庄村争议的土地作出认定，而被告对原告使用第三人五闫庄村土地的时间，第三人五闫庄村是否向原告田老庄村或有关部门提出归还等问题，尚未查清的情况下，作出乐政行决字第(2005)第1号行政决定，显属认定事实不清，应予撤销。原告的起诉理由成立，应予支持。依法判决撤销被告2005年5月8日作出的乐政土行决字(2005)第1号行政决定书。

(邱金山　宋宗明　孙小玮　供稿)

责任编辑　李　光

经 济 管 理

发 展 改 革

【概况】 2006年，市发展和改革委员会（以下简称发改委）积极贯彻国家、省一系列方针政策，按照市委、市政府的决策部署，以“打造一流机关、锻炼一流队伍、争创一流业绩”为目标，全体干部职工团结实干，锐意进取，业务工作、机关建设和党风廉政建设等方面都实现了新突破。招商引资利用境外资金有了实质性进展，争取上级政策性资源成效显著，投资调控和重点项目建设得到国家、省、市领导的好评，服务业发展进入新的阶段，“十一五”规划、经济形势分析、体制改革、对口支援、经济合作、国民经济动员等工作上了新台阶。市发改委机关被市委、市政府评为招商引资工作先进单位、“十佳”先进单位、市级文明单位、包村帮扶先进单位、信息工作先进单位、督查工作先进单位；在两次“双评”活动中均名列市政府序列部门第一名，市行政审批中心发改委窗口连续保持“红旗窗口”、被评为“行风廉政建设示范窗口”；入选《中共山东年鉴》改革创新典型，荣获市直机关党工委系统先进基层党组织、先进工会组织；生态建设“十大重点工程百个建设项目”获市直机关优质服务项目；市发改委网站被评为“十佳政务网站”。

【固定资产投资和重大项目建设】 规范投资管理，研究制定并报请市政府转发了《关于简化和改进投资项目办理程序的意见》，实行一张表办理方式。加强对投资的调度管理，全市完成全社会固定资产投资1043亿元，增长19.9%。争取上级批复项目60项，资金3亿元，其中无偿资金1.2亿元。华电潍坊二期工程一台机组已并网发电，另一台机组2007年上半年发电，三期2×100万千瓦工程初可研已编制完成；神华寿光电厂项目推进步伐加大；济青客运专线全线开工，全市争取到5个客运车站、12个货运车站；潍坊港万吨级码头准备工程顺利开工；青红、荣乌高速公路建设进度加快，潍日、长深高速公路列入省规划；白浪河改造开发工程前期工作全面完成，利用世行贷款4000万美元资金可陆续到位；生态市建设“十大重点工程百个建设项目”累计开工123个，完成投资94.2亿元，完工项目54个；峡山、白浪河、牟山等大中型水库除险加固、管网建设和水库串联等工程进展顺利；潍柴铸造中心等一批重大工业项目加快推进；“七大中心”及鲁东物流中心等重点服务业项目取得重大进展。

【宏观调控】 加强宏观调控，编制下达2006年全市经济社会发展计划，对节能环保、固定资产投资等指标进行了任务分解。把“十一五”规划实施与经济形势分析结合起来，搞好突出矛盾和苗头性、倾向性问题的分析，形成各类调研报告38篇。按照国家加强固定资产投资调控和新开工项目清理的要求，对当年新开工投资过亿元和投资过3000万元的重点行业项目进行了清理，国务院督查组来潍坊进行督查，对潍坊的工作给予充分肯定。成立专门检查组，对全市2004年以来的101个国债项目进行稽查，确保资金使用规范。继续做好开发区设立审核，上报国家申请保留的2个国家级开发区、14个省级开发区全部通过审核并公告，每个县市区保留一个开发区。

【繁荣发展服务业】 充分发挥市服务业发展领导小组办公室的职能，做好对服务业的总体协调。起草了《关于进一步促进服务业发展的若干意见》，在市场准入、水电气价格、资金支持等方面实现突破。编制下发了《全市服务业发展规划》。抓好对服务业重点项目的调度，积极筹措服务业发展资金，省里对全市3个项目安排引导资金400万元。高水平完成了鲁台会服务业展览和行业对口洽谈，服务业发展速度提高，总量规模扩大，呈现良好态势。

【体制改革】 积极争取国家综合配套改革试点，初步拟定了框架方案。深化行政审批制度改革，清理压减审批事项，审批服务水平进一步提高。县市区国有企业基本完成改制任务，市属国有企业改制重组面达到95%以上。孚日

家纺、天德化工2家企业股票分别在深圳和香港上市。积极推进事业单位改革，146家完成改革任务，压缩事业编制2962个。

【支援鄄城】 潍坊市援鄄工作继续走在全省前列，多次得到山东省委、省政府主要领导的肯定。工业园引进项目21个，总投资15.3亿元，涉及纺织服装、木材加工、建筑装饰、钢塑制品、农产品加工等多个行业，完成投资8.5亿元，16个项目竣工投产，实现销售收入5.6亿元，利税1672万元，上交税金405万元，吸纳当地劳动力3000余人。

【对口支援和移民安置】 援藏工作，协调落实1400万元援藏资金和300万元援藏物资，建成9个援助项目，选送了3名技术人员进藏。援疆工作，参加了“第二届中国新疆喀什、中亚南亚商品交易会”，签订购销协议金额5300多万元。认真做好移民安置工作，安置在全市的1216名三峡移民中有922人达到或超过当地农民人均收入水平，4人和潍坊当地人结婚。寿光移民彭善龙被国家“三建委”授于“全国移民先进个人”，是山东省唯一获此殊荣的移民。

【经济合作】 区域经济合作不断深入，横向经济联合得到长足发展。潍坊市组团参加了“第十届中国东西部合作与投资贸易洽谈会”，签订各类投资合同、协议项目12个，合同投资额2.5亿元，协议投资额22.4亿元。参加了在天津市召开的环渤海地区经济联合市长联席会第十二次会议，全市部分企事业单位加入了环渤海旅游合作组织、环渤海信息联合会、中华租车联盟（环渤海地区）等区域组织。

（市发改委　供稿）

劳动管理

【概况】 2006年，全市各级劳动保障部门在市委、市政府的正确领导下，以科学发展观和构建和谐社会为统领，把劳动保障工作放在经济社会发展的全局中去把握，着力健全完善就业再就业、技能培训、劳动保障维权等体系，劳动保障事业得到了全面发展。

就业再就业工作成效显著。通过认真贯彻落实国务院36号文件精神，积极落实各项就业政策，加强就业指导和服务，城乡就业实现全面增长。2006年，全市实现城镇就业再就业11.97万人，完成市下达计划的108.8%，其中下岗失业人员实现再就业3.83万人，完成市下达计划的106.3%，“4050”等就业困难人员实现再就业6278人，完成市下达计划的114.1%。城镇登记失业率控制在了3.12%。农村富余劳动力转移11.86万人，完成市下达计划的107.8%。保持了全市就业局势的持续稳定发展。完善政府促进就业责任体系，继续把净增就业岗位、落实就业政策、强化就业服务、投入就业再就业资金和帮助困难群体就业等就业再就业目标任务，纳入政府政绩考核，与县市区政府签订就业再就业工作目标责任书，定期调度考核，进一步强化了各级政府对促进就业再就业工作的责任和领导。完善就业服务体系，服务功能进一步提升。加大了全市人力资源市场的规划建设力度，建成了全省规模最大、功能最全的山东潍坊人力资源中心市场，实现了市、县、街道、社区四级就业网络联通。以人力资源市场为平台，先后以春季招聘周、“三八”洽谈会、高校毕业生、库区劳动力转移等为主题，举办各类招聘洽谈会531场次，2.1万家用人单位入场招聘，累计提供用人需求65.2万人次。完善困难群体援助体系，就业力度进一步加大。积极开展充分就业和谐社区活动，依托街道、社区基层劳动保障机构，开展了以“送政策、送岗位、送技能、送服务”为主题的再就业援助活动，对就业困难群体和“零就业家庭”进行调查摸底，建立了动态管理和跟踪回访制度。全市共帮助6278名就业困难人员落实了工作岗位，其中开发公益性岗位4683个，安排就业2134人。完善城乡统筹就业体系，转移步伐进一步加快。把城乡统筹就业作为社会主义新农村建设的重中之重来抓，积极探索“培训—就业—管理—保障”一条龙服务的路子，全市共组织农村劳动力转移就业洽谈会38场次，提供就业岗位6.1万个次，达成就业意向2.1万多人；深入峡山、白浪河等24个库区开展“技能下乡、岗位扶贫”活动，提供就业岗位3万个，培训库区农民1.06万人，培训后就业率达80%。

高技能人才队伍建设步伐加快。坚持以就业为导向，以高技能人才培养为重点，进一步创新培养机制，职业技能培训鉴定工作取得新进展。技工教育水平进一步提高。扎实开展技工学校招生与就业指导，全市技工学校招生达到1.26万人，创历史新高。积极实施技能扶贫计划，协调市财政部门及时研究制定出台了《潍坊市建立实施技能扶贫计划的意见（试行）》，技能扶贫学校由去年的7个增加到9个，扶贫招生地区由去年8个县市扩大到全市12个县市和3个市属开发区，当年招收培训城乡贫困家庭子女950人。高技能人才培养再上新台阶。认真组织“金蓝领”项目培训，通过考试选拔培养青年技师720人。开展了“春光杯”车工、数控车工和“银鹰杯”电工、钳工等市级一类职业技能大赛，承办了全省计算机技术、数控车工等省级竞赛的选拔比赛，有20名选手被授予“富民兴潍”劳动奖章，有40名选手被授予“潍坊市技术能手”称号。大力推行首席技师制度和有突出贡献技师选拔制度，推荐产生省级技师9人，省级有突出贡献技师7人，市级有突出贡献技师60人。通过“金蓝领”培训、技能竞赛选拔和技师考评等形式，全市共培养高技能人才1.14万人，技师、高级技师2217人。职业资格证书制度得到大力推行。全市参加职业资格等级鉴定人数已达7.9万人，发证7.18万人。鉴定范围进一步扩大，鉴定质量不断提高。再就业培训、创业培训和农村劳动力转移培训取得新进展。全市共培训城乡各类人员16.79万人，其中，再就业培训2.8万

人，完成全年计划107%，培训后就业率达76%；创业培训3736人，完成全年计划的104%，创业成功率达70%；农村劳动力培训6.48万人，完成全年计划的118%，培训后就业率达80%。

劳动合同及工资管理更加完善。以建立和谐稳定的劳动关系为主线，以维护劳动者合法权益为重点，着力构建市场经济条件下的劳动保障维权体系，推动了和谐潍坊建设。加强了劳动力结构调整工作。积极做好城镇退役士兵和随军家属安置工作，通过行政调配对通过市场仍未就业的13名行政副团以上的干部家属进行了安置，发放了368名随军家属的生活补助金。先后参与森达美公司、二印等多家企业的改制重组，共为40户企业的6100名职工办理了人员划转手续，实现了劳动关系平稳过渡。加强了劳动合同管理工作。大力加强劳动合同制度建设，全面推进劳动合同制度实施三年行动计划，积极推行平等协商和集体合同制度，鉴证劳动合同20万份，解除、终止劳动合同备案1.4万份，全市劳动合同签订率达80%以上。加强了企业工资宏观调控工作。积极贯彻落实《山东省人民政府关于发布2006年企业工资指导线的通知》，与财政、国税、地税部门协调配合，督促590户企业落实了工资指导线，涉及职工16万人；测算确定了243个职业工种的劳动力市场工资指导价位；测算并经市政府公布了2006年潍坊市最低工资标准，有力地维护了劳动者的劳动报酬权。

劳动保障维权体系得到加强。为切实维护劳动者合法权益，建设稳定和谐的社会主义劳动关系。加强了劳动保障信访和争议仲裁调处工作。进一步健全完善了劳动保障信访、劳动仲裁、劳动保障监察、市长公开电话、12333电话咨询“五位一体”大维权体系，畅通了政府与群众交流和解决问题的渠道。加快劳动争议仲裁机构实体化建设步伐，高新区、昌邑市已率先建立了劳动争议仲裁院，全市劳动争议处理效能明显提高。2006年，全市共受理劳动争议案件2199起，受理群众来信来访5760件，办结率、反馈率均为100%，群众满意率为98%以上。加强了劳动保障监察执法工作。扎实推进劳动保障监察信息化建设、劳动保障诚信和服务网格化建设，通过开展农民工工资支付、劳动力市场秩序清理整顿专项执法检查和日常巡查、网上年检等活动，全市共检查各类用人单位7327户次，涉及职工117万余人，责令支付工资3290万元，补签劳动合同4.3万份，追缴社会保险费1.7亿元，清退童工56人，取缔非法职业中介机构43家。认真开展行政复议应诉工作，共依法处理劳动保障行政复议案件37件，行政应诉案件11件。扎实开展了职工退休、工伤认定等行政审批工作，共办理职工退休1.25万人，认定工伤3631件，切实维护了职工的合法权益。

【落实再就业优惠政策】 建立政策落实督导制度，着力破解政策落实难点问题，从完善公共就业服务制度、统筹城乡就业入手，扩大受惠对象范围，简化操作办法，提高政策的实效性。2006年，全市发放再就业优惠证2.8万个，为4.1万人次从事个体经营的下岗失业人员减免税费1557万元，为6652名实现再就业的下岗失业人员提供社会保险补贴和岗位补贴1336万元，发放小额担保贷款1004万元，各项再就业优惠扶持政策得到了切实落实。

（张　超　供稿）

工商行政管理

【概况】 2006年，全市工商系统在省工商局和市委、市政府的正确领导下，按照创新执法、创优服务、创树形象、创造一流业绩的目标要求，突出市场监管、服务发展、从严治队等重点工作，各项实现了新发展、新突破。市工商局被表彰为全省工商系统先进单位第一名。

流通领域商品质量监管和消费维权水平实现新提升。突出城镇农贸市场、农村门店和市区商业街、大型商场、超市，完善了市场准入、巡查管理、质量检测等食品安全监管制度，设立食品安全公示牌1600多个，发布食品安全监管信息4300多条次。对成品油、建材、家具等20类商品进行了专项抽检，查处问题商品291批次。继续大力推进12315申诉举报联络站和消费者协会投诉站“两站”进农村、进社区、进企业、进市场，依托市委组织部门的远程教育网络，提升了建站规范化水平。全市“两站”达到6800处，处理投诉1.8万件。2006年12月20日，中央电视台《新闻联播》“落实科学发展观，构建和谐社会”专题，以《山东潍坊：“一金”先行赔付“两站”维权到家》为题，对潍坊市工商系统推进“两站”建设，有效解决消费者最关心、最直接、最现实的问题，并设立“消费者权益保护金”，向弱势消费者先行赔付的做法，进行了深度报道，引起了较好的反响。《中国工商报》等媒体以头版头条刊发了潍坊市“两站”建设经验。全省消协基层组织建设现场会议在潍坊市召开，向全省推广了潍坊市“两站”及消协基层组织建设的经验做法。

建立打击传销、治理商业贿赂和查处无照经营工作长效机制。市委、市政府把打传工作纳入综合治理和平安建设考核内容，形成了党委领导、政府负责、部门联动、属地监管的新机制。市、区联合开展大规模集中行动9次，取缔窝点464个，有效遏制了传销行为，维护了社会稳定。市政府在全省打传工作会议上作了典型发言。全市治理商业贿赂领导小组办公室设在市工商局，纪委、检察院派员常驻办公，联合执法，增强了执法成效，查办商业贿赂案件142件。市政府下发了对无证照经营行为进行综合整治的意见，形成了政府领导、分工负责、部门联动、齐抓共管的工作机制，查处无照业户5029户。

扎实推进各类专项整治工作。以保护著名、驰名、涉外、涉农商标权益为重点，查处商标违法案件302件。开展的保护五粮液、茅台酒专项行动取得了较好的成效，查处的侵犯“科罗娜”啤酒商标专用权案，受到了墨西哥企业的好评。协调建立了广告整治联席会议制度，对20家新闻媒体广告进行了集中监测，曝光了10起典型违法广告。开展了房地产开发、房屋中介机构合同专项执法检查，查处违法案件25件。开展了农资市场、高剧毒农药、农产品质量等专项整治，建立了预警防范机制，查处案件1950件。加强了对汽车交易、出租车和非法拆解报废汽车行为的监管，办理旧机动车交易验证2.8万辆，为79家企业报批了汽车品牌经营。

创新市场主体登记管理取得新进展。实行了一般事项一审制、复杂事项一审一核制、疑难事项合议制“三制并行”的登记审批新制度，制定了改进登记程序、提高办事效率的规范性意见，得到了省工商局的肯定和推广。全市新登记个体工商户2.8万户、私营企业4700户、内资企业760户、外商投资企业227户。深化了个体工商户分层分类监管，细化了信用和风险度指标，实现了信用级别的自动生成。2006年4月，全国工商系统分层分类登记改革工作座谈会把我市作为现场，给予了高度评价。

红盾帮扶和服务“三农”工作实现新发展。落实了因企制宜、分类指导帮扶措施，推进了商标发展战略的深入实施，全市新增省著名商标39件，新增数量居全省第一，新增中国驰名商标5件，数量创下了历年最高。企业信用建设进一步深化，新增省、市级“守合同重信用”企业257户，评选表彰文明诚信民营企业和个体工商户501户。2006年9月，市工商局、市个私协承办了中国潍坊发型化妆大赛暨全国知名品牌化妆品展示会，7省、市和全省17市地的选手及生产商、经销商参赛参展，为美容美发业者搭建了交流、合作、发展的平台。全市农村种养业个体工商户发展到8742户，农业龙头企业2600户，各类经纪人和经纪组织4976户，农产品商标1100件，订单农业面积380万亩。在全省工商系统推进社会主义新农村建设工作会议和商标兴农工作会议上，市工商局分别作了典型发言，全省农村经纪人工作会议参观了潍坊市现场，中央电视台“红盾三农行”系列片作了深入报道。

信息化及监管方式改革不断深化。对红盾信息网站进行了改版，完善了12315申诉举报指挥系统，改造升级了食品监管、分层分类登记管理、办公自动化等6个应用系统，上挂了省工商局10项软件，实现了市县所三级执法服务互联互通、信息共享，建立了一个中心受理、两个层次分办、三级机构执法的12315执法维权格局。开发了工商所综合管理系统，整合了省、市、县、所四级登记监管信息，实现了对基层业务的动态管理。围绕人、权、物、责四个重点推进小局大所改革，向基层增配了执法车辆和微机，保障了基层，初步适应了监管执法工作的需要。

干部队伍及基层规范化建设取得显著成效。制定了加强干部队伍规范化建设的意见，完善奖惩机制，激励干事创业。新提拔的县级局领导班子成员，优先从具有基层实践经验的所长中择优产生，形成了良好的用人导向。组织参加了全省工商系统岗位练兵比武竞赛，取得先进单位第一名，8个单项进入全省工商系统前六名。组织77名副科级干部到市委党校进行了脱产学习，密切了理论与实践的结合，提升了干部素质。2006年9月，全国工商系统基层建设和人才工作会议把潍坊市作为现场，听取了市工商局和昌邑市工商局的经验介绍，给予了充分肯定。

加强政风行风和法制建设。坚持从严治队，开展了廉政专题教育、“学党章、守纪律、正行风”教育和荣辱观教育活动。认真落实五千联系户制度，上门征求意见建议，争取理解支持，行评工作取得了优异成绩。市工商局及11个县市工商局、分局分别列行政执法部门第一名。加强了机关党建和行业文明创建，10个单位保持或争创为省级文明单位、文明机关。全系统加大了法制监督力度，普法宣传、依法行政、人大代表建议和政协委员提案办理工作受到了表彰，被评为全国工商系统法制宣传教育先进单位、全省普法依法治理先进单位和全市依法行政先进单位。

（张海洋　供稿）

物 价 管 理

【价格调控和管理】 2006年，全市物价部门坚持以科学发展观为指导，紧紧围绕市委、市政府的中心工作，积极转变工作职能，不断提高价格服务水平，认真落实国家和省的各项价格调控政策，采取一系列宏观调控措施，积极疏导价格矛盾，科学实施价格调控，保持了全市价格总水平基本稳定，促进了全市经济又好又快发展和社会和谐稳定。2006年居民消费价格指数上涨1%。

积极推进价格改革。电价管理：4月3日省局批复了寿光巨能热电发展有限公司上网电价自正式并网发电之日起执行344元/千千瓦时；6月30日调整了潍坊市趸售电价；同时调整提高了居民生活用电，由原来的0.54元/千瓦时提高为0.5469元/千瓦时；城乡中小学用电由非居民照明用电类改为居民生活用电类；上调了部分电厂上网电价；调整了大工业（含化肥生产企业）、普通工业、非居民照明销售电价；9月1日起潍坊市新方矿业集团有限公司热电厂1.2万千瓦机组上网电价执行为368元/千千瓦时。水价管理：5月1日调整了中心城市供水价格，其中居民、行政事业用水由1.38元/立方米调为1.80元/立方米，工业生产用水由1.88元/立方米调为2.63元/立方米，经营服务用水由2.88元/立方米调为3.50元/立方米，同时停止执行原工业生产、经营服务和特种行业用水价外征收的0.12元/立方米城市附加；10月11日起城区居民实行一户一表计量的用水户实施阶梯式水价；10月15日出台了再生水循环利用的价格政策；12月1日森达美水务有限公司供水价格由原1.75元/立方米调为1.92元/立方米；12月1日制定了峡山水库向森达美水务有限公司供水价格0.20元/立方米；8月14日符山水库供水价格由原1.3元/立方

米调为1.6元/立方米。天然气和煤气价格：拟定了天然气和煤气定调价方案，召开了天然气和煤气定调价听证会；1月10日确定了城区车用天然气临时销售价格为2.8元/立方米；2006年7月1日至2007年6月30日执行山东省境内中石化天然气管道运输价格0.48元/立方米。成品油价格：执行了全省成品油零售价格“吨折升”换算系数标准，3月26日和5月24日分别调整了成品油价格。药品价格：落实了国家有关药品降价、差率控制等政策措施，执行了496种药品限制最高零售价格和降价规定，批复了19种自制药剂价格。农产品价格：落实惠农政策，执行烤烟、蚕茧收购政府指导价，免收粮食、棉花等农产品铁路建设基金近300万元，支持了新农村建设。

【收费管理】 巩固“清费、治乱、减负”成果，强化收费监管。在全省率先建立了行政事业性收费统计报告制度，在全省率先完成年度收费统计，其做法被国家发改委推广。在全省率先开展了职业中专按学分收费和中考改革试点，出台了进一步规范教育收费和加强中小学校学生宿舍收费管理的政策规定。对全市63个系统326个收费单位1226个收费项目进行了年度审验，总金额达24亿元。取消收费项目70项，变更152项，注销收费许可证6个。出台了市区廉租住房租金和租赁补贴标准，审批了9项新增医疗服务项目和2所医院的非普通病房床位价格。建立了游览参观点门票价格及相关信息报告制度。制定了人民公园归真园、风筝博物馆、十笏园门票价格。取消或降低了6项涉及出租车企业和司机的收费项目（标准），减轻了企业和群众负担。

【价格监督检查】 着眼规范价格秩序，加大价格执法力度。开展了“明码标价检查月”活动和涉农、公安、交通、教育、成品油、电力、药品、医疗等部门行业的价格检查。全年共查处违法金额1.56亿元，实现经济制裁1717万元，其中退还用户620万元，上缴财政1097万元。开展了“价格服务进万家”活动。在全市191处乡镇、9365个行政村、4180个部门和单位设立了价费公示栏（牌），增强了价费政策、收费标准透明度。“价格服务进万家”被市直机关党工委评为“优质服务项目”。开展了“规范标价，诚信为本”主题活动，公开表彰了37家全市价格诚信单位，其中11家获得全省价格诚信单位。承办了全省价格监督检查案卷评查会议，被授予全省价格监督检查案卷评查工作优秀奖。开展了12358价格举报电话开通5周年纪念活动。启动了“打造数字化检查所”工程，开通了覆盖全省的12358价格举报信息管理系统，实现了价格举报统一受理、分级处理和集中管理。认真查处价格举报案件，全市共办理各类价格投诉举报1013件，维护了人民群众的合法权益。潍坊市物价检查所和高密、青州、寿光、临朐、昌邑物价检查所被评为全省价格监督检查先进集体。临朐物价检查所荣获“国家级规范化检查所”称号，青州物价局被评为全省价格和收费公示工作先进集体，被国家发改委确定为基层联系点。1人荣获全国价格监督检查先进个人，2人被省人事厅、物价局记二等功，6人记三等功，17人（次）被评为省级先进个人。

【成本调查监审与价格调节基金】 完成了对城市供水、焦炉煤气、城市天然气、车用燃气等42个项目的成本监审。完成了物价上涨时期的每日监测直报和每周两次的粮油等商品的价格监测及128个品种的重要商品价格监测上报。临朐、诸城物价局被评为全省价格监测先进集体。

市物价局、寒亭和昌邑分别征收价格调节基金113.8万元、1300万元和500多万元，为政府适时实施市场价格调控、补偿低收入群体提供了财力支持。

【价格鉴证与价格法制建设】 市价格认证中心开展涉案物品价格鉴定42件，鉴定标的额602万元；价格认证108件，认证标的额9365万元；道路交通车物定损2749件，定损标的额1270万元。昌邑市开展了医保价格认证试点。临朐获全省价格认证工作进步奖，潍坊市、昌邑和青州价格认证中心被评为全省先进单位。

构建了行政执法责任制，提高了依法行政的规范化水平。扎实开展了普法宣传教育工作，制定了法制宣传教育第五个五年规划。聘请了第二期价格管理顾问和价格执法监督员。

【机构改革和机构名称变更】 2006年12月底，奎文、潍城、寒亭、坊子四个分局管理权限归属当地区政府管理。

原“潍坊市农产品成本调查队”经市编办批准更名为“潍坊市成本调查队”。

（吴桂艳　供稿）

质量技术监督

【概况】 2006年，市质量技术监督局紧紧围绕全市工作大局，坚持以科学发展观为指导，以服务经济建设为宗旨，解放思想，锐意进取，真抓实干，各项工作取得明显成效，为全市经济社会发展做出了积极贡献。

大力实施名牌战略。按照《2005—2010年潍坊市名牌培育规划》，加大帮扶力度，从计量基础、标准化管理、质量认证、管理制度、设备仪器等方面入手，对重点企业、重点产品实行分类指导、重点扶持和重点推动，帮助企业夯实质量基础。同时，加强与上级及有关行业协会的沟通协调，及时向企业通报名牌申报政策信息。通过努力，2006年，全市9个产品获得中国名牌，累计18个中国名牌，总数位居全省第四；山东名牌累计141个，总数居全省第三，其中新增山东名牌产品56个，新增数量居全省第一位；5家企业的服务项目获得山东服务名牌，累计8个山东服务名牌项目，居全省第三；累计共有34个国家免检产品。名牌队伍进一步壮大，名牌产品已成为拉动全市经济发展的中坚力量。深入推进质量兴市活动，积极引导企业开展“质量兴企”活动，全市整体质量水平大幅提高，有1家企业获得山东省政府质量管理奖，累计共有5家企业获得山东省政府质量管理奖。

食品安全监管工作。严格实施食品市场准入制度，全市共有407家企业的440个产品获得市场准入资格，数量居全省第四位。加大食品加工小企业小作坊监管力度，提请市政府转发《关于加强食品加工小企业小作坊监管工作的意见》，对食品加工小企业小作坊实行县级政府认定制度，小企业小作坊经县级政府最终认定后可有条件经营。开展了以“培养一名质量意识强的负责人（法人代表）、一名具备一定质量管理水平的质量管理人员、一名熟悉检验业务的检验人员”为内容的“三个一工程”，培训食品加工企业负责人和质量管理人员1000多人次，提高了食品企业质量安全意识和质量管理能力。印制万余张QS基本常识和食品安全基本知识的宣传页，广泛张贴在学校、社区、农村、商场和食品批发市场，并向学校、医院、宾馆等大型消费场所寄发“致广大消费者的一封信”，提高消费者的自我防范意识。在加大监督检查的基础上，狠抓重点区域、重点产品的专项治理整顿工作，先后开展了饮用水、青州市王坟山楂制品生产区域等专项整治活动。

特种设备安全监察工作。2006年，全市特种设备数据库共有各类特种设备21282台，在用设备17423台，重要特种设备804台，数据正确率达到了99%，监察、检验数据及时更新率均达到100%。加强定检工作，特种设备定检率稳定保持在99%以上，重点特种设备定检率达到100%。对危化品气瓶实施信息化动态监管，全市液氯、液氨充装单位的1万余只气瓶全部安装了电子标签系统，实现了对气瓶充装、检验、使用环节等信息实施动态监管。先后进行了危化品特种设备、承压汽车罐车及充装站、电梯维护保养等专项整治活动。组织了“春节”、“两会”、“风筝会”、“鲁台经贸洽谈会”、“五一”、“十一”、安全月、夏季汛期和冬季等10余次专项检查活动，检查特种设备生产使用单位2610家，特种设备9800余台，下发安全监察意见书626份，查处事故隐患2380条，拆除48台土锅炉，取缔了7家无证充装单位，消除了一批事故隐患，有效保证了全市特种设备安全稳定运行，被市安全生产委员会表彰为全市安全生产工作先进集体。

技术基础工作。针对“技术专利化，专利标准化，标准全球化”的趋势，大力引导企业采用国家标准或国外先进标准，完成采标认可33项，全市共有948个产品采用国际标准或国外先进标准，同时，积极鼓励企业实质性参与国际标准化活动，组织17个龙头企业申报全国标准化技术委员会、分会（工作组），申报了5个国家标准制定项目和4个国家标准科研项目。组织全市龙头生产企业及科研单位参与国家科技攻关计划“重要技术标准研究”课题，并通过验收。加大服务标准规范的制定力度，制定了3个服务标准规范，全市累计14个服务标准规范，有效推动了全市服务产业的发展。全面推进农业标准化工作，新发布农业标准21项，累计发布农业标准规范227个；办理无公害农产品标志148个；建立33个国家级标准化示范区，2个省级农业标准化示范区，其中18个国家级标准化示范区通过了验收；完善了寿光蔬菜批发市场标准体系，并上报为国家级农产品批发市场标准化管理试点项目。做好代码工作，全市代码数据库储存组织机构代码信息62443条，代码年检率同比增长18.80%，代码数据合格率达99.74%，潍坊市被列入全国启动代码现代化信息工程及电子档案扫描试点单位。

计量工作稳步推进。加大计量宣传引导力度，通过采取座谈会、培训班、现场会、典型引路和新闻媒体宣传等多种形式，加强对企业负责人的宣传教育引导，努力提高企业的计量意识，为开展计量工作创造良好的外部环境。本着参与、引导、支持、服务的原则，成立13支计量专家服务小分队，按区域、按企业类别，有针对性的帮助企业完善计量措施，指导企业配备计量器具，帮助企业培训计量人员，不断提高企业计量管理水平。50家企业获得了测量管理体系认证，累计达到500余家；5家企业获得了C标志，全市累计7家。大力推广节能环保标准和先进技术标准，积极推广先进的质量成本控制方法，引导企业走质量效益型、节能环保型道路。制定了《潍坊市企业能源计量考核实施细则》，对各类企业的计量器具配备提出了明确标准和要求，并依此加强监督检查，督促企业按照标准要求配齐配全计量器具。

监督检查工作。围绕消费者关心和对质量问题反映强烈的重点产品开展监

督检查活动，先后开展了饮用水、化肥、农药、人造板、黑心棉等专项检查和区域性质量问题的治理整顿。强化计量监督检查，开展了12次民用“四表”、流通领域在用计量器具、定量包装商品及市场计量监督检查和眼镜市场监督检查，检查计量器具25653件，查处不合格计量器具985件，没收计量器具292件。加大执法力度，全市质监系统共立案1135起，有效净化了市场环境。重点开展了“农资打假下乡”和农资免费检测活动，深入到农村和田间地头，将行政执法、质检服务和法律宣传送到乡村、送到农户，共端掉160余个假冒农资生产窝点，同时开辟化肥检测绿色通道，免费为农民检验所购买的化肥，并积极帮助农民维权。

【地理标志产品保护】 地理标志产品保护制度是国际上普遍承认并颇具影响的产品质量监控制度，WTO《与贸易有关的知识产权协议》中将产品的地理标识列入知识产权，给予有效和充分保护。获得地理标志保护的产品既能在国内依法受到保护，也能在国际上得到公认，同时还可以打破国外技术性贸易壁垒，保护传统名优产品。2006年，有安丘大姜、青州蜜桃、潍县萝卜和昌邑丝绸等四个产品获得中华人民共和国地理标志产品保护，数量居全省第一位。

【“三位一体”质量电子监管网推广工作】 在全面实行区域监管模式的基础上，积极探索利用信息化手段提高监管效果的新模式，开展了中国产品质量电子监管网、山东金质区域监管信息系统和企业质量安全管理信息系统“三位一体”质量电子监管网推广工作。全市有14家企业签订了中国产品质量电子监管网入网协议；有4118家企业录入到了山东金质区域监管信息系统，发放电子标签1000个，对2135家企业进行了PDA巡查监管；有25家特种设备企业和25家食品生产企业加入企业质量安全管理信息系统。“三位一体”质量电子监管网的推广使用，极大地提高了监管效果。

（刘晶晶　供稿）

审计监督

【概况】 2006年，全市审计机关共完成审计和调查项目634个，查出违规金额4.1亿元，管理不规范金额16.6亿元，揭露损失浪费问题6600万元，促进增收节支1.1亿元，移交案件线索4起，提交信息和专题报告670多篇，提出审计建议780多条，为维护财政经济秩序，提高财政资金使用效益，促进廉政建设，推动依法行政，做出了积极贡献。

【预算执行审计】 全市对129个预算执行单位进行了审计，重点关注了预算分配的合理性和预算执行的合规性、规范性，查出各类违法违规问题金额11.3亿元，并从深化改革、完善政策、规范管理等角度提出了意见和对策，审计报告在广度、深度、宏观服务等方面都有了较大提高，引起市人大、市政府及有关部门的高度重视。

【专项资金审计】 从改善宏观管理、关注民生问题出发，对教育资金、环保资金、养老保险、住房公积金等进行了审计和审计调查，审计资金15亿元，揭示挤占挪用、损失浪费、管理不规范等问题金额2.49亿元，并从落实宏观政策、完善制度等方面提出了审计建议，促进专项资金管理使用效益不断提高。通过对城市住房公积金的审计，促进收回被占用资金2.4亿元。对国外贷援款使用情况进行了审计调查，为防范政府偿债风险、提高国外贷援款使用效益发挥了积极作用。为促进社会主义新农村建设，特别加大了涉农审计力度，积极开展了农业综合开发资金、困难县乡财政扶持政策落实情况、农业直补资金和村级经费保障情况等审计和审计调查，推动了“三农”政策贯彻落实。农业综合开发资金审计项目涉及11个县市区和72个乡镇，审计资金总额近3亿元，促进了配套资金及时到位，规范了资金管理。

【经济责任审计】 继续坚持“积极稳妥、量力而行、提高质量、防范风险”的原则，不断深化“经济责任审计与财政财务收支审计相结合办法”和“经济责任审计分类管理办法”，前移监督关口，深化审计内容，改进审计方式，强化审计结果运用，工作机制得到不断完善。全市对307名党政领导干部和企业领导人进行了审计，重点关注了领导干部行使经济决策权、管理权和财经政策执行权的绩效情况，促进了领导干部科学执政能力的不断提高。中国审计学会会长翟熙贵在潍坊市专门召开7地市经济责任审计座谈会，对潍坊市经济责任审计工作给予了充分肯定。

【政府投资审计】 2006年，全市审计机关加大投资审计力度，审计资金总额7亿元，节约财政资金7200多万元，及时发现、揭露和堵塞了工程建设中高估冒算、损失浪费等漏洞。三分之二的县市区相继出台了国家建设项目审计监督暂行办法，安丘、寿光、青州等县市区成立了政府投资审计专门机构。

（卢雯妍　供稿）

统计工作

【概况】 2006年全市统计工作在市委、市政府和上级业务部门的领导下，坚持以邓小平理论为指导，认真贯彻落实“三个代表”重要思想，以科学发展观为指导，大理推进统计制度改革，全力打造“诚信潍统”统计文化品牌，实现了“四个提高”，即提高统计数据质量水平，提高统计服务水平，提高统计信息自动化水平，提高基层基础工作规范化水平，努力开创全市统计工作新局面，为全市经济和社会发展做出应有贡献。

全市统计系统进一步增强数据质量意识，建立健全了GDP统审制度，认真搞好主要宏观数据和县市区数据质量的评估、论证，并督导各县市区进一步增强数据质量意识，健全数据质量责任制，加强统计基础工作规范，切实加强对源头数据质量的控制，努力提高统计数据质量。全面完成了以2005年年报为主要内容的各项统计报表任务；并根据经济普查年度数据，对全市的GDP历史数据进行调整，使全市上报和公布的主要数据符合客观实际，在全省统计工作综合评比中获得一等奖。

体现科学发展观要求，积极推进统计制度方法改革。按照"建立体现科学发展观要求的经济社会综合评价体系"的要求，完善统计监测和评价制度，起草了新的党政领导班子年度考核评价指标体系，认真搞好县市区领导班子换届实绩评价工作，继续搞好对县市区的综合考核。完成了对非公有制经济增价值的测算；编制了2005年全市资产负债表和地区能源平衡表；开展了城乡划分工作；建立和更新了全市基本名录库；积极开展服务业统计报表制度研究；在广泛调查研究的基础上，制定了在地统计实施方案。

加强思想和业务教育培训，积极创建文明系统。认真抓好统计队伍的思想教育，大力开展统计维护和廉政建设，先后开展了党章"五个一"专题学习，"八荣八耻"社会主义荣辱观宣传教育和《江泽民文选》的学习活动，不断提高干部队伍的政治理论水平和政治思想觉悟。大力推进统计文化建设，进一步强化统计品牌意识，努力创造和谐的统计氛围。强化对职工队伍的教育培养，先后组织开展了高级统计师、统计从业资格认定、统计人员继续教育的报名、培训和考试工作；进一步提高了广大统计人员的业务素质和工作能力。

【统计服务】 积极开展各种调查活动，努力提高统计服务水平。(1)全市各级统计部门进一步强化服务意识，密切关注宏观经济形势变化，积极开展各种调研活动。认真搞好1%人口抽样调查、劳动力和群众安全感调查；扎实开展了城市化发展监测妇儿两纲监测等评价工作；先后组织开展了限额以下批零贸易餐饮业抽样调查和企业并购、名牌产品、企业金融服务需求、城镇居民收入差距、房地产情况等10多项专题调查，进一步拓宽了统计信息渠道，增强了统计服务的针对性。(2)每月及时向党政领导提供《统计快报》，并保证《潍坊统计年鉴》和《潍坊统计月报》编辑发行，使统计资料的时效性大为增强。(3)加强对经济普查资料的开发应用，发布了经济普查数据和1%人口抽样数据公报，编印了《经济普查数据提要》、《潍坊市第一次经济普查分析汇编》。进一步强化了对社会经济热点、难点问题的综合性研究，配合市里"十五"规划成果巡展，组织编写了"十五"系列分析。(4)实施统计分析课题制，任务分工明确到人，2006年全局共编写各类统计信息200多篇，其中统计分析123篇，有2篇统计分析一等奖和三等奖。(5)建立和完善了统计新闻发布制度，使统计信息的社会化程度进一步提高。

【统计法制建设】 进一步加大统计执法力度，努力提高数据质量，扎实推进统计法制建设。先后对潍坊市投资过千万元以上项目及亿元以上新开工项目进行调查，特别对过亿元和重点行业过3000万元的新开工项目进行了核查，组织开展了固定资产投资数据质量检查和对全市15个县市区及开发区的工业、劳动工资两个专业的统计数据质量的统计执法检查。召开了全市统计基层检查建设暨统计法制工作会议，配合山东省统计局在潍坊市举办了全省第一期执法检查员及"五五"普法骨干培训班。切实加强对基层统计工作的指导，发挥基层统计机构的作用，健全了各项规章制度。

【信息自动化建设】 坚持以应用为先导，加快统计信息自动化建设。今年以来，统计信息自动化建设坚持以应用为主导，实施了2MSDH专线网、10M宽带网的升级改造工作，研究和开发了潍坊统计信息内部网站的维护系统，完成内网维护和主页改版工作，搞好潍坊统计信息外网和农业普查网站的建设，积极参与了经济普查、1%人口抽样调查等数据的处理工作，进一步提高了网络服务能力和办公自动化水平。

【第二次农业普查】 2006年，潍坊市统计局抓好普查机构的建立和办公地点的落实，组件普查队伍，搞好普查经费的落实的基础上，切实加强对农业普查工作的组织领导，层层建立责任制，切实加强部门协作，针对性的对普查专题做好调研，按照国家农业普查办公室的统一部署，结合潍坊的实际，研究制定第二次农业普查试点方案，并在诸城密州街办选定了5个普查区，17个普查小区，900多农户进行了包括动员、业务培训、入户登记、手工汇总等内容在内的普查试点工作。为了深入搞好第二次农业普查宣传工作，市农业普查办公室按照全国的统一部署，在市区进行普查宣传月活动，在奎文、潍城组织各乡镇、街办在市区设立23个宣传点，市、区普查办工作人员千余人参加。宣传日当天分发《致调查户的一封信》5000份，《全国农业普查条例》5000份，出动宣传车3部。潍坊电视台、广播电台、日报社、晚报等多家媒体进行现场跟踪报道，真正营造了群众理解普查、支持普查配合普查的社会氛围。

（市统计局 供稿）

食品药品监督管理

【食品安全综合监管】 积极推动市、县、乡、村四级层层签订了《食品安全责任书》，将食品安全工作纳入了政府工作考核目标，制定并严格落实了潍坊市食品安全协调委员会成员单位目标责任制、《食品安全监管行政责任追究办法》等，组织了对安全协调委员会24个成员单位和各县市区、开发区食品安全工作的责任目标考核和评价，形成了"地方政府负总责，各监管部门协调配合、齐抓共管"的良好局面。牵头组织开展了对劣质奶粉、"多宝鱼"、肉及肉制品市场、农资市场、违禁经营使用剧毒高毒高残留农药行为等多次专项整

治。大力加强基层组织、基地和基础设施建设，全市新增各类农产品基地105.8万亩；新增无公害农产品、绿色食品、有机食品127个，在乡镇新开办连锁超市103家，新建和改造农家店1143个，配送率达到了100%；100%的行政村成立了食品安全工作领导小组，聘请了食品安全监督员。食品放心工程和信用体系建设稳步推进。到2006年底，各环节参加信用体系建设的企业占到了全部企业的80%以上，各环节部门对参信企业的考核评估率达到了100%，考核评估为A、B级的企业达到了年内参信企业总数的80%以上。在全省率先开展了对各县市区政府实施食品放心工程的综合评价工作。

【药品市场稽查打假】 “齐二药”假药事件和“欣弗”劣药事件发生之后，迅速启动了药品安全应急机制，在全市查控相关药品，杜绝了类似事件在全市的发生。认真贯彻了国务院、省委、省政府和省局关于开展整顿和规范药品市场秩序专项行动的部署，提请市政府出台了《专项行动实施方案》，制定下发了分环节行动计划，组织各药品、医疗器械单位开展了自查自纠，并进行了专项检查。在全市范围内开展了药品市场整治“十号行动”，对农村用药质量、流通领域药品分类管理、中药材中药饮片质量、疫苗质量检查、特殊药品经营使用情况、一次性使用无菌医疗器械经营和使用行为、药品经营企业药学技术人员在职在岗情况、制售假劣药品行为、药品和保健食品违法广告及医疗机构制剂配制情况等进行了专项整治。共出动检查人员11300多人次，检查涉药单位9100多个次，立案1190余起，没收违法所得、罚款386万余元，取缔无证经营业户58户。市药品检验所2006年共完成检品3581批，其中送检79批，抽验3502批，评价性抽验602批，针对性抽验2900批。

【农村食品药品“三网”建设】 在充分调研的基础上，将省食品药品监督管理局提出的农村药品“两网”建设整合、延伸为农村食品药品“三网”（监督网、信息网、供应网）建设。在全市137个乡镇设立了食品药品监管站（所），配备站长（主任）137名、助理员85人，落实了办公场所、经费、设施，监督网覆盖了全市100%的行政村。聘任乡镇协管员832名、村级药品信息员6721名，并组织开展了系统的培训，2006年查处的全部农村地区假劣药械案件中，通过监督网发现的占到了62.9%。大力扶持发展药品配送、零售连锁经营等现代物流方式，试点设置“非营利性便民药店”155家，全市共有配送车辆289辆，配送人员776名，配送总额近20亿元，农村药店达到1732家，占全市药店总数的76%，药品供应网覆盖了全市100%的行政村。

【应急体系建设】 建立了重大节假日市场督查、24小时值班和食品药品安全突发事件零报告制度。每年元旦、春节、“五一”、“十一”、“风筝会”等重大节假日都组织协调相关部门，对食品药品市场进行全面督查和检查，2006年共开展了5次市、县两级联动的全面市场检查。成立了应急突发事件处置办公室，制定了突发事件应急预案，2006年12月7日，在坊子区荆山洼镇成功举行了潍坊市首次药品安全突发事件应急演练，锻炼了队伍，提高快速反应和应急处置能力。

（市药监局　供稿）

农　业

综　述

【概况】 2006年，全市认真贯彻落实中央和省、市委关于“三农”工作的一系列决策部署，加快发展现代农业和农村各项社会事业，新农村建设开局良好、成果丰硕。全市农民人均纯收入达到5508元，同比增长9.8%；粮食总产达到433万吨，创7年来最高；农业增加值211.8亿元，增长0.2%。全市蔬菜、水果、花生、棉花、烤烟、肉类、蛋类、水产品总产量分别达到959万吨、106.4万吨、23.8万吨、4.6万吨、2.6万吨、119.7万吨、28.9万吨和64.4万吨。农业综合生产能力不断提高。

【全面推进农业和农村经济发展】 (1) 加快优质农产品基地建设。大力实施农业品牌战略，积极协助生产基地、加工企业搞好优质产品品牌认证。2006年，全市无公害、绿色、有机食品基地总面积达到258处465万亩，品牌442个。发展优质水产品基地9万亩，无公害水产品总数达到25个。优质畜产品产量达到160多万吨，认证绿色、无公害畜产品10个。2006年全市有8个农产品取得“山东省名牌产品”。完善了农产品质量强制性例行检测制度，每半月组织一次抽检，抽检合格率达到95%以上。建立健全了农产品质量公示制度、“一制三挂钩”责任追溯制度。(2) 培强做大农业龙头企业。2006年，全市农业龙头企业实现了总量扩张、规模膨胀、实力增强、效益提高。全市一定规模的农业龙头企业总数达到2654家，其中省级、国家级重点龙头企业分别达到44家、12家，年销售收入过亿元的129家。全市龙头企业年销售收入达到670多亿元、实现利税40亿元，有自营进出口权的龙头企业达到417家。10月底，国家质检总局公布的首批13家出口农产品免检企业中，潍坊市有4家（诸城外贸、美城食品、山东新昌、安丘外贸）。(3) 大力开拓国内外市场。采取“政府搭台、企业参与、市场运作”的方式，成功举办了寿光菜博会、青州花博会、昌邑绿博会三大国家级节会。国内有60多个大中城市的200多家农产品批发市场、超市和高端消费机构到潍坊挂牌，全市有500多种农产品及其加工产品出口到80多个国家和地区，禽肉、蔬菜出口分别占全国的1/3和1/5。(4) 千方百计转移农村劳动力。全年共转移农村劳动力11.9万人，全市从事二三产业的农村劳动力达145万人，占总数的42.6%，农民人均纯收入中非农收入比重达到65.3%。

【搞好村庄规划建设】 制定了《关于推进社会主义新农村建设的实施意见》和《潍坊市社会主义新农村建设规划编制工作实施方案》。突出抓了新农村建设规划编制、试点示范村建设和村庄整治工作。2006年，全市已有45个镇完成了新一轮总体规划，1000多个村完成了新村建设规划编制。市里确定了15个村为规划建设优秀试点村，县市区落实了680个试点示范村。全市完成村镇建设投资70亿元，增长56.0%，村镇基础设施投资18亿元，比去年翻了一番，新修道路2005公里，排水沟管2400公里，安装路灯1.2万盏。

【发展农村公共事业】 以“路、水、电、医、学”建设为重点，全面加强农村基础设施和农村社会事业建设，农村面貌和农民生产生活条件得到明显改善。2006年，全市完成成片造林12.9万亩，各类小型水利工程7150处，新打机井4175眼，完成治理水土流失159平方公里，改造中低产田27万亩，扩大灌溉面积12万亩，改善灌溉面积35.7万亩。9420个行政村实现村村通汽车、通电话，自来水受益村数达7164个，有线电视通村率达90%。农村免费义务教育工程得到全面落实，市级财政全部承担农村学生免杂费补助近8000万元，并每年投入危房改造奖励性资金1000万元，成为全省唯一实现省市财政全部承担的市。市新型农村合作医疗继续保持全省领先，省级试点县数量、参合人数、筹资总额均居全省前列，参合农民577万人，参合率88%，农民“看病难”问题得到有效缓解。农

村养老保险参保人数为111.07万人，收缴保险费6635万元。

【培育一代新型农民】 积极开展了绿色证书、科技、创业、远程教育和阳光工程“五大培训”，培养造就了一大批有文化、懂技术、会经营的实用型农民，全年共培训农民36万人，提高了农民素质，为倡树乡风文明提供了人才保证。深入开展各种文明创建活动，引导农民自觉养成科学、健康、文明的生活方式。全市共有2个村被评为全国文明村，4个村镇被评为全国文明村镇创建工作先进单位，省级文明村镇达到了32个，市级文明村镇达到了137个。

【落实支农惠农政策】 (1) 加大财政投入。全面取消了农业税，农民人均减负13.2元；落实了粮食直补、良种补贴、农资综合补贴等惠农政策，补贴总额2.1亿元，农民人均补贴38.8元。其中，兑付粮食直补资金8596万元；对种粮农民柴油化肥等生产资料补贴8718.8万元；对农民购买的982台联合收割机等大型农机具补助815万元；对260亩小麦、玉米种植补贴2600万元。党的支农惠农富农政策，极大地激发了广大农民发展生产、改善生活的积极性，增收致富奔小康已成为全市农村发展的主旋律。(2) 加强基层组织建设。以保持共产党员先进性教育活动为契机，以“三级联创”活动为总抓手，加强农村基层组织建设，增强了党组织的凝聚力、号召力和战斗力。村民自治制度更加健全，重点推广了昌乐“村务公开”和坊子“三化”管理模式，全市村务公开工作迈出了可喜步伐。基层干部的工作方式和工作作风进一步转变，农民的物质利益和民主权利得到了有效保护和尊重，农村社会和谐稳定，农民安居乐业。

(赵庆胜 褚丽婷 供稿)

种 植 业

【概况】 2006年，全市各级农业和农村经济管理部门认真贯彻落实党的十六届六中全会和中央、全省经济工作会议精神，以做大做强农业龙头企业为重点，围绕提高农业综合生产能力，抓好农产品质量安全，发展创汇农业，加快发展现代农业，农业和农村经济继续保持了良好的发展势头。

龙头企业综合实力显著增强。龙头企业销售收入突破670亿元，超出年初计划20亿元；农产品出口创汇8.64亿元，比三年前翻了一番。销售收入过亿元的龙头企业达到129家，比去年增加8家。出口型龙头企业达到403家，畜禽和蔬菜两大出口主导产品基本实现了由生向熟、由初粗加工向精深加工的转变。国家质检总局公布的首批12家出口食品免检企业中，潍坊市有4家，占全国的三分之一。龙头企业精深加工、出口创汇和抗御市场风险“三个能力”明显增强。

农产品质量明显提高。围绕建设全国最大的优质农产品生产基地，进一步完善了农产品质量标准、质量认证、质量检测监督三大体系。新认定优质农产品基地40处100.2万亩，其中绿色食品基地54.5万亩，完成计划的181%；认证品牌127个，完成计划的254%。无公害、绿色、有机食品基地总面积达到258处465万亩，品牌442个，分别是2002年前总和的15倍和8倍。全市专业化、规模化农产品基地基本实现了标准化生产。

市场领域全面拓宽。在不断巩固扩大已有市场的同时，有重点地组织举办了8次较大规模的农产品推介会、展销会、洽谈会，使全市农产品的销售范围和领域不断延伸，特别是高端消费市场的开拓有了突破性进展。先后组织有关企业与人民大会堂、钓鱼台国宾馆、北京饭店等高层消费机构开展了直供对接活动，已有六大类140多个品种定期直供人民大会堂。分别在上海、北京与四星级以上酒店、大型超市举办了产销对接会，共签订销售合同92亿元，主要农产品销售已占到了北京市场的三分之一和上海市场的五分之一。

农业科技和人才支撑能力显著提高。基本形成了以农业技术推广机构为主体，龙头企业、教育科研、民间组织多方参与的技术推广体系。推广优质粮260万亩，生物农药375万亩，生物优质肥320万亩，测土配方施肥500万亩。开展了以沼气为主要内容的农村新型能源建设，建设生态示范村40个，新建户用沼气池1.5万个，大中型沼气工程16处。促进了村容整洁和生态农业发展。大力开展农村劳动力转移培训和新型农民科技培训，建设培训基地34处，培训农民30万人，其中非农技能培训2.1万人，绿色证书培训2万人。

农业法制工作稳步推进。通过开展农资打假、放心农资下乡进村、农业行政执法培训、行政执法依据梳理等活动，营造了打假护农的良好氛围。共举办放心农资下乡咨询活动300多场次，接受咨询群众4.5万人次；出动执法人员1.08万人次，检查各类农资生产经营企业4257个次，查获违法商品1853吨，货值764万元，为农民挽回经济损失2075万元，农资市场经济秩序出现了根本性好转。

农村政策全面有效落实。全面取消了农业税，农民人均减负13.2元；落实了粮食直补、良种补贴、农资综合补贴等惠农政策。补贴总额2.05亿元，农民人均补贴38.8元。在农村土地承包、农村集体资产管理、村务公开等方面，多次进行检查和规范，农村土地承包合同、证书入户率98%，村级转移支付、土地补偿费和农村集体资产管理日趋规范。民主理财、村务公开、契约化管理深入开展，有效地维护了农民的合法权益，促进了农村社会和谐稳定。

粮食生产能力进一步提高。通过进一步加强对粮食生产的市场引导、科技推动和政策扶持力度等措施，争取到国家和省各类扶持资金5884万元；推广了一批节本增效生产技术，全年粮食总产量达到433.2万吨，比上年增加10.8万吨，增长2.6%。

(农业局办公室 供稿)

林　业

【概况】 2006年，全市林业建设取得新突破。共完成成片造林1.24万公顷，新建和完善农田林网8.9万公顷，封山护林7700公顷，建设绿色通道600公里，四旁植树1140万株，实现林业产值54亿元，森林覆盖率达到24.4%。重点实施了市区半小时生态圈、水源地绿化、沿海防护林、山区绿化、城市片林、胶济铁路绿化、生态示范村镇等七大重点工程，加快发展了森林旅游、种苗花卉、名优经济林等林业产业，狠抓了森林防火、野生动植物保护、病虫害防治、林地管理、林业执法等森林资源管护工作，推动全市林业事业又好又快发展。市林业局被全国绿化委员会、国家人事部和国家林业局评为“全国绿化先进集体”。

【全民义务植树活动】 全市各级领导率先垂范，积极参加义务植树活动，为广大市民做出了表率。植树节期间，市五大班子领导与市绿委成员单位负责人，同驻潍部队、潍坊军分区首长和部队官兵、团员学生、当地干部群众等3000多人到坊子区胶济铁路防护林建设工地参加义务植树。3月21日，市领导和市直机关3000多名干部职工到虞河整治工地栽植纪念林。为纪念全民义务植树运动25周年，市绿化委员会倡导开展了“栽植纪念树，建设生态家园”活动，开辟栽植纪念树活动基地10家，与联通、网通潍坊分公司合作，向80万用户发送“纪念全民义务植树25周年”公益短信，在社会上引起强烈反响，群众义务植树热情高涨，全市义务植树活动蓬勃开展。

【“创富裕新村　建绿色家园”活动】 9月7日，潍坊市委宣传部、市文明办、市绿化委员会、市林业局在安丘市凌河镇联合召开了“创绿色家园、建富裕新村”行动现场会，深入开展“创建”行动，总结推广了安丘大路、寿光马寨、高密福盛屯、青州西股等一大批绿化美化典型，有力地推动了全市社会主义新农村建设。安丘凌河、青州弥河两镇及昌邑大陆村等36个村荣获首批“山东省绿化示范村（镇）”称号。

【中国（昌邑）北方绿化苗木博览会】 9月19日，中国（昌邑）北方绿化苗木博览会暨第十一届中国园林花木信息交流会在山东昌邑市绿博园隆重开幕。本届绿博会共吸引来自德国、荷兰等国家以及浙江、北京、宁夏等20多个省（市、自治区）的参展企业680余家，参展客商4700多人，会议期间共签订购销合同1300多笔，交易额3.7亿元，签约招商引资项目19个，总投资7.7亿元。

【2006中国（青州）花卉博览交易会】 2006中国（青州）花卉博览会于9月28日在青州市黄楼镇万红广场隆重开幕。本届花博会的宗旨是“以花为媒，共图发展”。展会期间共吸引国内外前来参观、洽谈、交易的客商和群众50.3万人次，有21个省、市、区的参展客商参加，境外参展商20余家，共洽谈项目68个，合同交易额45亿元，花卉直接交易额1.23亿元。

【林业产业】 全市积极实施兴林富民工程，把调整产业结构，实现林业增效与社会主义新农村建设有机结合，大力建设效益林业。全市各级森林公园充分发挥优势，加大宣传力度，丰富旅游项目，提高服务质量，积极举办“登山节”、“槐花节”、“荷花节”等特色旅游，推进了森林旅游快速发展。2006年，全市森林旅游接待游客400多万人次，收入达5000多万元。全市共发展用材林4000公顷，名优果品基地3300公顷，育苗2600公顷，花卉260公顷，实现林业产值54亿元。

【资源保护】 全市进一步落实森林防火责任制，完善防火预案，市政府制定了《潍坊市森林防火管理办法》，严格野外火源管理，确保全市无森林火灾发生。加强对林木、林地的管护，严格林木采伐和林地征占用管理，市政府制定了《关于加强市区林木绿化管理的补充规定》，规范了潍坊市区林木采伐管理秩序。充分利用“爱鸟周”、“宣传月”等形式，加大宣传，加强野生动植物和湿地保护，成立了潍坊市野生动物救护中心，禽流感防控工作取得较好成绩，莱州湾湿地保护区建设取得较大进展。积极开展林木病虫害测报、检疫，推广生物防治技术，遏制了大面积林木病虫害的发生。加大了林业行政执法力度，开展了以打击破坏林地和野生动物资源违法犯罪活动为主要内容的“绿盾行动”，严肃处理乱砍滥伐林木、乱征滥占林地、乱捕滥猎野生动物等违法行为，依法查处各类破坏森林资源行政案件300余起。

【事业单位改革】 按照市委、市政府部署，市林业局严格政策，强化措施，精心组织实施了事业单位改革工作，将原有潍坊市林业科技推广站、潍坊市经济林站、潍坊市种苗站、潍坊市森林病虫害防治检疫站、潍坊市林政资源管理站、潍坊市野生动植物保护站6个事业单位调整合并，重新设置为潍坊市林业资源保护管理站（挂潍坊市野生动植物保护站的牌子）、潍坊市林业行政执法稽查监察大队（挂山东省木材检查站018号牌子）、潍坊市林业科技推广站3个全额预算管理正科级事业单位。对新成立的事业单位3个正科级、7个副科级职位实行干部配备竞争上岗。通过改革，全局面貌焕然一新，干部职工的工作积极性得到激发，服务意识、创新意识、竞争意识进一步增强，为各项工作顺利开展打下了良好基础。

（冯宝春　供稿）

畜 牧 业

【概况】 2006年，面对国内外严峻的重大动物疫情和畜产品市场波动的双重

考验，全市在各级党委、政府的正确领导下，沉着应对，扎实工作，有力地促进了全市畜牧业的持续稳定健康发展。全市全年生猪出栏668.1万头，牛出栏32.0万头，羊出栏137.7万只，家禽出栏4亿只，其中肉鸡出栏2.2亿只，肉鸭出栏1.4亿只，奶牛存栏8.5万头，蛋鸡存栏2571.8万只，肉类总产量119.7万吨，禽蛋总产量28.9万吨，奶类总产量23.6万吨，畜牧业现价产值143.7亿元，畜牧业总收入317.1亿元，全市的各项畜牧兽医工作均居全省前列，被评为全省畜牧兽医工作先进单位和全省动物疫病防控工作目标管理先进单位、全省畜牧科技工作先进单位、全省发展畜牧合作经济组织先进单位、全省饲料管理工作先进单位、全省秸秆青贮养畜工作先进单位。市畜牧局被省人事厅和省畜牧局评为先进集体。

【畜牧协会成立】 2006年8月25日，潍坊市畜牧协会成立大会在潍坊隆重召开。来自全市畜牧养殖、加工、兽药、饲料企业的代表，各县市区畜牧主管部门的代表共100余名参加了会议。大会审议通过了《潍坊市畜牧业协会章程》，以无记名投票形式选举产生了第一届理事会、常务理事会，会议选举王绍森为会长。大会还举办了潍坊畜牧业发展热点论坛，围绕潍坊畜牧业在畜禽繁育、养殖技术、畜产品安全、畜产品加工、畜产品产业化、生态畜牧业等领域如何推向大市场、打造潍坊畜牧品牌、建设畜牧业强市以及企业如何发挥龙头带动作用等方面，进行了研讨。

【落实“五项措施”促进畜产品外销】

为扩大畜产品的市场份额，拉动畜牧生产的快速发展，促进农民增收，采取了五项措施促进畜产品外销。一是组织畜产品加工龙头企业定期召开潍坊市名牌畜产品推介会。二是加强质量体系建设。组织企业严格按照畜产品进口国和畜产品市场准入城市对产品的质量要求生产，帮助企业尽快通过ISO9000质量体系认证、绿色食品认证和无公害畜产品认证。三是加强市场信用体系建设。成立潍坊市畜牧协会，加强行业自律，维护树立“潍坊市优质畜产品”的品牌信誉。四是加强对生产过程的监督管理。加强对动物饲养、屠宰、加工企业的监督管理，着力打造国内230个大中城市“放心菜篮子”的主供基地。五是加强了兽药、饲料和种畜禽等生产投入品的监督管理，从源头上保证生产原料的安全。2006年，全市已有96家畜产品加工企业的产品获得北京、上海畜产品市场准入资格，有16家企业取得长春、杭州市场的备案。年进入京沪等大城市的肉类达到50万吨，占潍坊肉类产量的40%，诸城的得利斯、昌邑的新昌、临朐的盛罗捷分别获人民大会堂直供许可；年供肯德基公司3万吨，占肯德基年需求量的60%。

【特种动物迅猛发展】 全市特种动物的主要饲养品种有美国短毛漆黑水貂、芬兰原种蓝狐和貉等优良品种，其中，狐狸、水貂的良种供应辐射到全国八个省市。2006年，狐狸、水貂、貉等特种动物养殖业呈现出产销两旺的大好形势，共出栏686万只，同比增长近2倍。特种动物养殖纯收入为9.8亿元，吸纳劳动力1万多人。特种养殖业已经成为全市畜牧业发展中的重要产业。

【畜产品检测】 潍坊市畜牧检测中心在具备了按国家标准对兽药、饲料等产品483个参数的检验能力后，2006年，又通过了仪器设备的年度计量鉴定，开展了质量体系的内部评审和管理评审，对不合格要求的项目进行了重点整改。

2006年完成省级99个禽场4148份，3个牛场90份，2个羊场60份，7个猪场190份采样任务；完成兽药检测样品160份，饲料检测样品257份；对潍坊百货集团、世纪泰华、万家福超市、早春园、南下河、潍城南苑集贸市场进行了监督抽检，抽取猪牛羊鸡肉和其他畜产品724份进行了感观、瘦肉精和抗生素药残检测，其中检出盐克伦特5份，氯霉素8份药残超标。共外派技术人员8人（次）分别参加高效液相色谱仪、细菌自动鉴定仪、原子吸收分光光度计等精密仪器设备使用，动物疫病检测技术与诊断等项培训。为全市12个县级实验室举办了“畜产品中瘦肉精残留检测培训班”，参加培训人员达24人。共编发《畜牧检测简报》12期；编发《畜牧检测公告》22期，在全市主要新闻媒体发布，解除了群众对畜产品和投入品质量的担忧，有效引导了社会消费。

【对兽药生产、经营企业实施监管制度】

在进一步对兽药使用环节实施监管的基础上，从2006年开始加强对全市47家兽药生产厂家，近800家经营企业（单位）实施监管，并落实监管责任制。具体办法是：监管人员至少半月对所监管的企业（单位）巡回监管一次，审核案件、查验物品、核对记录、填写《潍坊市兽药监管记录表》，对监管中发现的问题提出意见和建议。县级主管单位及主管人员及时审核监管记录并及时做好相应处理。对问题较多企业（单位）列入“黑名单”，实行重点监控。市县两级主管部门加强监督管理，严肃惩处各种失职、渎职行为，确保监督责任制落实到位，从而真正在兽药生产、经营、使用三个环节上建起了三道关口。全年查处各类违法案件57起，其中查处制销假劣疫苗和群众因使用假疫苗造成损失的案件8起，为群众挽回经济损失100多万元。共抽检流通环节兽药产品132个，合格率为75%，对不合格产品，都依法进行了处理。

【村级动物防疫员队伍建设】 按照《潍坊市人民政府办公室关于加快建立农村应急性动物防疫队伍的通知》要求，严格开展农村应急性动物防疫员的审核、培训、考核工作。通过基层推荐、由县(市、区)畜牧局严格按照“公开、公平、竞争、择优”的原则进行考试考核，公开选聘了8554名村级动物防疫员并发放《山东省村级动物防疫员聘用合格证》。已聘用的8554名村级防疫员能独立开展免疫、冷配、常见病诊疗服务，成为动物防疫工作的中坚力量。

（张金荣 陈同义 周全洲 供稿）

海洋与渔业

【概况】 2006年，全市海洋产业总产值224.7亿元，比上年增长13.6%；其中，渔业产值77亿元，水产品总产量64.4万吨，分别比上年增长6.5%和6.7%；渔民人均收入8051元，比上年增长5%，高出全省渔民531元、全市农民2543元。潍坊市海洋与渔业局被省海洋与渔业厅授予海洋管理、渔业安全、海洋与渔业科技先进集体，潍坊市渔政监督管理站（中国海监潍坊市支队）被授予全国优秀示范支队，山东省潍坊市海洋环境监测中心站被授予全国海洋环境监测示范站。寿光市海洋与渔业局被省海洋与渔业厅授予海域使用管理、渔业安全、渔业工作先进集体，昌邑市海洋与渔业局被授予渔业工作先进集体，寒亭区海洋与渔业局被授予海洋执法监察、渔业执法、渔业安全先进集体，滨海开发区海洋与渔业局被授予海洋环境保护、渔业执法、渔业安全先进集体，安丘市水利局被授予渔业工作先进集体，临朐县水利局被授予海洋与渔业科技先进集体。

【海域使用管理】 认真落实海洋功能区划、海域使用许可和海域有偿使用三项制度。积极推进海洋功能区划工作，《潍坊市海洋功能区划》已经省政府批复。严格海域使用审批，新确权用海项目50宗，确权面积7976公顷，变更19宗，续期29宗，注销20宗；全市共确权用海项目287宗，确权面积2.77万公顷，占全国的十分之一。全面完成海域使用金征缴工作，比2005年增长100%。建设了寿光、寒亭、昌邑三处国家和省级海域使用管理示范县。完成了县际间海域勘界工作，及时协调了交叉用海问题，并相应调整了海域使用档案。在上年划定140公里海岸线的基础上，埋设了40个海岸线界桩，并建立了相应的界桩管理档案，为减少违规违法用海行为、稳定海区秩序奠定了良好的基础。

【海洋环境保护】 加强了海洋监测机构建设，山东省潍坊市海洋环境监测中心站通过了国家级示范站评审，寿光市海洋环境监测站的省级示范站创建工作也在进行之中。进行近海海域水质变化趋势性监测6次，实施生态监控区监测4次，开展了莱州湾生态监控区监测、陆源入海排污口监测和赤潮监视监测，连续3年发布了《潍坊市海洋环境质量公报》。加大了海洋与渔业污染事故的查处力度，立案调查率达到100%，结案率达到70%。认真贯彻落实国务院《防治海洋工程建设项目污染损害海洋环境管理条例》和《山东省海洋环境保护条例》，广泛进行了宣传月活动，根据本地建设溴素厂提卤制溴的实际情况对29个海洋工程排污口及海岸工程直接入海排污口进行了普查，探索了海洋工程排污口监管执法新路子，为保护海洋环境奠定了基础。

【渔业经济】 渔业经济进一步优化，在积极发展第一产业的同时，大力发展二、三产业，取得明显成效。渔业增加值37.7亿元，占全市大农业的比重达到17.8%，一、二、三产业比例优化为37：11：52。水产增养殖快步发展。依托广阔的浅海滩涂资源，大力发展滩涂贝类增养殖。先后经历了“封滩护贝”、“封滩育贝”、“耕海牧渔”三个发展阶段，初步实现了由无序、无度、无偿生产向依法用海、科学管护的滩涂贝类增养殖开发的战略性转移。全市已建立浅海滩涂开发经济实体76个，确权面积4万公顷，年产贝类8万多吨，产值2.5亿多元。依托广阔滨海平原，大力发展海水增养殖业。在继续发展池塘养殖业的同时，重点发展了以工厂化养殖为代表的设施渔业，突出抓好对虾、梭子蟹、文蛤、青蛤、大菱鲆、牙鲆、半滑舌鳎、黑鱼、鲟鱼、虹鳟鱼等十大主导名优水产品种养殖，形成了寒亭和昌邑的卤淡水南美白对虾养殖、安丘的黑鱼养殖、临朐的冷水鱼工厂化养殖等一批主导产业群。全市海水养殖池塘面积1万多公顷，工厂化养鱼大棚面积达11公顷，实现海水养殖产量9.7万吨，产值7.9亿元。扩大投资，扎实推进渔业资源修复工程。积极争取上级支持，投资480万元成功增殖放流梭子蟹二期幼苗4000万只，毛蚶、文蛤、杂色蛤150多吨。

海洋捕捞保持稳中有升。全市17家海洋捕捞企业，拥有海洋捕捞渔船866艘，101943千瓦，产量394693吨，产值近10亿元，继续保持稳步增长势头。其中，远海捕捞生产船舶达到100艘，近5万马力，实现经济收入3亿多元。捕捞种类主要为鱼类，占捕捞产量的94%，其中大部分为缇鱼，占捕捞鱼类产量的85%。捕捞海区为渤海、黄海和东海，分别占捕捞产量的20%、54%和26%。

【良种产业化工程建设】 推行水产苗种生产许可制度，对首批16家企业颁发了水产苗种生产许可证书，标志着全市水产苗种生产开始走上依法管理、依法经营的规范化轨道。建设了潍坊青蛤、潍坊昌邑三疣梭子蟹和临朐鲟鱼三个省级水产原良种场，引进了石斑鱼、鲟鳇等新品种，中国对虾黄海一号、星鲽等育苗取得成功。全年共计繁育各类苗种16亿尾，实现产值6408万元，同比分别增长87%和127%。

【水产品质量安全】 以推行标准化基地建设为契机，努力搞好无公害水产品行动计划。昌邑海丰水产养殖有限公司建成省级渔业标准化示范基地。全市已建成国家级渔业标准化示范基地1处，省级3处；已有23家企业、25个产品获得无公害产地认定和产品认证，无公害生产基地面积达34万亩。大力实施名牌推动战略，昌邑海丰水产养殖有限公司生产的三疣梭子蟹被评为山东省名牌农产品，成为全市8个省级农业名牌之一。以市场水产品监督检测为内容，大力实施水产食品安全放心工程。落实《水产品质量安全法》，制定了《潍坊市水产品质量安全管理计划》、《潍坊市水产品质量安全目标责任制和考核标准》、《潍坊市水产品质量安全信用体系建设

方案》、《潍坊市水产品质量安全信用体系建设考核办法》、《潍坊市水产品质量安全整治工作方案》。扎实推进渔业产品质检工作。投资20.2万元新购置了多功能极谱仪等检测设备，检测项目从54个扩大到123个。全年共进行例行检测和社会公示58次，累计检测7大类3350多个样品；开展了渔用药物和渔用饲料等投入品的专项整治活动，对重点水产品生产基地实施药残监控，确保全市水产品质量安全。

【渔业科技】 牢固树立“科技兴渔”观念，进一步加大渔业科技投入与创新工作力度，提高了渔业科技创新能力和科技贡献率，推进了产品上档次上水平。建立起以渔业技术推广机构为主导，渔业合作组织为基础，渔业科研、教育等单位和涉渔企业广泛参与、分工协作、服务到位、充满活力的多元化基层渔业推广体系。以实现渔民科技化为重点，全面实施渔业科技入户和渔民培训工程。全市遴选示范养殖户450户，推广优良主导品种8个，主推无公害健康养殖技术6项，发放无公害药品1000公斤，生态制剂200公斤，科技资料2000份；培训渔民2600人次，其中渔业职业技能600人次，短期技术培训2000人次。提高了渔民科学养殖和有效防病、治病的能力，全面推进了渔业增效和渔民增收。

【海洋与渔业重点项目建设】 以基础能力建设为重点，扎实推进海洋与渔业重点项目建设。争取中央资金2500万元建设了寿光羊口中心渔港、临朐虹鳟鱼良种繁育场和寿光、昌邑渔业疫病防治站；投资253万元配备了海监渔政管理船艇3艘、车3辆；在实施国家“碧海行动”和山东省渔业资源修复计划中，争取建设海域使用示范县和检测经费201万元，投资635万元经费进行了资源修复、渔民转产专业和自然保护区建设，对恢复近海渔业资源、维护生物多样性发挥了重要作用；市政府与国家海洋局北海分局共同投资120万元（其中北海分局投资60万元）建设了潍坊海洋预报台。

【海洋与渔业执法】 开展以查处海域使用和海洋环境保护违法行为为重点的“人海和谐—海盾2006”专项执法行动，对全市已审批的280个用海项目进行了审核检查，发现违法行为19起，立案17起，下达处罚决定书14份，结案14起。全面落实海洋监察岸段负责制，将全市沿海岸段海洋监察进行分级分段管理。面向社会聘请了15名执法监督员，加强了对海洋违法行为的日常监管和海洋执法监督。开展了保护鲈鱼苗、打击非法捕捞工具、保护梭子蟹增殖放流和以伏季休渔为重点的“护渔－2006”专项执法行动；加强了以捕捞许可证年审为重点的渔船信息档案管理。加大了水生野生动物保护工作力度，为临朐县38家鲟鱼养殖户颁发了全市首批水生野生保护动物驯养繁殖许可证。切实做好渔用燃油涨价补贴发放工作，通过制定印发实施方案、认真进行调查摸底、加大监督检查力度等措施，圆满完成了两批共计2996万元燃油补贴资金的发放。认真落实安全生产责任制，建立了全市应急救援体系，夯实了“双基”工作。

【海洋预报台建设】 潍坊市海洋预报台是2006年7月26日由潍坊市人民政府与国家海洋局北海分局采取共建、共管、共用的方式建设的地市级海洋预报台。10月24日，潍坊市海洋环境监测中心站与潍坊森达美港有限公司签订了共建验潮井协议，并开始验潮井的土建工作，这是山东省乃至全国首家采取共建、共用、共管方式，由国家、地方、企业三方投资建设的海洋观测预报专业机构。2006年12月30日潍坊市机构编制委员会以《潍编办［2006］70号文》批复同意市海洋环境监测中心站加挂潍坊市海洋预报台的牌子，至此潍坊市海洋预报台完成机构建设。

【渔业船舶水上安全突发事件救生演习】 根据潍坊市政府潍政办发〔2004〕154号、155号文件和《潍坊市渔业船舶水上安全突发事件应急救援预案》的要求，2006年10月14日潍坊市举行渔业船舶水上安全突发事件救生演习。国家海洋局北海分局海监总队、潍坊海事处、省羊口渔政管理中心站、市渔政站、沿海市区海洋与渔业局及渔政站等单位参加了演习。农业部黄渤海区渔政渔港监督管理局副局长胡学东，国家海洋局北海分局副局长、海监总队长腾征光，省海洋与渔业厅厅长侯英民，市委常委、潍坊军分区政委曲新佩，市人大常委会副主任王永兴，副市长辛丕宏，市政协副主席张敦柏等国家、省、市及潍坊沿海市区领导观摩了演习。演习在潍坊森达美港东北约4海里的海域进行，共动用了7艘执法船艇、一架海监飞机，使用全省渔政指挥中心通讯网络与频率及渔业应急救援系统进行指挥。演习从上午9时15分开始，10时45分结束。在所有参演人员的共同努力下，较好地完成了预定任务，达到了预期的目的。通过演习，展示了全市海洋与渔业海上救援装备水平、现代化应急救援信息系统配置水平和渔政、海监队伍整体素质，提高了全市渔业船舶水上安全突发事件应急反应能力和渔政、海监队伍海上抢险救生技能。

（张俊忠 张乐涛 供稿）

水利

【概况】 2006年，潍坊水利工作紧紧围绕市委、市政府确定的中心工作任务，密切联系水利工作实际，创新工作思路，创新投入机制，创新组织方式，创新管理体制。突出抓了抗旱防汛、水库除险加固、水系联网、河道闸坝、灌区节水改造、水土保持和村村通自来水工程等水利基本建设，加快水利发展与改革实践，各方面工作都取得了较好的成绩。年度完成基本建设投资2.32亿元，其中国家下达潍坊市基建投资计划1.223亿元。完成招商引资3610万元，实现了市政府下达任务的117.5%。

【防汛抗旱】 2006年全市平均降雨量

407 毫米，比 2005 年同期偏少 47%，比历年同期偏少 38%，为有水文资料记载以来第 2 位最枯年份。汛期（6—9 月）全市平均降雨量 281 毫米，比 2005 年同期偏少 53%，比历年同期偏少 41%。全市上下立足于防大汛、抢大险、抗大灾，早发动、早部署，抓落实。严格落实了以行政首长负责制为核心的各项防汛责任制。组织了多次防汛大检查。修订完善了各类防汛预案。严格值班制度，加强值守。

由于降水偏少，部分地区从 3 月初开始出现旱情，至 5 月 1 日，全市农作物受旱面积达 684 万亩。9 月至 11 月，全市大部分地区基本未出现有效降水，旱情发展迅速。最大受旱面积出现在 11 月 21 日，全市 1041 万亩耕地全部受旱，其中重旱面积达 470 万亩。针对严重旱情，多次召开会议部署抗旱工作，及时启动抗旱应急预案，重点加强对现有水资源的统一管理和科学调度，及时调度抗旱服务队对现有水利工程设施全面检查、维修改造，千方百计挖掘水源，保证抗旱用水需求。

【大中型水库除险加固工程】 峡山水库完成了主坝坝顶防浪墙重建、主坝坝顶路面翻修工程及主坝照明线路安装、灌溉放水洞改造工程，南辛、武兰副坝截渗工程，埠望庄、永旺屯及四屯三处放水洞改造工程，完成投资 2829.55 万元；白浪河水库完成了西放水洞工程，完成投资 146 万元；高崖水库进行了大坝坝顶恢复、大坝防浪墙重建、坝后补坡、坝顶路面硬化等工程，完成投资 634.6 万元；于家河水库完成了溢洪道工程中的闸室及泄槽段（二标段）的土石方开挖、闸底板浇筑、泄槽底板浇筑，完成投资 530 万元；荆山水库完成了大坝坝体和坝基防渗工程，完成投资 1221 万元；郭家村水库进行了坝体、坝基防渗、坝前护坡、坝后补土等工程，完成投资 1241 万元；马旺水库进行了混凝土防渗板墙、坝体加宽、坝前护坡、坝前压重、放水洞部分工程，完成投资 360 万元。

【白浪河水系联网工程】 潍坊市白浪河水系联网工程是市委、市政府决定兴建的一项大型跨流域调水工程。它的建设可将汶河、渠河、白浪河三大水系联网，白浪河、牟山、沂山、大关、高崖、马宋、于家河、尚庄、共青团、下株梧 10 座水库串联，实现水资源的优化配置，联合调度。它包括东西两条调水线路，西线调高崖水库水入白浪河水库，引水流量为 10 立方米/秒，主要是利用高崖水库东干 40 公里渠道，再经 24 公里孝妇河进入白浪河水库，年可调水 2000 万方。东线调牟山水库水入白浪河水库，引水流量为 5 立方米/秒。主要是利用牟山水库北干 10 公里，经 12.5 公里隧洞进白浪河水库，年可调水 2000 万方，主要工程为 12.5 公里隧洞及配套建筑物，到 2006 年底，整个工程全线贯通。

【白浪河水库向符山水库调水工程】 该工程将白浪河水库水调往符山水库和浮烟山。它的建成将进一步优化水资源配置，为浮烟山、大学城、潍城经济开发区和当地的工农业生产及居民生活提供可靠的水资源保证，对潍坊经济社会快速、健康、持续发展和改善生态环境具有十分重要的意义。工程包括一座扬水泵站和 14 公里管道，设计日调水量 2 万吨，工程总投资 1337 万元。工程于 8 月 8 日开工建设，到年底已完成泵站前池、泵房底板及地下边墙工程；完成管沟开挖 5 公里和管道安装 1.8 公里。

【大型灌区节水改造项目】 组织了昌乐县高崖水库灌区、峡山水库灌区寒亭片、诸城市墙夼水库灌区续建配套与节水改造 2004—2005 年度项目的实施。高崖灌区完成东干及南干 4.2 公里渠道防渗衬砌，完善干渠排水系统及干渠管理道路，改建维修配套建筑物 10 座，整个工程共完成土石方 2.68 万立方米，浆砌石 1.54 万立方米，砼 0.37 万立方米，完成投资 525 万元。峡山水库灌区寒亭片安装混凝土管道 6 公里，安装配电设备，完成投资 380 万元。墙夼水库灌区续建配套与节水改造工程完成投资 750 万元，防渗干渠 1300 米。年内冶源水库灌区被列入国家大型灌区节水改造投资计划。峡山、高崖、墙夼、冶源四个灌区共下达投资计划 4000 万元，其中国债资金 1600 万元，自筹资金 2400 万元。完成实施方案编制并上报省发改委、水利厅。

【村村通自来水】 编制了村村通自来水工作年度实施方案，出台了《潍坊市人民政府关于村村通自来水工程的实施意见》，两次组织有关县市区水利局到泰安、济宁、济南、日照、临沂等市参观学习村村通自来水工作经验。于 4 月 3 日和 7 月 25 日筹备召开了全市村村通自来水工作动员会和现场会，进行了组织发动，推动了村村通自来水工作的开展。年内共争取上级扶持资金 2820 万元，累计完成投资 3.87 亿元，完成村村通自来水工程 645 处，新增农村通自来水村庄 2064 个，新增受益人口 143 万人，农村自来水普及率比年初提高 22.8 个百分点，使全市自来水普及率达到 82.46%，超额完成了年度计划任务。

【水资源管理】 继续深入贯彻落实取水许可制度，严格取水审批手续，加强建设项目水资源论证工作制度；实行计划用水、节约用水；做好用水定额编制，实现用水定额化管理。初步完成了《潍坊市城市饮用水水源地安全保障规划》、《潍坊市水资源实时监控（地下水位、水量）系统规划和潍坊市水资源实时监控与管理系统规划》；制定“十一五”期间全市节水型建设目标。2006 年全市征收水资源费 12780 万元，入省市水资源费财政专户 8155 万元。

【水利执法】 坚持常年宣传与集中宣传相结合，充分利用“世界水日”和“中国水周”等有利时机，采用多种形式开展广泛深入地宣传《水法》、《水保法》等水法律法规，分发宣传品 6 万余份，出动宣传车 110 余辆次，悬挂过街横幅 160 余条。提高公众的水法律意识

和水法律观念，取得了良好的宣传效果。制定出台了《潍坊市潍河河道采砂管理办法》，制定上报了《潍坊市取水、用水管理办法》。加大执法力度，全年共查处水事违法案件180余件，涉案金额近千万元，挽回经济损失200余万元。

【水土保持】 以水土资源的可持续利用和生态环境的可持续发展为根本目标，不断加大各项力度，取得了良好成效。全年共完成投资1.2亿元，治理水土流失面积171平方公里。修筑小型水利水保工程207座，完成土石方1432.2万立方米，群众投劳981.6万个工日。重点组织实施了临朐辛城、昌乐魏家沟两大国债和7个省财政计划治理水土保持重点工程。当年竣工小流域21条，跨年度实施的9条。同时，严格执法，积极落实开发建设项目“三同时”制度，强化水土保持方案的编制、申报、审批的管理，全年共编报审批开发建设项目水土保持方案239个，检查水土保持项目280个，查处违法案件34起，共收缴水保“两费”375万元。

【潍河采砂管理】 2006年，在市委、市政府的领导下，加大对潍河采砂管理的力度。制定出台了《潍坊市潍河河道采砂管理办法》，编制完成了《潍河河道采砂规划》，为规范管理提供了可靠依据。加强管理机构建设，昌邑、寒亭等6个县市区均成立了河道管理机构，河道采砂管理执法力量得到了加强。加大河道采砂的执法力度，2006年共组织集中整治行动15次，出动冲锋舟60余次，吊车、拖车30台次等，清除非法船只600余艘，炸毁船只40余艘，沉没船只60余艘，扣押船只30艘，清理非法砂场30余个，清除非法建筑物60间，较好地维护了河道采砂的秩序。

【移民工作】 严格按照国务院和省政府的要求，认真做好后期扶持工作，7月成立了潍坊市水利水电工程移民工作领导小组（下设办公室），办公室设立了政策实施、协调配套、综合、宣传与保障4个组，并从24个成员单位中选配了24名同志组成8个检查组，对全市各县市区移民工作进行督导、检查。各县市区相继成立了领导小组和办事机构，并组建了工作队和驻村工作组。共组建办事机构11个，工作人员139名；成立工作队41个，工作人员174名；驻村工作组397个，工作人员1181名。8月举办了160余人的大中型水库移民后期扶持政策培训班，各县市区举办培训班136期，培训人员6157人（含乡、村级培训）。开展了大中型水库移民后期扶持人口核定登记工作，全市共登记公示移民人口233816人，移民后期扶持已经确定72455人，完成28%。全市接待移民群众上访1330期，共计6159人次，针对上访问题，工作人员突出宣传政策，反复解释疏导，积极化解矛盾，取得了较好的效果。

【精神文明建设】 配备和健全基层单位领导班子党员队伍建设。积极做好党员发展和管理工作，开展评先创优活动。加强干部培训，深化职称改革，完善职称的评议推荐工作，积极做好人才选拔工作。开展了“八荣八耻”为主要内容的社会主义荣辱观教育活动，倡导社会主义基本道德规范，促进良好社会风气形成发展。深入开展文明家庭、文明班组和省、市级文明单位创建活动。组织系统内4个文明单位参加了潍坊市文明单位风采展示，对11个市级水利系统行业文明单位进行了复查。2006年全系统有省级文明单位1个，市级文明单位3个，全省水利系统行业文明单位19个，全市水利系统行业文明单位17个。

（徐士尧 供稿）

农业机械

【概况】 2006年，全市农机总值达到60.71亿元，农机总动力942.4万千瓦，都比上年增长10%以上。联合收获机总量达到8984台，其中玉米联合收获机增加631台。共完成机耕作业面积1107万亩、机播731万亩、机收567万亩，其中玉米联合收获较上年增长82%。全市共投入农机化资金4.7亿元，增长1.3%。

【加快农机装备的发展】 （1）创建“中国农机城”品牌。经国家有关部门批准，2006年3月授予山东省潍坊市“中国农机城”称号，并于5月16日，隆重举行了“中国农机城”授牌仪式。（2）建设“中国名优农业装备推广中心”。在积极研究和考察论证的基础上，建成集农机展示推广、技术培训、信息交流、商务贸易、新产品信息发布等功能于一体的综合展示大厅。截止2006底，已吸引摆放了10多个品种的50多台农机新机具，信息发布系统初步安装到位，20多家全国主要农机企业信息已采集整理完毕。（3）全面启动了“3090”工程。从2006年到“十一五”末，在全市开展创建“30佳农机企业”和“90强产业型龙头农机大户”活动，实行年度考核，动态管理，优进劣汰。对当选的农机企业和农机大户，分别授予“潍坊市30佳农机企业”和“潍坊市90强产业型龙头农机大户”称号。全市现有农机总值10万以上农机大户1947个，其中初步具备产业型龙头农机大户、固定资产在30万元以上的农机大户264个。全面完成了对全市农机企业的调查分析，摸清了底子，建立了联系制度，确立了30佳农机企业培育的对象。

【农机科技创新】 （1）按照大力开发节约资源和保护环境的农业技术的要求，全面推广保护性耕作技术。普遍建立了保护性耕作示范点，共建立试验示范点22个，市县两级农机部门的负责同志，分片包干，引导农民使用保护性耕作技术。搞好机具研发，与有关农机生产厂家，成功研制出了适合潍坊市推广应用的免耕播种机，通过了省级农机推广鉴定，并进行了批量生产。全市各级农机部门共召开保护性耕作现场会20多次，累计推广小麦免耕播种机217

台。(2) 组织实施保护性耕作、现代农机装备推进项目、科技入户工程、玉米秸秆揉丝机械化技术的试验示范等项目。诸城市、昌邑市现代农机装备推进项目新增各类先进农业机械 400 台(套)。临朐县组织实施的玉米秸秆揉丝机械化技术试验示范项目取得了阶段性成果。首家玉米秸秆揉丝袋装微贮草加工基地在坊子区良种场建成并投入生产。玉米收获机械化取得历史性突破，玉米联合收获机保有量达到 1076 台。

【农机行政执法】 广泛宣传了《农业机械化促进法》和《道路交通安全法》及其它一些有关安全生产的规章制度。组织参加行风热线，宣传农机法规政策，解答农民关心的热点问题。全市共检验拖拉机、联合收割机 2.5 万多台，新挂牌拖拉机联合收割机 1.2 万台、发放驾驶证 3000 多个。与保险公司相互配合、密切协作，全力做好入保手续的办理工作。办理各类保险 6000 多份，收到保费 80 多万元。针对全市农机维修市场存在的问题，与市工商局、市质监局协作配合，在全市开展农机维修清理整顿活动。全市共出动执法人员 2100 人次，检查农机维修点 2800 余个，查获假冒伪劣商品 2620 台（件）。组织农机职业技能考评鉴定 813 人。

【农机作业】 三夏作业高峰期，全市上阵各类农机 11.2 万台，机收小麦 518.6 万亩，占小麦应收面积的 96%，创历史最好水平。到外地跨区作业的小麦联合收割机达 4400 多台，为农民增加收入 8000 多万元；接收外地来潍坊跨区作业的机械 5200 台以上，接机和派机数量均实现新突破。三秋期间，共上阵各类农业机械 15.6 万台套，完成机耕面积 523 万亩，机播 509 万亩，玉米机收 82.8 万亩。秋季各类机械跨区作业总收入达 1130 万元，较去年增加 81%。

【农机博览会】 11 月 17—19 日，潍坊市人民政府主办，市农机局承办的 2006 中国农业机械及零配件博览会在潍坊富华国际会展中心举办。来自国内的 273 家生产企业参加了展览，展区面积达 2 万平方米，涵盖农业机械 13 个类别的 80 多个品种，共 2 万多台（件）机具。参观人数达 3 万多人次，签订产品交易合同（协议）220 多个，合同交易额达 3.8 亿元。

【农机购置补贴】 开展了农机购置补贴工作。按照报名顺序和条件，对全市 12 个县市区的 807 户购机者给予购机补贴，其中落实购置玉米联合收获机 460 台，共引导农民投入 3000 多万元。

【农机培训】 共培训各类农机人才 4.5 万人，其中新训拖拉机驾驶员 2540 人，复训 2 万人，农机修理工 366 人，农机管理干部 232 人，低速车驾驶员 6830 人，汽车司机 9900 人，阳光工程劳动力转移 500 人。

（徐安国　李建友　供稿）

农业综合开发

【概况】 2006 年，全市农业综合开发围绕社会主义新农村建设的宏伟目标，深入实施农业“三化、三带动”战略，按照建设现代农业的要求，继续加强以农业基础设施建设为主要内容的中低产田改造，大力扶持农业龙头企业和产业化经营项目，加大山区开发和扶贫开发力度，全面提升农业综合开发项目的质量和水平，促进了项目区农业增效和农民增收，实现了经济效益、社会效益和生态效益的共同提高。全年共投入开发资金 34128.9 万元，其中各级财政资金 12258.5 万元。完成土地治理面积 16.61 万亩，扶持产业化经营项目 8 个，完成治山整地 7.6 万亩。项目区受益农民人均纯收入比非项目区高出 333 元。

【国家农业综合开发项目】 包括土地治理和产业化经营两部分。土地治理项目共投入资金 9884.9 万元，其中各级财政资金 7724.5 万元，完成土地治理 16.61 万亩，建设各类水利工程 2795 处，新修整修生产路 583.3 公里，林网林带植树 58.6 万株，发展节水灌溉面积 4.76 万亩。产业化经营项目共投资 21602 万元，其中各级财政资金 3800 万元，扶持发展了 6 个农产品加工企业、1 个农产品批发市场和 1 个提供种鸭 300 万只的养殖项目。两项开发涉及全市 11 个县市区的 23 个乡镇、街办和单位。通过开发建设，土地治理项目区田成方、林成网、渠相通、路相连、旱能灌、涝能排，达到了标准化、规范化农田的标准，土地综合生产能力显著提高，新增粮食生产能力 5157.78 万公斤，棉花 49 万公斤。通过扶持龙头企业和产业化经营项目，进一步扩大了农产品加工能力，完善了市场＋龙头＋基地＋农户的产业化运作形式，拓宽了农民增收和就业渠道。据统计，扶持的 8 个产业化经营项目新增农产品加工能力 16180 万公斤，带动农户 11.8 万户，为农民增加收入 16022 万元。

【新农村建设示范区项目】 该项目是国家农业综合开发办公室在潍坊市安排的支持新农村建设试点项目，由寿光市营里、侯镇 2 镇实施。项目规划三年开发面积 3.9 万亩，总投资 3919 万元，其中中央财政资金 1500 万元，地方财政配套资金 1500 万元，自筹资金 919 万元。重点搞好农田基本建设、村居配套建设和农民生活环境建设等。总体规划已经国家开发办批复，前期准备工作基本完成。

【山区开发】 全市山区开发坚持以改善山区的基础条件和生态环境为重点，以增加山区农民收入为目标，全市山区综合开发取得了显著成效。2006 年全市山区共投工 3090 万个，动用土石 1000 万方，完成治山整地 7.6 万亩，荒山绿化 5 万亩，建设林果基地 5.6 万亩。按照集中投入、规模开发、突出效益的原则，2006 年市县投入财政资金 400 万元，扶持山区开发项目 1 个，完成山区治理面积 1000 亩，新建维修水

利设施 11 处，新建道路 1.7 公里，栽植桧柏、雪松等绿化苗木 21 万株，山区群众生产生活条件得到了明显改善和提高。

【扶贫开发】 2006 年全市扶贫开发围绕“增加贫困地区农民收入”这一中心，按照“整乡推进”的开发思路，坚持开发式扶贫，快速膨胀主导产业，积极培植贫困村新的经济增长点。总投入 542 万元，其中省市县财政资金 334 万元，扶持临朐县贫困村 14 个，贫困人口 4600 人，共开发荒山 1000 亩，改造中低产田 1000 亩，栽植大棚果 500 亩，新建香椿大棚 150 个，配套水利设施 25 处，新修生产路 21.7 公里，架设输变电线路 7800 米。争取国家扶贫贴息贷款 1700 万元，扶持诸城得利斯集团、昌邑新昌肉食集团、临朐红叶地毯公司 3 家农业龙头企业改善生产条件，企业新增利税 3500 万元。

（姜波　郭泳　供稿）

责任编辑　李　光

工 业

综 述

【概况】 2006年，全市经贸系统以科学发展观统揽全局，紧紧围绕市委、市政府提出的“一个目标、两个确保、五个新突破”总体部署，坚持以结构调整为主线，以经济效益为中心，狠抓科学投入、技术创新、资源节约综合利用等关键措施的落实，工业经济在连年大发展的基础上实现新的突破，规模以上工业增加值、利润总额和技改投入等3项指标完成了四年翻两番的奋斗目标，顺利实现了“十一五”开门红。全市规模以上工业企业发展到4171家，比年初增加338家，完成增加值852.7亿元，增长27.8%，实现主营业务收入3527.4亿元，增长30.2%，实现利税286.7亿元，其中利润总额177.8亿元，分别增长28.9%和29.6%，实交税金115.8亿元，增长24.5%。

【产业结构调整】 全市经贸系统大力推进高新技术产业化、传统产业高新化和新兴产业规模化，全市工业结构不断优化。全市工业增加值占GDP的比重比上年提高了1.5个百分点，完成高新技术产业产值780.3亿元，增长34.3%，占全市工业的比重由年初的16.8%提高到22.1%。进一步加大了高新技术产业、优势制造业和环保节能的投入，机械装备、纺织服装等产业完成投资396.4亿元，占全部投资的71.6%；电子信息、新型材料等高新技术产业完成投资60.3亿元，占10.9%；直接用于节能、环保和资源综合利用方面的投资23.8亿元，占4.3%。在土地供应、财政支持、银行信贷及争取国家、省项目计划等方面实行倾斜，加快了技术含量高、带动作用强的项目实施。全市累计完成工业投资724.4亿元，技改投资553.7亿元，比上年增长4.9%。加快推进产业聚集，各类工业园区共完成投资205.9亿元，占全市完成投资的37.2%，在高新技术开发区、经济开发区、滨海项目区进一步集聚，初步形成了相对集中的纺织印染、海洋化工、机械装备等新型工业园区。

【经济运行】 全市经贸系统强化了经济运行综合调度协调，保证了经济运行平稳高速发展。对人民币升值影响、重点企业资金运营情况、成品油和原油政策调整等问题及时提出应对措施建议，规模以上企业亏损面控制在2.4%，亏损企业发生亏损额1.4亿元，同比减亏5900万元。积极推进银企结合，定期组织银行、企业需求对接。争取上级支持，先后争取纺织行业结构调整无偿拨款400万元，争取品牌发展无偿拨款205万元。全市4家典当行注册资本5010万元，累计发放当金9727万元，增长75%，全市典当行发展到7家。全社会用电量197.9亿千瓦时，增长18.9%，工业用电量154.2亿千瓦时，增长18.7%，截至2006年年底，潍坊电网安全运行达2614天。积极搭建企业产销平台，工业品产销率达到98%，省内、省外、国外主营业务收入比重调整为66：23：11。

【企业自主创新】 全市企业自主创新能力进一步增强，共完成技术开发费投入30.6亿元，开发填补市以上空白新产品760项，其中达到国际先进或填补国内空白的80项，实现新产品销售收入385亿元，利税58亿元。19户企业技术开发中心被认定为2006年度市级企业技术开发中心，潍柴动力通过了国家级企业技术中心认定，5家企业技术中心通过了省级认定。市级以上企业技术中心达到78户，其中国家级4家、省级22家。潍柴、晨鸣、新郎三家企业技术中心列入全省“双百工程”重点培育的技术中心，共获300万元技术中心建设补助。海龙、同大海岛材料等2家企业的成果获国家科技进步一、二等奖，10个项目获得省产业技术研究与开发补助资金150万元。新增（复评）中国名牌产品9个、中国驰名商标4件，总数分别达到18个和10件。

【节能降耗】 市经贸委积极导入循环经济理念，重点抓了1个国家级、20个省级和40个市级循环经济企业试点。全市经过省市认定的资源综合利用企业

发展到64家，回收利用固体废弃物285万吨，利用废水1035万吨，废气5亿立方米。实施资源节约综合利用项目35项，大中型企业硫化床锅炉改造面达到30%以上，风机、水泵、电机变频技术推广面达到80%，规模以上节能环保企业发展到40余家。奥宝集团余热余压综合利用等2个项目列入国债项目、5个项目列入节能节水资金项目，争取到的各类项目均占全省10%左右，共争取国家和省无偿拨款4520万元。

【招商引资】 市经贸委先后组织市直经贸委系统企业参与重大招商活动10次，推介重点项目100多个，签订合同或协议21个，合同协议金额19.8亿元，实际到位市外资金12.7亿元。围绕参加“双十招商活动”，先后组织筛选论证了150多个重点工业招商项目，通过发布会、招商机构、网络等多种形式进行了对外推介；派出了11批59人次到美国、日韩、南非和香港等15个国家和地区进行了专业招商活动。鲁台会期间，通过六大行业板块展示、行业对口洽谈、参观考察招商资源等方式，宣传了潍坊的投资环境，推介了125个重点招商项目，先后与200多名台商洽谈项目65个，达成合作意向45个。

【大企业发展】 2006年，大企业继续保持了快速发展。全市工业有40家企业实现主营业务收入过10亿元，其中10家过50亿元、4家过百亿、1家过200亿元。过百亿的企业中，潍柴240.5亿元、晨鸣186.9亿元、海化186.6亿元、福田诸城汽车102.5亿元。全市50强企业主营业务收入、实现利税和实交税金三项指标占全市比重分别为47.2%、49.1%和66.6%。

【改革管理】 全市经贸系统继续不断加快改革步伐，妥善解决改制企业遗留问题，加强管理培训和优秀管理成果的推广应用。对新立克、巨力等大企业组织实施了资产重组和改制，年内基本完成大企业改制目标。狠抓了改制后中小企业的规范完善和破产企业遗留问题的解决，重点组织企业以贯彻实施新《公司法》为契机，完善法人治理结构，健全运行机制，遗留问题正在逐步得到妥善解决。大力推进企业管理信息化，积极推进企业现代物流管理，不断提高企业管理创新水平。潍柴动力、海化集团、恒联投资等企业被省经贸委授予2006年度山东省管理创新优秀企业；潍柴动力、振兴焦化、山东海龙等11户企业被评为省信誉企业。

（张军波　刘其宝　供稿）

轻　工　业

【概况】 2006年，潍坊市轻工系统广大干部职工在市委、市政府和经贸委的正确领导下，认真学习邓小平理论和“三个代表”重要思想，认真贯彻落实党的十六届五中、六中全会精神，以科学发展观统领全局，紧紧围绕市委、市政府“全党抓经济、重点抓工业、关键抓投入、重点抓招商”总体目标，解放思想，开拓创新，全行业经济运行质量和效益保持了良好发展态势。全市1305家轻工企业完成销售收入992亿元，增长19.6%；完成工业增加值206.8亿元，增长23.1%；实现利税71亿元，利润43.9亿元，分别比上年增长20%、22%。

【技术投入】 2006年，全行业共有在建技改项目144个，总投资153亿元，已完成73亿元。全市50强企业中，轻工行业共有大项目12项，总投资65亿元，已完成投资24亿元。其中市属企业8项，总投资3.5亿元，已完成投资1.2亿元。恒联投资公司数码工业园一期工程年产1万吨高光相纸项目、9.5万吨特种纸等6个项目累计投入1.1亿元。新成达公司投入近千万元的技术改造项目和二期技改基建项目、晨鸣纸业公司的30万吨超低压光纸项目、诸城外贸10万吨花生油等项目相继开工建设。青岛啤酒潍坊公司通过加强技术投入，实现了一年一个新台阶，年产量由2005年的5万吨提高到8万吨。随着企业新技术的不断引进和设备改造，进一步促进了技术创新工作。全系统共开发新产品23项，其中有3项填补了国内空白或达到国际先进水平。晨鸣集团的“晨鸣”牌高档铜版纸、华港TBT涂布特种铝箔纸获得国家级名牌称号；晨鸣集团的“晨鸣”牌胶版印刷纸、蓝天纸业的“蓝天”牌低定量涂布纸、青州瑞化的“云鹰”牌高光泽铝箔衬纸获得省级名牌产品称号；恒联投资公司HL—再生纤维素薄膜获山东省科学技术进步奖；诸城兴创纸业的高强度绿色埋沙纸、夹筋纸获得“中国国际专利与品牌博览会”金奖。2006年全行业已有市级技术中心8家，省级技术中心3家，国家级技术中心1家。

【管理创新】 强化基础管理。市轻工业局面对原材料价格上涨，产品价格下降等不利因素，帮助引导企业积极开展节约挖潜，增收节支活动，以财务管理和营销管理为重点，着力消除企业产销各环节的“跑、冒、滴、漏”。加强物流管理，对重点企业按照现代物流理念进行运作，重点抓好企业的物流资源整合和物流体系建设。引导企业转变增长方式，以循环经济促进节约生态型企业建设。在企业发展中帮助企业严格执行国家法律、法规，加大环保投入，在轻工系统内推行废弃物零排放。大力推广造纸业、酿酒业废物加工和循环再利用工程，从生产源头上减少废弃物的产生。引导企业建立健全节能降耗管理体系，使企业的发展更符合国家产业政策和宏观调控的要求。恒联造纸由原来的草浆改木浆造纸，加大污水处理设备的投入，既提高了企业的经济效益，又提升了环境质量。

（赵新华　供稿）

纺 织 工 业

【概况】 2006年，潍坊市纺织行业共

有规模以上工业企业845家，共实现销售收入617.4亿元，比上年增长64.12%；利税51.05亿元，增长33.33%。主要产品产量：化纤浆泊22.41万吨，纱51.93万吨，布22.59亿米，服装3.86亿件。系统内工业企业34家，共实现销售收入167亿元，比上年增长18.17%；利税14.78亿元，增长9%，其中，利润7.57亿，增长－3.54%；出口交货值58亿元，增长29.14%。

【技改投入】 2006年，潍坊市纺织行业共实施技改项目94项，完成投入17.8亿元，年新增销售收入52.8亿元，其中帛方纺织有限公司新增纱锭10锭，总投资10亿元，现已完成投资1.78亿元。诸城新郎服饰有限公司合资兴建家居批发市场，总投资3亿元，完成投资1.68亿元。诸城中纺金旭有限公司建设高档精梳纱服装面料项目，总投资2亿元，完成投资1.35亿元。诸城桑莎制衣有限公司建设2万吨针织项目，总投资6亿元，完成投资4.6亿元。高密银鹰化纤有限公司建设年产3万吨优质粘胶短纤维，总投资3亿元，完成投资1.5亿元，孚日家纺公司建设的毛巾一厂、三厂投资改造，总投资3.56亿元，完成投资2.8亿元。

【科技攻关和技术创新】 2006年，全市纺织行业通过科技攻关、自主开发、消化吸收引进技术等方式，全行业先后开发完成省及省级以上项目13项，获市级科技进步奖项目11项，14个产品获国家级名优产品奖。其中海龙集团“年产45000吨粘胶短纤维工程系统集成化研究”项目获国家科技进步一等奖。

（纺织行业办公室　供稿）

机电工业

【概况】 2006年，全市机电行业在市委、市政府的正确领导下，以“三个代表”重要思想和科学发展观为指导，深入贯彻落实党的十六大和十六届六中全会精神，狠抓自主创新、建设节约型企业、招商引资、安全生产、市场营销等关键工作，全市机电工业生产销售大幅增长，经济效益明显提高，主要经济指标处于历史最好水平，为全市经济发展做出了较大贡献。截至2006年底，全市机电行业（大行业）共有规模以上企业878家，职工总数176306人，资产总额492亿元。其中，机械行业有规模以上企业817家，资产总额462亿元，职工人数164253人；电子行业有规模以上企业61家，资产总额30亿元，职工总数12053人。主要生产内燃机、汽车、工程机械、拖拉机、收获机械、农用三轮车、农用四轮车、环保设备、起重机、锻压设备、印刷设备、电子元器件、汽车零部件及内燃机配件等产品。

【经济运行】 2006年，全行业共实现主营业务收入823亿元，增长34%；实现利税67.6亿元、利润44亿元，分别增长41.5%和48%。其中，机械行业实现主营业务收入787亿元，增长34%，实现利税64亿元、利润42亿元，分别增长41%和46%；电子行业实现主营业务收入36亿元，增长37%，实现利税3.6亿元、利润2亿元，分别增长46%和129%。柴油机完成3380万千瓦，增长7.2%；收获机械完成45067台，增长36.3%；汽车完成21万辆，增长18%；装载机完成8008台，增长18.7%；大中拖拉机完成40378台，增长6.5%。龙头企业增势强劲，拉动作用明显。潍坊柴油机厂、北汽福田诸城汽车厂、福田雷沃国际重工股份有限公司、山东山工机械有限公司、山东凯马机械制造有限公司等重点骨干企业保持了强势增长。这5户企业共实现销售收入356亿元，占全行业的43%。全市50户重点企业中机械行业有10户，占总数的20%，主营业务收入占全市的22.3%。生产销售保持旺盛的增长势头，经济效益同步增长。各项主要经济指标均保持30%以上的增速，个别指标超过40%。汽车行业、内燃机行业、工程机械行业、农机行业的拉动作用进一步增强。全行业利税指标与产销指标保持了同步增长。

【企业技术进步】 （1）企业技术创新。全行业把自主创新作为结构调整的中心环节和提高企业竞争力的关键措施来抓，提高了原始创新、集成创新和引进消化吸收再创新能力。全年有31项重大新产品研制项目列入省以上计划。其中，潍柴动力有限公司的“WP10工程机械欧Ⅱ、WP6欧Ⅲ柴油机的开发”，福田雷沃国际重工股份有限公司的“福田谷神4LZ－6型谷物联合收获机”，山东圆友建设机械公司“松式串联气流烘干机”，潍坊华光散热器公司“汽车电子散热器”等项目列入省重点技术创新计划。（2）认真贯彻国家“有保有压、区别对待”的宏观调控政策，优化资金投向，加大骨干企业和重点产品的投入力度。全行业在建技术改造项目351余项，全年完成技术改造投入约120亿元。（3）认真开展创建企业技术中心和科技进步奖评选工作。有8家企业申报企业技术中心，通过初审的7家。其中，潍柴动力有限公司国家级技术中心获国家发改委批准；潍柴零部件公司申报省级技术中心。全行业申报市科技进步奖24项，其中1项获潍坊市科技进步奖一等奖，4项获二等奖，6项获三等奖。

【企业管理】 （1）狠抓了成本管理，提高了经济效益。潍坊柴油机厂通过实行全面预算管理，将各项经济技术指标分解落实到各单位，并制定了专项考核办法，建立了有计划、有预算、有实施、有监督、有考核的物流管理机制。北汽福田诸城汽车厂通过建立物流管理网络，实现了物流运输、仓储、发交、计划和结算联网运行，使物资流程大大缩短，有效地降低了成本。（2）大力推进信息化建设。限额以上企业全部建立了自己的网站或网页，开展了网上营销业务。中型以上企业多数应用了CAD技术。重点企业全部实施了企业管理信息化系统，在办公自动化、财务管理、

生产营销管理、劳动人事管理等方面应用了计算机技术。(3)狠抓了质量管理。各企业建立和完善了质量责任制，规范了质量标准，主导产品合格率达到98%以上。积极开展群众性的质量活动，有5个QC小组和QC成果获市级以上优秀奖，5个班组获市级以上优秀质量信得过班组，3篇质量管理活动论文获优秀论文奖。(4)开展了争创名牌活动。福田雷沃欧豹大中拖荣获“中国名牌”；潍柴动力分别被中宣部、国家工商行政管理总局商标局等单位授予“自主创新典型企业”、“中国驰名商标”、“全国百佳零部件供应商”、“工业行业排头兵企业”称号。(5)加强了安全生产监督检查工作。全行业逐级签定了安全生产责任书，层层落实责任制，建立起了一级抓一级，一级带一级，一级对一级负责的安全生产责任体系。全年共组织安全生产检查6次，查出事故隐患120余项，整改率达到90%以上。加强了安全生产基础工作，企业学习借鉴典型企业的经验做法，引入新的管理方法，提升了机电行业安全生产管理水平。

【市场营销】 按照市场需求开发新产品。各企业认真分析研究市场，根据用户需要进行产品设计和生产，用户需要什么产品就开发生产什么产品，提高了适应市场的快速应变能力。福田雷沃国际重工公司根据装载机旺销的特点，迅速开发生产并马上投放市场，取得了良好的经济效益。潍坊柴油机厂主动适应市场变化，调整产品结构，开发出了能够为重卡、工程机械、船舶、发电、客车配套的柴油机，巩固扩大了市场。坚持以用户为中心，加大了服务力度。福田雷沃国际重工坚持以服务为本，始终把用户放在第一位，斥巨资建立起国内机械装备行业最大的客户呼叫中心，面向全球开通24小时免费服务热线，受到广大用户的欢迎。实施名牌战略，依靠品牌和质量抢占市场。“潍柴”牌柴油机，“福田”牌农用车、汽车，“谷神”牌收获机械，“山工牌”工程装载机，是在市场中具有较高知名度和美誉度的产品，企业发挥品牌优势，加大销售力度，提高了全市机电工业主导产品的市场占有率。在市场竞争日趋激烈、部分原材料价格保持高位的复杂形势下，实现了内燃机、汽车、收获机械、工程机械等主导产品的销售大幅增长，使优势进一步扩大，市场占有率进一步提高。

（冯远征　供稿）

化学工业

【概况】 到2006年底，全市有规模以上化工企业510家，职工7.5万人，资产总值452亿元。2006年，化工行业规模以上企业实现工业增加值141.5亿元，比上年增长10%；实现销售收入544.3亿元，增长20%；实现利税49.6亿元，其中利润30.2亿元，比上年分别增长8%和5%。在潍坊市工业50强中拥有海化集团、亚星集团、弘润石化、昌邑石化、联盟化工集团、泸河集团、振兴焦化、乐化集团和山东海王等一批化工骨干企业。主要化工产品生产能力和产品产量达到了相当规模，主要产品年生产能力：纯碱200万吨，烧碱42万吨，氯化聚乙烯11万吨，聚氯乙烯19万吨，合成氨95万吨，尿素72万吨，复合肥90万吨，双氧水18万吨，子午胎400万套，硝钠盐16万吨，扑热息痛3万吨。纯碱、溴素、双氧水、氯化聚乙烯、癸二酸、硝钠盐、扑热息痛产品的生产能力在全国同行业中名列前茅。其中合成纯碱、氯化聚乙烯、扑热息痛产品生产能力均居世界首位。通过实施“名牌战略”，已拥有“鸢都牌”纯碱等16个省级以上名牌产品。

【自主创新】 全市化学工业系统通过增强吸收消化国外先进技术的能力，主要是加强二次创新，做好从“为我所用”到“为我所有”的转化。同时，不断加大开发经费的投入，引进和培养具有创新能力的人才，使企业真正成为技术创新的主体、开发投入的主体和推广应用的主体。全行业的技术创新能力得到不断加强，现已建立国家级技术中心2个，拥有一批核心技术和自主知识产权。

【固定资产投资】 2006年，化工行业固定资产投资继续保持较大增长幅度。全系统有在建项目43个，总投资152.2亿元。其中，续建项目15个，新开工项目28个，全年完成投资73亿元。这43个项目全部完成后，可新增销售收入389.7亿元，新增利润35亿元，税金21.5亿元。重点调度项目中，山东海化集团100万吨重油综合利用项目总投资6亿元、山东昌邑石化有限公司100万吨渣油延迟焦化项目总投资6

海化集团

亿元、潍坊亚星集团1.2万吨/年水合肼项目总投资1.9亿元和山东杰富意振兴化工有限公司30万吨/年煤焦油加工项目一期工程总投资3.93亿元等，均已竣工投产。

（张启超　供稿）

建材工业

【概况】 到2006年底，全市有规模以上建材企业220家，职工2.3万人，资产总值51亿元。建材行业规模以上企业实现工业增加值18.7亿元，比上年增长8%；实现销售收入70.1亿元，增长18%；实现利税6.4亿元，其中利润3.9亿元，比上年分别增长15%和18%。潍坊山水水泥有限公司进入潍坊市工业50强。全行业水泥年生产能力达到900万吨。全行业招商引资3.2亿元，比上年增长5.6%。

【固定资产投资】 2006年，固定资产投资稳步增长。全系统有在建项目7个，总投资22.1亿元。其中，续建项目3个，新开工项目4个。全年完成投资12.1亿元。这7个项目全部完成后，可新增销售收入20.6亿元，新增利润3.3亿元，税金2.1亿元。重点调度项目中，青州中联鲁宏水泥有限公司6000吨/日水泥熟料生产线总投资15亿元，一期工程已竣工投产。

（张启超　供稿）

医药工业

【概况】 2006年，潍坊市医药行业管理办公室在市委、市政府的正确领导下，认真贯彻落实党的十六届六中全会和省市经济工作会议精神，围绕全市经济工作主线，以创建“服务型、专家型”行办为宗旨，领导班子齐心协力，思想开拓，带领广大职工真抓实干，锐意创新，推动了全市医药工商企业的快速发展，医药行业全年实现工业总产值20.54亿元，增长35.4%；工商销售收入67.05亿元，增长11.18%；利税4.08亿元，增长21.24%；利润2.79亿元，增长24.42%。完成招商引资2900万元。圆满完成了市委、市政府交办的各项工作任务。

【职能发挥】 潍坊市医药行业3月份召开了全市医药经济工作会议。会议认真总结分析了近年来潍坊医药经济发展的成绩及现状，找出了存在的问题和不足，部署了全年的工作，这次会议明确了发展方向，为下一步快速发展，努力争创全市支柱行业起到了良好的促进作用。为体现医药行办服务职能，创办发行了4期《医药行业信息》。按照省、市有关部门的要求，积极协调组织所属企业的日常生产、流通，帮助解决经济运行、安全生产方面的重大问题，促进了全市医药经济快速发展。潍坊市医药行业管理办公室狠抓市直医药企业的改革改制的完善和巩固工作，并取得了明显成效。全力帮助欣力药业解决遗留难题，经多方协调，积极筹资，兑付了欠发职工款项，分流安置了386名职工。金钟药业通过多方协调，积极工作，筹集资金1325万元，兑付了破产前欠发职工的工资性款项，分流安置了129名职工。

【治理商业贿赂】 潍坊市医药行业管理办公室高度重视治理商业贿赂专项工作，成立了由一把手任组长的专项治理工作领导小组，下设办公室，具体组织实施专项治理工作。通过走访企业，召开座谈会等多种形式，掌握了在购销领域中不正当交易行为的表现形式和特点。向全市医药工商企业下发了《潍坊市医药行业治理商业贿赂倡议书》和《治理商业贿赂专项工作实施方案》。组织企业开展自查自纠活动，主要是查思想、查行为、查制度，为配合此活动，还设立了举报箱、举报电话，形成了开展活动的良好氛围。通过此项活动的开展，建立了一些新的长效机制，利用制度管人，有效地预防了商业贿赂行为的发生。

（医药行业管理办公室　供稿）

煤炭冶金工业

【概况】 2006年，全市煤炭冶金行业广大干部职工，坚持与时俱进、抢抓机遇、深化改革、加强管理，安全生产局势稳定，杜绝了重大事故的发生，促进了全市煤炭冶金行业又好又快、和谐发展。全市共生产原煤113万吨；工业总产值完成52342万元，增长17%；非煤产值18730万元，实现利税9320万元；六家重点冶金企业生产钢材314万吨，产铁254万吨，销售收入979568万元，实现利税89697.5万元，增长16.9%。

【安全生产】 (1)狠抓安全生产责任制的落实。市煤炭冶金行业办公室全面落实《山东省安全生产条例》、《潍坊市实施（山东省安全生产条例）办法》，年初制定了《潍坊市煤矿特大生产安全事故应急救援预案》，始终把煤矿安全生产作为重中之重的工作来抓，把各项规章制度落实到实处。2006年全市煤炭百万吨死亡率为1.74，低于省煤炭工业局下达的2.0的控制指标。全市煤矿已连续13年杜绝了三人以上重特大伤亡事故。(2)强化安全教育和培训工作。6名矿长（董事长）、65名安全管理人员参加了省煤炭工业局组织的安全培训，市煤矿安全技术培训中心举办培训班13期，培训特殊工种820余人，各煤矿对职工进行了全员培训，特别注重了对新工人的上岗前培训。(3)加强“双基”建设工作，落实安全费用投人。各煤矿按规定提足用好各项安全费用，全年提取安全费用2200万元，支出达2100万元，逐步更换淘汰老、旧、杂设备，完善了矿井的安全监测监控系统。加强矿山救护队建设，2006年市矿山救护中队新投资五十万元，更新装备并新增一部救护车，提高了救护能力。

【淘汰关闭小煤矿】 2006年，市煤炭冶金行业办公室根据省政府的要求，对全市小煤矿的情况进行了认真调查摸底，并与有关产煤县（区）进行了沟通，及时地确定了《潍坊市2006年至2008年计划淘汰关闭矿井名单》，并以市政府的名义报到省煤炭工业局，列入2006年关闭的临朐县五井镇煤矿和昌乐县五图镇西上疃二号煤矿，在2006年上半年，经省有关部门的复查，符合其关闭矿井的要求已彻底关闭，并依法吊销了相关证照。

【五井煤矿跨区经营】 五井煤矿有限公司把安全工作放在首位，突出发展主题，深化内部改革，创新企业管理，企业经营成果显著。把濒临破产的国有老矿发展成年实现销售收入过亿元，利税过二千万元的市级百强民营企业、市级安全生产示范企业。但由于面临资源枯竭，于2006年跨区购买了昌乐县五图十二号矿井所有权，并组织矿井技术改造，积极办理扩界增量等各项手续，为企业煤炭生产接续奠定了基础，增强了企业发展后劲。

（曹培堂 供稿）

电力工业

【概况】 潍坊供电公司是山东电力集团公司直属的大一型供电企业，担负着全市12个县市区的供电经营与管理任务，代管9个县供电公司。截止2006年底，公司直属单位职工共有1048人，资产总计23.66亿元，拥有变电站50座，变电总容量622.3万千伏安，35千伏及以上线路长度1485公里。9个代管县供电公司共有变电站207座，变电总容量600.51万千伏安，共有职工5969人，农电工5081人。

2006年，潍坊供电公司认真贯彻市委、市政府战略部署，紧紧围绕全市的中心工作，坚持“务实、创新、和谐、发展”的工作方针，解放思想，干事创业，各方面工作取得了新的成绩。全年共完成售电量147.59亿千瓦时，增长12.72%，最高供电负荷259.5万千瓦；线损率、供电可靠率、电压合格率分别完成2.98%、99.93%、99.74%。潍坊供电公司全年实现上缴税金2.8亿元，潍坊供电系统上缴税金9.3亿元。

【安全生产】 潍坊供电系统认真组织春秋检、大修更改和设备专项整治，全年共完成大修更改扩能项目160个，消除缺陷2367处，输电、配电故障率分别下降41%、18%。依靠政府支持加强电力设施保护和线路清障工作，彻底消除了10处影响电网安全的重大隐患。严格生产计划的刚性管理，全年共减少停电操作1.4万次，下降10%。超前落实迎峰度夏、度冬和防汛措施，在电网负荷连创5次新高、最高负荷达259.5万千瓦的情况下，确保了全市电力可靠供应。截至2006年底，潍坊供电公司实现连续安全生产8周年，连续安全调度26周年，均创历史最高记录，安全生产继续保持全国同规模供电企业第一位。

【电网建设】 潍坊供电系统编制完善了潍坊电网“十一五”发展规划，在全省首家促成山东电力集团公司与潍坊市政府签署了《共同推进潍坊电网发展会谈纪要》，“十一五”期间，山东电力集团公司将在潍坊投资51亿元进行电网建设，电网规模将进一步扩大。全面完成了“1116工程”（新建、扩建、改造1个500千伏、11个220千伏、6个110千伏输变电工程）里程碑计划任务，全年共完成工程建设投资12.2亿元，新建、投产110千伏及以上变电容量108万千伏安、输电线路210公里。配合市政建设圆满完成了健康东街、宝通街、西外环等多条道路电力线路改造、电缆化工程。

【创一流同业对标综合管理】 潍坊供电系统圆满完成了国家电网公司国际对标成果转化项目，二维对标和设备风险评估体系研究通过国家电网公司和省科技厅验收、鉴定，达到国内领先水平。8项专业管理典型经验入选山东电力集团公司最佳实践库，居全省第一位。潍坊供电公司被山东电力集团公司命名为“创一流同业对标综合管理标杆单位”，资产经营、电网运行、人力资源三项专业管理被评为专业管理标杆。科技成果获得山东电力集团公司1个二等奖、3个三等奖。被表彰为山东省质量管理活动优秀企业，3个QC小组获得“山东省优秀质量小组”称号，7项QC成果获潍坊市表彰。“实践创新在支部”获华北电网系统管理创新优秀成果奖。

【经营管理】 潍坊供电系统绩效管理进入常态化运转，并顺利通过了山东电力集团公司阶段性评估验收。实行重点工作督察督办制度，有效促进了各项目标任务的完成。全面完成营销“一系统、四中心”（营销技术支持系统，电费结算中心、电能计量中心、客户服务调度中心、需求侧信息中心）建设，“营销技术支持系统”在全省率先通过验收，“95598”客户服务系统在全省率先上线运行。加强优秀专业技能人才建设，98名职工取得了高级工及以上资格，4名职工获得山东电力集团公司“高级技术能手”或“技术能手”称号，变电运行技术比武获山东电力集团公司个人综合成绩第一名。

【优质服务】 潍坊供电系统全面落实“四个服务”、“三个十条”，不断深化“彩虹工程”常态运行机制建设。严格“三公”调度，被国家电网公司表彰为“调度优质服务年先进单位”。认真履行社会责任，圆满完成了风筝会、鲁台经贸洽谈会、中央及省市多项重大活动的保供电工作。连续三年荣获“全省政风行风建设先进单位”，被评为潍坊市“AAA级诚信经营服务单位”和“五星级消费者满意单位”，在全市年中、年底两次行风测评中均荣获第一名。

【农电管理】 寒亭、临朐供电公司被命名为全国一流县供电企业，公司所属9个县供电公司全部进入全国一流县供电企业行列，数量居全省第一。高密供电公司被确定为国家电网公司综合管理标杆单位，高密、青州、寿光供电公司的8项专业管理被确定为专业管理标杆。青州供电公司被国家电网公司表彰为“电能损耗管理先进单位”，临朐供电公司被国家电网公司确定为“新农村供电模式综合试点单位”。各县供电公司共完成电网投资2.62亿元，县城电网建设改造顺利通过验收。

【精神文明建设】　潍坊供电系统全面启动和谐企业创建活动，大力实施了“五园建家”系统工程（安康家园、温馨家园、知识家园、爱心家园、服务家园）。以“奉献爱心、营造和谐”为主题，深入开展“爱心活动”，实施“平安工程”，积极奉献爱心，潍坊供电系统职工向社会捐款120余万元。潍坊供电公司先后被评为山东省“劳动保护工作先进单位”、“企业文化建设示范单位”，荣获“全国电力行业企业文化优秀奖”和“潍坊市十大企业文化品牌”。团委被评为“国家电网公司五四红旗团委”，客户服务中心团总支被授予“全国五四红旗团支部”称号。

（郑　凯　供稿）

【华电潍坊发电有限公司】　华电潍坊发电有限公司处在山东电网中心地带，由华电国际电力股份有限公司、山东省国际信托投资有限公司、潍坊市投资公司按45%：30%：25%比例组建，一期工程建设两台300MW凝汽式燃煤机组，经扩容改造后容量为330MW。工程于1991年5月1日开工建设，两台机组分别于1993年9月和1994年10月投产发电，工程荣获鲁班奖，设计获金奖。二期工程于2005年5月11日通过国家发改委核准，建设两台670MW超临界燃煤机组，＃3机组已于2006年10月24日投产发电，＃4机组将于2007年上半年投产发电。届时，公司将以2000MW的装机总容量跨入特大型发电企业行列。

机组投产以来，公司牢固坚持以“文明家园、行业先锋”的企业远景凝聚员工，以“倾情动力、绿色能源”的企业使命激励员工，团结带领公司上下努力践行“安全、责任、和谐”的企业核心价值观，大力弘扬“敬业精业、创新超越”的企业精神，一心一意抓效益，聚精会神谋发展，三个文明建设协调推进，企业综合素质迅速增强，创造了良好的经济效益和社会效益。(1)资产运营成绩显著，企业实力迅速壮大。机组投产以来累计发电500多亿千瓦时，实现利税25亿元。(2)突出“可控、在控”管理，安全生产实现了长治久安。已实现连续安全生产2853天，继续保持建厂以来最高水平，先后被授予“2002年度全国‘安康杯’竞赛优胜企业”、“华电集团公司安全生产先进单位”等荣誉称号。(3)积极实施“科教兴厂”战略，机组安全经济运行水平大幅提高。继1998、1999年在全国率先成功实施D42型机组DEH和DCS系统改造之后，2002、2003年又相继进行了＃1、＃2机组节能扩容改造，机组自动化程度达到国际先进水平，设备健康、经济水平进一步提高。(4)深入开展创优提效活动，企业综合素质显著增强。先后被命名为“全国一流火力发电厂”、“国家电力公司双文明单位”、“全国‘安康杯’竞赛优胜企业”等称号，2000年被省政府授予“富民兴鲁”劳动奖状，2005年被华电集团公司授予优秀发电企业和文明单位。(5)坚持“两手抓、两手硬”，精神文明建设成果丰硕。大力加强党建工作、思想政治工作、精神文明建设和企业文化建设，公司连续9年保持了“省级文明单位”和“省级优秀政工企业”称号，2003年荣获“全国模范职工之家”荣誉称号，2006年被华电集团公司授予首批“四好领导班子”创建单位。

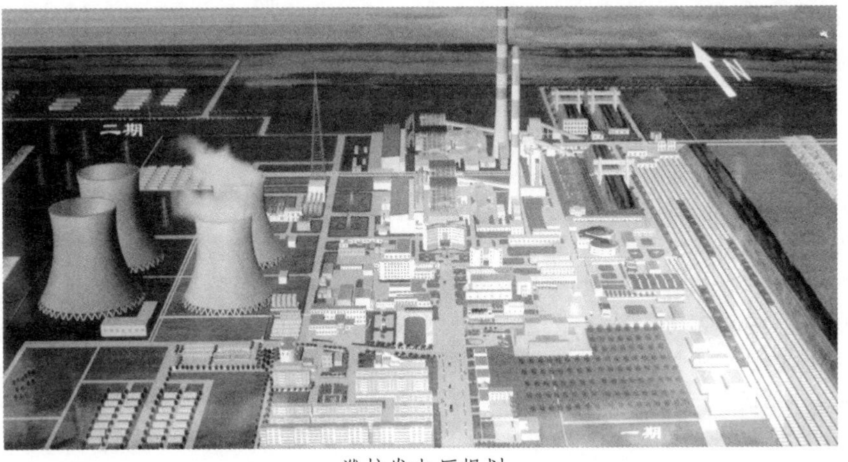

潍坊发电厂规划

（桂召东　供稿）

盐及盐化工

【概况】　2006年，全市盐业系统各级各部门和企业，在市委、市政府的正确领导下，坚持以科学发展观为指导，全面落实全市经济工作会议精神，加强组织领导，强化工作措施，加强行业管理，积极应对盐业产销和食盐专营工作新形势，各项工作都取得了较好成绩。全市共生产原盐1568万吨，销售1374万吨，分别增长16.5%和18.1%；生产盐化工系列产品28.1万吨，销售27.3万吨，分别增长24.7%和20.2%；盐及盐化工产品的产销量均创造了历史最高水平。全市盐业共实现销售收入37.8亿元。其中，原盐实现销售收入12.5亿元，降低36.1%；盐化工产品销售收入21.2亿元，增长25.5%，占全行业销售收入的比重由2005年的45.4%增加到2006年的56.1%，增加10.7个百分点，拉动了行业经济增长。全市新增十几个盐化新产品，共完成新产品产值2.9亿元，增长123%；完成出口交货值1.1亿元，增长27.9%；全市共实现两税入库6.55亿元，增长1.6%。

【企业组织结构调整】 2006年，全市盐业系统各级各部门和企业，对市政府年度整顿目标责任分工意见得到较好的贯彻落实，溴素限产休产工作基本上达到了规定要求。新上盐田、溴素项目得到有效遏制，所有违法开采、违法建设的溴素企业全部停产停建。151户制盐企业的管理全部到位，制盐企业内部管理措施大部分得到落实，昌邑、寒亭基本到位。全市盐业规模化生产格局的雏形基本形成。151家制盐企业，按产能计算：30万吨及以上企业13家，生产能力760万吨，约占48%；10万吨及以上18家，产能216万吨，约占14%；5万吨及以上120家，产能618万吨，约占38%。

【食盐流通现代化建设】 潍坊市及各县市区盐业系统根据国家和省关于食盐流通现代化建设的意见要求，组织进行了相应的配套工作，食盐营销网络不断整顿和完善，终端市场管理进一步规范，食盐专营水平再上新台阶。2006年，全市共完成购进食盐5.89万吨，完成年计划的121.67%，排全省第五位，比上年前移3位；小包装食盐在全省都不景气的形势下，潍坊小包装完成计划进度高于全省平均水平，并且在全省位次上前移了2位，居第八位。全市12县市区均全面完成了食盐计划。

【盐政管理】 2006年，全市盐业系统各级各部门针对盐业市场出现的新情况、新变化，盐政稽查工作采取灵活的战略战术，充分发挥联合执法体系的作用，进一步加大行业集中执法力度。先后组织开展“百日会战”、整治盐业市场和秋季集中整治三次大规模的盐政稽查集中统一行动。认真贯彻落实市政府“依法行政实施纲要”部门专业性实施方案，进一步加强了集港站工业盐运输的监管服务。全市共查处各类涉盐违法案件5218起，查没私盐3514吨，端掉私盐加工窝点94个，没收摧毁私盐加工设备6台套，没收假冒包装袋1837个，与公安等部门联合办案144起，移送司法机关处理41起，刑拘8人；共监管集港站“两碱”工业用盐750多万吨，盐业市场秩序更加规范。

（丁　宁　陈玉亮　李守洪　供稿）

食品工业

【概况】 2006年，全市食品工业完成销售收入420亿元。全年注重做大做强畜禽加工业、饮料制造业、果蔬加工业三大产业链。搞好粮油加工业、乳品制造业、调味品、方便食品、水产品等工业的发展，培植一批规模大、水平高、竞争力强的大型骨干企业。肉禽加工业、玉米淀粉、色素等生产规模继续保持全国领先、全省第一的水平。2006年，在北京举行的世界包装大会上，潍坊市有3家企业荣获中国包装龙头企业称号，有4个产品荣获中国包装名牌产品，有1名企业家荣获中国优秀包装企业家称号。通过参加这次大会，向世界展示了潍坊包装工业的发展和成就，收到了宣传潍坊包装工业、提高企业知名度的良好效果。

【培植名牌企业】 市食品行业办公室大力推进名牌战略，增强企业名牌意识，积极帮助全市食品和包装企业争创名牌产品，安丘外贸食品的“鲁丰”牌水果罐头获得了中国名牌的称号，这是潍坊历史上首次获得水果蔬菜类中国名牌。诸城兴创集团的绿色埋纱纸及纸袋、潍坊海天彩印包装的塑料复合包装袋、高密环宇塑料包装有限公司的柔性集装袋，潍坊华港包装材料公司的接装纸共四个企业的四种产品，荣获中国包装名牌产品的称号（占全省获包装名牌总数的1/5)。潍坊美城食品有限公司、新昌集团、富氏味业有限公司、安丘外贸、山东昌邑乾隆杯酒业集团等企业的十一种产品获得山东名牌称号，占全市新增山东名牌总数的1/5。积极帮助十笏园食品有限公司和佳士博、紫鸢牧业申报山东著名商标。山东兴创纸业集团、华港包装材料公司、诸城新长虹包装公司三家企业，争创为中国包装龙头企业称号（占山东总数的1/2)。诸城市争创为全国食品工业强县，得利斯集团、潍坊美城食品有限公司、富氏味业有限公司争创为全国食品工业优秀龙头企业（占山东总数的1/10)。

【企业宣传】 市食品行业办公室承办了由山东省名牌战略推进委员会和潍坊市人民政府共同主办的“2006第二届山东名优特食品博览会暨交易会”，秉承“扩大行业影响，带动当地经济发展”的原则，以“关注食品安全，保护国民健康”为主体，展示食品行业领域内名优特色产品及先进的技术设备。历经2个月的筹备和招展，于2006年4月7—9日在潍坊富华国际展览中心成功举办。本次博览会汇集全国名优特食品生产企业200多家，宣传了诚实可信的食品品牌企业，加强了食品供需双方的交流合作，观众达2万人次，达到了预期目标，得到了市政府的肯定。2006年9月份按照省经贸委的安排要求，市食品行业办公室组织全市食品企业参加在济南举办的2006年山东名优中秋月饼、食品、礼品展销会，在这次组织参展中因工作到位，企业积极性高，潍坊是除济南外参展企业最多，展出效果最好的地区，受到了省经贸委的表扬。10月，组织全市企业参加国家在宁波举办的食品交易会，为潍坊市企业在产品宣传、销售方面起到了推进作用。2006年4月四川省政府食品考察团、10月贵州省食品考察团分别来潍坊市参观学习，考察团考察了新昌肉食有限公司、美城食品有限公司等食品企业，参观期间与兄弟省市就各地食品工业发展状况、产业布局等有关工作进行了交流，介绍了潍坊市食品工业的基本概况、产业结构，与兄弟省进行了互相学习交流，考察团对潍坊食品工业的发展给予了高度评价。

【调整产业结构】 市食品行业办公室积极帮助企业推进产学研相结合的技术创新体系的建设，不断推进企业建立技术中心。市食品行业办公室通过对企业的生产能力、研发水平、实验能力、技术人才、食品研究所等进行实地考察评估，帮助美城食品有限公司申报省级企业技术研发中心，已通过省评审。根据山东富氏味业有限公司和华港包装材料公司申报市级企业技术中心的申请，多次到企业进行现场指导、帮助企业自查，使两个企业顺利通过了现场考核。组织山东十笏园食品有限公司对企业进行了大规模的技术改造，新上了一套国内一流水平的高档酱油大型压榨生产线，增加高盐稀态新工艺，能生产加工味极鲜酱油，酱油粉等高附加值产品，结束了潍坊市没有生产高档酱油的历史，为企业出口创汇打下了基础。山东富氏味业有限公司年内加大科技改造的步伐，酱油生产引进了鲁士增香耐盐酵母菌种，拥有低盐固态和高盐稀态两种工艺，并且实行固稀结合回浇工艺，该工艺正在申请国家专利，提高了酱油的风味，酱油的氨基酸态氮达到 1.5g/100ml，是国家特级酱油的 2 倍，实现了产品的升级换代。食醋更换了传统的工艺，使用葡萄糖液为原料，缩短了发酵周期，降低了生产成本。同时帮助恒联集团研制开发了 HL－再生纤维素镀铝膜项目，填补了国家空白，提升了企业的产品档次。

【食品安全】　(1) 制定调味品企业和乳品企业安全信用体系建设实施方案。针对调味品和乳品企业的生产和销售状况，制定了潍坊市调味品企业和乳品企业安全信用体系建设实施方案，以培养调味品企业和乳品企业的安全信用意识，规范企业生产经营行为和市场秩序，促进全市食品生产企业的健康快速发展。(2) 评选潍坊市食品行业名牌产品。由市质检局和市食品行业办公室共同组成潍坊市食品行业名牌产品评选领导小组，在全市食品行业进行名牌产品的评选工作。评选出了 50 个市食品行业优质产品，并在全市食品安全大会上进行了表彰。(3) 推广实施《全国白酒行业纯粮固态发酵白酒行业规范》。市食品行业办公室从 2006 年开始对全省白酒生产企业考核验收使用纯粮固态发酵白酒标志，全省共有 7 个企业被列入首批考核范围，其中有潍坊市的山东景芝酒业股份有限公司和青州云门春酒业有限公司 2 个企业。市食品行业办公室组织企业对照《规范》先进行了认真的自查，找出不足加以改进。5 月，国家验收组和省领导先后到两个白酒生产企业进行现场考核验收。专家组对生产原料、生产设备、生产工艺、生产环境和成品质量等进行了认真仔细的现场检查、审核、品评、鉴定，并提出了中肯的建议，国家验收组和省领导对 2 个企业的情况比较满意，对潍坊的工作也给予肯定和赞扬。(4) 继续做好酒业市场整顿工作。积极参与市整顿酒业办公室举行的打假和整顿酒业产销秩序的各种重要会议及活动，年内参加酒类市场整顿检查及打假行动达 30 余次，并负责对重点酒类企业的生产经营情况进行了月报统计，及时通报工作信息、沟通工作关系，为全市整顿和规范酒类市场产销秩序做出了应有的努力，受到领导的表扬和肯定。

(食品行业办公室　供稿)

责任编辑　李长山

交通 邮电

交 通

【概况】 2006年，在市委、市政府的正确领导下，全市交通系统坚持以邓小平理论和“三个代表”重要思想为指导，按照科学发展观和构建和谐社会的总体要求，围绕建设现代化大交通的总目标和年度目标任务，真抓实干，开拓进取，各项工作都取得了较好成绩，实现了“十一五”开好头、起好步的目标，交通的先导性、基础性作用更加突出，服务经济及社会发展的能力进一步增强。交通改革得到深化，基础管理更加完善。根据市委、市政府全面推进事业单位改革的指示精神，对列入第一批改革名单的交通事业单位区别不同情况进行了改革改制，1家事业单位上报了改制方案，两家重新调整了职能，1家合并，两家事业法人撤销。大力推进科技创新，交通厅确定的4个科技项目顺利通过评审验收。市公路局研发的公路除浆拉毛清理机获得国家三项专利。改革交通财务管理体制，实行收支两条线、预算管理和专项支出审批制度，推行“阳光财务”和集中招标采购制，全年事业支出比上年有了较大下降。改革交通规费征收管理工作，重新修订了市县两级资金使用办法，确保了资金的合理使用。研究制定了交通工程建设招投标操作流程和相关规章制度，规范了招投标行为。加强借调人员和临时用工管理，规范了局属事业单位用工行为。

【基础设施建设】 全市交通基础设施建设完成总投资20.2亿元。其中，公路建设完成投资18.3亿元，港口建设完成投资6375万元，机场建设完成投资2521万元，地方铁路建设完成投资3870万元，场站建设完成投资6697万元。公、铁、水、空立体化大交通格局不断完善，交通枢纽地位更加突出。

公路建设实现大发展。荣（城）乌（海）和青莱高速公路潍坊段分别完成投资9.98亿元和3.47亿元，累计完成投资15.16亿元和8.93亿元，占概算总投资的41%和40%，超额完成年度计划；长深高速公路预可行性研究报告报国家发改委审批；潍（坊）日（照）高速公路列入全省高速公路路网建设规划，预可行性研究报告已报省发改委审查。国省道路网改造全年共安排项目12个，完成投资4.8亿元，计划竣工的项目全部建成通车。农村公路改造工程完成投资10.9亿元，新建改建农村公路2005公里，比上年增加近400公里，新增通油路行政村633个，受益人口48.5万人。坚持平战结合，努力推进交通战备正规化，部队进出口道路进一步改善。到2006年底，全市公路通车里程达到19740公里，公路密度达到每百平方公里124公里。坚持建养并重，全年累计投入养护资金3.76亿元，国省道干线公路养护工作上了新台阶，综合好路率达到95.1%，县乡公路综合好路率达到80%。进一步加强工程质量管理，不断完善三级质量保证体系，强化监督检查，公路工程质量稳步提高，重点工程优良率达到100%，所有建成项目没有不合格工程。

港口建设稳步推进。潍坊港一类口岸开放列入国家“十一五”口岸开放规划，羊口港被确定为潍坊港一类口岸开放后的作业区，港区海域、陆域开放范围已核准上报国家口岸办。海港通关中心办公楼竣工并通过验收，口岸服务中心大楼正在规划设计，启动了各查验机构办公设施建设。3个3000吨级杂货泊位11月建成试运营。万吨级码头可行性研究报告基本完成，准备工程7月开工，工程进展顺利。

航空建设开创了新局面。上海客运航线于3月复航，12月份北京航线更换为大机型。在保持潍坊至上海货邮航线的基础上，新增一条货运专线。潍坊航空物流中心建成启用，投资180万元完善了航空物流平台；由国家邮政局投资1200万元建设的潍坊邮航速递物流中心投产运行，实现了潍坊航空邮件与全国236个大中城市次日递。航油供应问题得到较好解决，潍坊机场航油保障正式纳入中国航油总公司保障系统。按货邮吞吐量比较，2006年潍坊机场在华东片区25个支线机场中排名第4位。

铁路建设发展形势良好。胶济铁路潍坊段电气化改造工程顺利完成，10月全线正式开通运营；潍坊火车站站房

改造工程竣工启用。投资2200万元，完成了青临铁路上跨胶济铁路立交桥及4公里线路改移工程，并于2006年8月恢复通车运营；争取国家投资1600万元，完成了大（家洼）莱（州）龙（口）铁路两座立交桥建设；进港铁路正在规划。

道路运输场站建设步伐加快。新建续建了6个一般场站项目和11个农村客运站项目。建筑面积6.1万平方米的潍坊联运客运总站10月开工建设。完成了滨海客运中心和滨海货运中心两个项目的初设和可行性研究报告。

在加快交通基础设施建设的同时，为增强交通发展的系统性、前瞻性和科学性，启动了三个交通规划的编制工作。(1) 潍坊综合交通发展规划，整个规划包括公路、铁路、民航、港口、场站、轨道交通六大部分，对于全市综合交通体系科学协调发展具有重要意义。(2) 潍坊国家公路运输枢纽总体规划。该规划的编制，将为全市公路客货运主枢纽场站建设提供重要依据，同时为争取国家投资和招商引资提供条件。(3) 潍坊港总体规划。该规划已编制完成并上报市政府，待批准后实施。

【综合经济运行】 全市交通综合运输实力不断壮大，经济运行质量良好。到2006年底，全市营运性机动车保有量达到8.5万辆，其中营运客车3432辆，中高级客车占总量的37.3%；货运汽车3.78万辆，专用和厢式货车占总量的25%；客运出租车3925辆。高速客运、快速货运、集装箱运输体系初步形成。营运船舶保有量达到42艘7.6万载重吨。运输生产持续增长，全年完成公路运输客运量6924万人，旅客周转量44.5亿人公里，分别比上年增长6.5%和8.8%；完成货运量9016万吨，货物周转量56.2亿吨公里，分别比上年增长16.6%和22.4%。水上运输完成货运量183万吨，货物周转量38.8亿吨公里，均比上年增长7%。全市港口完成货物吞吐量600万吨，其中森达美港完成货物吞吐量550万吨，比上年增长42.8%。潍坊机场完成旅客吞吐量5.01万人次，货邮吞吐量5500吨，分别比上年增长11.1%和101%。青（州）临（朐）铁路8—12月份完成货运量40.8万吨，创历史最好水平。企业生产经营形势良好，17家市直交通企业全年完成固定资产投资1.57亿元，完成营业收入3.96亿元，实现利税2440.7万元，各项指标创历史新高。招商引资取得显著成绩，年内市直交通系统共落实招商项目35个，引进资金3.35亿元，其中市交通局引进资金1.54亿元，完成年度计划的167%。市公路局完成计划外中标公路工程工作量10.1亿元，苏丹国50公里道路维修工程全面开工；积极参与蒙古国60公里公路建设项目投标，以第一名的成绩中标。

【行业管理】 交通行业管理更加规范，依法行政水平明显提高。结合营运车辆年审，对全市客运企业的经营资格进行了认定，所有营运车辆全部换发了新版道路运输证。大力发展农村客运，积极推进村村通客车工程，全市行政村通车率达到99.54%。积极推行客运出租车IC卡管理，组织各出租汽车公司深入开展优质服务竞赛活动，服务水平有了新的提高；严厉打击“黑出租”等非法经营行为，客运出租管理由难点变为亮点。全面推进驾校整顿工作，驾培市场管理日趋规范。对11000多名营运驾驶员和汽车维修人员进行了从业资格培训，从业人员素质得到提升。积极实施机动车维修质量信誉考核和集中督查，逐步建立起了良好的维修市场管理机制。深化道路危险货物运输管理，取消了9家企业125部车辆的危险货物运输经营资格，确保了危险货物运输安全。持续开展以治超为重点的道路运输秩序集中整治，强化路面执法检查，集中组织开展了打击假冒军车运输、超限超载运输和偷逃规费等专项整治活动，始终保持了对违法违规车辆的严管高压态势。积极推行货物运输源头管理，在省厅确定的4家年发送货物20万吨以上的货运源头单位建立了源头管理机构，对其他年货物发送量5万吨以上的源头单位实行了巡查管理，全市道路交通秩序和交通安全状况明显好转。加大了规费征稽力度，全市汽车养路费和交通四项规费征收额分别比上年增长22.4%和15.6%。组建了潍坊市交通局港航管理处，成立了驻港管理机构，强化对水运企业的资质管理和协调服务，港航管理水平有了新提高。

【法制建设】 交通法制建设得到加强。围绕完善执法和监督机制，继续深化行政审批制度改革，全面推行执法责任制，进一步规范执法程序，认真落实投诉查处和监督检查制度，全市交通行政执法逐步走上制度化、规范化轨道。年内全市交通系统没有发生因执法违法和执法不当引起的行政败诉和赔偿案件。市交通局驻市行政审批中心办事机构被市政府授予红旗窗口。

【安全生产】 全市交通安全生产继续保持平稳态势。严格落实全员安全责任制，推行交通行业安全监管工作规范化标准，建立了安全生产监督员制度，深入开展各项安全整治活动，强化对重要时段、重点领域和重点部位的安全监管，积极推行道路危险货物承运人责任保险制度，保持了全市交通系统安全生产形势的稳定。全市公路运输企业行车责任事故等四项指标均比上年下降，海上运输、地方铁路运输、航空运输、交通工业、工程施工、港口作业实现了安全无责任事故，各项指标均低于省市控制标准，市交通局被省政府评为全省安全生产先进集体，荣获省交通厅“安全杯”优秀奖。

【党的建设和行业文明建设】 全市交通系统党的建设和行业文明建设卓有成效，交通队伍整体素质有了较大提升。圆满完成了先进性教育活动满意度测评工作和省委党建工作考评活动。在全系统开展了价值观、责任观、荣辱观“三观”教育，扎扎实实地整顿办事不认真、不扎实、不负责的“三不作风”，引导机关干部树立坚持“三个负责”（对组织负责、对单位负责、对个人负

责）、“三个责任”（工作责任、纪律责任、法律责任）的工作理念，受到省交通厅的好评，并在全省交通系统进行推广。认真落实党风廉政建设各项制度，完善了“廉政教育、日常规范、源头治理、考核奖惩”四个方面的监督约束机制，深入开展治理商业贿赂专项工作和交通工程建设执法监察，党风廉政建设上了新台阶。加强群团组织建设，建立了潍坊城区出租车行业基层工会，得到了全国总工会和省总工会的充分肯定。

行业精神文明建设稳步推进。制定出台了《潍坊市交通行业“十一五”时期精神文明建设工作意见》，建立起了行业精神文明建设长效机制，在加强交通先进文化建设、打造服务品牌、培养选树典型等方面实现了新突破。“文明交通、为民交通、平安交通、阳光交通、廉政交通、和谐交通”六大品牌创建初见成效，公路系统“文明和谐潍坊公路”文化品牌被评为潍坊市十大行业文明品牌，运管系统服务热线经验被省交通厅在全省同行业中推广，市交通局等4个单位被评为全省交通行业精神文明建设先进单位，昌乐、潍城、临朐交通系统被省交通厅授予文明交通行业，潍坊市交通系统和诸城市等10个县级交通系统继续保持了省级文明交通行业。积极开展群众性文化活动，丰富了广大干部职工的精神文化生活，增强了交通广大干部职工的凝聚力和向心力。

行风建设进一步加强。健全完善了治理公路“三乱”信访举报查办快速反应机制，及时查处不规范执法行为，继续巩固了全市公路基本无“三乱”成果。积极推行政务公开，充分利用“企业双评”和“行风在线”等渠道，加强与企业和社会各界的联系沟通，虚心接受监督，不断改进工作方式方法，交通行业服务水平有了很大提高。市交通局被市政府评为政风行风建设先进单位。加强平安交通建设，大力实施交通帮扶救助工程，狠抓矛盾纠纷和信访不安定因素排查调处工作，认真落实信访工作制度，构建起了维护稳定的长效机制，实现了交通行业的和谐稳定发展。

（刘　勇　供稿）

信息产业

【概况】 2006年，全市信息产业紧紧围绕市委、市政府的工作部署，认真贯彻科学发展观，以重点信息化工程建设为总抓手，突出抓好优势信息产业发展，强化工作措施，各项工作实现了跨越式发展。全市电子信息产业统计内企业个数为118户，实现主营业务收入56.24亿元，比上年增长38.3%；利润2.67亿元，增长87.6%；利税4.66亿元，增长38.3%。电信运营业收入达到51.3亿元，广播电视业收入2.65亿元。信息化建设有序推进，政策法规体系不断完善，体制逐步理顺，“城市应急联动与社会综合服务系统”等重点信息化工程建设取得显著社会效益。市信息产业局被山东省信息产业厅评为“信息化建设先进集体”、“统计工作先进单位”。

【《潍坊市“十一五”国民经济和社会信息化发展规划》颁布实施】 《潍坊市“十一五”国民经济和社会信息化发展规划》全面总结了“十五”期间信息化建设情况，明确了“十一五”期间全市信息化建设的总体目标和原则，提出了“加快信息基础设施建设”、“开发利用信息资源”、“推进信息技术应用”、“实施信息化重点工程”、“发展信息产业”五项重点任务，建设人口基础信息、企业基础信息、空间地理信息、宏观经济统计和诚信潍坊五大基础数据库，打造电声器件产业园、光电子产品产业园和软件园“三个园区”，形成元器件、出版印刷设备、广电网络设备、软件生产“四个基地”，加快发展光电子产品、电声器件产品、广电网络设备、传统工业改造电子产品、软件、汽车电子产品、电池系列产品八大类产品及大力发展信息服务业的总体发展框架和目标。这个规划是指导全市未来五年实施“三化带动”战略，建设“数字潍坊”的纲领性文件。

【全市固定电话实现村村通】 2006年5月17日，临朐县柳山镇山顶村固定电话正式开通，标志着全市电话“村村通”工程全面完成。截至2006年5月，全市9425个行政村的固定电话通村率达到100%。

【潍坊市“城市应急联动与社会综合服务系统”一期工程试运行】 2006年4月20日，潍坊市“城市应急联动与社会综合服务系统”一期工程试运行开通仪式暨新闻发布会举行，全国人大常委会委员、全国人大教科文卫委员会副主任委员（原信息产业部部长）吴基传，信息产业部副部长苟仲文，山东省人民政府副省长王仁元，省信息产业厅厅长孙志恒、中国卫星通信集团公司总经理张海南、副总经理郭浩，爱立信（中国）公司执行副总裁蒋浩出席。全国各大新闻媒体进行了报道，系统“技术水平先进、社会效益明显、资源共享度高”等特点和运营商投入、政府租赁服务的市场化运作模式，受到国家和省市领导肯定，在全国处于领先地位。该系统于2006年12月在香港由国际电信联盟（ITU）主办的“2006年世界电信展”全球通信业峰会上受到关注。潍坊市“城市应急联动与社会综合服务系统”由联动指挥、通信调度、决策支持、综合分析四个分系统和若干子系统构成，具有“物理分散、逻辑集中，平战结合、紧急响应，天地一体、安全可靠，联动运行、高效快捷”等特点。系统的应用将进一步提高政府应对自然灾害、紧急事故、突发安全事件的准确判断、快速反应和有效处置能力，推进政府创新，提高政府公共服务效率和政府服务百姓的水平，完善城市基础功能，服务全市经济的快速发展。项目一期工程将公安110、消防119、交警122、城管96111、急救120、人防等6部门的接处警系统纳入“城市应急联动与社会综合服务系统”中，实现跨部门、跨区域、跨警种的多资源统一接入、按类接警、统一指挥、联合行动、快速反应。

【“企业基础信息共享应用系统”实现财

税增收】 潍坊市“企业基础信息共享应用系统”建设一期工程初步建立60余万条数据的全市“企业基础信息数据库”，通过对截止2006年5月底的数据进行比对，查出税收漏管企业3845户，补缴税款698.05万元。系统建设得到国家信访办、工商总局、质监总局、税务总局的肯定。

【歌尔蓝牙在首届十大中国蓝牙品牌评选中荣列首位】 2006年9月16日，在深圳举行的首届（全球）蓝牙技术趋势及产品交流峰会上，潍坊市歌尔电子有限公司的蓝牙品牌荣列首届十大中国蓝牙品牌首位，评选结果代表着中国蓝牙业界的最高荣誉。该公司研发生产的蓝牙系列产品、数码录音产品及电声零部件，已经进入三星、摩托罗拉、LG等10多家世界500强企业的国际产品配套市场。公司建有全国最大、世界领先的声学实验室——中科歌尔通信声学联合实验室。截至2006年底全市以歌尔集团为代表的电声器件企业已发展到16家，高端产品国内市场占有率达到45%以上，已成为国内最大、世界一流的电声器件生产基地。电声器件产业园建设列入省“十一五信息产业发展规划”发展重点。

【青鸟华光照排有限公司的“华光汇闻采编管理系统软件”和“华光排版系统软件”荣获第十届国际软件博览会金奖、《基于ISO10646的维、哈、柯、傣文电子出版系统研发》项目获首届钱伟长中文信息处理科学技术奖】 2006年6月，潍坊市青鸟华光照排有限公司的“华光汇闻采编管理系统软件”和“华光排版系统软件”在国家信息产业部、发改委、科技部主办的第十届中国国际软件博览会上被评为金奖，成为全省唯一获金奖的企业。同年12月，该公司研发《基于ISO10646的维、哈、柯、傣文电子出版系统研发》项目荣获中国中文信息处理领域最高科学技术奖—钱伟长中文信息处理科学技术奖，经专家鉴定该项研究成果已达到国际领先水平。截至2006年全市共有7家企业获得双软认定（“双软认定”是指软件企业的认定和软件产品的登记），6个软件获得登记。

【潍坊市信息产业在第三届中国（济南）国际信息技术博览会倍受关注】 2006年9月21日，由信息产业部、中国工程院、山东省政府和联合国亚洲及太平洋经济社会委员会共同主办的第三届中国（济南）国际信息技术博览会在济南国际会展中心开幕。山东省省长韩寓群、副省长王仁元，信息产业部副部长娄勤俭、省信息产业厅厅长孙志恒视察潍坊展区，对“城市应急联动与社会综合服务系统”、“寿光蔬菜电子交易市场”、“LED(发光二极管)新一代节能照明光源”等极具创新特色的信息化应用成果和电子信息产品给予了高度评价。

【全市信息化推进大会召开】 2006年11月25日，由市信息化工作领导小组办公室主办的全市信息化推进大会召开，大会总结了“十五”以来全市信息化建设的成就，通报表彰了潍坊市“优秀政务网站”、“优秀信息官”、“优秀信息主管”和“优秀信息化论文”，同时举办了信息化齐鲁行潍坊论坛。省信息产业厅副厅长杨少军应邀出席并发表演讲。市人大副主任杨继生、市政协副主席张敦柏、潍坊军分区副司令员王柱田出席会议。辛丕宏副市长作重要讲话。全市党政机关、企事业单位、各重点院校的分管领导和信息化工作负责同志共400余人参加了大会。市政府门户网站、市信息产业局网站、诚信潍坊网站、潍坊信息港同步进行了现场直播。

【潍坊市设立信息产业发展专项资金】 2006年，潍坊市设立信息产业发展专项资金200万元，用于引导、鼓励、支持信息产业发展，并出台了《潍坊市信息产业发展专项资金管理暂行办法》。

【寿光市被列为国家级县域经济信息化试点和国家农村信息化综合信息服务试点】 2006年10月10日，国务院信

歌尔园区

息化工作办公室下发国信办综函[2006] 102号文，同意寿光市为国家级县域经济信息化试点。同年12月29日，国家信息产业部发文，同意寿光市列为首批国家农村信息化综合信息服务试点。

【山东寿光蔬菜交易市场2006年交易额突破70亿元】 山东寿光蔬菜交易市场是全国第一家蔬菜网上交易市场，自2006年5月正式开业以来，截止2006年底，交易商已遍及全国22省的60个市及美国、新加坡和印尼，开户超过3000家，实现交易额超过70亿元，已发展成为全球最大的蔬菜网上信息中心和交易中心。“中国蔬菜市场网”被评选为2006年山东省十佳网站。

（韩 滨 供稿）

邮 政

【概况】 2006年，在市委、市政府和省邮政公司的正确领导下，全市邮政部门认真落实全市邮政工作思路，坚持以科学发展观为指导，不断加快业务发展，全面强化企业管理，稳步提高发展水平，全市邮政经济总体上呈现出健康发展的良好态势。全市邮政业务总量累计完成47292万元，增长13.2%；业务收入累计完成38135万元，完成年计划的102.3%，增长5.94%。市局、青州、高密、昌邑、临朐局被省消协评为“省级消费者满意单位”；市局、坊子、寒亭、昌邑、诸城、临朐和青州局继续保持“省级文明单位”称号。

【全面推进城镇住宅楼房通邮工作】 2月23日，潍坊市建设局、市邮政局联合下发《关于进一步贯彻落实〈潍坊市城镇住宅楼房通邮管理规定〉的通知》，对城镇住宅楼房信报箱的建设与规划，设计与审核，工程施工与监理、监督，竣工验收与补建信报箱，管理与维护等方面提出了要求，并就加快推进城镇住宅楼房通邮，进一步贯彻落实《潍坊市城镇住宅楼房通邮管理规定》的有关问题提出意见。3月16日，市建设局与邮政局联合召开全市楼房通邮工作会议，贯彻落实中央、省、市各级政府关于住宅楼房信报箱建设的各项规定，全面推进潍坊住宅楼房通邮工作，并对下步住宅楼房信报箱建设工作进行安排部署。

【隆重举行邮政EMS开办十五周年客户联谊会】 4月7日，潍坊邮政EMS开办十五周年庆典客户联谊会在潍坊市富华国际会议中心隆重举行。潍坊市委常委、宣传部长刘明珂，市政府副市长辛丕宏、山东省邮政局副局长杜永模等领导出席联谊会。联谊会的召开，展示了潍坊邮政EMS十五年来的辉煌成就，显示了潍坊邮政EMS的巨大实力，提高了邮政EMS的社会知名度。

【《潍坊市邮电职工书画作品撷选集》出版】 《潍坊市邮电职工书画作品撷选集》由潍坊市邮政局工会、网通公司工会、移动通信公司工会共同编撰出版。书画集从不同侧面展示了邮政、网通、移动职工的艺术风采，弘扬了老邮电企业文化精神，也是他们共同传承老一代邮电人宝贵精神的体现。书画集共收入作品216件。

【潍坊—上海航空邮路顺利开通】 7月18日，潍坊—上海航空邮路正式开通，这是当日国家邮政局开通的潍坊—上海—潍坊、天津—上海—天津、沈阳—上海—沈阳3条自主航空邮路之一。这条邮路的开通，使潍坊正式成为省内速递邮件的进出口集散中心，缓解了山东出口速递邮件运能不足的问题，提高了进口邮件的投递速度，特别是解决了省内“全夜航”进口分散、依赖民航的问题，做到了速递邮件的全面提速。

【服务三农取得新成绩】 2006年，市邮政局配合市委、市政府举办全省万村千乡工程现场会，联合潍坊市委农工办、市工商局、市贸易局、市农业局等八部门在全国率先成立潍坊邮政服务“三农”协会，大大提高了社会对邮政服务“三农”的认知度，为服务三农工作开创了一条新思路。一年来，潍坊邮政服务“三农”成效显著，全市累计为农民配送复合肥2.5吨、农药200吨、叶面肥280多万袋、酒水2000多万瓶、牛奶800多万袋、洗衣粉300万袋，配送额达到1.9亿元，并建成邮政三农服务站1955个，其中256个通过了国家“万村千乡”市场工程验收。

【潍坊在全国率先成立邮政服务三农协会】 12月6日，潍坊市邮政服务三农协会成立大会暨第一次会员代表会议隆重举行。这是全国第一个协会形式的服务三农机构，为邮政服务三农工作开创了一条新思路。协会由潍坊市邮政局和潍坊市委农工办共同发起，潍坊市农业局、工商局、质监局、贸易局、畜牧局、物价局、科协、日报社、电视台、广播电台、移动、网通等部门积极参与，在潍坊市委、市政府领导的关心支持下，经过半年多的酝酿筹备，批准成立。协会定位为由涉及邮政服务三农工作的单位及个人组成的专业性、非营利性、地方性的社会团体。市政协常委、市邮政局调研员傅俊杰当选为协会首任会长。协会聘请市委副秘书长、农工办主任耿现江、市邮政局局长徐学伟为名誉会长。经市委市政府领导同意，大会一致通过聘请市委书记张新起，市委副书记、代市长许立全，市委副书记赵兴涛，市委副书记、纪委书记崔建平，市政府副市长蒋文彩、辛丕宏、邢培彬、刘伟为协会顾问。

【潍坊航空速递物流中心正式投产运行】 经省邮政局和市邮政局积极争取，国家邮政局正式批复立项建设“航空邮件转运站”后，潍坊航空速递物流中心于12月26日正式投产运行，它位于潍坊机场内，由国家邮政局和山东省邮政局共同投资建设，一期工程用地30亩，总投资达1400多万元，是一个具有较高电子化和自动化水平的速递邮件和物流货物转运中心。

【潍坊邮政储蓄定期小额质押货款业务正式开办】　12月29日，潍坊邮政储蓄定期存单小额质押贷款业务正式开办。这是邮政系统落实中央一号文件精神，充分发挥自身优势，加快推进社会主义新农村建设的新举措；也标志着邮政储蓄正式涉足资产业务领域，步入了新的发展阶段，为邮政储蓄业务的发展提供了新的机遇。

（李秀丽　供稿）

网　通

【概况】　2006年，潍坊网通围绕全市工作大局，立足自身职能，全面落实科学发展观，加快地方信息化建设，企业保持持续健康和谐发展。本地电话数量和计划完成进度均居全省前三位，固定电话累计达到204.6万户，小灵通用户累计达到56万户，宽带用户累计达到25万户，绩效考核得分居全省同行业第一名。深入开展了“四好班子”创建活动和“百名营销能手”、“优秀社区经理”、“优秀营销团队”等评选活动，广泛开展岗位练兵、技术比武活动，劳动竞赛向规范化、系列化、制度化发展，成效明显，组织员工业务培训99次、4360人次。员工的工作积极性和责任感不断加强。充分发挥党员干部的模范带头作用，印发了中央和省委保持共产党员先进性长效机制等四个制度，组织进行了先进性教育回头看活动，以十六届六中全会精神、八荣八耻等为重点组织各级党员开展理论学习。市公司被评为“中国网通集团文明单位”和“中国网通集团先进基层党组织”，全市网通新增1个省级通信行业文明单位、1个省级通信行业文明集体，1个省级青年文明号、3个市级青年文明号，1个单位被评为山东省“女职工建功立业标兵岗”，1个单位荣获“富民兴鲁”劳动奖状和“省职工职业道德建设十佳单位”。

【信息化建设】　潍坊网通先后承办了全市中小企业信息化建设工作会议和全市信息化推进大会，在全省率先启动了中小企业信息化建设，第一家开展了企业信息化公益培训，参加培训企业近2000家，在全市营造了促进信息化业务发展的良好氛围。同时，同教育、财政、计生、税务、银行、保险、公安、检察、法院等部门开展广泛合作，建成了全市电子政务网、农村党员教育网、医疗合作网、计生网和教育网、网上报税、视频监控等信息化应用项目。农村信息化方面，在村村通电话和村村通宽带的基础上，已经通过农村党员远程教育网的平台实现了网络、视频信息到村，为深化农村信息资源的开发和推广、打造具有潍坊特色的“三农”信息服务链奠定了基础，推出了农村政务网站、信息服务中心等信息化服务项目。在社区信息化方面，建成覆盖社区居民的有线及无线的接入网络，同时配置了一批高素质的社区通信服务队伍。为1700多户中小企业提供了信息化服务，在农村建成了农村党员干部远程教育“上网直通车”项目接入点8500多个，教育网点开通1073个，远程视频监控技术在交通管理、社会治安等方面得到广泛应用。

【通信能力】　潍坊网通围绕企业各项目标任务，科学合理安排投资，抓好固定电话、宽带数据、小灵通、内容应用与增值业务、支撑系统、基础传输、重点客户网络与集成等项目建设，增强网络实力和盈利水平，为业务发展和收入提升提供保障。完成了无线市话扩容、城域网改造、智能网建设等项目，顺利实施了ERP项目、全市营销管理系统和大客户业务管理系统的建设。深入开展了“降客户投诉，做文明员工，树网通新风”活动，加强监督检查，加大考核力度，客户投诉回访制度、服务预约制度进一步落实，全市客户满意度高于省定指标，市公司和九个县市区分公司被评为“山东省第六届消费者满意单位”。

【网络运行】　潍坊网通业务响应流程进一步理顺，响应速度和质量均有较大提高，维护支撑重心前移，变被动维护为主动支撑的意识得到强化，各项网络运行指标位居全省前列，全市网络接通率累计完成98.38%，列全省第4名，高于省公司考核指标1.38个百分点，高于全省平均指标0.12个百分点；呼叫到达率累计完成99.61%，列全省第3名，超出比全省平均指标高出1.26个百分点。传输网障碍处理有效率100%，超出考核目标3个百分点，大客户业务响应及时率100%，超出考核目标3个百分点，无线市话用户感知度竞赛活动得分位居全省第一名。

（刘　飞　供稿）

联　通

【概况】　2006年，潍坊联通通过优化企业管理体制，积极探索适合市场发展的营销模式，有效提高了用户感知，核心竞争力得到进一步增强，实现了企业的快速、稳步、持续发展。利用各种载体，采取多种方式，发动全体员工，传承一次创业优良传统，积极建设“求实、求效”为特征，“人本、和谐”为内涵的新型企业文化，营造了二次创业的良好氛围，在2006年企业行风建设评比中稳居潍坊地区通信行业首位。开展精神文明创建活动，发挥工会、共青团组织的桥梁纽带作用，开展丰富多彩的业余文体活动，广泛开展谈心活动，建立了和谐的劳动关系，推进了员工价值观与企业目标的统一，增强了企业的向心力和凝聚力。与企业发展相结合，加强基层党支部的建设，深入开展企业民主管理，落实党风廉政建设责任制，强化从业人员的廉洁自律意识，积极推进治理商业贿赂专项工作，公开反舞弊举报机制，开展专项效能监察，推进了党风廉政建设长效机制的建立，涌现出一批省级、市级先进集体和个人，企业精神文明建设取得长足进步。

【网络建设】　潍坊联通通过完善

CDMA精品网络的同时积极推动GSM网络建设进程，通过11期工程扩大了G网65%的网络容量，并对部分设备进行了更替，切实改善了网络覆盖效果。实行不间断优化策略，对整个潍坊地区进行了“拉网式”路测，细致到每条街道、每个行政村，共计做出天线、频点调整1000多次，使网络质量得到了全面提升。坚持业务创新，不断提高网络资源利用率，提高对突发故障的反应能力，确保网络安全稳定，有效提升了用户感知。

【业务发展】 潍坊联通通过全面发挥CDMA业务优势，积极推动“双模双待机”的研发与上市，使用户一机在手就能实现G、C两网的自由切换，结束了携带两个手机带来的不便。同时继续保持GSM业务的发展力度，抓住网络改善时机，注重发展有效用户，实现了有效增长。积极推进农村信息化建设，新建村级代办点和营销网点上百个，解决了偏远地区入网难、交费难的问题，使农村市场占有率不断提高。加大各项移动数据业务及行业应用的推广和发展，进一步丰富和完善新业务种类，满足用户的多方面需求，使增值业务收入比重大幅提升。

【客户服务】 潍坊联通通过以客服热线、客户俱乐部和积分计划等特色服务为重点，整合丰富服务内容，完善各项服务流程，提供个性化、差异化特色服务。狠抓服务质量短板的提升，组织服务技能大比武，形成了良好的竞争氛围，调动了服务人员的工作积极性。开展“潜水行动”，领导干部深入到服务一线暗访，对服务工作进行监督检查，促进了服务标准和服务规范的落实。提高投诉处理中心的运营效率，实行用户投诉分级、分类管理，强化了投诉处理规范的执行力。建立预防性服务质量控制机制和客户投诉协调处理机制，推动服务管理由“面向生产过程”向“面向客户过程”转变。

（刘　蕾　供稿）

铁　通

【概况】 2006年，中国铁通潍坊分公司干部员工克服了经营压力大、市场竞争激烈、投资规模减少、成本压缩等不利因素，认真贯彻执行省公司的各项工作部署，秉承“精细管理、特色发展、效益经营”的发展战略要求，全面落实以经济效益为核心，坚持特色发展、重点发展、效益增长的市场经营方针，公司管理、经营、服务、精神文明建设等方面出现了良好的势头，经营继续保持持续、稳定发展趋势。全年完成经营收入4241万元，完成全年必保指标的96.4%，同比增长734万元，增幅为20.9%；固定电话装机累计净增14969部，完成全年指标的71.3%。截至12月底，全网固定电话到达53132部，人均服务电话达到442部；宽带用户净增4803部，完成全年指标的104.4%，全网互联网宽带用户到达8402户，比上年同期增加3594户，增幅为74.7%；2006年互联网收入423万元，比2005年增长154万元，增幅为57.2%；他网长途197业务收入228万元，比2005年增长109.7万元，增幅为92.1%。

【企业管理】 2006年，中国铁通潍坊分公司为适应市场发展需要，进一步优化调整了经营组织机构，选配懂经营会管理的人员担任分局长和部门经理，从人力、物力上向分局和一线销售部门倾斜，提高了分局的经营能力。2006年公司加强了营业管理职能，加大了对回款率的考核。通过组织调配和明确职能，提高了职能部门的工作效率。结合总部商业贿赂检查，公司对工程建设、资金管理、物资采购、合同管理、代理管理进一步进行了规范。还加强了“全员工、全方位、全过程”的服务理念，内抓管理，外树形象，以客户服务为支撑保障市场龙头，以追求客户满意为目标，及时了解客户需求，使“首问负责”成为公司员工的自觉行为，使“大服务”观念深入人心。

【网络通信】 中国铁通潍坊分公司执行年初制定的资源挖潜指导思想，严格投资计划和项目审批流程，确保工程施工质量；在建设投资规模压缩的情况下，完成省公司下达的投资计划1510.33万元。新建干线光缆线路47.059公里（132芯），基本实现了市区内主干的环网保护及模块局的光缆接入；新上ADSL2016线、LAN1296线、ADSL端局9个；完成新建模块局9个，扩容9处，小交换2个；敷设电缆3964.55对公里；上报立项申请132个，批复95个，完工82个项目。在网络运行维护工作中，进一步建立健全了规章制度和应急保障预案，对公司管内机房设备进行了全面检查。加强了对基础台账的管理，重点对旧主干缆和交接箱进行了整治，共整治200对以上主干缆8条300米，查处故障点12处，整治交接箱110个，进一步提高了运维质量。提高既有资源利用率，根据网络覆盖，合理调整局点设置，2006年调整局点4处。

（韩雪松　供稿）

责任编辑　李长山

建设　环保

城市建设

【概况】 2006年，全市建设系统围绕落实科学发展观、构建和谐社会的战略目标，坚持以人为本、环境优先，突出抓好中心城市建设，大力推进城市化进程，城市面貌发生了巨大变化，城市服务功能和承载能力显著提升，为城市经济发展做出了积极贡献。全市完成城建投资32亿元，其中中心城市14亿元。中心城市获得中国人居环境奖（水环境治理优秀范例城市），创建成为国家级节水型城市和省级园林城市，创建国家园林城市和国家卫生城市工作取得重要进展。寿光市创建成为国家园林城市、国家卫生城市和国家环保模范城市，青州市创建成为国家园林城市。全市建设系统认真落实市委、市政府决策部署，高起点、高标准、高效率完成了一大批城建重点项目。中心城市新改扩建道路29条、总长度123公里，完成绿化759万平方米，建成区绿化覆盖率达到35.5%，人均道路面积17.64平方米，人均公园绿地面积16.68平方米。世界风筝都纪念广场、虞河、宝通街、西环路、四平路、虞河路等一批重点工程相继竣工，城市人居环境进一步改善。滨海项目区建成东组团“四横五纵”9条道路，总长度34.6公里，完成西组团绿化128万平方米，良好的基础设施成为项目区招商引资的比较优势。

【世界风筝都纪念广场建成开放】 该广场南毗世界风筝博物馆，西傍潍坊母亲河——白浪河，规划面积5.75公顷，分地下和地上两部分，地下为人防工事兼购物商场，地上为世界风筝都纪念广场。广场规划设计以“风筝文化、民俗文化、人文文化”为主题，坚持以人为本、生态环保，突出文化特色，运用现代园林风格、现代手法以及现代环境设施，建设吉祥大道、鸢标广场、芙蓉树阵、民俗长廊、儿童乐园、植物公园、咏筝栈桥、露天剧场、滨河景区、风博广场等十大景观，使整个广场既有鲜明的历史文化特色，又与现代文明融为一体，成为展示风筝文化与民俗文化、市民休闲娱乐、商业购物消费以及举办大型集会活动的综合性城市广场。地下商城主体2005年10月封顶，地上广场2006年4月建成开放。

【虞河综合整治】 虞河综合整治南起胶济铁路以南，北至济青高速以北，全长12.7公里。2005年初开工建设箱涵、桥梁等基础工程，年底全面展开建设，2006年4月竣工并向市民开放。该工程按照“治污蓄水，架桥通路，景观绿化，拆旧改丑，以河养河”的总体思路，突出“让城市拥抱河流”的理念，打造传承地域历史文化、展示园林城市特色的滨水景观长廊。虞河从北至南依次建成踏雪寻梅、玉清烟晓、北宫春早、虞河古道、九州方圆、康桥水岸、乐道彩虹、慧泉金湾、江山多娇、石桥漱玉、虞水帆影、九龙问源12个主景区。这些景观巧妙地把沿河两岸社区公共服务设施串联起来，将水景、园林与社区生活、文化艺术融为一体，形成了珍珠项链式的城市风景带。

【宝通街、西环路、四平路、虞河路建成通车】 宝通街工程全长19.4公里，概算总投资2.9亿元。规划宽度120米，三块板结构，中间30米主车道，两侧依次为8米绿化分车带、7米缓行道、5米绿化分车带、3米人行道和22米绿化带。工程2004年10月开工建设，2005年底开始大规模绿化，2006年4月完成。西环路工程全长13.7公里，概算总投资1.6亿元。安顺路以南规划宽度152米，四块板结构，中间8米绿化分车带，两侧依次为16米主车道，7米绿化分车带，5米自行车、人行道混合道和44米绿化带；安顺路以北规划宽度115米，三块板结构，中间30米主车道，两侧依次为7米绿化分车带，5米自行车、人行道混合道和30.5米绿化带。工程2004年10月开工建设，2005年底开始大规模绿化，2006年4月完成。四平路工程，规划宽度30米，一块板结构，胜利街—民生街段长600米，主路宽15米，两侧人行道各宽7.5米，造价224万元。工程于2月23日开工建设，4月13日建成通车。健康街—民生街段长900米，

虞河综合整治工程南起胶济铁路，北至济青高速以北全长12.7公里。2005年初开工建设，2006年4月20日竣工并向市民开放。从北至南依次建成踏雪寻梅、玉清烟晓、北宫早春、虞河古道、九州方圆、康桥水岸、乐道彩虹、汇泉金湾、江山多娇、玉桥漱玉、虞水帆影、九龙问源十二个主题景区。

主路宽20米，两侧人行道各宽5米，概算投资600万元。工程于5月22日开工建设，9月12日建成通车。虞河路工程全长1429米，规划宽度40米，一块板结构，主路宽24米，两侧人行道各宽3.5米，绿化带各宽4.5米，造价676万元。工程于2月21日开工建设，4月12日建成通车。

【月河路、青年路、鸢飞路三个公铁立交道口建成通车】 工程2005年11月底开工，2006年4月10日主路全部通车。其中，月河路完成混凝土路面浇筑4000平方米，沥青路面摊铺16000平方米，人行道500平方米，管道敷设840米，路灯管线400米，挡土墙330米，泵站基础全部完成。青年路完成混凝土路面浇筑3276平方米，沥青路面摊铺6768平方米，草坪种植200平方米，路牙石484米，西侧花坛石安装完毕。鸢飞路完成混凝土路面浇筑1900平方米，挡土墙60米。

【滨海项目区基础设施建设】 滨海项目区起步区基础设施分东、西两区建设。西区道路绿化、水系、人行道铺装等3月11日开工建设，5月底完成并形成绿化、水系景观。东区30平方公里范围内，设计建设“四横五纵”九条道路：“四横”自南向北依次是富海大街、镇海大街、银海大街、静海大街；“五纵”自东向西依次是海莱路、海祥路、海惠路、海源路、海龙路，总长度34.6公里，总面积48万平方米，排水管线66公里，路灯基础预埋1800座，总造价1.55亿元。九条道路自3月10日陆续开工，9月中旬全部建成通车，起步区50平方公里范围内路网框架全部形成。

【玉清街、清平路工程年度建设】 玉清街工程全长2011米，道路宽50米，其中主车道宽28米，两侧各3米人行道和8米绿化带。工程于2月24日开工建设，除拆迁障碍段外，年度建设任务完成。清平路工程全长1170米，分地下化肥沟改造和地上道路及景观建设两部分，道路宽30米，其中主车道宽24米。工程于7月3日开工建设，污水管道完成83%；雨水方沟完成31%；过路预埋管道完成87%，年度建设任务完成。

【城建行业管理】 加强市政施工企业安全生产许可证申领工作，35家企业申领安全生产许可证。加强市政企业资质年度考核，4家企业办理变更手续，3家企业办理转正手续，3家企业晋升二级资质。加强园林绿化企业资质就位管理，10家企业获得三级资质，1家企业晋升二级资质。全市市政企业达到44家，其中二级14家，三级30家；绿化园林企业达到103家，其中二级7家，三级96家。

【城建档案管理】 北海路、东风街、张面河、火车站等30个重点工程的档案和城区自来水、热力、光缆传输、石油管道传输地下管线的档案全部移交城建档案馆，全年共接收各类建设工程档案420个、4000余卷，档案合格率、归档率均达到90%以上。对多年积累下的3000余卷不合格建设工程档案重新进行了立卷归档，恢复了其应有的价值。为城市规划建设管理工作提供了大量翔实的城建档案资料。

（崔永建　王昌聚　李长军　供稿）

国土资源管理

【概况】 2006年，潍坊市国土资源局先后被授予省级文明机关和全省国土资源依法行政先进单位等12项荣誉称号。有3个县市区局（分局）被评为省级文明机关，8个县市区局（分局）被评为市级文明机关，24个乡镇所被评为县级文明单位。国土资源审批窗口共受理报件4948件，按期办结率100%，被评为“红旗窗口”。

全年依法报批各类建设用地3.8万

亩，较好地满足了全市经济社会发展用地需求。认真做好征地补偿安置，组织开展了征地统一年产值标准和区片综合地价制定工作，规范了征地程序，维护了被征地农民的合法权益。积极推进资源科学合理利用，建立了土地节约集约利用机制，积极稳妥地开展了城镇建设用地增加与农村建设用地减少挂钩试点，总结推广了一批节约集约用地先进典型，积极引导企业向依法批准设立的开发区集中，鼓励企业在现有用地上增资扩产。加快了“城中村”改造步伐，努力盘活存量土地，中心城区已完成“城中村”改造 9 个，正在实施的 26 个，盘活存量土地 1600 多亩。大力发展“楼宇经济”，在中心城区规划、建设了一批高层建筑。坚持地上、地下利用同步规划，同步建设，城市地下空间得到充分利用，中心城区已建成可利用地下空间 82 万平方米。进一步加大国土资源市场化配置力度，对经营性用地和新设立的采矿权全部以招拍挂方式出让，对到期延续的采矿权全部实行有偿使用。全年实现政府土地收益 26.9 亿元，征收采矿权价款 3400 多万元。严格采矿权审批管理，认真开展了煤炭资源回采率专项检查，提高了煤炭综合利用水平。加大矿产资源和地质环境保护力度，积极稳妥地开展了地质环境保证金收取和已毁山体的恢复治理工作。加强了地质灾害防治和汛期灾情预报工作。认真抓好地质勘察监督管理，全市投入地勘资金 2997 万元，新发现铁、地热等一批矿产地，为全市经济发展提供了后备资源。测绘市场监管力度进一步加大，违法违规测绘行为得到及时查处，强化国家版图意识宣传教育，集中查处收缴非法地图产品 300 多件。加强测绘质量管理，建立健全了测绘质量管理、测绘成果认证和档案管理体系，完成了 47 个测绘单位资质复审换证工作。加大测量标志管理力度，标志完好率进一步提高。全市 C 级 GPS 控制网和三等水准网建设，已顺利通过上级验收。

【国土资源执法监察】　全市强化动态巡查，及时严肃查处各类国土资源违法案件。建立完善了国土、公安、纪检监察联合执法机制，对重点案件实行局领导分工督办。集中开展了土地利用情况和违法用地清理清查，对查出的土地违法违规案件全部依法进行了处理。全市有 115 名责任人受到党纪政纪处分，向公安机关移送违法案件 46 起，拆除违法占地建筑物 8624 平方米，退还土地 3250 亩。坚持局长“带案下访”制度，信访工作进一步加强，信访量比去年有明显下降。全年共处理信访 355 起，结案 348 起；到省以上上访量明显减少，在全省的名次降至 10 名以后。

【矿产资源开发秩序整顿】　按照全省整顿和规范工作部署要求，全市完成了整顿和规范矿产资源开发秩序第一阶段的各项任务。对矿产资源勘查开采情况进行了全面清查；对铁、卤水、河砂等重点矿种和重点矿区进行了专项治理；对主要交通干线两侧的采石场实行搬迁安置或封山禁采；对布局不合理、资源综合利用程度低的矿山企业依法进行关停和整合；积极开展联合执法行动，严厉打击违法采矿行为。取缔不合格矿山企业 254 个，整合矿山企业 235 个，注销采矿许可证 17 个，关停 26 家手续不全的矿山企业，罚没款 220 多万元。

【土地利用现状调查】　全市投资 2045 万元，调集 8 个作业队伍 1300 多人，集中开展了土地利用基础图件与数据更新工作，全面完成了外业调绘和市级数据库建设，标准质量受到了部、厅领导的充分肯定，顺利通过了预检组的预检。全市投资 2297 万元，调集 16 个作业队伍 1100 多人，开展了城镇地籍变更调查，基本完成了外业调查。严格规范土地登记发证工作，土地登记覆盖面进一步扩大，全市国有土地使用权、集体土地所有权和集体土地使用权发证率分别达到 95.3%、85.3% 和 91.7%，维护了土地权利人的合法权益。

【土地开发整理】　全市紧紧围绕新农村建设和耕地保护目标，加大了基本农田保护和整理力度，认真落实“五项制度”，全面推行专家评审，进一步强化资金管理，提高了项目规划设计、组织实施的规范化水平，土地开发整理取得明显成效。2006 年，全市开发整理复垦土地 15 万亩，新增耕地 5.4 万亩，继续保持了耕地总量动态平衡。

【基层国土资源所规范化建设】　按照国土资源部和省国土资源厅规范化所建设的部署，坚持统一规划设计，统一施工要求，全市完成了新建所 55 个。健全完善了国土资源所管理制度和工作职责，组织开展了档案人员集中培训和整档工作，全市 192 个国土资源所已有 185 个档案管理达到省二级标准。为国土资源所购置了微机、打印机、档案橱等办公设备，配备了必要的交通、通讯工具。全市国土资源所全部实现了机构、编制、职能、经费、待遇“五个一致”，规范化管理水平有了较大提升。

（李立清　供稿）

城市规划

【概况】　2006 年，全市城市规划工作紧紧围绕经济社会发展大局，认真贯彻落实科学发展观，超前策划，科学规划，创新发展，充分发挥了规划先导、推动经济的作用，出色地完成了各项工作任务，实现了“十一五”良好开局。

规划编制工作稳步推进。(1) 城市总体规划修编进展顺利。在国家严格控制总体规划修编的形势下，及时向上级汇报沟通，取得了主动，继省建设厅组织技术审查后，经过反复修改和完善，年内又先后通过了建设部组织的技术审查、市人大常务会的审议和省政府组织的行政审查，为下一步向国务院报批奠定了坚实的基础。(2) 专业规划和控制性规划逐步推开。依据新的城市总体规划，会同有关部门完成了城市绿地系统规划、环境卫生规划、中心市区商业网点规划等重要专业规划。根据城市发展需要，对城市重要地段和片区进行了严格的规划控制，先后编制了火车站街

区、泰华城片区、北宫街两侧、中医院片区、五道庙商业步行街等一批重点地段控制性规划。(3)超前编制重点项目规划。按照2006年城建重点项目计划，通过招标或方案征集等方式，高起点完成了以“一河、一山、七中心”（白浪河、浮烟山、文化艺术中心、公共卫生服务中心、体育中心、金融中心、娱乐中心、行政服务中心、国际贸易中心）为代表的一批重点项目规划。白浪河综合整治开发工程景观规划通过国际招标，邀请国内一流的专家评审，组织国内外考察并反复修改完善，规划方案已基本成熟；白浪河综合整治基础工程设计完成了初步成果。浮烟山在完成放飞基地规划的同时，又编制了旅游区总体规划和风景区规划。“七个中心”规划都进行了国内、国际招标，组织了高层次的评审，除体育中心外，其他六个中心的规划方案市政府已经审批。各县市区规划编制工作也取得了显著成效。8个县市中有7个县市的城市总体规划已经完成了编制和审批。同时，各县市根据各自的实际，分别编制了一批高质量的专项专业规划、控制性详细规划和重点项目规划。(4)稳妥推进“城中村”改造规划。在对“城中村”进行专题调研的基础上，组织各区制定了“城中村”改造计划，到年底，中心城市77个“城中村”中，已有8个村基本完成改造，再经过配套完善后，即可达到“城中村”改造的要求；30个村的改造综合方案和规划方案已经审批，22个村完成了安置用地拆迁并开工建设；另外，还有5个村综合方案和规划方案正在报批；其他村也正在按照计划稳步推进。

规划管理更加规范高效。按照依法行政的要求，以规范行政行为为重点，不断创新管理体制和机制，努力提高规划管理水平。(1)建立健全科学民主的决策机制。3月份，市政府专门出台了《潍坊市城市规划决策与审批工作制度》，建立了重大项目决策研究机制和专家论证制度，进一步明确工作职责和审批权限，重要项目规划都提交规划委员会审议。(2)切实加强制度建设。市规划局把规章制度建设列入重要议事日程，专门成立规章制度工作小组，针对规划管理中的关键环节、薄弱环节，集中制定出台了一批规范性文件，对业务流程、职责分工等进行了明确和规范。制定了《潍坊市城市规划管理技术规定》等几个规划管理文件草案，为进一步规范规划管理奠定了基础。(3)严格规划审批管理。坚持从源头抓起，对每个规划和建筑方案力求精益求精，从建筑造型、风格到建筑色彩、外装材料都严格把关，对方案选用情况定期进行通报。同时，进一步完善了专家评审制度，切实放开规划建筑设计市场，大大提高了规划设计水平和城市建设档次。(4)加强规划批后管理。根据工作需要，进一步充实了规划执法队伍，加大了规划监督检查力度，实行了全局人员包点、包线、包块批后检查责任制，对市区内审批的建设工程实施跟踪管理，与市房管局形成了建设项目控制，确保规划实施的联动机制，有效遏制了规划违法违章现象，保证了规划的健康实施。

行政效率和服务水平大大提高。按照为民、务实、精简、高效的原则，对审批机制实行大胆改革，大大提高了审批效率和服务水平。(1)大力推行“效率规划”。以行政审批大厅为突破口，改革审批流程，减少审批环节，完善绿色通道，加强督查督办，每周在审批中心召开一至两次办公会，对受理的项目集中研究，及时反馈，大幅度提高了审批效率。2006年审批建设项目面积比上年增长36.8%，审批时限同比缩短30%以上，市行政审批中心规划窗口连续被评为年度红旗窗口。(2)积极推行阳光规划。严格执行建设项目规划批前批后公示制度，对重点建设项目利用报纸、电视、网站等媒体进行公示，窗口办公初步实现了在线监控，使工作过程公开透明。鲁台会期间，在公共行政审批中心、滨海项目区举办大型规划展览，对城市重点建设项目进行精心策划包装，使投资者在短时间内对项目全面了解，成为招商引资的平台。(3)注重沟通协调。把加强与有关部门的衔接、健全工作协同机制作为发挥行政合力、提高工作效能的重要措施，主动与财政、国土、执法、房管等部门沟通协调，明确职责分工，理顺工作程序，及时化解工作中的矛盾，保证了工作的顺利开展。(4)不断强化服务意识。坚持领导班子回访制度，班子成员多次带领科室人员到各县市区进行调研，召开建设单位座谈会，现场解决有关问题，实现了规划管理由“关门服务”到“开门服务”再到“上门服务”的三级跳跃。

【虞河综合整治工程】 虞河综合整治工程是潍坊城市建设重点工程，工程坚持以人为本、环境优先、注重民生、和谐发展的理念，以改善人居环境、提升城市品位、提高市民生活质量为目标，由市规划局牵头对虞河市区段12.7公里进行全面综合整治。虞河工程在2005年完成基础工程的基础上，2006年4月，治污蓄水、清淤防渗、架桥修路、景观绿化、夜景亮化等全面完成，工程共拆迁沿线建筑物10万多平方米，建设箱涵25公里，河道两侧景观道路40余公里，绿化面积100万平方米，种植乔灌木近200万株，铺植草皮70万平方米，摆置叠石5万吨，建成了“一湖、三瀑、九溪、十二景区、三十六大景观，三楼、五阁、七榭、二十四亭、两塔双百景点”等景观，把虞河由一条“臭水河”变为集生态园林、历史文化、休闲娱乐于一体的城市风景带，真正实现了建设全国一流滨水景观的目标。虞河的成功治理，不仅改善了城市人居环境，丰富了城市内涵，提升了城市价值，形成了“清流碧水风筝城”的靓丽美景，成为一条“流动之河、自然之河、生态之河、文化之河、历史之河、艺术之河”。虞河从南至北共划分为九龙问源、虞水帆影、石桥漱玉、江山多娇、慧泉金湾、乐道彩虹、康桥水岸、九州方圆、虞河古道、北宫春早、玉清烟晓、踏雪寻梅十二个景区，把沿河两岸社区公共服务设施串联起来，使水景、园林与社区生活、文化艺术融为一体，形成珍珠项链式的城市风景带，为广大市民创造了休闲娱乐健身的良好场所，吸引了众多国内外游客观光游览，树立起了特色鲜明的城市风貌品牌。

【北部沿海规划和重点项目规划建设】（1）北部沿海开发是潍坊市“五个重点突破”之一，市规划局作为先期进驻的单位，充分发挥测绘先行、规划先导作用，年内高标准完成了滨海项目区总体规划、沿海地区概念规划、白浪河沿河绿化规划及“海晶之恋”主题雕塑的设计。同时，理顺关系，规范管理，确保招商引资项目的及时落地，充分发挥了规划的龙头作用。（2）积极参与“七个中心”等重点项目建设。年内，市规划局在组织做好各中心规划的同时，抽调业务骨干，充实到各个工程指挥部当中，为各中心建设提供超前的规划和建筑设计服务。（3）牵头组织了市娱乐中心的规划建设。按照“边拆迁、边招商、边设计”的思路，完成了娱乐中心规划设计方案及建筑单体施工图，成功引进香港金龙集团全面投资建设，并积极组织引进相关项目、产业的进驻。11 月份，市娱乐中心正式开工建设。（4）城市文化建设取得了新的进展。规划建成了风筝都纪念广场主题雕塑，成为潍坊的重要标志。对城市公共艺术和景观雕塑以及城市色彩等进行了系统研究和初步规划，确定了部分城市重点地段的雕塑方案。

【策划调研工作】　为推动城市健康有序和可持续发展，市规划局充分发挥规划先导职能，对城市发展中的重大问题进行超前调研。（1）对中心市区“城中村”改造和东西向道路北侧土地利用进行了专题调研，制定出台了《关于加快中心市区“城中村”改造的补充意见》和《关于提高东西向干道北侧土地利用率的意见》。（2）组织各分局和市规划院的业务人员，对福寿街改造进行了深入调研和策划，为福寿街商业化改造开发和运作理清了思路。（3）会同有关部门对 2007 年城建项目进行了广泛调研，经反复论证筛选，提出了城建重点项目计划，在市级领导干部联席会议上得到高度评价。（4）组织力量对泰华城、纺织城等旧城重点片区进行了调研和深度策划，为增强城市功能，提升城市价值，带动城市片区改造，奠定了坚实的基础。（5）为改善旧城区居民的生活环境，构建新型和谐社区，对中心市区旧社区的公共配套设施进行了专题调研，为即将开始的大规模社区改造提供了第一手资料。（6）结合白浪河综合整治，会同市财政、国土等部门，对白浪河两侧土地利用进行调研，通过对河两侧土地开发经济分析，探索景观建设市场化运作的路子，拿出确保资金平衡的措施和办法。

【新一轮村镇规划编制全面展开】　2006 年，全市积极推进城乡统筹发展和建设社会主义新农村规划工作，3 月份，组织召开了全市村镇规划工作会议，对全市村镇规划工作进行了动员部署。各县市区积极配合，高度重视，按照“改造城中村、建设中心村、合并弱小村、治理空心村、培植特色村”的思路，全面展开了新一轮村镇规划编制工作。到年底，全市 141 个乡镇中有近一半乡镇完成新一轮总体规划编制，其中 29 个中心镇和重点镇已全部完成，1000 多个村完成了新一轮建设规划。另外，市规划局和奎文、潍城两分局在对中心市区“城中村”深入调研的基础上，制定了市区“城中村”改造计划。对全市乡镇总体规划和村庄规划编制情况进行了摸底统计，组织了 30 个乡镇总体规划的评审，确定了 100 个市级试点村。完成了全市国家重点镇、省中心镇总体规划电子数据库的建立等工作。年底，市规划局又组织了全市村镇规划设计评优活动，有效地促进了村镇规划上档次、上水平。

（张信华　供稿）

市政管理

【城市品牌创建工作】　2006 年，潍坊市成功创建了中国水环境治理优秀范例城市和山东省级节水型城市，并于 11 月份顺利通过了国家级节水型城市的考核验收，在 2006 年的世界水大会市长论坛上做了典型发言，将潍坊的城市管理成果推上了全国最高舞台。2006 年，为创建国家园林城市组织召开了中心市区创建动员大会，制定下发了创城实施方案，组织开展了无偿供苗等“八大”社会绿化活动，完成了市区绿化卫星遥感检测，为申报创建工作奠定了坚实基础。

【园林事业】　（1）园林事业改革实现突破。2006 年，全面加强了对全市园林行业指导工作，以科技创新为抓手力促园林行业发展，大力开展病虫害防治，完成了 350 万平方米绿地养护和人民公园、张面河综合养护管理的公开招标，人民公园成为绿化养护的新样板。（2）再现古典绿化经典。融南北古典园林风格于一体的归真园 4 月 1 日开园纳客，并成功举办了中国古典园林研讨会，扩大了潍坊园林在国际国内的影响。（3）全力实现绿化提升。2006 年，完成了北海路、胜利街等四路绿化提升，安顺广场林荫树栽植等绿化工程，市区完成投资 6.08 亿元，新改、扩建园林绿地 781 公顷，栽植乔灌木 1290 万株。

【环卫工作】　2006 年，市生活垃圾处理厂后续建设进展顺利，达到了国家无害化处理Ⅰ级标准，医疗废物处置中心被中国城市环卫协会确定为全国示范基地。中心市区完成环卫设施投入 1464.5 万元，其中投资 200 万元建设了生活垃圾处理厂污水排放管道工程，完成了公厕定点和垃圾转运站建设任务。编制完成了《潍坊市环境卫生中长期专业规划（2007－2020）》并顺利通过评审。强化卫生监督检查，中心城区道路清扫保洁面积 15143.87 万平方米，保洁率达到 100%；环卫设施完好率达到 98%以上；生活垃圾无害化处理率达到 100%，处理生活垃圾 22 万吨；医疗垃圾无害化处理率达到 98%，焚烧处理医疗废物 1500 吨。

【绿色节能夜景照明管理工作】 2006年，完成了北海路环岛改造和跨济青高速立交桥桥体亮化。在全国率先采用BOT方式运营城市照明节能，并且全力开展绿色环保夜景照明工作，完成了北海路路灯LED光源改造试点，实际节能达到了27%。

【市政服务】 2006年，潍坊市行政审批服务中心的市政管理审批窗口共办理审批事项2.7万件，连续12个月被评为月度红旗窗口，在市审批大厅60多个单位中继续名列前茅。“12319”市政府服务热线，全年受理电话22.3万个，反馈率100%，群众满意率99.6%，“12319”市政服务品牌已走进了千家万户，市政服务理念深入人心。

【城市节水】 2006年，潍坊市城市节水工作本着“政府主导、部门推动、企业单位和老百姓参与”的工作思路，坚持开源节流，节水优先的原则，着力完善城市节水管理政策体系，广泛开展节水宣传，积极推广节水新技术、新工艺、新器具，城市节水工作取得了明显的突破。城市万元GDP取水量降到了23立方米，是全国平均水平的1/13，工业万元产值取水量降为10立方米以下，全市工业水重复利用率到87%，城市再生水利用率达到20%以上。

【城市市政工程建设养护工作】 (1)市政建设工程再现新亮点。2006年，和平路改造工程立足于建设一流的精品景观大道，注重细节精雕细刻，设施布局充分体现了以人为本的精神，使行人深刻体会细致周到的人文关怀。综合改造工程于2006年2月23日开工，4月15日实现简易通车，北起胜利街，南至东新街，全长1486米，总投资1707万元。该工程由潍坊市市政设计院负责设计，昌大集团负责施工，山东恒建监理公司负责监理。累计完成重修路面35250平方米，铺装人行道7500平方米，安装路缘石2600米，新设雨污水管道约220米，改造雨水管道130米，完成绿化面积为10000平方米，栽植乔灌木26899株，安装路灯64套。(2)市政道路养护工作不断提升，市政设施不断完善。在养护费用没有增加情况下，管理部门加强了道路井盖巡查，启动了排水许可管理，完成了城市防汛和市区市政设施普查，使道路完好率提高到91.2%，完成了长松路和胜利街排水管网改造、虞河调污等市政工程项目，使城市功能进一步完善。

市政公用事业

【公用事业监管】 2006年，全市在市政公用企业继续深化改革的基础上，强化了公用事业监督管理，促使公用事业监管得到了全面加强，对全市燃气、热力行业实行了经营许可管理，与潍坊市自来水公司、潍坊港华燃气公司和市热力公司签订了特许经营协议，创新提出了“协议+标准+合同”的公用事业监管办法，以合同、法规方式明确了政府、企业和用户的责权利关系。

【市政稽查】 全市市政稽查工作重点治理了公用事业市场秩序，严厉打击破坏市政公用设施、盗用公用产品等违法行为，维护了公共利益，保障了公共安全。全年共出动稽查435次，查处各类案件184起，结案率达99%以上，为企业挽回经济损失20余万元。市政稽查工作采用疏堵结合，清理整顿罐装液化气市场。制定了“疏堵结合”的整治思路。召开罐装液化气经营企业座谈会，要求企业开展送气上门业务。同时严厉打击非法液化气经营点，共出动200多次，查处非法液化气站9个，非法经营点88处，CNG非法经营汽车加气站5个。维护公交站点秩序。全年出动320人次、车辆100余次，全面清理整治扎堆公交站点、乱停乱放黑摩的500余辆，处罚22辆，保证了运营安全。依法查处破坏市政公用设施的违法行为。查处破坏供水、供热、供气等市政公用设施案件33起、阻挠施工案件3起，依法对当事人进行了处罚，责令其赔偿企业经济损失，维护了企业合法权益。严厉打击偷盗公用产品行为。对城区违章用水、偷盗水进行全面检查。检查宾馆、饭店近100家，查处盗水及私接管网造成水污染事件13起。为确保居民用气安全，清理整治违章使用煤气用户38家。

【城市供水】 2006年8月，日供水能力12万吨的白浪河水厂正式运营，使潍坊市市区新增供水能力12万吨/日。同年12月，日处理5万吨的高新区污水处理厂全面竣工。在成功组建潍坊水务集团基础上，又成功地完成市自来水公司的改革改制，建立起了符合现代企业运营要求的新型管理体制，完成供水“一户一表”改造1.4万户，日均处理污水10.8万吨，企业经济效益显著提升。

【城市供气】 2006年，潍坊港华燃气公司在多措并举确保气源供应的基础上，新发展民用客户1.4万户，工商客户71户，重点完成了寒亭、经济和滨海新区的天然气管网铺设，天然气供应正式进入寒亭，结束了该区无管道燃气的历史。

【城市公交】 2006年，潍坊市着力发展大公交战略，市公交公司完成基础设施建设投资6800万元，新增大公交车190台，其中10米以上的高档大容量公交车140台，使全市万人拥有公交车标台数由上年的6.7标台提高到8.8标台。新开通了17路、27路、35路、55路、57路5条新线路，优化了1路、4路、15路、20路等15条老线路。全年客流量达6935万人次，同比增长50.1%；完成营运收入实现7089万元，同比提高51.2%。制定了《租赁线路改造方案》，成功回收了10路、26路、52路53路4条租赁线路并实施大公交改造，停运中巴车辆52台。2006年，建成了总占地面积达26140.97平方米的开发区场站、玄家朱茂场站、新华路北首场站、豪德场站4处公交场站，可停放260余台公交车，有效缓解了停车难问题。

【城市供热】　2006年，全市加强了对市区供热的建设，全年市区新增供热汽源465吨/小时，突破了制约城区供热发展的瓶颈，集中供热面积增长到900万平方米，供热质量实现历年最好。对市区供热区域进行重新划分，进一步规范供热市场，使供热资源得到最大利用。

房地产开发

【概况】　2006年，全市住宅建设与房地产业保持持续健康发展的良好势头。全市完成房地产开发投资83亿元，施工面积996万平方米，竣工面积530万平方米，同比分别增长53%、51%、36%。市区完成房地产开发投资51亿元，施工面积522万平方米，竣工面积318万平方米，同比分别增长75%、50%、49%。全市完成房屋拆迁123万平方米，市区完成房屋拆迁67万平方米，其中政府投资项目拆迁31万平方米，商业开发拆迁36万平方米。

【行业管理】　全市深入整顿房地产市场秩序，重点加大对市区无资质开发、无经营权证开发等违法违规行为的查处力度，共查处违法违规房地产开发项目5个，其中无资质开发项目4个、以自建自用名义进行房地产开发经营的项目1个，全市房地产开发市场秩序进一步规范。全年新审批房地产开发企业80家，全市房地产开发企业达到354家，其中一级1家，二级20家。

【住宅产业化管理】　全市认真贯彻《住宅建筑规范》和《住宅性能评定技术标准》，扎实推进住宅产业化管理工作。5月16日，双羊新城项目通过"国家康居示范工程"评审，标志着潍坊住宅产业化工作取得重大突破。积极参加山东省住宅与房地产十年成就展暨首届住宅产业博览会，获得最佳展区设计奖。

【拆迁规范化管理】　结合贯彻新修订的《山东省城市房屋拆迁管理条例》，

乐德家花园A、B座

潍坊市进一步加大宣传力度，成功举办第四届拆迁论坛。按照"四合法、三公开、一到位"要求，依法加强拆迁管理，从严控制拆迁规模，共审核发放拆迁许可证7件，下达房屋拆迁行政裁决等各类法律文书530余份，组织召开听证会123次，调解300余次，既保障了重点项目建设顺利进行，又维护了被拆迁群众合法权益。严格按照《信访条例》要求做好建设信访工作，妥善处理群众进京到省上访案件40件，结案率100%。

（刘庆国　供稿）

村镇建设

【概况】　2006年，全市完成村镇建设总投资74亿元，增长64%，新建住宅410万平方米，公共建筑115万平方米，生产建筑398万平方米。其中，基础设施投资18亿元，比2005年翻了一番，新修道路2000公里，安装路灯1.2万盏，植树788万株，新修排水管沟2400公里，村容镇貌有了较大改观，村镇服务功能得到增强，农村居民生产生活条件进一步改善。

【中心镇建设】　全市以中心镇为重点，突出抓好小城镇基础设施建设，小城镇承载能力进一步提升。全市中心镇建成区面积达105.2平方公里，城镇人口达62万人，平均每镇4.6平方公里、2.7万人。各中心镇健全了组织领导机构和管理队伍，成立了小城镇建设领导小组，设立了村镇规划建设管理办公室，

加强了对小城镇建设管理工作的指导。

【村庄整治工作】 以"三清"、"四改"、"四通"、"五化"为目标，按照因地制宜、各有所为，试点先行、逐步推开的原则，围绕饮水安全、道路排水、环境脏乱差等问题，扎实推进村庄整治。制定了《潍坊市村庄整治工作实施意见》，以改善农民最急需的生产生活条件为目的，突出整治脏乱差，村镇人居环境得到初步改善。青州市庙子镇南术店村等7个村被确定为省级试点村，发挥了较好的示范带动作用。

【农村新居建设指导】 组织参加了"齐鲁新农居"优秀农村住宅设计方案评选，2个方案获二等奖，6个方案获三等奖。向农村免费发放"齐鲁新农居"和《潍坊市跨世纪农村住宅设计集锦》近2000套，引导农民建造符合本地生活习惯、安全实用节约的新农房，提高了农房建设的质量和水平。

（付余新　供稿）

建 筑 业

【概况】 2006年，全市建筑业完成企业总产值222.6亿元，其中建筑业总产值201.8亿元，分别增长39.1%、34.6%；实现利税15.9亿元，增长32.3%；施工面积2736.1万平方米，竣工面积1608.5万平方米，分别增长18.7%、60.9%。对外开发施工面积206万平方米，承揽工程造价16亿元，实现利润1.7亿元，施工区域分布在济南、青岛，北京、上海，以色列、阿联酋等地区和国家。全行业完成多元化经营产值20亿元。创"泰山杯"工程11个，省"质量诚信、用户满意"工程27个，市优质结构工程26个，市"鸢都杯"工程15个；创出省级安全文明小区1个，省级安全文明工地34个，市级安全文明小区2个，市级安全文明工地421个；建筑工人负伤率0.095‰，职工万人因工死亡率控制在0.1以内，实现了安全生产。寿光市、诸城市被评为山东省建筑业"十强县"。

【建筑市场管理】 市建设局出台了《行政审批工作程序规定》，把企业资质审批全部纳入行政审批中心统一办理。成立了资质审查委员会，进一步加强建设类企业资质动态管理，理顺了审批程序，规范了审批行为，增强了工作透明度，防止了人为因素干扰。全年新审批建筑业企业169家，全市建筑业企业达到611家，其中施工总承包企业293家（一级15家，二级55家），专业承包企业171家（一级6家，二级39家），劳务分包企业147家（一级81家，二级32家）。制定了《外地进潍建筑业企业管理办法》，加强对外地入潍企业的审查，对46家进潍施工企业进行了登记。深入开展建筑市场执法大检查，共检查市直在建工程196个，建筑面积144万平方米，工程造价15.5亿元，下达《责令停止违法行为通知书》23份，责令停工整改工程16个，进一步规范了建筑市场秩序。

【招标投标管理】 围绕建立统一开放、竞争有序的建筑市场体系，全市建筑业严格履行招投标法定程序，加强了对工程项目招投标全过程监管。大力推行工程量清单计价招标，进一步规范了建设工程招投标行为。严格准入清出制度，加强对工程招标代理机构的管理，全市乙级以上招标代理机构达到34家，从业人员500余人。严格评标专家资格认定，纳入山东省评标专家库统一管理，实现了评标专家动态管理和资源共享。全市评标专家达到474名，促进了评标活动的公正性和科学性。完善投诉受理机制，实现市县两级联网，投诉举报案件处结率100%。全市招标工程项目925个，中标造价56.2亿元，其中应公开招标项目532个，中标造价26.6亿元，应公开招标项目公开招标率100%。

【有形市场管理】 潍坊市新建交易场所投入使用，建筑面积1200多平方米，分为交易区、服务区和办公区三个区域，工程建设交易中心的硬件服务水平得到较大提高，有形建筑市场发展迈上了新的台阶。全年进场交易工程项目280项，建筑面积384万平方米，增长23%，交易额31亿元，增长10%。

【标准定额管理】 全市建设系统加大工程建设强制性标准监管力度，抽查工程64个，依法查处违反国家强制性标准的工程6个。完善计价竞争机制，完成定额书面答疑65项，编审一次性补充定额59项，完成各类工程类别审核和证书发放520个。加强对造价咨询企业的管理，完成造价咨询项目79.2亿元，增长20%。

【工程质量管理】 全市建筑业坚持实体质量与责任主体质量行为监管并重的原则，完善政府监督、社会监理、企业内控的质量管理机制，进一步加大质量巡查和监督抽查力度。全年共检查在建主体工程152项，回访竣工工程34项。深入开展潍坊市优质结构工程和潍坊市优良工程创建活动，着力提升工程内在品质，组织完成了全市397项优良工程、30项优质结构工程和95项"质量诚信、用户满意"工程的评审、公示、确认工作。开展无质量通病住宅工程创建工作，强化质量通病综合治理，以"四新技术"应用提高治理成效，工程使用功能进一步提高。严格竣工工程备案管理，继续强化"竣前把关、竣中监督、竣后备案"的工作程序，竣工工程备案及时率达到95%。加强检测能力建设，重点开展了预拌混凝土质量专项检查，全市16家预拌混凝土企业全部纳入检查范围，确保了预拌混凝土质量稳定可靠。全市工程质量整体保持稳定态势，受监竣工工程质量合格率100%，市直工程优良率50%。加强了全市建筑业岗位培训与技能开发鉴定工作，全年共培训中级岗位及项目经理2467人，继续教育6266人，培训鉴定技术工人9412人。全行业3人获得"山东省建筑业行业有突出贡献的技师"称号，1人获得"山东省建筑业行业技术能手”称号。1项QC成果被全国施工企业管理协会评为二等奖，2项获全国工程建设全面质量管理优秀奖。

【安全生产管理】 全市建筑业按照“安全第一、预防为主、综合治理”的方针，认真落实安全生产责任制，严格执行安全生产许可证制度，加大安全监督检查的频率和处罚力度，深入开展创建安全文明工地活动，加强建筑业职工的安全教育培训，全市建筑施工安全生产形势平稳。全市1645个工程办理了安全报监手续，336家建筑施工企业取得安全生产许可证。共检查在建工程11650个，下达安全隐患通知书760份，责令停工整改工程191个，对102个项目负责人实行了扣分处罚。培训施工现场临时用电作业人员2610人，起重机械作业人员5441人，考核企业安全管理人员3165人。共检测起重机械设备995台次，下达隐患通知书419份，查处隐患3485条。

【建设科技推广】 全市建设系统围绕建设部“十一五”期间重点推广的九个技术领域，突出“四节一环保”，大力推广新技术、新工艺、新材料、新设备，积极发展节能、节地、节水、节材建筑，科技进步贡献率稳步提高。在全市范围内大力推广地源热泵新技术和集地板采暖投资、生产、经营于一体的管理模式，新建住宅建筑80%以上都采用了地板采暖技术，位居全省领先水平。新型长效化学建材在建筑工程中得到了广泛应用，全年推广应用SBS防水卷材和有机硅防水涂料80万平方米，PPR和PVC供排水管130万米。大力推广变压式通风道等新产品，提高了住宅建筑质量。为36家企业的40种产品办理了山东省建设工业产品省级登记备案证，提高了全市建设工业产品的市场竞争能力。按照统筹安排、统一管理的原则，加强了建设教育培训工作，全市共举办建筑施工员、预算员、质检员等培训班12期，培训学员10000多人次。成立了潍坊市建设科技协会，充分发挥了政府和企业之间的桥梁、纽带作用。

【墙改与建筑节能】 全市城市规划区内基本实现“禁实”目标，“禁实”工作开始向村镇延伸。全市新型墙材生产企业达到130家，生产页岩砖、煤矸石砖、混凝土多孔砖等20多个品种，年生产能力达34亿标砖，新型墙材生产比例和应用比例分别达到72%和85%。认真执行《山东省居住建筑节能65%设计标准》和《山东省公共建筑节能50%设计标准》，全面推进建筑节能工作，全市建成节能建筑125.8万平方米，同比增长80%。寿光市怡园花都小区、诸城市人民家园小区、安丘市青云学府花园等一批建筑节能示范小区相继建成，其中，寿光市怡园花都小区被评为潍坊市首个节能示范小区。

【装饰装修管理】 在全市范围内开展了建筑装饰装修市场秩序专项治理活动，强化对装饰装修市场各方主体行为的监管和对工程质量安全的监督巡查，严厉查处装饰装修市场中的违法违规行为。全年新审批装饰装修企业8家，全市装饰装修企业达到141家，其中一级4家、二级43家。对30万元以上公共建筑装饰装修工程推行强制室内环境质量检测。组织了特种作业人员、安全生产管理人员、六大员、岗位技能、资料员、建造师和考评员培训，共计培训2981人次。组织参加了省“红星·美凯龙杯”建筑室内装饰设计大赛，获一等奖4项，二等奖5项，三等奖6项。全省家庭居室装饰装修有形市场建设现场交流会在潍坊成功召开。

【建设监理管理】 全市施工监理建立健全“守信获益、失信受损”的监理市场机制，突出抓好监理企业的市场行为，加强了施工现场监理规范化管理。充分发挥潍坊市建设监理协会的桥梁纽带作用，积极倡导行业自律，树立诚信意识，全面提高了监理行业的质量和服务水平。

【勘察设计管理】 在全市范围内开展了勘察设计市场专项检查，共检查勘察设计单位71家，抽查项目167项，查处了一批违法违规和违反强制性标准的勘察设计行为，促进了勘察设计行业整体水平的提高。

（李　明　王旭辉　陈伟东　谭晓东　何明亮　张培海　高志磊　汤继胜　王建春）

重点建筑

【潍坊市中医院门诊综合楼工程】 该工程位于潍州路中段，总建筑面积4.16万平方米，现浇混凝土框架结构，地下一层，地上十五层，工程整体施工情况良好，技术资料完整，使用功能完备，被评为“山东省科技示范工程”、“山东省安全文明示范工地”、“潍坊市优质结构工程”。该工程由潍坊高新建筑安装有限公司承建施工，2005年5月15日开工，2006年9月25日竣工。

【乐得家花园A、B座工程】 该工程位于福寿东街158号，建筑面积2.6万平方米，现浇混凝土框架结构，高16层，工程造价3700万元。工程由潍坊中鲁房地产开发有限公司开发，潍坊建工集团有限公司承建，2003年9月开工，2006年底竣工。

（何明亮　供稿）

环境保护

【概况】 2006年，潍坊市环境保护工作坚持以科学发展观、构建和谐社会统领全局，认真贯彻落实国务院《关于落实科学发展观加强环境保护的决定》，深入开展“整治违法排污企业保障群众健康”环保专项行动，不断加大对重点流域、区域和重点污染源的监管力度，加快城市污水处理厂的市场化建设与运营，依法强化环境监督管理，积极引导发展循环经济，扎实推进生态市建设，各方面的工作取得了明显成效。市中心

城区空气环境质量良好率达到97.53%，COD排放量比去年削减2.47%，二氧化硫排放量比去年削减1.55%。

【重点流域、区域和重点污染源的治理】 水污染治理方面，重点加强了对全市50多家重点污染源和27个省市监控断面的监控力度，通过实施重点污染源治理再提高工程和调整产业结构等措施，最大限度地减轻水污染负荷。弥河、白浪河、潍河、北胶新河、北阳河、张僧河等6条主要河流水质有所改善，市区水源地水质始终控制在国家二级标准之内。加强水污染综合治理工作，聘请中科院编制的《潍坊市峡山水源地保护工程方案》和《虞河下游污染综合治理方案》已通过专家论证，市政府常务会议已研究通过，并开始组织实施。大气污染防治方面，重点加强了对各种燃煤设施的拆除、淘汰、汽车尾气管理以及燃煤电厂的脱硫整治工作，同时，积极推广集中供热，在燃煤量不断增加的情况下，中心城区空气环境质量基本保持稳定。

【建设项目的环境管理】 2006年，全市共审批建设项目292个，依法拒批了33个污染严重、耗能高、不符合国家产业政策的建设项目。按照全省的统一部署，对2003年9月1日以来通过环保审批的1692个建设项目环境影响评价和“三同时”制度的执行情况以及2006年新开工建设项目进行了专项检查和全面清理整顿，责成39个建设项目进行整改，共增加投资1亿多元，有效地消除了环境风险隐患。

【环境执法】 按照国家七部委和省政府的统一部署，全市深入开展“整治违法排污企业保障群众健康”环保专项行动，不断加大对重点行业、重点污染源、市区水源地以及各类开发区和工业园区的明查暗访力度，增加现场检查频次，全市共出动检查人员15840多人次，共查处环境违法行为174起，其中对46家污染严重的“十五土小”违法建设项目依法取缔或关停，对38家排污单位依法实行了停产整顿、限期治理、通报批评和罚款处理，共罚款277.8万元。征收排污费力度进一步加大，全市征收排污费5674.3万元，比上年同期增长10.3%。环境信访工作取得明显成效，全年共办理省、市人大建议和市政协提案5件，受理群众信访以及省局、市委信访办、市长公开电话案件1352件，处结率达100%，满意率达98%以上。加强突发环境污染事故应急处置能力建设，投资200万元建设了数据监控应急指挥中心。

【城市污水处理厂建设】 全市环境保护工作落实市委、市政府《关于加强水污染防治的决定》，积极协调有关部门先后多次对各县市区的城市污水处理厂建设、改制情况进行督查，并对未按期完成建设和改制任务的2个市（县）政府以及主要领导、分管领导，以市政府名义追究了行政责任，并给予了通报批评。全市城市污水处理厂的市场化建设与运营呈现出良好的发展态势，全市已建成城市污水处理厂13个，实际日处理能力达到66.6万吨，城市污水处理率达到79%。

【发展循环经济与生态市建设】 全市环境保护工作按照点、线、面整体推进的工作思路，大力推广海化开发区的试点经验，在企业、园区和社会不同层面，形成了一批发展循环经济的群体。10家省级和43家市级试点单位和企业已开始编制规划，《潍坊循环经济市总体规划》已通过专家论证。认真实施生态市建设“十大工程、百个建设项目”，投资69.4亿元，完成区域污染防治、设施建设、国土绿化、循环经济等方面的建设项目41个，并取得了明显成效。积极协调有关县市开展各类创建活动，被列入创模计划的寿光、青州两市分别通过了国家环保模范城市的考核验收和技术评估。全市另有3处乡镇被列为国家级、19处乡镇被列为省级环境优美乡镇，1个学校被列为国家级绿色学校，6个社区、17个学校被列为省级绿色社区和绿色学校。

（袁秋阁　供稿）

责任编辑　刘伟勋

国内贸易　旅游

商 业 贸 易

【概况】　2006年，全市商贸流通服务业实现社会消费品零售总额573.6亿元(其中县及县以下236.9亿元)，同比增长16.28%，比2000年增长120%，增幅呈逐年上升态势，绝对额居山东省第4位；批发零售贸易业零售额489.3亿元，比2000年增长121.4%；实现商贸服务业增加值125亿元，比“九五”末增长132%，占全市服务业增加值比重为28.5%。

【城乡市场体系建设】　制订并开始实施《潍坊市城区商业网点专业规划》，各县市区商业网点规划工作陆续展开。中心城区各类商业网点发展到3.5万处，千人拥有网点28个。5000平方米以上大型商业零售网点27处，各类商业街20多条，农贸市场12个，专业市场和批发市场36个。在农村继续深入实施“万村千乡市场工程”和“双百市场工程”，新建和改造“农家店”1052个，标准化“农家店”达到2193个，乡镇覆盖率达到97.6%。各类农业生产资料村级服务站3800多处，基本覆盖了全市百户以上较大行政村。年交易额过亿元的农产品批发市场达到80处，潍坊百货集团被商务部确定为大型农产品经营企业，寿光蔬菜批发市场被确定为试点市场。农村日用消费品、农业生产资料和农产品“三个流通网络”不断得到升级完善。

【商品交易市场】　电子商务与有形市场和其他现代流通方式实现相辅相成的发展，POS时点销售系统已经普及全市较大型商业零售网点和大部分连锁经营网点，B2B电子商务规模不断扩大，大型流通企业电子信息技术应用已经达到国内先进水平，寿光蔬菜电子交易市场网上交易活跃，年交易额已达到70亿元，开辟了潍坊农产品走向国内外大市场的又一条新通道。

【骨干企业发展】　到2006年末，全市年销售额超过2000万元的批发企业和销售额超过500万元的零售企业达到365家，比2000年增加185家；实现销售收入突破400亿元，比2000年增长2.8倍。限额以上批发零售贸易业实现零售额184亿元，同比增长25.8%；潍坊百货集团、山东海王医药、潍坊世纪泰华、潍坊百货大楼、寿光百货大楼、潍坊钢联等骨干商贸流通企业保持了健康快速发展势头。潍坊百货集团全年实现销售额61.3亿元，同比增长21.79%；上缴税金10557.6万元，同比增长48.77%，综合实力进入全国商业连锁第一梯队。山东海王银河医药股份有限公司实现销售额43.1亿元，同比增长4.99%。2006年，商贸流通基础设施投入继续加大，全市新上过万平方米项目13个，其中中心城区重点调度的流通建设项目共投入资金29.8亿元，恒易·星河国际轻纺城、银座购物公园、北王国际车城等项目在2006年相继投入运营，另有12个完成工程总量50%以上。大企业、大项目在全市商贸流通经济发展中的带动作用日益加强。

【现代物流业】　到2006年底，全市已有登记在册的物流企业1900户，另外还有3000—4000户个体工商户从事着贷代、配货、快递、运输等与物流有关的经营活动，企业数量比2003年增加了1021家，比2005年增加400家，物流行业已由新兴行业变成热门行业。全市钢材物流、汽车物流、花卉物流、纺织品物流在全省特别是胶东地区影响日益加大，成为山东半岛重要的集散地。日用品、图书、医药、蔬菜等专业物流规模迅速壮大，在全国同行业处于领先地位。潍坊航空货邮成为全国航空货邮四大节点之一。三大物流基地、六大物流中心、四大配送中心功能不断完善，规划目标功能逐步形成。2006年，鲁东物流中心新开工12个物流项目，顺利完成100万平方米建设任务，进园项目达到46个，累计投入达到24亿元，初步形成了以潍坊豪德贸易广场为龙头，以五金建材、水暖陶瓷、钢材、机电、汽车、废旧钢材为主体的现代物流发展格局。潍坊港物流基地对临港物流专业园区进行了规划，物流基地功能不断提升，货物吞吐量达到550万吨。潍

坊高新技术开发区物流基地内出口加工物流、医药物流、国际货物物流、日用品物流、纺织品物流等物流功能区已基本形成，国际集装箱年进出口量达30万标箱，成为山东半岛外贸货物进出口青岛海岸的交通枢纽和集疏中心。

【餐饮休闲服务业】 8月份市政府召开了全市加快发展餐饮休闲服务业工作调度会议，9月份成功举办“2006潍坊—长沙”商贸服务业合作恳谈会和首届中国（潍坊）美食节。制订潍坊市明星服务企业评选办法，并在商业、物流、餐饮、洗浴、美容美发等行业评选出50个2006年明星服务企业。“老字号”振兴工作全面启动，潍坊福瑞油脂调料有限公司的“福瑞”、“崔字牌”和山东景芝酒业股份有限公司的“景芝”字号和商标被商务部认定为首批“中华老字号”。海王府大酒店被评为国家特级酒店，鸢飞大酒店、中百大厦、世纪泰华被评为省级优秀服务品牌。全市餐饮业网点发展到2.1万个，从业人员20.3万人，美容美发、洗浴按摩、足浴足疗、茶楼茶馆、酒吧咖啡等休闲娱乐网点1.1万个。城区千人拥有网点4.6个，已经形成四平路、文化路、虞河路三条餐饮休闲业集中街区。2006年，全市实现餐饮业零售额52.1亿元，同比增长23.6%。

（董平华 邱 强 供稿）

供销合作商业

【概况】 2006年，全市供销系统始终坚持以服务“三农”为己任，以省供销社提出的建设“一个网络、两个平台”为工作重点，全年全系统完成商品购进总值69亿元，完成商品销售总值71亿元，实现利润总额2638万元。全市供销社系统有骨干龙头企业15家，年生产总值达到35亿元，销售总值达到32亿元。其中销售收入过10亿元的企业有1家，过亿元的企业6家。

【农村现代流通服务体系建设】 （1）农资网络建设稳步推进。以潍坊绿之源农资连锁有限公司为龙头，整合市直和县市区农资公司以及社会性资源，打造出全市统一的绿之源品牌和统一经营的农资现代流通服务体系。全年全市供销社在村级新建农资连锁经营服务网点1899处，占全市行政村总数的20%，其中在全市经济条件较好的乡镇新组建起了具有经营、配送和仓储功能的直属中心30处，县级农资公司基本上具备了区域内的农资商品配送能力，形成了市、县、乡、村于一体的农资经营服务网络和以供销社主导的农资经营主渠道。（2）日用品网络建设实现了新突破。县城以供销社为主导积极组建配送公司，在乡镇大力发展连锁综合超市，村级发展便民店。全年全市供销社在乡镇新建面积在1000平方米以上的日用品超市达到了35处，村级通过改建、扩建面积在50平方米以上的日用品便民店275处，基本形成了以县城为骨干、乡镇为重点、村级为基础的日用品经营服务网络。（3）农村社区综合服务中心试点工作有了良好开端。全市有10个县市区供销社完成了试点和推进工作任务，全市有21处农村社区综合服务中心投入运营，并呈现出了快速发展的良好局面。

【农村合作经济组织】 全年全市供销社系统新发展各类专业合作经济组织110处，其中供销社直接参与的37处，起引导、组织和协调的共有73处，带动农户10多万户，年为专业户增收达2亿元。同时，按照《农民专业合作社法》研究出台了《专业合作社示范章程》，对已成立的各类农民合作经济组织进行了规范和完善，按照市场化运作的模式，开始探索依托联合会组建信用担保公司，为农村合作经济组织提供资金保障。组织部分专业合作社和专业协会的负责人到省内外进行参观学习。市供销社举办了多期农村合作经济组织负责人培训班，农民的组织化程度进一步提高。

（王源亮 供稿）

粮食流通

【概况】 潍坊市粮食局辖1个城区分局，7个直属企业，另有县级管理机构10个。2006年，全市粮食系统收购粮食399万吨，实现销售收入8.8亿元，完成招商引资2435万元。市局被评为全省国有粮食购销企业改革先进单位，被国家粮食局授予“全国粮食系统法制宣传教育工作先进单位”称号。

【粮食宏观调控】 （1）加强粮食应急体系建设，完善应急保障措施。针对11月份小麦价格上涨情况，及时采取应对措施：深入加工企业和供应网点调查了解供需情况，分片召开县市区粮食局长会议，汇总分析掌控粮情；督促调度直属企业和县市区到豫、皖等省外采粮源；申请启动市级储备粮轮换工作，1.2万吨小麦进入流通市场，有效地缓解了供求局势；先后两次向市领导报送关于粮价上涨原因分析及应对措施的请阅件，引起市政府领导的高度重视。（2）小麦托市收购取得成效。与中储粮青州库、市农发行密切配合，落实各项收购政策，确定了7个收储企业作为执行小麦最低收购价的委托收储库点，经过多方努力延伸增加到56处。全市共入库小麦42.54万吨，其中国有粮食企业商品粮收购3.5万吨，托市收购18.71万吨，保护了农民利益。（3）积极推进地方储备粮充实工作。下半年，就加快地储粮充实进度和督查工作，市政府接连下发了三个通知，并将地储粮完成情况作为全市国有粮食购销企业改革检查验收的一项重要指标，为完成省政府下达的20万吨充实规模奠定了坚实基础。

【国有粮食购销企业改革】 全市150家国有粮食购销企业，共5329名职工，分流安置5063人；筹措改革成本8083万元，支付经济补偿金4908万元；政策性财务挂帐全部剥离划转，并集中到县市区粮食行政管理部门统一管理，较好地解决了长期困扰粮食购销企业的“三老”（老人、老粮、老帐）问题。改革后，全市设立国有独资的粮食购销企业19家，粮食流通主渠道作用进一步得到巩固。

【粮食行政执法】　（1）积极开展学习宣传活动。组织实施《粮食流通管理条例》颁布实施两周年宣传月活动，组织从业人员系统学习粮食流通管理政策法规知识，提高了全社会粮食经营者依法经营的意识。（2）粮食行政执法体系建设得到加强。全市粮食行政管理部门全部落实了行政执法主体资格，大部分县市区调整内设机构，成立了监督检查科室，部分县市区设立了执法稽查大队和质量监测中心，争取和落实了执法经费。（3）粮食行政执法业务有了新进展。5月份，市局在寿光市召开全市粮食行政处罚案件听证模拟现场会，为执法工作提供了很好的参考依据。各地先后开展粮食收购资格专项检查、夏粮收购监督检查、陈化粮销售处理专项检查等活动。全市为391户企业办理《粮食收购许可证》，有405户企业纳入统计范围。

【粮食产业化经营】　（1）大力培植骨干龙头企业，涌现出以“风筝”、“白浪河”、“游龙”、“华麟”为代表的骨干制粉企业和以“永泰”、“好友”为代表的植物油加工企业，在带动地方经济发展中发挥了应有作用。（2）实施品牌发展战略。潍坊风筝面粉有限责任公司的“风筝”牌面粉，靠过硬的质量和良好的信誉，成为人民大会堂专用面粉。（3）巩固和发展居民主食供应主渠道。狠抓快餐连锁经营和配送中心建设，“风筝”面粉、“白浪河”面粉、“摇鼓山”馒头、“隆泰”水饺、“冠康”牛奶、“鲁穗”快餐等，逐步形成了互为原料、互为补充的市区城镇居民厨房工程体系。（4）粮食产业园区建设取得进展。各地依托基础优势，盘活存量土地等资产，实行招商引资，退城进园，兴办粮食产业化企业，潍坊市粮油储运公司迁建工作已经启动。

【军粮供应工作】　军粮供应部门在出色完成重大军事演习给养保障工作的同时，长年坚持开展微笑服务、义务送粮等优质服务活动，并重点开展军粮质量检查活动，积极做好大米、面粉统筹供应工作，出台了《潍坊市粮食局战时（应急）军粮、副食品保障实施细则》，对全市军供网点维修改造资金使用情况进行了全面检查，组织启动军用购粮卡改革试点等工作。

（孙洪伟　郭冬青　供稿）

烟　草

【概况】　2006年，潍坊市烟草专卖局（公司）系统（以下简称“潍坊烟草系统”）干部职工按照市委、市府和上级局（公司）的统一部署，改革创新，团结奋斗，各项工作均取得新的成绩。全市种植烤烟13万亩，同比增长26.2%；收购烟叶42.22万担，同比增长76%；销售卷烟26.37万箱，同比增长5%。“两烟”合计实现利税40087万元（含消化多元化投资损失10484万元），同比增长48.83%。其中税金15714万元，同比增长29%；利润24373万元（含消化多元化投资损失10484万元），同比增长65.45%。

【烟叶生产经营】　全市累计投入8045万元，亩均扶持额达到600元左右，极大调动了烟农种烟积极性。建立和完善烟田投保、风险基金、防雹体系等烟叶生产保障措施，有效减轻了灾害造成的损失。生产技术创新取得新的突破，ZC—01品种、邦禾生物肥、智能密集烤房等三项新技术的推广应用，初步解决了制约潍坊烟叶生产进一步发展的瓶颈。大力发展种烟农场，全市共发展农场230个，同比增加144个；面积4.25万亩，同比增长3.1万亩。认真落实产购合同，狠抓收购质量，严格统一经营，较好地完成了烟叶收购与调拨任务。

【卷烟销售和网络建设】　按业态对零售客户重新细化分类，推行客户经理、电访员的专业化分工，设立零售终端信息采集点，提高了营销水平。加快现代物流建设，初步实现全市范围内的一次性分拣到户，提高了运行效率。优化送货线路，推进配送车辆改革，压缩车辆14部，进一步降低了运行成本。加强零售终端建设，狠抓“明码标价”工作，积极组织有效货源，加大名优重点品牌培育力度，实现了销量增长、结构上移、效益增加。2006年，全市销售卷烟26.37万箱，同比增加1.35万箱；人均条数7.76条，同比增加0.4条；单箱销售额9385元，同比增加1036元。

【专卖管理和市场控制】　进一步完善举报网络，对重点市场、重点区域和经营大户进行有针对性的监控和打击，保持了对卷烟非法经营的高压态势。集中开展清理整顿卷烟无证零售户专项行动，取缔2252户，劝退1360户，依法办证2832户，市场控制力和净化率明显提高。改革专卖管理考核办法，加强县级局建设，共投入914万元，49处专卖管理所已基本建设到位。加强依法行政，狠抓专卖队伍建设，提高了执法水平。2006年，全市共查获各类涉烟违法案件7370起，其中案值万元以上案件215起，10万元以上案件20起；查扣各类违法卷烟2288万支，案值972万元；捣毁匿假售假窝点229个；罚没款134.67万元；共移送涉烟刑事案件25起，拘留30人，逮捕11人，判刑11人。荣获省政府“全省卷烟打假和整治卷烟市场秩序两个行动先进集体”称号。

【领导班子建设和企业管理水平】　规范了各县市区局领导班子职数和内部机构，打破地域搞交流，推行干部队伍上下交流、左右交流，盘活了人力资源。坚持原则，严格任用程序和有关规定，提拔了一批新生骨干到基层领导岗位和

机关中层岗位。积极开展经济责任审计，对工资、费用开支情况开展了专项审计。加大基建维修项目审计力度，共审减334万元。严格规范招投标工作，组织招投标近400项，节约资金1200万元。加强对多元化企业的清产核资，关停、注销多元化企业8家。

（王雪宇　供稿）

旅　游

【概况】　2006年，市旅游局着眼于“发展大旅游、开拓大市场、形成大产业”，旅游业实现了跨越式发展。全年共接待国内游客1038.07万人次，国内旅游收入61.93亿元，同比分别增长17.1%和21.09%；接待国外游客43052万人，国外旅游收入1055.42万美元，同比分别增长20.12%和22.48%。

【旅游宣传促销】　2006年，市旅游局搭借风筝会、菜博会、宝石节、花博会、绿博会等平台以及市政府开展的“双十”招商活动，重点加强了对境外旅游市场的开发力度，“世界风筝都”旅游城市形象在海外的影响力不断扩大，国际客源市场得到不断开拓。在国内市场开发方面，（1）组织参加了（烟台）亚欧会议旅游合作发展论坛暨展览会、2006中国（济宁）现代生态农业特色产品及乡村旅游国际博览会、中国青岛·亚太国际旅游博览会、青岛啤酒节·旅游超市宣传活动和青岛2006年现代节庆活动与旅游活动发展高层论坛、“垦利黄河口杯”第四届山东省旅游商品创新设计大赛暨2006旅游商品文化博览会、2006年旅游新产品展示暨环渤海港口城市旅游洽谈会等大型展销活动。（2）通过与媒体合作，在中央电视台4频道《走遍中国》栏目连续7天播出了“走进潍坊——历史旅游文化专题片”，省电视台和市电视台又进行了转播。（3）先后接待并配合美国、俄罗斯、韩国等海外旅行商和新闻记者、海峡两岸摄影家、2006山东快乐乡村游、青岛电视台等国内外新闻记者在潍坊开展了大型采风活动。（4）先后组织开展威海宣传促销团、威海栖霞口宣传促销团、无锡旅游考察促销团与潍坊旅游对接促销活动。

仰天山次生林

【旅游资源开发建设】　2006年，在资源开发和配置上主要抓好五个重点：（1）重点抓好昌乐古火山口旅游综合开发、青州东夷文化园、寿光弥河生态农业观光园、诸城恐龙公园深度开发、安丘大汶河国家城市生态湿地公园、临朐句月湖综合开发、昌邑潍河水上公园、金茂国际大酒店等27个在建旅游大项目的建设。寿光弥河生态农业观光园、昌乐古火山口旅游综合开发等大项目已经完成先期开发。（2）重点抓好青州古城保护开发和龙兴寺复建工程、诸城恐龙化石地质公园、坊子九龙涧生态旅游度假区、昌邑青山旅游景区开发、滨海盐文化观光园、寒亭区民俗风情园、高密民间艺术大世界等拟建大项目的策划和推介。其中坊子九龙涧生态旅游度假区、寒亭民俗风情园、高密民间艺术大世界等拟建大项目的启动资金已经到位。（3）重点抓好沂山、仰天山、云门山、青云山、金宝乐园、林海生态博览园、杨家埠民俗大观园、富华游乐园等现有景区景点的改造提升。（4）重点抓好旅游基础设施的配套完善，对全市重点景区景点厕所进行了改造提升。已建成星级标准旅游厕所15处，改造旱厕20处，总投资400多万元。全年完成景区景点开发建设和旅游基础设施建设资金3亿多元。（5）重点帮助景区点申请省农村信用联社项目贷款，金宝家园三期工程、青州王府游乐园、仰天山森林公园建设项目、昌乐仙月湖风景区、寿光高科技农业示范园建设项目等5个大项目已通过省农村信用联社认定。

【旅游行业管理工作】　（1）完成旅行社业务年检工作，并对年检情况通过媒体进行了公告，全年共审批国内旅行社14家，全市旅行社已发展到78家，其中国际社2家。（2）对全市二星级、三星级饭店进行了质量复核，全年新评定二星级饭店1家。组织全市星级饭店主要负责人赴日本、韩国考察学习旅游饭店的先进管理经验。上半年，召开“潍坊名优特农产品与星级酒店直供对接会”，全市24家星级酒店及时调整供应品种，根据不同季节，积极推介潍坊名优特农产品。（3）加强旅游行业精神文明建设。指导青州市顺利通过“中国优秀旅游城市”复核。完成对1家国家级青年文明号集体和6家省级青年文明号集体的复核和重新认定工作，开展了希望工程圆梦大学青年文明号一助一活动。(4) 进一步加大导游员管理工作力度。先后完成全市导游证 IC 卡年度审核和 2006 年度岗前培训工作。(5) 继续开展旅游细微服务年活动，抓好诚信旅游建设。全市 6 家旅游企业被评为省级示范企业，39 家旅游企业被评为省级达标企业，5 人被评为省级服务明星。对全市星级饭店、旅游景区点及专职导游员信息统一采集，建立了诚信档案。(6) 认真做好旅游安全工作。协调市公安局、市工商局、市物价局等部门联合下发了《关于加强星级旅游饭店管理的通知》，全市旅游系统无重大旅游安全事故发生。

【旅游教育培训】　(1) 开展“旅游教育培训月”活动。通过举办培训班、开展服务技能比赛等活动，有效地调动了旅游从业人员的岗位练兵热情，有效地提高了旅游服务质量。(2) 组织指导旅游企业采取培训授课、座谈讨论、专题讲座、案例分析和演讲竞赛等多种形式，对旅游从业人员进行了职业道德教育。(3) 在全市旅游系统组织开展了以“八荣八耻”为主要内容的社会主义荣辱观专题教育活动，并组织全市旅游行业窗口单位开展了“文明诚信”活动。(4) 注重抓好导游员队伍建设。市旅游局先后三次举办导游员培训班，培训导游员 500 多人次，开展争创“全市十佳导游员”活动。(5) 组织完成了 2006 年度全国导游人员资格考试潍坊地区 520 人的报名、理论考试、现场考试等工作。

【全市旅游发展大会】　8 月 11 日，市委、市政府隆重召开全市旅游发展大会，大会突出强调发展旅游业的重大意义，明确提出建设旅游经济大市的奋斗目标，全面部署了今后一个时期全市旅游工作。召开全市旅游景区（点）管理工作现场会，组织与会人员对世界风筝博物馆、风筝都纪念广场、人民公园、虞河景观带和金宝乐园等景区（点）进行了现场观摩学习。

（李玉俊　供稿）

责任编辑　刘　敏

个体私营经济

【概况】 2006年，全市上下认真贯彻省、市委大力发展民营经济的一系列部署，坚持“四个放开”、“六个一样”的原则，认真落实国家宏观调控政策，积极转变增长方式，努力寻求新的增长点，有力地推进了民营经济又好又快发展。全市注册民营业户达到18.25万户，比上年增加7500户；注册从业人员达到93.5万人，比上年增加14.6万人；注册资金631.5亿元，比上年增长22.4%；实缴税金达到115.9亿元，比上年增长31%，占全市税收总额的比重达到71.5%，比重比上年提高了2.1个百分点。民营经济纳税突破百亿元大关，实现了四分天下有其三，成为增加社会就业和财政收入的重要力量。

【科技创新能力提高】 全市坚持高点起步，大力发展高新技术产业。鼓励引导民营企业积极发展高科技含量、高附加值、高市场占有率的项目和产品，大力发展资源节约型、环境友好型企业，杜绝低水平重复建设；鼓励引导民营企业加快传统产业改造步伐，提高技术装备水平和产品科技含量；积极引导广大民营企业向电子信息、生物技术、精密制造等高新技术领域进军，努力开发拥有自主知识产权的产品和技术，企业核心竞争力不断提高。引导企业加强能源、资源的节约和有效利用，形成自觉节约资源的有效机制；积极开发资源节约技术，重点研究开发和推广应用资源综合利用、资源节约、资源替代等先进技术，积极发展新能源和可再生能源。坚持自主创新，大力推进技术进步。支持企业与高等院校、科研机构积极开展产学研联合，推进科企联姻，不断提高原始创新、集成创新和引进消化吸收再创新能力，加快科技成果向现实生产力转化。高度重视企业技术中心建设，引导和帮助有条件的企业建立研发中心，加快科研开发进程，加大工作力度，不断提高技术创新能力。2006年，全市科技型民营企业达到1850家，比上年增加324家，其中被认定为高新技术企业259家，新增41家，占全市高新技术企业的82%；省以上企业技术中心、工程技术研究中心发展到58处，新增26处；民营经济中中国名牌总数达到了15个，创造了4个中国驰名商标，山东著名商标和山东名牌产品总数均突破了100个。

【规模实力增强】 全市坚持抓重点、抓骨干，把培强做大骨干企业作为增强市场竞争能力的重要措施来抓，通过继续在全市开展以评选“百强民营企业”和“百佳个体工商户”为内容的“双百”创建活动，促使企业扩规模、上档次，形成群山争峰、竞相发展的格局。认真落实市委、市政府有关扶持“双百”民营企业的政策规定，从资金、技术、人才、用地、用电等方面实行优先扶持，为膨胀企业规模提供保障。2006年，全市规模以上民营企业发展到3901家，新增491家。其中2006年度百强民营企业，销售收入过10亿元的企业25家，过50亿元的5家，过百亿元的1家。百强民营企业户数仅占民营企业数量的0.32%，但实缴税金却占到民营经济纳税总额的35.2%，平均上缴税金4080万元，比上年增加746万元，其中上缴税金过亿元的企业9家。

【科学投入力度加大】 全市对民营企业进行排查摸底，对具备上市条件的规模企业成立专门班子，抓好规范提高，做好上市辅导，寻求更大发展空间。通过转变招商引资理念，以企业为主体加大招商引资力度；狠抓市县镇三级担保机构建设，完善信用担保体系，提高担保机构业务能力；开展银企联手活动，争取市内外金融机构支持；将全市112家民营企业列入全省中小企业成长计划，争取上级扶持资金等，有效地缓解了资金不足的矛盾。特别是孚日集团股份有限公司在深圳成功上市，融资5亿多元，为民营企业上市融资探索了经验。2006年，全市民营经济完成有效投入820.4亿元。

【特色优势突出】 根据“积极引导、相对集中、龙头带动、群体发展”的原则，引导各级围绕当地主导产业、优势产业和特色产业，培育和发展区域产业集群，产业集聚力度进一步加大。积极实施龙头带动战略。紧紧依靠优势产业中龙头企业的市场竞争力和辐射带动

潍坊市海洋与渔业局

徐松苹局长聘请执法监督员

部署向渔民发放燃油补贴工作

保护区成立揭牌仪式

单位地址：潍坊市奎文区胜利东街322号
联系电话：8232568　8237040（传真）
网　　址：hyscj.weifang.com
电子信箱：hyscj@wfnet.cn　　wfhyyyyj@163.com

市海洋与渔业局是市政府主管全市海洋事务与渔业行政的工作部门。在市委、市政府的正确领导和社会各界的关心支持下，全市海洋综合管理和渔业经济有了长足发展。2006年实现海洋产业增加值122亿元，比上年增长6%；其中渔业增加值37.7亿元，比上年增长5%；水产品总产量64万吨，比上年增长7%；渔民人均纯收入8051元，高出全省渔民531元、全市农民2543元。《潍坊市海洋功能区划》经省政府批复，为沿海防护堤等用海项目办理了使用审批，建设了3个国家和省级海域使用示范县，完成了县际间海域勘界，埋设了海岸线界桩，海洋环境监测中心站被授予国家级海洋环境监测示范站，中国海监潍坊市支队被授予国家级示范支队。建设了1处国家级和3个省级水产原良种场、3处省级渔业标准化示范基地，认真实施渔业资源修复行动，投资480万元，放流梭子蟹4000万只、底播贝类150多吨，为渔民增收打下良好基础；实行了每半月对市场销售水产品的抽检与公示制度。争取国家及省市资金1.09亿元，建设和筹建了寿光羊口中心渔港、昌邑下营一级渔港、海域使用动态监管中心、海洋预报台等一批项目，向渔民发放燃油补贴2996万元，配备了用于执法和抢险救生船艇5艘、车3辆，建设了近江牡蛎原种自然保护区。

海上抢险救生准备启航

天安保险股份有限公司潍坊中心支公司

总经理：张学国

天安保险股份有限公司成立于1994年10月22日，总部设在上海，是自主经营、自负盈亏的独立法人。公司奉行“化险为夷、补天爱人”的企业精神，把“建设中国保险第一品牌”作为战略目标，现已在境内成立三十多家省级分公司及数百家中支公司和区县支公司、营销服务部，市场网络遍及全国。

天安保险股份有限公司潍坊中心支公司成立于2002年10月18日，下设十二家区县支公司及营销服务部，网络遍及全市，主要经营国家保险监管部门核准的机动车辆保险、企业财产保险、各种责任保险、团体人身意外保险、水险等保险业务，是经保监会批准开办交强险业务的保险公司之一。公司成立以来，稳健发展，累计实现保费收入近5亿元，承保金额突破400亿元，为潍坊的经济发展和社会稳定做出了巨大贡献。公司坚持以“诚信经营”为核心，走稳健经营之路，2003、2004、2005连续三年被评为“消费者满意单位”及“诚信经营示范单位”，2006年被评为“五星级消费者满意单位”和“三A级诚信经营示范单位”。进入2007年，公司将以天安科学发展观为统领，坚持以效益为中心，以价值最大化为目标，以规范经营为原则，全面深化销售体制改革，积极调整险种结构，进一步深化理赔管理，深化营业机构标准化建设，着力强化以产品销售为中心的培训，创建学习型组织，切实加强合规文化建设，广泛开展思想政治工作，全面提升竞争能力，为潍坊全面建设小康社会，构建社会主义和谐社会保驾护航。

化险为夷 补天爱人

天安保险股份有限公司
TIANAN INSURANCE COMPANY LIMITED OF CHINA

全国统一客服电话：95505　　联系电话：0536—2109212　　公司地址：健康东街344号

中国太平洋人寿保险股份有限公司
潍坊中心支公司

中国太平洋人寿保险股份有限公司成立于1991年，总部设在上海。公司建立了基本覆盖全国的销售服务体系，在全国设有3420家分、支公司、营销服务部，拥有干部员工近23万人。在香港设有子公司，在纽约、伦敦设有代表处，在境外100多个国家和地区的170多个主要港口城市聘请了保险检验、理赔、追偿代理人。公司目前开办险种150多个，覆盖人寿保险、年金保险、健康保险、意外伤害保险等多个领域。

太平洋寿险潍坊中心支公司现有干部员工近4000人，在全市六市两县四区都设有国家保监委正式审批的支公司，机构遍布全市的每个县区、乡镇。公司成立十几年来，始终坚持以科学发展观为统领，秉承“诚信天下，稳健一生，追求卓越”的核心价值观，坚持“以客户为中心”的服务理念，创新思路，锐意进取，各项工作持续快速健康发展，共计实现保费36.55亿元，承保金额5412.7亿元，承保客户100余万，理赔及到期支付各种款项6.56亿元，上缴税金4875万元。其中，2006年，公司各项业务指标在山东太保系统均列第一名，核心业务列全国太保系统第一名。2007年以来，各项业务指标继续在山东太保系统内领跑，在全国太保系统内名列前茅。公司的发展也得到了政府及社会各界的关注和支持，多次受到政府、行业的表彰和社会各界的褒奖。公司被中国质量协会、全国总工会、共青团中央、全国用户满意工程联合推进办公室联合授予“中国质量鼎”、“中国用户满意鼎”。

党委书记、总经理　庄岩

公司办公楼

2005年3月，中国太平洋保险获得中国质量协会授予的“全国用户满意鼎”。

综合服务大厅

中国太平洋人寿保险股份有限公司
CHINA PACIFIC LIFE INSURANCE CO.,LTD.

全国用户满意企业

中国质量协会
全国用户委员会
二〇〇五年九月

太平洋保险保太平　服务热线：**95500** 365天24小时开通，为您提供全方位服务。地址：潍坊东风东街201号

平日注入一滴水　难时拥有太平洋

潍坊市福利

福彩中心领导班子

2007年，是中国福利彩票在潍坊市发行20周年。20年来，潍坊福彩秉承“扶老、助残、救孤、济困”的发行宗旨和“公平、公正、公开”的发行原则，殚精竭虑，艰苦创业，不断取得新的成就。截止到2007年6月，全市共发行福利彩票21.8亿元，筹集公益金7.63亿元，位居全省全国前列。福彩投注网点遍布全市城乡，形成了电脑福利彩票、视频在线即开票、网点即开票等多票种发行网络，实现了发行管理规范化、彩票品种多样化、彩票销售规模化。建立了一支素质较高的福彩管理和销售队伍，投注站建设不断上规模、上档次。

规范统一、服务优良的福彩投注站

环境优雅、管理规范的中福在线视频彩票销售厅

举行业务竞赛提高管理员技能

彩票发行中心

发行福利彩票筹集的公益金，主要用于资助老年人、残疾人、孤儿、革命伤残军人等特殊群体服务的社会公益事业，帮助有特殊困难的人，支持社区服务、社会福利企业和其他社会公益慈善事业的发展。仅城乡老年人福利设施就投入了7600多万元，建设项目150个。特别是在全市相继开展的“社区老年福利服务星光计划”、“残疾孤儿手术康复明天计划”、“农村五保供养服务设施建设霞光计划”以及“儿童福利机构设施建设蓝天计划”，产生了广泛影响，为建设和谐社会做出了突出贡献。

每年都开展福彩助学活动，对贫困学生进行资助，累计投入市级助学资金850多万元资助各类大、中、小学生13000余名。图为2007年开展的福彩助学活动

开展经常性的“福彩送温暖”活动

关爱残疾儿童，支持残教事业。图为市民政局、市福彩中心领导到聋哑学校慰问看望同学们

遍布全市城乡的新建、改建的敬老院、老年公寓以及星光老年人之家等福利服务设施，为老年人提供了优越的生活环境。

潍坊市精神卫生中心
潍坊市第三人民医院

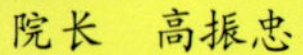

院长　高振忠

院党委书记　孙希荣

潍坊市精神卫生中心（潍坊市第三人民医院）位于昌乐县城中心新昌路中段，占地面积31098.3m²，总建筑面积21481m²，是潍坊市卫生局直属的唯一一所市级精神病专科医院，是集全市精神疾病医疗、预防、教学、科研、精神病法医鉴定于一体的指导中心。还是山东省司法厅注册登记的精神卫生中心司法鉴定所。

医院设精神科、心理科及综合科，有病床400张。卫生技术人员227人，其中高级专业技术人员22人，正高职称5人，副高职称17人；中级专业技术人员68人。医院配备有多通道脑电地形仪、彩色颈颅多普勒、心理CT、大型X光机、日本产B超、心脏监护仪、全自动生化分析仪、眼动跟踪诊断仪、美国产脑功能生物反馈诊断治疗仪、法国产A620失眠诊断系统、美国产无抽搐电休克治疗仪等先进医疗设备。主要特色服务项目为：为各种精神疾病患者提供优质服务；为各种心理障碍患者提供心理咨询与治疗；为就工、上学、择业等人群提供心理CT检查服务；心理CT也可为各种心理障碍者及轻度精神疾病患者提供诊查服务；为各种脑部疾病和心血管疾病患者提供诊疗康复服务；为酒精依赖、酒精中毒患者提供戒酒和诊疗服务；为吸毒和使用各种依赖物质成瘾者提供诊疗服务；为精神疾病患者劳动能力进行鉴定。

建院39年来，在精神疾病、心理障碍的防治和急、危、重病人抢救方面积累了丰富的经验，用中、西药物综合治疗，使全国各地10万多名患者恢复了健康，走向了社会。

为拓宽服务范围，方便市区及周边地区患者就诊，该院在潍坊市东风西街839号设立分院，分院规化面积66670m²，建筑面积50000m²。目前市区分院实际占地面积19000m²，建筑面积4860m²，环境优雅、交通便利、设备齐全、技术力量雄厚，内设“潍坊市安康心理卫生研究所”和“潍坊市康复精神卫生研究所”。

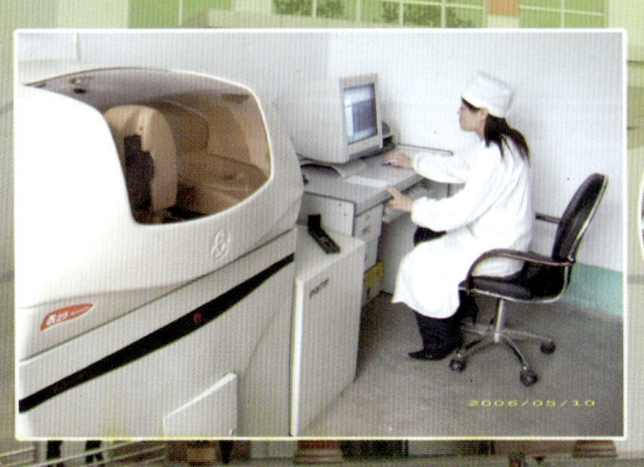

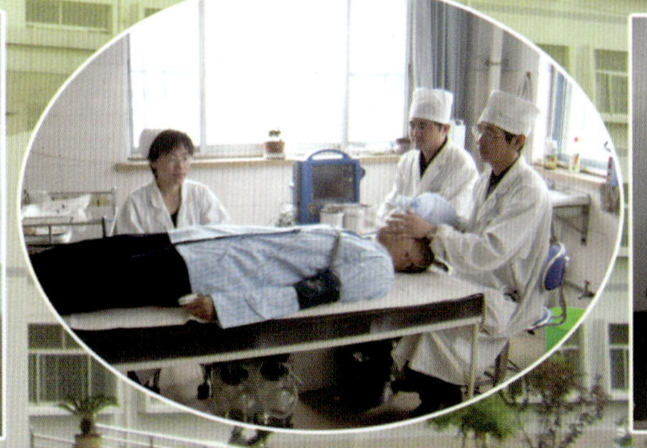

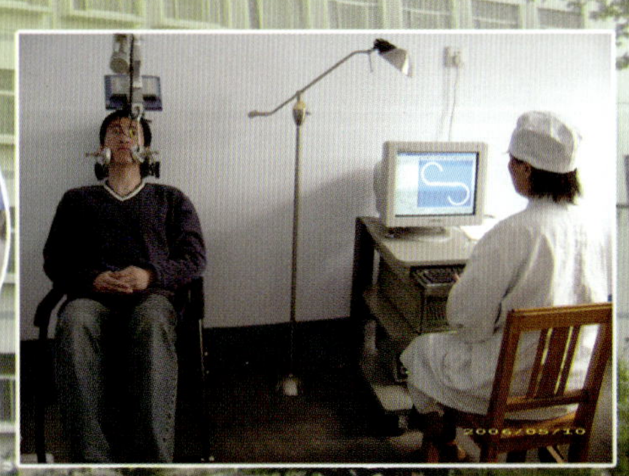

高密市市立医院

GAO MI SHI SHI LI YI YUAN

省卫生厅及潍坊市领导视察工作

高密市市立医院创建于1955年，经过50多年的建设发展，目前医院占地面积一万平方米，固定资产达2600万元，现有在职职工150人，其中中高级以上职称人员66人，设有内科、外科、妇产科、超声科等23个临床医技科室，开放床位120张，是一所集医疗、预防、保健于一体的综合性二级医院。是高密市新型农村合作医疗、城镇职工医疗保险、多家商业保险定点医院。

近年来，医院领导班子用发展来统一思想、凝聚力量，积极推进现代化医院的建设进程，努力构建和谐医院新格局，医院各项事业取得了长足的进步。

医院坚持技术创新，在老年病防治方面积累了丰富的临床经验，取得了显著成效，为5万余名心脑血管疾病患者成功解除了病痛。医院自行开发研究的脑血栓速避凝溶栓疗法，2000年10月荣获潍坊市科技进步奖。坚持走综合发展的道路，在肝、胆、胃肠等消化系统疾病和脊椎外科、创伤外科等方面形成了明显的技术优势，治疗水平达到同级医院前列。2006年引进开发的三维电脑牵引配合经皮穿刺切吸术治疗腰椎间盘突出症，已经申报潍坊市科技成果奖。妇产科、儿科、眼科、口腔科、针灸理疗科作为医院的传统强项专业，形成了广泛的群众基础和良好的信誉口碑。医院装备有一批先进的医疗设备，全身螺旋CT机、美国全身彩超、日本岛津胃肠X光机、日本奥林帕斯全自动生化分析仪、卧式高压氧舱、三维电脑牵引床等，使临床诊断准确率和治疗成功率进一步提高。医院先后荣获"潍坊市医德医风建设示范医院"、"高密市卫生工作先进单位"、"高密市新型农村合作医疗先进单位"、"高密市文明和谐医院"等称号。

和谐医院创建活动动员大会

医患恳谈会

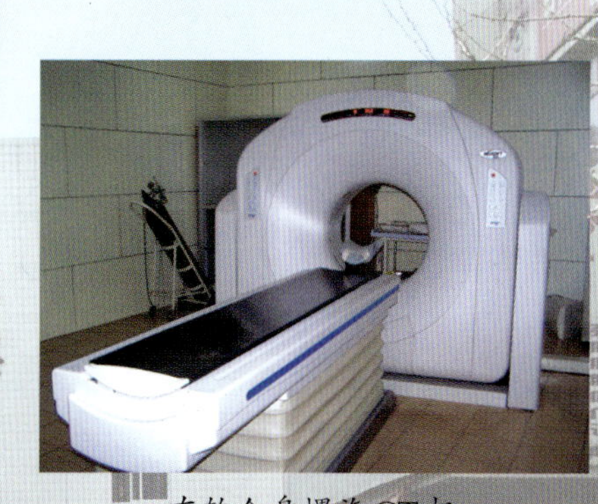

东软全身螺旋CT机

日产奥林巴斯全自动生化#5CF机

地址：高密市永安路113号 邮编：261500 电话：0536-2322568 传真：0536-2322568 急诊电话：0536-2120120

力，积极发展配套的零部件加工、包装装潢、储运、中介服务等企业和项目，做大做长产业链条，增强产业优势。充分利用行业协会推进企业集聚。实行一个产业一个协会，增强自我调整、自我管理和自我服务的能力，密切社会化协作关系，提升专业化水平和组织化程度，形成像临朐铝型材、昌乐蓝宝石、昌邑纺织印染那样一批在国内外市场叫得响的品牌群体。同时，把发展特色产业与争创全国千强镇结合起来，2006年，全市有7个镇进入全国千强镇行列。坚持以市场为导向，立足当地资源、技术和品牌优势，大力进行产业、企业、产品结构调整，农副产品深加工等一批具有地方特色的产业链条明显拉长，具有地方特色的产业集群和规模群体进一步发展起来。全市销售收入过5亿元的特色产业镇，发展到17个。昌邑柳疃纺织印染，青州黄楼花卉、王坟果品加工，昌乐马宋拖拉机、郚部乐器等，都成为民营经济中独具生命力的特色群体。特别是临朐铝型材和不锈钢两大产业集群，已成为当地经济的支撑力量。

民营企业简介

【诸城市良丰化学有限公司】 公司属中（一）型民营化工企业，在册职工860人，其中各类技术人员180人，综合型民营化工企业，位于山东半岛东南部沿海经济开发区，诸城市城西工业区，地理位置优越，陆海空交通十分便捷。企业先后荣获“山东省高新技术企业”、“山东省制造业信息化示范企业”、“山东省专利明星企业”、“重合同守信用先进企业”，并被工商银行评为“AA”信用单位等荣誉称号。公司产品有尿素、复合肥、甲醇、异氰尿酸、二环己胺、液体CO_2、工业用三聚氰胺、碳酸氢铵、甲酸钾、环己胺、环己亚胺以及开发中的抗生素和生物制药等产品的生产能力，并有较高的机械加工水平和吊装运输能力，企业已通过ISO9001：2000质量体系认证，并拥有自营进出口权。公司以“团结务实，共创辉煌”为企业精神，以“超前思维，锐意创新”为基点，现已发展成为涉及有机化工、无机化工、生物化工、生物制药和机械加工等领域产品生产的现代化综合化工企业。“良丰”牌商标被评为“山东省著名商标”，良丰牌系列产品被评为“中国市场化工产品十佳畅销品牌”、“化工行业十佳品牌”、企业被评为“中国最佳信用企业AAA级”。其中三聚氰胺、尿素、环己胺和环己亚胺等产品远销世界各地。

【山东华燕制衣有限公司】 公司成立于1999年5月，固定资产1.5亿元，员工1800人，年产各类针织内衣2000万件，染整坯布5000吨，年销售额近2亿元，年出口创汇1300万美元，公司拥有自营进出口经营权，于2002年通过了ISO9001质量体系认证，2006年取得Oeko－Tex Standard 100认证（生态纺织品国际认证），是山东省最大的无缝针织塑身内衣生产企业。公司先后荣获潍坊市百强民营企业、潍坊市外贸工作先进单位、潍坊市守合同重信用企业、国家免检产品、山东名牌、山东省诚信守法企业等多项荣誉。公司拥有先进的意大利产电脑针织圆机，日本产各类缝纫机，瑞士、台湾产各种规格染色机、轧光机、开副定型机等先进设备，能够满足各类高档织物和不同工艺的生产需求，企业的整体技术装备水平在国内同行业中处于领先水平。生产的“华燕”牌无缝针织内衣、蕾丝花边内衣，款式新颖、做工细腻、穿着舒适，具有收腹提臀、塑身美体之功效，已成为国内颇有影响力的内衣品牌。过硬的产品质量和良好的销售服务，赢得了中外客户的信赖，产品主要出口至日本、法国、台湾等国家和地区，在国内东北、京津地区和沿海各主要城市以及山东省内各地市，均设立了销售网络，市场前景广阔。

【山东新方矿业集团有限公司】 公司位于潍坊市坊子区中部，矿区铁路与胶济线相通，是由百年历史的原山东省坊子煤矿改制建立，2002年7月1日正式运行。拥有资产1.8亿元，员工3000余人，各类专业技术人员200多人。以煤炭生产为主，融发电、供热、精细陶瓷、碳化硅微粉、矿泉水、水泥、矸石砖生产于一体，是一个“以煤为主、多业并举”的新型股份制企业。集团公司下设新方煤矿、新方热电、华美精细技术陶瓷、新方微粉、新方矿泉水、新方水泥、新方置业、新方物流八个子公司。2006年，公司完成营业收入2.7亿元，上交税金2355.6万元。

【潍坊昌大建设集团有限公司】 公司是集建筑工程施工、房地产开发、市政工程施工、园林工程施工、装饰装潢、租赁商贸、国际经济技术合作、设计科研于一体，具有房屋建筑工程施工总承包一级、市政公用工程施工总承包二级、机电设备安装等五项专业承包二级、房地产开发经营三级资质以及对外经济技术合作签约权的大型（一）类企业集团，是潍坊市建设行业的龙头企业。公司多次被省、市工商局评为“守合同重信用企业”，是山东省文明诚信百佳企业，山东省文明单位，潍坊市AAA级信用企业，潍坊市百强企业。2006年，公司完成营业收入8.7亿元，上交税金2210万元。

【山东海龙博莱特化纤有限责任公司】 公司属山东潍坊第一家上市公司——山东海龙股份有限公司的骨干企业，是目前国内帘帆布生产规模、品种、设备工艺领先的企业。拥有固定资产7亿元，年生产能力20000吨。根据企业整体发展规划，3年内将形成年产20000吨高模低缩聚酯工业长丝，20000吨浸胶聚酯帘子布，10000吨帆布和10000吨浸胶锦纶帘子布生产能力，年销售收入12.8亿元，利税2.2亿元。主要生产设备高模低缩工业长丝生产线、直捻机、倍捻机、并线机、整经机、剑杆织机、张力式筒子架和双浴法浸胶生产线系从美国、德国、瑞士引进。研制生产的普通和HMLS浸胶聚酯帘子布、锦

纶帘子布、EP帆布、NN帆布、聚酯帆布、涤棉帆布、芳纶帆布、玻璃丝帆布、渔网布、水坝布等产品，广泛适用于橡胶轮胎、三角带、输送带、胶管、防弹服、军用软体油罐、渔网和橡胶水坝等产品的制作，畅销全国20多个省、市的150多家企业，批量出口五十多个国家和地区。

（孙学山 供稿）

责任编辑 孙洪波

外经外贸　招商引资

对外经贸

【概况】　2006年，潍坊市外经贸系统认真贯彻落实科学发展观，着力提高利用外资质量和水平，推动对外贸易转型升级，积极发展对外经济技术合作，在更大范围、更广领域、更高层次上扩大对外开放，外经贸工作取得了较好成绩。全市共完成利用外商直接投资5.62亿美元，增长16.7%；完成进出口总额51.86亿美元，增长31.6%，其中出口38.58亿美元，增长30.8%；新签对外承包劳务合同额14.39亿美元，完成营业额3.3亿美元，外派人员5224人次，分别增长539%、35%和11%；新设境外企业（机构）12家，增长33%。在全省外经贸工作会议上，潍坊市被省政府授予“全省外经贸工作先进市”，诸城经济开发区被评为“全省先进开发区”，高密经济开发区、寒亭经济开发区被授予“全省开发区发展进步奖”；潍坊市外经贸局被省外经贸厅授予2006年度全省外商投资企业联合年检工作先进单位、2006年度全省外资统计工作先进单位、2006年度山东省国际市场开拓组织工作先进单位荣誉称号。行政审批中心外经贸局窗口，受理业务3280余件，办结率100%，企业满意率100%，连续8次被评为月度“红旗窗口”，有8人被评为优秀服务标兵，连续3年被市政府授予年度“红旗窗口”。2006年全市对外经贸工作呈4个特点：（1）利用外资质量明显提高。在2005年实际利用外资达到5.08亿美元的基础上，2006年又实现了较快增长，增幅达到35.2%（按商务部确认数字同口径比较）。全年在潍坊市投资的36个国家和地区中，有21个国家和地区的投资增幅高于全市平均增长速度，其中香港投资增长121%，取代韩国成为潍坊市第一大外资来源地。实际到位外资列前5位的国家和地区依次是：香港（20820万美元）、韩国（9419万美元）、日本（7651万美元）、台湾（5758万美元）、美国（5185万美元），投资总额4.9亿美元，增长51%，占全市72%。第三产业利用外资快速增长，第三产业实际利用外资6334万美元，同比增长203.4%。外资企业增资扩股比重提高，新批增资项目93个，增加合同外资2.2亿美元，占总量的31.5%，同比提高了18个百分点。（2）对外贸易持续增长。进出口总额创历史最好水平，连续12个月进出口增幅保持在30%左右，全年进出口总额增长31.6%，高于全省平均水平6.6个百分点。出口商品结构进一步优化，全市10大骨干出口商品全面增长，其中机械、塑料、纸张增幅超过40%。机电和高新技术产品出口额达到5.7亿美元，占比重14.8%，同比提高了2.1个百分点。商务部重点支持和发展的名牌产品出口额4.4亿美元，同比增长35.5%，占比重达到11.4%。外商投资企业和集体、民营企业成为外贸增长重要支柱，外商投资企业进出口25.6亿美元，增长35.5%，占总额49.4%；集体、私营企业进出口16.3亿美元，增长40.5%，占总额31.5%。出口市场趋向多元化，前5位的出口市场依次是日本、美国、欧盟、韩国、东盟，出口额27.6亿美元，占总额的71.6%。对南非、中近东、南美等新兴市场出口增长较快，增幅分别达到了174.3%、84.5%和56.8%。（3）对外经济技术合作实现新发展。对外劳务合作保持快速增长，对外承包劳务合同额、营业额增幅分别高出全省385个和3个百分点，外派劳务占全省6%，对日本、韩国外派劳务信誉和影响力日趋提高。大企业、大项目带动对外经济技术合作取得了历史性跨越，电力三公司、宏昌路桥、中潍国际劳务、博瑞志国际经贸公司等主体企业业绩突出，有力拉动了外经指标快速增长。其中电力三公司印度6×600MW机组项目，一期工程合同额12.36亿美元，是迄今为止全国最大的电站EPC总承包项目、山东省最大的境外承包工程项目。对外承包劳务队伍不断壮大，临朐县设立了外派劳务培训基地，潍坊市的基地县（市、区）达到3个，居全省第一。新批对外承包工程和劳务合作企业2家，帮助8家企业设立了境外企业和分支机构。（4）园区载体功能不断增强。坚持“三为主、两致力、一促进”以提高外

资吸收质量为主，以发展现代制造业为主，以优化出口结构为主，致力于发展高新技术产业，致力于发展高附加值服务业，促进国家级经济技术开发区向多功能，综合性产业区发展的园区建设方针，加大协调指导力度，开发园区的载体功能进一步增强。省政府批准寒亭经济开发区和城南工业园区为新的省级经济开发区，全市省级经济开发区达到11家，总数列全省第一，高密经济开发区韩国工业园经省外经贸厅批准设立。全市列入省外经贸厅统计口径的10个省级经济开发区利用外资3.3亿美元，占全市的58%，增长10%；区内企业完成出口21.5亿美元，增长31%，占全市的55.7%。

【对外贸易】 全市登记备案自营进出口企业558家，自营进出口企业累计达到2218家。签订引进技术和设备合同项目10个，合同金额623万美元。先后组织506家企业参加境内外大型贸易展（博）览会14次，出口成交额5亿多美元。春、秋两季广交会，品牌展区由上届的9个增加到21个，品牌参展企业增加到10家。联合潍坊海关、商检局等涉外部门，组织应对国外食品安全法规讲座、外经贸业务知识讲座13次，与海关共同组织开展了“千户企业政策行”活动，培训企业骨干3000多人次。由于工作超前，预防积极，日本实施“肯定列表制度”对全市农产品出口未造成多大影响。帮助企业争取各项无偿贸易促进资金1100多万元，其中高新技术产品技改贴息项目70万元，高新技术研发项目280万元，中小企业市场开拓资金270万元，反倾销应诉补贴、国际认证补贴等资金170万元。帮助农产品出口企业争取信贷额度10亿元，全市3000万元的国家农轻纺产品贸易促进资金项目也已上报省外经贸厅。

【对外经济技术合作】 全市组织了4次大的专业公司和劳务基地的宣传、对接、推介活动。先后举办外经业务培训班6期，培训400多人次。在巩固传统市场的同时，重点开辟了非洲、南美和西亚市场，协助企业洽谈承揽了12.36亿美元的印度电站等一批对外工程承包大项目。市主要领导多次带领企业进京汇报工作，帮助具备资质的企业申请使用商务部对外承包工程风险基金3.2亿元，并协调解决了20亿元的履约保函和预付款报函。帮助诸诚宜林公司申请俄罗斯木材加工项目贷款贴息资金30万元，协助争取对外劳务合作专项资金和外派劳务基地扶持资金218万元。

（孙进玉　郭文罡　供稿）

出入境检验检疫

【概况】 2006年1—10月份，潍坊市检验检疫局共检验检疫出入境货物66702批，货值214132万美元，同比增长10.1%和21.6%。其中出境63166批，货值164097万美元，同比增长11.7%和26.2%；入境3536批，货值50035万美元，批次下降12%和货值增长8.8%。检验检疫出入境农产品34718批，货值78101万美元，同比增长11.2%和27.5%。其中出境33792批，货值68329万美元，同比增长11.1%和18.2%。检疫出入境人员4104人次，其中出境3800人次，入境304人次。艾滋病监测体检4118人次，实施预防接种3685人次。签发普惠制证书17867份，金额54733万美元，同比分别增长18.1%和31.2%；签发一般原产地证书6978份，金额19191万美元，同比分别增长3.2%和21.8%；签发东盟原产地证书和《曼谷协定》原产地证书983份，金额1498万美元。

【企业自检自控体系和守法诚信建设】 （1）立足防大疫、防长疫，建立科学有效的疫病疫情防控机制。推行“公司+基地+标准化”的管理模式，从防大疫、防长疫着眼，从每个备案养殖场、每只家禽的疫病疫情防控入手，重新修订完善了疫病疫情防控应急预案，在疫病疫情有效防控和长效机制建设上下功夫，建立起一套疫病疫情早发现、早预警、早防范、早扑灭的科学有效防控机制。在疫情形势复杂，国外“门槛”高筑的形势下，没有出现大的质量问题。强化疫病疫情风险预警机制，认真落实防控措施，先后三次进行实战演练，提升快速反应和应急处理能力，有效防止了禽流感疫情传入传出，确保了潍坊乃至山东的一方平安。（2）认真进行农产品检验检疫监管模式改革，实现全过程监管下的快验快放。协助省局确立了官方兽医体系改革和食品安全员体系改革的基本框架，形成了《中国现代出口肉类官方兽医体系建立及应用》、《中国现代出口蔬菜官方食品安全员体系建立及应用》两套理论体系。企业颁发了免验证书，在全国13家首批获得出口农产品免验的企业中，潍坊市的诸城外贸、潍坊美城、昌邑新昌和安丘外贸4家企业榜上有名。（3）在新的检验检疫监管模式下，应对“日本肯定列表”制度成效显著。在全国对日农产品出口下滑18%的大形势下，潍坊输日农产品6—10月份与上年同比增长14.6%。龙头企业增长幅度都在30%以上，最高的达到了46%。（4）加大行政处罚和企业守法经营诚信体系建设。制定明确的执法要求、执法程序和诚信体系建设方案，加强对工作的指导监督，坚决遏制和杜绝走私等违规违法经营情况的发生，全年实施行政处罚44例，处罚金额84138元。

【工作创新】 （1）积极推进电子执法工程建设。以实现“提速、减负、增效、严密监管”为目标，以责任落实、设备落实、软件落实、培训落实、检验检疫监管模式改革落实的“五落实”加强工作措施，对辖区内295家企业安装了出口电子监管软件，其中273家企业实施了电子监管，监管产品692个，提前完成省局下达全年工作任务的109.7%。（2）加大新商检法实施条例贯彻执行力度。在深入学习、宣传的基础上，研究结合检验检疫工作正确执行条例的具体措施，抓好报检员和代理报检单位加强管理的试点工作，认真总结经验，进一步完善了报检员和代理报检单位管理办法，并在其它工作中推广，潍坊局检验检疫依法行政工作水平有了进一步提高。（3）进一步加强业务管理，建立工作质量长效机制。针对农产品出口高风险的特点，全面学习贯彻“以质取胜”的方针，认真落实总局、省局开展“工作质量落实年”、“能力建设年”、“食品安全年”活动的一系列部署，深入一线抓工作质量，抓制度建设，抓监督检查，抓落实整改，抓技术保障，抓组织领导，促使质量管理工作不断得到加强。分门别类制定了潍坊局《检验检疫监管作业指导书》，同时指导出口企业进一步细化自检自控体系，对生产加工的每个环节明确具体的操作要求，共制定出600余种产品的企业作业指导书。（4）企业认证认可工作。组织了对全市400多家卫生注册和登记企业的检查，严控新上企业。截至年底，潍坊出口卫生注册登记企业408家，45家企业获得98个国外食品卫生注册号。ISO9000认证企业114家，HACCP认证60家，ISO14000认证19家。通过各类评审认证的企业总数在全省各市地中列第二位。在全国首批恢复对日本出口熟制禽肉产品的35家企业中，潍坊占7家；在推荐向韩国出口的23家熟制禽肉加工企业中，潍坊占7家；在推荐向美国出口的52家熟制禽肉加工企业中，潍坊占13家；全国首批27家对日出口冻菠菜企业中，潍坊占6家。质检总局10月24日公布的全国首批出口食品农产品免验企业13家中，潍坊占4家。（5）提高入境检出率。以敏感检验检疫工作为重点，抓好涉及安全、卫生、环保的进出口旧机电、援外物资、化工产品、纺织品及废物原料等重点商品的检验检疫工作，加强对进境尤其是来自疫区的动植物及其产品的检验检疫把关，提高疫病疫情和有毒有害物质的检出率，规范卫生除害处理工作，强化出入境人员、交通工具、集装箱、货物等的检验检疫把关措施，构建和完善口岸突发公共卫生事件的应急处置机制，提高快速反应能力。进口棉花、原皮、食品辅料和废物原料检出率明显提高。自5月份承接进口棉花检验检疫工作后，共检验进口棉花431批，检出活虫、夹带棉籽和霉烂等问题183批，检出率达到42.46%。

【科研成果、检测室建设】　全年，潍坊市检验检疫局有1项科研成果获总局科技进步二等奖，2项科技成果获省局科技进步奖。先后共投资1600多万元对实验室进行了重新布局和改造。综合室、残留检测室、常规理化室、微生物检测室和动物检疫室总实验面积达到2500平方米。拥有仪器设备180余台，大型检测仪器22台（套），开展检测项目300余个，检测能力与改造前相比提高数十倍，已经成为集专业化与系统化于一身的农产品检测中心。截至年底，已有3家企业实验室通过了CNAL认证，另有10家正在申请认证当中。

（徐志诚　供稿）

潍坊海关

【业务建设】　2006年，潍坊海关始终围绕业务考核指标开展工作，实施人人订指标、月月算指标、季季析指标的“3结合”工作方法，推动了各项业务工作开展，实现了较快进步。全年实际征收税款总额4.3亿元，增长1.3倍。其中，加工贸易内销补税额3314万元，增长51.3%。稽查补税额3880万元，增长82.1%。撰写并被总关采用各类风险信息387条，其中被总署采用45条，共得1058分。录入风险识别单1428条，识别成效达到7429万元。信息标准化加工6条，风险信息应用成效10080万元。审核进出口报关单57393票，增长1.4倍，其中采用“多点报关、口岸验放”模式的报关单量占89%。无纸报关单占同期出口单量的36.9%，网上付税率达到85%。审批合同备案3583份，核销结案手册3603份，同比均持平。备案货值5.8亿美元。新增联网监管企业38家，同比增加3.8倍，联网监管覆盖率达到67%。监管进出口货物205.3万吨，增长111.4%。监管工作效能提高明显，共布控查验1233票，查获各类不正常报关单201票，查获率16.3%。稽查企业160家，增长34%，对其中70家企业实施了稽查补税。通过稽查查发案件26起，查获率74%，增长249%。受理并立案走私犯罪案件6起，案值10625万元，涉税1039万元。立案调查案件38起，审结走私违法案件37起，实现罚没收入1232.7万元。统计职能充分发挥，上报统计数据的准确率达到100%。撰写并报送专题报告32篇，其中被中办国办、海关总署和省政府采用8篇。按规定主动向地方各级政府报送统计信息20篇，其中多篇得到潍坊市委、市政府主要领导的批示和肯定。

潍坊海关2006年主要业务量统计表

序号	项　目		单位	数量	同比增长(%)
1	进出口货物总值		万美元	208272	148.6
2	其中	进口	万美元	61574	106.1
3		出口	万美元	146698	172.1
4	进出口货运量		吨	2053014	111.4
5	其中	进口	吨	742084	179.6
6		出口	吨	1310930	85.7
7	集装箱(标准)数量		箱次	112146	140.2
8	征收两税		万元	43019	146.6
9	其中	关税	万元	5283	23.4
10		代征税	万元	37736	186.6
11	减免税款总额		万元	75668	37.5
12	审批加工贸易备案合同		份	3583	−1
13	加工贸易合同备案总值		亿美元	5.8	−30
14	核销加工贸易合同		份	3603	−6
15	查获走私违规案件		起	38	22.6
16	稽查补税		万元	3880	82

（王　鹏　供稿）

招商引资

【概况】 2006年，全市继续把招商引资作为“要务之要务、重点之重点、中心之中心”来抓，全党抓经济、重点抓工业、关键抓投入、突出抓招商，以招商引资推动全市经济又好又快发展，全市招商引资工作呈现出蓬勃发展的良好态势，取得了显著成效。1－12月份，全市到位市外资金591.1亿元，同比增长11.3%。

【加大招商引资力度】 市委、市政府于2月份召开了全市对外开放工作会议，对2005年全市招商引资目标责任制完成情况兑现了奖惩，表彰了招商引资工作先进单位和先进个人，对招商引资项目引荐人兑现了招商经费补助，下达了2006年全市招商引资计划指标和工作目标，对全年的工作进行了安排部署。坚持“月考核、季调度、半年总结、年终表彰”的招商引资工作调度制度，不断完善考核工作机制，严格考核认定，客观公正地反映全市面上招商引资工作进展情况。完善“项目联审、结果反馈、责任到人、定期调度”机制，对《潍坊市招商引资考核认定办法》进行了修订补充。针对项目申报单位在网上申报过程中遇到的问题，及时对网上申报考核系统进行修改完善，确保网上申报考核工作顺利进行。坚持招商引资项目评审委员会评审制度，积极协调各成员单位抽调骨干力量参与考核认定工作。坚持月度考核制度，审核材料与审核现场相结合，每月对全市各责任制单位进行考核，将考核认定结果在有关媒体上予以公布，客观全面地反映全市招商引资进展情况。加大对大项目的跟踪调度力度。每月对全市投资过千万元的大项目进行统计调度，下发《关于认真做好2006年全市招商引资立项督查工作的通知》，对各县市区、开发区领导包靠重点项目责任制落实情况进行督查，确保大项目进展顺利。积极探索建立招商引资工作激励机制。按照“三个体系”建设要求，为进一步提高招商引资工作的质量和水平，建立了符合科学发展观和国家宏观调控政策的招商引资激励机制，出台了《潍坊市招商引资工作激励政策规定》，同时配套出台了《潍坊市招商引资考核认定办法》等文件，探索了一条激励招商引资工作的新路子。

【招商活动】 根据确定的招商重点国家和地区，年初市招商局牵头制定了“双十”招商活动计划安排，以市委、市政府文件下发全市。在活动组织上，坚持高层推动，长江三角洲地区春季招商活动、京津地区夏季招商活动等都是市委、市政府主要领导亲自带队参加，推介潍坊、洽谈项目。结合潍坊市的产业需求和资源优势，重点采取“组团式、板块式和专业化”的招商方式，一项活动针对一个产业，一项活动突出一个主题，进一步增强招商引资的针对性，提高招商效率。各项招商活动累计签订合同项目1070个，合同利用市外资金953.3亿元。(1) 长江三角洲地区春季招商活动。2月27日至3月22日在长三角地区开展了为期一个月的招商活动，分前期筹备、媒体宣传、重点项目招商、高层推动四个阶段进行，《文汇报》等10多家上海及周边地区的新闻媒体对活动进行了报道，全市共推出重点招商项目300多个，签订合同项目40个，总投资额达125.2亿元。 (2) 第二十三届潍坊国际风筝会招商活动。根据全市招商资源的分布以及经济发展战略的要求，分滨海项目区、高新技术产业区、鲁东物流区、中心城市开发建设项目区、旅游业区五个招商板块进行了招商资源集中推介。展示面积达到2000平方米，布置展板200多块，图片500多幅，设置大型展示灯箱、模型2组，100平方米的沙盘1套。展示期间，累计有6000多人次参观展览，接受咨询1000多人次。组织召开了招商项目洽谈会，创新性地将洽谈会和大项目签约仪式会场布置在展览现场，做到了招商资源推介展和项目洽谈会的有机结合。共邀请国内外客商400多人参会，对33个大项目在项目签约仪式上进行了集中签约。风筝会期间，全市共到会国内外客商6120人，签订合同项目102个，合同利用市外资金186亿元。(3) 滨海项目区招商万里行活动。万里行活动分三路进行，市招商局牵头组织了其中的苏杭招商活动。活动之前，组织有关县市区专业招商人员，组成招商小分队，采取登门拜访有关协会和企业的方式，推介项目，推动在谈项目进展。6月24日至29日，集中登门拜访了12家协会和企业。活动期间，先后推介项目35个，签订合同、协议项目9个，合同、协议利用外资10.8亿元。(4) 京津地区夏季招商活动。从5月份开始，瞄准京津地区在制造业、高新技术产业、现代物流业等方面的产业优势，开展了为期两个月的招商活动，取得了显著成效。活动期间，全市共洽谈项目226个，总投资额282.3亿元，其中签订合同项目113个，合同利用外资额106亿元。同时，为9月份召开的鲁台会广造声势，发挥了良好的宣传推介作用。(5) 鲁台会招商活动。招商工作分专项招商、会议洽谈两个阶段进行。第一阶段时间跨度为6、7、8三个月，主动“走出去”开展了9项专业招商活动。各项活动突出对台招商这一主题，同时开展客商邀请和宣传推介工作。第二阶段，组织召开了潍坊市招商说明会，推介宣传潍坊市投资环境和招商项目；举办了潍坊市大项目签约仪式，对会议期间洽谈的34个大项目进行现场签约。鲁台会期间，全市洽谈项目551个，其中签订合同项目240个，合同利用市外资金275.14亿元。

【滨海项目区招商引资工作】 为进一步加强滨海项目区招商引资工作，市委、市政府专门印发文件，明确市直有关部门单位的滨海项目区招商引资任务，出台了激励措施。为确保工作任务落实到位，制定下发了《潍坊市滨海项目区招商引资考核认定办法》，提高了市直部门单位对滨海项目区招商引资工作的认识，增强了紧迫感和压力感。为增强滨海项目区招商引资工作的针对性，制定了滨海项目区招商宣传方案，编排了中英文对照的滨海项目区宣传册，并通过国内外报刊和招商网站进行宣传。同时，对国内化工 500 强、机械 500 强及世界 500 强中化工、机械公司和协会进行了搜集、整理，对地区分布情况进行了分析，向部分重点企业和协会寄送了滨海项目区宣传资料，不断加强与他们的联系。开展专题招商活动。在长江三角洲招商活动、京津地区夏季招商活动、风筝会、鲁台会等招商活动期间，都将滨海项目区作为重要内容进行了专题推介。为推动滨海项目区对欧洲特别是法国企业的招商工作，4 月 4 日在北京举办了“2006 年春天法华交流与合作暨潍坊推介会”，邀请了包括法国驻中国大使馆商务参赞、中国法国工商会中小企业协会主席在内的法国政界、商界及驻京新闻媒体记者 100 多人参加了会议，宣传推介滨海项目区，邀请法国客商来潍考察投资。5 月 24 日至 25 日，法国驻华大使馆商务参赞率 20 多位法国企业家组成的代表团参观考察了潍坊滨海项目区，与潍坊市有关企业进行了洽谈，达成了一批合作协议，为双方下一步深入合作奠定了良好的基础。

【专业招商基础工作】　(1) 充实完善项目库。针对工作实际，不断更新完善招商引资项目库，按八个类别重新收集整理项目 200 多个，以统一标准对项目进行了包装，并筛选部分重点项目制作了中英对照的《潍坊市招商引资重点项目简介》和多媒体项目资料。(2) 加强门户招商网站建设。为充分利用好网上招商平台，制定下发了《潍坊市招商网站管理制度》，落实了网站建设的目标和责任，及时更新网站内容，全面、准确地发布有关政策、招商动态和招商项目，进一步完善了网络招商平台。(3) 建立完善客户资源库和招商代理网络。建立了包含国内外客商共 2600 多人的客户资源库，在不同国家和地区聘请了 417 个招商代理机构和招商代理人，其中境外招商代理 160 个，境内招商代理 257 个，形成了初具规模的招商代理网络。

（郭　晋　供稿）

责任编辑　刘伟勋

财政　税务

财　政

【概况】　2006年，潍坊市财政总收入完成177.7亿元，增长26.1%；其中，地方财政收入88.5亿元，占预算的105.3%，增长26.4%。财政总支出完成114.9亿元，占预算的109.7%，增长20.6%；其中，地方财政支出107.4亿元，占预算的109.2%，增长21.7%。当年收支结余61万元，累计结余4297万元，连续20年实现收支平衡。市级地方财政收入完成15.4亿元，增长22.5%；地方财政支出21.0亿元，增长21.3%。市本级地方财政收入3.8亿元，增长21.3%；地方财政支出13.7亿元，增长18.2%。12个县市区地方财政收入全部过2亿元，其中寿光市、诸城市均超过12亿元，高密市超过7亿元，奎文区、青州市、昌邑市超过6亿元。

【财政收入】　2006年，潍坊市地方收入总量保持全省第4位，增幅实现高于全省平均水平的目标。(1)征管机制不断完善。抓住全市经济运行质量提高的有利时机，配合税务部门巩固宏观税负调查分析成果，建立健全综合治税、教育费附加征收、有奖发票管理等制度，推进财税库行联网，协调税收征管，加强分析调度，促进了收入增长。(2)主体税种增收明显。增值税、营业税、企业所得税和契税4个主要税种贡献较大，完成45.4亿元，比上年增加9.2亿元，占全部增收额的49.8%，拉动收入增幅13.2个百分点。其中，财政部门自征的契税增长20.7%。(3)收入结构继续优化。全市税收收入比重达到78.29%，比全省高1.92个百分点，收入质量进一步改善，实现了财政经济良性互动。(4)县市区财政实力进一步增强。12个县市区中，有9个县市区地方财政收入增幅在25%以上，其中5个达到28%，寒亭区、潍城区、高密市增幅均超过33%；11个县市区地方财政收入过3亿元，寿光市和诸城市分别达到12.7亿元和12.1亿元。

【公共服务】　从构建和谐社会角度出发，不断优化公共服务。(1)工资发放和政权运转得到更好保障。完善乡镇工资县级统发制度，保证全市必保工资正常发放。着眼于建立稳定的收入增长机制，落实资金来源，为公务员工资制度改革和提高低收入群体待遇水平做好准备；认真清理规范津贴补贴，搞好自查和分析测算，研究制定实施方案。争取上级转移支付资金和困难县扶持政策2.6亿元，重点用于落实基层增资政策和弥补经费不足，缓解基层困难，保障正常运转。支持平安潍坊建设，增加公检法司投入，构建社会治安防控体系、城市应急联动与社会综合服务系统，提高应急反应能力，保障了城市公共安全。(2)城乡社会事业得到更好发展。教育方面，按计划对城区5所中小学改善办学条件，继续实施农村中小学危房改造，落实农村贫困学生“两免一补”政策。制定农村义务教育经费保障机制改革实施方案，本应由市县两级财政共同承担的改革经费7961万元，全部由市级财政承担。安排1000万元建立农村中小学校舍维修改造长效机制，为全面推行农村免费义务教育改革打下坚实基础。卫生方面，重点支持医学学科建设和艾滋病、结核病防治等，提高公共卫生服务水平。文化体育方面，重点支持十笏园、博物馆等文化设施建设和“科普村村通”工程，落实21届省运会参赛和奖励经费900多万元，促进文体事业全面发展。(3)农民生活得到更多关怀。全面取消农业税，人均税费由2001年的185元，到2006年全部取消，农民负担大大减轻。落实粮食直补、农机购置和良种补贴政策，农民得到实惠2.1亿元。支持剩余劳动力转移培训，受益人员6.2万人。实施技能扶贫工程，帮助850名贫困家庭子女就读技工院校。支持推广使用新能源，1.5万户农民用上沼气。实施“村村通”自来水工程，新增受益农民82.9万人。加大水系联网、水库除险加固等农业基础设施投入力度，支持农业龙头企业发展，辐射带动农民加快致富。

【社会保障】　按照公共财政建设要求，进一步完善社会保障体系。(1)城区社会保障体系更趋完善。全面落实城市低保政策，完善医疗救助制度；妥善安置企业分流人员，加快企业改革改制步伐；建设新型劳动力市场，支持就业再就业工程；设立小额贷款担保基金，扶持失业人员自主创业；建立廉租住房制度，逐步解决城镇低收入家庭住房困难。(2) 农村社会救助体系框架初步形成。多渠道筹集资金，按照“全覆盖、低水平、分步实施、逐步提高”的原则，支持建立完善了以“农村低保、五保供养、新型合作医疗和医疗救助”四项制度为主要内容的农村社会救助体系框架。同时，对失地农民探索建立社会养老保险制度，解除这部分人的后顾之忧。(3) 社会保障覆盖率和补助标准继续提高。1.9 万人纳入城市低保和医疗救助范围，7.4 万人享受农村低保和五保供养，做到“应保尽保”。576 万农民参加新型农村合作医疗，比上年增加 167 万人，参合率由 64% 提高到 88.2%。农村低保标准统一为每年不低于 800 元。农村医疗救助制度成为“新农合”的有益补充，有效防止了困难群体“因病致贫、因病返贫”。

【支持发展】 进一步加大优化经济发展软环境建设的力度，努力给予资金、政策保障。(1) 支持结构调整力度加大。立足于促进经济增长方式转变，加大科技投入，重点用于应用技术研究、开发和知识产权保护。设立高新技术产业发展基金，制定了《高新技术产业发展基金使用管理办法》和《企业国有资本收益管理暂行办法》，将企业国有资本收益作为基金的主要来源。全面完成上市企业股权分置改革，为企业再融资创造了条件。(2) 财税扶持政策全面落实。着眼强化政策洼地效应，兑现招商引资、企业家奖励、企业改制成本等政策 5190 万元。落实服务业、物流业发展优惠政策，发挥财政资金导向作用，加快信息、文化、旅游产业发展。成功引进招商银行在潍坊设立分支机构，筹集 9500 多万元用于金融机构补贴、奖励，支持金融服务中心建设，促进了金融产业发展。创新用好财税政策，落实出口退税、文教企业退税等税式支出 27.1 亿元，促进企业提高自我发展能力。(3) 推动城市经济发展成效突出。做大做强融资平台，提高公共资源运营能力，与多家金融机构建立和巩固战略合作关系，筹集资金搞好城市基础设施建设。加快公共行政服务中心建设步伐，提高市直行政事业单位资产配置效率，促进优化城市发展布局，带动城市经济发展。(4) 服务企业模式实现创新。推广网上“企业大学”，在全市设立 12 个基地，免费为企业培训管理人才；实施职业教育基地战略，培养高级技术人才，改善企业人力资源环境；向企事业单位无偿赠送财税书册，加强法规政策服务；提出的关税政策调整建议被采纳，为亚星、歌尔电子等企业每年节省成本 700 多万元。同时，严格收费政策，从严管理发票，有效制止乱收费乱摊派现象，减轻企业额外负担。

【体制创新】 改革完善市以下财政体制。立足优化资源配置，促进资本合理流动，2006 年 1 月 1 日起，首先调整市对区财政体制，改变企业隶属关系，将原市级所属企业全部下放各区，实行税收在地征管、在地入库，市区体制得到优化，取得了良好效果。在此基础上，下半年又研究完善了市对县（市）财政体制，2007 年正式实施。在体制调整中，注意发挥新体制的引导作用，激励县市区不断改善收入结构，提高收入质量。完善预算管理机制。积极推进政府收支分类改革，按时启动新旧科目双轨运行工作，顺利完成新老口径数据转换，将预算内、外资金及各项基金纳入预算统一管理；按照“保障重点、统一标准、综合预算、推进改革”的原则，完善供养人员信息库、部门预算基础信息库和项目库，编制完成 2007 年财政预算。加快国库集中支付制度改革，市级所有部门和单位全部实行国库集中支付；县级改革也在有条不紊地推进，其中，诸城等 6 个县市区已全面完成，坊子、安丘、高新、寒亭正在进行试点。为加强银行账户管理，把原先分散在几个科室的财政专户全部纳入国库科管理，保证了资金使用安全，提高了管理效率。优化城市管理体制。引入市场竞争机制，建立城市管理长效机制，逐步将园林管理作业层推向市场，对草花更换实施“政企联姻”，公开拍卖人民公园经营性设施，创新公共照明用电管理模式等，促进提高城市管理水平。不断完善相关制度，制定城建项目废旧材料设备管理、财政投资基本建设项目资金管理等相关办法，完善管理机制，进一步提高了城建资金管理水平。改革公用事业补贴制度。创新城镇供热体制，逐步完善热价与燃料价格联动机制，改进对供热供汽企业补贴办法，保证满足居民供热需求，促进供热企业健康发展。推进城市公用企业所有制结构和组织结构调整，加快转换经营机制，整合内、外部资源，加快公用企业发展。

【资金监管】 不断规范采购程序，完善评审制度，强化城建资金管理。2006 年，市级完成采购预算 13.3 亿元，节约资金 1.5 亿元，其中 92%以上是城建项目，节支率为 11.1%。财政投资评审绩效突出，全年完成送审值 17.2 亿元，审减 1.5 亿元，其中城建项目占 63%。探索开展 30 万人畜吃水项目效益评价，为建立绩效评价体系奠定了基础。创新财政支出管理制度，拟定完善会议费、公务用车管理和接待、机票定点采购办法，提高支出效益。着眼于提高财政资金使用效益，加强财政监督，开展了社保资金、新农合基金、城市低保医疗救助金等一系列专项资金检查。加大住房公积金归集和发放贷款工作力度，当年归集 1.8 亿元，增长 24%；发放贷款 1.1 亿元，大力支持居民改善住房条件。开展住房公积金管理专项检查，将原项目贷款全部回收到位，管理水平进一步提高。拟定会计诚信建设实施方案，筹划会计领军人物考选，推动落实新会计制度，促进提高会计信息质量和工作水平。对农信社回购不良资产及地方税金返还情况进行专题调查，确保既定政策取得实效，化解基层财政金融风险。

【队伍建设】 适应新形势对财政工作的要求，不断强化干部队伍建设，搞好内部管理，树立机关新形象。(1) 研究型机关建设成效明显。立足本职，着眼全局，围绕财政中心工作，积极向地方党委政府提报合理化意见和建议，其中11条被主要领导签批。注重现场推进，大兴调查研究之风，涌现出一批高质量的调研报告，其中1篇被新华社《内参选编》采用，引起中央高层领导关注。全年编发上报各类财政信息900余条，先后有160余条被上级采用，评比成绩列市政府考核第2名，市委考核第3名，全省财政系统第4名，全国信息直报点第6名。编印《“十一五”财政发展规划》，成为指导今后一个时期财政工作的重要文件；《农业生产服务体系构建中的政府作用》成功申报省社会科学规划重点课题。加大财政宣传力度，通过新闻媒体刊登、播发专稿、制作电视短片、行风在线互动等多种形式，加强与社会各界沟通，为财政工作营造了良好的舆论氛围。(2) 绩效考核成功实施。从2005年开始，借鉴人力资源、目标管理理论和会计核算方法，着手制定绩效考核台账管理办法。2006年，针对试行中发现的问题，进行修改完善，分值设计更加科学合理，引导激励作用更加突出，并成功应用于全年考核，使机关考核逐渐步入规范化轨道。(3) 工作效能显著提高。专门召开机关效能建设大会，倡导强化“马上办”意识，创新实施扁平化管理，建立“以顾客为导向”服务模式，完善项目协调推进机制，提高了快速反应能力。全面实施“网上办公”，提高发文、阅文、信息发布等工作效率。专人负责全局重要事项督查，从来件登记到最终反馈办理结果，实施全过程记录，及时督促加快工作进程，机关执行力不断增强。(4) 廉政意识不断强化。坚持落实廉政责任制，通过开展讲党课、参观潍坊监狱、有奖征文等一系列教育活动，做到警钟长鸣；牵头搞好治理商业贿赂工作；实施个人购车申报制度等，整个系统没有出现违规违纪问题。(5) 机关文化建设成为亮点。引导强化服务理念，在系统内开展征求服务用语、设计服务徽标等活动，打造潍坊财政服务品牌；开展工间操、系统内运动会、联欢会等丰富多彩的活动，增强机关凝聚力和战斗力，建设富有特色的财政机关文化，打造潍坊财政精神品牌，为建设和谐机关、争创“全国文明单位”奠定了坚实基础。

（田民利　杨德强　王　萌 供稿）

国家税务

【概况】 2006年，全市国税系统在潍坊市委、市政府和山东省国税局的正确领导下，认真贯彻落实十六大和十六届四中、五中、六中全会精神，牢固树立和落实科学发展观，不断强化依法治税，科学组织税收收入，积极推进科学化、精细化管理，全面优化纳税服务，大力加强干部队伍建设，求真务实，开拓创新，各项工作均取得了较好成绩。先后获得“省级先进基层党组织”、“省级部门和行业作风建设示范窗口先进单位”、“全省思想政治工作创新奖（集体奖）”以及“潍坊市行风政风建设示范单位”、“潍坊市‘学习型’组织标兵单位”、“全省国税系统目标管理考核优异单位”、“全市国税系统先进领导班子”等荣誉。研发的人力资源管理系统通过省科技成果鉴定，并获得国家人事部人事人才科研优秀成果三等奖。

【组织收入】 2006年，全市各级国税机关统筹把握组织收入与服务经济发展、依法征收与落实优惠政策、增加收入与提高收入质量等方面的关系，始终坚持“依法征收，应收尽收，坚决不收过头税，坚决制止和防止越权减免税”的组织收入原则，科学落实收入计划，积极开展税源调查，不断强化重点税源管理，深入开展宏观税负调查分析工作，积极构建长效工作机制，全市国税收入实现快速、健康增长。全市共完成各项税收收入104.64亿元，增长27.25%，增收22.4亿元；扣除海关代征，国内税收收入完成100.87亿元，增长24.66%，增收19.95亿元；计划口径收入完成89.74亿元，占年度计划的108.8%，超计划8.8个百分点，增收16.49亿元，增长22.51%。收入规模和收入增幅均创历史最好水平，为促进全市财政增收和支持经济发展做出了积极贡献。

【税收征管】 2006年，全市国税系统着力构建征管长效机制，税源精细化管理取得新突破。(1) 深化完善税收管理员制度。围绕解决税收管理员“管什么、如何管、责任如何落实”问题，建立税收管理责任区，探索实行税源监控模板工作法，分别制定了税源监控、调查核实、纳税评估、日常检查、纳税服务等5大类23个明细的工作模板，进一步明确了工作内容、工作时限、工作标准，同时，进一步加大责任制考核力度，有效地促进了监控管理水平的提高。(2) 建立完善上下联动评估机制。结合宏观税负调查分析，全市新建和完善了31个行业的纳税评估数学模型278个，确定重点监控指标833项。(3) 建立完善查管互动机制。实现了以查促管、以管促查、查管互相促进、互相提高。2006年，全市国税稽查部门共检查各类纳税人1740户，发现有问题的1726户，查补总额19609万元，入库总额16091万元。(4) 建立完善征管联系点制度。全市共确定了12个基层单位作为征管联系点，每个联系点确定一个工作重点，以点带面，促进全市国税系统征管水平的提高。

同时，根据全省统一部署，2006年上半年，全市国税系统本着“眼睛向内找差距、建章立制强征管”的指导思想，以行业调查分析为切入点，以信息化手段为依托，深入开展宏观税负调查分析工作。在调查对象上，突出重点行业、重点问题、重点调查事项三个重点；在调查方法上，注重纳税人自查、分行业评估、重点稽查等多种方法的有机结合。在调查一开始，就组织人员搭建了全市宏观税负调查分析工作综合平台；在集中调查阶段，不断加强督导、调度、反馈，保证调查实事求是、查深查透；在建章立制阶段，注重及时总结基层经验做法，有的放矢地制定完善管理制度；在总结提高阶段，注重搞好“回头看”，认真开展调查回访，查找不足，整改提高。通过深入扎实、紧张细致的工作，全市宏观税负调查分析工作取得了显著成效。全市累计调查33611户，发现问题21113户，占调查户数的62.8%；累计查出应补税款4.85亿元；查出增值税抵顶留抵税款1689万元，应纳税所得额弥补亏损1.98亿元。与此同时，统一修订完善和重新制定管理办法46个，各县市区局还根据各自实际，制定管理办法115个。从调查回访情况和行风评议情况看，广大纳税人对这次税负调查比较认同，纳税秩序稳定、社会反响良好，达到了查找问题、增加收入、促进征管的目的。

【税收执法】　围绕推行税收执法责任制，全市国税系统本着“提高认识、正确把握、领导重视、统一行动、确保完成”的原则，认真制定推行工作方案，积极做好环境搭建、岗责体系配置、系统初始化设定、人员培训等各项前期准备工作；对运行期间的系统数据以及系统功能结构、指标性能及参数设置运行情况进行全面详细记录，及时发现问题，对缺乏法律依据的考核指标提出调整建议，丰富了系统需求；制定出台了《潍坊市国税局关于加强税收执法考核子系统考核指标管理的意见》、《潍坊市国税局税收执法考核子系统申辩调整监督检查办法》、《税收执法考核子系统考核办法》4项配套保障制度，将各单位税收执法考核子系统数据运行情况纳入考核，并折算纳入对各单位的目标管理考核，同时，结合全市执法检查和执法监察工作的开展，对各单位执法人员执法考核子系统的操作及各项指标运行口径的熟练程度进行了督导检查，促进了各单位执法责任制工作的深入开展。2006年全系统税收执法考核子系统各项考核指标的正确率平均达到99.9%。系统上线后，结合全市工作实际，制定出台了《潍坊市国税系统办税服务厅执法责任制度》、《潍坊市国税系统税收管理员执法责任制度》、《潍坊市国税系统税务稽查执法责任制度》，建立起了涉及办税服务厅、税收管理员和稽查人员日常执法行为的100多项手工考核指标体系，并分别在奎文国税局、诸城市国税局和寿光市国税局试点，2007年起在系统内全面运行，从而使自动考核和手工考核有效结合，逐步实现对税收执法行为的全方位、全过程的监控、规范与考核。

【信息化建设】　2006年，全市国税系统以深化数据分析应用为突破口，税收信息化建设迈上新的台阶。(1)精心组织，周密部署，确保了综合征管软件V2.0顺利上线。2006年综合征管软件V2.0运行平稳顺畅，基层和纳税人反应良好。(2)成功开发《企业所得税监控分析系统》软件。为切实提高企业所得税信息化管理水平，进一步加强税源监控管理，经省局立项批准，开发了《企业所得税监控分析管理系统》。该系统按照“精细化、信息化、专业化”的要求，通过信息的采集、比对、分析和处理，实现管理的精细化、信息的集约化、处理的科学化，提高了企业所得税的管理质量和效率。10月份省局组织了验收，给予充分肯定和高度评价，并以鲁国税办函〔2006〕120号文件在全省推广应用。(3)健全制度，强化应用，全面开展税收分析工作。为配合2006年税负调查工作，精心搭建了“潍坊市国税局税负调查分析工作综合平台”，集中调查阶段结束后，又进一步拓展功能，搭建了“税源分析监控工作综合平台”，同时本着“信息流与工作流相结合、技术部门与业务部门相结合”的原则，把原来分散在各科室的税源分析监控等工作统筹起来，在全市形成一个横向联动、纵向互动的数据分析应用机制。市局成立税源分析监控工作领导小组，领导小组下设专门的税源分析监控联动办公室，由征管科牵头，信息中心为辅，从各业务科室抽调力量集中办公。市局税源分析监控联动办公室根据各业务科室提交业务需求，定期抽取征管软件中的相关数据集中发布；各业务科室根据发布的数据，认真分析比对，督促基层抓好落实反馈。同时，切实抓好考核，真正实现“让数字说话，做管理文章”的目标。

【队伍建设】　2006年，全市国税系统始终坚持抓班子、带队伍的指导思想，通过不断加强领导班子建设，促进干部队伍素质不断提高。(1)不断加强各级领导班子建设。市局领导班子从自身做起，认真贯彻落实民主集中制，积极开展党组中心组理论学习，班子成员既有明确分工，又相互支持配合，大家心往一处想，劲往一处使，拧成一股绳，班子内部始终保持民主和谐的气氛，并努力为干部职工当好表率。切实抓好县市区领导班子和基层分局班子建设，坚持对县市区局领导班子开展巡视检查和量化考核，通过竞争上岗和分局长续解聘，进一步加大教育培训管理力度，使基层领导班子得到进一步优化。(2)全面加强干部培训。以“六员”为重点对象，市局共举办培训班7期，各县市区局累计组织六员培训50多期；举办“六员”抽考和普考各一次，并严格奖惩挂钩。(3)进一步深化人力资源管理，积极进行了构建税务人员综合评价管理体系的探索。2006年，潍坊市国税局研发的人力资源管理系统取得国家人事部人事人才科研优秀成果三等奖。(4)不断加大党风廉政建设力度。为贯彻落实省局“预防职务犯罪年”活动，上半年，提出了“抓廉洁执法、为税负调查分析保驾护航”的要求，下半年，重点加强了社会主义荣辱观和预防职务犯罪教育，提出了“一线为重点，教育送上门，无遗漏无死角”的工作思路，于2006年10月份，邀请了市检察院、反渎职侵权局的领导，组织开展了“预防职务犯罪巡回报告会。”此次报告会共举办了15场，每县必到，人人必听，干部职工反响良好。

【服务经济发展】　2006年，全市国税系统全面优化纳税服务，积极营造和谐税收环境。以构建阳光、法治、服务、

效能型国税机关为目标，创新机制，改进手段，在继续深化完善“首问负责制”、“办税服务承诺”、“网上办税”等做法的基础上，积极推行“一窗式”办税和“一站式”服务，全面实施“网上直通车”项目，不断深化政务公开和执法公开，努力为纳税人提供方便、快捷、高效的办税服务。对3个县市区下放了车辆购置税征收权限，并推出了车辆购置税“一条龙”服务举措。2006年，潍坊市国税局“网上直通车”服务措施被市委市直机关工委表彰为“优质服务项目”。同时，全市国税系统充分发挥自身职能作用，积极落实税收优惠政策，规范纳税服务行为。全市累计兑现各项税收优惠38.19亿元，增长29.11%，基本实现了应收尽收、应退进退、应免尽免，组织收入工作运行质量显著提高，为全市经济发展和财政建设提供了坚实保障。

（孙继华　供稿）

地方税务

【概况】 潍坊市地方税务局成立于1994年7月，现内设13个职能科室，下辖8个县市区局、3个开发区局、7个直属分局。全系统现有在职干部职工1999人，大专以上学历1538人，党员1680人。担负着全市10万多纳税业户的地税征管任务。2006年，全市地税系统共组织入库地税收入57.45亿元，增收12.09亿元，增长26.64%。其中，市县两级增幅为27.29%，高于全省平均数2.76个百分点。市局在荣获全国文明行业示范点、全国青年文明号的同时，2006年度又被授予全省政风行风建设先进单位、全省地税系统目标管理考核暨“管理年”活动先进单位、全市政风行风建设先进单位、全市纪检监察系统先进单位、平安潍坊建设先进单位、全市信访工作先进单位等项荣誉称号。潍坊地税赋海文化被评为潍坊市十大行业文明品牌。全系统内有15个县局、基层分局被评为省级文明单位。

【服务经济发展】 市地方税务局向市委、市政府提报《关于争取和运用税收政策持续增加地方财政税收的建议报告》，就运用税收政策支持经济发展等提出9条具体建议，得到市领导的重视和肯定。潍坊市委《参阅件》第37期印发市级各领导，各县市区、市直各部门主要负责同志研究。

【税源管理】 （1）市地方税务局在全国税务系统率先研发税源一体化管理系统，借鉴流程再造、风险管理、绩效考核等国内外先进管理理念，将原来探索实践的重点税源管理、社会综合治税、发票管理、核定征收、纳税评估、税负分析等单项的、分散的税源管理办法整合优化并实现流程化，将税源管理各个岗位固化在各个流程上，以信息流带动工作流，形成税源一体化管理模式，有效解决税源管理信息不对称问题，实现对税源的实时监控和风险预警，使掌控税源趋近于实际税源，全面提升税源管理质效，实现地税收入最大化。（2）制定实施企业税收核定征收工作规范，依法适当扩展核定征收的范围和税种，简并文书、简易申报、简并征期，并研发运行企业核定征收管理信息系统，实现了信息化支撑。纳税人办税成本降低约30%，地税部门征收成本降低约20%，全市已有14775户企业通过征收方式鉴定，1421户企业实施核定征收，核定税款440万元。企业零申报率下降17.6%，355户长期无税申报户实现遵期申报纳税。（3）建立健全重点税源市局、县局、基层分局三级监控管理模式，分类建档调度，实施跟踪监控。对年纳税额5万元以上的由基层分局监管，年纳税额50万元以上的由县局重点建档调度监控，年纳税额100万元以上的由市局重点调度监控。对年纳税额300万元以上的特大税源企业，落实专门力量跟踪管理。（4）强化发票管理，提高“以票控税”成效。全市地税系统共销售数码防伪发票5754万份，缴销4398万份，均增长21%以上，带动餐饮业、旅游服务业等相关税收增长27%以上。（5）加强房地产税收一体化管理。争取潍坊市政府以潍政发[2006] 43号文下发《潍坊市人民政府关于进一步加强房地产税收管理的通知》，提请市政府召开市直部门和全市加强房地产市场税收管理会议，对房管等10个部门应提供的62类涉税信息进行强调部署，共同施行好“先税后证”、集中征收。制定实行《关于加强和规范房屋交易二级市场税收管理工作的实施方案》，加强调度和督导，推动工作落实。

【干部队伍建设】 （1）深入开展需求型个性化干部教育培训，因需因岗因知实施个性培训，举办不同层面、不同岗位培训班67期，培训干部12860余人次，有效提升地税干部素质和能力。国家税务总局党组成员、副局长宋兰作出重要批示：潍坊市地税局针对干部需求个性化，开展教育培训取得显著成绩，可进一步总结其经验，转发全国税务系统。中组部2006年第6期《干教通讯》，新华社2006年8月28日《国内动态清样》，《中国税务报》等宣传推介。（2）以心理健康教育为重点，引入EAP（员工心理援助项目）模式，探索建立心理辅导、教育引导、利益促导“三导融合”思想政治工作机制，以心理辅导增进心理和谐健康，以教育引导促进思想和谐统一，以利益促导实现利益和谐发展，提升思想政治工作科学性、针对性和实效性，促进和谐地税建设。国家税务总局《税务简报》专期刊发，新华社、光明日报肯定推介，省委宣传部《山东宣传工作》宣传推介。中央党校党建教研部副主任、中国思想政治工作研究会常务理事、全国思想政治工作科学专业委员会副会长戴焰军教授等专家实地考察后给予高度评价。

【税收执法】 明确市县两级地税机关审批、审查权以及税收执法事项报批、审查和备案程序，公开选拔178名素质高的地税人员担任税收法制员，加强执法事项全过程审核监督。全市共审查行政处罚1343起，变更处罚23起，审批检查计划18批，避免重复检查31户（次）。建立监督预防与应急处理机制，突出抓好突发性事件排查预警、分析评估和责任追究，提高应急处理能力。

（贺维波　供稿）

责任编辑　李长山

金融　保险

金　　融

【概况】　2006年，金融机构存、贷款大幅增加，全市银行业机构本外币各项存款余额1443.33亿元，较年初增加178.18亿元，增长14.1%；本外币各项贷款余额1056.82亿元，较年初增加179.94亿元，增长20.5%。其中全年人民币存、贷款增量分别排全省第四、第三位。保费收入平稳增长，全市保险机构累计实现保费收入31.78亿元，比上年增加2.04亿元，增长6.88%。其中：财产险保费10.04亿元，增长30.57%；人身险保费21.74亿元。全年累计赔款与给付保险金12.44亿元，增长62.8%。其中，产险支付赔款6.18亿元，赔付率61.8%；寿险支付赔款6.26亿元，赔付率28.8%。证券交易规模大幅扩大，全市证券机构股票累计交易量达274.8亿元，增加172.5亿元，增长168.7%。(肖化军)

【有效贯彻执行货币政策，支持全市经济、金融良性协调发展】　2006年，中国人民银行潍坊市中心支行以科学贯彻落实货币政策、支持地方经济发展为总抓手，把优化金融生态环境作为切入点，进一步加大监测、分析、引导力度，实现区域经济金融协调发展的良性循环。通过深入调查研究，先后两次向市委、市政府写出研究报告，提出了金融支持全市经济发展的措施和建议。充分借助市内、市外金融资源，通过分层次搭建农业龙头企业、200强中小企业、短期融资券政策推介等3个“银企对接平台”，引导金融部门通过优化信贷结构实现货币信贷合理适度投放，促进了信贷资金与社会需求的分层对接。同时，立足优化金融生态环境，积极建言献策，协助市政府将优化金融生态环境纳入全市“十一五”规划，出台减免涉及金融部门费用、严禁逃废银行债务和加快不良资产处置等政策措施，建立了对各县市区的金融生态评价机制，扩大了生态环境建设的影响力。2006年，外地金融机构对潍坊企业贷款增加59亿元，成为全省接受异地贷款最多的地区之一，晨鸣纸业和山东海化2家企业分别发行20亿元和10亿元短期融资债券。加快金融基础设施建设，顺利实现小额支付系统在辖区的上线运行，支持和配合财政部门扩大市县两级单一账户推广工作，拓宽企业和个人信用信息基础数据库服务范围，改善银行卡受理环境，建立了辖区反洗钱联席会议制度，更好地满足了经济社会发展对金融服务的多样化需求。有效落实各项外汇管理改革措施，编制外汇管理政策指南，组织外汇政策培训班，扩大网上自动核销范围，积极推进贸易和投资便利化，促进了外向型经济的健康发展。

（李　新　供稿）

【中国银行业监督管理委员会潍坊监管分局】　2006年，中国银行业监督管理委员会潍坊监管分局（简称潍坊银监分局）在市委市政府和山东银监局的正确领导下，认真贯彻全市“一个目标、两个确保、五个新突破”要求和做强做大金融业的战略部署，以科学发展观为统领，继续坚持“以监管促发展，在发展中防范化解风险”的总体思路，努力做好上级要求和潍坊实际结合文章，将银行业和谐作为提升监管有效性的本质要求、银行业长效发展的必然选择和构建和谐社会的重要组成部分，围绕审慎有效监管核心，探索实施“和谐监管工程”，以推动科学发展为主线，持续优化银行业和谐运作环境；以强化社会责任为核心，不断提升银行业反哺和谐社会能力；以提高监管效能为关键，努力构建银行业和谐发展长效机制，推动了辖区经济金融的和谐运作、互促共赢。潍坊银监分局在山东银监局2006年度绩效考核第一，全省银监系统唯一一家被推荐为“平安山东建设先进单位”，被评为“潍坊市文明单位”；局党委被银监会授予“先进基层党组织”；指导银行业支持新农村建设的做法，被中宣部、银监会、中央电视台推广；政务公开材料被推荐到中纪委。

（李子刚　供稿）

【中国农业发展银行潍坊市分行】　2006年，中国农业发展银行潍坊市分行认真贯彻落实中央1号文件、中央经济工作和农村工作会议精神，按照省行党委和市委、市政府的工作部署，以风险防范为重点，积极稳妥发展新业务，加强干部职工队伍建设，圆满完成了各项工作任务，有力地支持了全市经济发展和新农村建设，是市农发行成立十年来卓有成效的一年。坚持有效发展，各项业务又有新突破。年末，各项贷款余额429255万元，比年初增加89077万元；各项存款余额30603万元，比年初增加8121万元，人均利润23.02万元，彻底甩掉了农发行成立以来一直亏损的帽子，实现了历史性的突破。利润总额位居全省第二，综合考评名列第三。积极稳妥推进信贷业务发展，商业性业务拓展迈出了新步伐。继续落实100亿元“政府信用协议”贷款，大力支持农业产业化龙头企业发展。坚持稳健经营、理智营销，慎选精选优质客户，掌控贷款投放节奏。层层筛选市财政推荐的两批84家农业产业化龙头企业，将资质优良的龙头企业纳入“政府信用协议”，开展客户营销。全年新营销客户36家，新增贷款8.9亿元。加快100亿元《政府信用协议》落实，拓宽支农领域，对134家农业企业纳入项目库，对9家企业发放贷款4145万元。年内新增商业性贷款8.9亿元。落实国家粮食购销政策，积极支持小麦托市收购。按照国家六部委通知要求，及时与中储粮青州直属库协商，确定7家承贷企业27个收储库点，累计发放托市收购贷款25931万元，支持企业收购小麦17804万公斤，达到了政府、企业、农民三满意。支持新农村建设成绩斐然，获市委、市政府“特别贡献奖”。坚持以风险防范为重点，资产质量有了新提高。严把贷款准入关，从源头上防范风险。对全市61家目标客户进行了资格认定。开展了黄金客户和优质客户评定工作，共评出省级黄金客户4家，优质客户6家，市地级优质客户13家。利用“信用等级评估软件”对全市135家企业进行了信用等级评定。对99家企业实行了内部授信管理，授信总额60.9亿元。扩展信用评级和内部授信成果，通过风险提示，果断收回7家企业的风险贷款4439万元。完善风险防范机制，实行了政府推荐、财政承诺、法院文件、资产抵押“四大防范措施”，推行了到期贷款提前催收提示，续贷提前考察，借款担保抵押集中审查，龙头企业大户按月分析“四项制度”，完善了贷前调查、贷款监测、贷后评价、风险预警“四个机制”。全年清收不良贷款628.3万元，不良贷款同比下降3个百分点，完成省行计划的157%，实现了“双降”目标。

（李桂超　供稿）

【中国工商银行股份有限公司潍坊分行】

2006年，中国工商银行股份有限公司潍坊分行坚持以科学发展观为指导，以“发展、转型”为主线，稳步推进改革，大力调整结构，突出市场营销，强化风险控制，推进精细管理，全面改善形象，开创了经营管理各项工作和谐发展的新局面。经营效益大幅提升。通过提高贷款议价能力，狠抓正常收息工作，深挖新兴业务潜力，从严控制费用开支，千方百计扩大盈利能力，全年实现账面利润5.19亿元，增加1.65亿元，实现人均利润28万元，增加6.8万元。在工商银行全国二级分行经营30强中，列第20位。资金实力不断增强。变抓存款为抓市场、抓客户，深化重点产品市场营销，深入实施优质客户战略，实现了各项存款的稳定增长。年末人民币各项存款余额186.5亿元，较年初增加25.77亿元。其中，储蓄存款增加6.02亿元，公司存款增加14.03亿元，机构存款增加4.47亿元，同业存款增加1.25亿元。各项存款日均水平和综合收益明显提高。贷款营销成效显著。突出优质项目贷款、流动资金贷款（小企业贷款）、住房贷款、票据业务“四大重点”，完善工作机制，强化营销措施，巩固扩大了在潍坊贷款市场的优势地位。年末人民币各项贷款余额175.41亿元，较年初增加40.69亿元，创历史新高。其中，项目贷款增加17.24亿元，个人住房贷款增加7.88亿元，住房开发贷款增加4.61亿元，小企贷款增加8.64亿元，个人经营贷款增加9200万元，票据贴现增加7400万元。中间业务发展迅猛。坚持“全面开发、优先发展”中间业务战略，积极推动全行收入结构调整转型。全年实现中间业务收入1.04亿元，占营业净收入的比重达到13.5%。全年累计办理票据融资业务57亿元，实现票据业务净收益3403万元。新增有效发卡1.6万张，实现刷卡消费额4.3亿元，实现银行卡总收入1117万元。电话银行交易额达到72亿元，网上银行交易额达到2060亿元。累计办理国际结算12.43亿美元、结售汇5.38亿美元。资产质量明显改善。在股改剥离不良资产的基础上，继续不遗余力地加大清收处置力度，大力压降潜在风险贷款，实现了不良贷款“双降“目标。全年累计清收处置不良贷款2.98亿元，累计退出贷款3.81亿元，其中压降重点关注客户贷款6000万元。年末，全行本外币不良贷款余额较年初减少2.07亿元，占比较年初下降2.29个百分点。

（李清林　供稿）

【中国农业银行股份有限公司潍坊分行】

2006年，中国农业银行股份有限公司潍坊分行以推进经营战略转型为中心，以加快有效发展为主题，以打造区域高效、平安、和谐农行为目标，聚精会神抓改革，一心一意谋发展，主要业务指标再创历史新高，初步实现了速度、质量和效益相统一，内部管理和精神文明建设相和谐的发展目标。业务发展速度明显加快。年末，各项存款余额235.2亿元，比年初增加22.3亿元，存量、增量市场占有率分别居四大行第1位和第2位；各项贷款余额173.9亿元，比年初增加22.4亿元，多增4.2亿元，总量居全省农行第2位，增量居全省农行系统第1位；国际结算首次突破10亿美元大关，累计实现国际结算101867万美元，增幅高达71%，总量居全省农行系统第2位，增幅居系统和四大行首位。业务发展质量显著提高。年末，活期存款占比53.93 %，比年初提高2.4个百分点，负债结构进一步优化；优良客户占比58 %，比年初上升

10个百分点，限制和淘汰类客户占比下降5个百分点，全年退出低效客户贷款32291万元，完成省行计划的431%，低效客户退出额居全省农行第1位；五级分类不良贷款余额比年初下降5.02亿元，占比下降7.34个百分点，不良贷款下降额和下降计划完成率均居全省农行第1位，信贷结构不断优化，资产质量明显提高。业务发展效益进一步提升。实现中间业务收入7827万元，增加2353万元，增幅达43%，增收额居全省农行系统第3位，计划完成率居全省农行第2位；实现经营利润3.6亿元，比上年增盈1.3亿元，增盈利额居全省农行系统第1位。消化历史包袱6.2亿元，同比多消化3.6亿元，是近几年来消化历史包袱最多的一年。业务发展的基础和保障作用进一步巩固。扎扎实实地开展了内控管理规范年、合规文化教育、案件专项治理、商业贿赂专项治理活动，落实责任制，有效防范了案件和事故的发生，实现了全年安全无事故，保障了业务经营的高效稳健运行。深化了人力资源、业务综合考评机制改革，初步构建了公开、公平的用人制度和科学、合理的分配激励体系。调整优化了机构网点布局，撤并了一批低效网点、调整升格一批城区网点，建设了一批自助网点，极大地提升了网点的服务功能和市场竞争力。改善了机关和基层的营业办公条件，新上了信贷网上审批贷款系统、综合办公系统和财务管理系统，建立了经营管理网站，为业务经营的战略转型和各项工作的快速发展奠定了良好的基础。

（郭少华　供稿）

【中国银行股份有限公司潍坊分行】

2006年，中国银行股份有限公司潍坊分行围绕总行股份制改造的战略部署，以科学发展观统领全局，积极转变经营理念，继续深化内部改革，业务发展和内部管理再上新台阶。年末本外币存款余额124.35亿元，增长14.36亿元；本外币贷款余额87.33亿元，增长5.4亿元；本外币贷款不良率2.43%，下降0.3个百分点；中间业务净收入0.67亿元，国际结算业务量21.7亿美元；实现税后利润1.8亿元，人均利润21万元。存款方面，一季度开展了“拼搏90天”储蓄存款开门红竞赛，二季度开展了企业存款增存竞赛，调动了员工工作积极性，促进了存款的快速增长。通过柜台服务，积极争揽大客户，并实施挖掘计划，扩大绩优客户的“钱包份额”，改善了存款增长方式。信贷方面，积极跟进国家宏观调控和上级行政策导向，坚持有保有压、选择发展，优先发展电力、石化、房地产、公共设施等重点行业的优质大客户，并突出发展消费信贷业务，主动退出不符合国家产业政策的中小客户，贷款余额增长的同时，优化了客户结构。把不良资产清收压降作为一项政治任务，落实责任人，全行联动，完成现金清收近亿元，不良余额和不良比率双下降。中间业务方面，发挥中行比较竞争优势，大力发展了进口付汇组合业务，并叙做了全省第一笔三角形结汇业务，重点发展了保函业务，为电力三公司印度电站建设项目提供了1.3亿美元预付款保函和1.6亿元履约保函，促进了国际结算量和收入的大幅增长。

深化内部流程和人力资源改革，适应股改需要。成立了事后监督中心，市行本部和城区五家支行业务款包实行了社会化押运，信用卡后台集中审批、公司贷款押品、城区行ATM管理权全部上收市行。统筹规划撤并低效益网点8家，按照网点模块化改造要求，改造网点17家，部分支行设立了理财室或理财中心，满足了客户差异化服务的需要。完成了薪酬改革的落地实施，推广实施了平衡记分卡和全员绩效管理体系。

开展服务创新，提升社会形象。市行机关各部室实施服务承诺制，“二线为一线、领导为基层、全行为客户”的服务意识深入人心。大抓群众性岗位练兵，员工服务技能得到大幅提高。聘请了社会监督员，对网点进行全方位暗访检查。在潍坊市政府组织的“潍坊市企业评议百家直属部门(单位)”活动中，再次名列潍坊市银行业第一名。

（金振森　田立良　供稿）

【中国建设银行股份有限公司潍坊分行】

2006年，中国建设银行股份有限公司潍坊分行以营销发展为主题，以提升效率、提高效益为着力点，优化机制，强化内控，加快发展，各项业务保持了健康、快速的增长势头。截止到年末，全口径存款新增15亿元，余额达到152亿元；各项贷款新增28亿元，余额达到109亿元；实现收费类收入6198万元，实现账面利润2.7亿元。2006年，继续推行重点客户行领导“包干”制度，实施项目储备管理，全面提高了信贷业务的经营效率和服务水平。全年累计投放69亿元，完成计划的190%，实现了历史性突破。在加快投放的同时，紧紧把握政策机遇，上半年突出抓好了信贷业务整合，共对44笔6.7亿元贷款进行了合理归位，彻底解决了历史形成的“错位”问题；下半年，以政策调控为主线，坚持有进有退，合理配置信贷资源，信贷结构进一步优化。以代发工资、教育储蓄、通知存款、“汇得盈”等产品为切入点，围绕旺季、黄金周、教育市场开展营销活动，确保市场份额提高。其中，旺季营销总评获省系统第一，储蓄存款在全省率先突破80亿元大关，个贷新增创历史之最。加快了网点自动化建设步伐，自助设备网点覆盖率达到100%，替代率达到21%；在省系统率先启动了代工账户增发借记卡活动，累计发卡7.2万张，并成功营销了全国第一张名企卡——海化龙卡，为渠道迁徙打牢了基础。在客户挖潜上，成功营销了潍柴动力9亿元短期债，巨能金玉米境外上市业务和1.6亿港币海外融资保函业务、晨鸣纸业1560万美元海外代付业务，实现了同沃尔玛的全面合作。在产品挖潜上，成功营销了本行首笔人民币与外币掉期业务、差额交割远期外汇买卖业务以及公司类“百易安”业务。在流程再造上，从规范和激励两个层面出发，梳理了财务顾问和代理保险流程，搭建了完善的制度框架，突出解决了收入入账不规范等问题，经验和做法被系统作为典型进行了宣传推广。对不良贷款压缩实行以现金回收和超值现金回收为主，经济措施、行政措施并用的“强激励、强约束”考核办法。对18个重大不良项目实行了承包制度,通过联动清收、追索股权、财产抵债等多种形式,成功处置回收了青鸟华光、友谊新世纪、万众板簧等重大不良项目。截至年末,不良余额下降到2.26亿元,不良率仅为2.08%,低于省系统平均水平1.37个百分点,成功解除了特别监管。积极开展“合规季”、“整改季”活动,加强合规理念的灌输和合规意识的培育,重点开展了反洗钱、反关联交易等工作。继续推行“大支行”管理模式,制定出台了《本部基础管理考核办法》,通过狠抓督办制度、服务积分等十项制度,积极促进本部部门由管理型向服务型、营销型转变。顺利完成了会计档案管理及稽核系统、客户关系管理系统、对公信贷流程管理系统、视频会议系统、远程监控系统的推广上线,组织开发了报表管理系统、新版自来水收费系统、信息网站需求落实系统,为经营管理提供了系统工具。

（李　葵　吕良龙　供稿）

【交通银行潍坊分行】　2006年，交通银行潍坊分行各项业务持续健康发展、各项工作取得新进步。基础发展的理念得到强化。全行围绕基础性发展，加大对客户营销、结算存款、储蓄存款、国际结算、中间业务收入、不良资产清收、经营效益等指标的落实和营销力度，在工作措施、业务指导、目标考核、日常调度、重点监控等方面给予高度重视，各个条线的基础工作得到进一步加强，工作重点更加突出，收到良好的效果。全年新增授信户82个，纯结算户2824个。资产负债结构得到优化。储蓄存款占比比年初提高2.03个百分点，结算存款占比提高10.7个百分点。1—5级授信客户比年初增加85个，贷款占比提高6.81个百分点，7—10级客户减少11个。个金业务发展速度加快。大力发展全国通等双利理财账户、双币卡、基金发行、VIP卡业务，扩大品牌产品的吸引力。个贷余额增加1.95亿元，总量达到6.08亿元。国际业务有突破性发展，国际结算额增长53.03%。降低经营成本，发展高收益业务，全年实现账面利润1.3亿元，人均创利在同行业中名列前茅。

（侯希平　供稿）

【潍坊市商业银行】　2006年,潍坊市商业银行着手推进管理升级，坚持打造良好银行，各项工作实现稳健发展。截至年末，全行总资产达到182.96亿元，较年初增加34.79亿元；各项存款余额150.52亿元，各项贷款余额107.40亿元，实现经营利润25972万元，分别较年初增长20.5%、25%、33.6%；全年实现安全无事故。经营质量稳步提升。各项经营指标全面逼近山东省良好银行标准，全行资产收益水平、资金运营水平不断提高，盈利能力持续提升。营销工作实现突破。在有力的激励机制配合和组织推动下，各项存款稳健发展。信贷结构得到优化，信贷资源投向倾斜于特色业务、小企业、重点战略客户，超额完成了省银监局要求的年末全行小企业贷款户占20%的增长目标。结构调整成效显著。核心存款迅速增长，全行票据结构、存款结构进一步优化，圆满完成了监管部门下达的任务目标。管理升级工作全面启动。实施了五个课题调研，明确了未来几年在发展小微客户业务、创建特色支行、实行流程银行改造等方面的思路和规划，并着手实质性推进工作。管理创新步伐加快。人力资源管理方面，继续实行准市场化用人制度，完成了科技人员、支行员工的分级管理工作；薪酬制度方面，实施支行行长分级管理制度，搭建了中层干部的发展平台；绩效考核方面，对支行考核办法进行了技术性调整和完善，细化市行部门的考核办法，被评为“山东省实施卓越绩效模式先进企业”；在教育培训方面，创新中层骨干培训模式，与北京大学联合开办中层经理MBA培训班，中层培训的系统性、规划性和层次大为提高。风险控制能力进一步加强。将内控管理纳入考核体系，进一步强化全行依法合规经营意识；加强信贷风险管理，加强细化专项稽核和事后监督，认真执行干部交流和重要岗位人员轮换制度,强化了道德风险和操作风险防范。企业文化建设再上新台阶。荣获“2006年全国企业文化建设先进单位”、“2006年全国优秀企业形象单位”,跻身全国服务行业500强。通过潍坊公民投票,被评为“潍坊十大行业品牌”之一。

（仲　峰　供稿）

【潍坊市农村信用合作社联合社】　2006年，全市农信系统紧紧围绕省联社的工作部署和全市经济社会发展规划，团结进取，开拓创新，各项业务继续稳健协调快速发展。到年末，各项存款余额390亿元，较年初增加56.6亿元，新增存款市场占有率达34%；各项贷款余额309亿元，较年初增加44亿元，其中抵质押贷款余额82.7亿元，较年初增加23.7亿元；不良贷款8.9亿元，占比2.9%；实现各项收入29亿元，经营利润10.7亿元。2006年，在全系统实施人力资源管理制度创新。上半年，在临朐、奎文联社实施以深化劳动用工制度改革为主要内容的人力资源制度改革试点取得成功经验后，下半年首先在潍城等6家联社进行了推广，办理内退人员425名，清理业务岗位上的临时工56人；协议离岗174人，14名符合条件的老员工与其子女办理了内部替换手续；公开招聘大学生档案托管人员475名，员工的知识结构、年龄结构得到进一步优化。实施“远期奖励计划”，建立长效激励约束机制，实现了激励与约束、权力与责任、利益与风险的有机融合。同时，实行等级社管理，在待遇、权限等方面拉开了档次。实施信贷管理制度创新。对中小企业、个体工商户全面使用贷款五要素考察法，简化了贷款考察程序，提高了贷款考察质量。先后推出了“循环信贷”、“一抵通”、“保兑仓”、“一户多保”、“仓单质押”、“专业市场信贷”等新的业务品种，满足了不同客户的资金需求。以组建“中小企业信用联盟”为切入点，着重拓展中小企业群体领域，共组建中小企业信用联盟9个，涉及企业251家，核定授信额度84亿元。组建“市场商户信用联盟”，着重拓展专业市场，共对67个专业市场的7800个商户核定授信额度21亿元，已发放贷款11亿元。进一步

拓展消费贷款领域，消费贷款余额达4.5亿元。加强信贷管理，创新清收思路，资产运行质量实现新的提高。现金收回政府收购不良贷款4.1亿元，收回央行置换不良贷款2598万元，现金收回核销呆账贷款488万元。抵债资产实行集中处置和拍卖，处置抵债资产1.5亿元，处置收入8396万元，实现拍卖溢价713万元。票据兑付工作取得成效。安丘、奎文、诸城、青州、寿光、高密、坊子7家行社顺利兑付央行票据72844万元。按照人民银行计算口径，全市农信资本充足率为9.5%，不良贷款占比2.88%。加强联行管理服务，61家营业网点开通小额支付系统，9家营业网点新开通同城交换系统，开通跨省通存通兑、特色终端取款等业务，结算渠道进一步畅通。信通卡POS消费额39亿元，ATM交易金额4亿元，实现中间业务收入4630万元。市联社被评为“中国银联山东分公司差错处理及时率优秀银奖”。不断强化内控建设，创新稽核检查方式，风险防范体系进一步完善。完善《内控管理风险评价暂行办法》和《二〇〇六年度会计内控管理风险评价实施方案》，基本覆盖了业务管理和操作的各个流程和环节，营业网点的制度执行力明显增强，内部基础工作明显加强。实施稽核工作规范化，推广统一集中检查、录像回放检查等方式，实行稽核问责和查处分离，确保处理工作的有效落实。深入开展“三项治理”活动，严厉惩处和打击损害信用社声誉和利益的违纪违法行为。在全市范围内建立联合办案机制，加大了对经济违法违规案件的查处和打击力度。

（颜廷军　杨旭光　供稿）

保　险

【概况】　截至2006年12月末，潍坊保险市场共有22家保险公司（其中：安邦、永诚、安华年内成立），财产保险公司14家，人寿保险公司8家。共有县级（四级机构）支公司（营销服务部）152家，专业代理公司8家，兼业代理机构315家，保险公估公司1家，保险从业人员20380人。全市保费收入平稳增长，提供风险保障金额4134亿元；累计实现保费收入31.78亿元，比上年同期增加2.0437亿元，同比增长6.88%。其中：财产险保费为10.04亿元，同比增长30.57%，占全市总保费收入的31.6%，上升5.7个百分点；人身险保费为21.74323亿元，占全市总保费收入的68.4%，下降5.7个百分点。全年产寿险累计赔款与给付12.44亿元，增长62.8%；上缴地方税收6806.5万元，增长11.48%；增加社会就业岗位3800个，为社会分担了就业压力。

财产险主要业务发展情况。保费收入。2006年，全市财产险业务累计实现保费10.04亿元。机动车辆保险、企业财产保险、意外险三个主要险种保费收入合计9.41亿元，同比增长31.7%，占财产险保费收入的94.3%；其中：车险业务保费收入高速增长，车险保费收入8.073亿元，同比增长40.35%，占财产险业务的80.9%。企财险业务出现滞涨，保费收入10095万元，同比下降0.09%，占财产险业务的10.1%；意外险业务小幅增长，实现保费收入3257.2万元，同比增长14%，占财产险业务的3.26%；家财险业务快速增长，实现保费收入1408万元，同比增长82.5%，占财产险业务的1.41%；责任险业务出现下滑，实现保费收入1149.5万元，同比下降0.13%，占财产险业务的1.15%；货运险业务增长加速，实现保费收入1479.6万元，同比增长13.7%，占财产险业务的1.48%；农业险业务高速增长，实现保费收入410.6万元，同比增长374.68%，占财产险业务的0.04%。赔款支出。2006年，全市财产险业务累计赔款支出61764.1万元，同比增长40.69%，赔付率为61.9%。其中：企财险赔款7740.6万元，同比增长31.56%；机车险赔款46952.3万元，同比增长43.48%；货运险赔款1086.5万元，同比增长104.92%；意外险赔款1847.6万元，同比增长40.17%；家财险赔款186.6万元，同比下降31.29%，；责任险赔款563.7万元，同比下降18.36%；保证险赔款2532.5万元，同比增长27.58%；农业险赔款51.6万元，同比增长210.88%。

人身险主要业务发展情况。保费收入。2006年，全市寿险业务累计实现保费收入217432.3万元，同比下降1.37%。其中：团体人寿险业务实现保费收入14030.9万元，负增长51.63%，占寿险业务的6.45%；短险业务实现保费收入8646.4万元，同比增长1.1%，占寿险业务的0.39%；续期业务实现保费收入110872万元，同比增长18.2%，占寿险业务的50.99%；新契约实现保费收入35269万元，同比增长4.65%，占寿险业务的16.22%；银行代理寿险业务实现保费收入48614万元，同比负增长12.52%，占寿险业务的22.36%。赔款与给付情况。2006年，寿险短期赔款支出5527.9万元，同比增长14.38%，赔付率为63.9%；寿险给付金额57112.5万元，同比增长94.65%，增加给付金额27771.4万元。

保险公司业务规模发展情况。财产险公司市场份额结构。2006年，财产险公司保费收入10.04亿元，同比增长30.57%，占全市保险市场总保费收入的31.6%。其中：人保潍坊市分公司实现保费收入37325.4万元，占财产险公司保费收入的37.2%；太保产险潍坊中心支公司实现保费收入13534.9万元，占财产险公司保费收入的13.5%；平安产险潍坊中心支公司实现保费收入7695.7万元，占财产险公司保费收入的7.7%；天安保险潍坊中心支公司实现保费收入8553.9万元，占财产险公司保费收入的8.5%；大众保险潍坊中心支公司实现保费收入953.2万元，占财产险公司保费收入的0.9%；大地保险潍坊中心支公司实现保费收入8219.8万元，占财产险公司保费收入的8.2%；永安保险潍坊中心支公司实现保费收入3605.8万元，占财产险公司保费收入的3.6%；太平保险潍坊中心支公司实现保费收入2637.4万元，占财产险公司保费收入的2.6%；中华联合保险潍坊中心支公司实现保费收入10070.7万元，占财产险公司保费收入的10%；阳光保险潍坊中心支公司实现保费收入5384.5万元，占财产险公司保费收入的5.4%；安邦保险潍坊中心支公司实现保费收入1805.1万元，占财产险公司保费收入的1.8%；华安保险潍坊中心支公司实现保费收入645.7万元，占财产险公司保费收入的0.6%。人身险公司市场份额结构。2006年，人身险公司保费收入217432.3万元，同比下降1.37%，占全市总保费收入的68.4%。其中：国寿潍坊分公司实现保费收入93332.8万元，占人身险公司保费收入的42.9%；太保寿险潍坊中心支公司实现保费收入53335.9万元，占人身险公司保费收入的24.5%；平安寿险潍坊中心支公司实现保费收入31639.4万元，占人身险公司保费收入的14.6%；泰康人寿潍坊中心支公司实现保费收入13884.7万元，占人身险公司保费收入的6.4%；新华人寿潍坊中心支公司实现保费收入17971万元，占人身险公司保费收入的8.3%；太平人寿潍坊中心支公司实现保费收入5121.3万元，占人身险公司保费收入的2.4%；民生人寿潍坊中心支公司实现保费收入1357.8万元，占人身险公司保费收入的0.5%；合众人寿潍坊中心支公司实现保费收入789.5万元，占人身险公司保费收入的0.4%。

区域保险市场经营状况。2006年，产寿险市直相关单位保费收入92185.7万元，占全市总保费收入的29%。市县区产寿险保费收入情况：寿光市保费收入42054.9万元，占全市保费总收入的13.23%；诸城市保费收入26701.9万元，占全市保费总收入的8.4%；青州市保费收入31050.7万元，占全市保费总收入的9.76%；高密市保费收入22640.6万元，占全市保费总收入的7.12%；安丘市保费收入20671.8万元，占全市保费总收入的6.5%；昌邑市保费收入22673.7万元，占全市保费总收入的7.13%；临朐县保费收入16844.3万元，占全市保费总收入的5.3%；昌乐县保费收入12791.9万元，占全市保费总收入的4.02%；奎文区保费收入3862万元，占全市保费总收入的1.21%；潍城区保费收入8491.2万元，占全市保费总收入的2.67%；寒亭区保费收入8339.4万元，占全市保费总收入的2.62%；坊子区保费收入6916.8万元，占全市保费总收入的2.18%；开发区(产险)保费收入1966.9万元，占全市保费总收入的0.62%；营业部(寿险)保费收入687.2万元，占全市保费总收入的0.22%。

【中国人民财产保险股份有限公司潍坊市分公司】　2006年，中国人民财产保险股份有限公司潍坊市分公司紧紧围绕全市经济发展的大局，加快创新发展步伐，提升经营质量，加强展业渠道建设，挖掘市场潜力，在巩固机动车险等传统骨干险种的同时，积极发展人身意外险等新险种，丰富了服务社会各界的内容，拓展了业务空间，强力推动业务发展驶上了快车道。2006年实现保费收入3.72亿元，比上年增加5051万元，增长15.99%。2006年增设直属营销服务部4个，新设二级单位10个、外部出单点69个、移动出单设备25套，出单网点已达128个，营业网点遍布全市城乡，构建了独特的网点优势，提高了服务社会主义新农村建设的能力。创新服务举措，开展了“理赔无忧”活动，对车险1万元以下简易赔案，相关索赔手续完整后3个工作日内支付赔款，实行小额赔款集中邮寄、大额赔款集中支付的办法，使理赔周期大幅度缩短，受到了客户的欢迎。积极配合各级党委政府做好灾害事故救助工作，共支付赔款3.05亿元，简单赔付率83.07%，为数以万计的企业和家庭提供了经济补偿和风险保障。开展了以争创星级服务为内容的承保、财务、理赔技能岗位练兵活动，在全员开展了“干一流工作，创最佳业绩，争先进位次”竞赛活动，营造了浓厚的赶超氛围。开展送生日礼品、健康查体、看望生病员工、捐助困难员工等关心职工活动，员工队伍保持稳定，整体素质有了提高，公司的市场主导地位保持稳定。

（董延兴　供稿）

【中国人寿保险股份有限公司潍坊分公司】　中国人寿保险股份有限公司潍坊分公司是中国人寿保险股份有限公司驻潍坊的分支机构，是潍坊业务量最大的保险公司。自1996年10月分业经营，引进营销机制以来，从一个几百人的小公司，发展到现在的公司本部有办公室、人力资源部、团体销售部、个险销售部、中介代理部、信息技术部、客户服务中心、财务管理部8个部门，辖13个县市区支公司和3个直属业务部，拥有管理人员及营销员工5000多人的大公司，解决了4000余人的就业问题，为潍坊社会稳定做出了贡献。潍坊分公司荣获中华总工会“模范职工之家”，国家级“青年文明号”，潍坊市“三A”企业，潍坊市群众体育先进单位，市区夜景照明先进单位等荣誉称号，有10个分支机构荣获省、市级“文明单位”称号，是一个重合同守信誉的公司。

潍坊分公司以“诚信为本，稳健经营”为宗旨，依法经营以人的生命和身体为标的的人寿保险、健康保险、意外伤害保险三大类业务共100多个险种。比如：中国寿鸿丰两全分红保险，国寿鸿泰两全分红保险、国寿鸿运少儿两全分红保险、国寿千禧理财两全分红保险、国寿鸿寿养老年金分红保险、国寿鸿福相伴两全分红保险、99鸿福终身保险、康宁终身保险、康宁定期保险、独生子女两全保险、子女教育婚嫁备用金保险、国寿永泰团体年金保险、团体意外伤害保险，美满一生、美满人生等等，都是潍坊分公司的知名产品。潍坊分公司注重公益事业。每年都发动员工参加市里组织的“慈心一日捐”活动；2005年为希望小学捐款22.53万元；2006年为高密市的贫困学生捐款25821元，充分体现了中国人寿勇于承担社会责任，乐于奉献社会大众的优秀企业品质。2006年，赔付金额为5.9万元，

同比增长 72.39%，为潍坊居民的生活、社会稳定做出了一定贡献。

（张　风　供稿）

【中国太平洋财产保险股份有限公司潍坊中心支公司】 2006 年，中国太平洋财产保险股份有限公司潍坊中心支公司，坚持以科学发展观为统领，在山东分公司的正确领导下，积极实践“诚信天下、稳健一生、追求卓越”的企业核心价值观，强化政策措施，创新发展机制，公司业务规模平稳增长，各项工作呈现稳定、健康发展的良好势头。2006 年，共实现保费收入 13535 万元，增长 15.2%，其中，车险业务实现保费 8934 万元，增长 10.5%，增加 850 万元；非车险业务实现保费 4601 万元，增长 25.6%，增加 939 万元。车险与非车险保费占比为 66∶34，业务结构趋向合理。全年向社会支付种类赔款支出 9411 万元，为保障地方经济发展，构建和谐社会发挥了积极作用。2006 年，全辖完成分公司下达计划指标的 103.8%，根据行业数据显示，太保产险公司稳居产险市场第二位。根据总公司要求，积极推行销售团队试点工作，在整合业务销售资源的同时，配套了全新的团队管理办法和激励措施，销售人员积极性得到有效发挥，取得较好效果，城区部门销售能力得到有效增强，保费收入增长 7%。重新搭建水险组织架构，扩充水险销售管理队伍，水险业务实现保费 230 万元，开端良好。全面与银行（邮政）、交警、经销商建立稳固深入的合作关系，各渠道代理合作实现健康快速发展。重视基础管理，强化风险管控。定期对各机构经营管理情况进行监督预警，对一些违规操作行为给予及时纠正整改，落实责任，经营风险得到有效防范；高度关注应收保费、单证管理等基础工作，结合实际，实行动态管控；从严整治理赔队伍，不断提高理赔人员思想道德和专业技术水平，增强工作责任感和现场查勘识别能力，积极防范理赔人员道德与技术风险。同时，加大理赔未决赔案清理力度，未决清理工作取得良好进展；定期进行基层市场调研，增强基层机构发展后劲。总经理室及相关职能部门定期不定期对县级机构经营、市场和人力资源等各方面状况进行调研，依据调研情况，结合各机构不同状况，据实给予点评指引，使各县级机构始终沿着正确的轨道向前发展。

（马树利　供稿）

【中国太平洋人寿保险股份有限公司潍坊中心支公司】 2006 年，中国太平洋人寿保险股份有限公司潍坊中心支公司坚持“稳健经营、以效益为中心”的经营指导思想，锐意进取，顽强拼搏，各项工作保持了全面持续协调发展。全年实现总保费 5.35 亿元，各项指标全面完成分公司计划。其中，个险业务标准保费、新保期缴保费均列全国太保寿险中支公司第一名。2006 年，始终坚持以效益为中心，进一步优化业务结构，大力发展效益险种，业务品质大幅提升。个险业务以标团建设为主线，把握团队脉搏，细化团队管理，落实有效措施，适时开展业务竞赛，团队素质进一步提升，业务稳健发展，结构更加优化。意外险业务坚持直销与代理并重，规模与效益协调发展。银行保险业务成功实现转轨变型，各险种全面开花。续期业务坚持以客户为导向，强化业务培训和职场训练，不断提升客服专员的展业技能和服务水平，以服务赢得客户，赢得市场，各项指标全面超额达成计划。2006 年，适应专业化发展的需要，坚持走内涵式发展路子，全面强化基础建设，初步形成了以推动业务发展为中心的系统化基础管理体系，实现了管理与业务的和谐发展。2006 年，以条线为基础，全面建立专兼职讲师队伍，健全培训体系，突出重点，落实有效措施，加强专兼职讲师队伍量化考核，培训质量明显提高，团队整体素质和专业水平大幅提升。对外营造适宜发展环境，对内倡导文化理念，增强团队凝聚力。立足市场竞争激烈、公司业务渠道多而广的情况，专注目标，对外利用各种资源、多种方式，站稳市场，扩大市场，确保业务稳健发展。加强文化建设，提出并倡导“勤奋、用心、做实、做细”的工作价值观，把优秀的文化理念转换成公司的各项制度、员工的日常行为、管理的各项流程。进一步明确了“务实才能发展，做细才能做大”的理念，员工在自己的岗位能做到敬其事、出其力、勤于行、尽其职。

（孙培荣　供稿）

【中国平安财产保险股份有限公司潍坊中心支公司】 2006 年，中国太平洋财产保险股份有限公司潍坊中心支公司在集团总公司“品质优先、利润导向、遵纪守法、挑战新高”的战略方针指引下，大胆解放思想，严格自律，广罗各路人才，壮大经营力量，年保费收入一举突破 8000 万元大关，创有史以来最好水平。2006 年，潍坊中心支公司在严格按照公司经营宗旨搞好规范经营的同时，进一步加大客服中心的管理力度，努力做好不惜赔、不滥赔工作，巩固了平安保险公司在客户心目中的良好形象，使业务规模不断扩大。年内，寿光支公司首次突破年保费收入 1000 万元大关，增强了公司做大做强的信心，带动了其他支公司的同步发展。回赠社会、做好宣传文章，不断向社会推广各项新费率改革，努力让客户放心、明白所买保险产品，大大提高了平安保险公司在社会上的美誉度。平安保险公司在发展自身的同时，不忘回赠社会，不断组织献血、赈灾等募捐活动，同贫困山区小学搞接对子活动，总计回赠社会金额近 10 万元左右。

（张成堂　供稿）

【中国平安人寿保险股份有限公司潍坊中心支公司】 中国平安人寿保险股份有限公司潍坊中心支公司，严格执行保监办的有关管理规定，本着“平衡管理，系统运作、专业经营、科学发展”的经营思路，确立业绩、管理和服务理念，不断创新，开拓进取。加大业务品质管理的力度，业务规模和人员规模都跃上了一个新的平台，平安品牌市场份额稳中提升，取得了良好业绩。2006 年度保费收入总额达到了 3.2 亿元，在全国 60 家重点三级机构中位居第一，业务发展能力进一步增强，服务水平进一步提高。2006 年，赔付保险金 1000 余万元，结案率达到 99%以上，保险生存金给付 1536.55 万元。同时还遵循“回馈社会，服务大众”的服务宗旨，相继举办了客户服务节，与共青团潍坊市委共同举办了希望工程捐款，全市青少年乒乓球选拔赛，客户联谊会，新年送福等社会公益活动，得到了社会各界的广泛认可和赞誉。

（刘惠捷　供稿）

【泰康人寿保险股份有限公司潍坊中心支公司】　泰康人寿保险股份有限公司系 1996 年 8 月 22 日经中国人民银行总行批准成立的全国性、股份制人寿保险公司，公司总部设在北京。泰康人寿保险股份有限公司潍坊中心支公司，成立于 2002 年 4 月，公司秉承“专业、规范、亲和、诚信”的经营理念，勤奋开拓，为促进潍坊当地保险业的发展做出了贡献。

潍坊中心支公司 2006 年个险系列全年累计承保标准保费 2782 万元，超出年度计划 1182 万元，勇夺系统第二名。银行保险业务全年人均产能由 2005 年的 156 万元，提升至 2006 年的 234 万元，增长 50%，首次实现银保业务费差异，并进入全年系统排名 50 强。全年完成规模保费 3398 万元，计划达成率为 73%，全年系统排名第 49 位，省内排名第 7 位。续收业务全年达成率 105%，超额 241 万达成全年任务，提前十三天全面达成任务。团险直销业务全年完成保费 33.98 万元，其中多数业务为建筑工程险和意外险。交叉销售全年共计完成保费 45.88 万元。2006 年：个险赔付 813 件，赔付 2178404 元；团体险赔付 209 件，赔付 376453.50 元；银行保险赔付 16 件，赔付 224109.20 元；总计赔付 1038 件，赔付 2778966.70 元。潍坊中心支公司在 2006 年度潍坊市保险业诚信经营星级示范单位评选中，共有七家荣获诚信经营示范单位，其中寿光营销服务部、青州营销服务部荣获四星级保险诚信经营示范单位；昌乐营销服务部、高密营销服务部荣获三星级保险诚信经营示范单位；安丘营销服务部、诸诚营销服务部荣获二星级保险诚信经营示范单位；潍坊本部营销服务部荣获一星级保险诚信经营示范单位。

（泰康人寿潍坊中心支公司　供稿）

【天安保险股份有限公司潍坊中心支公司】　2006 年，天安保险股份有限公司潍坊中心支公司全体干部员工在“做强销售、结构调整、加强管控、突出效益”十六字方针的指引下，抓住机遇、迎难而上，深入研究市场形势，制定积极的竞争策略。加大对大客户、大项目的攻关及服务工作，在稳定大客户的基础上，抓大不放小，创新销售方法和销售模式，大力提倡直销业务，推进业务全面协调发展，年度内共实现业务收入近一亿元，实现了规模和效益的双赢。深化理赔改革，重塑理赔流程，打造了全新的优质服务体系。加强了集中理赔，提升了现场查勘率和定责定损的准确性。强化流程管理，使各环节、各岗位间起到了互相制约的作用，各环节做到相互配合、相互制约、环环相扣，既提高了工作的公平性和公正性，也保证了操作的合理性与合规性。严格遵守保险监管部门的各项监管政策，认真执行车险价格底限政策、取消了一切非正常批单批退；坚决遵守国家有关反商业贿赂的号召精神、以诚信为本，加强诚信建设，依法合规经营，坚守交强险手续费高压线；加强了非现场预警分析系统的正常运转，对各类经营管理风险进行分析和提示，为公司决策提供风险管理建议。以提升经营管理水平，提高基础管理、销售团队建设水平为目标，从业务管理、客户服务管理、财务管理及基础管理等方面，加强对营销服务部的达标指标的定期考核。加强了诚信建设，以诚信经营为本，共有七家机构荣获当地保险行业协会评选的“诚信经营示范单位”称号。大力加强形象宣传，同公安消防部门联合举办了消防宣传活动月活动、同潍坊学院及潍坊人民广播电台联合举办了“保险三下乡”活动、广泛开展了“扬荣拒耻，共建和谐”青年员工主题教育实践活动，积极创建“青年文明号”。提高服务质量，切实维护广大客户利益，被潍坊市消费者协会评为“五星级消费者满意单位”。

（天安保险潍坊中心支公司　供稿）

【永安财产保险股份有限公司潍坊中心支公司】　永安财产保险股份有限公司潍坊中心支公司贯彻上级公司工作会议精神，落实科学发展观，坚持分公司提出的“集中管控，适度发展”的经营思路和“车险做细，人身险做大，财产险有选择地做，责任险做出特色”的业务结构调整目标，充分发扬“讲学习、树正气、干实事、创佳绩”的工作作风，以市场为导向，以效益为中心，以业务发展为重点，以经营管理为主线，咬紧全年任务目标不放松，狠抓服务、业务、队伍“三大工程”建设，强化措施，创新实干，各项工作均达到了预期目标。呈现了业务发展稳步上升，险种结构日趋优化，经营规模不断扩大的可喜局面。

2004 年成立以来，年年超额完成分公司下达的全年经营计划，非车险、家财险稳居全省第一，交强险保费收入 1200 余万元，无论从计划达成率、保费总量，还是保费贡献率都在全省名列前茅。累计保费收入近 1 亿元，为社会承担经济风险达 100 余亿元，发挥了良好的“社会稳定器”的作用。2006 年度被分公司评为“经营管理先进单位”。

（徐卫忠　供稿）

【中国大地财产保险股份有限公司潍坊中心支公司】　2004 年 10 月 20 日，经中国保监会山东监管局批准，中国大地财产保险股份有限公司潍坊中心支公司正式挂牌营业。公司辖 15 个业务单位，5 个管理部门。公司主要经营财产损失保险、责任保险、信用保险、短期健康保险和人身意外伤害保险业务。2006 年，公司在潍坊市委、市政府及社会各界的大力支持和帮助下，弘扬“立足大地、携手创业、共享未来”的企业精神，恪守“诚信为先、稳健经

营、价值至上、服务社会”的经营理念，在业务拓展、险种调整、经营管理、改革创新等方面取得了明显成绩，圆满完成了年初制定的任务目标。被山东分公司评为“先进单位”；荣膺总公司“卓越俱乐部”成员；被中国金融工会授予“五一劳动奖状”和职工职业道德建设“十佳班组”；被全国总工会授予职工职业道德建设“百佳班组”。全年共实现保费8128万元，同比增长69.5%；市场占有率达到8.5%，高于全省3.8个百分点；综合满期赔付率为65.2%，结案率达到81.2%，高于全省3个百分点。全年完成非车险保费928万元，占总保费的12%，同比增长11%；加大对人身险定额保单和健康险业务的销售力度，全年共实现人身险业务1092万元，同比增长113%，位居全省第1位。通过一系列措施，公司的车险、非车险、人身险业务占比已达到75∶12∶13，险种结构日趋合理。

（邱　强　供稿）

【阳光财产保险股份有限公司潍坊中心支公司】 阳光财产保险股份有限公司是一家经营财产保险业务的全国性保险公司，公司注册资本金为11亿元人民币，总部设在北京。2005年9月26日，经中国保险监督管理委员会批准筹建阳光财险潍坊中心支公司。2005年11月23日经山东保险监管局和总公司批准正式开业。阳光财险已在寿光、青州、临朐、诸城、安丘、高密、昌邑等7个县市区设立了分支机构。阳光财险以雄厚的股东实力、独特的企业文化、卓越的客户服务能力，成立伊始即在潍坊业内引起了轰动。阳光财险潍坊中心支公司秉承“集众家之长，取自我之道；高起点组建，远战略发展；风雨中做事，阳光下做人”的原则，以谦逊、开放的态度，向所有好的保险公司和所有保险公司好的做法学习，努力打造一支素质过硬、作风顽强的保险队伍，在开业近2年的时间内，业务规模不断攀升，先后与潍坊辖内的政府机构、潍坊市各大银行、晨鸣集团、北汽福田、亚星化工、弘润石化、巨能电力、寒亭电力、诸城电力等20多家大型企业开展了全面的业务合作，建立了良好的关系。2006年度，阳光财险潍坊中心支公司累计承保金额120.64亿元，实现保费5384.5万元。由于业绩突出，潍坊中心支公司被阳光财险总公司评为“2007年度先进集体”。阳光财险潍坊中心支公司将秉承“提供超值服务、提高客户满意度和留存率、提升公司市场竞争能力”的服务原则，通过领先的产品设计、优质的客户服务、独特的企业文化、规范的运行机制和科学的投资管理，为潍坊的经济发展、广大人民群众的利益以及和谐社会的创建发挥更大、更重要的作用。

（苑桂高　供稿）

责任编辑　李长山

教　育

综　述

【综述】 2006年，全市教育系统坚持科学发展观，用改革解决制约教育发展的关键性问题，用发展化解遇到的矛盾，用创新开创教育工作新局面，素质教育继续深化，教育事业持续、快速、健康发展。全市普通高考领先优势进一步扩大，本科上线人数突破3.7万人，继续保持全省首位。潍坊市被教育部、中宣部、人事部、社科院、团中央等五部门确定为全国素质教育先进典型。国务委员陈至立、教育部部长周济及省长韩寓群专程来潍坊考察教育，给予充分肯定。新华社、《人民日报》、《中国青年报》、《中国教育报》等介绍潍坊市教育经验的文章达50多篇。全国有28个省市、163个教育考察团到潍坊考察交流。

重点突破，深化改革，教育活力得到全面激发。完善竞争机制，全面深化校长职级制度，继续推进教师聘任聘用制改革和工资分配制度改革。校长职级制度改革不断深化，627名校长被确定职级。结合职级管理，大力推行校长任期制和交流制，鼓励校长到农村学校和薄弱学校干事创业，县市区有近20%的校长进行了轮岗交流。聘用合同制进展顺利，已在全市85%的教职工中推开。12个县市区成立教育人才就业服务中心，潍坊市教育人才就业服务中心正式运转，落聘人员得到妥善安置。教育局直属事业单位改革取得阶段性成果。市直学校校长轮岗面超过了70%，实行教研员交流制、职级制，市教科院有4名教研员实现了轮岗交流。完善学校民主指数通报制度，建立健全教师委员会，学校民主建设不断加强。大力发展民办教育，优质教育资源得到扩增。积极发挥独特的政策优势和教育品牌优势，通过多种形式和途径，推进办学体制改革，有力地推动了全市民办教育的发展，成为教育发展的新增长点。全市教育系统利用社会资金超过10亿元，民办中小学达到105处，在校生突破15.2万人，占全日制中小学在校生总数的12.6%。民办幼儿园达1426处，各类民办培训机构有730处。潍坊科技职业学院成为全省规模最大的民办高校之一。加强对民办学校的规范管理，取缔21家不规范培训机构，限期整顿22所不规范民办学校，维护了广大家长和学生的权益。

做大做强，全面提升，职业教育服务经济能力显著增强。为大力营造职业教育发展的良好环境，市委、市政府积极推动职业教育规划、专项资金投入、师资队伍建设、就业准入制度等制约职教发展突出问题的解决。(1)职业教育经费投入加大，连同配套资金共3000万元，在市区重点建设了海洋化工等8个专业实训基地，在全国居于先进水平，还建成小实训点1000多个，改善了学生的实习实训条件。(2)职业教育中心工程进展顺利，中职布局调整计划取得阶段性成果。寿光市的潍坊科技职业学院、诸城市的潍坊工商职业学院已实现高职与中职一体化办学，高密市职教中心一期工程进展较快，青州职教中心建设开始启动，安丘组建了松散型职教中心，昌邑、昌乐、临朐正对现有中职学校进行整合、增容。(3)教学改革不断深化，职业学校人才培养与企业需求开始对接。职业学校课程改革全面启动，已涉及到20多个骨干类专业，75%以上的在校生。专业设置初步得到调整，办学特色逐渐凸显。推广了潍坊商业学校“校企联合”的做法和安丘市加强实训基地建设、创新人才培养模式的经验，实践教学环节更加突出。出台了《关于在全市职业学校部分专业推行学分制及调整部分专业学制的通知》，单一学制开始打破，学分制管理逐步推行，现已有8个县市、15所职业学校的27个专业开始实施学分制。启动职业学校校长挂职和专职教师顶岗计划，为开展深层次的校企合作和联合办学奠定了基础。(4)年内，高职院校达到11所，各类职校在校生突破21万人，学生就业率达到90%，以高等职业教育为特色的教育文化产业基地开始形成。

抓住关键，完善机制，教育均衡发展取得新进展。着眼于解决群众最关心、最直接、最现实的利益问题，实施十大教育惠民工程，全省予以推广。其

中，在农村免费义务教育工程中，作为全省唯一地市，潍坊市级财政全部承担起本应由市县两级分担的农村义务教育保障经费7961万元，惠及68万名农村中小学生。同时，市财政每年拨款1000万元，作为奖励性资金，构建农村中小学危房改造长效机制。落实教师待遇，工资水平有了新的提高。“以县为主”管理体制进一步落实，现已有10个县市区的教师工资完全上收到县财政统一发放，农村教师工资每月人均达到1411元，比2005年增加246元。全市农村初中和小学预算内生均公用经费分别达到93元和73元，增幅较大。寿光市实现城乡教师编制和工资标准、城乡学校学生公用经费标准双统一，走在了全市前列。加快改造农村中小学危房，全市改造学校危房完成投资2980.8万元。新一轮“农村百所薄弱小学改造工程”进展较快，改造学校危房5.5万平方米。“农村高中进城”战略成效显著。80.5%的高中生在城区接受优质教育。进一步优化市区基础教育资源，市区初、高中办学实现分离。“市区中小学解困工程”取得阶段性成果，有7个项目完成改造建设，惠及学生2万余名。潍坊高新技术开发区2所全日制学校开始建设。“城乡教育共同体”、对口支教等做法在全市不断推广。中、小学数量由前几年的4400所减少到2197所，减幅达50%。

创新制度，注重效益，素质教育向核心突破。坚持尊重学生，尊重教育规律，以实施新课程改革为抓手，大力调整教学关系，积极构建“自主·互助·学习型”课堂，向课堂教学要质量、要效益，成效显著，新课程改革走在全国前列。中考改革在12个县市区全面推行。启动“有效管理和得力领导”战略研究行动，“三大纪律与八项改变”得到较好落实。“亲子共成长”家庭教育普及活动全面展开，受益家长20余万人次。实行“快乐大课间”推广行动，学生每天健身一小时得到保障。实施学生“五个一”成长工程，青少年思想道德建设扎实推进。深入开展重大教育教学问题行动研究，构建“基于问题解决、致力创新共享”工作机制，涌现出400余项教学成果政府奖。建立合格幼儿园媒体公告机制，举办了全市首届幼儿园发展论坛暨幼儿园课程改革与建设研讨会，学前教育管理水平和保教质量有新的提高，“小学化”倾向得到有效遏制，幼儿园收费、非法幼儿园等得到规范。素质教育硕果累累。普通高考成绩突出，本科上线3.7万人，各项指标继续稳居全省首位。教育信息化捷报频传，在第七届全国中小学生电脑制作活动暨电脑机器人竞赛中，全市电脑机器人竞赛项目获奖数占全国五分之一，电脑制作活动比赛获一等奖数占全国六分之一。

以人为本，力促成长，教师队伍整体素质不断提高。坚持实施“人才兴教”战略，通过资格认证准入、菜单式选择、强化行政监管的模式，搭建起教师培训的新平台，扩大优秀教师群体。积极发挥4家市级教师教育培训机构的作用，加大对教师的培训力度。市教育局对培训严格进行审查，规范学分登记制度，全方位地整合师资资源，使培训内容、形式、师资、服务更具针对性，更能满足校长、教师的成长需求。全年先后举办10期校长培训班，培训校长达3000多人；举办教师培训班21期，培训教师7000多人，涉及职业道德、计算机技能、基础教育新课程、英语能力等。“培训单位与学员双向选择，市场化运行”的新机制基本建立。评选首届“潍坊名师”30人，每人享受科研津贴2万元；表彰了十佳、百优班主任，1名班主任入选山东省十大教育创新人物。积极开展教师学历提高教育，使全市小学、初中、高中教师的学历达标率分别达到99%、92%和73%。加大优秀本科毕业生的引进力度，推进“农村小学校校新进一名大学生计划”，到农村小学支教任教的达538人，占农村小学总数的47%。择优选拔30名英语教师进行境外培训，效果良好。“百名外教进校园”工程效果明显，引进外籍教师138人。全力培养知名校长，打造教育专家队伍。组织校长到先进地区或出国学习、考察，开阔视野，增长才干。大力实施《市区校长三年培训规划》，推进“中小学校长提高培训工程”，两次组织市区中小学校长150人到上海师资培训中心进行培训。

依法行政，加强执政能力建设，努力办人民满意的教育。(1)聘任潍坊市第二届督学，引入社会中介机构参与督导评估，强化督导功能。推行教育督导责任区制度，根据全市行政区划和学校分布，划分为东片、西片、南片三个督导责任区。每个督导责任区分别由市、县两级督学组成团队，实现了全市学校规范办学行为的无缝隙覆盖。实行学校发展性评价试点，引导学校科学发展。(2)大力精简文件，严格控制会议的数量、会期和规模。注重发挥县市区工作典型的示范带动作用，成为工作的有力抓手。在局机关推行素质提升工程，对科室、个人采取个性化考核机制，努力打造学习型机关，对提高工作效率发挥了积极作用。推广“问题工作法”，倡导“在研究的状态下工作”，“深度思考两小时”，推荐必读书目，开展优秀创新调研评选。印发《教育领导干部参考》、《努力促进人的全面发展》。引导机关人员完善“个人成长方案”，做最好的自己。(3)大力加强教育行风建设。组织召开全市教育系统纪检监察工作会议，构筑预防职务犯罪“防火墙”。坚决制止、杜绝“谢师宴”，规范教师“有偿”家教，加强依法治教，1所学校被评为全国依法治校示范校。切实抓好学校收费工作，严禁乱收费。加强教育内审工作，教育局被评为潍坊市内部审计工作先进单位。

【潍坊被确定为全国素质教育先进典型】
2006年，在教育部、中宣部、人事部、社科院、团中央等部门按照中央领导重要批示精神，联合进行的素质教育调研中，潍坊被确定为全国素质教育先进典型。调研组已把潍坊等地的经验做法列为素质教育重要调研成果，上报党中央和国务院。

【普通高考各项指标均列全省前列】
2006年，全市普通高考本科上线人数

突破3.7万人，重点本科上线9186人，万人比、进线率、重点本科录取人数等指标均列全省前列。中心市区实现重大突破，文理重点本科上线人数比上年增长39.27%。

【中考改革在12个县市区全部推开】 2006年，潍坊市以"多次考试、双向选择、综合评价、等级录取、诚信推荐"为主要内容的中考改革全面推行，考试评价制度不断完善，新课改理念进一步落实。

【潍坊市区基础教育资源进一步优化】 市教育局对潍坊市区基础教育学校布局进行调整：将原潍坊一中、潍坊二中资源整合，分别成立两所纯高中学校和一所纯初中示范学校。"市区中小学解困工程"取得阶段性成果，7个项目完成改造，2万余名学生受益。

【国务委员陈至立考察潍坊教育工作】 5月12日，国务委员陈至立、教育部部长周济等来潍坊考察教育工作，要求"全面总结潍坊的经验做法，向全国推广"。新华社、《人民日报》、《中国青年报》、《中国教育报》等介绍全市教育经验的文章达50多篇。全国有28个省市、163个教育考察团来潍坊考察交流。

【教育信息化工作】 (1)教育信息化基础环境建设不断优化。全市有1576所完全小学以上学校通过光纤或ADSL的形式接入教育城域网，达90%。有896处学校建成校园网，达51%。全市中小学配有计算机13.5万台，学生平均10人1机。建有7188个多媒体教室，占全市班级数的33%。全市教育系统通过教育城域网初步实现电子化办公。(2)教育信息资源建设得到加强。做好教育部基础教育教学元数据规范、易用、高效、标准的教育教学资源库建设。实现市县两级资源存量5700G，850万条，其中市中心资源库600G，全市校本资源累计2.7万G。在此基础上，根据《潍坊市教育信息资源建设规划》，出台了《关于开展新课程主题资源网站建设活动的实施意见》，初步建成2557个主题资源网站。(3)基本普及信息技术教育。全市完全小学以上学校全部开设了信息技术必修课，开课率达98.2%。完善信息技术学科评价体系，初中纳入中考内容，进行信息技术水平等级考试，小学采取县市区抽考或学校自主评价。(4)中小学生科技创新教育成绩突出。在第七届全国中小学生电脑制作活动暨电脑机器人竞赛中，全市电脑机器人竞赛项目获奖数占全国五分之一，电脑制作活动比赛获一等奖数占全国六分之一。滨海中学代表中国参加第十三届国际机器人灭火大赛，获第五名。

学前教育

【概况】 2006年，全市幼儿园(所)发展到3258处。3－6周岁在园幼儿达15.9万人，入园率为91.3%，比上年增长4.7%；学前一年在园幼儿7.5万人，入园率为99.5%。全市幼儿教师9776人，其中专任教师7571人，学历达标率为94.7%。

【幼儿教育管理】 全市学前教育工作，注重纠正学前教育"小学化"倾向。专门印发了《关于加强幼儿园管理纠正学前教育小学化倾向的意见》，选准着力点，寻求突破口，促进全市办园水平和保教质量的提高。推行审批注册制度，建立合格幼儿园媒体公告机制，社会各界反响良好。大力提高幼儿教师素质，着力加强市区幼儿园园长和骨干教师培训工作。举办三期培训班，参训人员达到760多人。组织101名骨干幼儿园长、幼教管理干部和教研员赴上海进行提高培训。加强对幼儿园教学用书和教育实验活动的管理。对幼儿园教学用书、幼儿辅助读物和玩教具的使用出台硬性规定，明确要求不得超出《潍坊市幼儿园教学用书、幼儿辅助读物和玩教具推荐目录》的范围。推动全市学前教育持续、均衡发展。注重发挥典型的示范带动作用，评定了首批幼儿教育创新燎原奖。出台《潍坊市幼儿园发展论坛管理办法》，举办全市首届幼儿园发展论坛暨幼儿园课程改革与建设研讨会。

基础教育

【高中课改】 对30余处学校的教育教学和管理等开展了全面、细致、深入的调研活动。分析了影响学校、教师的十大共性因素，把"育人活动的目的、效果和形式的追问与反思"作为2006年重大教育课题进行研究，减少了干扰学校、教师的因素，学校育人活动的实效性大大增强。完善与新课程相匹配的中考改革。潍坊作为全国中考改革试点市，按照考试分数用等级表达、将学生综合素质纳入录取依据、扩大高中招生自主权的原则，研究制定了2006年中考改革意见，实行推荐录取、综合录取、特长录取相结合的录取方式，并扩大到12个县市区。

【中小学校管理工作】 确立了中小学德育工作的目标、思路及措施，建立健全了德育工作调研机制、课题研究机制、评价机制、奖惩机制，全市中小学德育工作焕发出勃勃生机和活力。出台《关于加强班主任队伍建设的意见》，建立促进班主任队伍健康发展的良性运行机制，评选"十佳百优"班主任，大力宣传优秀班主任的先进事迹，并举办高级研修班，调动了班主任工作积极性。下发《关于在全市中小学广泛开展"五个一"成长工程的通知》，命名表彰首批12处示范学校，推广了一批先进典型，中小学生成长的环境得到较大改善。出台《关于进一步加强中小学生综合实践活动基地建设的意见》，创立实践基地系列教学能手评选表彰机制，激发了实践基地的办学活力。全国校外教育联系席会议办公室简报先后两次编发、推广潍坊实践基地建设的经验。开展学生成长问题行动研究，确立了影响

学生健康成长的7个重大问题和120多个普遍性问题，推动所有中小学参与行动研究，并取得重大突破。开通5条学生成长服务热线，聘请经验丰富的教育专家、教师担任咨询员，每周5天接听学生和家长来电，解答家长困惑，化解学生烦恼。成立普通高中心理健康教育专业委员会，召开了全市心理健康教育研讨会，定期编发《心理健康教育通讯》，搭建起高中学校心理健康教育交流的平台。

【学校体育卫生与艺术教育】 全市教育系统认真贯彻落实《学校体育工作条例》、《学校卫生工作条例》、《学校艺术教育工作规程》和《小学、初中国防教育纲要》，组织参加各种比赛活动，成绩优异。潍坊七中手球队实现全国中学生手球联赛六连冠，昌邑辛置小学男子手球队实现全国小学生手球联赛三连冠，潍坊一中男篮获得全国中学生篮球邀请赛冠军。组织各种类型的艺术活动，推动了全市艺术教育工作的开展。潍城区永安路小学的舞蹈《映山红》获得全国第二届中小学艺术展演一等奖。

【特殊教育】 特殊教育教学模式改革在9处特教学校顺利展开，并取得初步成效。开展特殊教育调研活动，成功举办第二届特教校长论坛，承办全省特殊教育优质课评选观摩活动。2006年，全市6～15周岁盲、聋哑、弱智及其他残疾青少年，入学率分别为98.3%、96.7%、96.9%、97.4%。

职业教育与成人教育

【完善职业与成人教育体系】 潍坊市各级各类中等职业学校有102所。其中，普通中专18所，职业中专、高中60所，成人中专8所，技工学校16所。国家级重点中等职业学校19所，省部级重点职业学校17所。做好中职招生工作，扩大职教规模，规范职业学校春季招生行为。招收新生4.7万人，其中职业中专（高中）3.2万人，成人中专3028人，普通中专1.2万人，使中职在校生达到14.5万人，继续保持了较高的水平。农村成人教育在为农服务中得到巩固提高，省级规范化乡镇中心成人学校达到140处，占全省总数的1/4，县乡村三级办学网络得到健全，为农业发展、农村繁荣、农民致富提供了有力支撑。

【推进职业教育“2431”工程】 职业教育2431工程实施以来，8个县市都按照占地200亩以上、建筑面积4万平方米以上、在校生规模3000人以上、实习实训设备总值1000万元以上的标准，出台了建设方案。寿光市的潍坊科技职业学院在校生达到1.8万人，诸城市的潍坊工商职业学院初具规模，高密市投资1.2亿元建设职教中心，青州市“六校合一“组建新的职教中心，并启动1000亩的新校区建设，安丘市组建松散型职教中心，昌邑、临朐、昌乐正加紧对现有中等职业学校扩校、增容。

【深化职业教育教学改革】 （1）职业学校课程改革全面启动。按照“培养目标由企业确定，教学内容企业参与，以岗位能力要求为中心，实训基地即课堂”的要求，以重大课题研究形式启动教学内容和课程改革，确定了八个重大课题，成立58个课题小组，取得阶段性成果。新课程改革已涉及到20多个骨干类专业、75%以上在校生。（2）灵活的学习制度开始构建。在全市职业学校机电、计算机、财经三大类专业率先实施学分制改革，单一学制开始打破，学分制管理稳步推行，开始建立起灵活、多样、开放的学习制度。全市有近30所职业学校、20多个专业实行了学分制改革。（3）加强实训基地建设。学校与市财政配套资金3000万元，在潍坊商业学校、潍坊一职专、潍坊海洋化工学校等8所学校建设了制冷、计算机网络技术、海洋化工等8个与潍坊经济建设密切相关的专业实训基地，并申报了9个省级职业教育实训基地。全面推进小实训点建设，全市各类职业学校共建设各种小实训点1000多个。（5）启动职业学校校长挂职和专职教师顶岗计划。为推进校企合作、产教结合向深层次发展，在全市职业学校开展以“职业学校领导干部、教师到企业挂职顶岗，聘请企业领导、技术骨干、能工巧匠到职业学校兼职”为主要内容的校企“双向挂职”工作，为开展深层次校企合作和多形式联合办学奠定了基础。

民 办 教 育

【概况】 全市教育系统利用社会资金超过10亿元，民办中小学达到105处，在校生突破15.2万人，占全日制中小学在校生总数的12.6%。民办幼儿园达1426处，各类民办培训机构有730处。

【民办教育呈现出良好发展局面】 大力发展民办教育，优质教育资源得到扩增。积极发挥全市独特的政策优势和教育品牌优势，通过多种形式和途径，推进办学体制改革，有力地推动了全市民办教育的发展，成为教育发展的新的增长点。潍坊科技职业学院成为全省规模最大的民办高校之一。加强对民办学校的规范管理，取缔21家不规范培训机构，限期整顿22所不规范民办学校，维护了广大家长和学生的权益。

（郭治平 王志刚 供稿）

高 等 教 育

【潍坊医学院】 2006年，潍坊医学院全体教职员工坚持以邓小平理论、“三个代表”重要思想为指导，深入学习贯彻党的十六大和十六届六中全会精神，以科学发展观统领学院改革与发展全局，以全力推进本科教学评建工作、进一步提高人才培养质量为中心任务，以加快新校区建设、进一步改善办学条件为基础，深化内部管理体制改革、加强干部队伍建设、增强办学活力，不断强化教学、科研、医疗等各项工作，推动了学院各项工作持续、协调、健康发展。

抓住中心任务，确保教学评建工作扎实推进。迎接教育部本科教学评估，事关学院的生存和发展。全院上下始终紧紧抓住中心任务不放松，通过分析形势，进一步明确了评建工作的基本思路，提出了“争先创优”的评建目标，全面启动了教学评建工作。先后印发了一系列文件，组织专家组进行了第一轮自评，并将评建工作和日常工作有机结合起来，扎扎实实搞好各项建设。建立起了高效的工作机制，充分发挥评建办公室的作用，稳步推进各项工作，评建工作取得明显成效。

努力解决制约学校发展的关键问题，全力加快新校区建设。新校区建设是制约学院发展的关键问题，关系到学院的正常工作和健康发展。在土地政策紧缩的情况下，学院坚持抓住新校区建设毫不放松，积极争取上级部门的理解和支持，新校区建设一二期工程用地最终得到批复，并先后完成了新校区总体规划的调整工作、单体设计以及测绘、勘探等各项施工前的准备工作。

教学工作进一步加强，教育教学质量不断提高。全面规划专业（学科）课程改革与建设，积极推进品牌特色专业及精品课程建设。出台了《潍坊医学院关于进一步加强课程改革与建设的实施意见》和《潍坊医学院关于“十一五”期间专业改革与建设规划的意见》，下发了加强专业建设、开展专业评估的实施意见和专业课程评估标准等。2006年有3门精品课程被确定为省级精品课程，2个专业被列为省级特色专业，学院品牌特色专业及精品课程数量均超过省内同类医学院校，提升了学院专业课程建设水平。深化教学规范化建设，加强教学改革，提高教学质量。进一步完善了教学质量监控体系，开展观摩教学，课堂教学竞赛，优秀多媒体教学课件等的评选；强化双语教学的力度；推进“数字化校园网络平台”管理系统建设；加强实验教学内容的改革与调整。进一步加强了实践教学基地建设，经省卫生厅批准，有4所医院被评为非直属附属医院，1所医院被评为教学医院。同时，还与5所医院签署了教学协议，新开辟人文社科实习基地6处。

重点建设不断强化，科学研究和研究生教育取得显著成绩。人体解剖与组织胚胎学被确定为“泰山学者”设岗学科，是山东省同类院校中唯一设置的“泰山学者”设岗学科。有5个学科、实验室被确定为省“十一五”重点建设项目。省级重点学科（实验室）数量在全省同类院校中名列前茅。2006年，获得国家自然科学基金课题2项、国家重点实验室开放课题1项、中英城市社区服务于贫困救助项目2项、省自然科学基金3项、省博士基金2项、省卫生厅1020工程专项课题3项，其他课题38项。获国家专利3项，获省科技进步二等奖1项、省教育厅奖11项、省软科学奖10项、其他奖励20项，获奖数量创历史新高。发表学术论文504篇，被SCI、ISTP等收录论文2篇，MEDLINE收录10篇，出版专著和教材20多部。认真落实“高教强省”行动计划，出台了相关管理办法，进一步加强医学院高层次、高质量、高素质人才的培养，获得省级研究生创新计划项目3项，有1名学生获省研究生优秀创新成果奖，有1篇获省级优秀硕士学位论文奖。进一步加大投入，加强新增硕士点的建设，对硕士学位授权学科进行了选优评估。加强研究生导师管理，优化学科队伍结构。完成了新一轮导师遴选和聘期届满导师的续聘工作。

强化人才工作，着力提高师资队伍整体素质。坚持“公开、公正、公平”原则，加大人才引进工作力度，引进博士11人、硕士106人。完成了职称评审工作，有37人通过副高级以上职称评审，师资队伍的结构得到进一步优化。加强了师资培训，通过在职攻读学位、培训、进修、出国留学等方式，进一步提高教师队伍整体素质。有1人被确定为山东省卫生系统杰出学科带头人，2人被确定为山东省卫生系统中青年重点科技人才，1人被评为省级优秀研究生指导教师，3人获得潍坊市青年科技奖。

对外交流与合作进一步加强，联合办学取得新进展。新招收印度、尼泊尔留学生45名，在校留学生达228名。加强留学生教育管理，制定了留学生临床医学专业本科培养方案和课程设置，编写了教学大纲。聘请了4位外国专家来校任教。积极开展对外合作与交流工作，加强合作办学。乌克兰第聂伯临床学院2006年招生18人，2005级的10名学生全部通过考试赴乌克兰学习深造。与美国康尼狄克州大学健康中心、菲律宾东方大学、远东大学、国父大学达成合作意向。先后有30余名国外专家、校友来校考察、讲学。有多名教师出国留学、参加国际学术会议。

（李向辉　供稿）

【潍坊学院】　潍坊学院是2000年3月经教育部批准，由原昌潍师范专科学校和潍坊高等专科学校合并、并入原山东渤海进修学院教育资源组建而成的一所全日制普通本科院校。具有55年的历史。学校占地面积1800余亩，校舍建筑面积71万平方米，教学科研仪器设备总值1.16亿元，图书馆各类藏书256万册。现有23个教学院系部，41个本科专业，涉及理、工、文、经、管、农、法、历史和教育九大学科门类。现有专任教师1146人，高级职称人员448人，其中有3人享受国务院特殊津贴，21名教师分别荣获“全国优秀教师”、“全国高校首届百名‘两课’优秀教师”、“曾宪梓教育基金会高等师范院校教师奖”、“山东省首届高等学校教学名师”、“山东省优秀青年知识分子”、“山东省中青年学术骨干”等荣誉称号，13名教授被外校聘为兼职硕士生导师。学校面向全国26个省、市、自治区招生，有全日制学生19459人，其中本科生15153人。

党建和思想政治工作不断加强。以巩固保持共产党员先进性教育成果为重点，加强了党建和思想政治工作。认真组织开展了党员先进性教育活动巩固与扩大整改成果、学习贯彻党章、建立长效机制等工作。严格落实整改内容、时

限、目标要求和具体责任人。制定了《关于健全完善党员“长期受教育，永葆先进性”长效机制的意见》。学院被省委宣传部评为“党员教育工作先进单位”，历史文化与旅游学院党总支被评为“山东省先进基层党组织”，组织部党支部被评为“山东高校先进基层党组织”。加强干部队伍建设。8月，院党委采取竞争上岗的形式，调整配备了中层班子和400多名处、科级干部。干部队伍的学历、年龄、职称结构进一步优化，生机和活力进一步增强。注重领导班子自身建设。坚持党委中心组学习制度。按照“两个务必”、“八个坚持，八个反对”要求，不断查找作风建设中存在的问题。不断完善党委领导下的院长负责制，依法治校，认真执行集体领导、民主集中、个别酝酿、会议决定的基本制度；自觉维护领导班子的团结，做到思想上合心、行动上合拍、工作上合力。认真落实了党风廉政建设责任制，加大了警示预防教育。认真执行《廉政准则》和中央、省委关于领导干部廉洁自律的各项规定，在组织人事、基建招标、招生考试、物资设备购置等方面和环节，加大政策透明度和监督检查力度。

教学管理日趋规范，教学质量稳步提高。注重课堂教学管理，修订了2006级学生人才培养方案，加强实践教学基地建设，规范外聘教师的管理，教学管理走向了制度化、规范化，教育教学质量稳步提升。根据教育部本科教学水平评估要求，加大图书资料和教学科研仪器设备建设力度。藏书总量达256万册，新建教学实验室18个、多媒体教室66个，教学、科研条件明显改善。

科研工作取得新突破，创新意识进一步增强。王广起博士的《公用事业的市场运营与政府规制研究》、台夕市博士的《新型碱土金属配合物的合成、结构表征及其对植物光合作用影响机理的研究》项目，分别获得2006年国家社会科学和自然科学基金立项，实现了学院在国家级科研立项新的突破。成立了山东半岛经济社会发展研究院，加强科研创新平台建设。组织召开了第二届科研工作大会，制定了学院《“十一五”科研规划》。

人事制度改革进一步加大，师资队伍建设得到加强。按照教育部评估要求和学院人才工程计划，与90余名硕士、博士签订了引进协议。选拔产生了学院第二届学科带头人11名、学术骨干36名、中青年骨干教师123名，形成了学院新的学术梯队。

在拓展办学模式方面迈出新步伐。与青岛科技大学正式签订校际合作协议，两校在教学、科研、管理、人才培养、师资等多方面进行了实质性对接，迈开了两校全面合作的步伐。积极探索国际合作教育新路子，与法国南特大学合作开展了1+x赴法留学法语培训项目，开辟了合作办学新模式。成人教育和远程学院不断扩大招生规模，积极开展了以岗位培训和继续教育为主导的各种非学历教育，取得了良好的经济效益和社会效益。

创新学生管理教育模式，学生工作扎实有效。坚持育人为本，创新大学生思想政治教育工作，组织出版《大学生思想道德建设三字经》，该书被教育部高等教育教学评估中心网站《评估经验交流》栏目全文刊登。成功举办了“2006全省重点中学校长座谈会”，出台了系列奖励优秀新生的政策，设院长特别奖、一等奖、二等奖及综合奖等四类入学奖学金，一次性奖励品学兼优的新生。学院毕业生就业率95%，在全省同类院校中名列前茅。

强化服务意识，后勤保障工作成效显著。进一步强化后勤管理，完成了教职工活动中心、专家公寓等工程。加大财务管理工作力度，进一步拓展融资渠道，保证了学院教学、科研和建设发展的资金需求。积极推进节约型学校建设，2006年5月被授予“山东省节水型单位”荣誉称号，省政府在学院召开了节水现场会。

成功举办55周年校庆庆典。10月16日，成功举办了55周年校庆庆典活动。整个校庆庆典盛况空前、隆重热烈、影响巨大、意义深远。进一步树立了学院良好形象，优化了外部环境。

（马荣舟　孙创业　供稿）

【潍坊职业学院】 2006年，潍坊职业学院以“三个代表”重要思想和党的十六大精神为指导，全面贯彻落实科学发展观，紧紧围绕发展这一主题，以内涵建设为根本，以深化改革、加强目标管理为重点，以加强党建和思想政治工作为保障，解放思想，务实苦干，开拓创新，各项事业呈现出蓬勃发展的大好局面。

教学工作成绩显著。组织召开了学院首次教学工作会议，教学工作得到进一步推进。继续加强专业建设，园林技术专业被评为山东省高等学校特色专业，新上工业分析与检验、涉外旅游两个新专业，专业总数达到38个，新增2门省级精品课程，总数达5门。教材建设取得重要成果，有4门教材选题被列入教育部“十一五”国家级教材规划。着力加强教学基本条件建设，生物园艺实训基地获中央财政专项资助经费170万元。人才培养质量不断提高，组队参加全省大学生机电产品创新设计、电子设计、数学建模、数控技术、计算机技能等科技或技能竞赛等活动，荣获一等奖3项、二等奖3项、三等奖5项。

实训基地建设取得新突破。学院与驻潍某部合作，集中建设了占地600亩，集实训、教学和生产加工为一体的综合性实训基地，有1500余名学生入住学习、实训，缓解了办学空间相对不足的矛盾，为探索实施新的人才培养模式、大幅提高人才培养质量创造了条件，搭建了学院新的发展平台。

职业技能鉴定富有成效。山东省语委办批准学院设立了“普通话培训测试站”，省信息产业厅考核确定学院为山东省第一批省级信息化培训机构，省劳动和社会保障厅确定学院为山东省高等学校技能人才培训鉴定基地，同时学院挂牌成立了ISO9000内审员资格培训基地，职业技能鉴定服务面进一步拓宽，全年新增三个主体专业9个工种的高级工鉴定资格，完成了19个工种

潍坊职业学院

2300余人（次）的职业技能培训与鉴定任务。

科技与产业工作取得新进展。科研立项的数量、质量和级别明显提高，有27项课题被国家、省、市科技、教育等部门正式立项，2项课题通过省教育厅鉴定，5项课题被列为省级星火计划项目，1项课题被列为国家级星火计划项目。学报《潍坊高等职业教育》被CNKI收录，成为《中国知识资源总库》的全文网络出版期刊和《全国报刊索引》固定来源期刊。全年通过市级以上鉴定成果5项，3项成果获市级以上科技成果奖。主（参）编著作、教材26本，有190多篇论文在正式刊物发表。成立了潍坊市数控工程技术研究中心，筹建了智源博锐液压机械有限公司，为面向生产一线开展科技研发搭建了平台。

师资队伍结构进一步优化。积极推行教师素质提高计划，鼓励中青年教师攻读硕士博士学位，新增硕士32名、博士1名，教师力量得到进一步加强。积极组织第二批学术骨干、中青年骨干教师评选活动，11名教师被分别评为学术骨干、中青年骨干。组织开展青年教师授课竞赛活动，14名教师分获助教组、讲师组一、二、三等奖，促进了青年教师的成长。积极引进国外优质教育资源，聘请4名外籍教师，增强了学院外语教学的师资力量。继续实施“名师”战略，评出首批学院“十大教学名师”，树立了教学典范。2006年，1名教师被评为“山东省高等学校教学名师”，2名教师被评为“潍坊市专业技术拔尖人才”。

学生管理和招生就业工作迈上新台阶。健全完善相关学生管理规定，学生管理更趋制度化、规范化。评选表彰了首批“十佳班主任”，辅导员、班主任队伍建设得到加强。开展“大学生心理健康教育月”活动，促进了学生健康人格的形成和发展。加强学生社团建设，组建了大学生艺术团、合唱团和礼仪队，为学生发展良好的兴趣、爱好、提高自身素质搭建了平台。做好国家助学贷款和奖学金发放工作，提供假期助学岗位400多人（次），办理助学贷款196.5万元，发放各类奖学金58万元，进一步提高了广大学生学习积极性。2006年从河北等8省市录取新生3836人，在校生规模近10000人。组织就业服务周和多场招聘活动，2006年毕业生总就业率达到97.5%，位居全省同类高校前列。

对外交流与合作办学取得积极成效。与韩国天安莲庵大学签署派遣留学生协议，首批15名学生赴韩国研修。韩国国际协力团为学院投资5万余元建立韩语学习室，有效改善了韩语教学条件。与山东大学、山东农业大学等高校联合举办成人教育，有164名成教专科生顺利毕业。举办省委组织部选调生培训班50人，培训结业市直部门单位副科以下干部247人。为福田重工等企事业单位培训各类人员1170人，农村劳动力转移培训400人，创造了良好的教学和社会效益。

内部管理体制改革得到进一步推进。全年制定出台或修定规章制度20多件，在定编、定岗、定责的基础上完成了首轮副科级以下人员双向选择竞争上岗。全面试行工作目标管理责任制，制定部门年度目标任务书和目标管理责任制考核实施办法，成立管理效能督查室，加强了对部门和工作人员的考核、督查，较好地调动了广大教职工和各部门的工作积极性、创造性，工作效率和工作质量有了新的提高。

50周年校庆各项活动取得圆满成功。学院编辑制作了《五十年大事记》、《优秀毕业生风采录》、《风华正茂》等宣传资料和电视专题片，在师生中开展了“我爱我院”、“我为学院添光彩”等系列活动，举办了五十周年成就展和庆祝大会、晚会，获得了巨大成功，达到了回顾历史，总结经验，展示成就，联系校友，激励师生，拓宽办学渠道，提高学院知名度，扩大社会影响的目的，进一步增强了学院办学发展的向心力、凝聚力。

（葛树强　供稿）

责任编辑　李长山

科　学

科技工作

【概况】　2006年，全市科技工作以科学发展观为指导，以增强自主创新能力、建设创新型城市为主线，深入实施科教兴潍战略，科技进步和创新工作快速发展，在全国创新型城市排名第35位、居地市级市第15位。

【高新技术及其产业】　2006年，全市完成高新技术产业产值780.3亿元，同比增长34.25%，占规模以上工业产值的比重达到22.08%，比上年提高了6.2个百分点。

高新技术企业。新增省级高新技术企业36家，全市省级以上高新技术企业发展到306家，其中有5家企业年销售收入超过100亿元、11家过50亿元，33家进入全国大型工业企业行列。

高新技术产业化。围绕电子信息、生物医药、光机电一体化、新材料和能源环保等产业，通过集成资源、落实政策、强化考核激励等措施，推进现有高新技术企业培强做大、成长型科技企业培植、高新技术产品开发，研究开发具有自主知识产权的高科技产品250多种。坚持把高新区作为带动全市高新技术产业发展的龙头，提出了“一年大突破、三年成规模、五年创一流”的奋斗目标，举全市之力优先发展。建成了光信息、生物医药、新材料等10个专业园区，形成了以潍坊歌尔电子有限公司为龙头的电子信息产业集群，以潍柴动力股份有限公司为龙头的机电一体化产业集群，以山东潍坊海王医药有限公司为龙头的生物医药产业集群，以富维薄膜（山东）有限公司为龙头的新材料产业集群，高新技术产业产值占工业总产值的比重达到75%。

传统产业高新化。围绕机械装备、重化工业、纺织服装、食品加工、造纸包装等支柱产业，加快实施技术创新和制造业信息化工程。重点培育了30家示范企业，带动提升产业技术装备水平。福田雷沃重工股份有限公司获国家和省制造业信息化工程立项支持1000多万元。以技术创新推进名牌战略实施，2006年全市新创中国名牌产品9个，累计创建中国名牌产品18个；新创中国驰名商标5件、著名商标39个，累计中国驰名商标9个、著名商标144个。

【科技计划】　全市组织实施各类科技计划278项，其中国家、省科技计划项目138项，市级科技计划140项。潍柴动力股份有限公司的面向机械产业链的协同电子商务服务平台示范工作、重型商用柴油机、新型气体机等31项列入了国家科技支撑、国家“863”等计划。组织实施山东省科技计划项目107项，其中山东日科新材料有限公司的氯化聚乙烯一丙烯酸烷基酯互穿网络共聚物研制开发等5个项目列入了山东省自主创新重大科技专项。

【农业与社会发展】　2006年，全市农村和社会发展科技工作，以加强农业企业创新和现代科技示范基地建设为重点，在产业化、标准化、国际化方面取得重大进展。

农业科技创新。2006年，全市组织实施国家、省农业科技计划项目35项，争取国家、省级科技计划项目经费1342万元。其中，福田雷沃重工股份有限公司的新型水稻联合收割机技术研究与开发、水稻机械样机开发与试验、新型自走式玉米联合收获机研究与示范，诸城兴贸玉米开发有限公司的玉米淀粉糖、系列变性淀粉与多元醇开发及产业化示范，诸城得利斯集团的畜禽屠宰加工设备与骨血产品开发及产业化示范，寿光蔬菜产业集团公司的寿光蔬菜安全关键技术应用综合示范区项目，诸城市政府承担的粮食丰产工程计划项目——国家粮食科技示范工程诸城示范县等7个项目列入国家“十一五”重点科技支撑计划；山东华晨生物科技有限公司的农业基因工程抗菌肽的研究与创制和得利斯集团有限公司的基于RFID技术的食品安全追溯系统研发与示范项目列入国家“863”计划；寿光蔬菜高科技示范园的设施蔬菜结构与品种对比试验列入国家科技园区（星火计划）计划；诸城兴贸玉米开发有限公司的玉米淀粉深加工技术列入国家农业科技成果转化资金计划；寿光新世纪种苗有限公司的农业特色创新工程寿光主栽蔬菜品种和山东潍坊沃华医药科技股份有限公司的琥珀消食颗粒二次开发研究列入山东省自主创新重大科技专项攻关计划。山东沃华医药科技股份有限公司被认定为省级中药现代化科技示范企业。诸城华明建筑科技有限公司的国家农业科技成果转化资金计划项目——农村标准化装配绿色节能建筑成套技术开发研究和诸城市、高密市政府承担的国家科技部粮食科技示范工程计划的试点示范县、辐射县等3个项目通过了国家验收。

农业科技示范园区。进一步加大组织实施力度，规范化建设现有的25家国家、省、市级农业科技示范园区，建成了国家级寿光蔬菜高科技示范园区，省级昌乐西瓜、诸城得利斯、大正特种养殖等四个农业特色科技示范园区，成为现代农业发展的导向性、示范性工程。寿光市蔬菜高科技示范园以进军科技前沿、发展高新农业为宗旨，与中国农业大学联合成立了中国农业种子研究院，建成了55000平方米的智能化育苗温室、10000平方米的绿色蔬菜交易市场、6700平方米的蔬菜国际会展中心、4400平方米的生物工程中心、2700平方米的现代化信息多媒体培训中心、2000平方米的蔬菜保鲜加工销售中心及4000个高科技日光温室，形成了核心区面积2400亩、示范区2.5万亩、辐射区35万亩的发展规模，建成了集科研开发、种苗繁育、技术培训、试验示范、推广种植、农业观光于一体，生产、加工、销售一条龙的多功能现代化的蔬菜产业化龙头科技园区，被确定为国家科技部重点科技推广项目区、北京大学生命科学院和山东农业大学博士后流动站、山东省蔬菜研究中心和蔬菜高新技术园区。

【科技成果】 2006年，全市取得优秀科技成果243项，其中，农业领域28项，工业领域97项，医疗卫生领域112项，其他领域6项；达到国际水平32项，达到国内领先水平195项，国内先进水平16项。获国家科技进步奖2项（山东海龙股份有限公司的粘胶短纤维工程系统研究荣获国家科技进步一等奖和何梁何利基金科学与技术创新奖，山东同大海岛新材料有限公司的超细纤维人造麂皮开发获国家科技进步二等奖）。获山东省科技进步奖20项，其中二等奖6项，三等奖14项；获山东省软科学成果奖23项，其中一等奖2项，二等奖8项，三等奖13项。

【海洋科技】 2006年，全市以海洋化工和海水养殖为重点，加快实施科技兴海战略，海洋科技取得较大进展。

海洋化工。全市有40多家海洋化工企业与国内外20多家高等院校、科研机构建立了长期稳定的合作关系。通过产学研合作和引进消化吸收再创新，截至2006年底，创新研发新技术80项。山东海化集团与中国石油天然气总公司研究院合作开发建设了年产2万吨硫酸钾项目。山东海王化工公司与青岛科技大学联合成立了山东海王溴化物研究中心，延伸卤水—原盐—溴素—溴化物产业链，先后开发生产出30多种产品，涉及到医药中间体、染料中间体、阻燃剂三大领域，有10多种产品填补了国内空白。寿光海洋化工公司自主研发的八溴醚产业化项目，形成了年产8000吨的生产能力，居全国第一位，使企业年新增销售收入1.9亿元、利税2500万元。全市海洋化工产业（不含两碱）实现销售收入55亿元、利税12亿元。

海水养殖。加强海洋渔业科技研究与开发，推动创新成果转化，渔业科技进步贡献率达到50%。2006年，建设国家级、省级标准化示范基地4处，认定无公害水产品生产企业23家、34万亩，认证产品25个。规划建设了世界唯一的近江牡蛎纯种保护区——莱州湾近江牡蛎自然保护区4处；建成莱州湾三优梭子蟹省级原种场3家。引进了鲟鳇等7个养殖新品种，生产苗种16亿尾，实现产值6408万元。启动科技入户工程，培育建设示范户200个，广泛推广应用了工厂化养殖海参等一批新技术，全年开展技术培训2000多人次。

【科技交流与合作】 国内科技合作。着眼推进产学研结合、提高创新能力，与中国科学院、清华大学、中国农业大学、山东海洋工程研究院等科研院所和高等院校签订了科技合作协议。全市80%的企业与科研单位、高校建立了稳定的合作关系。围绕“三北”开发，组织了“市院携手兴三北”科技活动，邀请高层次专家20多人次来潍坊进行咨询和指导。以高新技术项目招商为重点，成功举办了第二届海峡两岸人才与科技成果交流洽谈推介会，邀请博士、专家180多名，参会企业740多家，签订重大项目22项，投资总额12亿元，并有8位院士、专家被聘为市政府经济顾问。在深圳举办了潍坊（深圳）高新技术项目招商恳谈会，700多名海内外客商与潍坊企业进行了交流洽谈，签定高新技术项目协议、合同62项，总投资额86.5亿元，协议利用市外资金72.6亿元。

国际科技合作。组织赴印度、俄罗斯、瑞典、美国、罗马尼亚等出访团组5个，30多人次。赴俄罗斯科技招商活动列入2006年潍坊市“双十”重点招商活动，进一步加强了潍坊与俄罗斯在高新技术产业领域的合作与交流。在印度首都新德里举办了潍坊产品出口印度洽谈对接会，为双方今后在高层次、多领域开展互利双赢合作奠定了基础。

【科技政策与法规建设】 潍坊市进一步修订完善并出台了《潍坊市“十一五”科技发展规划纲要》，提出了全市“十一五”科技发展的总体目标，确立了全市在农业高新技术、生物技术与创新药物、电子信息技术、新材料技术、先进制造技术、海洋技术等九个方面的科技创新的重点内容，确定了建立全市科技创新体系、努力增加全社会科技投入、着力加强科技人才队伍建设、积极推进科技合作与交流和加强对科技工作的领导与考核的五项政策措施与支撑条件。修订完善了党政领导干部科技进步目标责任制考核办法，对各县市区、市属开发区进行了全面考核，使全市抓科技、促创新的氛围更加浓厚。

【创新体系建设】 高新技术产业发展基金。为推动高新技术跨越发展，设立了高新技术产业发展基金，确定“十一五”期间，通过国有资本（资产）收益、国有股权融资等渠道筹集10亿元资金，每年2亿元专项用于高水平研发平台和高新技术重点项目建设。2006年首批启动建设了歌尔研究院、中微光电子研究院、沃华中药研究院、富维薄膜技术中心、3V医学诊断技术中心、生物医药研发中心6个研发平台。

企业研发中心。2006年，新建市级以上工程技术研究中心57家，其中省级26家；新增2家国家企业技术中心，全市企业研发中心发展到了468家。

民办科研机构。2006年，按照《山东省民办非企业单位管理办法》，对民营科研机构进行了规范化管理。全市共有民办科研机构1120家，其中市属民办科研机构420家，涉及电子信息、生物医药、新材料、节能环保、化工、机械装备等十几个行业领域；从业人员达到15000人，其中各类科技人员占70%。为社会各界提供技术咨询20000多人次，签定各类项目合同1300余项，技术交易额超过3.6亿元。

【科学技术普及】 科普网络建设。全市12个县市区、193处乡镇（街道）建立健全了科普组织，配备专职干部245名，兼职干部317名。全市9216个行政村和598个社区居委会，都配齐了村居科技（科协）主任，80%以上的乡镇、村建立了科普学校，建成科普村村通宣传栏9264个、社区科普宣传栏598个，实现了科普村村通、居居通。新建企业科普组织13个，全市企业科普组织达到232个，其中民营企业科协183个，国有企业科协49个；市级企业科协33个，县级企业科协199个，配备专职科协干部309人，兼职干部270人，在全市不同所有制形式的企业中形成了比较健全完善的科普组织网络。全市新发展科普志愿者队伍11支，登记在册的科普志愿者总数达到5800人。全市星火培训基地达到37处，其中国家级1处、省级2处、市级14处、县级20处。

科普示范基地建设。全市省级以上科普示范基地发展到24处，市级科普示范基地发展到96处，县级科普示范基地发展到321处，乡镇级科普示范基地发展到728处，村级科普示范基地、示范田、示范棚和示范户发展到14600余处，总面积56万亩。寿光高科技蔬菜科普示范园，被中国科协、财政部确定为全国科普惠农兴村计划先进科普示范基地，每年吸引全国各地的考察参观者达50余万人。诸城市、寒亭区被列入全国科普示范县（市、区）创建单位，奎文区潍州路街道潍柴社区等3个社区被命名为山东省科普示范社区，潍坊一中等5所学校被命名为山东省科普示范学校。

科普活动。2006年，深入开展了科技活动周、科普宣传月、“文化、卫生、科技三下乡”等一系列大型科普活动。举办各类培训班5210期，培训师资骨干人员6400人，培训人员总数达百万人次，有21万农民获得绿色证书，13万农民获得农民技术员以上职称。组织科普展览和博览会76期，播放科技录像3600场次，赶科普大集773场次，进行技术咨询120万人次。编印《现代农业科技》、《气象常识》、《营养与保健》、《沼气干法新技术》等科普培训教材、科技书籍148000册，发放各种明白纸99万份。举办了全市青少年科技创新大赛和信息学奥林匹克竞赛。在省级以上青少年科技创新大赛中，有59人获奖，有37件作品分别获山东省科技创新大赛一、二、三等奖，其中6件获一等奖；有2件作品获全国科技创新大赛二等奖。

（李美霞　供稿）

知识产权工作

【概况】 2006年，潍坊市以专利为核心的知识产权工作，重点抓了国家知识产权局确定的潍坊市2004—2006年“国家知识产权试点城市”验收工作，圆满完成了“国家知识产权试点城市”工作任务，并在顺利通过验收合格的基础上，又积极展开了争取“国家知识产权示范城市创建市”的申请工作，全市知识产权机构体系、执法队伍建设和知识产权的创造、管理、实施、保护及宣传培训工作均取得了显著成绩。潍坊市知识产权局和诸城市、高密市、昌乐县、奎文区知识产权局被评为全省知识产权工作先进单位，13人被评为全省知识产权工作先进个人。知识产权工作步入了全国先进行列，知识产权事业驶入了又好又快健康发展轨道，极大地推动了全市技术创新和经济发展。

【知识产权机构体系建设】 2006年，全市知识产权管理机构得到进一步加强。安丘市和寒亭区分别将“专利管理局”更名为“知识产权局”；青州市和坊子区知识产权局分别被列为政府直属局。至此，全市12个县市区全部成立了知识产权局，被列为政府直属的县市区知识产权局总数由原来的4家增加到了6家；3个市属开发区也指定了专门分管知识产权工作的部门。县域知识产权机构体系建设得到了进一步健全完善，走在了全省乃至全国同等城市的前列。

【专利管理工作】 2006年，潍坊知识产权局认真贯彻落实《潍坊市知识产权战略纲要（2005－2010）》，积极实施知识产权强市战略，狠抓专利申请和实施工作，修订了《全市专利专项资金管理办法》，全市专利专项资助资金总数由原来的100万元增加到了150万元，极大地调动了全市企事业单位、科研机构和个人申请专利的积极性。2006年全市申请专利2563件（其中发明474件、实用新型1075件、外观设计1014件,），专利授权1370件，并有6件专利申请了国外专利，专利申请、授权分别列全省第四位和第三位。

【专利行政执法工作】 2006年，潍坊市知识产权局为保护专利权人的合法权益，维护《专利法》的尊严和我国政府对国际社会保护知识产权的承诺，积极开展以专利为核心的知识产权专项保护行动。联合工商、版权等部门定期开展打击知识产权侵权行为，检查商场34处，医院6个，检查标有专利标记的商品、药品1891个，立案88起，对情节严重的冒充专利行为下达处罚决定8起。在处理专利侵权纠纷方面，共受理专利侵权纠纷立案38起，结案37起。在全省率先制定完善了《潍坊市专利纠纷调处工作规程》和《潍坊市查处假冒冒充专利行为规范》，使执法人员在日常执法中做到有法可依、有章可循。6月底，山东省知识产权局在潍坊市召开了全省专利行政执法工作会议，市知识产权局作了经验介绍，并被评为全省专利行政执法工作先进单位。

【企业专利工作】　2006年，潍坊市知识产权局牢固树立为企业服务，促进企业技术创新，推动经济发展的工作思路，积极指导帮助企业及时做好专利申请保护工作，使全市企业专利工作得到了进一步深化。(1)结合日趋激烈的国际市场一体化竞争需要，联系工作实际，强化服务意识。大部分县市区将以专利为核心的知识产权培训列入党校培训内容。年内全市近800名厂长经理参加了培训。(2)组织企业厂长经理参加国家和省知识产权局举办的知识产权培训，全年组织企业参加上级各类培训班6批次，120人；市知识产权局派业务骨干深入企业和县市区举办专利知识讲座16余场次。(3)组织120家企业参加各类博览会、专利技术洽谈会。其中，2006年7月，潍坊市作为国家知识产权试点城市独立组团，组织全市30家企业37项专利与名牌产品参展。通过宣传、洽谈，达成技术合作意向20多项，签定技术转让合同2项，合同金额1000多万元，有4个项目荣获金奖，寿光市的山东仙霞集团在博览会上被评为“中国专利优秀企业”，寿光市知识产权局被授予“中国国际专利与名牌博览会最佳组团奖”。(4)挖掘专利项目，促进技术创新。主要是出台鼓励资助政策，派出专业人员深入企业，帮助企业开展创新工作，及时解决在专利申请、实施和专利保护中遇到的问题。在挖掘专利的同时，重点做好专利实施工作。2006年，全市规模以上企业实施专利的有550家，实施专利项目2605个，专利产品销售收入达325亿元，创利税31.33亿元，创汇11.67亿美元。五是树立典型，推广经验。2006年全市树立“依靠知识产权腾飞的企业”10家，新培育“中国专利山东明星企业25家”，使“中国专利山东明星企业”的总数达到了94家，位居全省第一。

【国家知识产权试点城市验收工作】　2006年，潍坊市知识产权局按照《国家知识产权试点城市验收标准》和《潍坊市关于做好国家知识产权试点城市方案》的要求，认真总结试点经验，对全市知识产权工作逐项量化考评，顺利通过了国家知识产权试点城市考察团的综合评定验收工作，圆满完成了试点工作任务。同时，在完成试点任务被验收合格的基础上，又积极展开了争取“国家知识产权示范城市创建市”申请工作。

（王广存　供稿）

科协工作

【组织网络建设】　2006年，潍坊市全面加强了科协组织网络建设，不仅建立健全了县市区、乡镇（街办）科协组织，90%以上的村也专门设立了科协主任，同时，还普遍建立了企业科协和各类农村专业技术协会、各级科普示范基地和科技带头户，新建市属企业科协20个，改建和新建市属学会、协会、研究会19个，新建各类农技协和科普示范基地120个，并进一步壮大了青少年科技辅导员队伍，在全市范围内形成了上下贯通，左右相连的科协组织网络体系。

【秸秆生物气化技术试点成功】　潍坊市全力组织秸秆生物气化技术的研制、试点工作取得成功，已进入省级技术鉴定和工厂化批量生产阶段。秸秆生物气化技术就是将植物生物质粉碎后填入容器（柴草气化炉）内，在缺氧状态下，经过一系列化学反应产生可燃气体，然后点燃烧水、做饭、取暖。该技术的推广和普及，是潍坊市继大棚蔬菜技术推广普及之后又一影响巨大的科技成果，将为农民群众节约大量的燃料资金，对于加快社会主义新农村建设步伐，建设资源节约型和环境友好型社会具有很大的促进作用。

【科普村村通宣传栏建设】　根据省科协、省财政厅关于在全省用3年时间组织实施“科普村村通工程”的统一部署，潍坊市采取典型引路、点面结合、政府扶持、市场运作等措施，平衡发展，强力推进。全市共有9126个行政村，加上居委会和部分乡镇驻地，共需建造10000个“科普宣传栏”，总投资1000余万元，到2006年6月底，全市提前一年半时间完成了建设任务，并通过了省科协、省财政厅组织的核查和验收。为提高城区广大居民的科学文化素养，市科协组织实施了“科普示范街工程”和“科普村村通工程”，2006年已全部完成。

【农民职业技能培训】　2006年，全市认真贯彻落实省十届人大三次会议“全面培训农民职业技能”议案，在搞好传统种、养、加等行业农民职业技能培训的同时，特别注重了特种养殖和特种种植业技术的培训，并和中国科协合作，在寿光、昌乐等地举办全国特种养殖和特种种植农民职业技能培训班。同时，继续在福田雷沃国际重工有限公司、金宝集团、北方纺织等企业按照“订单式培训、菜单式教学、递进式就业”的原则，扎扎实实地组织开展了企业职工职业技能培训。如在福田雷沃重工股份有限公司，通过对职工进行职业技能培训和层层选拔、考试、考核、评审，对优秀企业工人授予企业技师称号，2006年授予了200名企业技师。企业技师采

取聘任制，实行动态管理，极大地促进和激励了企业员工自主创新、爱岗敬业、苦练专业技术的积极性，拓宽了个人和企业同步发展、互相受益的平台，激活了稳定企业员工队伍、全面提升企业核心竞争力的动力源。此做法得到了多家企业的密切关注和效仿，为农民和企业职工职业技能培训探索出了一条新的途径。

【企业科普工作】 2006年，潍坊市科协通过深入开展“厂会协作”活动，使企业科普工作迈出了新步伐。组织有关学会和企业通过建立和完善协作制度，结对子86对，并全部签订了合作协议和项目合同书，完成合作项目102个，为企业的发展增添了新的“助推器”。同时，市科协会同潍坊市发改委、潍坊市经贸委等部门，在全市大、中型企业中广泛开展了“科技创新竞赛”活动，进一步引导、激发企业科技工作者科技创新的积极性。据统计，全市共有200余家企业参加了这一活动，先后举办培训班400期，培训人员达50000多人次，完成科技攻关1300多项，提出科技建议近万条，开发新产品300项，累计创造经济效益10亿元，有力地促进了企业的科技发展和技术进步。科技咨询工作有了长足的发展，咨询额超过5000万元。

【服务科技工作者】 潍坊市科协将企业赞助给市科协用以改善办公条件和职工福利的资金，为1200余名“优秀科技工作者”和“先进科普工作者”每人办理了1份人身综合保险和1份家庭财产保险，每人保额14.9万元，总保额1.8亿元，为广大科技工作者解除了后顾之忧，使其聚精会神、全身心地投入到经济建设之中。先后建立了“潍坊市科技工作者法律服务中心”、“潍坊市科技工作者婚介服务中心”和“潍坊科普旅行社”。与有关部门合作，广泛开展了“青年科技奖”、“优秀学术论文”“科技创新成果”等奖项的评选活动。

【科普宣传】 2006年，潍坊市科协组织实施了“科普集约化工程”，把本市的“五月科普宣传月”、全国“科技活动周”和全国“科普日”紧密结合在一起。在9月17日全国“科普日”当天，潍坊市科协联合潍坊移动通信公司和潍坊联通公司向全市200多万个手机用户免费发送群众喜闻乐见的科普短信息200多万条，在全省成为先例。全年除组织全市200个学术团体的科技工作者，深入农村、社区、企业、学校、街道进行科普宣传外，还通过市场化运作，投入50多万元，组织编印了《节能常识》、《蔬菜病虫害防治》等科普手册（科普口袋书）60万册，免费向市民和基层农村发放。

（贾勤清　供稿）

防震减灾

【地震监测预报】 2006年，潍坊市境内共发生ML2.0级以上地震4次，最大震级为5月4日寿光2.5级。

2006年潍坊市ML≥2.0级地震目录表

序号	发震时间				震中位置			震级
	月	日	时	分	经度	纬度	地点	ML
1	3	24	03	24	118.9°	36.3°	安丘	2.1
2	5	04	23	01	118.7°	36.8°	寿光	2.5
3	7	16	23	40	118.3°	36.7°	青州	2.2
4	7	17	07	26	118.3°	36.4°	青州	2.2

（1）市、县两级高效处置了上述地震事件，保持了社会的稳定与正常的生产、生活秩序。（2）坚持24小时昼夜值班，严格按照规范要求，认真搞好各项观测工作。根据震情需要，制定了短临跟踪方案，加强了对观测资料的分析处理和震情会商，对中心台、地震台站、县市区地震局提供的监测数据资料及时进行整理、分析，提出了分析预报意见。（3）积极参加区域地震联防。分别参加了在临沂和滨州举行的山东省东部十市地震联防会和两次全省地震趋势会商会。（4）加强震情信息的传递管理工作。自6月份开始，市局改变用信件寄送震情信息的方式，利用手机短信群发的形式，向包括市级五大班子领导、县市区党政主要领导和分管领导、市防震减灾工作领导小组成员及全市地震系统有关人员发送震情信息，方便了各级领导同志随时掌握震情动态，提高了震情信息的时效性和显示度。（5）搞好台网建设。基本完成了高密地震台建设；更新了青州烟校、安丘温泉、诸城马庄、诸城昌城等数字化水位水温设备；完成了潍坊中心台、寿光稻田台、滨海地震台、昌邑姜家寨台、峡山水库台、诸城贾悦台、临朐上林台、安丘地震台8个强震台仪器设备安装调试并正常运行；完成了市局台网中心的升级改造和信息节点建设；与市公安局联合对全市38个固定地震台（站）点和72个流动点统一刻制警示标志牌进行保护。（6）搞好地震异常的落实工作。针对寒亭央子、诸城吕标、坊子李家村、青州等地发生的异常现象，有关县市区局反应敏捷，行动迅速，及时落实原因，排除地震异常，消除了群众的疑虑。对年内发生在坊子区、青州市的两起鞭炮厂爆炸突发事件，市局预报中心迅速做出反应，第一时间将收集到的信息报告市政府及市公安局110指挥部。

【地震应急工作】 （1）重新修订完善了《潍坊市地震应急预案》、《潍坊市地震系统地震应急预案》和《潍坊市地震局地震应急预案》，督促指导防震减灾领导小组成员单位、市属开发区、市直部门、企事业单位和院校制订（修订）了本部门、本单位的地震应急预案，完成备案的部门、单位30余个。高密市、安丘市、临朐县、青州市、潍城区等也都制定和修订了本地的《地震应急预案》。（2）汇编完成了全市地震机构应急联系手册，健全了全市的应急通讯网络，保证了应急指挥体系的完善和灾情速报网络的健全。（3）成功组织了全市地震系统地震应急演习，检验了地震应急预案各个环节和局各科室、县市区局、台地震应急实战能力。参加了山东省军地联合地震应急救援演练，市局流动台出色完成了演练任务。(4) 推进地震志愿者队伍和地震应急避难场所建设。与潍坊团市委联合下发了《关于推进地震应急救援青年志愿者队伍建设的意见》。奎文、潍城、坊子三区完成了地震应急避难场所的选点和规划建设方案。(5) 完成了地震应急数据库二期工程的数据收集工作，为全省地震应急数据库建设提供了可靠的基础数据。

【防震减灾法制建设】 (1) 认真贯彻中央、省有关法律法规，制定完善了一系列与防震减灾法制工作相适应的配套制度。(2) 重视执法队伍建设，对地震执法队伍进行了清理整顿和充实。(3) 深入开展地震执法检查，与省地震局、市法制局联合，对一些关系人民生命财产安全的重大建设项目、生命线工程等进行了重点检查执法，对3个违规项目进行了立案处理，取得了明显成效。(4) 加强对地震监测设施和观测环境保护。对潍坊境内国家局所属的两处GPS测量点搬迁、青州中黄山流动水准观测点挪动、昌邑地电台改线等情况，现场进行了行政执法，依法保护了地震监测设施和观测环境。(5) 大力加强普法宣传教育。利用防震减灾法颁布实施日、普法月等时机广泛开展了防震减灾法律法规的宣传普及工作，与市普法办联合印发了《潍坊市防震减灾法制宣传教育第五个五年规划》。

【地震综合防御工作】 (1) 进一步加强抗震设防管理工作。《潍坊市城区地震小区划工作报告》和《潍坊市城市活断层探测与地震危险性评价工作报告》通过了国家地震局鉴定验收。全市建设工程地震安全性评价工作取得突出进展，全年共对20余个重大工程建设项目进行了地震安全性评价工作，对一般建设工程进行了抗震设防要求审核，保证了建设项目的抗震设防要求。(2) 扎实开展农村民居防震保安工作。开展了全市农村民居抗震设防情况调查，市政府办公室印发了《关于进一步加强农村民居地震安全工作的意见》。(3) 充分利用纪念唐山地震30周年，组织开展了全市防震减灾知识竞赛、沿街大型集中宣传等活动，各县市区在播放领导电视讲话、播放宣传片、发表领导署名文章、发放宣传材料、上街集中宣传等方式的基础上，不断创新形式，有针对性地向广大农村群众宣传地震科普和防震避震知识。(4) 继续做好阵地式宣传，在原有基础上，又设立了2所省级地震科普示范学校，使全市省级地震科普示范学校达到4所，市级地震科普学校达到24所。

【成绩和荣誉】 潍坊市地震局获2006年度全省市级防震减灾综合评比二等奖，全国、全省地震监测预报工作先进单位，全省震害防御与法制工作先进单位，诸城地震局、高密地震局获全省县级防震减灾综合评比先进单位，临朐地震局、安丘地震局获全省监测预报先进单位，奎文地震局获全省地震应急救援工作先进集体。

（闫仁波 供稿）

气象测报

【自然灾害】 2006年，潍坊市自然灾害主要是冰雹、暴雨和干旱。(1) 冰雹。6月17日昌乐县大部分乡镇出现了冰雹天气。10时15分，朱汉镇遭受冰雹袭击，冰雹最大直径2厘米，持续时间10分钟，使朱汉镇440公顷农作物受到损害。受灾作物主要有：黄烟65公顷，造成经济损失70万元；西瓜56公顷，造成经济损失69.5万元；苹果147公顷，造成经济损失471万元；大姜130公顷，造成经济损失42.6万元；大葱10公顷，造成经济损失5万元；蔬菜30公顷，造成经济损失20万元。这次冰雹灾害共造成经济损失678.1万元。6月20日下午3时30分左右，昌邑境内岞山、北孟出现大风冰雹天气，共刮倒树木500余棵；8间房屋、4个鸡（鸭）棚遭受不同程度的损坏，压死鸡鸭1000余只；农作物受灾面积达8296亩，经济损失约合487万元。(2) 暴雨。2006年7月29日，大部县市出现了阵雨、雷阵雨天气。滨海开发区7月29日晚17：00—23：00遭受特大暴雨袭击，6小时内平均降雨量达到286.7毫米，局部降雨达433毫米。暴雨造成了盐业、化工企业等损失，海化集团损失池盐约5690吨，龙威集团损失11万吨，银丰制盐损失5000吨，大家洼街办各村盐田损失1万多吨，部分企业短时停产，设备损坏，仓库被淹，原料被冲，产品浸泡。暴雨造成部分农田短时积水，损坏果树苗500棵，10多个食用菌大棚受损，4处养殖场进水，倒塌房屋2间，部分村房屋进水。经济损失总计约2230万元。(3) 干旱。2006年春季降水偏少，全市出现大范围的旱情，旱情最重时，全市干旱面积20多万公顷，直接影响了小麦的生长及春播生产。2006年6—8月全市降雨偏少，大部县市出现不同程度的旱情。特别是高密市旱情最为严重，6月1日—8月25日累计降水量117.8毫米，较常年同期偏少232.9毫米。其中6月份降水52.7毫米，较常年同期偏少21.3毫米；7月份降水52.9毫米，较常年同期偏少105.4毫米；8月1日到25日，降水仅12.2毫米，较常年同期偏少106.2毫米，7月、8月上中旬的降水量均创高密市历史最小值。受干旱影响，高密市农作物受灾面积6万公顷。以上合计损失约1.888亿元。

【人工增雨防雹】 2006年，全市人工增雨防雹工作取得了很大成绩。全年共进行人工增雨防雹作业29场次，其中增雨作业19次，防雹作业10次，发射增雨防雹炮弹12725发，火箭20枚。避免经济损失和创造经济效益1.2亿余元，取得了良好的经济效益和社会效益。全市现有双“三七”高炮94门，火箭发射车10部，作业覆盖11个县市区，规模和效益在全省都位居前列，为全市防灾减灾做出了积极贡献，有力地支援了工农业生产。

【气象现代化建设】 （1）2006年潍坊市市政府投资128万元在全市建成138个自动气象观测站，大大加强了全市气象探测手段，提高了灾害性天气的短期、临近预测预警能力。（2）2006年5月潍坊天气会商系统在2005年建成了基于宽带网的市一县可视会商系统基础上进一步升级，从而提高了天气预报的服务能力，为全市防灾减灾提供了有力支持。

【气象服务】 2006年，潍坊市气象局的气象服务工作努力做到决策服务让领导满意，公益服务让群众满意，专业服务让用户满意，圆满完成了2006年气象服务和重大活动气象保障工作。“砺剑—防空2006”军事演习在潍坊北部沿海举行中，市气象局圆满完成了军事演习气象保障任务。全年综合气象服务、人工降雨、农气气象服务效益达6.5亿元。

（刘龙章 李树军供稿）

社会科学

【社会科学普及活动】 （1）在全省率先建立“齐鲁讲坛”潍坊分坛。省委宣传部、省社科联整合全省社科类讲座、讲坛资源，规范讲座秩序，共同创办了“齐鲁讲坛”。作为首批试点市，潍坊市社科联积极组织，精心策划，先后创建了“潍坊学院分坛”、“潍坊市委党校分坛”和“潍坊市金融分坛”。3处分坛的建立，对于社科知识的普及，对于社科理论服务于物质文明、精神文明和政治文明建设，对于贯彻落实科学发展观，构建社会主义和谐社会，起到了积极的推动作用。其中“潍坊市委党校分坛”采用学员论坛的形式，不请专家学者讲，而是结合教学实际，由学校推荐、选拔优秀学员登台演讲，这种创新，作为一种尝试，形成了轰动效应，效果极佳，得到了省社科联领导的充分肯定。（2）成功举办“社会科学普及周”活动。2006年6月26日—7月10日，根据省委宣传部、省社科联统一部署，潍坊市社科联与宣传部联合举办了以“围绕树立和落实科学发展观这一主线，着眼于增强科普工作的实效性”为主题的“科学发展中的你·我·他——2006年潍坊市社会科学普及周”活动。几十个单位参与了社会科学普及周活动。科普周期间开展的重大活动主要有：创立齐鲁讲坛“潍坊学院分坛”，邀请著名社科理论专家、博士生导师、省社科联副主席包心鉴研究员，在分坛作了题为《我国发展的关键时期与科学发展观的重大创新》的学术报告；与市委宣传部、潍坊晚报、中国人民银行潍坊中心支行联合举办“纪念建党85周年——社会科学与征信知识”有奖竞赛；组队参加省委宣传部、省委高校工委、省社科联、齐鲁电视台联合组织的全省“纪念建党85周年——马克思主义理论与社会科学知识”竞赛。（3）积极参与各种形式的宣讲团、理论研讨会和报告会。市社科联参与组织了市委、市府在上海、北京举办的潍坊名优农产品产销对接会和座谈会。参加了市委组织的社会主义荣辱观宣讲团，先后到市贸易局、市民政局等单位作巡回报告。社科联职工还积极参加各类理论研讨会和报告会。

【学会、协会、研究会管理】 2006年，市社科联继续增强与各学会、协会、研究会的联系，进一步加强对他们研究工作的指导。2006年市社科联为配合“齐鲁讲坛”活动的开展，在全省率先建立“齐鲁讲坛”潍坊分坛，并在市金融学会设立了“潍坊市金融分坛”；在科普周活动中市社科联与市金融学会联合举办了“纪念建党85周年——社会科学与征信知识”有奖竞赛；还先后召开了市图书馆学会和市金融学会2006年会，并会同市金融学会评选出了“潍坊市金融系统年度优秀科研成果”。在2006年8月召开的全国大中城市社科联工作会议上，潍坊市财政会计学会、市工商行政管理学会、市金融学会被评为“全国先进学会”。

【第十四次社科优秀成果评选】 2006年，社科联在社科评奖方面进行了一系列改革，制定出台了《潍坊市社会科学优秀成果评奖办法》，规范了评奖条例，使评奖工作走上了科学化轨道。本年度评奖活动，经过专家严格评选，共有253项成果获奖，其中包括：7项一等奖、152项二等奖、76项三等奖、8项优秀奖。社科评奖已经成为繁荣和发展全市哲学社会科学事业的一项重要激励机制，日益受到市委、市政府的高度重视和社会各界的广泛关注。

（徐海燕 供稿）

责任编辑 刘伟勋

文　化

艺术创作

【文学创作】　2006年，全市文化工作以培育和谐精神、创建和谐文化为目标，从建设社会主义核心价值体系、培育文明道德风尚、丰富群众文化生活的要求出发，着重抓了精品创作。大戏《我是警察》、《十字路口开个店》和20集农村题材电视剧《为了担保》完成剧本创作；昌乐郭建华的20集电视剧《秋水落霞》已在上海筹拍。另有8部长篇小说、6部散文集和诗集、小说集完成，并全部在省以上出版社出版。年内创作的20多首歌曲，有4首在省级以上获奖，李英明作词、吴超凡作曲的《黄河口小夜曲》获全国征歌三等奖，《情系黄河口》获全国征歌优秀奖。全市全年在市级以上报刊、杂志、电视新闻媒体和展览、比赛活动中发表各类文艺作品1600余件，其中在省级以上获奖60余件。

大型现代京剧《生命的台阶》和大型吕剧报告剧《王乐义》分别由市京剧院和市吕剧院排演搬上舞台，在全市巡演40余场，其中《王乐义》在中央电视台播出，“总书记在潍坊”片段参加省“齐鲁正气歌”大型电视晚会演出。小品《市长家风》荣获华东六省一市小品大赛银奖，潍坊艺校创作的舞蹈参加全国“桃李杯”舞蹈比赛荣获2个三等奖、1个优秀奖，是该校参加“桃李杯”以来所取得的最好成绩。参加全省艺术院校舞蹈比赛，有11个节目进入决赛，获一等奖4个，二等奖3个，三等奖3个，总成绩位居全省同类学校首位。市歌舞剧院排演的微型话剧《父与子》、小品《你妈我妈和咱妈》，极具时代特点，得到上级领导和广大观众的一致好评。全市各专业文艺团体积极开展文艺创作演出活动，全年演出1500余场，极大地活跃了城乡文艺舞台。

社会文化

【非物质文化遗产保护工作】　2006年5月，举办全市非物质文化遗产保护培训班，针对具体工作，对各县市区分管文化局长和文化馆馆长进行了培训。2006年6月，国务院公布了首批国家级非物质文化遗产名录，潍坊市有4个项目入选，名列全省第一；12月份，省文化厅公布了首批省级名录，潍坊市有13个项目入选。

【文化信息资源共享工程】　全市积极贯彻落实省文化厅、财政厅、省党员干部现代远程教育中心鲁文群［2006］8号文件精神，市、县共享工程分中心和基层网点建设取得阶段性成果。市图书馆配备了服务器、投影仪，安装了卫星接收设备，建立了可以接收基层党员教育和信息资源共享工程两个频道的分中心。购置了存储量大的服务器，从中国数字图书馆、超星数字图书馆引进了60余万种全文数字化文献，从文化信息资源共享工程国家中心拷贝了包括电影、戏曲、图书、科普讲座，法律知识等内容300G的数字化文化信息资源，现已在潍坊市图书馆电子阅览室对外提供阅览查询服务，市财政将进一步加大投入，建设高标准的市级分中心。各县市区也都积极运作，筹划建设县级分中心。青州市已建成昭德街道办事处基层示范点一处。寿光市被确定为全省文化信息资源共享工程建设示范点，在三元朱、屯西、马寨三个村建起了高标准的基层服务点，为全市文化信息资源共享工程建设起到了示范、带动作用。

【社会文化活动】　城乡文艺舞台活跃繁荣。第二十三届风筝会期间，在交通银行体育馆举办了“云门之春”大型综艺晚会；在潍洲剧场举办了“七仙子之春”大型文艺晚会；在潍柴文化宫举办了“红色经典”大型民族音乐会；在省税校礼堂举办了“永安之夜”大型综艺晚会，四个台口的演出均取得圆满成功。为了为风筝会创造良好文化氛围，组织了舞龙队、秧歌队、扇舞队等多项民间娱乐表演活动，城区民间文艺表演队伍在城区各主要广场进行了街头民间娱乐表演，在市人民广场举办万人放飞暨民间娱乐表演活动启动仪式。另外还举办了“市长论坛”大型文艺晚会、广

场民间文艺表演、风情游园、嘉年华文艺巡游等大型文化活动，营造了浓厚的文化氛围。鲁台会、寿光菜博会、昌邑绿博会、青州花博会、寒亭杨家埠年画艺术节、昌乐宝石节、临朐红叶旅游观光月等节会文化活动形式不断创新，内容不断丰富，规模不断扩大，产生了广泛影响，成为潍坊文化的一大品牌。配合主要节庆活动，精心组织各类文艺晚会演出。潍柴文化宫举办了王亚丽个人独唱音乐会。接待了宁夏回族自治区京剧团“沿黄河万里巡演活动”的慰问演出和宁夏秦腔剧团新编历史剧《清风明月》巡演活动。配合山东省大中专院校会议的召开，组织演出了“鸢城流韵”文艺晚会。举办了市吕剧院院庆五十周年系列活动，同时举办了秦霞吕剧、歌曲独唱音乐会。

【文化下乡和“警民共建”】 2006年1月7日，全市在寒亭区固堤镇举办了2006年“三下乡”启动仪式，市歌舞剧院进行了专场演出，拉开了全年文化下乡活动的序幕。各县市区积极响应，纷纷深入到各乡镇、村，开展了送戏、送春联、送电影下乡等活动，受到了群众好评。3月份，结合武警部队官兵实际需要，深入开展文化共建活动，为驻潍武警支队举办了摄影培训班和学习“八荣八耻”歌曲培训班，满足了武警官兵对文化生活的需求，扩大了警地双方的文化交流。全市9个专业文艺团体，全年深入基层、驻军、农村演出1350场次，观众近百万人次，其中市直文艺三院送戏下乡近200场次，观众达40万人次。图书馆、博物馆、文化馆、电影公司等单位针对各自的业务特点，采取多种形式，开展经常性送电影、送图书下乡活动。全年送图书10000余册，送电影8000余场，丰富了基层群众的文化生活。市、县两级公共图书馆通过开展“加强行风建设、创新服务品牌”、“世界读书日”、图书馆服务宣传周等活动，不断加强图书馆服务网点建设，送图书、送服务到基层，收到了很好的效果。潍坊市图书馆“图书馆社会服务网点建设”被市政府评为优质服务项目。

【群众文化】 全市组织一批庄户剧团排演的节目参加了“全省庄户剧团调演”，坊子区“潍东艺术团”入选为全省“十佳庄户剧团”。策划举办了庄户剧团大奖赛决赛和首届潍坊农村文化艺术节开幕式；组织评选部分优秀摄影作品参加了全省社会主义新农村优秀摄影作品展；组织了全市吕剧票友大赛，并挑选优秀选手参加了全省吕剧票友大赛，获得了较好的成绩；举办了潍坊市少儿才艺大赛、“文明之夏”广场文化活动、“圣荣广场”杯潍坊市首届社区文化演出活动；参加在淄博进行的全省第三届“四进社区”文艺展演及交流会；举办了潍坊市知名文化品牌评选活动。

（孙　杰　供稿）

【书画家联谊会】 2006年，潍坊市书画家联谊会被总会评为全国先进单位，被省民政厅和市民政局分别授予“全省先进社会团体”和“全市先进社会团体”称号。（1）大力开展各项书画活动。结合主要节日、重大纪念活动，先后举办“潍坊市庆‘三八’妇女书画作品网上展”、“纪念市书画家联谊会建会十周年书画作品展”、“共和国老将军情系环保书画展”、“潍坊市纪念建党85周年书画展”、“潍坊市纪念红军长征胜利70周年大型书画展”、“福建书画名家精品展”等大型书画展，为韩琦、王其智、马世祥、巫卫东、杨秀坤、崔晓东、史国良、俞梦彦、曾祥熙、焦秉义等书画名家举办个展，接待外地书画家50余人次，主办或参与各种书画笔会12次，还组织开展了书画下乡、书画拥军、书画募捐等公益活动。（2）充分发挥“五个平台“的作用。对书画展厅精心装修，完善了展览服务规则，添置了为之服务的现代化设施，提升了展览的档次和品味，先后举办大型书画展五次，为28位著名书画家举办了个展或联展；《东方书画报》已出版119期，连续七年被市新闻出版局评为优秀；“东方书画网”第三次改版升级，以规模大、服务好、内容全、更新快、点击率高，而成为业界人士广为关注的专业性门户网站，再次被评为“全省民间组织信息宣传先进单位”；《东方书画家》先后为王广德、李冰奇、姜林山、季乃仓等8位书画家编辑印刷个人书画作品集；山东民间组织信息网发布本会及相关信息200余条，扩大了宣传渠道。（3）重视抓好本会自身建设。抓好领导班子自身建设，3月17日召开的第二次会员代表大会，通过了本会工作报告和关于《章程》修改说明的报告，选举产生了新一届领导班子。配备了现代化的办公设施，重视岗位培训，达到了一人多岗，一岗多能的要求，既提高了办事效率，又节省了费用开支。新发展会员98人，向总会推荐会员16人。现有个人会员622人，团体会员6个，团体会员单位拥有个人会员千余人。通过会员作品交流展、座谈、观摩、研讨等多种形式，加强对会员的培训，从而有效地提高了会员的创作水平。会员作品先后在全国、省、市书画展中获各类奖项近百人次，100多会员被收入各类书画典集。

（李宪忠　供稿）

文物保护管理

【文物管理工作】 2006年，潍坊市文物工作坚持“保护为主、抢救第一、合理利用、加强管理”的方针，紧紧抓住改革开放不断深入、市场经济快速发展带来的历史机遇，深入贯彻落实《文物保护法》和《国务院关于加强文化遗产保护的通知》精神，组织开展了一系列卓有成效的工作。（1）文物保护基础性工作全面加强。各级政府对文物保护工作高度重视，普遍加大投入力度，市、县、乡、村四级文物保护管理网络得到进一步完善。加强了对文物管理和专业人员的培训，开展了2006年度文博科研优秀成果与文博科研工作先进单位评选活动，文物保护人员的专业素质得到普遍提高。贯彻《博物馆管理办法》，

完成了全市博物馆重新登记审核工作。开展对重点文物保护开发项目的调查研究，提出了保护开发的方案或建议。其中《关于加强潍坊市坊子区德日式建筑群保护开发的建议》成为省政协会议重点建议案；《郑板桥纪念馆建设方案》成为市政协主席建议案；《关于胡家牌坊文化街建设的意见》也得到了领导和专家的肯定。开展了文物安全专项检查和文物行政执法督查活动，全市文物安全工作和文物行政执法工作得到进一步加强。(2) 文物考古与古建筑维修工作取得重要成果。青州香山汉墓陪葬坑发掘工作取得重大成果，是山东省乃至全国汉代考古十分罕见的重要考古发现。出土的2000多件彩绘陶俑和大宗铜铁兵器具有极为重要的历史、文物和艺术价值。十笏园古建群的维修和布展工作取得新进展，民居区的维修和园林绿化工程以及关侯庙景区主体修复工程已完毕，园林区的修复和布展工作业已展开。对途经潍坊市10个县市区149公里的胶济铁路四号客运铁路沿线的考古调查工作已经完成，提出了对沿线文物的保护、勘探及发掘方案，为工程建设中的文物保护提供了科学依据。(3) 文物研究与宣传工作取得显著成效。出版发行了《潍坊文化三百年》、《潍坊人文自然遗产》等书刊。开展了中国第一个文化遗产日以及5.18国际博物馆日、国际古迹遗址日的宣传活动。(4) 重点文物保护单位的申报工作实现重大跨越。王尽美故居、崔芬壁画墓成功申报为第六批全国重点文物保护单位，国保单位由2处增加到4处。寒亭前埠下古文化遗址等13处不可移动文物成功申报为第三批省级重点文物保护单位，省保单位数量由35处增加到48处。

【《潍坊文化三百年》出版】　《潍坊文化三百年》由文化艺术出版社出版，是全国艺术科学重点课题“潍坊文化三百年研究”的最终成果专著。该书共计120万余字、彩图80余幅，内容由世家望族、经史、金石学、文学、艺术、郑板桥与潍县、民俗、教育、宗教、建筑、武术、音乐戏曲、余论等12章组成，挖掘与研究了潍坊清代民国三百年文化积淀中最具特色、最具典型和代表意义的内涵，集中反映了潍坊近三百年文化发展的成就及特色，揭示了潍坊文化发展的内在规律，具有很高的史料价值、科研价值、文化价值。

【青州香山汉墓陪葬坑出土大量珍贵文物】　2006年，青州市谭坊镇香山汉墓墓道西侧发现一处陪葬坑，经过两个多月的考古调查和抢救性发掘，共出土2000多件彩绘陶俑和大量铜、铁兵器，是山东省乃至全国汉代考古十分罕见的重要考古发现。出土陶器有成套的礼器、生活用具，还有骑俑、立俑、仕女俑、马、牛、羊、猪、狗、鸡等各类陶俑。彩绘主要采用了大红、绿、紫等色彩，图案丰富，色彩绚丽，表现了当时画工高超的绘画技艺，令人叹赏。这些文物的出土为研究汉代服饰、马具、制陶工艺和彩绘工艺提供了珍贵的实物资料，具有极为重要的历史、文物和艺术价值。

【潍坊新增15处省级以上文物保护单位】　王尽美故居、崔芬壁画墓被列入国务院核定并公布的第六批全国重点文物保护单位名单。王尽美故居位于诸城市枳沟镇大北杏村，为三间土墙草房。崔芬墓位于临朐县冶源镇海浮山前，为北齐墓葬，墓室内彩绘壁画文物价值极高。寒亭前埠下古文化遗址、呈（程）子遗址、前寨遗址、六吉庄子遗址、寒亭会泉庄遗址、安丘董家庄汉画像石墓、寒亭一孔桥、寒亭西杨家埠木版年画旧作坊、寒亭于氏宅院民居、姜氏祠堂、东镇庙、郭味蕖故居“疏园”、德日式建筑群等13处不可移动文物被列入山东省人民政府公布的第三批省级重点文物保护单位名单。

（封焕刚　李国祥　供稿）

新闻出版

【“规划发展年”活动】　2006年，全市新闻出版系统广泛开展了“规划发展年”活动，取得明显成效。(1) 切实加强组织领导。市局及各县市区普遍成立了“规划发展年”活动领导小组，研究制定了“规划发展年”活动实施方案，对活动的指导思想、主要内容、方法步骤和组织领导等都提出了明确要求。(2) 科学制定规划。研究确定了“放开印刷业、整合发行业、发展报刊业、突破出版业”的基本思路，制定了符合实际的《潍坊市新闻出版业“十一五”发展规划》，科学提出了全市“十一五”期间新闻出版业的发展目标、主要任务和保障措施。(3) 组织实施产业项目战略，培养了具有本地特色的产业集群，建立和完善了新闻出版产业发展体系。(4) 加强基层工作指导。市局除通过印发文件、召开会议等对基层工作进行指导外，还充分利用市局编印的《新闻出版信息》，对在“规划发展年“活动中涌现出来的好典型、好经验、好做法及时在全市推广学习，带动了面上工作的全面健康发展。

【“扫黄”“打非”工作】　市“扫黄”办始终站在讲政治的高度，切实把“扫黄”“打非”工作作为重中之重，采取多种形式和有效措施，确保了全市出版物市场没有发生大的问题。年初以市委、市政府“两办”名义印发了《全市“扫黄”“打非”工作行动方案》，对全市“扫黄”“打非”工作进行了全面安排。召开全市新闻出版暨“扫黄”“打非”工作会议进行了具体部署。市“扫黄”工作领导小组与各县市区、市属各开发区分别签订了《“扫黄”“打非”工作责任书》，确保了全市“扫黄”“打非”工作责任制的落实。深入开展“反盗版百日行动”，组织开展了一系列的集中清扫活动，并对依法查缴的11余万盘盗版音像制品和电子出版物进行了集中公开销毁。加大对重点地区、重点场所、重点部位和大案要案的查处力度，有效遏制了政治性非法出版物、淫秽色情出版物和其他非法出版物的传播，确保了全市没有发生在省内外有较大影响的案件。全市共组织集中检查行

动240多次，出动检查人员6514人次，车辆3310辆次，检查出版物经营店（摊点）8318家，共查缴各类非法出版物338680册（盘），其中非法书刊18680册，非法音像制品300000盘，非法电子出版物20000盘。查处非法出版活动案件22起。

【出版物市场监管】 以推进职能转变为切入点，在全市新闻出版行政管理部门和报纸、期刊、印刷、发行等行业继续组织实施年度目标量化考核管理办法，确保全市新闻出版工作的健康繁荣发展。在省级内部资料综合质量评估中，《潍坊通讯》、《党风与廉政》、《潍坊家庭》、《福田重工》、《星光》等荣获山东省优秀级连续性内部资料出版物称号。在省级优质产品参评中，全市有15家出版物印刷企业的468种图书被评为省优质产品。在省局组织的百强排行榜活动中，多利达印务有限公司等9家印刷企业和潍坊市新华书店等9家发行单位榜上有名。

【版权工作】 全市进一步加大《著作权法》宣传普及力度，提高了全社会的版权保护意识。市政府32个组成部门按时完成了正版化任务，受到省政府验收组的充分肯定。对全市非法预装计算机软件行为进行了专项治理，要求政府各部门今后购买的计算机必须预装正版操作系统。与电子出版物、计算机经营业户和计算机软件预装领域签定责任书，建立了电子市场反盗版长效机制。在全国、全省开展的“我与版权”征文活动中，潍坊市分别获得全国三等奖2名、优胜奖8名；全省一等奖4名、二等奖23名、三等奖132名和指导老师奖33名，获奖数额占全省获奖总数的80％。开展了“从我做起，远离盗版，拒绝有害出版物，保护知识产权”活动和打击网络侵权盗版专项行动，启动了全市企业软件正版化工作。成功调处版权纠纷3件，登记各类版权作品80余件。

【新闻出版产业】 全市新闻出版产业登记在册的各类企事业单位和经营组织共有1676个，其中，各类出版单位57家（其中包括报社6家、期刊社5家、省级连续性内部资料编辑出版单位28家、报社记者站18家），印刷复制单位1030家（其中包括出版物印刷企业38家、专项印刷企业137家、包装装潢印刷企业271家、其他印刷品印刷企业277家、音像复制单位1家、打字复印单位306家），发行单位513家。全市投资1000万元以上的重点项目有23个，其中1000－2000万元的有10个，2000万元以上的有13个。位于奎文区的潍坊图书中心，是由潍坊市新闻出版局主管、潍坊图书音像发行总公司主办、潍坊昌大建设（集团）公司承建的，总投资4000多万元，面积达10000平方米，是一家集图书报刊经营为主的综合性出版物批发市场，年销售码洋可达3亿元；临朐县志诚科技有限公司，由香港投资900万美元建设CD－R空白光盘生产线项目，填补了潍坊市CD－R生产的空白；寿光市《北方蔬菜》周刊的创办，是由新闻出版总署批准的全国唯一一家县级创办的蔬菜专业技术类传媒。

（王美洲　供稿）

【潍坊日报社】 2006年，潍坊日报社（以下简称报社）推出了以改革、改版、改制为主要内容的综合改革，报社核心竞争力、整体战斗力、品牌吸引力、权威影响力显著增强，潍坊日报、潍坊晚报作为区域强势主流媒体的地位得到了进一步巩固和提升。(1) 舆论引导能力有了新提升。2006年，报社着力做好、做足、做深、做透主流新闻，围绕市委、市政府的重大决策、中心工作、重要事件，先后推出了奋力推进又好又快发展的宣传、虞河的宣传、第十二届鲁台经贸洽谈会的宣传、贯彻落实十六届六中全会精神的宣传、建设社会主义新农村的宣传、贯彻落实全市领导干部会议精神、全市经济工作会议精神的宣传等重要主题宣传活动。先后刊发重要新闻报道300多篇次，撰写评论员文章、社论60多篇，提高了报纸的权威性，强化了报纸的引导力。(2) 两报办报质量有了新提高。2006年，报社确立了新闻强报、特色立报的办报理念，日报、晚报改版、扩版、彩印“三位一体”，一步到位。在报纸定位上，报社把日报A版办成了政经大报，突出了权威性、导向性、服务性；把B版办成了文化套餐，增强了知识性、趣味性、可读性；把潍坊晚报办成了新闻精品超市、信息服务中心和市民百科全书。在版面内容上，报社按照市场要求和读者需要，把原创新闻作为前提，把地方新闻作为重点，把民生新闻作为主调，重新定位了栏目和内容。在版式设计上，将报头移至中间，以横排为主，采用瘦型报报型，加大图片比重，全面增强视觉冲击力。在版面数量上，日报由每周48个版增加到每周60个版；晚报由每周196个版增加到224个版。在出版运行上，报社更新升级了采编软件系统，实现了采、编、印一体化。(3) 广告经营效益有了新突破。2006年，报社取消内部承包制，推行代理制。在对市场资源进行重新整合、优化、配置后，划分了十大行业，重新核定广告价格后面向社会公开竞标，十大行业广告以5200万元全部代理出去。2006年8月至12月，报社广告经营收入达到2800万元，比上年同期增长27％，实现了报社广告经营业务的历史性突破。(4) 报纸征订发行有了新飞跃。2006年，报社改革发行体制，健全发行队伍，创新发行方式，丰富发行手段，一手抓征订，一手抓零售，实现了两报征订、零售的新飞跃。2007年1月1日，潍坊日报期发份数达到8万份，与上年同期相比增长10％；潍坊晚报期发份数达到10万份，与上年同期相比增长16％；潍坊晚报城区最高日零售份数达到两万份，与上年同期相比增长了两倍多。(5) 产业经营规模有了新进展。2006年，报社坚持一业为主、多元经营，大力发展文化产业。在印务中心建设上，圆满完成了印务中心的整体搬迁，实现了印前彩用电脑排版、两地网络传版、激光照排制版，印刷采用多色胶印，同时印刷4开16版双面彩报，形成了印刷、分发一体化。在产业经营方面，报社积极探索资本运营模式，广泛涉足多项经营领域，产业经营已经有了良好的开端。

（张学启 供稿）

广 播 电 视

【宣传工作】 （1）围绕中心，突出主题，舆论引导水平有了新提高。紧密围绕市委、市政府的中心工作，充分发挥广播电视媒体优势，圆满完成各项宣传任务。2006年重点组织开展了贯彻落实中央和省、市委工作会议精神，建设社会主义新农村，树立社会主义荣辱观，构建和谐社会，胡锦涛总书记视察潍坊一周年，保持党员先进性教育，纪念中国共产党建党85周年，纪念红军长征胜利70周年等主题宣传，完成了市人大政协会、风筝会、菜博会、鲁台经贸洽谈会、山东（国际）文化产业博览会等重要活动宣传。全年宣传工作重点突出，导向正确，基调平稳，为全市和谐发展营造了良好的舆论氛围。（2）实施“节目立台，品牌强台”战略，努力创建宣传品牌。市局（总台）组织指导各台、报进行节目（版面）改版，宣传质量进一步提升，涌现一批深受观众、听众、读者喜爱的名牌节目。2006年10月，实现了市广播电台、电视台、广播电视报栏目互动。早间市广播电台《行风在线》节目中反映问题的解决情况，电视台进行跟踪报道，并在当天晚上的《直播潍坊》节目中播出，同时电台同步播出《直播潍坊》音频信号。一周综合意见反馈在潍坊广播电视报“行风在线回音壁”栏目。此外，将“行风在线”节目内容登录“潍坊行风监督网站”和“潍坊广播行风在线网页”，供在线收听和浏览。《行风在线》已成为潍坊新闻媒体唯一“广播有声、电视有画、报纸有字、网站声文并茂”的栏目。潍坊电视台民生新闻节目《直播潍坊》增设了《民声直达》《民生调查》《在现场》等新栏目，突出第一时间、第一现场，实现与观众双向互动。2006年《直播潍坊》栏目的收视率大幅提升，日收视率最高达13.9%。《潍坊广播电视报》在突出导听导视功能的同时，精心办好“百姓沙龙”等传统品牌专栏，新开设了“关注”、“记者调查”等关注民生和社会热点的新专栏，更加突出原创性和独家性，报纸质量不断提高，2006年再次被山东省报业协会评为“山东省报纸质量优质报”。进一步完善了《县市区广播电视宣传先进单位考评办法》，推动县市区广播电视宣传工作不断提高。2006年，全市有近20件（次）作品在全国获奖，150件（次）作品在全省获奖，其中潍坊电台的《经广新闻网》栏目荣获2005年度山东广播电视节目奖广播新闻“十佳栏目”，潍坊电视台的《乡村专递》栏目分别荣获2006年度山东广播电视节目奖电视社教“十佳栏目”和山东“新闻名专栏”称号。（3）加大宣传潍坊力度，对上对外宣传取得新进展。市广播电视局（总台）认真落实市委、市政府及上级部门的指示要求，着力加大对全市综合性工作和市委、市政府工作经验、成就的宣传，树立潍坊品牌形象。2006年全市在中央两台播出稿件近200件，在省两台播出稿件3000多件。其中潍坊电台、潍坊电视台在中央电台《新闻和报纸摘要》和中央电视台《新闻联播》等重要新闻栏目发稿70多件。潍坊电台获省电台集体记者一等奖，潍坊电视台在省台《新闻联播》发稿名列全省第三。各县市区广播电视局在省台、市台发稿比上年度有较大幅度增长。青州、安丘、诸城、临朐、潍城、高密、寿光等7家广播电台荣获山东电台通讯报道先进集体记者一等奖，其中，青州电台连续22年荣获先进集体记者一等奖。高密、寒亭局荣获山东电视台通讯报道县级电视台先进集体一等奖。为更好地宣传潍坊，展示和纪录近年来潍坊城乡面貌发生的巨大变化，组织实施了“2006俯瞰新潍坊”大型航拍活动。

潍坊电视台沂山转播塔信号全市无缝覆盖

【事业建设和社会管理】 （1）广播电视事业建设取得新进展。2006年，市广播电视局（总台）自筹资金1000多万元新建的浮烟山广播调频发射台和沂

山电视转播台投入使用，解决了全市边远地区近200万人的收听收看问题，基本实现了市两台节目信号在全市范围内的无缝隙覆盖。加快了有线电视和“村村通”建设步伐，全市大部分县市区实现了行政村、自然村“村村通”，受到国家广电总局、发改委和财政部的联合表彰。全市有线电视全年新增10万户，达到130多万户，入村率达到92%，入户率达到55%。全市广播电视综合人口覆盖率达到98.8%。数字电视发展速度加快，截止2006年底，通过销售机顶盒的方式发展数字电视用户1.3万户。中心市区数字电视整体转换准备工作基本就绪，全市数字电视整体转换方案已通过论证，上报市政府。广播电视数字化、网络化建设有了新进展，青州、寿光、昌邑、寒亭、诸城等局新上数字非编网和硬盘播出系统，基本实现了节目制作和播出的数字化。(2)广播电视社会管理工作得到加强。2006年，市县两级广播电视局加大了执法力度，联合公安、工商和国家安全等部门开展了卫星电视传播秩序集中整治活动，查处非法卫星地面接收设施1400多套，严厉打击了非法销售、安装、使用卫星地面接收设施的行为，规范了电视传播秩序。进一步完善了安全播出应急预案，制定了措施，落实了责任，保障了全年安全播出。

【管理体制和运行机制】 2006年，市广播电视局（总台）先后对潍坊电台、电视台频（率）道进行改革，电台实行了频率制，电视台实行了频道与中心结合的体制，《直播潍坊》栏目试行了制片人制改革，取得明显效果。调整和完善了目标管理、成本核算管理办法，对各单位考核由主要考核收入指标转向主要考核利润指标，促进了增长方式由粗放向集约的转变。落实市政府全面提高行政效率的要求，借鉴海尔集团的做法，建立了“10号会议”制度，每月10日左右召开总台月度工作调度会，调度点评各单位、频（率）道上月宣传、经营和其他阶段性重点工作，安排部署下阶段工作，成为市局（总台）推进工作的有力措施。各县市区局不断理顺体制，完善机制，创新管理，管理运营水平有了新的提高。

【经营创收】 2006年，在经营形势比较严峻的情况下，全市各级广电部门积极更新思路、拓展空间，实现了经营创收的较快增长，为事业发展提供了坚实的物质保障。全市广电系统实现总收入2.7亿元，其中，市局（总台）直属单位实现收入1.5亿元，同比增长10.92%；县级广电实现收入1.2亿元。总台“真情传播，情满潍坊”服务品牌入选全市十大行业文化品牌。

（陈华春　供稿）

风筝文化

【第23届潍坊国际风筝会】 2006年，潍坊市按照“更大规模、更高水平、更好效益”和“高端人物、强势媒体、国际水平、注重实效”的总体要求，组织举办了世界风筝锦标赛、旅游电视周、国际风联代表大会等10多项活动。全国人大常委会副主任韩启德，全国政协副主席李蒙，原中共中央政治局委员、全国人大常委会副委员长姜春云等领导出席大会。风筝比赛共邀请了37个国家和地区的60支风筝代表队，其中孟加拉国、越南、柬埔寨等国家首次派代表队参加比赛。本届风筝会期间的经贸洽谈活动有论坛、有展会、有推介、有洽谈，各活动都突出了招商引资主题。风筝会期间全市共到会国内外客商6120人，比上年增长13%，全市共签订合同项目102个，合同利用市外资金186亿元人民币，其中合同、协议外资项目共71个，总投资金额7.02亿美元。风筝会期间有近百家国内电视台和由潍坊市邀请的中央、港、澳、台及海外媒体50多家近150人，全面参与风筝会的宣传报道。各级新闻媒体共刊播、转载、转播风筝会稿件、图片、节目3860多件，其中省级以上的媒体1800多件。中央电视台1、2、4、5、7频道、中央人民广播电台、新华社、人民日报、中新社、经济日报、光明日报等国内外媒体进行了不同角度的报道。风筝会开幕式大型文晚会在CCTV－4节庆中华栏目播出，首次播出30分钟，多次进行重播。第二届世界风筝锦标赛由CCTV－5制作，并播出专题片。

【国际风筝联合会代表大会】 2006年4月21日，国际风筝联合会代表大会在潍坊市富华大酒店召开。国家体育总局、国际风筝联合会、中国风筝协会、潍坊市的有关领导，部分国家的体育官员、驻华使节，以及37个国家和地区的代表成员共303人出席会议。国家体育总局人事司副司长褚波，社会体育中心副主任、中国风协副主席公治民，国际风联主席季明焘，副主席大卫宫伯格，潍坊市人民政府市长张新起，韩国釜山风筝协会会长裴武三分别致辞、讲话和宣读《关于推动风筝放飞奥运的决议》。会议由国际风联秘书长兼司库宋希焕主持。

会议确定以下事项致函北京奥委会：(1)建议把风筝放飞列入2008年北京奥运会国际表演项目，并把放飞场安排在潍坊；(2)建议在2008年奥运会开幕式、闭幕式上放飞夜光风筝；(3)建议到奥运会的有关活动现场进行风筝放飞表演。会议一致通过了《关于促进发展风筝产业、加大风筝贸易的决议》。与会人员还分别在《风筝放飞奥运倡议书》上签了字。

【潍坊市荣获“最佳城市环境建设奖”】 由国际节庆协会（IFEA）主办、节庆传媒集团承办的国际节庆协会第51届年会暨博览会于2006年9月18日至22日在加拿大首都渥太华举行。会议对2005.8－2006.8年度获奖会员组织举行了隆重的颁奖仪式。在1380多个世界级的著名节庆参加评选的评奖活动中，潍坊市申报参评的“潍坊国际风筝会助推城市环境建设”荣获“最佳城市环境建设奖”单项奖（铜奖）。这是2006年度中国唯一获此殊荣的城市。潍坊国际风筝会于2005年正式成为国际节庆协会的会员，并在当年底荣获国际节庆协会和中国商务部授予的“十大最具国际影响力的节庆活动”荣誉称号。

（张明武 供稿）

档 案 管 理

【“三大记录工程”】 2006年，潍坊市档案管理工作立足实际，组织档案部门实施“城市重大变迁记忆工程、市委市政府重大活动记载工程和经济又好又快发展记录工程”。收集、拍摄、整理了“三河”治理、城区改造、风筝会、鲁台会、重点项目、重大工程等活动的档案资料，对于记录和保存潍坊的发展历史、宣传推介潍坊具有无可替代的作用。

【农业农村档案工作】 全市全年分期培训了基层档案人员，制定了村级档案业务标准、农业产业化龙头企业档案工作规范，着力加强农村财务档案、合同档案、农业科技档案等重点档案建设，建立起了完善有效的农业农村档案，为宣传落实党的农业农村政策、化解农村矛盾、解决经济纠纷、推进科技进步、促进农业“三化”建设发挥了重要作用。农业产业化档案工作成为国家档案局宣传推介的典型。

【社区档案】 全市制定了《潍坊市城市社区档案管理试行办法》，市委、市政府两个办公室转发了市档案局《关于做好城市社区档案工作的意见》。对社区档案建设进行重点指导、调度，基本健全了社区党的建设、行政管理、文化教育、环境卫生、综合治理、户籍管理、计划生育、劳动就业、社会保障等各类档案，为构建和谐社区积累了基础资源。

【档案馆建设】 寿光、安丘、潍城建成新档案馆库。市县档案馆全部建成当地思想政治教育基地、爱国主义教育基地和政务信息公开中心。编纂出版了《天南地北潍坊人》、《潍坊企业家名典》、《兰台文集》、《档案文集》等档案资料30多种1200多万字。完成了中共潍坊特别市委书记曾山及夫人邓六金同志在潍史料的编辑工作。为社会各界提供利用7802人次，调阅档案22809卷次。大力推进档案信息化，开展了馆藏档案文件级目录数据库建设，整理录入档案条目120万余条。

【档案工作年度考核】 全市继续实施《山东省档案管理考核办法》，并针对潍坊实际制定了《市直单位档案管理考核标准》和《县市区档案工作考核标准》，对各单位和各县市区档案工作进行量化综合考核，大大调动了各单位、各县市区做好档案工作的积极性。全市240多家机关团体、企业事业单位档案工作达到省级以上先进标准，乡镇街道和95%以上的行政村完成规范化建档。组织开展大型企业开发档案信息资源活动，全市有42项成果获山东省开发利用档案信息资源成果奖。

（张协军 供稿）

责任编辑 刘伟勋

卫生　体育

卫　生

【概况】 截止2006年底，全市拥有各类卫生机构1738个，床位24176张，卫生技术人员29753人，卫生机构资产总额达到61.5亿元。省级重点专科发展到8个，获国家和省级科技成果奖励16项，创建国家级重点中医专科1个、农村中医特色专科2个。在2006年全省卫生工作考核中，市卫生局位居全省17市第1名。“大众卫生”主题更加鲜明，公立医院公益机制基本建立。农村卫生体系更加完善。“525工程（建好50处县级医疗机构，200处乡镇卫生院和5000所标准化村级卫生室）”建设按期进行，新建标准化乡镇卫生院50处、标准化村卫生室1047所。城市卫生体系更加合理，“五综（综合医院）十专（专科医院）二百社（社区卫生服务中心、站）”规划蓝图一步步实现，市第一人民医院和市公共卫生中心大楼即将动工，群众看病难、看病贵、看病不放心、防保不到位的问题得到有效缓解。

卫生改革顺利进行。市属公立医院的干部、用人、分配、监管等4项改革措施得到落实，资金投入和业务量明显增加，医疗质量得到提高，单位收费水平10年来首次下降，降幅达到10%。

医院管理和综合服务改善明显。“医院管理年”活动深入开展，16个医疗卫生机构通过ISO19001－2000质量管理体系认证。120指挥中心接听急救电话52万个，全市免费出车抢救7.6万人次。全市临床用血包括机采成分血全部来自自愿无偿献血。惠民医疗为近10万名患者减免费用1050万元。

新建成的潍坊市中医院门诊综合楼

新型农村合作医疗（以下简称“新农合”）保持全省领先水平。所有试点县市区全部推行新型农村合作医疗，参合人口576.7万，参合率达到88.2%。累计筹集资金24165.6万元，共为274.5万参合农民报销医药费14768.0万元。青州市的经验在全省推广。

卫生监督执法力度加大。卫生监督处组建一年，各项工作开创新局面。卫生监督量化分级管理经验在全省交流，潍坊市被省卫生厅确定为全省卫生监督员培训基地。建立了卫生监督巡查制度。农村卫生监督覆盖率100%。卫生法制工作受到卫生部和省卫生厅表彰。

各类疾病得到有效预防和控制。全市未发生重点传染病暴发流行。艾滋病流行状态平稳，检测各类重点人群19.5万人次，累计检出病人和感染者164例。青州市艾滋病全球管理基金项目和高密市省级艾滋病防治示范项目进展顺利。全市实现计划免疫信息化建设四级联网。地方病防治力度加大，高密市6镇20.2万群众结束了饮用高氟高盐水的历史。

创建国家卫生城市完成阶段目标。通过了全国爱卫会第一次暗访。寿光市被全国爱卫会、国家卫生部正式命名为国家卫生城市，成为新标准实施后全国第一个获得“国家卫生城市”称号的县级市。

年内，全国政协副主席张梅颖，卫生部原副部长、全国医院协会会长曹荣桂等领导先后来潍坊考察卫生工作；国务院深化医药卫生体制改革协调工作小组2次调研潍坊卫生改革；国家卫生部委托潍坊开展了“卫生全行业属地管理”和“国民基本卫生服务包”两项重大课题研究，全国、全省卫生工作会议均安排潍坊作了大会经验交流。

【公立医院改革】 在市委、市政府《关于进一步加快卫生事业发展与改革的意见》（潍发［2005］33号文件）的指导下，潍坊市公立医院改革稳步推进。(1) 改革公立医院管理体制。按照“管人管事管资产”三位一体的原则，由市财政（国有资产）局代表市政府委托市卫生局代行公立医院出资人职能。市卫生局内部实行“管办分开不分家”，依法行政和内部管理的职能由不同科室负责。(2)改革公立医院运行机制。改革干部制度，取消了公立医院行政级别，实行院长聘任制、任期制和考评制；改革用人制度，按照“老人老办法，新人新办法”的原则，除高层次专业人员外，新进人员全部实行聘任制，原有人员也实行了内部聘任制；改革分配办法，实行了工资总额制，试点岗位工资制；加强公立医院监督，实行了总会计师制度和事业发展审批制。(3)探索符合推向市场条件的公立医院改制。市肿瘤医院、潍坊口腔医院、昌乐县中医院等一些符合推向市场条件的公立医院实行了股份制改造，不仅引进了资金，而且引入了新的机制，多数改制医院发展更有活力。

通过改革，“两增、两控、三满意”的目标基本实现。工作数量和卫生投资实现“两增”。2006年，7处市属医疗机构门诊人次、出院人数、住院手术例数分别同比增长10.4%、7.7%和8.8%；从节余中提取事业发展基金0.6亿元，通过其它渠道筹资0.8亿元，用于事业发展。市直医疗机构的资产负债率为24.8%，资产运行状况良好。业务收入和医疗费用实现“两控”。单位业务收入增幅大幅度下降，同比下降1.9%，而业务收支节余增幅提高；每门诊人次费用、每床日费用和每出院病人费用同比分别下降2.0%、10.3%和14.3%，单位收费水平10年来首次下降，降幅达到10.0%。社会、党委政府、员工对公立医院改革“三满意”。潍坊的卫生改革涉及面之广，力度之大，措施之刚性，前所未有。潍坊的卫生改革在许多方面开了全国的先河，走在了全国的前头。特别是取消公立医院行政级别、实行医院工资总额制和岗位工资制、公立医院“管办分开不分家”等做法，深受全国政协和国家卫生部、发改委等中央有关部门的首肯。国务院深化医药卫生体制改革部际协调工作小组2次调研潍坊经验；潍坊的做法在2007年全国卫生工作会议上进行了交流。公立医院的改革引起了全国各级新闻媒体的高度关注，2006年，在省级以上新闻媒体报道73篇，其中《人民日报》3次报道潍坊医改，《新华社内参》编发1期潍坊医改情况。

【张梅颖等领导调研潍坊卫生改革】 6月10日～12日，全国政协副主席张梅颖率领全国政协城市医疗体制改革视察团在省政协副主席谢玉堂、周鸿兴的陪同下到潍坊视察。市领导张传林、郑金兰、迟昭厚、胡岗等分别陪同视察和座谈。视察团实地考察了解潍坊市医疗服务状况后认为，潍坊探索实施的“大众卫生”代表了我国卫生事业的发展方向；潍坊市医疗卫生体制改革坚持“大众卫生”，坚持政府主导，为解决看病难和贵的问题找到了很好的答案，给全国提供了很好的经验。

【潍坊获2006年度全省卫生工作考核总分第1名】 2006年12月，省卫生厅按“政府财政投入”、“业务工作完成”和“行业管理工作”三个方面，对全省各市2006年度卫生工作进行了量化考核，潍坊获得373.58分，居全省第1名。潍坊市“在全国卫生工作会议上交流经验”、“公立医院改革引起全国关注”等创新性工作项目获得加分26分，为加分项目第1名。最终，以399.58分的总成绩，居全省各市之首。

【市公共卫生服务中心立项】 2006年初，潍坊市公共卫生服务中心（下简称“市公卫中心”）由市政府正式立项，规划在高新区内建设一处集医疗、疾病控制、卫生监督、科研、教学、保健、康复等七大卫生职能于一体的服务中心。中心选址于市区东南片，北至樱前街，南到宝通街，西至志远路，东到惠贤路，与潍坊一中相邻。规划用地面积为79.3公顷，可建设用地面积为59.3公顷。规划总建筑面积85万平方米，计划总投资17亿元人民币，力争在5年内完成全部项目的建设任务。全国政协副主席张梅颖，山东省副省长王军民、省卫生厅厅长王天瑞，潍坊市委书记张新起、市长许立全等国家、省、市领导多次视察项目建设工作。

【卫生监督体制改革】 2005年12月，潍坊市卫生局卫生监督处和潍坊市疾病预防控制中心成立，潍坊市卫生防疫站同时撤销，标志着潍坊市级卫生监督体制改革完成。卫生监督处系市卫生局直属事业单位，承担卫生行政许可、公共卫生监督、医疗卫生监督和卫生监督稽查工作。在职能配置、内设机构和人员配置上，实行准入、监管、稽查总体分开、有机结合。这一改革模式在全国卫生系统是第一家，得到了国家卫生部的肯定。卫生监督量化分级管理经验在全省交流，潍坊被省卫生厅确定为全省卫生监督员培训基地，在全省第一个实行了卫生监督巡查制度，卫生法制工作受到国家卫生部和省卫生厅表彰。市卫生局被评为全市行政执法十佳单位，市公共行政服务审批中心卫生局窗口连续3年被评为“红旗窗口”。

【潍坊承担卫生部两项重大课题研究】 受国家卫生部委托，潍坊市于2006

年12月份正式启动两项重点政策研究课题——“推行全行业和属地化管理的障碍与政策措施研究”和“国民基本卫生服务包可行性研究”。《中共中央关于构建社会主义和谐社会若干重大问题的决定》要求，“建设覆盖城乡居民的基本卫生保健制度”，“推进医疗机构属地化和全行业管理，理顺医药卫生行政管理体制”。列国家卫生部10项应急政策第2位的课题研究“推行全行业和属地化管理的障碍与政策措施研究”，由市卫生局与潍坊医学院卫生管理学院专家共同完成。同时，国家卫生部、英国国际发展部和世界卫生组织三方还合作启动了中国卫生政策支持项目（HPSP），作为“利贫政策研究领域”9个课题第1位的《国民基本卫生服务包可行性研究》也交与市卫生局来完成，研究结果将为我国制订基本卫生保健制度政策提供借鉴和理论依据。

【艾滋病疫情监测】 截止2006年底，全市共有43家艾滋病初筛实验室通过省级验收，各级疾病预防控制机构可随时提供免费自愿咨询和初筛检测。全市加强了医疗机构、在押人员常规检测，大力开展外来定居妇女专项调查，积极开展艾滋病哨点监测、自愿咨询检测等工作。2006年全市共检测各类重点人群194973人，检测人数为历年最多。通过积极开展艾滋病疫情监测，基本摸清了全市的艾滋病疫情现状，为制定科学的艾滋病防治措施提供了有力依据。

【“满意在卫生”活动】 2006年，市卫生局继续组织开展了“满意在卫生”活动。活动以规范行为为主题，促进了行政、经营、服务和质量四个方面的规范；以为民惠民为核心，为全市近10万名患者减免费用1050万元，派出297位专家到基层坐诊，诊治病人2656人次，减免费用10万余元；以治理商业贿赂为抓手，制定了开展治理医药购销领域商业贿赂专项工作实施意见，层层签订责任书，基本杜绝了卫生行业中的红包、回扣问题；标本兼治，惩防并举，着力办好十六件实事，有效缓解了“看病难、看病贵、看病不放心、服务不到位”等问题，更好地实现了满意在卫生行政机关、在医院、在监督、在疾控、在卫校。通过“满意在卫生”活动，市卫生局在卫生部门企业“双评”中同比上升22个名次，首次被评为全市政风行风建设先进集体，市人民医院被评为“全省医德医风示范医院”。

（张洪才　刘峥　供稿）

体　育

【竞技体育】 2006年，全市认真备战、参加山东省第二十一届运动会，共夺得180.5枚省运动会金牌，总分3511.25分，自行车、女子举重、皮划艇、赛艇、排球、手球、中长跑等项目以绝对优势列全省第一位，同时荣获体育道德风尚奖。年内举办了21项全市青少年锦标赛，承办了步步高全国排球联赛、“潍坊杯”国际少年足球邀请赛等一系列重大赛事，促进了业余训练工作的开展，提高了潍坊的知名度。

【群众体育】 2006年，全市举办小型活动和演出达500多次，举办市级文体汇演和演出40次，体育人口达到总人口的41%，群众体质水平不断提高。年内举办了第三届“全民健身节”，开展了万人长跑比赛等一系列丰富多彩的健身活动，促进了全民健身运动的深入发展。潍坊代表参加全省首届老年人运动会，获得“优秀组织奖”和“体育道德风尚奖”，各单位也取得了优异成绩。配合社会主义新农村建设，筹集资金近230万元，建成了农民健身工程222个，其中包括“121”健身工程（即为县市区每个体育示范村建设篮球板1副、乒乓球台2个和健身路径1条）100个，青州市和奎文区特色健身工程2处，完成国家发改委、国家体育总局在潍坊市试点工程40个，省、市农民健身工程80个。全市农村公共体育设施状况有了进一步改善。

【体育产业】 全市积极开发市场潜力，满足市民健康消费需求，体育产业整体水平不断提高。电脑体育彩票年销售量达到1.157亿元，体育健身经营商家达200余家。

【体育设施建设】 2006年10月，市政府与省政府签订了《第十一届全运会委托承办工作责任书》。按照责任书要求，全市将在2009年十一届全运会前建设一批符合比赛要求的体育场馆，同时配套建设一批全民健身场地设施。年内成立了由市长任组长的体育中心建设领导小组及工作班子，完成了工程立项，一期工程建设咨询报告，规划设计方案已进行了评审。

（李伟　供稿）

责任编辑　刘伟勋

社会 生活

人口与计划生育

【人口概况】 截止到2006年12月31日24时，潍坊市总人口为8552940人，比上年增加30973人。其中，男4320188人，占总人口的50.5%；女4232752人，占总人口的49.5%；性别比为102.07（女=100）。全市总户数为2586427户，比上年增加18958户，平均每户人数为3.30人。人口密度为每平方公里544人，比上年的542人每平方公里增加2人。2006年出生83081人，死亡50099人，人口自然增长率为3.86‰。全市共迁入77914人，迁出83353人，机械负增长5439人。18岁以下1662191人，占总人口的19.43%；18岁至35岁2222418人，占总人口的25.99%；35岁至60岁3462492人，占总人口的40.48%；60岁以上1205839人，占总人口的14.10%。

2006年12月31日全市登记暂住人口257934人。其中，男157931人，占总数的61.23%；女100003人，占总数的38.77%。暂住人口中务工的128342人，占总数的49.76%；经商的43591人，占总数的16.90%；其他86001人，占总数的33.34%。暂住一个月以下的34198人，占总数的13.26%；居住一个月至一年的111159人，占总数的43.09%；居住一年以上的112577人，占总数的43.65%。

（辛雅琴　马　力　供稿）

【计划生育工作概况】 2006年，是全面实施“十一五”规划的第一年。全市上下认真贯彻落实党的十六大和十六届五中、六中全会精神，坚持以科学发展观统领经济社会发展全局，在推进经济社会又好又快发展的过程中，始终把人口计划生育工作摆到重要位置，紧紧围绕稳定低生育水平、统筹解决人口问题这个中心，坚持实事求是、坚持群众路线、坚持创新发展，全面加强和改进人口计划生育工作，圆满完成了各项人口控制目标，并保持了健康发展的良好态势。2006年，全市出生81648人，合法生育率97.7%，人口自然增长率4.0‰，出生婴儿缺陷率控制在5.5‰以下，出生婴儿性别比为104.3。

【党政重视情况】 2006年初，在全市“两会”期间召开的人口资源环境工作会议上，市委、市政府与各县市区委、政府，市属各开发区党工委、管委会和市直有关部门签定了人口目标责任书，按照中央关于人口计划生育工作“四个不动摇”的精神，对全年的人口计生工作作出了全面部署和安排，并提出了“理清思路、正视问题，求真务实、落实责任，改进工作、创新发展”的明确要求，有力地推动了人口计生工作的开展。（1）深入调查研究，为做好新形势下人口计生工作提供依据。2006年3月组织开展了人口计生工作“百村调研”活动，深入乡镇和村居，走访育龄群众，召开基层干部座谈会，实地了解基层基础工作现状。6月，省委提出开展“新形势下做好群众工作”课题调研后，市委、市政府把人口计生工作作为课题调研的重要组成部分，调查梳理出育龄群众在教育、生育、生产、医疗、保障等方面的需求和盼望38条，一一进行研究，制定解决方案，出台了《关于进一步完善人口和计划生育工作长效机制的意见》。8月，按照分工，市委书记张传林、市长张新起带头，市级五大班子领导和市委人口与计划生育领导小组成员，分别到联系的计划生育薄弱村和后进乡镇进行了帮促调研。调研活动的开展，为科学判断形势、实施正确决策积累了第一手资料。（2）立足实际建章立制，依靠机制制度推进工作。2006年，市委、市政府先后7次听取人口计生工作汇报，2次召开市委人口与计划生育领导小组成员会议，4次召开县市区委党政一把手参加的全市人口计生工作会议，相继制定出台了重点管理帮促、清理清查、考核办法、追踪奖惩、一票否决、关爱女孩行动等一批重要文件政策，特别是9月份，市委、市政府针对各级党委集中换届问题，又专门召开了全市人口计生工作会议，印发了《关于在各级党委换届期间进一步加强人口和计划生育工作的通知》，确保了换届期间人口计生工作措施更强、力

度更大、效果更好。在新老机制转轨交替时段，建立了融“人财物保障、司法保障、社会舆论保障和计生服务保障”为一体的综合保障机制，强化了人口计生“三个体系”建设，破解了难题，稳定了低生育水平。9月，新一届市委、市政府领导班子履任后，召开的第一个单项工作会议就是人口和计划生育工作会议，新任市委书记张新起、代市长许立全同志多次强调人口计生工作，要求各级切实抓紧抓好。（3）狠抓督查协调，严格落实人口目标责任制。坚持年初签定责任书，年中进行评估，年末严格考核。2006年7月，又对追踪奖惩、一票否决的项目、事项进行了量化分解，明确了处分细则，使之更具可操作性。市委、市政府分管领导坚持靠上抓协调、抓督查、抓落实。市委督查室、市政府督查室联合市人口计生委先后4次对人口计生工作进行专项督查，督查报告直报市委、市政府主要领导、分管领导。从平时督查和年终考核的情况来看，2006年，各级党委、政府对抓紧抓实当前人口计生工作的重视程度有了大幅提高，按照省、市要求，制定出台了一系列促进人口计生工作发展的政策、措施和规定，真正做到了人口计生部门参谋到位、分管领导协调到位、党政一把手决策到位、人大政协监督到位。

【破解热点、难题情况】 针对当前人口计生工作存在的矛盾和问题，市委、市政府明确提出，各级要做到居安思危、未雨绸缪，正确把握人口计生工作的新形势，用心用力攻坚破难，推动人口和计划生育工作健康发展。（1）针对城市和流动人口计生管理服务滞后问题，建立完善属地化工作运行机制。深入开展流动人口管理服务年活动，围绕建立“属地化管理、市民化服务、信息化支撑、依法维权、综合治理”流动人口工作新格局，大力实施“一一四一”工程（即开展“一次清理清查”，建立“一个管理体制”，完善“四个工作机制”，建好“一个群众自治组织”），制定出台了综合治理城市和流动人口计生管理意见和企事业单位计划生育法定代表人责任制管理办法，建立了企业和流动人口计生协会组织，探索推广了双“六一”工作法。6月，市委综治委、市公安局、市人口计生委等9部门联合制定出台了《加强流动人口计划生育工作综合治理的意见》；8月，专门召开了全市流动人口计划生育工作会议，属地化管理体制得到健全和完善，流动人口计划生育办证率、建档率、验证率均达到95%以上，流动人口管理服务滞后问题开始得到有效破解。（2）针对社会抚养费征收难问题，不断加大行政执法力度。把社会抚养费征收作为一项重要考核指标，积极探索新办法、新途径，加大执法力度，采取有效措施，推广了高密市人民法院受理计划生育非诉案件“三个当天”（当天受理、当天立案、当天送达）的做法，社会抚养费征收到位率大幅提高，目前已达85%以上，有效震慑了违法生育，维护了计划生育政策法规的严肃性。（3）针对基层计生经费投入短缺问题，逐步建立起以公共财政为主的经费投入体制。2006年初，制定出台了“十一五”期间人口计生事业经费投入规划。全年全市预算内累计投入15779.25万元，全年投入达到23400万元，人均27元以上，同比增长20.6%。市本级投入达到904.44万元，人均1.06元以上，同比增长35.9%，高出财政增幅20个百分点，满足了人口计生事业正常发展的实际需求，以财政投入为主渠道、逐年稳定增长的人口计生事业经费投入体制开始建立并起到了积极作用，有效化解了农村税费改革、财税体制改革后，人口计生事业经费投入不足的问题。（4）针对部分人口计生干部素质不高、激情不足的问题，大力实施素质兴业工程。2006年4月，市委、市政府经过慎重考虑，选派了一名政治过硬、能力突出、年富力强、求真务实的同志担任市人口计生委主任，并从人口计生委内部提拔重用了1名正县级干部和2名副县级干部。县级充实人口计生部门领导班子18人，提拔重用人口计生部门、系统副科级以上干部107人，进一步优化了领导班子结构，提高了组织领导人口计生工作的水平。建立了计生干部协管制度，县、乡两级人口计生部门主要负责人调整前，都要征求上一级人口计生部门的意见，对意见不统一的干部，不予考虑。在人口计生系统内部大力实施素质兴业工程，围绕建设一支政治强、素质高、业务熟、作风硬、形象好的人口计生工作队伍，先后举办了各类培训班、拓展训练班等86批次，教育引导广大人口计生工作人员树立学习、创新、竞争、合作、奉献、创业等“六种意识”；重点培养政治素质、道德素质、法律素质、科技素质、心理素质和身体素质等“六种素质”；突出锻炼学习创新、宣传教育、依法管理、优质服务、综合协调和善于做群众工作等“六种能力”，大大提高了人口计生队伍的整体素质，激发了干事创业的激情活力。

【加强基层基础工作】 2006年以来，全市以开展人口清理清查为抓手，不断加大工作措施，强化工作责任，全力夯实基层基础工作。（1）深入开展“十清十落实”活动。2006年6—8月，全市集中开展了“十清十落实”活动，在农村，实行逐村、逐户、逐人、逐项清，做到乡不漏村、村不漏户、户不漏人、人不漏项；在城区，实行分类清理与重点核查相结合，做到逐单位、逐社区、逐街巷、逐门头拉网排查。制定了宽严相济的政策，对7月31日前主动如实上报违法生育的，市里不追究现任领导责任，如果7月31日后市里查出单位有瞒漏报，在对单位考核时加倍扣分，并追究有关人员的责任，直至一票否决。为把“十清十落实”活动搞彻底，市里开展了宣传月、宣传周和宣传直通车等特色宣传活动，声势浩大，氛围浓厚，震动性强，效果明显。进一步摸清了人口底数，截止到集中活动结束，共清出往年出生漏报3088人，漏管育龄妇女619人。（2）建立违法生育常年有奖举报制度。市里统一印发了清理清查公开信、计生政策明白纸、有奖举报公开信计300多万份，全部免费发放、张贴。对群众举报线索，组织专门队伍，

采取小规模、不定时、突击式调查取证。2006年，收到各类举报710条次；调查153条次，查实94人，查实率为61.3%；兑现举报人奖金30万元。通过有将举报查处，对4个乡镇进行了通报批评，年内取消各项评先树优资格，五职责任人一般不得提拔重用；对12个乡镇实行了市级重点管理，除取消各项评先树优资格外，五职责任人一律不予提拔重用，督促各级进一步提高了抓好计划生育的自觉性和紧迫感。(3) 狠抓后进乡镇和薄弱村转化。根据日常工作情况，全市对162个计划生育薄弱村和15个后进乡镇实行了重点帮促。市里对后进转化建立了严格的责任制，纳入市级重点帮促范围的乡镇，帮促期间给予黄牌警告，不得评先树优，“五职”责任人一般不得提拔调动；纳入市级重点管理的乡镇，在重点管理期间，实行一票否决。建立了党政领导、人口计生领导小组成员单位重点联系包靠制度，市委书记、市长，分管书记、市长，人大、政协分管领导以及所有市委人口与计划生育领导小组成员单位都分别包靠一个薄弱村。坚持定领导、定人员、定责任、定任务、定时间、定奖惩，落实包靠责任，制定转化方案，确保限期转化。市委人口与计划生育领导小组成员单位都到包靠村进行了实地调研，并与他们协商制定了帮促转化方案，落实了具体责任人。各县市区、市属开发区和乡镇、街道思想上也引起了高度重视，层层建立了重点联系、包靠制度，落实了管理帮促责任制，基层干部的积极性被充分调动起来，后进转化工作成效初显。8月，省人口计生委主任班开庆到诸城市桃园乡石河头村帮促调研，实地考察该村计生工作，对潍坊市近年来敢于自揭矛盾、善于发现问题的做法给予肯定。

【统筹解决人口问题】　按照人权尊重、人性关爱、人文关怀的新理念，制定出台了健全完善计划生育工作长效机制的意见，加强了资源整合，统筹解决了口问题迈出新步伐。(1) 坚持以婚育新风促乡风文明，不断扩大公益性宣传教育。发挥主流媒体的导向作用，各新闻媒体开展了计划生育宣传周、宣传月活动，免费开展公益性宣传，建立了计划生育专题栏目，定期刊发新闻稿件，发挥了主流媒体的舆论导向作用，优化了人口和计划生育工作的舆论环境。2006年，各级电台、电视台、报社共编制发播人口计生新闻、专刊、信息3700多条次，《潍坊日报》先后9次在头版头条位置刊发交流人口计生工作的经验做法，营造了良好社会氛围。人口计生系统上下联动，广泛开展了“宣传服务直通车”活动，抽调专门力量深入基层，向群众开展面对面的宣传教育，答疑释惑、宣讲政策、普及知识，进一步增强了群众实行计划生育的自觉性。2006年以来，三级“宣传服务直通车”开展活动1000多次，印发宣传材料1300多万份，回答咨询15万多人次。(2) 坚持以民主决策、民主监督促管理民主，不断推进法制化、民主化管理。将人口计生法规政策纳入了依法治市和全民普法教育规划，大力加强法制宣传，教育引导广大群众树立权利与义务相统一的观念，增强履行义务和维护权益的自觉性，2006年，各级累计举办法制培训班159期，培训干部队伍近7000人次。进一步规范完善合同管理，由村委会与育龄群众签订计划生育合同，把双方权利、义务、违约责任和争议处理办法等以合同形式固定下来。全市全年新签计生合同180多万份，通过法律手段解决合同纠纷150多起。把计划生育依法行政纳入了人口目标责任书考核一票否决指标，推行计划生育政务公开，完善内外监督制约机制，人口计生系统内层层签定《依法行政责任书》，在“市长热线”、“行风在线”和信访绿色通道中，都有专门人员处理群众计划生育方面的质疑、信访和举报。各级人大代表、政协委员还定期视察计生工作，多渠道进行监督。市里对35起群众信访案件进行了直接查处，群众满意度达到98%以上。截止到目前，全市没有发生大的计划生育违法违纪案件。在明确村“两委”人口计生职责的基础上，不断加强村级协会功能，推行“行政指导、两委负责、协会承办、各方参与、家庭落实、群众作主”的工作机制，定期公开计划生育情况，组织发动群众实施监督，从而做到了村民权利义务、村“两委”责任、奖励政策“三个明确”，提高了群众自我教育、自我管理、自我服务和自我监督，民主参与的积极性和自觉性。(3) 坚持以全面推行人性化管理、温馨化服务促生活和谐，不断深化以技术服务为重点的优质服务。按照贴近群众需求、贴近本地实际、贴近部门职能的原则，大力开展“三级联创”优质服务先进活动，不断深化以技术服务为重点的优质服务。加强各级服务站室标准化建设，2006年各级新建、改建、扩建服务阵地1.2万平方米；积极稳妥地推行管理、人事、分配“三项制度”改革，加强人才、阵地、设施建设，打造数字化服务站，建立服务机构法人地位明确、单位自主运营、政府依法管理的新型管理机制，增强服务活力；依托“信息采集—科学决策—组织实施—考核评估”系统，实时了解群众需求，开展避孕节育、优生优育、不孕症诊治、生殖健康服务，不断满足群众的多样化需求。年内免费为360多万名育龄群众提供了计生基本技术服务；提供孕期保健和优生监护40多万人次；诊治不孕不育和各类妇科疾病20多万人次；出生人口性别比控制在正常范围以内；术后随访服务率达到98.8%。(4) 坚持以生育关怀和少生快富促生产发展、生活宽裕，不断强化政策推动力度。按照“奖惩并举、以奖为主”和“协会为载体、站室当平台、关怀到家庭、和谐伴计生”的原则，在依法落实晚婚晚育假期奖励、独生子女父母奖励费等规定的基础上，围绕生产快发展、生活得保障两个环节，实施“生育关怀”行动，进一步健全完善“六位一体”的政策推动机制，把育龄群众的注意力吸引到少生快富上来。2006年，各级向计生家庭提供致富信息3400多条次；举办科普知识讲座520多场次；发放生产小额贷款3700多万元；新办“三结合”项目1600多个。农村独生子女父母补充养老保险投保率达到93.7%，投保资金

达5970多万元；兴办居家式托老托幼机构3500多所，托养老人已达23500人；各级政府投入7500多万元设立了计划生育公益金，救助计划生育特困家庭2300多户，使用资金近3000万元；全面落实农村部分计生家庭奖励扶助制度，对农村年满60周岁的部分计生家庭父母15291人给予每人每月50元的奖励扶助金，市、县两级累计投放资金917万元，帮助他们安度晚年，对人口计生工作起到了有力的助推作用。(5)坚持以资源整合利用促进新农村建设，不断提升综合治理水平。围绕“党政领导重视、主管部门努力、社会各方配合、广大群众参与”的要求，切实加强对新时期人口计生工作齐抓共管、综合治理的力度。进一步完善各级人口计划生育领导小组成员单位决策目标垂直、执行责任垂直、考核奖惩垂直“三垂直”工作机制，做到了党政责任同时到位，部门垂直管理同时建立，社会各界同时参与，广泛动员和运用法律、经济、教育、科技、行政、服务等多种手段共同作用于人口计划生育工作。依托政府公共网站平台，加强信息资源整合，以县为单位，实现人口计生与公安、卫生、民政、工商、劳动保障、教育部门政务信息联网运行，加强各类人口信息交换，通过定期比对户籍、接生、防疫、结婚登记、务工经商、学籍登记等方面的信息，对人口变动情况进行动态分析研究，杜绝新婚、流动人口、出生等方面的漏统漏管。从部门职能出发，新配套制定一系列有利于计划生育、有利于计生家庭的政策措施10多条，解除群众困难，帮助群众发展，深入挖掘群众自觉计划生育的“内动力源”，促进了人口计生事业的和谐发展。

（李宗泉　供稿）

民政工作

【概况】 2006年，全市民政工作取得显著成绩。城乡社会救助体系进一步完善，救助实效更加明显。城市低保，继续保持动态管理下的应保尽保，全市支出保障金3154.8万元，保障36392人，人均月补差72.2元。各地普遍提高保障标准，全市平均达到196元。农村低保、五保、医疗救助三项制度取得较快发展。市里先后出台《关于进一步做好农村居民最低生活保障工作的意见》、《关于进一步做好农村五保供养工作的意见》、《关于建立和实施农村医疗救助制度的意见》。市财政先后投入救助金1106万元。全市农村低保标准全部达到和超过800元，保障范围扩大到49500多人。新建、改建和扩建敬老院110多处，五保对象集中供养率达到46.7%。各地相继出台城乡医疗救助办法，初步建立起城乡一体的医疗救助制度。此外，市政府出台了《潍坊市廉租住房和救济住房管理办法》，初步建立起贫困家庭廉租住房制度。全市筹集专款1500万元，发放赈济面粉7000多吨，救济困难群众11万余户。

慈善事业开局良好，呈现出稳健发展势头。市和青州、高密先后成立慈善总会。响应胡锦涛总书记号召，广泛开展了“送温暖、献爱心”捐赠活动，募集大量款物。依托慈善总会和慈善超市，市、县两级广泛开展各类慈善募捐和慈善救助活动。全市共募集各类款、物价值4300多万元，其中“慈心一日捐”募集善款3300多万元，比上年增长135%。按照捐助结合的原则，先后发放救助物品价值3000多万元，同时还深入组织开展了面向城乡贫困群众的义务诊疗、赠送药品、捐赠洗衣机等活动。采取上下联动的办法，组织了大规模的“福彩慈善助学”活动，从福利彩票公益金和“慈心一日捐”善款中拿出90多万元，资助了650名特困大学生和特困教师。

村务公开民主管理不断深化，城市社区建设稳步推进。在农村，按照“抓点带面、规范运作、创新发展、全面深化”的工作思路，全市村务公开民主管理呈现出全面开花的良好发展态势，涌现出坊子区村级事务契约化管理、寒亭区开通村务公开民主管理信息网、昌乐县村务监督委员会新机制和寿光市“阳光村务”等新做法、新经验。其中，坊子区村务契约化管理荣获2006年度全面小康与新农村建设“中国十大政府创新典型”奖，寒亭区开通村务公开民主管理信息网站做法被全国《村务公开信息》专题刊发，得到中央领导同志的肯定。在城市，贯彻省政府德州会议精神，大力推进和谐社区建设。进一步健全社区居民自治组织体系，加强区、街、社区三级公共行政和社区服务中心（站）建设，大力推进“一站式”服务和“一条龙”服务，不断拓展社区服务领域，增强了社区服务功能。积极与有关部门搞好协调配合，大力推进文化、教育、卫生等社会事业进社区，为社区居民创造了环境和谐、方便舒适、整洁优美的人居环境。继续深入开展“万家社区读书”活动和“平安社区”、“文明社区”、“星级社区”等创建活动，带动了社区建设水平的提高。

双拥和优抚安置工作取得新成果。全市上下掀起新一轮创建全国、全省双拥模范城活动高潮。积极协调做好“砺剑—防空2006”、“前卫—206B”、集团军海训、协作区联合军事演习、有关国防工程建设支前保障工作，及时组织开展慰问活动，共投入支前保障慰问资金100多万元。广泛开展军民共建社会主义新农村、“援建军营图书室、共建学习型军营”等活动并取得阶段性成果。全市投入资金300多万元，向部队捐赠图书31万册。同时，向部队赠送微机230台、体育器材180套。进一步加大了为部队官兵和优抚对象排忧解难的力度，提供岗位1862个，安置随军家属92人；市财政每年拿出40万元，对暂时不能上岗或离岗的随军家属给予每人每月100元生活补助，较好解决了随军家属就业和保障问题。全面落实“三公开、一监督”考试考核办法，全市1605名城镇退役士兵得到妥善安置。筹集退役士兵自谋职业保障金973.9万元，全市自谋职业率达到40%。加大军休所环境改造和基础设施建设力度，较好落实了军休干部两项待遇。接收安置军队离退休干部92人，完成了第四批军队无军籍退休职工审核工作。

福利彩票发行稳步推进，社会福利事业快速发展。全市销售福利彩票3.64亿元。进一步加快了对社会福利设施的投入和改建步伐。全市投入本级福彩公益金1678万元，吸纳各类社会资金3600多万元，用于福利院、敬老院以及社区福利机构的改建扩建，有效改善了福利设施落后的状况。市儿童福利院建设列入全国首批“儿童福利机构设施建设蓝天计划”项目，部分县市区正在规划和新建综合性老年福利服务中心。积极开展养老服务社会化示范活动。继续实施“残疾孤儿手术康复明天计划”，并向贫困家庭孤残儿童扩面试点，为31名孤残儿童成功实施手术。积极探索孤残儿童育养模式，对58名孤残儿童实行家庭寄养，进一步提高了儿童养护水平。

专项行政管理不断加强，公共服务水平得到提升。民间组织全面完成年检，全市年检率达98.7%，其中市直民间组织年检率连续5年保持100%。通过年检，对452个有问题的民间组织给予注销或撤销登记处罚。深入开展了民非单位自律与诚信建设活动。3月，全国政协副主席罗豪才到潍坊调研，对潍坊民间组织发展给予了充分肯定。按照治理整顿与优质服务并重的思路，进一步加大殡葬、婚姻两个窗口行业管理服务改革力度。各县市区婚姻登记处大都调整为行政或全额拨款事业单位。安丘、高密婚姻登记处被民政部命名为全国婚姻登记规范化建设窗口单位，奎文婚姻登记处被省民政厅命名为全省婚姻登记规范化建设达标单位。殡葬管理，继续实行收费公示、设立业务引导员、对困难群众给予优惠等措施。深入开展个体运尸车、跨区域火化等专项治理，进一步规范了殡葬市场。区划地名管理工作，全面落实了“两图一责”管理模式和“三位一体”信息管理体制，青州、高密、昌邑、寒亭、昌乐等县市区被评为全省地名公共服务体系建设先进单位。坚持重心下移、群众参与，积极做好边界联检工作。完成8条边界线联检任务，维护了勘界成果。

【潍坊市慈善总会成立】　2006年1月6日，潍坊市慈善总会成立暨第一次会员代表大会在富华大酒店举行。市委书记、市人大常委会主任张传林和市委副书记、市长张新起为潍坊市慈善总会揭牌。大会审议通过了《潍坊市慈善总会章程》、《潍坊市慈善总会资产管理办法》和《潍坊市慈善总会选举办法》。同日，召开了潍坊市慈善总会第一届理事会第一次会议。会议选举了潍坊市慈善总会理事268名，常务理事73名。选举市委副书记、常务副市长张江汀为会长，孟祥志为常务副会长（法人代表），张桂昌、衣光明、王利民、赵连文、张吉玉为副会长，张吉玉兼秘书长；通过《潍坊市慈善总会会议制度》；聘请了慈善总会顾问、名誉会长、慈善形象大使。授予陈亮、王敏等10名捐款5万元以上的理事为荣誉会长称号。

【坊子区对村级事务实行契约化管理】　坊子区借鉴群众经济往来签订合同的办法，把契约引入村务管理，采取合同、协议、纪要等形式，把涉及农村财务管理、集体资产承包、村庄规划与建房、公共事务、社会公益事业等10大类、40多个小项的村级事务全用契约的方式固定下来。签约各方严格按契约办事，违约者则承担法律责任，建立起“既管官、又约民”的“双向约束”机制。村级事务管理契约化有四个突出特点：实现了由人治到法治的转变，真正落实了民主选举、民主决策、民主管理、民主监督各项制度，建立了依法管理村级事务的新模式；实现了由治标到治本的转变，使干部群众学会了既依法尽各自责任又维护自身权益，达到了自我约束、自我教育、自我管理、自我监督的目的；实现了由“单治”到“双治”的转变，由干部单向管理群众变为干部群众的双向教育、双向约束、双向规范、双向监督；实现了由短治到长治的转变，形成了制度化、科学化、规范化的长效管理机制。2006年10月，坊子区推行村级事务契约化管理模式在第二届中国全面与新农村建设论坛大会上被评为“中国十大政府创新典型奖”。

（彭文刚　供稿）

人民生活

【城区居民生活】　2006年，潍坊市城区居民的收入稳步提高，生活质量进一步改善。城区居民人均可支配收入11846元，比上年增长14.8%，增幅为近五年来新高。居民消费继续升温，消费结构进一步优化，生活质量继续提高，城区居民人均消费性支出8816元，同比增长15.1%。

随着经济的发展和居民生活水平、文化素质的提高，城区居民的消费观念逐渐现代化，主要呈现以下特点：(1)食品消费人均支出2733元，增长10.8%，恩格尔系数为31%，比上年下降1.19%。(2)衣着类消费档次提高，支出增加，人均1145元，增长12.7%。城区居民衣着消费的总体趋势看，呈现一季多衣，消费周期日渐缩短的趋势。(3)教育文化娱乐服务类人均指出1223元，增长29%，子女上学费用依然是居民家庭主要支出。(4)杂项商品和服务类支出258元，增长21.4%。居住类消费人均支出975元，增长0.2%。(5)交通和通讯费用继续保持强劲增长势头，人均达到1554元，增长69.4%，占消费总支出的比重达到17.6%。(6)百户拥有轿车9辆，比上年增加4辆，移动电话183部，增加38部，居民家庭设备用品及服务类消费更加理性，人均348元，同比下降35.3%。(7)医疗保健类人均支出579元，下降1.9%，与上年基本持平。

【农村居民生活】　2006年，全市农业获得较好收成，农村居民生活水平有所提高。农民人均纯收入达到5508元，比上年增加491元，增长9.8%。全市个县市区农民人均纯收入分别为：潍城5929元，寒亭5932元，坊子5671元，奎文5921元，青州5183元，诸城6060元，寿光5936元，安丘4651元，高密

5422元，昌邑5784元，临朐4546元，昌乐5022元。最高的诸城与最低的临朐相差1514元。

从农民人均生活消费支出构成情况来看，食品支出1247元，同比增长3.3%；衣着支出259元，同比增长12.9%；居住支出750元，同比增长32.9%。消费结构与往年相比较变化较大，在温饱的前提下人们把生活的侧重点逐渐放在居住环境和穿着上，农民在消费观念逐渐向城区居民转化。

（市统计局　供稿）

社会保险

【社会保险制度体系建设】 2006年，全市社会保险扩面净增20.88万人，共征缴各项保险费37.88亿元，支付基金35.3亿元，当期结余2.58亿元，确保了15.8万名企业离退休人员养老金和4.61万名下岗失业人员失业保险金按时足额发放。养老保险工作得到巩固和发展。认真贯彻落实《国务院关于完善企业职工基本养老保险制度的决定》，先后完成了做实企业基本养老金个人帐户、养老金计发办法改革及新老计发办法替代率等测算工作，为新办法稳妥实施提供了详尽的数据依据。以民营企业、城镇个体私营企业和农民工、被征地农民参保为扩面重点，积极开展社会保险扩面征缴工作。全市参加企业基本养老保险的人数达到81.74万人，其中，在职职工为65.92万人，比上年底增加3.65万人，完成年度净增计划的115%。收缴基本养老保险基金15.32亿元，收缴率为99%。补缴历年欠费1705万元。支付养老金15.5亿元，其中用于企业离退休人员增加工资支出1.6亿元。机关事业单位参保人数达到28.46万人，其中在职职工22.27万人，收缴养老保险基金11.03亿元，收缴率为99.2%，实际支付养老金11.41亿元。农村养老保险参保人数达到111.07万人，收缴保险金6635万元，完成年度计划的221%。失业保险运行平稳。全市参加失业保险的职工达到64.8万人，完成年度计划的143%。收缴失业保险金1.57亿元，完成年度计划的131%，共向4.61万名失业职工支付失业保险金及补贴1.16亿元，发放率100%。医疗保险覆盖面进一步扩大。全市参加基本医疗保险的职工已达88.16万人，净增参保人员7.87万人，完成年度净增计划的129.3%，收缴医疗保险基金7.27亿元，收缴率为99.3%，为患者支付医疗费共计6.48亿元。工伤、生育保险稳步推进。全市参加工伤、生育保险的职工分别达到53.78万人、42.49万人，分别比上年增加4.3万人、3.63万人。社保基金征缴管理工作得到加强。全市全面启动五项社会保险费“一票征缴”工作，实现了“全方位、一条龙、一站式”服务，工作效率明显提高，基金收入实现较快增长，社保基金征缴管理工作进一步加强。

（张　超　供稿）

残疾人事业

【残疾人康复工作】 全市建立康复服务指导站13个，白内障复明机构17处，低视力康复机构14处，并协调市卫生局在潍坊眼科医院和潍坊同仁眼科医院设立了定点眼镜店。建立了智残儿童康复训练机构7处，肢体残疾康复训练机构12处，聋儿语训机构13处，残疾人用品用具站12处，长江普及型假肢装配站1处，形成了融组织管理、康复训练、技术指导、康复服务于一体的社会化康复工作体系。年内共完成白内障复明手术5006例，其中免费200名，为155名低视力患者配戴助视器，培训低视力家长19名，语训聋儿110名，培训聋儿家长130名，免费为100名肢残人安装普及型小腿假肢，发放麻风患者用品用具310件。

【残疾人就业工作】 全市各级残联加大了对残疾人的教育培训力度，把残疾人职业技术培训项目纳入市劳动部门的总体规划。全市共建残疾人培训中心18处，年内培训残疾人2400名。全市12个县市区全部建立了残疾人就业服务机构，全部出台了残疾人就业配套措施；建立街道、乡镇残疾人服务社184个，占应建总数的91.8%。市残联与市劳动和社会保障局在市劳动力市场举办了第二届残疾人就业供需见面会，组织进场企业48家，提供就业岗位151个，有56个残疾人与用人单位当场达成就业意向，签定了协议书。

【残疾人扶贫工作】 按照“城市抓就业，农村抓扶贫”的工作思路，积极协调市政府及有关部门将残疾人扶贫纳入扶贫工作大盘子，协调民政部门对符合城市低保的残疾人实行应保尽保。争取康复扶贫贷款100万元，在昌邑市开发了残疾人扶贫项目。通过项目扶持、就业扶持、培训基地带动、结对帮扶等各种方式帮扶贫困残疾人3800多名。市残联与财政局、市直机关党工委联合出台了《关于鼓励残疾人学习成才的优惠规定》，为考取大中专（含职高）院校的学生每学年补助1000——3000元，考取本科及以上学历的学生每学年补助3000——5000元学费。全市共为贫困大中专（含职高）学生及聋儿补助学费30万元。

【残疾人宣传文体工作】 助残日期间，组织全市各新闻单位围绕“真实的了解，真挚的关爱”这一主题，进行丰富多彩的广泛宣传。市委副书记、常务副市长张江汀在潍坊日报发表了题为《关爱发展残疾人事业　积极构建和谐社会》的署名文章；潍坊广播电台在《同一片蓝天》、《携手同行》两个残疾人专题节目中高密度、大信息量地播报助残日活动情况。助残日活动期间，市新闻单位共发专稿500余篇次，图片80余幅，制作专题10个。在山东省残联与山东省残疾人事业新闻宣传促进会举办的“全省残疾人事业好新闻评选活动”中，潍坊市报送的《真爱无法抗拒》、《邱玮荔：用爱心开启弱智儿童的心灵

之门》、《孙金竹回到寒亭老家》分获文字类一等奖、三等奖和优秀奖。潍坊市刘晓清荣获“山东省残疾人‘十大自强人物’”称号。

在全省第七届残疾人运动会上，潍坊市残疾人运动员共获得金牌 16 枚、银牌 14 枚、铜牌 9.5 枚，比赛成绩总分和获金牌数列全省第八名，乒乓球获团体总分第一名。潍坊市女子盲人门球队代表山东省在第七届全国残疾人运动会预选赛暨 2006 年全国盲人门球锦标赛上获得亚军，并取得了第七届全国残疾人运动会的入场券。潍坊市残疾人女运动员杨国靖在全国第七届残疾人运动会预选赛暨 2006 年全国残疾人田径锦标赛女子组 F37 级脑瘫选手标枪比赛中，以 25.37 米的成绩打破该项目世界纪录。

【残疾人维权工作】 全市建立了 13 个法律援助联络中心，全年共为残疾人提供咨询 186 人次，解决了 5 起因工资拖欠发生的劳务纠纷。市司法局制定了《关于进一步发挥司法行政职能作用，努力为残疾人事业发展服务的意见》的文件，进一步优化和规范了为残疾人提供法律服务的政策环境。全年按要求上报信访报表 6 份，总结 2 份。全市残联系统共受理来信来访 292 件（次），其中来信 16 件，来访 276 次，处结率均达 98%以上，有效地缓解了全市信访工作压力，维护了社会稳定。

【残疾人基础设施建设与无障碍建设工作】 全市 12 个县市区全部建成了残疾人综合服务中心，基础设施建设总面积达 3.6 万平方米。继安丘市、临朐县、寒亭区之后，青州市、潍城区残疾人综合服务设施达到或超过了中残联规定的标准。市残联综合服务中心增加了服务功能，扩大了为残疾人服务的范围。在 2006 年召开的全省残疾人基础设施建设工作会议上，市及青州市、临朐县被评为“十五”期间先进单位。

市及各县市区都成立了无障碍建设工作协调组织，制定了无障碍设施建设总体规划。全市在新建、改造的城市道路共铺设盲道 340 千米，修建路缘坡道 860 个，各种标志牌 380 余个。无障碍环境建设，既方便了残疾人和老年人朋友，也提升了潍坊城区环境的人文格调和文明档次。

（金志芳 供稿）

老龄工作

【城乡社会养老保险和医疗保险】 全市社会基本养老保险制度进一步健全，城镇职工养老保险覆盖面不断扩大，企业参保人数近 66 万人，企业退休人员社会化管理达到 99%，基本养老金月人均增加 170 元，全部按时足额发放。积极稳妥地扩大农村社会养老保险覆盖范围，全市 67 万农民参保，8.6 万人已领取养老金。城乡老年医疗保障制度进一步完善，城市社区卫生服务中心和服务站普遍为老年人建立了健康档案，定期为老年人健康查体，新型农村合作医疗制度正在试点施行。

【老年公寓和养老服务设施建设】 在抓好家庭养老的基础上，鼓励和支持集体、个体、私营等非公有制经济实体兴办老年公寓，托老所等养老服务设施，实行多元化的养老模式。全市共有托老所、老年幸福院、老年公寓等形式的养老服务机构 244 处，入住老人 9000 多名。

【落实省市优待老年人规定】 为保证省、市优待老年人规定落到实处，全市各级老龄组织都做了大量深入细致的工作，制定出切实可行的具体措施加以保证。向 175 位百岁老人发放长寿补助金 54.6 万元；为 10.5 万名老年人发放补贴金 7000 多万元；救助特困老人 2 万多人次，救助金额 700 多万元；慰问老年人 5.7 万多人次，慰问金额 300 多万元；55 所公园和旅游景点向老年人免费开放；75 条公交线路对老年人实行优惠，所有公交车都设有老年人专座。

【法律援助】 各级老龄组织都建立健全了老年法律援助联络中心，积极主动为老年人提供法律援助。开展法制宣传 37 场次，受教育 2000 多人次，优先审理追索赡养费等涉老案件，结案率 80%以上，为老年人缓、减、免缴诉讼费 20 余万元。

【老人节的庆祝活动】 老人节期间，各级都开展了丰富多彩的庆祝活动，党政领导分别带队走访慰问老干部、老党员、百岁老人、特困老人、敬老院和老年公寓等，县以上领导参加老人节的各项活动达 220 多人次。向老年人赠送礼品价值 300 多万元，组织老年人参观旅游 3600 多人次，免费为老年人查体3 万多人次，举办文体演出 140 多场次。

（冯伟红 供稿）

民族宗教

【民族工作】 2006 年，潍坊市召开了市委民族工作会议暨第二次全市民族团结进步表彰大会，20 个模范集体和 42 名模范个人受到市政府表彰。市委、市政府出台《关于进一步加强民族工作促进民族团结进步事业发展的意见》（潍发［2006］19 号）。开展第六次民族团结进步宣传月活动。举办由各县市区分管县市区长、统战部分管部长、民宗局长等 120 人参加的民族工作理论讲座。市民宗局、市工商局联合下发《关于进一步加强清真食品生产和经营登记管理有关事项的通知》。少数民族经济社会全面发展。开展民族工作大调研，制定《潍坊市少数民族经济社会事业“十一五”发展规划》。争取省重点扶持项目 5 个、扶持资金 25 万元，争取省民族教育资金 25 万元，主要用于 8 个民族村和 9 处民族学校的水电路基础设施建设。在市直机关包村工作中，第十三批的 5 个包村组向云峡河回族乡三年累计投入资金和物资折款 107.35 万元，自 2006 年 7 月开始的第十四批又向云门山街道（原云峡河回族乡）派出了 5 个包村组。全市少数民族适龄儿童入学

率、小学升初中率均达100%，对315名少数民族考生进行登记上报，高考录取率达62.2%。组团参加第三届山东省少数民族文艺调演，选送25幅作品参加第六届山东省少数民族书画展并获优秀组织奖。

【宗教工作】 贯彻实施《宗教事务条例》，解决难点热点问题。利用宗教工作宣传月、宗教团体负责人季度联席会、培训班等形式，加大《条例》学习培训力度。对全市304处宗教活动场所进行了换证和普遍检查。开展清理整治基督教私设聚会点“回头看”活动，规范宗教活动秩序。市委统战部、市政府民宗局联合下发《关于进一步清理乱建庙宇和滥塑宗教造像的紧急通知》，及时制止乱建。依法开放部分佛道教活动场所。青州龙兴寺9月18日开工建设。加强爱国宗教团体建设，发挥宗教在促进社会和谐中的积极作用。举办宗教团体班子成员和教职人员培训班6期。建立健全了宗教团体的民主议事、重大事项报告和财务管理等制度。坚持宗教团体负责人季度联席会议制度并有所创新。协助天主教晋升铎品工作，协助理顺市基督教两会东关直管堂的管理，帮助宗教界解决房产遗留问题，为市区基督教教职人员办理养老和医疗保险。在全市宗教界开展“我为构建社会主义和谐社会做贡献活动”，40个先进集体、60名先进个人受到表彰。

（市民族宗教局　供稿）

县市区概况

临 朐 县

中共临朐县委、县人大、县政府、县政协领导成员名单

县委书记　刘建国
副书记　肖明胜　张增顺
县人大常委会主任　刘建国
副主任　许孝义　傅廷明　刘兴禄　张在益　许孝新　张美春　巨德义
县政府县长　肖明胜
副县长　赵绪春　李兰祥　赵同祥　岳传胜　衣利民
县政协主席　杨显伟
副主席　安同昌　李升东　霰明礼　张惠玉（女）　刘　超　倪若强

抢抓机遇　奋力赶超　全县经济保持平稳发展

临朐县辖14镇、1乡、2街道办事处，939个行政村，面积1834平方公里，耕地面积4.9万公顷，人口85万。2006年，全县地区生产总值达到80.9亿元，比上年增长9%。其中，第一产业增加值16.5亿元，第二产业增加值40.7亿元，第三产业增加值23.7亿元，分别增长3.4%、11.8%和11.6%。一、二、三产业分别拉动GDP增长0.1个、5.8个和3.4个百分点。人均GDP9515元，比上年增长9.3%。三次产业比例由上年的21.7∶49.4∶28.9调整为20.5∶50.3∶29.2。全县财政总收入完成4.4亿元，比上年增长14.8%，增长16.4%，其中地方财政收入2.16亿元，增长21.2%，增长25%。财政总支出5.3亿元，增长26.1%，连续18年实现财政收支平衡。年底，全县金融机构本外币各项存款余额为69.3亿元，比年初增加9.3亿元，各项贷款余额为34.7亿元，增加8.1亿元，城乡居民储蓄余额为55.9亿元，增加8.3亿元，人均储蓄存款6570元，增加970元。

农业。以解决“三农”问题为中心，以增加农民收入为重点，突出抓好“三大基地”建设，农业和农村经济稳步发展。全县粮食播种面积91.3万亩，比上年增加5.6万亩，总产量29.86万吨，增产0.1万吨。烤烟3747吨，油料1.03万吨，蔬菜22.9万吨，瓜类11.6万吨，全县果园面积达到24万亩，果品产量24.1万吨。大棚果面积发展到3.8万亩，实现产量3000万公斤，收入2亿元。全年植树造林4万亩，封山育林3万亩，四旁植树150万株，育苗6000亩。全县森林面积（有林地）达5.4万公顷，森林覆盖率为34.2%，比上年上升0.7个百分点。至年底，全县奶牛存栏3.6万头，被评为“全国牛奶生产50强县”。奶类产量9.8万吨，增长9.1%；禽蛋产量5.6万吨，增长5%；肉类产量11.1万吨，下降2.6%；蚕茧产量585吨，增长3.5%。全年畜牧业总收入达到52.2亿元，增长5.5%。牛出栏1.01万头，羊出栏35.5万只，生猪出栏56.9万头，家禽出栏3863万只，大牲畜年末存栏5.3万头，羊年末存栏29.4万只，生猪年末存栏39.2万头，家禽年末存栏1109万只。全县水产品产量达9300吨，比上年增长8.5%。把农村户用沼气和“村村通自来水”作为新农村建设的切入点和突破口，沼气建设走在了全市乃至全省的前列，被确定为全省沼气建设试点县。2006年，全县共建设农村户用沼气池6400座。水利建设取得新进展，全年累计开工建设各类水利工程700多处，其中新打机井、大口井118眼，配套85眼，建水池、水窖270个。由中央和省、市投资的人畜饮水工程项目全面完成，工程总投资943万元，解决了82个村、4.4万人的饮水问题。全县通自来水的自然村比上年增加241个，自来水通村率达到68%，受益人口59.5万人，比上年增加18万人。

工业。牢固树立“工业强县”的指导思想，积极实施“三个一批”战略，加大投入，培育品牌，提高素质，全县工业经济快速发展。2006年底，全县

规模以上工业企业达到344家，当年新增65家，完成工业总产值145亿元，比上年增长34.8%，产品销售率达97%。全县规模以上工业企业实现主营业务收入140亿元，比上年增长35.8%，实现利税7.2亿元，利润4亿元，分别增长26.2%和25.6%。主营业务收入过亿元的企业达到17家，其中过5亿元的3家，利税过千万元的8家，实交税金过千万元的4家。铝型材、不锈钢“两大产业集群”进一步发展壮大，被评为“山东省十大特色产业集群”和“县域经济十大产业聚集园区”。全县规模以上工业企业中铝型材及不锈钢加工企业共有26家，实现主营业务收入17亿元，占规模以上工业企业的12.1%。全县省级以上高新技术企业达到20家，获得国家免检产品2个，省级名牌产品达到8个，省著名商标达到7个。规模以上工业中高新技术产业企业完成工业总产值26.4亿元，占规模以上工业总产值的比重为18.2%，比年初提高3.2个百分点。全县工业用电量达到6亿千瓦时，比上年增长21.7%。

固定资产投资、建筑业。正确处理宏观调控与科学发展的关系，全县固定资产投资保持了较快增长势头。全社会固定资产投资完成64.9亿元，比上年增长16.9%，其中规模以上投资63.2亿元，增长17.5%。50万元以上的投资项目达到587个，其中过千万元的238个，过亿元的6个。建筑企业工程质量和经营效益进一步提高。全县资质以上建筑企业共39家，完成建筑业总产值5.6亿元，房屋建筑施工面积90.1万平方米，竣工面积53.6万平方米。商品房销售面积12.5万平方米。全县建筑业完成增加值3.9亿元，比上年增长4.8%。

交通、邮电通讯。全年交通基础设施建设总投资达7182万元，建设公路里程300公里，新建成“村村通”道路114条、275公里，新增通油路行政村104个，新增受益人口9.5万人，全县通油路的行政村达到629个，通村率达67.1%，受益人口40万人。全县公路通车里程1678公里。全社会运输业共完成公路货运量792万吨，货物周转量37571万吨公里，客运量523万人，旅客周转量44493万人公里，分别比上年增长7%、5%、6%和8%。全县电话交换机总容量达20.8万门，固定电话户数19.3万户。手机用户达26.1万户，宽带上网用户发展到1.8万户，比上年分别增加9.1万户和0.8万户。全年通讯业务收入2.6亿元，比上年增长13%。

贸易、旅游。续建了临朐文化城、生产资料等5处专业市场，新建了富瑞达家俬城、东郡商城等3处消费品市场。深入实施“万村千乡”市场工程，新建镇村超市、连锁店130家，各类连锁经营网点发展到900多个，有力地推动了贸易业发展。2006年，全县实现社会消费品零售总额36.1亿元，比上年增长16.1%。其中县城零售额13亿元，增长17.5%，农村零售额23.1亿元，增长15.3%。全县旅游开发和基础服务设施建设总投资3000万元，对沂山风景区、老龙湾风景区、石门坊风景区、山旺国家地质公园、嵩山风景区和冶源水库风景区的旅游设施进行了整修和配套建设，景区综合功能大为提高，旅游环境达标率达到100%。全年接待游客120万人次，实现收入2.7亿元，分别比上年增长10%和12%。

招商引资、外经外贸、民营经济。2006年，全县新办成到位资金项目470个，其中过千万元项目97个，过亿元项目24个。华建铝业三期、永昌铝业、三和铝业等一批新上重点项目进展顺利。全年签订外资项目22个，实际利用外资11748万美元，比上年增长8.3%，其中外商直接投资3620万美元，增长32.9%，完成进出口总额14011万美元，其中出口8800万美元，分别增长7.1%和7%。到2006年底，全县民营经济发展到1.05万户，从业人员5.4万人，注册资金18亿元，比上年分别增加0.15万户、0.3万人和2.5亿元。民营经济上缴税金3.25亿元，占全县总税收的比重达80.6%，比上年提高2.6个百分点。

城市建设、环境保护。全年城市维护建设投资1.3亿元，房地产开发投资4.3亿元，完成了“两区”基础设施配套、绿化亮化、市政设施维护、“城中村”改造、房地产开发等一批重点工程。续建、新建了滨河花园、沂山嘉苑、龙泉都市花园等7个住宅小区。县城电网改造工程竣工，新污水处理厂建成并投入运营，新汽车站和垃圾处理场二期工程开工建设。重点组织实施了以学校和居住区为中心的路灯工程，先后对秦池路、弥河路、站前路、黄龙路等4条路段新安装路灯145基。加强了对道路设施的养护维修管理，全年道路设施完好率达到95%以上，路灯亮灯率达到98%以上。大搞城市绿化美化，新建设城市绿地35公顷，种植花草树木241.7万株，县城建成区绿化覆盖面积达877公顷，绿化覆盖率达39.2%，城市形象得到了新的提升。县城建成区面积达到22.6平方公里，道路总长度达135公里，排水管道总长度124公里，供水管道总长度175公里，城市化水平达到40%，自来水普及率达100%，燃气普及率达100%。认真抓好环境优美乡镇、文明生态村和绿色学校创建活动，冶源镇、实验中学分别被命名为省级环境优美乡镇和省级绿色学校。加强重点流域和重点污染源治理，严格项目审批，杜绝新上污染项目，依法逐步关闭小化工、小矿山等影响环境的企业。积极搞好污染治理工作，促进生态环境的良性循环，环境质量得到有效改善，被命名为第四批国家级生态示范区和全省第三批生态县建设示范县。

科技、教育、文化、卫生、广播电视、体育、质监。全年获得市以上审批的科技计划项目4项，新审批省级以上高新技术企业2家，全县省级以上高新技术企业达到20家。新成立民营科技机构3处，全县民营科技机构达97处，其中民营科技企业24处，市级以上审批的10处。全县新取得市级以上科技成果10项，专利授权量125件，列全市第二位。学校危房改造顺利实施，筹措资金735万元，新建、改造校舍5万平方米。全县本科上线4509人，比上

年增加447人，其中文理本科上线3058人，增加226人。教育现代化水平不断提高，校园网达到48个，教育城域网联网学校达到82处，多媒体教室153个，教学微机8000台，全县小学信息技术开课率达96%以上。到年底，全县在校学生9.7万人，专任教师0.84万人。教育投入稳定增加，全年财政安排教育支出17346万元，比上年增长14.5%。全年共有350余件作品在市级以上报刊发表，有70余件作品获市级以上奖，其中在省级以上获奖12件。新型农村合作医疗工作运行良好。全县共有50.3万农民参加新农合，参合率以村、户、农村人口为单位分别达到了100%、70.9%和66.5%。全县共设置县、乡定点医疗机构23处，开展了第一批村级定点卫生室的验收，共为1.4万名参合农民报销医药费334.2万元。积极开展慢性病防治，全县共组织免费健康查体12.2万人次，建立健康档案1.8万余份。医疗机构管理不断加强，疾病控制和妇幼保健工作取得新进展。到年底，全县拥有各类医院、卫生院20处，床位1313张，卫生技术人员2269人，其中医生1133人。全年架设光缆杆路185公里，增设光点32个，新发展有线电视村106个、用户1.2万户，全县有线电视通村、入户率分别达到88%和42.8%，总用户数达到12万户。新上5000W电视发射机和3000W调频发射机，实现了调频广播发射由朐山到沂山的转移，广播无线信号实现了全县无缝隙覆盖，电视无线信号覆盖由144平方公里增至1200平方公里。在市以上体育比赛中，共取得金牌43枚，银牌36枚，铜牌33枚，其中在省运会上夺得金牌3枚、银牌2枚、铜牌3枚。组织实施创名牌和质量兴县工作，山东伟盛铝业等3家企业的3个产品获得山东名牌产品称号，山东华建铝业公司等2家企业的2个产品获得国家免检产品。加强质量认证、强制性产品认证和食品生产许可、工业产品生产许可等工作。依法开展专项整治，加大对老百姓安全危害大、影响面广、涉及大多数群众利益的重点产品的执法检查力度，共立案查处违法案件93起，查获假冒伪劣产品货值350余万元，处理消费者投诉举报22起，处结率100%。

*人口、人民生活。*2006年，全县人口出生率为9.21‰，死亡率为4.33‰，自然增长率为4.88‰，合法生育率为98.1%，晚婚率为63.7%，出生人口性别比为102.1：100。年末全县总户数为27.5万户，总人口为85万人。全年新开发就业岗位9355个，7650人实现了就业再就业，城镇登记失业率控制在3.2%以内。全县在岗职工年平均工资为11420元，比上年增加593元，增长5.5%。全县城镇居民人均可支配收入为9248元，增长13.5%，人均消费支出为6015元，增长9.1%，人均居住面积24.8平方米。农民人均纯收入为4546元，增长13.2%，人均生活消费支出为3258元，增长26.6%，人均居住面积28.4平方米。到年底，制定出台《城乡低保实施意见》，城市低保标准由每人每月130元提高到170元，农村低保标准由每人每年480元提高到800元。全年共为城镇3141户次、7059人次发放低保金108.8万元，为农村1843户次、4407人次发放低保金92.5万元，保障了困难群众的基本生活。双拥和优抚安置工作进一步深化，安置城镇退役士兵和转业士官92名。五保供养救助体系进一步完善。投资300万元，对全县18处乡镇（街道）敬老院进行改扩建，敬老院软硬件水平有了进一步提高。将五保人员全部纳入新型合作医疗，建立医疗救助基金，实行大病医疗救助。社会保险覆盖面不断扩大，全县企业养老保险参保单位487个，参保职工4.4万人；机关事业单位养老保险参保单位364个，参保职工1.9万人；农村养老保险参保人员3.7万人；医疗保险参保职工5.1万人；为失业职工发放失业保险398万元。

【新农村建设“三变”求“一新”】 临朐新农村建设“三变”求“一新”——改变农业生产方式、改变农民生活方式、改变农村生态环境，使新农村有了新变化。临朐立足当地优势，大力发展设施农业，发展人为能控制环境保护下的农业生产，以生产超时令、反季节的作物为主，实行早熟、高产、优质、高效的集约化生产。全县大棚果面积3.6万亩、奶牛存栏3.8万头，日产鲜奶300吨，在全省名列前茅，仅此两项年增加农民收入3.2亿元。临朐还把发展劳务经济作为增加农民收入的重要手段，在促进劳动力就地转移的同时，在上海、青岛、大连、宁波等港口城市建立劳务基地，努力打造临朐劳务品牌，全县有5万农民“离土进厂”。大力推进村村通自来水工程建设，将新建沂山、丹河、大关三处水库集中供水和县城管网延伸工程，解决118个村9万余人的自来水供应问题。2006年，全县13个村被授予山东省村庄建设示范村，672个自然村通上自来水，占总数的48%，17个行政村实现了柏油路“村村通”。临朐山清水秀，林木覆盖率达到37.2%，是国家级生态示范区。在全力打造“生态临朐”的同时，把建设文明一条街作为农村精神文明建设示范工程，以建设绿色家园为重点，发动农民在村旁植树，使干线公路、通村道路、村镇街道有林木，村落周围有林带，庭院内外有花草。全县100多个村全都建起了环境卫生保洁队伍，制定环境卫生管理制度，落实街道、农户卫生责任制，设立垃圾存放点，定点存放，定期清扫清运，解决了农村柴草乱垛、粪土乱堆、脏水乱泼、垃圾乱倒、禽畜乱跑、街道乱占的“六乱”现象。

【县域文化产业成发展引擎】 临朐县是全国著名的书画之乡、小戏之乡和全国文化模范县。临朐县发展文化产业，弘扬传统文明，把文化融入经济建设之中，把发展文化产业当作助推经济发展、构建和谐社会的大战略来抓，确定了做大文化产业“突出地方特色，加强市场建设，促进经济发展”的基本思路，使文明古城在现代化建设中迈出坚实步伐。县政府重视对民间艺术的挖掘和保护，维护文化生态平衡，使许多面临失传的艺术瑰宝重放异彩。与此同

时，积极探索持续发展之路，大建奇石、书画等文化市场，并把建设文化大院作为搞活群众文化活动的突破口，组织成立书画、戏曲、盆景、焰火研究会和奇石、根艺协会等，群众参与文化活动的积极性空前高涨。投巨资建起奇石交易大市场。全县参与奇石加工、销售的业户已达3000多人，年交易额2.3亿元。整合旅游资源，挖掘景点文化内涵，做好旅游和文化的结合文章，实现了历史与自然"牵手"、文化和旅游的"联姻"。同时，强化宣传促销，加强秩序管理，让游客感到的是风景、感受的是文明、愉悦的是心情，从而叫响了临朐旅游文化的品牌。2006年，全县接待游客120万人次，总收入2.7亿元，分别增长10%和12%。全县以奇石、雕塑、石刻、书画、旅游为主的文化产业初具规模，形成了新的经济增长点。红叶地毯、华艺雕塑等文化"龙头"异军突起。建筑面积15万平方米的临朐文化城一期工程已经竣工，二期工程正在建设之中，全部营运后，可容纳经营业户800家，年交易额可达10亿元。

【"五项机制"创建和谐企业】 自2006年起，在全县各类企业中广泛开展创建"劳动关系和谐企业"活动，力争用三年左右时间，使全县绝大多数规模以上企业，达到劳动关系和谐企业标准，使广大职工各项劳动权益得到有效保障，推动经济社会又好又快发展。重点是建立"五项机制"：（1）民主管理监督机制。健全完善以职工代表大会为基本形式的民主管理制度，保障职工依法参与企业民主管理和民主监督的权利，完善落实职工董事、监事制度。（2）平等协商谈判机制。建立企业经营者、工会、职工参与企业工资协商机制，完善工资增长机制和工资支付保障机制，实现职工工资与企业经济效益的同步增长。（3）劳动争议调节机智。建立健全基层劳动争议调节委员会，大力推进劳动争议预防和预警机制建设，使矛盾发现在基层、争议调节在基层、问题解决在基层。（4）劳动保护监督机制。建立健全安全生产监督检查组织，加强对职工的安全生产教育和培训，提高企业安全生产意识和职工的自我保护能力，杜绝违章指挥和违章作业。（五）困难职工帮扶救助机制。建立完善就业服务、生活救助、政策咨询、法律援助、信访接待、维权热线一体化的困难职工帮扶救助机制。积极做好特困职工档案管理，实现帮扶救助的经常化、制度化、规范化。

乡镇、街道办事处概况

城关街道办事处 位于临朐县城，面积48平方公里，辖48个行政村，17533户，人口57899，耕地面积2.5万亩。2006年，全街道办事处完成地区生产总值9.7亿元，增长5.4%；全年实现财政收入5924.5万元；工业实现销售收入35.7亿元，利税26750万元，分别增长21.4%和59.5%；农民人均收入4952元，增长12%。先后被授予"全国婚育新风进万家活动先进乡镇、街道"、"省级文明村镇"、"省级卫生镇"、"全市信访工作先进单位"等荣誉称号。

党工委、办事处坚持"工业立镇、工业兴镇、工业强镇"工作思路，狠抓招商引资、猛促民营经济，经济和社会事业实现又好又快发展。工业发展迅速。全街道逐步形成了建材、纺织、机械、电子、化工、造纸、服装等七大支柱产业，拥有红叶地毯、华雅达雕塑、双利制衣、华庆制衣、华特磁电等一大批规模以上工业企业33家。同时，积极实施外向带动战略，构筑全方位开放格局，大力发展外向型经济，先后与美国、法国、韩国、日本、新加坡、香港等12个国家和地区建立了长期稳定经贸关系。农业特色突出。形成了以月庄大棚樱桃为主的种植业和以东朱封奶牛为主的养殖业示范区，建成无公害农产品示范园区4500亩，其中大棚樱桃发展到600亩。奶牛存栏量达到1200头，珍稀动物存栏4万头，年实现畜牧收入1.3亿元。市场逐步规范。通过招商引资，先后建成装饰材料市场、副食品批发市场、生产资料市场、兴隆汽配城、东郡集贸市场、南关鞋帽市场、兴隆批发市场和富瑞达家私城等各类市场20余处，年交易额达到32亿元。城市建设步伐加快。依托区位优势，先后建成东华花苑、北京花园、明珠花园、龙苑新村、沂山嘉苑、隆昌苑、锦绣花园等标准居住小区。同时，狠抓道路建设，先后投资12770万元，高标准建成西外环路、北外环路、华特路、石门路、新华西路，打通或改扩建区间路60余条，极大地改善了广大村民的生产生活条件。

党工委书记　郎会祥

办事处主任　赵春堂

东城街道办事处 位于临朐县城东侧，面积34平方公里，辖31个行政村，1.1万户，人口3.25万，耕地面积1.05万亩。2006年，全街道完成地方财政收入2316.8万元，比上年增长67.6%；工业实现销售收入23.6亿元，利税20780万元；分别增长69.1%和73.5%。第三产业增加值达41885万元，农民人均收入4593元。

办事处自2003年设立以来，按照"高点起步，强势推进，一年一片"的开发建设思路和区分功能、突出重点、稳步提高的原则，在功能定位上，坚持以吸收"大、高、外"工业项目为主，在规划设计上，突出人文理念，坚持高标准、高起点、高水平，与城区新一轮总体规划有机融合，与基础设施配套，力争建成环境优美的花园式工业园区。街道先后开发了五个项目区，新修道路70余公里，绿化140万平方，架设路灯3000余盏，引进投资过千万元项目337个，开发配套面积超过20平方公里，成为全县经济发展的龙头，对外开放的窗口，招商引资的载体和现代化的新城区。

党工委书记　杨锡栋

办事处主任　魏龙先

纸坊镇 位于临朐县城西5公里，面积42平方公里，辖19个行政村，6563户，人口2.3万，耕地面积1.7万亩。2006年，实现地区生产总值

3.46亿元，增长13%；规模以上企业主营业务收入2.43亿元，增长63.02%；完成固定资产投入2.55亿元，增长64.2%。实现财政总收入943万元。地方财政收入336万元，分别增长14.3%和6.8%。农民人均纯收入4247元，比上年增加400元；农民储蓄余额1.3亿元，全年净增2500万元。用电量达到1467万千瓦时，比上年增加367万千瓦时。

民营经济蓬勃发展，工商企业390多家，落户镇区的民营经济共计43家，其中4家企业已通过ISO9000系列国际质量体系认证，年销售收入过1000万元的企业5家，规模以上企业达到10个，高新技术企业3个，农业龙头企业11个，转移农村劳动力3200多人。

产业结构调整迈出新步伐。以柿子、大棚果、畜牧为主的产业构架基本形成，柿子以及柿饼以其优良品质享誉国内外，柿子种植面积发展到3200亩，年产鲜柿1200吨，加工柿饼200吨。大棚果种植总面积达到900多亩，全镇林果业年收入达到6000多万元。肉鸭年出栏1660万只，形成了以蛋鸡、肉鸭为主的生产格局，畜牧业年收入达到9600多万元。

座落境内的石门坊景区历史悠久，文物古迹颇多，素以山奇、洞险、水秀著称，重阳节前后，石门红叶如火如荼，朱谷丹崖，泼红嵌黛，瑰丽如画，可谓神州一绝。

党委书记　周世彬
镇　　长　王保利

五井镇　地处临朐县西南部，西南与沂源、西北与青州接壤，面积192.3平方公里，耕地面积55000亩。全镇共有64个行政村，99个自然村，1.88万户，人口7.2万。2006年，完成财政总收入1034.9万元，其中地方财政收入434.69万元，分别比上年增长57%和61%。农民人均纯收入3950元。

工业主要以纺织、塑料、化工、玻璃制造、水泥、包装企业为主，全镇规模以上企业20家。农业收入以畜牧（奶牛、生猪、肉鸭）、黄烟、中药材和山楂、柿子种植为主。劳务输出成为农民增收的又一渠道。五井镇突出“招商引资、工业强镇”这条主线，确保“财政增长、社会稳定”，突出抓好“村村通道路、通自来水、户用通沼气”三个重点，加快社会主义新农村建设步伐，推进五井经济社会又好又快发展。

党委书记　王明阳
镇　　长　陈晓东

杨善镇　位于临朐县城南6公里，面积39.4平方公里，辖32个行政村，1.2万户，人口4.6万，耕地面积3.4万亩。2006年，全镇实现农村经济总收入23.2亿元，实现地区生产总值4.2亿元，实现财政收入1514.6万元，其中地方财政收入492.9万元；农民人均纯收入达到4936元。

工业经济发展迅速。全镇建成镇招商引资项目集中区、洼子、北杨善等工业项目区5处。全年引进招商引资项目43个，总投资5.8亿元，实际到位资金2.04亿元。全镇私营企业发展到312家，初步形成了以汽车配件、工艺绣品、机械、纺织、石材、农产品加工为主的工业格局。培育形成了弘泰汽配、汇英重机、鸿利石材等26家骨干民营企业。

农业主导产业规模不断扩大。绿色食品“杨善”牌大棚西瓜发展到8000亩，年实现收入过亿元。销售范围遍及上海、北京、大连、南京、沈阳、杭州等大城市。以奶牛为主的畜牧业发展迅速，全镇共建成集约化、标准化奶牛养殖小区5处，奶牛总存栏量达2100头；肉鸭大棚发展到860个，年出栏量达到900万只；西瓜、蔬菜套种面积达到6000亩，亩可增加群众收入3000元以上。

城镇建设水平不断提高。沿路经济带、商贸带建设步伐加快，水、电、通讯、教育、医疗等各项配套设施完备。道路交通发达，全镇道路通车里程达到45公里，率先在全县实现了村村通柏油路；水利设施配套齐全，自来水入村率达到90%，入户率达到86%；建成沼气村4个，沼气用户发展到300户。社会各项事业蓬勃发展，新农合群众参合率达到82%，“平安杨善”、“诚信杨善”建设不断深入，群众性文化活动广泛开展，群众素质不断提高。

党委书记　尹　健
镇　　长　马立军

冶源镇　位于临朐县城南12公里处，面积113.8平方公里，辖47个行政村，1.2万户，人口5.8万。2006年，全镇实现农村经济总收入16.6亿元，比上年增长8.5%；实现财政总收入2000万元，增长17.5%，地方财政收入770万元，增长13%，规模企业实现销售收入7.3亿元，增长36%，农民人均纯收入达到4360元，比上年增加350元。冶源镇是国家小城镇建设试点镇，省级中心镇，山东省历史文化名镇，国家AA级风景名胜区——老龙湾风景名胜区所在地。

冶源镇党委、政府以建设“工业强镇、商贸重镇、旅游名镇”为目标，突出抓好招商引资、民营经济、旅游型城镇建设、新农村建设四个重点，有力地促进了全镇经济和社会各项事业的发展。2006年，落实招商引资项目43个，到位资金2.8亿元，全镇民营企业达到342家，其中规模以上企业30家，主导产业有瓶盖包装、肉鸭加工、合金制造、纺织服装、建材等五大产业。加大农业结构调整力度，大力发展果品、肉鸭和淡水养殖产业化，建成万亩优质葡萄基地、全国较具影响的肉鸭养殖基地和虹鳟鱼、鲟鳇鱼养殖基地，2006年出栏肉鸭3500万只，虹鳟鱼商品鱼300万公斤，鲟鱼200万尾。加快旅游型城镇建设步伐，认真实施新一轮小城镇建设修编规划，工业区、商贸区、居住区、旅游区等功能区基本形成，初步成为具有鲜明山水特色的旅游型小城镇。

党委书记　王立杰
镇　　长　孙永祥

石家河乡　地处临朐县中南部，距县城25公里，面积108平方公里。全乡共有35个行政村，60个自然村，人

口2.7万人，粮田面积18486亩。全乡最高点海拔595.1米。弥河贯穿南北，经乡内16个村庄，长达25公里。乡域内林木繁茂，有生态林22117亩，经济林1.9万亩，河道绿化林2200亩。矿产资源以河砂、怪石、奇石、钾长石为主。旅游资源丰富，有北魏白马寺遗址、元代悬泉寺、明代衡王墓、禅堂崮等十多处人文、自然景观。2006年，全乡实现农村经济总收入2.66亿元。其中，工业6200万元，农业7121万元，畜牧业11064万元。完成地方财政收入149.6万元。农民人均纯收入3360元。

2006年全乡招商引资1.35亿元，投资500至1000万元的项目9个，1000万元以上的项目6个。全年种植业总收入5121万元；养殖业总收入11064万元。全乡农村居民存款余额达5350万元，增长15%。发放贷款1250万元，增长31.2%。年输出劳务4800人次，收入达2000多万元，已成为农民增收的主要渠道。投资50万元完成崮东桥重建工程；投资120万元，完成于家庄等5个村庄的"村村通"公路工程；投资34万元，完成5个村"村村通"自来水工程；完成"村村通"有线电视5个村，560户，入村率达62.6%，入户率达到26.2%；投资25万元新建老庄子小学；投资15万元，对乡敬老院进行了扩建维修和内部设施配套，和谐建设稳步推进。

党委书记　史炳忠

镇　　长　郭宝信

寺头镇　位于临朐县西南部，面积180平方公里，辖79个行政村（93个自然村），1.2万户，人口4.8万，耕地面积5.6万亩。2006年，全镇完成地区生产总值9.87亿元，比上年增长23%；地方财政收入358万元，比上年增长16.9%；工业实现销售6亿元，利税6000万元，分别增长21.3%和25%；第三产业增加值达3200万元；农民人均纯收入3820元。

全镇工业民营经济以铸造、制丝、矿业为主，现有工商企业及民营业户870家，规模以上企业20家。全镇铸造企业100家，从业人员4500人。两个制丝厂，年加工能力200吨干茧，生产白缫丝85吨。境内临朐县金矿年加工矿石能力5万吨，年产黄金500两，白银700公斤，铜70吨，铁粉2万吨。3个页岩砖生产项目，年产页岩砖一亿块。种植业以红香椿、黄烟、干杂果、大棚果、桑蚕、中药材为主。特色产品红香椿1.5万亩，大棚香椿2600亩。黄烟种植面积8000亩，2006年连续第二年被评为全省烟叶生产先进乡镇，全年实现黄烟税收130万元。干杂果面积3.5万亩，大棚果面积500亩，桑园面积6000亩，中药材面积6000亩。畜牧业形成千头奶牛、千只波尔山羊、百万只肉鸭的养殖规模。

党委书记　李德伟

镇　　长　刘万军

九山镇　位于临朐县西南部，面积254平方公里，辖64个行政村，16314户，人口5.07万，耕地面积3.74万亩。2006年，全镇完成地区生产总值3.4亿元，比上年增长14%；地方财政收入283.6万元，比上年增长15%；工业实现销售收入4.6亿元，利税4140万元，分别增长16.2%和16%；第三产业增加值达7518万元；农民人均纯收入3753元。

镇党委、政府突出招商引资、民营经济、结构调整等工作重点，不断加快社会主义新农村建设步伐。招商引资，依托县内搭建的平台，积极洽谈引进项目，先后落实卡尔迪克白碳黑等大项目22个。民营经济，坚持放手发展，放开搞活，通过抓扩张总量、扶优培强和指导服务，民营经济在转移劳动力、增加农民收入方面发挥了积极的作用。结构调整，突出抓了大棚果、奶牛"两个亮点"，扎实推进剩余劳动力转移，增加了群众收入。深入开展了"诚信九山"、"平安九山"创建活动，为全镇经济社会又好又快发展创造了良好的环境。

党委书记　叶东生

镇　　长　冯桂云

辛寨镇　位于临朐县中部，面积163.3平方公里，辖84个行政村，户数1.9万户，人口7.56万，耕地面积70868亩。2006年，全镇农村经济总收入达到29.1亿元，比上年增长15%以上。全镇完成财政总收入2297.5万元，比上年增长36.1%。完成地方财政收入834.1万元，比上年增长23.3%，农民人均纯收入4794元。

招商引资及民营经济。2006年，全镇共落实招商项目28个，总投资5.6亿元，实际到位资金20271万元。民营企业发展到280家，个体工商业户2310家，其中，骨干企业24家（高新技术企业5家），三资企业8家，形成了以童车、陶瓷、缫丝、工艺品、食品饮料、化工、汽摩配件、家具制造为主的优势行业和产业群。全年全镇民营经济实现销售收入21.48亿元，实现利税1.68亿元，分别比上年增长27.5%和16%。

新农村建设快速发展。村村通自来水工程涉及28个行政村，解决3万多口人的吃水困难问题。村村通公路工程，全镇建成"村村通"水泥硬化路32条，计41公里。抓住发展机遇，积极改造硬化县乡公路13.5公里。城镇建设对镇区主干道路硬化，对镇区主干道两侧和主要美化点进行绿化，华兴超市建成并已开业，争取团省委的支持，动工建设鲁能希望小学。

党委书记　孙启军

镇　　长　孙传坤

七贤镇　地处县城以南，因魏晋时期刘伶等竹林七贤曾在此结庐而居，故名七贤。古时为驿道必经之路、农业发达之地、商贾云集之处。七贤镇共有45个行政村，10420户、人口3.7万，辖区面积50平方公里。2006年，全镇实现经济总收入19.8亿元，完成财政总收入544.3万元，农民人均纯收入3680元。

全镇共有各类企业85家。其中销售收入过五百万元企业12家，过千万元5家，过亿元2家，形成了饲料、化工、建材等加工工业体系。农村主要以种植业与畜牧业为主，种植业为传统的小麦、玉米及大棚瓜果；畜牧业以肉鸭、牛为主。作为全县沼气建设示范镇，全镇发展沼气用户3000户，完成一池三改户2260户。基础设施建设投资450万元。23个村庄的“村村通自来水”工程，已铺设主管道1.3万米；新修柏油路、水泥路19.6公里；投资180万元修建了西朱弥河大桥；投资340万元对牛山流域进行了综合开发，改善了生产和生活条件。

党委书记　刘瑞永

镇　　长　刘永吉

蒋峪镇　位于临朐县东南部，面积114平方公里，辖69个行政村，14043户，人口5.02万，耕地面积5.16万亩，2006年，全镇农村经济总收入10.37亿元，比上年增长20%；地方财政收入473万元，比上年增长16%；工业实现销售3.21亿元，利税2889万元，分别增长12%和13%；第三产业增加值达2287万元；农民人均纯收入4177元。

招商引资及民营经济。2006年，全镇落实招商引资项目50个，其中过亿元项目1个，过5000万元的项目4个，过1000万元的项目11个，招商引资到位资金1.73亿元。全镇个体工商户发展到680家，民营企业发展到50家，销售收入2.4亿元。

产业结构调整。以汶河流域为主的2000亩莲藕生产基地，年产莲藕5000吨，“蒋峪莲藕”远近闻名。全镇果品总面积1万亩（其中大棚果1000亩），年产果品2.5万吨。以贺家洼流域为主的1000亩大棚西瓜生产基地，年产西瓜500万公斤。以吕庄流域为主的食用菌生产基地8万平方米。以沂山水库流域为主的茶叶生产基地400亩，“西洞子茶”远销北京、上海等地。种植花生历史悠久，年产优质花生400万公斤。发展黄烟3200亩，被评为市级黄烟生产先进镇。

新农村建设。大力实施村村通公路工程，新建村村通道路6条，38公里，覆盖19个村，新建大桥4座，总投资1080万元，交通状况得到明显改善。

党委书记　刘建昌

镇　　长　王玉军

大关镇　位于临朐县东南部，面积128平方公里，辖55个行政村，11384户，人口3.8877万，耕地面积3.9万亩。2006年，全镇完成地区生产总值3.036亿元，比上年增长20.5%；地方财政收入228万元；工业实现销售收入1.62亿元，利税2865万元，分别增长27%和20%。第三产业增加值达746.59万元，农民人均收入3260元。

镇党委政府突出结构调整、招商引资、民营经济和环境建设。以黄烟、果品生产为主的农业结构调整取得了新进展，通过农场运作、种烤分离、大户带动，全镇黄烟发展4000亩。以农副产品、矿产品加工为主的工业经济和以黄烟、大棚果、奶牛为主的农业经济共同发展的格局在全镇形成。2006年，各产业链条有了进一步拉长，拉动了各产业的膨胀，为全镇经济及社会各项事业又好又快发展奠定了坚实基础。

党委书记　白文玉

镇　　长　冯向琳

柳山镇　地处临朐县东部，东、南与昌乐县接壤，面积97.1平方公里，辖59个行政村，有1.2万户，人口4.2万，耕地面积6.5万亩。2006年，全镇完成地区生产总值6.14亿元，比上年增长10%；地方财政收入131.5万元，比上年增长17.5%；利税120万元，增长15%，农民人均纯收入3911元，比上年增长12.4%。

柳山镇属砂石丘陵山区，丘陵山地占总面积的80%以上，地势平缓，水利条件较好，汶河水系的马庄河、孟津河纵贯南北，有小〈一〉型水库2座、小〈二〉型水库5座、塘坝64座，水浇田占耕地总面积的50%以上。镇区交通条件便利，全镇已有7个村完成“村村通”道路硬化工程，柏油路通车里程25公里。农业较为发达，尤以大棚瓜菜闻名全县。大棚瓜菜已发展到1万亩，年实现收入1亿元以上，成为农民增收的新亮点。奶牛存养量达2350头，居全县第二位。柳山酱菜加工业久负盛名，缫丝、矿产品加工、粮食加工、化工等项目正逐年壮大，民营经济蓬勃发展。2006年实现企业税收140.9万元，比上年增长18%。

党委书记　陈　军

镇　　长　王　军

卧龙镇　地处临朐县中部，面积62平方公里，辖59个行政村，1.2万户，人口4.3万，耕地面积3.86万亩。2006年，全镇完成地区生产总值2.45亿元，比上年增长9%；地方财政收入193万元，比上年增长20.3%；工业实现销售收入6.1亿元，利税3000万元，分别增长20%和15%；第三产业增加值479万元；农民人均纯收入4538元。

大力实施工业强镇战略，强力推进招商引资，加大科学投入，整体实力和竞争力不断增强。全镇过千万元项目18个，规模以上工业企业总数达14家，销售收入实现3.7亿元；工业用电量达到1044万千瓦时。金凯利纺织、宏伟装潢等企业生产的压缩毛巾、PVC板材等产品成为拳头产品，远销国内外。

加快发展现代农业，以大棚果为主的林果业和以奶牛为主的畜牧业不断发展壮大，大棚果面积发展到2900亩。被县委、县政府授予“林果业生产先进乡镇”、“畜牧业生产先进乡镇”称号。奶牛存养量达到2500头，年出栏肉鸭180万只。引进临沂龙盛饲料潍坊分公司、山东利中动物药业有限公司等农业龙头企业6家。大力推进农业标准化，建成奶牛、蛋鸡等各类生产基地8个。狠抓了“村村通”工程，农村面貌明显改善，硬化乡村路达到63公里，24个村建设通自来水工程，逐步推进户用沼气池建设。有线电视入村率达到92%。

城镇化进程明显加快。加大投入力度，完成了镇区、园区基础设施配套、绿化、亮化，固定资产投资达到4.5亿元。社会事业全面发展。全面落实免除义务教育阶段学杂费政策，教学设施逐

步完善，教学环境明显优化，教学质量明显提高。加大投资力度，对镇敬老院进行了改建、扩建，农村“五保”集中供养率达到60%，基本实现老有所养、困有所帮。全镇新型农村合作医疗参合率达到80%左右，农村医疗条件明显改善。严格落实计划生育政策，低生育水平保持稳定。

党委书记　谭宝良

镇　　长　陈仁增

上林镇　位于临朐县东北部。潍临公路从镇中心穿过，政府驻地距县城13公里，面积108平方公里。57个行政村、76个自然村，34555口人，土地面积59258亩。2006年，全镇农村经济总收入实现2.43亿元，农民人均纯收入4042元，分别比上年增长15%、18%；实现财政总收入398.9万元，增长42.7%；实际利用外资50万美元，出口创汇438万美元；固定资产投资21855万元，比2005年增长176%。

招商引资及民营经济。全年引进项目15个，全镇规模以上工业企业新增1家，总数达9家，实现产品销售收入16689万元，比上年增长68.1%。大力发展民营经济。在巩固现有保温材料、化工制品、玄武石开发、食品加工、纺织生产五大工业体系的基础上，完善产业链条，提升产业带动能力。重点搞好纪山玄武岩开发项目，总投资5000万元，当年实现产值1.2亿元，利税2000万元。突出抓好奶牛生产基地项目建设，总投资3000万美元，占地1000亩，可饲养奶牛1万头。重点抓好大棚果及大樱桃生产，全镇大棚果面积达到1.1万亩，实现总收入7500万元，仅此一项人均增收1860元。突出畜牧专业村、标准化小区建设。大力推广农场化种植，2006年种植黄烟达到2000亩。

基础设施建设步伐加快。新修5条长达30公里的镇村道路。涉及12个行政村，总长度达18公里、总投资300万元。大力实施“村村通”自来水工程，投资278万元，建供水站2处、蓄水池2座，解决22个村、1.26万人畜饮水问题。先后投资1200万元新建镇区商住沿街楼2万多平方米，新安装路灯100余盏、栽植绿化苗木50万株。投资70万元新建镇敬老院，对原有平房全面改造，及时搞好美化、绿化工程。

党委书记　王成德

镇　　长　李明海

龙岗镇　位于临朐县东北部，面积66.7平方公里，辖41个行政村，9235户，人口3.3万，耕地面积4.4万亩。2006年，全镇完成地区生产总值1.61亿元，比上年增长9.1%；地方财政收入146.8万元，增长28%；工业实现销售收入4.69亿元，利税4972.4万元，分别增长26%和23.8%；第三产业增加值达486万元，农民人均纯收入4586元。

特色经济不断壮大，农民收入明显增加。通过产业结构调整和推行标准化生产，全镇初步形成了东部大棚果，东北部大棚菜，西北部大棚花卉，中部桑蚕，南部绿化苗木的区域化、规模化种植格局。共发展大棚果树2700亩，建成大棚果专业村7个；新发展花卉大棚800个；新发展绿化苗木1000亩；新发展桑园900亩；新发展蔬菜大棚4500亩，种植露天蔬菜6400亩，年增加农民收入6800万元。

新农村建设扎实推进，农村基础设施条件得到很大改善。共投资120万元，新完成了15个村的自来水工程建设工作，全镇41个村中有38个村、7830户人口用上了自来水，自来水进村率达到了93%，入户率达91.2%以上。共建设镇村道路15条56公里，全镇90%以上的村实现了柏油路进村。全镇全年共建成并投入使用沼气池51座。

工业经济步伐加快，发展后劲明显增强。抓住禁用粘土砖的机遇，利用当地丰富的页岩资源加大招商引资力度，新上页岩砖生产线5条，年生产新型墙体建筑材料页岩砖1.8亿块，年创产值3800万元，实现利税640万元。群众生产生活条件明显提高。推进新型农村合作医疗工作，全镇农民参合率达到83%。邮电、广播事业发展迅速，有线电视入村率达到95%，电话用户发展到6720户。

党委书记　沈明新

镇　　长　马建平

（徐传国　供稿）

昌乐县

中共昌乐县委、县人大、县政府、县政协领导成员名单

县委书记	王树华 边　峰（援藏）
副书记	曹晓南（女） 宋均圻
县人大常委会主任	王树华
副主任	张德政　刘保泽 张书亭　冯永庆 苏涌源　张兰田 左玉琴（女）
县政府县长	曹晓楠（女）
副县长	王　勇　肖建华 毛秀凤（女） 刘玉庆　徐　波 张宝峰
县政协主席	滕建军
副主席	解国全　滕恩禄 张国美（女） 于观亮 周晓玲（女） 李正洪

解放思想　抓住机遇　促进经济又好又快发展

昌乐县总面积1101平方公里，辖16个镇（街道）、1个经济开发区，892个行政村，人口60万。2006年，全县完成地区生产总值83.5亿元，比上年增长13.3%；实现财政总收入7.17亿元、地方财政收入4.2亿元，分别增长18.8%和21.3%；全社会固定资产投资48.7亿元，增长14.3%；在岗职工

平均工资和农民人均纯收入均增长10%，城乡居民储蓄余额比年初增加4.8亿元；社会消费品零售总额34.1亿元，比上年增长15.4%。昌乐县被评为全国科技进步先进县、中国珠宝玉石首饰特色产业基地和“平安山东”建设模范县。

县域经济实现新发展。2006年，全县按照“六个更加注重”、“五个新突破”的要求，强化措施，狠抓落实，县域经济实现了总量扩张、规模膨胀和质量提升。不断加大招商引资力度，共引进项目203个，到位资金36亿元，其中过亿元的项目23个，新批利用外资项目19个，外商直接投资4100万美元，出口创汇1.35亿美元，增长10.7%。30万吨煤焦油、20万吨牛卡白板纸、10万吨柠檬酸等一大批项目相继建成投产。大力发展民营经济，开展了以“人人有技能、个个有岗位、家家有产业”为目标的全民创业活动，促进了民营经济总量的迅速扩张，民营企业发展到11120家，注册资金达到36.1亿元，上缴税金占到全县税收总额的70.6%。做大做强现有企业，全县规模企业发展到264家，实现销售收入129.7亿元、实缴税金4.1亿元，销售收入过亿元的企业达到20家，有5家企业进入全国大型工业企业行列，振兴焦化、阳光纸业、英轩实业、矿机集团、乐港食品、乐化集团等一批大企业迅速崛起。集中培植特色优势产业和名牌产品，初步形成了煤化工、涂料化工、煤炭综采设备、造纸包装、食品加工等一批优势产业链，形成了珠宝、乐器、拖拉机、拉链及织带等一批特色产业集群，乐煤牌矿用单体液压支柱、乐化牌油漆等8个产品被评为省以上名牌产品和著名商标。加快发展高新技术产业，省级以上高新技术企业发展到16家，高新技术产业产值占工业总产值的比重达到16.2%。大力发展物流业和服务业，先后建成了步行商业街、假日购物广场、昌盛物流等一批大型商业设施和物流中心，规划建设了宝石城扩建、古火山群旅游开发、仙月湖风景区、寿阳山森林公园、超英文化娱乐城、温泉大酒店等一批旅游和休闲娱乐重点项目，全县服务业增加值比上年增长14.1%。

城市建设迈上新台阶。加大了城市规划、建设和管理力度，推动了城市规模膨胀、功能完善和品位提升，城市化水平达到40.3%。面向国际招标，对城市总体规划进行了论证调整，完成了寿阳山旅游度假区、新昌路街景、丹河桂河滨水景观带规划和一批城建重点项目设计，城区详细规划覆盖率达到了90%。按照“不求最大、但求最好，收缩战线、集中突破，组团发展、打造亮点”的思路，开工建设了新昌路、方山路、大沂路、宝通街、新城街、中央商务区“三路两街一区”六大重点工程，建设了地下管网、铁路立交桥、小丹河综合治理、集中供热、集中供气等工程，完成城建投入9.5亿元，新建各类建筑104万平方米，新修改造城区道路11.2公里，铺设供排水等各类地下管线100多公里，新安装路灯675盏，新增绿化面积22万平方米，极大的改善了人居环境。扎实开展了以拆违治乱和净化、美化、秩序化为重点的城区环境集中整治，实现了寿阳山区域封山禁采，拔掉了城区污染严重的小烟囱，加大了城市管理执法力度，城区面貌和运行秩序进一步改善。

新农村建设实现新突破。按照“生产发展、生活宽裕、乡风文明、村容整洁、管理民主”的目标要求，坚持工业反哺农业、城市支持乡村的方针，积极探索新农村建设的新路子，新农村建设实现了良好开局。始终把发展农村经济、增加农民收入作为新农村建设的核心，深入实施“三化三带动三变”战略，坚持“农内”增收狠抓现代农业建设，“农外”增收狠抓二、三产业发展和农村劳动力转移，全方位拓宽农民增收渠道和空间，农民人均纯收入达到5022元。扎实开展镇村规划编制工作，9个镇完成镇区规划，160多个村完成村庄建设规划。大力推进基础设施向农村延伸、公共服务向农村覆盖、城市文明向农村辐射，加快路、水、电等“村村通”工程建设，柏油路通村率达到58.5%，农村自来水普及率达到64%，农村生产生活条件进一步改善。扎实开展镇村环境综合整治和文明生态村镇创建活动，镇村面貌明显改观。

和谐昌乐建设取得新成效。按照“民主法制、公平正义、诚心友爱、充满活力、安定有序人与自然和谐相处”的总要求，认真解决群众最关心、最直接、最现实的利益问题，促进了社会和谐进步。着眼于繁荣社会事业，认真贯彻落实三项基本国策，计划生育、土地及资源管理、环境保护工作上了新水平，昌乐县被确定为全国农村小康环保行动试点县。大力实施“科教兴县”战略，科技、教育、卫生、文化、体育等事业全面发展，普通高考本科上线万人比连续九年居全市第一，新型农村合作医疗覆盖率达到98.2%。积极健全完善多层次的社会保障体系和弱势群体帮扶救助长效机制，社会保障覆盖面不断扩大，保障水平不断提高。扎实推进民主法制建设，基层民主管理、民主监督和公开办事制度不断深化，工、青、妇等人民团体的工作富有成效，并率先在全市开展了失地农村保险，有效保障了群众的民主权利。深入推进“平安昌乐”建设，畅通信访渠道，调处化解各类矛盾纠纷，加强社会治安综合治理，维护了社会稳定。深入推进“文明昌乐”、“诚信昌乐”等创建活动，大力开展公民思想道德素质教育和社会主义荣辱观教育，城乡文明程度明显提高。

党的建设进一步加强。以建设群众满意工程为目标，扎实开展保持共产党员先进性教育活动，取得了丰硕的实践成果、制度成果和理论成果。不断深化“三级联创”活动，深入开展农村党员干部“双带”活动，大力加强农村基层组织现代体系建设，基层党组织的凝聚力、战斗力和创造力进一步增强。深化干部人事制度改革，树立正确的用人导向，坚持配干事业的班子、用干事业的干部，大力选拔“政治上靠得住、工作上有本事、作风上过得硬、群众信得过”的干部，顺利完成了党委换届工作，镇（街道）领导班子职数进一步精简，领导班子和干部队伍结构进一步优

化。层层落实党风廉政建设和反腐败工作责任制，构建了教育、制度、监督并重的惩治和预防腐败体系，努力从源头上防治腐败，党风政风进一步好转。

【山东杰富意振兴化工公司正式投产】 2006年，山东杰富意振兴化工公司一期30万吨煤焦油深加工项目正式投产。杰富意振兴化工项目由世界500强企业日本JFE化工株式会社与振兴焦化公司合资兴建，总投资21.5亿元，主要建设煤焦油、粗苯、顺酐等项目。该项目于2005年10月份开工建设，其中投产的一期30万吨煤焦油深加工项目，投资4亿元，拥有国内最先进的技术和最大的生产能力，年可实现销售收入6亿元，利税1.5亿元。

【昌乐县被评为“中国珠宝玉石首饰特色产业基地”】 2006年11月10日，由国土资源部、国家发展和改革委员会、科学技术部联合主办，中国珠宝玉石首饰行业协会、国土资源部珠宝玉石首饰管理中心承办的“中国珠宝玉石首饰特色产业基地市长论坛”在北京隆重举行，王树华代表昌乐县人民政府参加了论坛并做了主题发言。

昌乐矿产资源丰富，蓝宝石储量数亿克拉，是世界最大的蓝宝石矿区之一，所产蓝宝石具有颗粒大、晶体完好、颜色纯正鲜艳、特异宝石多等特点。昌乐县依托丰富的蓝宝石资源，已形成年加工宝石600万克拉、饰品1000万件的生产规模，年交易额达到100亿元，珠宝已成为昌乐的重要品牌。

论坛指出，众多珠宝玉石首饰特色产业基地凭借资源优势、地域优势、人文优势或政策优势，使珠宝玉石首饰产业成为了当地的名片式产业、富民产业，甚至成为了支柱性产业或产业转型中新的经济增长点。根据珠宝产业聚集区地方政府申报的资料和各地主要领导介绍的产业情况，依照中国珠宝玉石首饰特色产业基地评审办法，经中国珠宝玉石首饰特色产业基地评审专家组研究决定，授予山东昌乐为首批“中国珠宝玉石首饰特色产业基地”。

【昌乐县被评为“平安山东”建设模范县】 2006年，昌乐县坚持以邓小平理论、“三个代表”重要思想和科学发展观为指导，紧紧围绕构建和谐社会，着力抓好维护稳定的工作机制和保障体系建设，不断完善信访工作机制、严打整治工作机制、治安防控工作机制、矛盾纠纷排查调处机制、预防和处置突发性事件工作机制、安全生产工作机制“六项机制”，不断健全目标责任体系、组织领导体系、考核奖惩体系、基层基础体系“四个体系”，构建起统一领导、条块结合、分工明确、齐抓共管的大稳定工作格局，全面提升了平安建设和维护稳定工作水平。在2005年昌乐县被省委、省政府评为“平安山东”建设先进县的基础上，2006年又被评为“平安山东”建设模范县。

镇、街道办事处概况

城关街道办事处 位于昌乐县城区，面积31平方公里，辖28个行政村，5890户，人口2.8万，耕地面积0.8万亩。2006年，完成地区生产总值6.8亿元，比上年增长10.2%；地方财政收入1594万元，比上年增长12%；工业实现销售收入10.4亿元，利税1.5亿元，比上年增长16%和40%；第三产业增加值2.9亿元，农民人均纯收入7896元。

2006年，城关街道坚持以科学发展观统领经济社会发展全局，狠抓了招商引资、民营经济、城市建设、基层组织建设和新农村建设五项重点工作，着力解决影响社会和谐的矛盾问题，推动了经济社会又好又快发展。(1)抓好招商引资，增强发展后劲。全年到位市外资金3亿元，其中投产项目6个，在建项目6个，合同项目2个，意向项目8个，计划总投资18.5亿元。(2)抓好民营经济，扩张经济总量。抓好规模企业的膨胀，抓好新投产的项目，促其快速达产达效。大力推进全民创业、通过经济能人带动、“双带”典型推动、专业协会驱动等形式，营造了“自主创业、竞相创业”的良好局面。全年，新增规模企业5家，新发展个体工商户580户。(3)抓好拆迁安置，推进城市建设。2006年，共完成拆迁项目11个，涉及群众3890户，发放安置补偿金4100多万元，有力地配合了城市建设工作。

党工委书记　王好田

办事处主任　刘培臣

宝城街道办事处 位于昌乐县北部，与县经济开发区合一，面积30平方公里，辖34个行政村，5906户，人口2.7万，耕地面积2.5万亩。2006年，完成地区生产总值48.6亿元，比上年增长6%；地方财政收入1938.6万元，比上年增长19%；工业实现销售收入52.5亿元，利税409.23万元，分别增长128%和112%；第三产业增加值4.86亿元，农民人均纯收入7347元。

招商引资工作取得新突破。2006年，共有新上、扩建项目56个，合同总投资37.4亿元，实际到位资金11.5亿元，其中过亿元的项目8个。民营经济得到较快发展。2006年新增规模以上企业11家，完成税收1.5亿元。其中，矿机集团实现税收3978万元，阳光纸业实现税收2996万元，盛泰药业实现税收1388万元，日科化学实现税收889万元；盛世热电、现代塑胶、中传拉链等3家企业税收过300万元。拆迁安置工作顺利推进。2006年，开发区项目拆迁、城市拆迁、公路拆迁共展开38处。在搞好拆迁的同时，及时规划了艳阳天社区、前石埠、西尖、东尖、代家庄等安置小区，保证了拆迁与安置同步，收到了上级满意、群众满意、外商满意的效果。

党工委书记　冯传森

办事处主任　郭焕昌

朱刘街道办事处 位于昌乐县城以东，面积59.7平方公里，辖46个行政村(居委会)，12273户，人口4.1万，耕地面积4.25万亩。2006年，全街道完成地区生产总值5.9亿元，比上年增长47.5%；地方财政收入1675万元，比上年增长16%；工业实现销售收入28.9亿元，利税3.96亿元，分别增长35%和62%。第三产业增加值1.9亿元，农民人均纯收入5574元。

朱刘街道交通便利，资源丰富，工业基础雄厚。胶济铁路、济青高速公路、309国道等交通干线横贯全境。潍坊振兴焦化有限公司、中日合资山东杰富意振兴化工有限公司、昌乐山水水泥有限公司、乐化工业园、万山集团等一批大型企业在此落户，是一个以煤化工、建材、先进制造业等为主的工业基地。2006年，共引进项目30个，实际到位资金4.5亿元，全力培植壮大骨干企业，规模以上企业发展到28家，实现销售收入11.7亿元，利税8372万元，增长80.7%和75%。民营经济蓬勃发展，民营业户发展到1700多家，从业人员2万多人。各项事业和谐发展，先后被授予全国“婚育新风进万家活动先进单位”，省“先进基层党组织”、“文明单位”、“妇女工作先进单位”、“创安工作先进单位”等荣誉称号。

党工委书记　孙修炜

办事处主任　刘清涛

城南街道办事处　位于昌乐县城以南，面积49.68平方公里，辖28个行政村、21个社区居委会，7081户，人口2.7万，耕地面积3.7万亩。2006年，完成地区生产总值9.3亿元，比上年增长6%；地方财政收入605.7万元；工业实现销售收入6.8亿元，利税1.64亿元，分别增长0.3%和99.9%；第三产业增加值1712万元，农民人均纯收入5406元。

2006年，城南街道大力发展招商引资、壮大民营经济，多措并举，扎实推进社会主义新农村建设，全年新引进项目20个，到位资金2.4亿元。宝都塑料、科兴塑料、前卫塑料等3家企业进行了扩产，其中科兴塑料投资建设的普莱德塑木项目，获得了多项设备专利和产品外形专利。结合街道山水绿化和路域绿化工程，投资30万元，在境内20.1公里的柏油路两侧栽植银杏等高档绿化苗木7000多株；组织方山西侧多个村庄开展退耕还林绿化工程，栽植杨树、柿子、桃树等树木1500多亩。2006年，有35个村完成规划编制，占村庄总数的70%，11个村通过县里验收，居全县首位。后池子、南寨等村新建沼气池35个，举办各类农民培训班30多期，培训农民5000多人次，农民的科技水平普遍提高。围绕增加农民收入，加大了全民创业力度，新增注册工商业户89家，建设中小型瓜菜批发市场2个，成立瓜菜购销组织50多个，发展个体加工户20户，形成了百货零售、蔬菜运输、塑料加工、餐饮服务等小型致富产业，增加经济收入100多万元。新型农村合作医疗参与人数达到26198人，参合率达到99%，共报销医药费55万元，受益村达到100%。

党工委书记　丁进全

办事处主任　肖学平

尧沟镇　位于昌乐县城以西，面积36.7平方公里，辖44个行政村，6540户，人口2.28万，耕地面积4.1万亩。2006年，全镇完成地区生产总值2.1亿元，比上年增长16%；地方财政收入508万元，比上年增长1.9%；工业实现销售收入5700万元，利税1100万元，分别增长20%和15%；第三产业增加值5080万元，农民人均纯收入6100元。

大棚瓜菜是尧沟镇的主导产业，大棚西瓜种植已有20多年的历史，全镇4.1万亩耕地全部实现保护地栽培，形成了以瓜瓜、瓜菜、大棚果为主的套作模式，种植模式实现了三种四收。西瓜生产以早、优、特为主要特点，先后引进、开发、推广七大系列60多个西瓜新品种，良种率达到98%。蔬菜生产以精、细、鲜为主要特点，大力推广了反季节栽培、立体种植、多膜覆盖、测土配肥、生物菌肥等农业生产新技术。镇瓜菜批发市场年交易量5亿公斤，被农业部确定为全国西瓜定点批发市场。充分发挥农民瓜菜协会、艺林瓜贸合作社、北周瓜菜购销合作社等流通中介组织的作用，培育发展了2300余人的农村经纪人队伍，在全国20多个大中城市设立了瓜菜经销处，尧沟镇成为闻名全国的区域性重要瓜菜集散地。

党委书记　崔德军

镇　　长　任瑞成

北岩镇　地处昌乐县城以南10公里，面积96平方公里，辖71个行政村，11002户，人口4.2万，耕地面积57350亩。2006年，全镇完成地区生产总值3.35亿元，比上年增长12%；地方财政收入999.28万元，比上年增长21.5%；工业实现销售收入1.78亿元，利税995万元，分别增长18.7%和21%；第三产业增加值326万元，农民人均纯收入4615元。

北岩镇交通便利，省道胶王路、潍临路横贯东西、北距济青高速公路15公里。镇域土地充裕、物产丰富、矿产较多，蓝宝石、木鱼石、矿泉水、玄武岩储量丰富。1800万年前因地壳运动、火山喷发而形成的气势磅礴的远古火山群闻名于世。镇党委政府通过大力实施“工业兴镇”战略，已形成粉条、针织、服装、化工、乐器、玄武岩石子加工等六大优势产业。其中，昌乐德盛食品有限公司生产的真空手工粉条、机制粉条畅销韩国、日本等国。以山东松江印染、松岩针织、松昌针织有限公司为主体的针织服装加工业，已具备年产针织坯布3000吨，印染坯布1万吨，加工出口服装500万件的生产能力，全镇以针织服装工业园建设为重点，大力培植骨干企业，拉长针织服务产业链条，把北岩建成纺纱、织布、印染、成衣一条龙的针织服装重镇。旅游产业是北岩镇的新兴产业，充分发挥古火山群这一独特的地质资源优势，加大对总投资3亿元、规划面积4平方公里旅游项目的开发建设力度，全力打造“一山（火山口）、一水（荆山水库）、一智人（姜尚）”的乡村生态特色旅游，大力发展餐饮、住宿、乡村旅游、旅游产品加工等服务业，形成独具特色的旅游品牌。

党委书记　刘咏梅（女）

镇　　长　李宪军

五图镇　位于昌乐县东北部，面积68.3平方公里，辖55个行政村，8847户，人口3.13万，耕地面积4.49万亩。2006年，全镇完成地区生产总值2.1亿元，比上年增长8.8%；地方财政收入538万元，比上年增长45.1%；工业实现销售收入4.3亿元，利税5100万元，分别增长22.9%和59.4%；第三产业增加值7418万元，农民人均纯收入4680元。

招商引资和民营经济发展迅速。工业经济呈现出良好的发展势头，特别是拉链、织布、新型建材三大特色产业有了突破性发展。其中拉链加工企业发展到13家，织布企业发展到6家，新型建材企业发展到21家。以潍坊华新拉链有限公司为龙头，华昌、盛昌、华盛、永昌等企业为骨干的拉链产业成为江北地区最大的拉链生产基地，年可加工生产拉链制品万吨以上，销售收入2亿元，利税3000万元。

矿产资源丰富。已探明的蓝宝石矿藏面积54平方公里，总储量约3亿克拉。已形成采矿、加工、镶嵌一条龙服务，产品销往世界各地。镇内除蓝宝石矿藏外，优质石灰石储量达5亿立方米，褐煤达4000万吨，粘土达8000万吨，玄武岩达10亿立方米，膨润土达2000万吨，油页岩达10亿吨，为发展经济提供了得天独厚的天然资源优势。

党委书记　钟　杰

镇　　长　刘德利

乔官镇　位于昌乐县中部，面积98.8平方公里，辖79个行政村，12304户，人口4.52万，耕地面积7.5万亩。是潍坊市民营经济二十强乡镇之一，市级中心镇。2006年，全镇完成地区生产总值3.2亿元，比上年增长13.5%；地方财政收入194.7万元；工业实现销售收入16亿元，利税1.38亿元，分别增长31%和30.3%；第三产业增加值1.1亿元，农民人均纯收入4676元，分别增长24%和7%。

工业基础雄厚。产品涉及麦芽、塑料、缎带、人造板、拉链、纺织、乐器、农副产品加工等。永顺泰（昌乐）麦芽有限公司年产优质麦芽8万吨。以乐富塑料、帝豪塑胶、联合塑料为龙头的塑料加工企业有84家，年产塑料制品8万吨，产品远销世界50多个国家和地区。拥有胶合板加工业户91家，年产各类胶合板2000万张。

矿产资源众多。主要有蓝宝石、矿泉水、玄武岩、木鱼石、膨润土、粘土等。蓝宝石资源丰富、品位高，矿泉水储量大、质量好，主要理化指标优于国家饮用水标准。

旅游资源丰富。境内方山、隋姑山、黄山群等处风景秀丽，传说众多。以黄山为主峰的远古火山群面积4000余亩，其中1800万年前的团山子火山喷发熔岩变石之状奇妙壮观，极具科研和观赏价值。正在建设中的黄山森林公园占地5000亩，建成后，寓休闲、度假、餐饮、地质科普教育于一体，成为人们旅游、休闲的好去处。

镇区规划科学合理，设施一流、功能齐全、文明整洁。新规划建设了乔官项目区和北展塑料加工项目区，为招商引资打造了一流的服务平台。

党委书记　张正民

镇　　长　汪立波

马宋镇　位于昌乐县东南部，面积89.4平方公里，辖77个行政村，1.17万户，人口4.3万，耕地面积7.5万亩。2006年，全镇完成地区生产总值8.9亿元，比上年增长6.2%；地方财政收入978万元，比上年增长11.5%；第三产业增加值2456万元，农民人均纯收入5178元。

全镇以科学发展观统揽全局，按照建设社会主义和谐社会的要求，实现了招商引资、民营经济两个“天字号”工程的新突破，形成了以拖拉机、铸造、造纸、塑料加工为主导产业的骨干企业群体，规模以上企业发展到21家。以农产品加工企业为龙头，大力发展农村合作经济组织和农场式农业，年出栏肉鸡肉鸭达到500万只以上。

速生林是全镇的品牌农业，通过发展集体造林、推广村庄整体绿化，全镇速生林发展到1.5万亩，森林覆盖率达到39%。

党委书记　赵文果

镇　　长　李学涛

崔家庄镇　位于昌乐县东南部，面积43平方公里，辖39个行政村，5700户，人口1.89万，耕地面积3.5万亩。2006年，全镇完成地区生产总值1.68亿元，比上年增长12%；地方财政收入483万元，比上年增长10%；工业实现销售收入1.54亿元，利税800万元，分别增长50%和30%；第三产业增加值6000万元，农民人均纯收入5280元。

2006年，全镇紧紧围绕芦笋、草莓两大主导产业，充分发挥龙头企业、市场和农村经济合作组织的作用，加强“孝妇河”牌芦笋、“润香”牌草莓两个国家农业部认证的无公害农产品品牌建设，芦笋、草莓购销两旺，收益创历史最高水平，其中，芦笋收购价格为上年的3倍，草莓收购价格为上年的5倍，仅芦笋、草莓两项，群众增加收入4000万元，人均增收2000元。在大力发展经济的同时，扎实推进新农村建设，聘请山东鲁建城市规划设计院设计制定了《崔家庄镇2005～2020年镇驻地总体规划》和《崔家庄镇2005～2020年镇域总体规划》，投资100余万元硬化了镇区至丁家营路段4.8公里，新增通柏油路村6个。大力实施“净化、美化、亮化”工程，投资50余万元对镇区街道进行了全面整修，安装路灯25盏，栽植绿化树木500余株，镇区面貌明显改观。

党委书记　李　鹏

镇　　长　闫继安

阿陀镇　位于昌乐县东南部，面积84.5平方公里，辖68个行政村，10544户，人口3.5万，耕地面积7万亩。2006年，全镇实现生产总值2.6亿元，比上年增长20%；地方财政收入806万元，比上年增长20%；工业实现销售收入3.85亿元，利税1600万元，分别增长52%和41%；第三产业增加值6500万元，农民人均纯收入5183元。

全镇工业具有一定基础，工业和民营经济发展较快。2006年，全镇工业企业完成固定资产投资2.75亿元，规模以上企业发展到17家，完成销售收入2.6亿元。形成了机械加工、机械铸造、兽药饲料、农产品加工等四大类民营经济群体，全镇民营业户发展到1200家，年销售收入达到2.92亿元，实缴税金750多万元。上交税金总量由2001年全县12位上升到现在的第6位。建成的崖头工业园已落户企业85家，总投资达到10.2亿元，已初步形成服务潍坊、青岛等大中城市的机械铸造产业集群，其中中铁华盛公司年上交税金273.2万元。

全镇农业以黄烟、桑蚕、瓜菜生产、淀粉粉皮加工和养殖业为主。黄烟面积保持在5000亩，年收入1000万元；桑蚕面积稳定在3000亩，年收入1900万元；瓜菜面积稳定在1.2万亩，年收入8000万元；养殖业年收入2.6亿元。淀粉粉皮加工是全镇的传统产业，年可加工淀粉5000万公斤，生产粉皮粉条3000多万公斤，增加农民收入5000万元，有粉皮之乡、江北淀粉加工第一镇的美誉。

新农村建设稳步推进。2006年，全镇硬化改造道路32公里，初步完成西屋官庄村、崖头村等新农村建设试点村建设，孟家栏新村建设试点也在积极实施中。积极推广了沼气池、秸秆汽化炉等新型能源应用。2006年，争取省开发办资金144万元，配套资金39万元，对西屋、滕家庄等9个村5000亩土地进行了开发整理。已注册成立奶牛生产合作社，黄烟、桑蚕、粉皮协会等农村合作经济组织9个，会员户3200多户。成立了为民服务代理中心，实行一站式为民服务代理。

党委书记　高立德

镇　　长　唐文宁

朱汉镇　位于昌乐县东南部，面积87.2平方公里，辖74个行政村，人口3.1万，耕地面积6.6万亩。2006年，全镇实现农村经济总收入4.67亿元，增长5%；农民人均纯收入4969元，同比增长4.2%；实现财政收入780.6万元。

2006年，全镇坚持以经济建设为中心，狠抓招商引资，引进项目17个，实际到位资金1.46亿元，聚氨酯、塑胶、织带等一大批项目落户镇区，并已投产达效。民营经济发展势头良好。全镇个体工商业户达316户，规模企业达到6家，吸纳从业人员900多人。积极引导农民进行产业结构调整，努力推动果品、畜牧、黄烟、瓜菜和桑蚕五大产业的发展。全镇高效经济作物达5万亩。大力加强基础设施建设，先后完成土地整理项目2个，农业综合开发项目1个，整理土地1.6万亩，整修生产道路50多公里，新建农田水利设施120余处。投资550余万元，对朱大路、上船路、双前路进行拓宽、柏油硬化路面达18.1公里。2006年，邀请济南鲁建城市规划设计研究院对新型镇村建设进行了规划设计。镇区规划编制已完成，行政村规划由县规划研究所进行编制。全镇74个行政村主要街道达到“三无”（无垃圾、无柴草、无粪土堆）、“一有”（有排水沟）、“一平”（平整顺畅）标准，新农村面貌已初见成效。

党委书记　张永华

镇　　长　秦春军

鄌郚镇　位于昌乐县中南部，面积91.8平方公里，辖63个行政村，12217户，人口4.2万，耕地面积5.97万亩。2006年，全镇完成地区生产总值3亿元，比上年增长30%；地方财政收入1600万元，比上年增长29%；工业实现销售收入7.8亿元，利税5600万元，分别增长31%和32%；第三产业增加值1349万元，农民人均纯收入5036元。

鄌郚镇历史悠久、物产丰富，是省政府确立的中心镇，是著名的“无籽西瓜之乡”，“中国乐器基地镇”。2006年，“鄌郚”牌无籽西瓜被评为“山东名牌农产品”，是全省唯一获此殊荣的无籽西瓜品牌。标准化种植基地面积1.5万多亩，年产量6000万公斤。玉米制种基地面积5000多亩，速生林种植面积1.3万多亩。乐器生产是全镇的主导产业，现有生产企业42家，年产电吉他、电贝斯近100万把。服装、织布、塑料产业优势明显。潍坊龙海民爆公司是全镇的龙头企业，经过多年的发展，已经成为全省同行业的排头兵。鄌郚还是远近闻名的“笤帚之乡”，年加工各类笤帚5000多万把。同时，全镇利用自然资源丰富的优势，大力发展畜牧业，奶牛存栏3100头，肉鸡、肉鸭年出栏500多万只，肉羊年出栏2万多只，奶牛、肉鸡（鸭）、肉羊构成了全镇独具特色的畜牧产业链。

党委书记　郭曙光

镇　　长　王永信

高崖镇　位于昌乐县西南部，面积72.2平方公里，辖54个行政村，11564户，人口4.1万，耕地面积5.46万亩。2006年，全镇完成地区生产总值2.3亿元，比上年增长13%；地方财政收入554万元，增长16%；工业实现销售收入2亿元，利税1500万元，分别增长35%和40%；第三产业增加值6000万元，农民人均纯收入5160元。

高崖是连接昌乐、安丘、临朐的枢纽，省道大沂路穿境而过，国家大二型水库——高崖水库座落在镇区西南，是消暑休假的好去处。全镇盛产瓜菜，是昌乐“金山西瓜”的主产地；山药、芸豆、韭菜、菠菜四种蔬菜注册了“汶水”牌商标，均获得了国家无公害认证。

大力实施“工业立镇”战略。2006年新引进项目10个，实际到位资金1.3亿元，新增规模企业2家，新增民营业户46家，新增农业龙头企业5家。初步形成了以乳品加工、棉纱加工、木材加工、蔬菜加工为主的农产品加工主导产业。

党委书记　刘贵学

镇　　长　崔永新

红河镇 位于昌乐县南端，面积109.7平方公里，辖75个行政村，15176户，人口6万，耕地面积9.6万亩。2006年，全镇完成地区生产总值23.8亿元，比上年增长32.3%；地方财政收入883.2万元，比上年增长23.1%；工业实现销售收入165159万元，利税20831万元，分别增长31.6%和18.5%；第三产业增加值5190万元，农民人均纯收入5579元。

红河镇是一个一、二、三产业协调发展的工业主导型小城镇。工业基础雄厚，潍坊乐港食品有限公司和山东乐化集团有限公司都座落在镇域，全镇规模以上企业发展到17家，初步形成了以食品加工和油漆化工为主的工业生产格局。农业生产先进。初步形成了以万亩花生、万亩大姜、万亩大棚瓜菜、万亩林果和1000万只畜禽的高效产业格局，是潍坊市农业现代化建设示范镇。服务功能完备。建有红河商城、潍红路商业街等商业设施以及汽车客运站、110千伏输变电站和热电厂等配套项目。城镇建成区面积达3.1平方公里，镇区人口达2.56万人，有中百佳乐家、海尔专卖店等知名商家20多家，民营业户3000多户。社会和谐稳定，全镇连续三年无重大治安和刑事案件、无县以上集体上访案件、无安全生产责任事故。先后被评为山东省先进基层党组织、山东省文明镇、山东省"百镇千村"建设示范单位、山东省安全生产"双基"工作先进单位、"平安山东"建设先进基层单位等。

党委书记 亓文诺
镇　　长 田永全

白塔镇 位于昌乐县西南部，面积57.6平方公里，辖36个行政村，6347户，人口2.25万，耕地面积2.56万亩。2006年，全镇完成地区生产总值7557万元，比上年增长10%；地方财政收入19.9万元；工业实现销售收入1.8亿元，利税2160万元，分别增长30%和25%；第三产业增加值1149万元，农民人均纯收入3237元。

白塔镇地处山区、库区，又属沂蒙革命老区。境内建有占地面积1.5万亩、库容1.2亿多立方米的仙月湖，是国家大二型水库，被列为省一级水源地，担负着为昌乐县城和下游乡镇提供生产生活用水的任务。生态环境优良，林果生产、芋头种植和奶牛养殖是全镇的特色支柱产业。白塔镇依据自身优势，确定了"改善仙月湖生态环境，保护好全县饮用水源地，建设生态白塔、旅游白塔，最终实现富裕白塔"的总体工作思路，进一步确立了"生态立镇、工业兴镇、三业富民"的特色发展战略。2006年，全镇实际利用市外资金4360万元。同时，着力发展生态林果业和以芋头、奶牛为主的高效种养业。芋头生产，注册了"白塔"牌商标，是潍坊市唯一一家有机食品生产基地和江北最大的芋头生产交易集散地，年种植1.1万多亩，总产2万吨，纯收入2000多万元。大力推广奶牛规模化、标准化、公寓式养殖，存养总量达4000头，其中集中养殖2000头，是蒙牛集团、维维集团等大型乳业公司的原料生产基地。全镇年产鲜牛奶3万多吨，纯收入2000多万元。建设了11.2公里干鲜杂果带和5大生产基地，发展秋姬李子、日本大樱桃等优质品种果树3000亩，年纯收入1000多万元。

党委书记 崔永新
镇　　长 张义增

（刘西强　张金廷　供稿）
责任编辑　李长山

寿光市

中共寿光市委、市人大、市政府、市政协领导成员名单

市委书记 刘中会
副书记 孙明亮　刘兴明
市人大常委会主任 黄凤岩（女）
副主任 杨德峰　张焕然　陈金兰（女）　马金涛　王金彩　李广前　李昌武　李志强　李俊明　丁春桂
市政府市长 孙明亮
副市长 朱兰玺　王惠玲（女）　刘建安　王教法　李华刚　毛德荣　聂作坤　林立星
市政协主席 王守福
副主席 王茂兴　郑守林　夏德起　袁昌彪　陈洪国　王春花　刘来源

加快和谐社会创建 建设富强和谐寿光

寿光市辖11个镇，5个街道办事处，976个行政村（居委会）。总面积2180平方公里（含大家洼街道），人口101万，其中城镇人口45万。2006年，全市实现地区生产总值265亿元，增长14.2%；财政总收入24.6亿元，其中地方财政收入12.66亿元，分别增长24.2%和26.2%；农民人均纯收入5936元，比上年增加370元；城镇居民人均可支配收入11566元，增长11.9%。列全国综合实力百强县第41位，县域经济基本竞争力百强县第25位。

工业经济速度效益大幅攀升。全市限额以上企业实现主营业务收入520亿元、利税52.5亿元、利润33.5亿元，分别增长20%、21.5%和21%。规划建设了侯镇项目区，配套完善了科技、东城、晨鸣项目区和渤海化工园，项目区承载能力明显增强。不断加大有效投入，全年开工过千万元项目238个，其中过亿元的51个，晨鸣30万吨超压纸、联盟3660一期、墨龙套管等一批科技含量高的大项目建成投产。企业自主创新能力明显增强，省级以上高新技术企业发展到20家，潍坊市级以上研发机构13家，企业博士后科研工作站3家。全面落实节能降耗责任制，引导企业发展循环经济，晨鸣、联盟、墨龙等企业万元产值能耗逐步降低。大力推

进质量兴市，省级名牌产品达到16个，中国名牌产品2个。

新农村建设稳步推进。坚持把发展农村经济、增加农民收入作为新农村建设的中心任务来抓，加快农业产业结构调整，狠抓标准化生产，全年新增蔬菜大棚2.5万个，标准化饲养小区504个，蔬菜质量抽检合格率在全国名列前茅。成功举办了第七届蔬菜博览会，首次设立了台湾农产品展区，搭建起了交流合作的平台。大力发展农产品加工和流通，潍坊市级以上农业龙头企业达到41家。成立了中国农业大学寿光蔬菜研究院，农业自主研发能力进一步提高。加快节水灌溉和人畜饮水工程建设，完成了引弥入尧丹桂一期工程，农业基础设施条件明显改善。认真落实惠农支农政策，全面兑现了粮食、良种、农机购置等各种补贴。以村庄整治和示范村建设为切入点，全力推进新农村建设。全年投入资金7亿多元，配套完善了农村道路、供排水等基础设施，16个市级示范村建设取得实质性进展，72个村启动了楼房村工程，所有镇区和部分村庄环境卫生实现有偿托管，群众的生产生活条件有了较大改善。

第三产业进一步繁荣。百货大楼、中百佳乐家、盛隆超市等骨干流通企业规模不断壮大，麦当劳、苏宁电器等知名连锁企业先后进驻寿光市，流通现代化水平不断提高。扎实推进“万村千乡”市场工程，新建农村连锁店303家。蔬菜网上交易市场交易额突破70亿元，被授予全省首批信息化示范工程。建设了弥河生态农业观光园，成功举办了第二届荷花节，旅游品牌效应明显提升。家政服务、汽车交易、物业管理等服务业快速发展。全市完成第三产业增加值88.4亿元，社会消费品零售总额63.3亿元，同比分别增长17.3%和16.2%。

城乡面貌和生态环境明显改善。严格实施新一轮城市总体规划，城区修建性和控制性详细规划分别达到79%、86%以上。稳步推进基础设施建设，行政办公新区、人才大厦等37项城市重点工程进展顺利，新建改建圣城街等城区道路34公里、排水管道33公里。投资2.8亿元建设了羊田路，全市柏油路通车里程达到2430公里。不断加强城市绿化建设，先后完成了城市东出入口、东城公园等重点绿化工程，城区新增绿化面积300公顷。深入开展环境污染综合整治，完成了城市综合排污沟防渗密封工程和污水处理场二期工程，改善了生态环境。房地产业健康发展，先后开发建设居住小区80多万平方米，基本满足了居民购房需求。“城中村”改造稳步推进，社区建设扎实开展。建立完善城市管理长效机制，开展城市环境综合整治，加大城管执法力度，提高了城市管理水平。先后创建成为“中国优秀旅游城市”、“国家园林城市”、“国家卫生城市”、“国家环保模范城市”、“山东省文明城市”和“山东省节水型城市”，荣获“山东人居环境范例奖”。

改革开放实现新突破。晨鸣股权分置改革顺利完成，市污水处理场、市人民医院等8家事业单位成功改制。深化财税、金融体制改革，支持经济发展力度不断加大。创新思路和方式，多渠道扩大招商引资，引进了晨鸣特种纸、澳特莱蔬菜深加工、蔡伦环保肥料等一批科技含量高、能源消耗低、辐射带动强的好项目，完成到位资金82亿元，其中，实际利用外商直接投资5507万美元。积极开展对外贸易合作，新增自营进出口获权企业73家。加工贸易快速发展，出口产品结构不断优化，全年完成进出口总额9.6亿美元，其中出口5.7亿美元，分别增长50%和38.3%。

社会事业全面进步。加强科技创新能力建设，申报潍坊市级以上科技计划19个，其中国家级7个、省级8个。千方百计促进就业再就业，全年提供就业岗位8.6万个，安置从业人员1.3万人，城镇失业率控制在了3%以内。不断扩大社会保险覆盖面，全面推行新型农村合作医疗制度，社会保障能力进一步增强。逐步健全社会救助体系，五保供养、城乡低保水平不断提高。积极开展城乡医疗救助，减轻了低保、五保、优抚对象等困难群众医疗负担。寿光市被评为全国民政工作先进市。大力发展教育事业，潍坊科技职业学院、寿光中学、建桥初中扩建工程进展顺利，中小学校舍改造稳步推进，教育资源配置更加合理。全市本科上线人数超过6000人，13名学生考入清华、北大，高考9项评估指标均居潍坊市各县市区前列。加快城乡卫生基础设施建设，群众就医条件明显改善。大力整治食品药品市场，保障了人民群众饮食用药安全。认真落实计划生育优先优惠政策，加大清理清查力度，计划生育工作水平进一步提升。精心组织蔬菜文化艺术节、文明之夏等文化活动，丰富了城乡文体生活。大力实施“五五”普法教育，依法治市稳步推进，基层民主进一步扩大。扎实开展“平安菜乡”创建活动，大力加强公安“三基”建设，全面落实安全生产责任制，妥善处理人民来信来访，有力地维护了社会稳定。出版发行了《寿光年鉴》(2001—2005)。

政府自身建设不断加强。围绕“为民、务实、清廉”的要求，强化决策目标、执行责任、考核监督“三个体系”建设，提高了决策的民主化、科学化水平，推动了工作的落实。自觉接受市人大及其常委会的监督，注重加强同人民政协的联系，179件人大代表议案、建议、意见和政协委员提案及时进行了答复和办理。严格实施收支两条线、国库集中支付、政府投资项目招投标和重点工程决算审计制度，政务工作更加公开透明。认真贯彻落实《行政许可法》，全面推进政府工作提速，依法行政水平不断提高。积极开展行政效能监察和民主评议行风活动，认真纠正部门和行业不正之风，严厉查处各类违法违纪案件，发展环境进一步优化。

【第七届中国（寿光）国际蔬菜科技博览会】 第七届中国（寿光）国际蔬菜科技博览会由中华人民共和国农业部、中华人民共和国商务部、中华人民共和国科技部、中国国际贸易促进委员会、国家环境保护总局、国家质量监督检验检疫总局、中华全国供销合作总社国家外国专家局、中国农业科学院、国家旅游局、国家标准化管理委员会、中国农

业大学和山东省人民政府主办，由20个外国驻华使馆和国际组织协办，山东省直有关部门、潍坊市人民政府和寿光市人民政府具体承办，于2006年4月20日至5月20日在“中国蔬菜之乡”山东寿光举办。

第七届菜博会，设主展区和15个分展区，主展区面积15万平方米，室内面积7万平方米，设有8个展厅。其中新增加了3000平方米的果树厅、5000平方米的花卉厅和5000平方米的药用植物厅，展示展览品种1500多个。共设室内外展位1500多个，并首次设立台湾农产品展示展销区，共有88个展位。这次台湾农产品展示活动，由祖国大陆海峡两岸交流协会、台湾省农会、组委会办公室共同承办，参展企业60多家。共展示50大类农产品，主要包括10余种时令优质热带水果、近200余种农产品深加工制品。本届菜博会参观人数达115万人次，共签约项目72个，签约额88亿元，其中引资额75亿元，各类贸易额16亿元。

【引弥入尧丹桂工程】 2006年10月19日，引弥入尧丹桂一期工程竣工试闸仪式举行。引弥河水入尧河、丹河、桂河回灌补源工程于2005年11月26日开工，工程全部竣工后年均回灌补源4000万立方米，将把弥河和尧河、丹河、桂河等多条河道进行串联，形成“非”字形网络，进行回灌补源，提升地下水位，并能很好地改善三河流域的环境状况，解决人畜用水和周边地块的灌溉问题。

【第二届山东寿光荷花节】 7月8日，第二届山东寿光荷花节在渤海湾畔的滨海重度盐碱地上隆重举办。千亩荷花盛开在“不沉湖”畔。在寿光渤海森林公园内，千亩河塘蔚为壮观，百种荷花争奇斗艳。园内荷花种植面积已达2000余亩，品种200多个。每到夏季，荷叶田田，荷香阵阵，令人流连忘返。据悉，总面积2万多亩的寿光林海生态博览园是我国北方仅有的建在滨海盐碱地上的森林公园，已成为国家旅游局确定的全国首批工农业旅游示范点、国家AAA级旅游景区和省级森林公园。这里除了规模庞大的盐碱地森林景观外，园内还建有国内独有的“东方不沉湖”、大型现代化垂钓基地、水上运动中心、立体高效农业种植园、千亩荷塘湿地、百果采摘园、盐业观光等特色景点和功能区。

【寿光市人民医院病房大楼投入使用】 寿光市病房床位的使用率达到97%，各医院50%的科室常年加床。寿光市人民医院为进一步解决人民就医难、住院难的问题，更好地促进医院体制改革后的长足发展，投资1.8亿元，于2005年3月开始兴建新的病房大楼，2007年5月投入使用。该楼地上共21层，地下停车场2层，采用中央空调、中心供氧、中心传呼、中心吸引、闭路电视、物流传输、微机管理等先进理念，配套设施更具人性化，开放床位增加300张，达到1100张，各项设计、功能都达到了全国县级医院领先水平。

乡镇、街道办事处概况

圣城街道办事处 位于寿光市区，面积65.16平方公里，辖70个行政村、13个城市社区，常住人口22万。2006年，全街道完成地区生产总值27.5亿元，比上年增长21.1%，地方财政收入7281万元，比上年增长17.1%；工业实现销售收入53.5亿元，利税4.6亿元，分别增长25.3%和18%；第三产业增加值达11亿元，农民人均纯收入6120元。

圣城街道工业经济实力雄厚。规划了科技工业园、晨鸣工业园、圣城工业项目区三大工业园区，以发展新型工业为重点，初步形成了石油机械、禽肉食品、纺织窗饰、家具板材、精细化工、新型建材等六大产业群，工业企业达1400余家，其中规模以上工业企业73家，大中型企业12家。坚持商贸流通、休闲娱乐、新兴服务“三业”并举，建设专业市场和大型超市40多家，工商业户累计6867户，“第三产业”占全街道GDP的比重达40%。按照建设现代化中等城市目标，坚持以城市的标准规划农村，城中村改造初见成效，已建成公寓楼59栋，面积31.5万平方米，深入开展了“五城”创建和新农村建设，镇村面貌不断改善。该街道连续两届进入全国千强乡镇行列，列第509位。先后荣获省级“和谐示范街道”、“文明街道”、“社会文化先进乡镇”、潍坊市“先进基层党组织”等荣誉称号。

党工委书记　孙成华

办事处主任　赵奎祥

文家街道办事处 位于寿光市城区西部，面积69平方公里，辖4个居委会、52个行政村，13500户，人口5.09万，耕地面积7.35万亩。2006年，全街道完成地区生产总值10.9亿元，比上年增长14%；地方财政收入1256万元，比上年增长16.7%；工业实现销售收入13.6亿元，利税17000万元，分别增长65%和55%；第三产业增加值达44325万元；农民人均纯收入6000元。

文家街道紧紧抓住晨鸣工业园建设的大好机遇，加大招商力度，工业经济蓬勃发展。蔡伦申兴精细化工、巨龙黄河板材、法国阿尔诺特纸、蔡伦中科生物肥、德圣造纸化工、清大科技、台湾综合家具等一批大项目陆续建成投产，立起了街道工业经济的“半壁江山”。充分利用“中国韭菜之乡”的优势，大力发展“三高”农业，逐步形成了韭菜、大棚菜、大田菜、苜蓿、速生杨、天麻、畜牧养殖业等多种特色产业并存的农业结构新格局。中惠养鸡场、以色列种苗、新世纪蔬菜良种繁育项目等一批龙头企业相继开工并陆续投产。大大增强了农业龙头企业的发展后劲。随着静山路、金光西街、广场西街、文庙西街、迎客松居住小区、绿地游园、原马店乡址改造等城建精品工程的顺利实施，带动了以饮食服务、维修、运输为主的第三产业的迅速发展。投资3500万元，建成面积3万平方米的馨园居住小区，较好地解决了街道直属部门干部的住房问题；投资600万元，建成有

36个教学班、容纳700名学生的西城小学，大大改善了农村中小学办学条件。在新农村建设上，以创建和谐村庄为目标，突出农村基础设施、文化大院建设、环境卫生整治、楼房村建设四个重点。全街道完成了25个村的大街小巷硬化、排水、亮化；20个村建成了农村文化大院，组建了15支文艺演出队伍；三分之二以上的村实行了垃圾清运托管，在36个村建成了160个垃圾池；动工建设了桑家、前游等6个楼房村，其中桑家村成为寿光市新农村建设“示范村”，前游村成为寿光市城中村改造试点村。

党工委书记　崔英魁

办事处主任　李增国

洛城街道办事处　位于寿光市区东郊，面积96.3平方公里，辖85个行政村，1.7万户，人口7.6万，耕地面积7.8万亩。2006年全街道完成地区生产总值11.9亿元，比上年增长27.1%；地方财政收入1209万元，比上年增长483万元；工业实现销售收入35.2亿元，利税3.1亿元，分别增长27%和36%。第三产业增加值达6778万元，农民人均纯收入6600元。

蔬菜产业享誉国内外。每年一届的中国（寿光）国际蔬菜博览会在这里召开，党和国家领导人多次来洛城视察指导工作。全街道无公害蔬菜面积发展到3.8万亩，绿色食品基地认证面积23000亩，有13个蔬菜品种获得绿色食品认证，年产蔬菜3亿多公斤，销往全国20多个省、市和日韩、香港等国家和地区。新型工业化进程不断加快。以寿光市东城项目区为依托，安置投资过千万元项目107家，其中过亿元的项目26家，规模以上企业达46家，逐步形成了以机械制造、竹木加工、粮食加工和食品加工为主的四大产业集群。新农村建设日新月异。先后投入资金5000多万元，有60多个村道路进行了柏油、水泥硬化，启动了10栋公寓楼建设，村村进行了街巷清理，村容村貌焕然一新。镇区建设投入资金2000多万元，全面实现了硬化、绿化、亮化、净化和美化，提高了镇区的人气和活力。

党工委书记　崔建军

办事处主任　马焕军

古城街道办事处　位于寿光市北部，与寿光经济开发区“街区”合一建制，面积84平方公里，辖61个行政村，1.5万户，人口5.5万，耕地面积8万亩。2006年，全街道完成地区生产总值16.8亿元，比上年增长35.4%；地方财政收入4701万元，比上年增长122.6%；工业实现销售收入36.5亿元，利税3.95亿元，分别比上年增长12.3%和21.9%；第三产业增加值4.7亿元；农民人均纯收入5960元。

依托开发区科技工业园，工业经济迅速发展，园区内项目总数达109个，包括已投（试）产项目89个，在建项目20个，其中计划投资过亿元的项目22个，以能源、建材、冶金、食品、化工、机械制造等产业为主的工业体系基本形成，成为寿光新的工业经济增长点。农业富民成效显著，已发展成为以西红柿种植为主多种蔬菜并产的蔬菜生产专业乡镇，种植面积5万亩，其中西红柿种植面积3万亩，并注册“圣珠”牌商标，素有“西红柿之乡”之称。

党工委书记　柴寿增

办事处主任　丁建波

孙家集街道办事处　位于寿光市西南部，面积78平方公里，辖78个行政村，15550户，人口5.6万，耕地面积8.2万亩。2006年，全街道完成地区生产总值11.8亿元，比上年增长26%；地方财政收入961.3万元，比上年增长37%；工业实现销售收入16.8亿元，利税23500万元，分别增长41%和38%；第三产业增加值达15509万元；农民人均纯收入5960元。

孙家集街道是全国冬暖式大棚的发祥地，蔬菜面积发展到6.5万亩，蔬菜冬暖式大棚3万余个，25000亩无公害蔬菜基地通过农业部认定，6个农产品通过无公害蔬菜认证，形成了以“新世纪三元、红梅园艺”为依托，集繁育种苗、花卉、无公害蔬菜生产、销售为主体的大农业格局。“乐义”牌蔬菜远销国内外。加大招商力度吸引大项目入园。有巨能电器、宏源集团、宇宏经贸、亚亨集团等规模以上企业；有以蔬菜加工、洁净煤加工、节能设备、钢结构、电器设备、刺绣等为主的民营企业90余家，蔬菜保鲜库发展到45家，保鲜能力超过5万吨。街道建设功能齐全，设施配套，环境优美，济青高速、羊临公路、寿尧公路、南二环路、羊益铁路贯穿全境，实现了村村通柏油路；通讯设施先进，电话装机11000余门；有线电视入户率达95%以上。

党工委书记　袁世俊

办事处主任　郑林海

稻田镇　位于寿光市东部，面积75平方公里，辖56个村、1个居委会，1.4万户，人口5.6万，耕地面积7.8万亩。2006年，全镇完成地区生产总值11.5亿元，比上年增长19%；地方财政收入1201万元，比上年增长92万元；工业实现销售收入35亿元，利税3亿元，分别增长3.8%和11%；第三产业增加值达1.2亿元；农民人均纯收入5900元。

稻田镇地理位置优越，交通便捷。潍高和大沂两条省道从镇区交叉通过，东距风筝城潍坊20公里，南离济青高速公路8公里。

民营经济发展迅猛，全镇已初步形成机械制造、工艺制品、木器加工、纺织服装、化工肥料、农副产品加工等六大支柱产业。现代农业实现大发展。建成了万亩速生杨基地和马寨设施农业大棚区，法国利玛格兰等世界种苗公司先后在稻田落户，燎原等无公害蔬菜基地规模不断扩大，形成了农民增收新亮点。10个村启动了楼房村工程，马寨楼房村成了寿光市楼房村的样板，全镇已建在建楼房达到500多栋。小城镇建设日新月异。寿光市第二蔬菜批发市场的规模不断扩大，日交易额突破100万元，成为了寿光东部最大的农副产品交易中心和价格形成中心。金三角、金惠小区等地段进行了综合开发，繁荣发展

了三产服务业。稻田镇先后荣获“全国环境优美乡镇”、“山东省工会建设示范镇”、“山东省卫生工作先进镇”等荣誉称号。

党委书记　李铁柱
镇　　长　韩兴武

留吕镇　位于寿光市东部，面积49平方公里，辖33个行政村，8500户，人口2.9万，耕地面积5.3万亩。2006年，全镇完成地区生产总值6.3亿元，比上年增长115%；地方财政收入1160万元，比上年增长112%；工业实现销售收入24亿元，利税2.8亿元，分别增长121%和117%；第三产业增加值达2769万元；农民人均纯收入5800元。

实施“工业强镇”战略，形成了棉纺针织、机械制造、木器品加工三大支柱产业，现有规模以上企业11家，出口创汇企业4家。加大基础设施投资力度，投资300余万元在项目区内新修“三横一纵”四条园区道路，并配套完善基础设施。加速农业结构调整优化升级，大力发展畜牧业和引进农业龙头企业，促进了畜牧、蔬菜、速生杨、苗木四大主导产业蓬勃发展。新农村建设突出硬化净化、绿化美化，倡树文明和谐新风，投入资金达2000多万元，硬化道路12公里，绿化面积2万平方米，清理“三大堆”2.6万立方米，修建文娱健身场所30处，新农村建设取得了良好成效。

党委书记　王安文
镇　　长　田太卿

侯镇　位于寿光市东北部，辖86个行政村、1个居委会，人口10万，总面积218平方公里，地势低平，土地资源丰富，其中耕地面积12.5万亩，盐田18万公亩。2006年，全镇完成地区生产总值26.6亿元，实现财政总收入1.4亿元，其中地方财政收入5354万元，分别增长28%、21.2%和26.7%；完成工业销售收入46亿元，利税4亿元，实现出口创汇4200万美元，分别增长20%、34%和115%，工业对地方财政的贡献率达90%以上，农民人均纯收入达5990元。

工业是侯镇的支柱产业。规划建设了鲁丽、侯镇两个项目区，板材、钢材、纺织、盐及盐业化工等产业优势突出。全镇限额以上工业企业36家，其中：鲁丽集团系全市特大型企业，大地盐化、金河集团进入全市大型企业行列，中型企业有鲁源盐化、天信化工、宏源酒业、富源盐场、东信工贸5家。特别是侯镇项目区具备得天独厚的区位优势、交通优势、资源优势和环境治理优势，具有充裕的建设用地储备和配套完善的基础设施。重点承接盐化工、精细化工、纺织服装、新型建材材料等产业项目。农业基础地位增强。通过实施寿北综合开发，大力调整农业产业结构和进行中低产田改造，种植冬枣1.5万亩，速生杨8000亩，大田菜2.8万亩，优质抗虫棉6000亩，蔬菜大棚发展到2500个，面积3000亩。高标准饲养小区达130个，其中肉鸭的年存养量达200万只以上。新农村建设扎实推进。建设了10个精品村、20个标准村、30个规范村。东岔河、地沟、丰台岭、北宋、东地沟、南宋、温家、侯三、西毕、鲁丽等村（居）的新农村建设走在了全镇的前头，其中：东岔河村是全市最大的楼房村，北宋村是全市和谐村庄建设标杆村。33个村实现了柏油路户户通，8个村建有示范型文化大院，全镇87个村都拟建立固定的文化娱乐场所，能够开展经常性的文化活动。全镇有线电视入户率91%，固定电话入户率93%，新型农村合作医疗参合率98.6%。小城镇建设日新月异。侯镇是山东省中心镇，镇区开发面积6平方公里，人口2.5万，2001年实施了镇区新一轮规划，建成了行政、社会事业、商贸、工业、居住五个功能小区，成立了城管、环卫两个执法中队，实行了卫生有偿托管。

党委书记　桑文军
镇　　长　王爱民

田马镇　位于寿光市东南部，面积60.7平方公里，辖56个行政村，11363户，人口4.2万，耕地面积6.29万亩。2006年，全镇完成地区生产总值6.98亿元，比上年增长25.9%；地方财政收入359万元，比上年增长9.2%；工业实现销售收入4836万元，利税717万元；第三产业增加值达1.84亿元；农民人均纯收入5760元。

田马镇区位优势明显，交通便捷，羊田路、昌大路在镇区交汇，农业资源丰富，三产经济繁荣，工业发展迅猛。打造出了被誉为“田马三宝”的“王婆”香瓜、“桂河”芹菜、“赵庙”萝卜三大农业品牌，2000年3月被中国农业部命名为“中国香瓜第一镇”，2006年11月“王婆”香瓜商标被认定为“山东省著名商标”。出生于此的东晋十六国时期前秦丞相王猛，被誉为“功盖诸葛亮第一人”，素有“名相故里，香瓜之乡”的美誉。

党委书记　步砚伟
镇　　长　赵爱之

纪台镇　位于寿光市南部，面积90平方公里，辖72个行政村，1.35万户，人口5.2万，耕地面积7万亩。2006年，全镇完成地区生产总值13.19亿元，比上年增长10%；地方财政收入465.9万元，比上年增长55.3%；第三产业增加值达8000万元；农民人均纯收入6062元。

农业结构调整稳步推进。全镇冬暖式大棚、大拱棚等保护地栽培面积5万亩，种植以茄子、辣椒、西红柿、黄瓜、中小型西瓜、甜瓜、桃、杏、葡萄等为主的名优稀特品种二十多个；建设绿色有机蔬菜基地5000亩；占地20亩以上的标准化饲养小区80多个。工业化进程逐步提升。镇内现有经营业户600多家，其中年销售收入500万元以上的民营企业10家，形成以水泥预制件、有机复合肥、动力机械配件、精细化工、棉纺加工、果菜及畜禽深加工为主的工业体系。2006年全镇新农村建设共投入资金4500万元，30多个村道路进行了水泥、柏油硬化，新盖楼房150栋；有26个村新装路灯480盏；村村进行了街巷清理，村容村貌有了较大改观。

党委书记　王　波

镇　　长　李存启

上口镇　位于寿光市中北部，面积80.6平方公里，辖65个行政村，17702户，人口6.6万，耕地面积7.9万亩。2006年，全镇完成地区生产总值6.8亿元，比上年增长6.25%；地方财政收入2178万元，比上年增长26%；工业实现销售收入26.8亿元，利税3.41亿元，分别增长14.5%和14.3%；第三产业增加值达1.2亿元；农民人均纯收入5980元。

上口镇东临昌大路，南临潍高路、济青高速公路，寿光环城路延伸至镇区，羊田路、辛沙路、荣乌高速路穿越境内，交通便利，具有良好的对外开放和招商引资的区位优势及资源优势。工业初步形成石油机械、窗帘窗饰、农用机械、造纸包装四个支柱产业；农业积极发展特色产业，“上口山药”作为上口镇一张靓丽的名片已数次登上菜博会的展台。在和谐创建活动中，全镇开展的“孝行上口，唱响和谐”系列活动，找准了与群众相关的结合点，形成了上下互动、各方联动的良好局面。

党委书记　汪秀丽

镇　　长　付乐启

化龙镇　位于寿光市西部，面积75平方公里，辖53个行政村，13600户，人口5.3万，耕地面积8.5万亩。2006年，全镇完成地区生产总值6.91亿元，地方财政收入515万元，工业实现销售收入13亿元，利税1.5亿元，农民人均纯收入5906元。

化龙镇立足实际，不断做大做强胡萝卜产业，探索出了一条农业增效、农民增收的新路子。全镇胡萝卜种植面积达4万多亩，辐射青州、广饶等周边地区种植面积10万亩。以种植基地为依托，建成了江北最大的胡萝卜加工园区，总占地面积达1000多亩，拥有2万平方米的交易市场一处，年交易额2亿元。园区内现有胡萝卜深加工农业龙头企业48家，年加工胡萝卜45万吨，其中80%的产品出口，形成了市场加龙头连基地带农户的发展格局，被国家农业部授予“中国胡萝卜第一镇”称号。该产业的发展也带动了全镇工业、第三产业和小城镇建设的发展，一个环境优美、设施完备、文明有序、功能齐全的小城镇已初具规模。

党委书记　孙吉海

镇　　长　孙荣新

田柳镇　位于寿光市中部，面积108平方公里，辖68个行政村，1.9万户，人口6.7万，耕地面积10.6万亩。2006年，全镇完成地区生产总值14.7亿元，比上年增长26%；地方财政收入1400万元，比上年增长18%；工业实现销售收入11.3亿元，利税1.05亿元，分别增长33.8%和51.4%；第三产业增加值达2.4亿元；农民人均纯收入5930元。

田柳镇围绕“科学发展，工业强镇”的发展思路，积极倡导循环经济，全力打造绿色园区。自2002年10月份开工建设田柳项目区，自筹资金2500万元进行基础设施配套建设，初步形成以新龙电化集团为龙头，占地3平方公里，限额企业43家，从业人员超过3000人，企业年总产值过10亿元的新型工业园区，园区被确定为“十一五”省级循环经济示范区。

田柳镇从2003年开始在农村全面推行以“办实事、解难题、保稳定、促发展”为主题的“阳光星期一”镇村干部在村集中办公制度，及时化解各类矛盾，提高党组织的战斗力和凝聚力，切实加强农村基层组织建设。这一做法得到了省、市各级领导的充分肯定。

党委书记　李振涛

镇　　长　刘国明

台头镇　位于寿光市西北部，面积142平方公里，辖42个行政村，1.5万户，人口5.8万，耕地面积9.2万亩。2006年，全镇完成地区生产总值15亿元，比上年增长13%；地方财政收入1312万元，比上年增长400万元；工业实现销售收入50亿元，利税4.7亿元，分别增长19%和17%；第三产业增加值达1.9亿元；农民人均纯收入5900元。

台头镇　有民营企业300多家，限额以企业68家，形成防水卷材、橡胶轮胎两大支柱产业，其中防水卷材企业200多家，被中国建筑防水材料工业协会认定为“中国建筑防水之乡”；橡胶轮胎企业60多家，投资过亿元的子午胎生产企业3家，是山东省著名的橡胶轮胎生产基地。全镇有省级著名商标7个，国家免检产品3个。巨淀湖是江北最大的芦苇生态湿地，也是渤海平原最大的天然湖泊之一，湿地总面积1.5万亩，水面1万亩，湖内水草丰茂、盛产鱼类，极具旅游开发价值。史载汉武帝曾“躬耕于此”。现建有抗日武装起义纪念碑、革命烈士纪念馆、水上八卦、鸟语洲、旅游度假村、渔家乐等景点，是山东省著名的生态湿地旅游和红色旅游风景区。

党委书记　卜庆华

镇　　长　李献忠

羊口镇　位于寿光市北部，面积471平方公里，辖35个行政村、6个居委会，共16921户，人口6.5万，耕地面积19.5万亩。2006年，全镇完成地区生产总值19.6亿元，比上年增长43%；地方财政收入3380万元，比上年增长37%；工业实现销售收入45.3亿元，利税44037万元，分别增长51%和47%；第三产业增加值达372365万元；农民人均纯收入6100元。

羊口镇是齐鲁渔业重镇，由300多艘钢壳渔轮组成的捕捞船队，驰骋在东海、黄海，年捕捞海产品60万吨，捕捞收入5亿多元。与之相关的海水养殖、滩涂开发、水产加工、鱼粉加工、网具、渔船修造、鱼油精炼等产业配套齐全。是全国重要的原盐产区，年原盐产量达200万吨以上，占全国总产量的七分之一，地下卤水储量为29亿立方米，保有储量14465万吨，年产溴素达1万吨，卤水中含多种化学元素，其中

溴素含量较高，部分已达到工业利用指标。加大工业投入，着力开发以原盐为原料的化工产品。2005年规划建设的渤海化工园，是潍坊市重点开发的工业园区，以精细化工为主要特色，重点发展盐及盐化工、溴素深加工、医药及其中间体、日用化学、涂装化学、颜料染料、纺织染整、无机化工及其它专用化学品。园区规划面积28平方公里，随着众多企业的不断进园投资置业，化工园正呈现出强劲的发展势头。羊口镇是全国重点镇、全国村镇先进单位、省中心镇、省文明镇，是全国十个城市化试点单位之一。全镇道路、照明、环卫、供水、供电、供热等基础设施和行政事业机构配套完善，科技、文化等各项社会事业也发展较快，被誉为“莱州湾畔的一颗明珠”。

党委书记 李华刚

镇　　长 李景村

营里镇 位于寿光市中北部，面积303平方公里，辖50个行政村，15300户，人口5.3万，耕地面积10万亩。2006年，全镇完成地区生产总值1.7亿元，比上年增长15%；地方财政收入1329万元，比上年增长12%；工业实现销售收入9.7亿元，利税1.6亿元，分别增长44.5%和40.3%；第三产业增加值达2979万元；农民人均纯收入5930元。

营里交通便利，区位优势明显。东临滨海经济开发区，北接羊口港，省道新海路、南大路横贯东西，羊临路、羊田路纵贯南北，荣乌高速、黄大铁路穿境而过，镇域内村村通柏油路，是寿北地区重要的交通枢纽。营里土地广阔，北部地下卤水资源丰富，拥有海岸线11公里，宜盐面积30万公亩，年产原盐100万吨、溴素8000吨，是省内重要的原盐及盐化工生产基地。全镇拥有石油化工厂、海惠集团、万泰化工等26家规模以上企业，形成了盐及盐化工、石油化工、畜禽等农副产品深加工为主导的新型工业体系。营里农业产业化体系完善，畜牧业发达。拥有山东海惠、潍坊金正、维多利、亚太中惠等省级农业龙头企业，初步形成了畜禽育种、养殖、宰杀、加工、出口为一体的经营格局。大力实施农业综合开发和沿海滩涂开发，发展枣园2万亩，食用菌及蔬菜大棚3000个，大田菜1万亩，文蛤、扇贝、南美白对虾等海淡水养殖基地2万亩。

党委书记 武治强

镇　　长 姜　颖

（焦方增　高文艳　供稿）

安　丘　市

中共安丘市委、市人大、市政府、市政协领导成员名单

市委书记	王继怀	
副书记	郑建军	张韶华
	许　华	
市人大常委会主任	王继怀	
副主任	王乃平	刘泽才
	王洪书	周建平
	任　健	王素芳
市政府市长	郑建军	
副市长	杨东民	刘锦山
	吴桂珍（女）	
	周寿清	张宝庆
	徐林华	
市政协主席	张善华	
副主席	王尚元	宿献斌
	宿明明	王振红
	陈建亭	刘克祥

落实科学发展观 推进经济社会发展

安丘市位于山东省中部偏东，潍坊市南部，面积1928平方公里，辖2个街道、21个镇，1388个行政村，人口105.7万，耕地面积140.6万亩。2006年，全市上下坚持以党的十六届五中、六中全会精神为指导，认真落实邓小平理论、“三个代表”重要思想和科学发展观，紧紧围绕“一三六六”工作思路和目标，深入开展“爱我安丘，加快发展”活动，扎实推进经济、社会和民主法制建设，各项工作都取得了新的成绩。全年完成地区生产总值122亿元，比上年增长20%；规模以上工业实现销售收入173.7亿元，利税12.6亿元，分别增长33.4%和20.3%；第三产业增加值达33亿元，增长13%；完成地方财政收入34160万元，可比增长16.4%；农民人均纯收入达到4651元。

工业立市步伐加快。坚持把发展壮大工业经济作为政府工作的主攻方向和战略重点，通过制定落实扶持政策、加强银政企合作、落实市级领导包靠和现场办公制度，以及加大招商引资和对外合作力度、实施品牌战略、发展循环经济、治理经济发展环境等一系列措施，提升了经济运行的质量和水平，促进了工业经济持续健康发展。2006年，全市实施工业技改项目132个，总投资55.1亿元，当年完成投资25.7亿元。以企业为主体的招商引资工作扎实推进，实际利用境外资金4016万美元，增长20%。科技创新和品牌争创工作取得实质性突破。新增省级高新技术企业4家，总数达到18家。外贸食品公司的“鲁丰牌”水果罐头被评为中国名牌产品，景芝酒业公司的“景阳春”商标被认定为中国驰名商标，景芝白干被评为“中华老字号”，外贸食品公司被评为“出口食品农产品免验企业”，奥宝复合肥、恒安散热器、三太子方便面被评为国家免检产品，长安铁塔公司生产的特高压电力铁塔通过国家级强度试验。

新农村建设开局良好。坚持把新农村建设的重点放在发展生产和农民增收上，放在全面提高农民群众的综合素质和生活质量上，从提升农业产业化水平、加快村庄规划编制、强化公益事业投入等基础工作入手，立足实际，稳步推进，实现了新农村建设一年起好步、开好头的目标。农业结构进一步优化，农产品加工企业的规模和档次不断提高，在出口门槛不断提高的情况下，实现农产品出口创汇1.48亿美元。安丘大姜被审定为国家地理标志产品。村庄

规划稳步推进，示范村建设规划已基本完成。农村改路、改水和通有线电视工程进展顺利，完成了南北大通道安孔路北段的改造；实施村村通柏油路114公里，通村率达到46.3%；开工村村通自来水工程11处，受益村庄190个，受益群众13万人，通村率达到41%；新增有线电视用户2万户，通村率达到98%以上。各级财政投入新型农村合作医疗2400万元，"新农合"参合率达到90%以上。各项支农惠农政策得到全面落实，农村文明创建、民主管理工作扎实开展，农民生活质量进一步提高。

服务业发展质量进一步提高。改革旅游资源开发和管理体制，对青云山、青云湖、青龙湖等旅游资源进行统一规划、统一管理、综合开发，理顺管理体制，突出地方特色，全面提升了旅游业的档次和水平。汶河风景区被评为国家级水利风景区，并通过了3A级景区的初步验收。2006年，全市共接待游客120万人次，实现旅游业总收入1.5亿元。商贸流通、餐饮等传统服务业设施不断改善，规模日趋扩大，效益明显提高。现代物流、金融服务、休闲娱乐、房地产开发等新型服务业发展步伐加快，为第三产业发展注入了活力。粮食流通制度改革平稳推进，新的粮食流通机制初步建立。

城市建设管理迈上新水平。加大了城市基础设施投入，高标准改造了永安路和商场路东段，对潍安路、建安路、向阳路、健康路、青云山路等进行了柏油罩面，配套了管网和路灯设施，较好地解决了城市出行和道路照明问题。加大城市绿化美化力度，完善配套了一批绿地、消防、环卫、休闲等公益设施。积极开展城市环境综合整治活动，集中治理了城市脏乱差、露天烧烤、马路市场、乱贴乱画等不文明行为，城市管理秩序有了较大改观。完成了新一轮小城镇规划，小城镇基础设施日益完善，拉动镇村经济发展的能力明显增强。

各项社会事业全面发展。科技进步步伐加快，有4个企业的技术中心通过潍坊市级认定，4项成果通过省级鉴定，科技进步对经济增长的贡献率达到56.2%。教育教学水平不断提高，职业教育实现新的发展，农村义务教育"两免一补"工作进展顺利。加强医疗卫生体系建设，实施基层医疗设施改造，农村医疗卫生条件有了较大改善。认真落实人口目标责任制，严格实行计划生育一票否决制度，加强依法管理和优质服务，继续保持了低生育水平。新型农村合作医疗、计生协会、食品药品综合监管等工作都得到省市有关部门的充分肯定。文化、体育、广播电视、人事、审计、物价、统计、环保、老龄、民族宗教、外事侨务、人民防空、民兵预备役、地震、气象、史志、档案、保险和残疾人事业稳步发展。

和谐社会建设扎实推进。实施积极的就业政策，开辟新的就业渠道，全市新增城镇就业1.1万人，新增农村劳动力转移就业5560人，城镇登记失业率控制在3.5%以内。强化社会保障体系建设，养老保险、医疗保险、失业保险、困难救助等社会保障体系逐步完善，覆盖面进一步扩大。高度重视安全生产工作，对重点行业、重点领域进行定期排查，对重大隐患实行挂牌督办、限期整改，避免了重特大安全事故的发生。加强环保和水源地保护，制定了水源地保护规划，清理了河道非法挖砂和水库网箱养鱼，水源地环境得到初步改善。大力开展平安安丘、诚信安丘、文明安丘建设，深入开展社会治安综合治理，营造了稳定和谐的社会秩序，被省委、省政府授予2006年度"平安山东"建设先进县市区称号。

【山东景芝酒业产品获中华老字号、中国驰名商标、中国白酒芝麻香型代表】

山东景芝酒业股份有限公司是以酿酒为主，并横跨热电、酒精、纸箱、蛋白饲料、有机肥、服装加工等多个行业，是中国白酒百强企业之一。景芝白乾酒：该产品诞生于宋代，是中国北方著名的高粱大曲酒。系以优质红高粱为原料，外加稻壳、大曲等，采用固态发酵方式酿制而成。早在1915年作为山东唯一白酒代表产品参展巴拿马万国博览会；1959年入展印度国际博览会；1986年、2006年分别被国家命名为中国八大大众名白酒和"中华老字号"称号。景阳春酒：创立于1973年，是山东省第一个浓香型粮食酒、第一个出口创汇酒，历届山东省优、山东名牌、山东质量免检产品，山东十大名酒，2003年、2004年、2005年连续三年荣登国家质检总局全国白酒市场质量抽查"红榜"。2006年10月，被认定为"中国驰名商标"。景芝神酿酒：从1957年在传统景芝白乾中发现"芝麻香"后，历经50年研究创立的新香型芝麻香白酒。2006年9月9日，"芝麻香"研制成果通过了山东省科技鉴定。该产品2001年荣获"中国白酒著名创新品牌"；2006年，国家商务部酒类流通管理办公室和中国酿酒工业协会联合在济南举行仪式，授予"景芝神酿"为中国白酒芝麻香型代表。

【安丘大姜获得地理标志产品保护】

2006年9月4日，国家质检总局发布《关于批准对安丘大姜实施地理标志产品保护的公告》，对安丘大姜实施地理标志产品保护，安丘大姜成为潍坊市首批地理标志产品之一。

地理标志产品，是指产自特定地域，所具有的质量、声誉或其他特性本质上取决于该产地的自然因素和人文因素，经审核批准以地理名称进行命名的产品，它是国际上保护地域产品的重要手段。国家质检总局确定的安丘大姜地理标志产品保护范围为：全市23处镇、街办的现辖行政区域。

安丘大姜成为地理标志产品后，将有利于保护大姜产业特色，有效防止侵权行为，提高产品的知名度和国际市场竞争力，促进大姜产业的持续快速发展，将为提高安丘大姜及相关产品的市场占有率带来新的机遇。

【汶河水利风景区经国家水利部评审定为国家水利风景区】 2006年8月16日，汶河水利风景区经国家水利部评审定为国家水利风景区。汶河古称汶水，系潍河主要支流，源于临朐县沂山东麓百丈崖瀑布之桑泉。因桑泉水俗称汶

水，故名汶河。流经临朐、昌乐两县，从大盛镇西山北头村北入市境，从西南向东北流经本市78公里，至东北角的夹河套村东北入潍河。汶河在市内有大盛河、鲤龙河、温泉河、凌河、小汶河、墨溪河等6条支流，流域面积1076平方公里，水利工程蓄水量达8000万立方米，水源丰富，水质优良，已达到了景观水质的要求。

2001年，经省水利厅领导和设计院、科学研究院评审，由同济大学设计，对汶河自卧龙闸至市北区下游的庵顶坝间总长度10公里进行开发建设，建成融防洪、生态、治污、交通、绿化、美化、文化、旅游于一体的滨水景观工程。整体效果突出水中景观和水乡特色，贯穿“以人为本、人水和谐”治水理念，建设内容是建造5道滚水坝、河床防渗等水系改造工程；水源保护地生态林建设、绿化景观林带建设、生物多样性营造、滨水休闲广场、滨水休闲区带、河床公园、城市绿地、4处桥头公园、文化场馆、健身运动场所等项目建设和相关设施配套设置；2条沿河观光大道建设、多条与市区连接行道建设和供电、供水、供气、通讯、停车场、环卫、照明等公共基础设施建设项目；环境整治与污染治理、旅游项目（含科研宣教项目）开发建设。整个工程竣工后，在汶河大堤拓宽的基础上，防洪标准由原来的20年一遇提高到50年一遇，洪峰流量4440立方米/秒，汶河城区段最大河宽1200米，最大水深5米，蓄水总量达1亿方，相当于10座中型水库，风景区内观光平台、音乐广场、自然堆石、游艇帆船、休闲广场、儿童乐园等景观相映成趣，乔木、灌木、草坪合理搭配，春夏秋冬景色各异，与上游牟山水库、城区20平方公里水域、1562亩绿地及青龙湖、青云山、畅春园、经济开发区、人民公园、汶河广场等联体成为恢弘景观群，进一步提升城市品位和档次。

乡镇、街道办事处概况

刘家尧镇 位于安丘市北区，总面积85平方公里，辖64个行政村，10585户，人口4万，4.69万亩耕地。2006年，全镇完成地方财政收入1056万元，比上年增长30%；工业销售收入36亿元，利税3.5亿元，分别增长24%和40%；第三产业增加值5800万元，农民人均纯收入5350元。

交通便利，位置优越。206国道、新潍安路穿境而过；东距青岛120公里，流亭机场100公里；西距济南200公里，遥墙机场165公里；南距日照120公里；北距潍坊机场15公里，济青、潍莱高速公路20公里。2001年以来，安丘市委、市政府又在刘家尧镇规划建设市北区和开发区，对外开放和发展外向型经济的区位优势更加突出。工业异军突起。该镇抓住规划建设开发区这一千载难逢的历史机遇，坚持抓项目带园区，建园区引项目，“工业立镇”步伐明显加快。2006年，全镇新引进项目32个，合同利用外资3.8亿元，实际到位资金2.1亿元，其中过5千万元项目1个。全镇民营企业达395家，其中限额以上企业43家，直接或间接从业人员1.3万人，初步形成了玻璃钢制品加工、机械电子、纺织服装、建筑建材、食品加工等五大主导产业。

党委书记 刘兴军

镇　　长 张宪宝

兴安街道办事处 位于安丘市区，面积63平方公里，辖17个居委会、49个行政村，17893户，人口5.6万，耕地面积3.3万亩。2006年全街道完成地区生产总值33.5亿元；地方财政收入1036万元；工业实现销售收入30.9亿元，利税2.1亿元。第三产业增加值达3.6亿元，居民人均纯收入5200元。

2006年，兴安街道党工委、办事处按确定的“站在新起点，谋求新发展，建设新兴安”工作思路，以增加财政收入、农民收入为目标，突出招商引资、民营经济、三产开发、城中村改造和社会主义新农村建设等工作重点，大力组织实施工业立镇、三产兴镇富民战略，全街道经济和社会各项事业实现了又好又快发展。全街道规模以上企业达到43家，规模企业实现销售收入4.4亿元。

招商引资工作突出 搞好园区建设聚集项目，建设标准厂房吸引项目，盘活闲置资产对接项目。2006年，全街道共引进项目40个，实际到位资金4.2亿元，其中过3000万元项目3个。

立足城区优势，以现代物流特色产业为重点，积极抓好“三业、三路、八市场”，努力改造提示传统服务业，实现了服务业量的扩张和质的提高，服务业增加值占街道生产总值的比重已达35%。

党工委书记 刘子庆

办事处主任 田　友

凌河镇 位于安丘市西部，面积75平方公里，辖68个行政村，1.2万户，人口5万，耕地面积5万亩。2006年，全镇完成地区生产总值8.5亿元，比上年增长13%；地方财政收入982.3万元，比上年增长16.7%；工业实现销售收入22.4亿元，利税2.1万元，分别增长23%和26%。农民人均纯收入5326元。

凌河镇工业起步早，发展快。通过招商引资发展民营经济，有企业138家，形成了食品、焊材、建材、化工、养殖五大主导产业，其中农副产品加工出口全国闻名，建成龙头企业82家，年加工能力60万吨，创汇6000万美元。农业形成了产业化体系，建成创汇基地3万亩，果品基地1万亩；存养种鸡30万套、种鸭22万套，鸡鸭种苗年孵化量占全省10%以上。新农村建设取得显著成效，人居环境不断改善，被评为全国最适宜人居名镇、山东省最具成长性的乡镇和环境优美镇。

党委书记 李建芳

镇　　长 于子军

贾戈街道办事处 位于安丘市区东部，面积53平方公里，辖58个行政村，1.7万户，人口5.4万，耕地面积3.6万亩。2006年，全街道完成地区生产总值15.4亿元，比上年增长46%；地方财政收入614.5万元，比上年增长

15.4%；工业实现销售收入14.6亿元，利税13249万元，分别增长42%和63%，第三产业增加值达18750万元，农民人均纯收入5034元。

贾戈街道位置优越、交通便利。全街道58个村全在市区规划区内，其中有25个村在城市建成区内，206国道、省道下小路及市区新潍安路、青云山路、长安路、永安路、建安路均从境内交叉穿过。生态环境优美、旅游资源丰富。集观光、旅游、休闲于一体的青云山民俗游乐园座落于街道中心，风景秀丽的青云湖位于街道北邻，年可接待国内外游客70万人以上。工业基础雄厚、发展迅速。全街道民营企业已发展到176家，主要有机械加工、纺织服装、建筑建材和食品加工支柱产业，产品畅销日本、韩国、东南亚等10多个国家和国内20多个地区。投资政策优惠、环境优良。街道先后规划建设了8个民营工业小区，完善了道路、水、电等基础配套设施，园区的投资环境明显提高。

党工委书记　吕子宏

办事处主任　张汉文

景芝镇　位于安丘市东南部，安丘、诸城、高密三市交界处，地理位置十分优越。总面积161平方公里，辖116个行政村，2.6万户，11.3万口人，耕地面积15万亩。2006年，全镇完成地区生产总值15亿元，比上年增长12%；实现地方财政收入3450万元，比上年增长3%；工业实现销售收入38.5亿元，利税3亿元，分别比上年增长2%和3%。第三产业增加值达4亿元，农民人均纯收入5300元。

2006年，全镇共引进外资项目30个，实际利用外资1.8亿元。民营业户已发展到4500多家，从业人员达到6.5万人，完成产值58亿元，实现利税5亿元，分别比2005年增长25%和22%。限额以上企业新增3家，达到36家，完成产值12亿元，实现利税1亿元。镇区面积达到6.5平方公里，常住人口5.5万人。公益设施配套齐全，基础设施日臻完善，人文环境典朴优雅。基层党组织建设、社会治安、广播电视、文教卫生、民政优抚等各项社会事业齐头并进，千帆竞发。2006年，被确定和命名为山东省卫生镇、安丘市先进基层党组织、平安潍坊建设先进乡镇、安丘市农业工作先进单位、安丘市党风廉政建设工作先进单位、山东省环境优美镇等荣誉称号二十多项。

党委书记　辛慧明

镇　　长　周新发

关王镇　位于安丘市西部，面积99平方公里，辖83个行政村，12000户，人口5.1万，耕地面积7.8万亩。2006年，全镇完成地区生产总值8亿元，比上年增长48%；地方财政收入265万元；工业实现销售收入14亿元，利税9500万元，分别增长78%和86%。第三产业增加值达2.8亿元，农民人均纯收入4850元。

全镇以增加地方税收和农民收入这两个目标，牢牢把握经济发展这个中心，突出工业立镇、服务业发展、新农村建设等工作重点，推动各项工作上台阶。不断加大投入，发挥区位优势，完善以经济建设为重点的园区基础设施建设，全镇建成丘家、周家楼子、东辛庄子、陈家楼、关王工业园和慈埠民营经济技术开发区六个有一定规模的民营经济小区，入园企业300多家。同时不断加强规划引导，形成了建筑建材、机械加工、医药化工、食品加工四大主导产业。发掘区位潜力，依托潍徐路、央赣路、安阳路三个地带，培植发展餐饮、娱乐、物流运输等服务业户100多家。新农村突出环境综合整治这个重点，不断发展各项社会事业。2006年全镇有四个村完成通柏油计划，共15公里，新通自来水村22个，受益群众5万，有线电视入户率70%，新型农村合作医疗参合率80%，为群众报销医药费60万元，农村适龄儿童入学率100%，巩固率100%。不断加大结构调整力度，2006年全镇经济作物3.7万亩，农民增收2亿元，新发展养殖小区30个，养殖业收入1亿元，林果面积突破3万亩，绿色关王建设带来林业收入200万元。

党委书记　李德亮

镇　　长　牛茂荣

白芬子镇　位于安丘市西南部，面积69平方公里，辖68个行政村，10199户，人口约为3.8万，耕地面积5.6万亩。2006年，全镇完成地区生产总值2.9亿元，比上年增长8%；地方财政收入120万元，比上年增长12%；工业实现销售收入13.2亿元，利税11000万元，分别增长45%和37%。第三产业增加值达14800万元，农民人均纯收入4506元。

全镇立足当地丰富的大姜资源优势，以姜蒜批发市场为依托，围绕大姜的种植、贩运、加工外销，做大做活了大姜产业，大力发展与此相关的运输业、物流业、餐饮服务业、劳务输出业，推动了当地经济的快速发展。全镇每年大姜种植面积达3万亩，种植面积在500亩以上的村40多个；全镇拥有一支4000多人的常年贩运队伍，各种运输车辆2000多辆；全镇的食品加工企业200多家，从业人员5000多人，恒温库总容量3万多吨，产品销往全国各地及日本、美国、西欧等国家和地区。

党委书记　李建英

镇　　长　于志波

庵上镇　位于安丘市西南部，面积75平方公里，辖50个行政村，8117户，人口3.1万，耕地面积4.5万亩。2006年，全镇农村经济总收入8.17亿元；农民储蓄余额8719万元，增长18.7%；完成地方财政收入59.4万元，入库税金122.5万元；工业实现销售收入69325万元，利税6572万元，分别增长40%和32%。第三产业附加值达3885万元，农民人均纯收入4804元。

大樱桃栽培历史悠久，是国家农业部命名的“中国樱桃之乡”。全镇共发展大樱桃2万亩，其中进入盛果期面积1万亩，大樱桃总产840多万公斤。拥有红灯、拉宾斯、那翁等名优品种22个，形成了成熟期早中晚、颜色红黄紫

合理搭配的格局，供果期长达3个月。

旅游资源丰富，是省政府命名的"山东省历史文化名镇。石坊公园座落于镇政府西侧，面积3.9亩，公园主要景点一庵上石坊是省级重点保护文物。位于西部的城顶山森林公园是省政府命名的"省级森林公园"。主要有公冶祠、千年银杏树、大型陈列馆、民俗风情园、跑马场、齐长城、古栈道、太平天国遗址等景点，年接待游客10万人次，已成为潍坊的重点旅游风景区之一。

党委书记　甄树田

镇　　长　王忠学

大盛镇　位于安丘市西南部，面积76平方公里，辖62个行政村，9930户，人口3.9万，耕地面积5.6万亩。2006年，全镇完成地区生产总值7.7亿元，比上年增长12%；地方财政收入208万元，比上年增长79.87%；工业实现销售收入3.8亿元，利税2644万元，分别增长26%和30%。第三产业增加值达14310万元，农民人均纯收入4678元。

镇境内地貌类型多样，山区、丘陵、平原地各占三分之一，属暖温带大陆性季风气候，半湿润区，发展农、林、果、畜牧业条件优越。盛产西瓜、大姜、芋头、洋葱、花生、桃、杏、樱桃、桑蚕等农林果产品，全镇建成桑园7000亩，速生丰产林8000亩，初步建成了桑蚕专业镇。畜禽品种繁多，猪、牛、羊、兔、鸭等蓄栏量大，建成各类特色养殖小区12个。盛产重晶石、石灰石、钾长石、萤石、铅锌石等矿石，建成矿产开采加工企业5处。

镇区交通四通八达，省道下（关）小（关）公路，大（家洼）沂（水）公路在镇区交汇。民营经济发展迅速，全镇民营经济业户总量达到1022家，其中限额以上企业发展到5处，形成了铸造业、矿产开采加工业等具有鲜明地方特色的工业品牌。镇区建设日新月异，新一轮镇区改造全面展开，正全力打造景色优美、社会和谐的安丘西南部生态重镇。

党委书记　刘世华

镇　　长　毕立军

官庄镇　位于安丘市南部，距城区十七公里，面积72平方公里，辖57个行政村，8435户，人口3.4万。省道央（子）赣（榆）公路纵贯南北，沂（源）胶（州）公路横穿东西，交通便利，是闻名遐迩的"中国大蒜之乡"，大姜、牛蒡出口基地，早生桃基地和肉牛养殖基地。2006年完成地区生产总值7.2亿元，比上年增长10%；地方财政收入604万元，比上年增长14%，工业实现销售收入4.7亿元，利税3900万元，分别增长26%和28%，第三产业增加值达1.1亿元，农民人均纯收入4298元。

招商引资进展顺利。2006年共引进项目32个，实际到位外资1.3亿元，其中境外资金50万美元。办成鼎正机械、天虹线缆、王牌电动车、新奥筑路、福兴食品等企业，全镇工业企业达到62家。民营经济快速发展。2006年，全镇新增个体民营业户160家，三产服务业户80家，从事民营经济经营业户达到1200多家。全镇第三产业实现增加值1.1亿元，工业企业实现产值4.97亿元。农业结构调整成效显著。"两河牌"大蒜被中国国际农业博览会确定为名牌产品，荣获金奖。官庄早生桃畅销深圳、上海、南京等全国30多个大中城市。肉牛、奶牛、肉鸭、肉鸡等专业养殖小区近百个。肉牛存栏达到万头以上，是省外贸定点出口基地，获自营出口权。共有农产品加工企业6家，年加工出口能力达到10万吨。城镇建设日新月异。共投资1000多万元，加大镇区综合开发力度，城镇建设规模档次有了明显提升。镇区电力、通讯、文化、饮食服务等各项基础设施配套齐全。全镇经济发展、政通人和、人民群众生活基本达到了小康水平，被山东省政府确定为"小康乡镇"。

镇党委书记　孙　钧

镇　　　长　冷文清

黄旗堡镇　位于安丘市东北部，面积66平方公里，辖50个行政村，1.5万户，人口5.4万，耕地面积5.8万亩。2006年，全镇完成地区生产总值7.5亿元，比上年增长20%；地方财政收入241.6万元，比上年增长18.5%；工业实现销售收入25.7亿元，利税3.77亿元，分别增长64%和51%。第三产业增加值达2.4亿元，农民人均纯收入5260元。

黄旗堡镇特色农业突出，工农互促，产业化进程明显加快，建有万亩芦笋、万亩林果、万亩大棚和万亩有机蔬菜基地，粮经比例达到1：4。民营经济发展迅速，围绕纺织、铸造、食品三大主导产业，建有镇工业小区和车埠纺织铸造、西门口蔬菜加工、杞城机械木业加工等4处民营经济小区，已发展起纺织企业16家，铸造企业8家，蔬菜加工企业14家及"亨利尔"火腿、"汶桥"山楂、"新康"肉鸭、"美斯特"肉制品等4个知名食品品牌，工业水平明显提高，全镇共有民营业户1210家，其中限额以上企业16处。依托胶济铁路和安丘火车站、下小、潍高公路等交通优势，以建设生态工贸型小城镇为目标，不断完善规划，加大投入，强化管理，城市化水平不断提高，新农村建设步伐明显加快，是省级中心镇、文明镇和全国创建文明村镇工作先进单位。

党委书记　曹瑞升

镇　　长　罗新海

金冢子镇　位于安丘市（市区）东南部，面积88.5平方公里，辖56个行政村，11636户，人口3.93万，耕地面积8.4万亩。2006年，全镇完成地区生产总值3.78亿元，比上年增长14%；地方财政收入96万元，比上年增长20%；工业实现销售收入8.9亿元，利税8400万元，分别增长50%和29%。第三产业增加值达到6639万元，农民人均纯收入4989元。

2006年全镇共合同利用外资2.5亿元，到位资金1.2亿元。农业产业结构调整成效显著，发展了大棚甜瓜、大姜、大蒜、出口瓜菜"四个万亩"。其中大棚甜瓜已成为该镇的名牌产品和支柱产业，在靠近206国道的团埠村建有大型甜瓜批发市场。

党委书记　孙洪吉

镇　　长　李永刚

临浯镇　位于安丘市东南部，面积56平方公里，辖37个行政村，9118户，人口3.4万，耕地面积5.4万亩。2006年，全镇完成地区生产总值5.05亿元，比上年增长3.5%；地方财政收入110.6万元，分别增长46%和49%。第三产业增加值达4300万元，农民人均纯收入5304元。

临浯镇地处渠河冲积平原，地势平坦，土地肥沃，水源充足，旱涝保收。通过产业结构调整和实行标准化生产，全镇初步形成东部姜蒜、中部瓜菜、西部林果、北部丰产林带的区域化、规模化种植格局。生产的蔬菜畅销北京、青岛、深圳、哈尔滨等大中城市的超市，远销到南韩、日本、美国等国家和地区，赢得了“四季瓜果香，常年蔬菜鲜”和“要吃有机菜，请到临浯来”的美誉。

2006年，临浯镇围绕“工业立镇”的奋斗目标，确立了通过招商引资借助外力引进一批，发展民营经济启动内力新上一批，深化农业结构调整增强吸引力带动一批，引导扶持现有企业挖掘潜力扩大一批，“四力合一”发展工业总体思路，在全镇规划建设了“三区一市场一长廊”，招商引资和发展民营经济工作取得历史性的突破，新上大小项目60多个，形成了烧烤、铸造、造纸、矿产、制鞋、工艺品、化工、农副产品加工等10大主导产业，产品品种达150多种。其中具有600多年历史的传统产品芝泮烧肉被列入《山东地方名吃大全》，荣获97年第十四届潍坊国际风筝会农副产品博览会金奖，年产量近1000吨，畅销全国各地。造纸厂被确定为山东省卫生纸出口定点企业，年产高中档卫生纸、餐巾纸2000吨，70%出口日本。

党委书记　徐效东

镇　　长　王加利

雹泉镇　雹泉镇位于安丘市西南部，总面积64平方公里，占全市总面积的3.2%，全镇辖39个自然村，6281户，人口21546。

雹泉镇大农业结构已经形成，林果业成拳头优势，通过抓龙头、建基地、创名牌，大力发展名优稀特果品。林果面积大，品种全、质量优、果期长。其中红冠蜜桃、荷包杏、樱桃、柿子、葡萄、苹果、山楂等果品。自早春4月至落叶前都有鲜果供应市场。尤其是红冠蜜桃，以其个大色艳、质优甜脆，耐储运等优点，成为市场名牌产品，畅销上海、南京、青岛、大连等大中城市，出口欧洲、东南亚等国家，深受消费者青睐，矿产业异军突起，雹泉镇石灰石、白云岩、方解石、氟石、木化石等矿产资源丰富，而且质地优良，品味高储量大。石灰石储量约100亿吨以上，白云石储量约10亿吨，方解石储量约108万吨。人文风景得天独厚，境内峒峪一带有五千年历史的新石器时代古龙山文化遗址，闻名于世；镇内有安丘八大景之一的珍珠泉，泉右侧是声震海内外的西汉吴沛候李左车建筑群遗址。境内还有法典寺、云水庵、金牛池、万年松、流苏园、石林、群猪沟、群羊沟等自然古迹，堪称古朴文明，山清水秀，人杰地灵，风景优美的旅游胜地。

党委书记　王永刚

镇　　长　李国华

石埠子镇　位于安丘市最南部，面积81平方公里，辖50个行政村，10059户，人口3.8万，耕地面积4.6万亩。2006年，全镇完成地区生产总值6.9亿元，比上年增长12%，地方财政收入356.9万元，比上年增长11%，工业实现销售收入7.8亿元，利税8600万元，分别增长45%和65%。第三产业增加值达1.7亿元，农民人均纯收入5107元。

全镇种植草莓已有20多年的历史，种植基础和技术居全国首位。1996年被农业部评为“中国草莓之乡”。全镇发展草莓1.6万亩，其中：冬暖式大棚草莓1万亩，冷棚草莓5000亩，露天草莓1000亩，建立草莓交易市场四个，日交易量达300吨，实现年销售收入1.2亿元。全镇发展果品1.5万亩，有苹果、桃、大樱桃、板栗、柿子等，推广应用了蜜蜂受粉、配方施肥、叶面追肥、喷施果型剂、套袋、印花、大棚栽培等新技术，获得了良好的经济效益和生态效益。此外，该镇依托丰富的资源优势，大力开展招商引资工作，先后引进建成宝源化工、鑫宝食品、恒泰木器、山水水泥、万盛水泥等10多个大项目，促进了全镇经济的快速健康发展。

党委书记　李菊祥

镇　　长　杨德江

石堆镇　位于安丘市东部，距安丘城区10公里，206国道纵贯镇区南北，交通便利，地理位置优越，面积67平方公里，辖47个行政村，9600户，人口3.8万，耕地面积6.4万亩。2006年，全镇实现农村经济总收入4.9亿元，完成地区生产总值3.8亿元，实现地方财政收入38.8万元，农民人均收入5015元，农民储蓄余额1.5亿元。

工业立镇和特色经济发展迅猛。2006年全镇实现工业总产值1.7亿，利税1500万元，固定资产投资1.3亿元，新引进项目26个，合同利用外资1.6亿元，实际到位资金9800万元。紧靠206国道建成“安丘东城民营工业小区”，总规划面积2平方公里，占地3000亩，小区内地势平坦，交通便利，水、电、通信等基础设施完备。已有潍坊裕田食品有限公司等多家客商进园兴业，涉及果蔬加工、工艺品、机械铸造、焊接材料、塑胶及物流等多种行业。农业通过大力调整产业结构，发展名牌农业，建成了以安丘蜜桃、大棚油桃、韩国梨、石堆伏梨为主的林果基地2万亩，年实现果品收入1.5亿元；建成3000亩优质烤烟基地，年实现黄烟税100万元；发展大姜面积2.2万亩，发展瓜菜基地1万亩，年实现瓜菜收入1亿元。小城镇建设日新月异，行政区、商务区、工业区框架明晰，呈现出经济繁荣、社会稳定的良好局面。

党委书记　刘金山

镇　　长　高立伟

赵戈镇　位于安丘市东北部，山东省第一大水库—峡山水库西畔。总面积115平方公里，辖82个行政村，15004户，5.9万人，耕地面积8.4万亩。2006年，全镇完成地区生产总值8.2亿元，比上年增长20%；地方财政收入181.4万元，比上年增长10%；工业实现销售收入42.5亿元，利税5.9万元，分别增长74%和63%。第三产业增加值达3.2亿元，农民人均纯收入5084元。

工业基础牢固，形成了机械制造、纺织服装、食品加工三大主导产业。拥有安丘市兴华汽缸盖有限责任公司、潍坊星河结晶器有限责任公司、潍坊市万通食品有限责任公司、潍坊锦龙制衣有限公司等骨干民营企业89家，其中规模以上企业22家，工业品种达400多种。农业“三化”水平较高，形成了大棚瓜菜、林果、淡水养殖等支柱产业和名牌产品，是国家农业部命名的“中国淡水养殖之乡”、“潍坊市农业结构调整先进乡镇”。城镇建设日新月异，基础设施配套完善。镇区面积4.6平方公里，常住人口1.6万人，城市化水平达到40%，绿化覆盖率达30%以上。新镇区规划建设面积3600亩，区内建成四纵四横八条主路，完成了高标准绿化、亮化，为招商引资、民营经济构筑了优质发展平台，是省政府批准的“省级中心镇”。先后荣获“山东省村镇建设新型乡镇”、“山东省小康镇”、“潍坊市文明镇”等荣誉称号。

党委书记　周锡玉

镇　　长　于建宝

柘山镇　位于安丘市西南部，面积156平方公里，辖55个行政村，10051户，人口3.16万，耕地面积5.7万亩。2006年，全镇完成地区生产总值3.37亿元，比上年增长16%；地方财政收入148万元，比上年增长14%。工业实现销售收入2576万元，利税542万元，分别增长16%和19%。第三产业增加值达到3425万元，农民人均收入3938元。

文化历史悠久，自然环境优美，境内有齐长城、龙山古文化遗址和老子庙等古建筑，是春秋时期齐、鲁两国的边防要塞。矿产资源储量大、品位高，主要有石英石、石灰石、铁矿石、瓷石、蛭石等矿种。该镇还盛产花生、板栗等农副产品，特别是花生种植有悠久的历史，种植面积达到4万多亩，年产优质花生果1600多万斤，花生产品畅销海内外。以板栗为主的林果生产得到了新发展，大力发展了板栗、水晶梨、桃、杏、柿子等干鲜杂果6.4万亩。以波尔山羊为主的畜牧、畜禽改良生产实现了新突破，全镇已发展养殖专业村55个，养殖专业户396户，建养殖小区66处，为全镇的经济发展注入了新的生机与活力。

党委书记　辛建军

镇　　长　鞠录安

管公镇　位于安丘市（市区）南部，面积52平方公里，辖44个行政村，5938户，人口2.149万，耕地面积4.2万亩。2006年，全镇完成地区生产总值4.5亿元，比上年增长11%；地方财政收入67.26万元，增长19%；工业实现销售收入5.29亿元，利税2088万元，分别增长30%和19%。第三产业增加值达4689万元，农民人均纯收入4596元。

管公镇大力实施工业立镇战略，招商引资借助外力促发展，2006年共引进外资1.4亿元。放手发展民营经济，全镇工商业户达到337家，形成电路板制造、机箱制造、蔬菜加工、工艺品加工四大主导产业。其中，安丘天利达电路板有限公司生产和销售规模均列省内前三位。狠抓新农村建设，推行大桃、韭菜标准化生产，2006年被表彰为“潍坊市标准化生产先进镇”。注重解决群众关心的热点、难点问题，实施镇区集中供水工程，已有11个村的8000名群众吃上了甘甜的自来水。实施社会治安综合治理，狠抓矛盾纠纷排查，维护了社会稳定，被评为“平安潍坊建设模范镇”。

党委书记　刘　超

镇　　长　刘丰军

红沙沟镇　位于安丘市区西南30公里，面积89平方公里，辖63个行政村，10227户，人口37237，耕地面积4.618万亩。2006年，全镇完成地区生产总值7.6亿元，比上年增长12%；地方财政收入118.6万元，比上年增长12.8%，工业实现销售收入8.4亿元，利税7800万元，分别增长32%和28%。第三产业增加值达1.06亿元，农民人均纯收入4543元。

该镇物产丰富，盛产西瓜、大姜、牛蒡、大葱、樱桃、安丘蜜桃等名牌农产品，其中，1.5万亩大棚西瓜和8000亩安丘蜜桃远销全国20多个省、市和自治区，是著名的西瓜之乡和安丘蜜桃之乡。白云石、铁矿石、石英石、石灰石、蛇纹石矿藏量大，品位高，具有良好的开发前景。经济发展迅速。狠抓了招商引资和民营经、新农村建设、矿业秩序整顿、小城镇建设、班子建设和作风建设等六项重点工作，取得了较好的成绩，呈现出社会稳定、经济发展、人心思进的大好局面。

党委书记　薛　涛

镇　　长　赵兴富

辉渠镇　位于安丘市西南部，面积96平方公里，辖54个行政村，8770户，人口3.6万，耕地面积4.5万亩。2006年，全镇完成地区生产总值2.13亿元，比上年增长9%；地方财政收入138.2万元，比上年增长8%；工业实现销售收入3.3亿元，利税2909万元，分别增长19%和23%。第三产业增加值达4950万元，农民人均纯收入3886元。

全镇立足山区实际，以“打造绿色辉渠，建设林果专业镇”为目标，大搞结构调整，发展林果生产。全镇共栽植水晶梨、秋姬李等优质林果3.2万亩。完全实行标准化管理，品质优秀，曹家峪村的水晶梨在2004年全国林产品交易会上获金奖。“绪泉”牌越夏西红柿，被国家定为AAA级绿色食品，远销全国各地。辉渠香葱因白长、茎卷结实、甜辣适中、刀切崩花而名声远扬。镇内石灰岩、方解石、白云岩、膨润土等矿产资源储量大、品位高，吸引了大量外地客商前来投资。境内的留山自然景观丰富，文化底蕴浓厚，森林覆盖率达70%以上，是潍坊市级森林公园，该镇正在积极招商引资，把留山建设成为旅游胜地。

党委书记　王海滨
镇　　长　贺纯栋

王家庄镇　位于安丘市东部，面积75平方公里，辖51个行政村，9134户，人口3.6万，耕地面积3.2万亩。2006年全镇完成地区生产总值2.7亿元，比上年增长8%；地方财政收入185万元，比上年增长9.2%；工业实现销售收入5.8亿元，利税5602万元，分别增长44%、36%。第三产业增加值10797万元，农民人均纯收入2562元。

高效农业品牌迭出。形成了以黄烟、瓜菜、优质出口果品、淡水养殖、瘦肉猪、肉食鸡为主的创汇、创税农业。全镇种植优质黄烟3800亩，被上海卷烟厂、将军集团列入烟叶供应基地；瓜菜1.2万亩，其中香菜5000亩；优质出口果品1万亩；淡水养殖总面积达7000亩。

特色经济发展迅速。全镇形成以机械铸造、服装绣品加工为主的两大支柱产业，工业企业达到135家，主要生产汽车配件、精密合金铸件、刺绣、床上用品等10大系列200多个品种，产品远销欧、美、日等十多个国家和地区。其中，安丘市茂源铸造有限公司2006年实现销售收入1.9亿元，利税1617万元。逐步形成远近闻名的“机械铸造之乡”和“服装绣品之乡”。

党委书记　辛文东
镇　　长　侯振祥

郚山镇　位于安丘市西南部，面积113平方公里，辖68个行政村，10886户，人口3.7万，耕地面积5.6万亩。2006年全镇完成地区生产总值2.8亿元，比上年增长26%，地方财政收入161万元。工业实现销售收入8.6亿元，利税8035万元，分别增长41%和26%。第三产业增加值达4831万元，农民人均纯收入4981元。2006年被评为山东省村务公开民主管理示范镇、潍坊市先进基层组织、平安潍坊建设模范镇。

坚持工业立镇不动摇，举全镇之力开展招商引资活动，大力发展民营经济，工业发展势头迅猛。全镇引进项目24个，引进资金一亿元，形成了机械制造、玩具生产、木材石料加工、农副产品加工等四大主导产业。

大力调整农业结构，全镇大棚西瓜面积达到了3万多亩，中华寿桃、日本百凤林果面积达到了1万多亩，花生面积1万多亩，畜牧业产值超过了亿元。西瓜、大葱为绿色无公害产业，直接进入北京、上海等大中型超市；水晶梨、秋姬李子口感好、质量高，畅销国内十几个省。全镇已形成了“平原瓜菜、丘陵林果，全镇抓养殖”的农业结构新格局。

城镇建设步伐快。高起点规划，高标准建设，聘请省城镇规划建设设计院完成了新一轮城镇总体规划。投资1000多万元，新建了金鸿大道，柏油硬化了路面，在镇区规划建设了高档商居楼200间，安装了路灯，开发建设了镇区五龙湖中心公园1000亩，栽植了风景树，一个布局合理、功能齐全、设施配套的生态工贸小城镇在安丘西部山区崛起。

党委书记　曹忠诚
镇　　长　王发亮

（王曙光　徐俊杰　辛建梅
马永红　供稿）

昌　邑　市

中共昌邑市委、市人大、市政府、市政协领导成员名单

市委书记　陈白峰
副书记　马跃启　张新强
市人大常委会主任　陈白峰
副主任　柳秉洪　曹昕庆
姜言华（女）
王敬祥　徐振宁
翟秀芝（女）
王恩庆　李学进
穆效成　汲建林
市政府市长　马跃启
副市长　徐润启　李庆友
李　平（女）
庞明庆　张天辉
刘杰然　高文奎
市政协主席　于大海
副主席　王学英（女）
徐学珍（女）
李建军　冯义军
郭光林

国民经济和社会发展概况

昌邑市辖11镇、2乡、2个街道办事处，819个行政村（居委会），总面积1578.7平方公里。总人口67.93万。2006年，实现地区生产总值141.47亿元，比上年增长17.8%。其中，第一产业增加值20.48亿元，增长3.7%；第二产业增加值88.29亿元，增长20.8%；第三产业增加值32.70亿元，增长19.5%。三次产业比例为14.5：62.4：23.1。财政总收入11.19亿元，增长27%，其中地方财政收入6.05亿元，增长22.7%。全社会完成固定资产投资86.49亿元，增长19.3%。城乡居民人均储蓄12045元，比年初增加1234元。城乡居民人均储蓄12045元，比年初增加1234元。金融机构本外币贷款余额67.55亿元，比年初增加20.96亿元，年增量首次突破20亿元。农民人均纯收入5784元，比上年增加625元。招商引资总额69.3亿元，增长13.7%，其中外商直接投资4500万美元。出口创汇2亿美元，增长45.1%。经济持续协调全面发展，被确定为全省县域经济协调发展示范县。

工业经济实力不断增强。全力推进项目建设，实施投资过千万元的重点项目105个，石化炼油及深加工、同大高密度超纤合成革、印花镍网及高能锂电

池等投资过亿元的项目进展顺利，部分项目已投产达效。培植壮大骨干企业，新增规模以上工业企业44家，总数达到352家。规模以上工业企业实现销售收入342.9亿元、利税24.26亿元、利润15.24亿元，分别增长44.02%、45%和47.3%；销售收入过亿元的企业75家，过10亿元的2家，其中，昌邑石化达到55.6亿元。深入实施名牌战略，新增1件中国驰名商标，4件山东省著名商标，7个山东名牌产品，昌邑丝绸被评定为地理标志保护产品。大力培植具有区域特色和竞争优势的产业集群，石油化工、纺织印染、机械制造、海洋化工、食品加工等产业呈现出规模膨胀、链条延伸、集群发展的良好态势，被授予纺织产业集群突出贡献奖。

新农村建设开局良好。以发展农村经济为重点，龙头企业建设、农业产业结构调整、劳动力转移等工作有了新进展。农业龙头企业达到133家；标准化农产品基地发展到60万亩，工厂化养殖面积发展到23万平方米；转移农村劳动力2.6万人。成功举办了第十一届中国园林花木信息交流会、2006中国（昌邑）北方绿化苗木博览会，绿博园被评为“全国农业旅游示范点”、“全省十大高效农业聚集园区”。努力改善农业生产条件，实施了潍河洪崖口除险加固、橡胶坝建设等15项重点工程，实施土地整理1.79万亩，完善农田林网40万亩。村村通工程扎实推进，村村通柏油路率、通客车率、通自来水率、通有线电视率分别达到85%、96%、81%和75%。严格落实各项支农惠农政策，发放粮食直补、成品油价格补贴（农业部分）、农机具购置补贴和良种补贴2195万元。加快新农村规划建设，有243个村完成了新村规划，首批试点的16个村已实施改造，农村基础条件有较大改观。

服务业发展步伐加快。加大投入力度，突出市场培育、物流配送、社会服务、休闲娱乐四个重点，着力提升传统服务业，积极发展现代服务业。社会消费品零售总额达到47.12亿元，增长16%，第三产业增加值占地区生产总值的比重达到23.1%。改造物流配送中心1处，新建大型超市1家、乡镇中型超市4家、农家店84家。培植发展了佳乐家超市、利众商厦、宏大农副产品批发市场等一批骨干企业和专业市场。柳疃棉纺市场、石埠艾森商贸城等75个项目相继开工建设。

沿海经济开发扎实推进。进一步修订完善了昌邑市沿海经济发展区总体规划，着力打造100平方公里框架的现代化经济新区。投资1.5亿元，实施了道路硬化、园区绿化、电力通讯、污水处理等建设工程，基础设施配套面积达30平方公里。引进、储备项目43个，其中，正式签约项目32个，海能离子膜烧碱、银江科技、四方医药等8个投资过亿元的项目建设进展顺利，汉盈医药、廒鑫化工等5个项目已投产达效。

城市集聚辐射能力增强。生态市建设扎实推进，“八大重点工程、六十个建设项目”已开工54个。完成基础设施投资4亿元，实施了潍河生态风光带、城区水系、城北、城西污水处理厂建设等重点工程；完成了奎聚路、石化路、南环路绿化、新兴游园绿化改造等工程，新增绿化面积39.8万平方米，城区绿化覆盖率达到41%；对北海路、交通街进行了拓宽改造；供排水、供电、通讯管网建设改造力度加大。潍胶路、荣乌高速公路昌邑段施工顺利。“城中村”改造步伐加快，新完成村（居）改造规划24个，已实施改造16个。强化了城市管理综合执法，积极开展重点镇实施相对集中行政处罚权试点工作。完成新一轮小城镇总体规划，加快了城乡一体化进程。

依法行政能力稳步提高。积极推进“三个体系”建设，初步建立起了科学民主的决策机制和督查落实制度，目标责任和奖惩考核办法更加扎实有效。创新行政审批服务管理机制，服务事项平均办结时间由5.6天缩短至1.1天，行政效率明显提高。发挥市长公开电话、经济环境投诉中心和机关效能监察中心监督服务平台作用，积极开展双评活动，发展环境进一步优化。认真贯彻《行政许可法》和《全面推进依法行政实施纲要》，严格落实行政执法责任制，依法行政水平不断提高。全面启动“五五”普法工作，全社会法制意识明显增强。

社会各项事业全面发展。基础教育水平不断提高，普通高考本科一榜上线率达37.8%，高出潍坊市平均水平7.6个百分点。农村义务教育经费保障机制改革扎实推进，免除农村义务教育阶段学生和城市低保家庭学生杂费642.9万元。医疗卫生体系逐步完善，新型农村合作医疗覆盖面达到80%。积极做好社会保险扩面征缴和就业再就业工作，社会保险扩面1.6万人，征缴各项社会保险费2.4亿元，新增就业再就业8316人，城镇登记失业率控制在2.94%。加强计划生育基础工作，人口出生率、人口自然增长率和出生人口性别比分别为9.59‰、2.2‰和102.6，出生婴儿缺陷发生率控制在3‰以内；落实计划生育优惠政策，发放农村部分计划生育家庭奖励扶助金158.1万元。扎实做好社会救助工作，城乡居民最低生活保障实现了动态管理下的应保尽保。环保基础设施建设步伐加快，重点区域和行业污染防治力度加大，环境质量和环境承载力明显提高。积极发展文化事业和文化产业，柳疃织绸工艺入选山东省首批非物质文化遗产名录。狠抓社会治安综合治理，严厉打击各类违法犯罪活动，加强安全生产专项整治，有力地维护了社会稳定。深入开展精神文明创建活动，人民群众文明素质进一步提高。依法整顿和规范市场经济秩序，信用建设不断加强。大力实施食品药品放心工程，人民群众饮食、用药安全得到保障。

【高新技术产业发展迅速】 高新技术产业产值进一步提高。2006年，全市规模以上高新技术产业产值为70.74亿元，比上年增长71.5%，占规模以上工业总产值的比重达到20.2%，比年初提高了4.8个百分点。科技创新能力不断增强。新增省级以上企业研发中心1家，省级以上高新技术企业达到14

家。申请专利116项，自主研发的7项科技成果获潍坊市科技进步奖，获奖数量居潍坊市各县市区前列。科技成果转化步伐加快。全市共实施高新技术项目45项、专利技术78项，在超细纤维、高钼镍网、塑料机械、医药中间体等领域实现了新突破。超细纤维，具有自主知识产权，年产1000万平方米，山东省同大海岛新材料有限公司被命名为中国超纤生产基地，并被国家发改委授权起草国家行业标准；高钼镍网，属国家级重点新产品，填补国内空白，生产能力达到50万支；塑料机械，被列入国家火炬计划，年产100台（套）；医药中间体，年产6000吨。

【加快民营经济发展】 全市着力挖掘政策、产业、机制三方面的潜力，充分发挥民营经济数量多、成长性好、发展潜力较大的优势，着力培植具有区域特色和竞争优势的产业集群。坚持走"加大技改投入、更新改造设备、提高产品档次、推动产业升级"的路子，改造提升传统产业，扶优壮强优势产业，增强民营经济的市场竞争力。纺织印染、机械制造、海洋化工、食品加工等产业呈现出规模膨胀、链条延伸、配套完善、集群发展的良好态势。纺织印染业，积极培育10000余户民营企业支撑的纺织产业集群，全市纺纱能力达到130万锭，织布能力20亿米，印染能力25亿米；机械制造业，生产能力达到150万吨；海洋化工业，原盐及深加工能力达到360万吨；食品加工业，生产能力达到70万吨。加快企业所有权、经营权"两权"分离和产权、股权"两权"流动，引导企业打破家族式管理，浩信、中云等60多家企业聘请了职业经理人。2006年，新增民营业户1499家，总量达到1.8万家；纳税额7.28亿元，增长39.4%，占税收总额的比重达到73.7%。

【昌邑市金家庄村被评为2006年"中国十佳小康村"】 在农民日报发起，人民日报、新华社、经济日报、光明日报、中央电视台等首都主要新闻媒体和农业部相关部门共同举办的2006年"中国十佳小康村"评选活动中，昌邑市金家庄村获此殊荣。其它入选的9个村分别为：江苏省宜兴市都山村、上海市闵行区九星村、重庆市覃家岗镇新桥村、陕西省西安市五一村、山西省河津市龙门村、辽宁省铁岭市七里屯村、福建省南安市内厝村、安徽省马鞍山市三杨村、山东省招远市九曲蒋家村。

金家庄村位于昌邑市柳疃镇，现有村民190户，590口人，900亩耕地。全村在大力发展村办企业的同时，规划建设了民营经济小区，为个体私营企业铺路搭桥。全村个体私营企业销售收入已突破亿元，农民人均年纯收入过万元，在企业上班的村民，仅工资收入一项每人每年就达2、3万元。村内深入开展文明村、文明户的创评活动，制定了《文明户创评活动实施意见》，实行百分制考核。通过活动的开展，金家庄人文明素质得到明显提高，热心公益、见义勇为、孝敬老人、爱护环境等文明现象不断涌现。村里还投资近百万元建起了村民活动中心、科技学校和青年之家、妇女之家，添置了健身器材，设立了篮球场，为群众创造了良好的休闲娱乐环境，进一步丰富了村民的业余文化生活，还被评为省级文明村。

乡镇、街道办事处概况

都昌街道办事处 位于昌邑市中部，面积70平方公里，辖53个行政村，1.5万户，人口3.5万，耕地面积5.1万亩。2006年，地方财政收入1123万元，比上年增长23.7%，工业实现销售收入15.85亿元，比去年增长77%，农民人均纯收入6033元。

都昌街道地处山东半岛与内陆腹地的交通咽喉，东与烟台、青岛毗临，西与"鸢都"潍坊市区接壤，南有胶济铁路、济青、潍莱高速公路、309国道，206国道横穿东西，下小路纵贯南北，北靠大莱龙铁路、环渤海公路和下营港，近距青岛、济南机场，交通方便，通讯发达，电力充足，水源丰富。素有"姜乡"之称，是中国北方重要的生姜生产加工基地，已有200多年的种植栽培历史，种植面积达1万亩，年产量4000多万公斤。土豆面积达到1万亩，年产量达3000万公斤，圆葱面积达到6000亩，年产量达3000万公斤，苗木林果有30多个品种，面积达6000余亩。

昌邑经济开发区座落在都昌街道辖区内，规划面积17.7平方公里，是昌邑市工业新城区和新的经济增长点，开发区已实现"九通一平"配套面积15平方公里，累计投资5.1亿元。开发区已聚集项目104个，总投资86亿元，实际利用外资8900万美元。已形成了石化、纺织、食品、机械、电力5个较大规模的工业园区，聚集了石油化工、纺织机械、海岛新材料、纺织印染、热电联产等投资过亿元的大项目八个，成为开发区骨干项目集群，形成了布局较为合理完善的产业体系。

党工委书记　孙孝工
办事处主任　李雪松

奎聚街道办事处 位于昌邑市中部，面积67.6平方公里，辖59个行政村，13831户，人口4.36万，耕地面积4.5万亩。2006年，全街道完成地方财政收入2429.4万元，比上年增长22.3%；工业实现销售收入33.3亿元，利税3.3亿元，分别增长54.9%和50%。第三产业增加值达7亿元，农民人均纯收入6116元。

奎聚街道具有较好的区位优势，交通、通讯快捷便利，与济南、青岛、烟台均有高速公路相连，距潍莱、济青高速公路、潍坊机场、下营港仅30公里路程。工业门类齐全，结构合理。拥有纺织、印染、机械加工、建筑等10余个行业。轻纺项目聚集区规划面积2.47平方公里，已有24家企业入住。辖区内限额以上工业企业23家。市场活跃，商贸繁荣。拥有钱清昌邑纺织原料市场、万国商贸城等配套设施齐全的各类市场10余处，中百佳乐家、利众购物中心等超市、商场数十家，高档星级酒店正在建设当中。城市建设日新月异。"城中村"改造全面展开，建设施

工总面积41.24万平方米。东方家园、阳光嘉园、豫园小区、绿景嘉园、名将花园、怡和花园、城后花园等配套设施齐全，环境净洁幽雅的人文、环保特色小区已初具规模。特色农业独具优势，拥有被山东省农业厅认定的无公害果品产地和昌邑市主要的花卉、苗木生产基地。

党工委书记　王传法

办事处主任　翟明涛

双台乡　地处昌邑市西部，面积98平方公里，辖29个行政村，9631户，3.1万人，耕地6.2万亩，乡驻地1平方公里。2006年完成地区生产总值3.6亿元，比上年增长29%；地方财政收入365.1万元，比上年增长24.2%；工业实现销售收入8.6亿元，利税1.4亿元，分别增长74%和60%。第三产业增加值达2600万元，农民人均纯收入5996元。

南有206国道横穿东西，中有靶杨公路纵贯南北，交通便利，区位优势明显。农业发达，有5000亩芦苇、1万亩淡水养殖、4万亩棉花三大农业资源，发展潜力巨大。境内湾塘众多，渔业尤为发达，是有名的“鱼米之乡”，出名的双台鲫鱼是本地的特产。双台是重点植棉乡镇，棉花种植是一大特色，随着棉花加工业的发展，2006年棉花种植面积达到了4万亩，成为远近闻名的棉花集散地。双台投资环境优越，位于206国道处的双台项目聚集区内项目星罗棋布，建设日新月异；与靶杨路相连的乡驻地建设初具规模，开发总面积达到15000平方米，小城镇环境实现了硬化、亮化、绿化、美化。

党委书记　夏麦香（女）

乡　　长　黄国磊

龙池镇　位于昌邑市西北部，面积158.4平方公里，辖27个行政村，7442户，人口2.4万，耕地5.8万亩。2006年，全镇完成地方财政收入1143.3万元，比上年增长22.6%；工业实现销售收入27.3亿元，实现利税2亿元，分别增长27.9%和28.2%。第三产业增加值达2727万元，农民人均纯收入6018元。

新海公路、荣乌高速公路、大莱龙铁路横贯东西，官靶路贯穿南北连接206国道，形成四通八达的交通网络。盐及盐化工和纺织印染是全镇两大优势产业，共拥有盐田面积26万公亩，年产原盐100万吨，溴素生产能力达到15000吨。纺织印染业主要生产加工各种化纤布、纯棉布、亚麻布、印花布及高档服装面料等。全镇规划建设了昌邑市海能化工项目区，规划范围南至大莱龙铁路，北至沿海路，西至官靶路，东至低河以西，总面积10平方公里。投资7亿元的海能化学12万吨离子膜烧碱项目一期工程已经投产达效，投资1.2亿元的华腾印染织造项目、投资5000万元的木糖醇项目、投资4200万元的污水处理和投资1000万元的潍坊盛隆粘合剂等四个项目正在施工建设，投资6000万元的阻燃剂、投资5000万元的AC发泡剂、投资5000万元的中型物流中心、投资2000万元的二硝基生产等四个项目前期准备工作正在进行。项目区地处北部沿海，水、电、路、热、通讯等基础设施配套齐全，土地平整，区位优越，政策优惠。

党委书记　潘永贵

镇　　长　马学彦

柳疃镇　位于昌邑市区北10公里，渤海莱洲湾南畔，总面积210平方公里，辖72个行政村，14335户，4.8万口人，耕地面积7.5万亩。海岸线长达19公里，滩涂面积4.13万亩。区位优势明显，荣乌高速公路、大莱龙铁路、新海路穿越东西，昌灶路纵贯南北。2006年全镇实现地区生产总值13.9亿元，增长17.8%；规模以上企业完成销售收入61.9亿元，利税3.7亿元，分别增长65.2%和23.9%；实现地方财政收入4040.2万元，同比增长22.2%，第三产业增加值达1.75亿元，农民人均纯收入6019元。先后被省政府确定为首批中心镇，被山东省委授予先进基层党组织，被国家建设部命名为“全国重点镇”，被国家发展与改革委员会确定为“小城镇经济综合开发示范镇”。

纺织印染、盐及盐化工是全镇主导产业和传统产业。全镇民营企业已发展到358家，限额以上工业企业42家，纺织印染企业252家，拥有各类织机10000余台，其中，剑杆、喷水、喷气等高档织机6000余台，印染、印花、后整理设备600余台套，年产各类印染织布10亿米，从业人员达23000余人。产品已扩展到丝绸、化纤、涤棉、纯棉、装饰布、色织布等六大类200多个品种。全镇共有盐田30万公亩，年原盐产量80多万吨，盐及盐化工企业9家，沿海经济正成为全镇的又一经济增长点。

党委书记　刘介松

镇　　长　王明胜

夏店镇　位于昌邑市东北部，面积118平方公里，辖81个行政村，15436户，人口4.55万，耕地面积8.28万亩。2006年全镇完成地方财政收入869.5万元，同比增长23%。工业完成销售收入30.7亿元，利税2.3亿元，分别增长25%和30%。农民人均纯收入达到5600元。

夏店镇拥有海岸线3.5公里，1.6万亩浅海滩涂。下小路纵贯南北，新海路、建设中的荣乌高速公路、大莱龙铁路横穿北部。拥有昌邑唯一的对外港口—下营港，海陆交通发达，区位优势明显。夏店镇以建设经济强镇为目标，坚持实施富民强镇战略，突出发挥传统产业优势、交通区位优势和独特的沿海资源优势，不断加大投入，逐步形成了肉鸡加工、橡胶轮胎、工业陶瓷、海水养殖、旅游等五大主导产业。北部以下营港为中心，不断加大对沿海旅游的开发力度，重点发展了服务业和沿海养殖业，各类海产品养殖大棚120个，育苗水体1万m^3，虾池13400亩，盐田5300亩。中部依托有利的交通区位优势，规划建设了5.5平方公里的大型工业项目聚集区，水、电、路已完成配套，园内企业达到10余家，总投资额达5亿多元。南部以肉禽加工、农业生产为主，形成集养殖、加工、销售为一体的肉禽加工生产基地，产品销往全国各地。

党委书记　高敬东
镇　　长　张东森

卜庄镇　位于昌邑市东北部，面积240平方公里，辖49个行政村，9971户，人口3.2万，耕地面积7.8万亩，素有“侨乡”之称，在外华侨245人，遍及美国、印度尼西亚、澳大利亚等多个国家和港、澳、台地区。2006年，全镇完成工业生产总值27.1亿元，比上年增长54%，地方财政收入943万元，比上年增长24%；工业实现销售收入19.3亿元，利税1.4亿元，分别增长45%和41%。第三产业增加值达3459万元，农民人均纯收入6080元。

卜庄镇区位优势明显，地处青岛、烟台、潍坊三市交界，206国道、新海公路、荣乌高速公路、大莱龙铁路横穿东西，廒卜路、胶莱河纵贯南北。南部地下淡水资源充足，万亩梨枣驰名市内外，成为卜庄镇生态高效农业发展的一张名片。北部沿海拥有18公里海岸线、滩涂湿地面积广阔，养殖鱼虾、贝类具有得天独厚的条件；地下卤水资源丰富，10万公亩优质盐田为盐化工企业的发展壮大展现了广阔前景。随着经济发展重点的战略性北移，大力实施了北部沿海开发战略，按照以人为本，高标准规划，高起点建设，高效能管理的原则，积极搞好北部沿海经济发展区配套建设，引进了汉盈医药、四方医药、瑞创化学、廒鑫化工等10多个过亿元的大项目，极大地推进了全镇经济又好又快发展。

党委书记　张天辉
镇　　长　王铁楼

围子镇　位于昌邑市中部，面积106平方公里，辖89个行政村，19828户，人口6.8万，耕地面积9.36万亩。2006年，全镇完成地区生产总值91亿元，比上年增长28.1%；地方财政收入3096万元，比上年增长20%；工业实现销售收入85亿元，利税79258万元，分别增长47%和71%。第三产业增加值达5200万元，农民人均纯收入6018元。

围子镇物阜民丰，交通发达，环境优美，206国道、下小路贯穿全境，《黎明的河边》的故事就发生在这里。铸造业历史悠久，“铸造之乡”闻名遐迩，2006年12月被山东省机械工业厅授予“山东省机械铸造业基地”称号，全镇现有铸造业户336家，从业人员2.7万余人，年产值65亿元，出口交货值2.8亿元。农业以“三化”战略为发展目标，以科技为先导，不断调整优化农业产业结构，农民收入稳步提高。围子镇先后荣获省“综合经济实力二百强镇”、“村镇建设新型乡镇”、潍坊市“模范镇”、“乡镇企业明星镇”、“民营经济二十强镇”等称号，连年获得全市“农村工作先进乡镇”、“经济工作先进乡镇”等称号。

党委书记　张高学
镇　　长　李明杰

宋庄镇　位于昌邑市中部，面积51.7平方公里，辖38个行政村，8713户，人口3.1万，耕地面积5.4万亩。2006年全镇完成地区生产总值3.5亿元，比上年增长8.9%；工业实现销售收入23.9亿元，利税2.21亿元，分别增长31%和60%。第三产业增加值7128万元，农民人均纯收入5913元。

宋庄镇坚持“工业强镇、三产兴镇、特色立镇”的总体发展思路，转变发展理念，创新发展模式，强力推进经济社会又好又快发展。苗木业发展迅猛，各类苗木存圃面积1万多亩，苗木存量近2500万株，共有400多个绿化树种，被山东省林业局授予“山东省花木强镇”。建有中国北方绿化苗木博览园，占地面积2000余亩，完成投资8000余万元，先后被命名为“全国农业生态旅游示范点”、“山东省生态教育示范基地”和“山东省县域经济十大高效农业聚集园区”，并成功举办了四届中国（昌邑）北方绿化苗木博览会，为苗木业的发展搭建了一个可靠的现代化信息交流平台。

党委书记　赵赞江
镇　　长　王桂永

石埠镇　位于昌邑市中部，面积100.5平方公里，辖67个行政村，1个居委会，13600户，人口4.8万，耕地面积8.2万亩。2006年，全镇完成地区生产总值9.37亿元，比上年增长16.5%；地方财政收入1117.8万元，比上年增长15.6%；工业实现销售收入31.6亿元，利税20102万元，分别增长20.2%和25.2%。第三产业增加值达13954万元，农民人均纯收入5938元。

石埠镇东接青岛，西邻潍坊，309国道和省道下小公路交汇于镇区，潍莱高速横贯东西，南5公里直达济青高速公路，是山东内陆连接胶东半岛的咽喉。镇区面积达到5.6平方公里，镇区人口2.5万，城镇化水平48%以上，被国家建设部命名为小城镇建设先进镇，被山东省政府列为山东省中心镇、中心镇建设示范镇，是潍坊市的重点镇。石埠镇确立了“三产兴镇、工业强镇”的发展思路，已形成纺织、机械、食品加工等三大优势产业，建有副食品、建材、土豆、西瓜、家具等专业市场，有服装一条街、饮食一条街、大型超市、大型商贸城，成为周边地区的商业零售、批发中心。

党委书记　车建平
镇　　长　刘万秋

饮马镇　位于昌邑市中南部，面积86平方公里，辖42个行政村，人口4.5万，耕地面积7.8万亩。2006年，全镇完成地区生产总值9.59亿元，比上年增长27.4%，地方财政收入1918万元，比上年增长19.4%，工业实现销售收入56亿元，利税79499万元，分别增长70.3%和62%。第三产业增加值达23546万元，农民人均纯收入6060元。

交通便利，地理位置重要。东距青岛90公里，西距潍坊30公里，省道下小路纵贯南北，济青高速公路横穿东西，是连接省会济南与山东半岛沿海地

区的交通枢纽。是传统的“纺织之乡”。全镇大力发展工业经济，加快园区建设、小城镇建设，培强做大现有企业。全镇工业企业已达500多家，其中限额以上企业34家，形成了以纺织、设备制造、食品加工、矿业开采为龙头的四大支柱产业。各类纺织面料齐全，畅销国际国内市场。“云鸥”牌塑料机械设备国内第一；“世民”牌太宗系列熟食产品销往全国各地；石英矿储量位居山东半岛之首，铁矿资源蕴藏广、品质高。大力发展特色农业，形成了蚕桑、苗木、有机蔬菜、西瓜、林果、养殖六大主导产业。规划建设了占地5600亩的工业项目区，区内基础设施配套齐全，政策优惠。已有杨金华纺织、中云机器、同大新能源等十几个大项目、高新技术项目落户。积极开展“平安饮马、文明饮马、诚信饮马”建设活动，高标准建设特色名镇。加强小城镇规划与建设，积极实施“绿化、净化、亮化、美化”工程和镇区综合改造工程，镇区面貌日新月异，形成了文明和谐的投资环境。

党委书记　姜正峰

镇　　长　孙建伟

北孟镇　位于昌邑市南部，面积105平方公里，辖51个行政村，11975户，人口40891，耕地面积92243亩。2006年，全镇完成地区生产总值5.5亿元，比上年增长11.4%；地方财政收入627.7万元，比上年增长10.1%；工业实现销售收入13.2亿元，利税1.4亿元，分别增长56.3%和51.3%。第三产业增加值达到1.1亿元，农民人均纯收入5758元。

北孟镇民营经济发展迅速，民营企业达到300余家，其中，限额以上企业26家；纺织企业达200余家，纺纱能力达到10万纱锭，各类织机总数4000余台，形成了以纺织业为主，纸箱制造加工、木材加工、农产品加工、饲料加工、汽车配件经营、镜框加工等产业齐头并进的良好格局，成为全市的民营经济重镇。是传统的农业大镇，具有丰富的农业资源和突出的发展优势，以花生、大蒜、大姜、西瓜、林果、中药材、速生杨等为主的标准化生产基地达到6万亩。其中“九龙屯”牌大蒜成功注册商标，远销全国各地。商贸发达，依托优越的地理优势和区位优势，城镇基础设施建设日臻完善。韭菜、西瓜、大蒜、果品、土豆等农产品专业批发市场规模日益扩大，农产品畅销国内外。

党委书记　张所友

镇　　长　马振波

峠山镇　位于昌邑市南部，南临山东省最大的水库—峡山水库，西依潍河。面积52平方公里，辖39个行政村，9558户，人口35000，耕地面积5.2万亩。2006年全镇工业销售收入86862万元，利税8207万元，分别增长23.2%和24%；实现地方财政收入765万元，比上年增长16.2%；农民人均纯收入达到5723.5元，比上年增长425元。

峠山镇交通优势明显。济青高速公路、潍胶公路，胶济铁路横穿东西，省级干道下小路纵贯南北，形成了四通八达的交通网络。小城镇建设日新月异，基础设施日趋完善。电话镇建设全面完成，移动、程控电话直通海外，宽带上网、有线电视引入千家万户；35KV输变电站满足能源需求，自来水引上峠山，保证水源供应；幼儿教育到高中教育全面发展。先后被评为山东省“小城镇建设示范乡镇”、潍坊市“社会治安综合治理模范乡镇”。工农业全面发展。特产大花生、夏湾西瓜闻名遐迩；桑蚕、大姜、辣椒、中药材和以苹果、桃为主的各类果品已成为主导产业；苗木、丰产林等新兴种植业日渐兴旺；生猪、肉鸡等养殖规模不断膨胀；“中国像框城”蜚声海内外，木制工艺品远销荷兰、瑞士、日本、韩国、香港及东南亚等国家和地区；民营工业园区已初具规模，涉及纺纱、织布、织带、乐器、食品项目；建材、运输、铸造、电子、化工等行业也长足发展。

党委书记　董全波

镇　　长　彭文涛

丈岭镇　位于昌邑市最南端，面积122平方公里，辖85个行政村，17327户，人口59033人，耕地面积12万亩。2006年，全镇完成地区生产总值16亿元，比上年增长12.25%；地方财政收入484.3万元，比上年增长2.6%；工业实现销售收入14亿元，利税8320万元，分别增长33.3%和9.4%。第三产业增加值达5400万元，农民人均纯收入5751.5元。

丈岭镇东距青岛90公里，属青岛市1小时经济圈范畴，西距潍坊40公里，胶济铁路、济青高速公路横贯东西，省道下小路、潍胶路纵穿南北，交通条件十分便利，自古即为通衢重镇。胶济铁路电气化改造后昌邑境内唯一的客货站—昌邑（丈岭）火车站已经建成投入运营。紧靠山东省最大的水库—峡山水库，水资源丰富。拦河蓄水建成占地200多亩风景怡人的鱼池湖风景区。景区进行了进一步科学规划，努力把鱼池湖打造成昌邑一流名湖。资源丰富，富产建材石料、膨润土等。小麦玉米、林果瓜菜、畜牧养殖、植桑养蚕、辣椒棉花、园林苗木为全镇农业的六大支柱产业。现有个体民营业户1200多家，形成了棉花加工、纺纱、榨油、饲料、食品加工等8大优势产业，其中粉条、辣椒、有机肥料、啤酒容器、台钳、钟表、服装、布艺玩具等8种产品畅销国内外，有两家企业拥有自营出口权，年创利税280万美元。“两区一湖”是全镇招商引资的主战场，已储备土地500亩，聚集企业项目60多个。两区：一是塔耳堡工业项目区，规划占地1200亩，二是丈岭新区，规划占地1500亩。一湖是渔池湖。

党委书记　李寿岩

镇　　长　彭长胜

太保庄乡　辖6892户，3.1万人，耕地面积3.8万亩。2006年，全乡完成国内生产总值16.7亿元，比上年增长63.7%；地方财政收入449.2万元，比上年增长16.7%；工业实现销售收入15.7亿元，利税1.9亿元，分别增长98%和83.7%；第三产业增加值达

6500万元，农民人均纯收入5759元。

太保庄乡土地肥沃，交通便利，下小路和太高路纵穿南北，胶济电气化铁路和甘丈路横贯东西，乡级道路纵横交错，路网框架基本形成。矿产资源（石灰石、铁矿石、白云花岗岩石等）、淡水资源及鱼类资源丰富，所产稻米香飘四方，石制工艺品畅销全国。境内拥有110平方公里的山东省最大的水库—峡山水库，峡山、草山、鞋山与水库相依，景色秀丽，丰富的旅游资源得天独厚，综合开发潜力巨大。全乡经济特别是工业经济发展迅猛，华昊焦化、美爱彼机械、昊岳机械、海王铸业、鑫盈金属熔炼、新型建材、非凡工艺品等工业项目在太保庄工业项目聚集区相继崛起，使项目聚集区内企业数量达到16家，形成了焦化、铸材、机械制造、有色金属特殊功能材料添加剂、建筑建材、工艺品、纺织等主导产业，民营经济实现了跨越式发展。2006年，太保庄乡新一轮小城镇建设规划通过专家论证，道路、电力、通信、供排水系统、绿化亮化美化、沿街商业楼、大型超市和拆旧改丑等工程建设全面开展，城镇面貌日新月异，人居环境明显优化。

党委书记　赵洪军
乡　　长　邹　霞（女）

（于卫东　李文军　供稿）

高密市

中共高密市委、市人大、市政府市政协领导成员名单

市委书记　吴建民
副书记　赵志远　顾建华
市人大常委会主任　吴建民
副主任　崔红旗　颜廷爱　聂立斌（女）　张星海　王家林　张庆坚　张国廷　郑有奎
市政府市长　赵志远
副市长　杜洪君　李葆东　钟亮成　刘秀平（女）　刘明伦　徐振刚
市政协主席　齐世增
副主席　秦中廷　徐兆凯　张兆年　李　健　孙日贵　于长波　李惠兰（女）　陈　明

坚持科学发展 建设和谐高密

高密市总面积1605.6平方公里，辖17个镇，3个街道办事处，994个行政村（居委会），总人口86.61万。2006年，全市完成地区生产总值158.1亿元，比上年增长19.9%。第一产业实现增加值22.3亿元，增长－1.9%；第二产业实现增加值103亿元，增长25.7%；第三产业实现增加值32.8亿元，增长19.8%；三项产业比重为14.13：65.15：20.72。全社会完成固定资产投资109亿元，比上年增长17.3%；实现财政总收入13.8亿元，其中地方财政收入7.1亿元，比上年分别增长39%和33%。各项存款余额86亿元，比年初增加11.9亿元。其中居民储蓄存款余额63.7亿元，比年初增加8亿元。年末各项贷款余额69亿元，比年初增加15.4亿元。城镇居民人均住房使用面积25.0平方米。在岗职工平均工资1.29万元，增长1504元。农民人均纯收入达5422元，增长542元；人均居住面积27.6平方米。全市最低生活保障救助人数为7749人。

农业和农村经济持续发展。全市农林牧渔业实现总产值50.4亿元，比上年增长5.4%。全年粮食总产63.6万吨，比上年增长－2.0%；棉花总产0.7万吨，增长－0.9%；油料总产6.94万吨，增长－0.7%；水果总产10.4万吨，增长－6.5%；蔬菜总产73.93万吨，增长6.5%。肉类总产19.08万吨；禽蛋总产3.0万吨；奶类总产3.8万吨；水产品总产0.82万吨。植树造林1100公顷，全市林木覆盖率达到25.5%。全市农机总动力108.4万千瓦，增长7.1%。新建农村安全饮用水工程1处，受益人口20.2万人。

工业立市战略成效突出。工业立市战略成效突出，纺织服装业入选全省十大产业集群，成为省纺织服装产业基地。孚日集团成功上市并荣获“省政府产品质量奖”，孚日牌毛巾获“中国驰名商标”。2006年实现工业增加值94.6亿元，比上年增长26.4%，全市规模以上工业企业达到524家，比去年增加64家，实现增加值83.4亿元，增长32.2%。全年规模以上工业企业实现销售收入356.7亿元、利税29.21亿元，分别比上年增长40.9%和47.7%；产品销售率达98.41%。

商贸流通业发展加快。新建利群金孚隆工程完工。城市商贸基本形成以本土供销大厦、东风商场，青岛维客购物中心、利群购物广场，威海家家悦超市为代表相互竞争的大商业格局。市场辐射能力进一步加强，城乡贸易日趋繁荣。2006年共实现社会消费品零售总额51.2亿元，比上年增长16%。实现进出口总额6.4亿美元，增长23.1%；其中出口4.88亿美元，增长31.7%。

基础设施建设进一步加强，城乡面貌发生新变化。2006年末城市建成区面积达38.94平方公里，绿化覆盖率达35%。旧城改造与新区开发步伐加快，全年房屋建筑施工面积225.4万平方米、竣工109.6万平方米。第二污水处理厂建成投运。新建垃圾无害化处理场1座，处理能力230吨/日。城区小康河综合治理工程竣工，人居环境明显改善。全年新修道路280公里，北部平日路绕城外环、北平路等城乡主干道工程全面完成，全市公路通车里程达到1528.8公里。胶济电气化铁路改造站、线工程竣工，昌安大道公铁立交桥建成通车，其他跨路立交桥加紧建设。全年完成邮电业务总量3.98亿元，增长20%；年末固定电话用户20.84万户，移动电话用户36.3万户，电话普及率达到24.1部/百人，手机拥有率41.9部/百人，互联网用户2.6万户。

积极发展各项事业，社会和谐程度

提高。2006年全市有中等专业学校5所，在校生0.54万人；普通高中6所，在校生1.99万人；普通初中35所，在校生2.44万人。小学147所，在校生5.97万人。有各类科技人员38796人，科技进步对经济增长的贡献率达到58%。全年共取得市（地）级以上重要成果9项。专利申请量292件，授权专利103件。拥有艺术表演团体2个，艺术表演场所1个，公共图书馆1个，群众艺术馆（文化馆）1个，档案馆2个。有卫生机构32所，其中医院、卫生院29所，卫生防疫机构1所，妇幼保健机构1所。各类卫生机构共有床位1786张，卫生技术人员2318人，其中执业医师1387人，注册护士817人。有体育馆1座，全年参加省级以上体育比赛共获奖牌93枚，其中金牌32枚。

【坚持科学发展，综合实力进一步增强】 2006年，完成地区生产总值158.1亿元，比上年增长19.9%，实现财政总收入13.8亿元、地方财政收入7.1亿元，分别增长39%和33%。朝阳、密水、醴泉、夏庄4个镇、街道实现了境内税收总收入过亿元。在第六届全国县域经济基本竞争力评价中，列第118位，比上年提升29个位次。

【民营经济持续发展】 全市规模以上企业达到524家，实现产品销售收入356.7亿元；销售收入过亿元企业50家，实交税金过千万元企业13家。孚日集团成功上市并荣获“省政府产品质量奖”、孚日牌毛巾命名“中国驰名商标”。纺织服装业入选全省十大产业集群，成为省纺织服装业基地。民营经济作为经济增长的亮点持续发展，完成增加值119.14亿元，占地区生产总值的比重达到75.36%，比上年增加2.4个百分点。

【饮用安全水工程】 北部6镇20.2万人饮用安全水工程竣工通水，结束了祖祖辈辈饮用高氟水、苦咸水的历史。该工程取峡山水库充足优质水源，通过“五河三库”串联调蓄水工程，经孚日水厂净化处理后，分东、西两线向6镇供水。工程总投资4500万元，共铺设各种口径管道410公里，供水进村入户。工程集农村供水、卫生防病和安全饮水于一役，受到农民群众普遍欢迎。

【小康河综合治理工程竣工】 小康河纵贯市区，为城市中心区排污泄洪的主河道。由于年久失修等多种原因，河内垃圾淤塞，污水横流，蚊蝇麇集，严重影响城市环境和经济发展。小康河综合治理工程南起南河湾桥，北至胶济电气化铁路，全长1985.5米，总投资1.6亿元，为高密近年来最大的综合性基础设施工程。工程年内开工并竣工。工程坚持雨污分流，坚持河道治理与景观建设相结合，沿河建有苏州街、岸墙浮雕、都市情怀、民俗展示、垂钓游览、健身休闲等6大景区20余个景点。该工程使凤城的城市品位进一步提升，人居环境大为改善。

乡镇、街道办事处概况

朝阳街道办事处 位于高密市区东部，共有38个社区，1.1万户，人口5.4万，规划面积36.46平方公里。2006年，街道完成地方财政收入6453万元，比上年增长49.7%；规模以上

企业达到76家，完成产品销售收入37亿元，同比增长85%；实现利税1.445亿元，比上年增长41.5%；第三产业增加值达7000万元，农民人均纯收入5620元。

街道按照“狠抓一个重点、稳定两个基础、实现六个突破”的工作思路，凝心聚力，真抓实干，经济和社会各项事业得到了长足的发展。为把街道建设成为全市经济发展的龙头、招商引资的载体、对外开放的窗口，按照“适度负债、超前规划、加速建设”的思路，狠抓了基础设施建设。2006年，朝阳街道基础设施投入达到3560万元，完成了百脉湖大街、夷安大道、邱家洼后路、家纺路等5条道路17万平方米的硬化工程、35座桥涵建设工程和部分路灯安装工程，铺设朝阳大街、晏子路、百脉湖大街的排水管道12000米，铺装晏子路、康成大街、曙光路人行道3万平方米，安装路灯182盏。

党工委书记　刘松青

办事处主任　付联宝

密水街道办事处　位于高密市城区南部，面积31.8平方公里，辖25个居委会，27009户，人口89130，其中农业人口31404人，耕地面积9623亩。2006年，全街道完成财政总收入1.1亿元，比上年增长46.1%；地方财政收入5551万元，比上年增长74%；工业实现销售收入18.5亿元，利税1.8亿元，分别增长39.3%和36.1%；第三产业增加值10亿元；居民人均纯收入5462元。

2006年，招商引资引进项目36个，经潍坊市确认的实际到位资金6.1亿元。工业经济成为支柱，其中豪迈科技实现税收3000万元，名列全市第四。新型农村合作医疗参合人数29710人，参合率95%，参合人数全市第一。旧城改造年内拆迁42万平方米，开工建设32.6万平方米，420户居民受益。凤城中学建成并开始招生，实现了高中教育城区化，青岛科技大学环海学院顺利开工建设。组队参加全市第四届全民运动会，获得团体总分第一名。和谐构建全面推进，荣获“山东省和谐社区建设示范街道”称号。

党工委书记　王庆波

办事处主任　张志华

醴泉街道办事处　位于高密市城区西北部，面积22.5平方公里，辖14个社区居委会，15733户，人口6.3万，耕地面积6000亩。2006年，全街道完成地方财政收入3577万元，比上年增长44.5%；工业实现销售收入70亿元，利税4亿元，分别增长32%和5%；居民人均纯收入5750元。

醴泉街道2006年，招商引资合同利用外资14.6亿元，实际利用外资5.4亿元，完成增资扩产总投入4.6亿元，规模以上企业总数达到53家，新增5家。醴泉工业园基础设施建设投资900万元，新铺设污水支管网2300米，道路绿化5万平方米，企业庭院绿化12万平方米。旧村改造拆迁6万平方米，新开工16万平方米，竣工16.8万平方米。先后获得山东省安全生产先进单位、潍坊市平安建设先进单位、潍坊市文明单位、高密市民营经济发展、工业发展、经济工作先进街道等荣誉称号。

党工委书记　石寿林

办事处主任　王启运

柏城镇　位于高密市东南部，面积54.26平方公里，辖35个行政村，8776户，人口3万，耕地面积4.4万亩。2006年，全镇完成地方财政收入2203.9万元；实现销售收入50.4亿元，利税2.87亿元，分别增长279%和21.4%；农民人均纯收入5868元。

2006年，全镇共引进外资项目36个，合同利用外资15.2亿元，实际利用外资6.5亿元。新上14个增资扩产项目，启动企业资金2.6亿元，建筑面积10万平方米，盘活存量土地200多亩。民营经济规模膨胀，形成了玻璃生产、皮革纺织、木器加工、机械制造四大支柱产业。环境建设不断优化，对镇域内6.6公里长的胶河进行了疏浚改道、浆石护坡和两岸绿化；在73亩烂泥塘上建起了银月公园；新修建了2.15公里长的园区道路，铺设排污管道8000多米；对镇区内4条主要街道进行了高标准绿化，全镇绿化总面积达到21万平方米，成为全国最具投资潜力的乡镇之一。旧村改造按照“因村制宜、一村一策”的原则，对35个村规划出了新的改造建设框架，堤东新村一期工程基本完成。铺设自来水管道3万米，为西片4个村、北片一个村和工业园区解决了饮用水问题。先后被评为“山东省生态建设示范镇”和“全国环境建设优美乡镇”。

党委书记　邵春生

镇　　长　贾东杰

姚哥庄镇　位于市区东临，部分村庄划归市区规划管理，面积85平方公里，辖62个行政村，4.5万人，8.6万亩耕地。2006年全镇实现镇域经济总收入11.5亿元，地方财政收入1229.2万元，农民人均纯收入5835元。

在全镇形成了面积达6万多亩的大蒜、圆葱、土豆、草莓、胡萝卜、白菜六大特色种植基地，年收入达1.2亿元，逐步形成一条贯穿47个村，长度30公里的高效农业科技走廊。2006年投资336万元，建设了面积达万亩的国家级高标准示范大方，引进和培植了亚东食品、友善工贸、自然食品等农业龙头企业12家，发展农副产品营销队伍2000多人，年销售额达4亿元。

2006年共引进各类企业21家，引进资金4.2亿元，实际利用资金2.8亿元。其中投资过5000万元的企业4家。同时，充分利用存量土地引导老企业增资扩产，全镇有34家企业实施了增资扩产，新增产值1.2亿元，新增就业岗位3000个。

通过政策促、资金扶、协会帮等措施，使民营经济有了跨越性发展，在全镇形成了皮件、劳保、铸造、纺织、木器五大优势产业群。全镇民营经济业户达到3400多户，转移富裕劳动力1.1万人。

以构筑现代化大交通框架、促进经济发展为目标，加快了公路建设步伐，

筹措资金近2000万元，新修全长40多公里的“三纵三横”六条公路和公铁下穿框构桥一座，彻底打破了制约全镇经济发展的交通“瓶颈”，打开了一扇与青岛经济对接的东大门，提前两年实现了村村通。

党委书记 颜 政

镇 长 高中杰

河崖镇 位于高密市东北部，地处高密、平度、胶州三市的交界处。面积112.62平方公里。辖56个行政村，1.4万户，人口4.34万，耕地面积9.6万亩。2006年，全镇完成地方财政收入875万元，比上年增长29%；工业实现销售收入9.8亿元，利税1500万元，分别增长206%和219%；第三产业增加值达1.7亿元；农民人均纯收入5450元。

河崖镇以盛产瓜菜果品而著称，是胶东半岛著名的瓜菜果品之乡，品种主要有山药、圆葱、辣椒、大蒜、芹菜、西瓜、甜瓜、蜜桃等30多个品种。全镇建有5万亩的瓜菜基地，其中辣椒、大蒜各1万亩，并辐射周边乡镇有5万亩，是高密辣椒、大蒜之乡，“绿河崖”牌山药、大蒜、芹菜等7个品种被山东省认定为“无公害产品”。生产的红辣椒在1999年潍坊农副产品展销及经济技术洽谈会上获得金奖。

农业龙头企业发展迅速，冷藏加工出口成为全镇的主导产业。全镇现有龙头企业28家，冷藏能力达到10万吨，年加工出口能力30万余吨，产品全部销往日本、韩国等国家和地区，为保护农业龙头企业，镇政府率先在全市组织成立了冷藏企业协会，形成了抱拳打天下的企业优势。全镇有17个村成为蔬菜生产专业村，4000多农户成为企业的生产基地。

党委书记 王保功

镇 长 杜 鹏

夏庄镇 位于高密市东北部，面积64平方公里，辖51个行政村，11287户，人口4万，耕地面积5.3万亩。2006年，全镇完成财政总收入达1.3478亿元，比2005年翻了一番；地方财政收入2394.6万元，比上年增长34%；工业经济快速发展，工业实现销售收入55亿元，利税51580万元，分别增长71%和78%；第三产业增加值达32315万元；农民人均纯收入5854元。

招商引资成效显著，落户工业园区的企业达188家，规模以上企业51家。农业产业化步伐加快，全镇有51家农业龙头企业，形成了万亩韭菜和万亩小香葱无公害蔬菜生产基地，引进集示范种植加工销售为一体的得立信科技示范基地，推进了农业产业化进程。民营经济形成十大产业集群，个体经营业户3200家，新兴具有一村一品特色的村级民营小区25个。社会事业齐头并进，新修镇村柏油道路95公里，形成了十纵八横一环绕的大交通格局，新农合参与率达98%，计划生育工作走在全市前列。

党委书记 栗祥成

镇 长 杨玉山

姜庄镇 位于高密市区以北6公里处，面积75.6平方公里，辖47个行政村，9180户，人口3.5万，耕地面积7.5万亩。2006年，全镇完成地方财政收入885.3万元；工业实现销售收入42.8亿元，利税5.593亿元，分别增长27%和45%；第三产业增加值达2108万元，农民人均纯收入5728元。

姜庄镇有纺织、塑钢型材、橡胶、化工、五金五大支柱产业，生产十余个系列300多个品种。全镇纺织企业达到80多家，织机4500多台，纺纱能力达到16万纱锭，部分产品远销国外。全镇年销售收入过5000万的骨干企业9家，过亿元的企业1家。

姜庄镇被文化部命名为“中国民间工艺品之乡”，高密“三绝”扑灰年画、剪纸、泥塑皆发源于此。全镇有民间专业村12个，工艺加工业户800多家，从业人员3000多人，年销售收入5000多万元，产品远销十几个省市和地区，部分产品跻身于国际市场。扑灰年画2006年被文化部评为首批国家级非物质文化遗产。泥塑被收入《中国民间工艺大辞典》，并被宋庆龄基金会收藏，评为省级非物质文化遗产，正在申报国家级非物质文化遗产。

党委书记 岳国彬

镇 长 朱永利

仁和镇 位于高密市区北部，面积98平方公里，辖55个行政村，9552户，人口4.2万，耕地面积7.9万亩。2006年，完成财政总收入6167.9万元，增长84.1%，其中，地方财政收入2361.9万元，比上年增长64.7%；工业实现销售收入51.5亿元，利税4.2亿元，分别增长36.4%和38.6%；农民人均纯收入5988元。

坚持“突出企业招商、以重点企业为主，突出专业招商、以吸引大项目和大企业投资为主，突出产业招商、以拉长纺织产业链为主”的“三突出、三为主”战略，引进、新建和扩建项目46个，其中，引进过亿元项目2个，过5000万元项目7个，合同利用外资18亿元，实际到位资金6.8亿元。

全镇工业企业达到386家，其中规模以上企业猛增到55家。纺织产业优势更加明显，纺织企业达到266家，纺纱能力达到30万纱锭，实现销售收入32.9亿元，利润3.1亿元，分别占全镇工业总量的75.6%和81%，被授予“山东省棉纺织名镇”。全镇形成了以纺织为龙头，化工、机械、橡胶集群发展的四大主导产业。

投资2000多万元，用于“一区两园”的环境改造，其中，投资1300万元对徐辛路进行了综合改造，铺设排污主管网、雨水管网、排污支管网、弱电下地管网31780米，美化绿化面积达到55万平方米。

着力打造了新立屯村样板工程，促进了全镇新农村建设整体推进。新修村内主要街道32条、出村路20条、村村通工程28条，共37公里；有线电视入户3200户，入户率达37%；自来水入户率达到90%。同时，不断加大对农业基础设施的投入力度，基本实现了沟、渠、路、林、桥、涵、闸相配套。

党委书记　薛维明
镇　　长　马拥军

大牟家镇　位于高密市西北部，面积99.8平方公里，辖44个行政村，6820户，人口2.8万，耕地面积8.3万亩。2006年，全镇完成地方财政收入836万元，比上年增长38%；工业实现销售收入8.3亿元，利税3380万元，分别增长21%和30%；居民储蓄余额达到1.33亿元，农民人均纯收入5831元。

2006年，全镇引进外资项目16个，合同利用外资1.7亿元，实际利用外资1.2亿元，就地转移劳动力1500人。孚日集团大牟家毛巾加工车间的引进和成功运作，为企业向农村延伸探索出了一条成功的经验，成为全市招商引资的一大亮点。全年新修道路15公里，公路通车里程达到80公里，基本实现了村村通油路。硬化镇区道路21000平方米，栽植绿化美化树木1.2万棵，开发商住楼20000多平方米，小城镇功能日臻完善。规划潍坊市级以上土地整理项目6个，整理台田地17982亩。全年植树60万株，新建冬暖式蔬菜大棚260多个，推广优质小麦良种21万公斤，发展桑园700亩，初步形成了"南林北菜、东粮西桑"的现代农业新格局。镇中心卫生院列入省"360工程"，门诊楼落成启用。教育教学设施全面改造更新，群众的就医和教育条件明显改善。饮用安全水工程竣工通水，从根本上解决了全镇群众长期饮用高氟水的历史，在全市最早实现了村村通自来水。

党委书记　栾仁霞
镇　　长　高泗江

周戈庄镇　位于高密市西北部，面积73平方公里，辖45个行政村，5798户，人口2.2万，耕地面积6.7万亩。2006年，全镇完成地方财政收入127.4万元；工业实现销售收入1.48亿元，利税923.4万元，分别增长68.4%和59.8%；第三产业增加值达1747万元；农民人均纯收入5260万元。

周戈庄镇土地肥沃，农产品丰富，素有高密的"粮仓"和"桑蚕第一大镇"之称。现已形成以棉花、桑蚕、花生、速生杨为主的高效种植格局。已建成花生基地2万亩，优质苹果4000亩，桑蚕8000亩，特色瓜菜5000亩。森林覆盖率达到30%以上。畜牧业发达，年优质肉牛出栏18000头，出栏生猪20000头，肉鸡400万只，可为农产品深加工提供充足的货源。养殖业初步形成了以农带牧，农牧齐发展的农业新格局。

工业基础良好。以纺织、纸箱、造纸、橡胶、建材为主的工业企业达50多家，全镇个体工商业户1000多家，拥有食品、面粉、酱菜、笤帚加工、饲料加工、草编等10多个门类，20多个品种。已建成农副产品批发、建材批发、牲畜交易、房地产开发四大市场，成为周围40华里的商贸中心。

党委书记　沈建树
镇　　长　田立君

康庄镇　位于高密西部，面积121.8平方公里，辖55个行政村，13666户，人口4.4万，耕地面积79850万亩。2006年，地方财政收入404.1万元；工业实现销售收入19.5亿元，利税21184万元，分别增长20%和21%；第三产业增加值达3796万元；农民人均纯收入5314元。

康庄镇把冬枣作为优化产业结构、实现富民强镇的主导产业来抓，通过建园示范、政策扶持、典型引导等措施，冬枣规模迅速扩大。全镇发展冬枣面积8000亩，其中4000亩进入盛果期。全镇年产优质冬枣640万斤，直接增加经济效益1200万元。为使冬枣增值，全镇建大小冬枣库20个，保鲜储藏能力可达1200吨，年可实现冬枣增值800万元。仅冬枣种植一项，全镇人均增收300元。

党委书记　王旭东
镇　　长　槐常辉

阚家镇　位于高密市西部，面积87.5平方公里，辖61个行政村，1.27万户，人口4.474万，耕地85575亩。2006年，全镇完成地方财政收入522.4万元；地区生产总值13.5亿，比上年增长37%；工业实现销售收入10.5亿元，利税9100万元，分别增长35%和32%；第三产业增加值达1.62亿元；农民人均纯收入5476元。

2006年，阚家镇经济和社会各项事业健康协调发展。种植业，结构调整取得实效，经济作物种植面积扩大，已建成辣椒8040亩、棉花7650亩、蔬菜6450亩、农作物良种繁育基地900亩的生产基地。畜牧业生产，肉牛存栏1万头，生猪存栏8000头，年出栏生猪2万头，肉鸡50万只，已具备了农产品加工的资源基础。工业经济发展迅速，纺织、铸造、面粉等支柱产业发展较快，高密市兴隆毛巾有限公司、山东望乡食品有限公司、潍坊安泰玛钢有限公司、高密市伟丽纺织有限公司等企业已成为全镇工业企业的骨干，2006年这四家企业共实现销售收入6.9亿元，利税4504万元，分别增长78.9%和142.4%。个体私营经济健康发展，全镇从事橡胶、皮革木板加工、精化饲料、饮食服务等项目的个体私营业户1300多家。

党委书记　刘新国
镇　　长　贺瑞泉

双羊镇　位于高密市西部，总面积112.89平方公里，辖59个行政村，1个居委会，15374户，人口51367，耕地面积7.3万亩。2006年，全镇完成地方财政收入664万元；工业实现销售收入10.9亿元，利税1.05亿元，分别增长17%和22%；第三产业增加值达8814万元；农民人均纯收入5200元。

小城镇建设日新月异，发展环境明显改善。投资300多万元，对天池街、人民街及双羊东出口进行绿化、亮化，改造镇区排水系统，柏油硬化振兴路中段。同时对镇区实施城市化管理，提升了城镇品位，优化了发展环境。招商引资实现新突破，大项目落户创历史新高。引进项目11个，到位资金3.1亿元。其中，超2000万元的项目6个，总投资1.86亿元。现代服务业快速发

展。加大房地产特别是商住宅建设的投入力度，引进外资4000多万元开发建设振兴商贸小区，新建百货、成衣、土产等市场，新增商业门店100多处。新修道路11条，新建扬水站、大小桥涵33座，整理土地1万亩。

党委书记　田绍传

镇　　长　张建明

井沟镇　位于高密市西南部，面积100平方公里，辖62个行政村，12960户，人口4.6万，耕地面积9.4万亩。2006年，全镇完成地方财政收入600万元；工业实现销售收入9.3亿元，实现利税1.3亿元，分别比上年增长8%和6%；第三产业增加值达1.2亿元，农民人均纯收入5363元，比上年增加479元。

井沟镇工业基础雄厚，发展潜力巨大。2006年，该镇通过加大招商引资力度，发展民营经济，大力实施品牌战略，全镇形成木制板加工，纺织印染、服装加工、橡胶化工、机械制造、工艺品加工、农产品加工、建筑材料等八大产业。全镇已发展个体工商业户1300家，民营企业500家。2006年，新引进和利制衣、晶丽源化工、泰宇散热器、锦华家纺、日星电动自行车等外资项目6个，实际利用外资1.5亿元。木制板产业是该镇的主导产业，现已发展细木工板、涂胶板、拼板、柳桉面、贴面、甲醛、制胶等相关企业369家，日产各类木制板2万多张，年生产能力600多万张，成为胶东半岛最大的木制板生产基地。

井沟镇农业生产条件优越，发展潜力强劲。淡水资源、滩涂资源、土地资源十分丰富。农业生产条件和自然条件得天独厚。全镇已发展名特稀优果品生产基地1万亩，年产果品3万公斤，生产的日本红富士、新红星、乔纳金、红世界等优质果品荣获山东优质果金奖和银奖。全镇已发展桑园5000亩，年产蚕茧100多万公斤，是高密市优质蚕茧生产基地。2006年，新植欧美优质速生杨100万株，全镇树木存活量达到500万株，成为木制板原材料的主要生产基地。

党委书记　李希金

镇　　长　刘思芳

呼家庄镇　位于高密市西南部，面积58.32平方公里，辖43个行政村，8236户，人口2.7万，耕地面积5.3万亩。2006年，全镇完成地方财政收入585.4万元，比上年增长29%；工业实现销售收入4.38亿元，利税499万元，分别增长9.9%和21%；第三产业增加值达5987万元；农民人均纯收入5610元。

呼家庄镇绿化面积超过4万亩，林木资源总价值达1.2亿元，森林覆盖率达到46.7%，造林绿化率居全省平原乡镇之首，是潍坊市首批经济林标准化生产示范乡镇。农村社会稳定，先后获得“平安潍坊建设先进乡镇”，“潍坊市信访先进单位”等荣誉称号，连续多年被评为市级“平安高密建设先进镇”、“全市社会治安综合治理先进镇”。

党委书记　吴兴安

镇　　长　田　锋

注沟镇　位于高密市西南部，面积85.2平方公里，辖45个行政村，10850户，人口3.5万，耕地面积8.5万亩。2006年，全镇完成地方财政收入1285万元，比上年增长35%；工业实现销售收入7800万元，利税230万元，分别增长36%和48%；第三产业增加值达5200万元；农民人均纯收入5152元。

注沟镇历史悠久，文化发达，是清朝乾隆年间体仁阁大学士、吏部尚书刘墉的故乡。镇内交通便利发达，自然资源丰富，东部岭地石料资源充足，可开发建筑用优质石子；西部潍河富有黄砂资源，沿河地带林业发达。辖区内土壤肥沃，水资源丰富，农业设施配套完善，农业产业主要有小麦、玉米、桑蚕、林果、瓜菜、辣椒、花生等；规模养殖及黄烟生产成为全镇的重要产业。民营经济蓬勃发展，主要有石料、建材、矿泉水、食品、蔬菜深加工、木器、乐器、纺织、服装工艺品、绣品加工等项目。其中曹戈庄辣椒批发市场已成为胶东半岛最大的辣椒集散、加工基地。近年来，围绕建设社会主义新农村，积极发展农村户用沼气，改善了农民生产生活条件。城镇建设功能配套齐全，道路硬化宽阔，村村开通了有线电视，电话入户率达到70%以上。西部潍河是休闲旅游的好去处，琼王冢、小妹冢、刘墉墓等古迹具有较高的历史文化价值。

党委书记　韩寿英

镇　　长　郭　涛

柴沟镇　位于高密市西南部，面积125.53平方公里，辖79个行政村，15753户，人口5.85万，耕地面积10.9万亩。2006年，全镇完成地方财政收入1328.9万元，比上年增长10.4%；工业实现销售收入16.3亿元，利税1.4亿元，分别增长50.6%和54.8%；第三产业增加值达1.2亿元；农民人均纯收入5692元。

柴沟镇交通畅达，平日公路、胶王公路、沂胶公路在镇区穿行交汇，胶新铁路从镇南部穿过，是山东半岛重要交通枢纽。工业基础较好，全镇有企业47家，形成化工、橡胶、纺织、钉业、水泥、木器等六大骨干产业。第三产业比较发达，运输和餐饮业是两大亮点，全镇有大型运输车辆250多部，餐饮业户100余家。黄烟产业发展较快，规模和产量不断提高，成为农民增收的重要渠道。东、西五龙河于镇区西部交汇，正在开发建设五龙河公园，开发潜力巨大。

党委书记　马训利

镇　　长　宁长峰

拒城河镇　拒城河镇位于高密市南部，面积99平方公里，辖61个行政村，14309户，人口4.4万，耕地面积9.5万亩。2006年，全镇完成地方财政收入479万元，比上年增长4%；工业实现销售收入5.4亿元，利税4907万元，分别增长11%和12%；第三产业增加值达9715万元；农民人均纯收入5098元。

拒城河镇区位优势明显，省道平日、沂胶、青济路穿越境内，交通便利。境内有12平方公里地处高密城南城市新区，区内水、电、暖、气等基础设施齐备，工业发展迅猛，是远近闻名的制鞋专业名镇。已落户60多家制鞋企业，10多家鞋机、包装、运输等相关企业。在镇域内还分布着纺织、面粉加工、铸造、冷藏等30多家企业。农业基础地位牢固，发展后劲十足。有5万亩的耕地实施了农业综合开发，林、路、渠、桥、涵、闸配套，有福建超大集团、怡佳苗木花卉等多家大型农业龙头企业的种养基地，已初具现代农业概貌。

党委书记　杜钦德

镇　　长　张洪兵

李家营镇　位于高密市东南部，面积96平方公里，辖57个行政村，人口3.8万，耕地面积7万亩。2006年，全镇完成地方财政收入309万元；工业实现销售收入8.1亿元，利税7539万元，分别增长10.7%和8.5%；第三产业增加值达6500万元；农民人均纯收入5096元。

李家营镇东邻青岛、西毗潍坊。胶王省道、胶新铁路横穿境内，火车站距镇区500米。火车站工业园实现了“五通一平”、“四站”配套。胶河贯穿全境，王吴水库库容5000万立方米。境内主产马铃薯、黄姜、芋头、花生、重晶石、酥梨、黄烟等。全镇拥有各类企业100多家，形成了工艺品、精密铸件、食用油、化工、雕花家具、纺织6大支柱产业，年出口创汇达3000万美元。沿胶河两岸建成了以土豆、大姜、芋头为主的3万亩蔬菜生产基地和3万亩优质花生基地。以晏王庙、三吊老林、花果山、万松园、花红湾、王吴水库为主线的生态旅游线已初步形成。全镇现有卫生院2处，村级卫生所29所，中小学幼儿园等各类学校11所，文教卫生设施配备标准高。

党委书记　李宗福

镇　　长　陈香萍

（王家德　赵修武　赵金峰　供稿）

青　州　市

中共青州市委、市人大、市政府、市政协领导成员名单

市委书记	王立胜
副书记	孙忠礼　魏志强
市人大常委会主任	吕长胜
副主任	刘希玉　傅中慧 徐健生（女） 孙希光　鞠振华 刘　雁（女） 有祥玉　张明君
市政府市长	孙忠礼
副市长	韩幸福　崔照忠 刘永胜　杨云生 李端梅（女） 于玮亭　陈金平
市政协主席	田立胜
副主席	孟庆刚　贾国泰 南家友 李金凤（女） 牛建一　孙景昌 夏玉新

与时俱进　开拓创新　不断开创经济社会发展新局面

青州市地处山东半岛中部，胶济铁路中段，东接世界风筝都潍坊，西临工矿重镇淄博和化工基地齐鲁石化公司，南依林果之乡沂蒙，北傍羊口渔盐海区和胜利油田。面积1569平方公里，现辖6个街道、15个镇，共有1056个村（社区），人口90万。有汉、回、满等33个民族，少数民族2.6万人。

2006年，青州市委、市政府在上级党委、政府的正确领导下，严格执行国家宏观调控政策，认真落实科学发展观，牢固树立团结、务实、创新的理念，突出工业振兴、城市建设与管理转型、服务业提升和社会主义新农村建设“四大工作重点”，积极推进“两城三片六大基地”建设，凝心聚力求发展，务实创新争一流，圆满完成了市十五届人大四次会议确定的任务目标。全年完成地区生产总值177.6亿元，增长19.5%；地方财政收入6.46亿元，增长28.3%；城镇居民人均可支配收入9752元，农民人均纯收入5183元，分别增长7%和12%。

工业经济运行质量明显提高。企业扩张有了新的进展，新增主营业务收入过亿元的企业18家，新增实交税金过千万元的企业8家；46家动态管理企业的主营业务收入、利税、利润、实缴税金占限额以上企业的比重均超过40%。新增省名牌产品、著名商标4个，“云门春”商标被评为中国驰名商标。着力搭建信用评价、融资担保和人才培训三个平台，成立7家担保公司，累计为企业担保贷款1.3亿元，民营企业发展到3360家，有11家进入潍坊市百强。招商引资质量不断提高，弘润石化三期、鲁星钢管等在建过亿元项目达到35个，青州中联水泥第一条生产线竣工投产。全年净增限额以上企业83家，全市限额以上工业企业主营业务收入、利税、利润、实缴税金分别增长44.2%、31.6%、34.6%和41.4%。工业用电量增长28.2%，经济效益综合指数提高6.5个百分点。

城市建设与管理成效显著。规划体系进一步完善，累计投入800多万元，先后完成物流园区、历史文化名城保护、南阳河综合开发等36个专项规划和详细性规划。市民休闲娱乐中心、中央商务区、东夷文化生态园、前营子和后官营旧城改造等重点工程有序推进。309国道城区段拓宽改造、工业路中段建设等15项市政工程按期完工，被命名为“国家园林城市”。集中开展乱搭乱建、交通秩序、环境卫生等专项整治活动，规范露天烧烤和洗车、配件、废品收购、劳务市场，市容市貌明显改观，顺利通过“国家卫生城市”复核验收。成立城市建设投资开发公司、招投标管理中心，城建重点项目全部实行市场化运作，经营城市迈出新的步伐。

服务业发展再上新台阶。旅游基础设施不断完善，云门山广场、龙潭湖防

渗等工程全面完工，风景区乱搭乱建、乱设坟墓现象得到有效控制，龙兴寺重建、将军文化生态园等旅游项目进展顺利。云门山风景区、仰天山森林公园被评为国家AAA级景区，顺利通过“中国优秀旅游城市”复核，门票收入、旅游总收入分别增长20%和31%。商贸流通业日益繁荣，新型业态更新速度加快，超市、连锁店、专营专卖店成为城区市场的主体，并快速向农村拓展。规范改造青州商城、义和西街等市场，新增交易额过10亿元的市场4家。现代物流中心被列入省“十一五”服务业发展规划，港天保税物流区前期准备工作就绪，钢材物流中心基本完工。社会消费品零售总额、市场交易额分别增长16.1%和18%。房地产开发规模与档次不断提高，住房二级市场日趋活跃，小区物业管理得到初步规范。

*新农村建设实现良好开局。*大力发展农业龙头企业和农民专业合作经济组织，狠抓标准化生产，农业产业化水平明显提高。新增销售收入过千万元的龙头企业16家，新成立合作组织64家，完成7万亩绿色食品基地和10个绿色食品品牌认证。转移农村劳动力1.8万人，农民增收渠道进一步拓宽。集中开展农村环境综合整治，博（山）临（朐）路张庄至孙旺段、程东路等道路工程全部完工，新修改造农村道路180公里，农村生产生活条件进一步改善。成功举办中国（青州）花卉博览交易会，规模、效益同步提升，被授予“中国花木之乡”称号。积极发展优质粮生产，再次被评为“全国粮食生产先进县”。新农村建设的经验和做法，得到了省、潍坊市的充分肯定。

*财税工作得到有效加强。*深入实施综合治税，强化税收征管，保证了地方财政收入的快速增长。财政管理体制进一步理顺，基层机关干部、教师和村主要干部工资实行统一发放，离退休人员工资实现社会化发放。推行国库集中收付和会计集中核算，128个财务独立核算单位全部纳入统一管理，新型财政监管运行机制初步形成。合理运筹财政资金，集中财力统筹解决发展中的重点、难点问题，财政对经济社会的保障能力明显增强。不断加强重点支出项目的资金监管，财政资金的运行和使用效率进一步提高。

*和谐社会建设迈出新步伐。*实现就业和再就业6500人，登记失业率控制在3.18%以内，被确定为全省统筹城乡就业试点市。高度重视老龄事业，被评为“全国老龄工作先进市”。全面提高城乡低保、五保供养标准，成立慈善总会，社会保障和救助得到加强。实施各类科技计划37项，申请专利153件，科技对经济增长的贡献率进一步提高。教育质量稳步提升，高考本科一榜上线5099人，新二中投入使用，农村义务教育“两免一补”得到全面落实。广泛开展社区文体和“三下乡”活动，丰富了群众的精神生活。加强食品药品监督管理，食品安全信用体系不断完善。卫生体制改革全面推进，新型农村合作医疗参合率进一步提高，医疗卫生条件显著改善，被列为全国疾病预防控制管理试点县。计划生育圆满完成各项指标，耕地总量保持平衡，矿山开采秩序明显好转，顺利通过“国家环境保护模范城市”技术评审。扎实开展双拥共建活动，连续五次被评为“全省双拥模范城”。平安青州建设扎实推进，群众性精神文明创建活动丰富多彩。

【2006中国（青州）花卉博览交易会】 2006中国（青州）花卉博览交易会于9月28日开幕，10月7日闭幕。参观人数达到50.3万人次，参展客商人数达到2.5万人次，实现厅内交易额5960万元，厅外交易额6350万元，签定招商项目合同或协议68个，合同利用外资45亿元，其中境外资金7850万美元。青州花卉博览交易会被评为山东省社会文化活动知名品牌，并入选中国节庆五十强。花博会的成功召开，成为展示青州优秀文化、发展成果和扩大对外交流合作的重要平台。

镇、街道办事处概况

王府街道办事处 位于青州市城区中部，面积15.3平方公里，辖22个社区居委会，5160户，人口6.98万，耕地面积870亩。2006年，全街道完成地区生产总值13.7亿元，比上年增长25%；地方财政收入1261万元，比上年增长28%；工业实现销售收入23亿元，利税1.98亿元，分别增长40.6%和38%；第三产业增加值8.5亿元；农民人均纯收入7398元。

王府街道以“三个代表”重要思想为指导，以构建和谐社会为目标，以科学发展观统领全局，围绕市委、市政府提出的“工业振兴、城市建设与管理转型、服务业提升、社会主义新农村建设”四个工作重点的目标要求，正确处理改革、发展和稳定的关系，凝心聚力求发展，务实创新争一流，街道经济和社会各项事业呈现出健康、快速、协调发展态势。先后荣获全国小城镇综合发展水平千强镇（列394位）、国家体育工作先进单位、山东省文明单位、山东省信访工作先进单位、山东省双拥工作先进单位、山东省社会治安综合治理先进单位、山东省劳动和社会保障示范窗口等荣誉称号。

党工委书记　郭桂林
办事处主任　李修祥

益都街道办事处 位于青州市北部城区，面积14.5平方公里，辖18个社区居委会，15846户，人口5.1万，现有耕地面积1200亩。2006年，全街道完成地区生产总值13.1亿元，比上年增长25%；地方财政收入2463.2万元，增长19%；工业实现销售收入46.9亿元，利税3.97亿元，分别增长68%和39%；第三产业增加值15.48亿元；居民人均纯收入7368元。

汽车站、火车站都位于益都街道辖区内，交通方便，通讯发达，基础设施配套齐全，发展经济的区位优势明显。益都街道牢固树立科学的发展观和正确的政绩观，坚持以人为本的理念，以构建和谐社会为目标，解放思想、更新观念、真抓实干，确保了全街道经济社会又好又快发展。先后被授予“全国和谐社区示范街道”、“全国小城镇综合发展水平1000强镇（街道）”（居全国第301位、山东省第16位）、“山东省和谐社区建设示范街道”等荣誉称号，并誉为“山东省最具投资价值的地方”。

党工委书记　陈金平

办事处主任　张冠旺

昭德街道办事处 位于青州市城区东南部，面积12.5平方公里，辖25个社区，15164户，人口5.3万，耕地面积1348亩。2006年，全街道完成地方生产总值12.77亿元，比上年增长25.6%；财政总收入4362万元；工业实现销售收入47.1亿元，利润28810万元，税金9330万元，增长76%、90.1%和46%；第三产业增加值达到91150万元；居民人均纯收入7368元。

工业经济发展较快。现有工业企业370家，其中市级限额以上工业企业40家；拥有机械、食品、印刷、包装、电子等十几个行业，门类齐全，结构合理。昭德民营工业园配套设施齐全，政策优惠，入园企业80家，成为昭德经济发展的良好平台。第三产业蓬勃发展。北部以长途汽车站为中心，瓜市副食品、海天水产干货等市场蒸蒸日上；南部以南环路为轴线，百大绿州生态园、南山大酒店等特色餐饮业红红火火，商贸流通服务业配套齐全。和谐社区建设成效明显，被确定为“山东省公民道德建设示范点”。多次荣获“先进基层党组织”、“省级文明单位”、“山东省民族团结进步先进集体”、“平安山东建设工作先进街道”等荣誉称号。

党工委书记　刘传明

办事处主任　刘瑞宏

东坝街道办事处 位于青州市城区东部，总面积36平方公里，辖36个行政村，8600户，人口3.2万，耕地面积2.55万亩。2006年，全街道完成农村经济总收入28.2亿元，财政总收入5148万元，分别比上年增长23.08%和20.1%；工业实现销售收入24.2亿元，利税1.8亿元，分别增长23.83%和27.37%；第三产业增加值31578万元，增长35%，农民人均纯收入达到5818元，增长17.6%。

东坝街道办事处坚持把城市建设、民营经济、招商引资作为工作的重中之重，实现了农民增收、财政增长、城市增亮，促进了经济和社会各项事业的全面进步。全街道民营企业发展到330多家，其中销售收入过亿元的企业发展到4家，过5000万元的企业发展到8家，形成了钢铁、化工、制革、包装、机械等五大产业，年实现销售收入20多亿元，创利税2亿多元。根据青州市新一轮城市建设总体规划，东坝成为城市新区规划区。万红大道、体育中心、会展中心“一路两中心”三项重点工程已全面展开，并将于年内竣工投入使用，初步搭起城市新区建设框架。

党工委书记　侯方庆

办事处主任　褚兴春

王母宫街道办事处 位于青州市区北部，面积61.2平方公里，辖42个行政村，10496户，人口3.98万，耕地面积4.2万亩。2006年，全街道共完成地区生产总值11.2亿元，比上年增长95.5%；财政总收入4998.7万元，地方财政收入1812.7万元，分别比上年增长124.3%和66.2%；工业实现销售收入29.65亿元，利税2.43亿元，分别比上年增长34.9%和23.4%；农民人均纯收入5539.5元。

王母宫街道认真落实科学发展观，以开发区建设为重点，不断完善基础设施建设和配套服务水平，提升开发区规模和档次，使开发区成为全市经济建设的重要平台和新的经济隆起带。2006年全街道共引进2000万元以上项目39个，其中5000万元以上的15家，合同投资额7.6亿元，实际到位资金2.4亿元，完成全年任务的120%。已有160余家企业项目落户开发区，其中38家限额以上企业成为工业经济的主力军。

党工委书记　任　祥

办事处主任　杨忠俊

云门山街道办事处 位于青州市区南部，面积38平方公里，辖30个社区，人口2.6万，耕地面积1.8万亩。2006年，完成地区生产总值3.41亿元，比上年增长33.7%；财政总收入1765万元，其中地方财政收入846万元，比上年增长80%；工业实现销售收入6.74亿元，利税2357万元，分别增长106.4%和92.4%；第三产业增加值达1.09亿元；农民人均纯收入5219元。

云门山街道境内有摩崖巨“寿”而驰名中外的云门山，是著名的云驼风景区，国家大型企业山东工程机械有限公司坐落街道腹地。努力建设以职业教育、名胜旅游、佛教文化、现代工业为重点的南部新城区。职教中心、广福寺、龙兴寺、锦绣江南生态园、将军文化生态园、甲子文化生态园、九龙涧等全市重点工程相继开工建设。先后被省政府授予“民族团结进步先进集体”、“村民自治先进单位”等荣誉称号，被潍坊市委市政府授予“信访工作先进单位”、“民族团结进步先进集体”等荣誉称号。

党工委书记　郭志荣

办事处主任　杨爱东

弥河镇 位于青州市东南部，面积101平方公里，辖77个行政村，14661户，人口5.4万，耕地面积5.1万亩。2006年全镇完成地区生产总值7.46亿元，比上年增长8.2%；地方财政收入494.6万元，比上年增长20%；工业实现销售收入8.5亿元，利税9800万元，分别增长51%和67%。第三产业增加值达9500万元，农民人均纯收入4921元。

弥河镇地貌较为特殊，自西向东，山区、丘陵、平原各占三分之一，是青州地形的典型代表。镇区内物产极为丰富，东部的弥河银瓜，曾作为朝廷贡品，西部的“山中玉”牌柿干，荣获国家有机食品和绿AA级食品双项认证，另外，沙资源和页岩石资源丰富，为发展新兴建材业提供了保障。工业发展势头强劲，镇党委政府确立了“工业立镇”的发展战略，依托资源、区位、交通、地貌四大优势，大力发展新型建材、机械制造、铸造、造纸及食品加工

业。文化底蕴丰厚，战国时代的龙山文化遗址、唐代的修真宫、赵匡胤的传说及解放战争时期华东局指挥部及华东保育院旧址，充分显示着这块土地的古老与辉煌。

党委书记　阎　豹

镇　　长　付　晓

王坟镇　位于青州市西南部，面积219.6平方公里，辖101个行政村，1.4万户，人口5.1万，耕地面积4.2万亩。2006年，全镇完成地区生产总值4.66亿元，比上年增长10.6%；地方财政收入618万元，比上年增长3.5%；工业实现销售收入8.36亿元，利税6240万元，分别增长11%和7%；第三产业增加值达1.42亿元；农民人均纯收入4413元。

王坟镇特色农业发展迅速，是海内外市场享有盛誉的“青州柿干”、“青州山楂饼”主产地。王坟镇注重发展特色农业，已形成果品、黄烟、畜牧、蚕茧、木本花卉、中药材、旱作蔬菜、茶叶八大支柱产业。成为山东省乃至全国山区综合开发的先进典型。王坟镇工业发达，依托当地丰富的果品、槐米、蚕茧等资源，构筑起山楂食品、果蔬原浆、生物化工和缫丝加工四大系列100余类产品的工业体系。被誉为“中国山楂制品第一镇”。王坟镇商贸业繁荣发展，仰天山国家级森林公园坐落辖区内。丰富的果品资源、得天独厚的旅游业、迅猛发展的食品加工业带动了仓储、包装、物流、餐饮等行业迅猛发展。

党委书记　姚爱和

镇　　长　庄新江

五里镇　位于青州市西部，胶王路横贯镇区，面积128平方公里，辖84个行政村，1.3万户，人口4.6万，耕地面积4.2万亩。2006年，完成地区生产总值6.1亿元，比上年增长12.3%；地方财政收入456万元，比上年增长15%；工业实现销售收入6.3亿元，利税5862万元，分别增长30%和62%；第三产业增加值达1.68亿元，农民人均纯收入4206元。

境内碱石、红粘土、页岩资源丰富，立足资源优势招商成效显著，工业体系日益完善，民营企业发展迅速。其中，总投资2.4亿元的青州筑金新型建材项目现已开工建设。形成了果品加工、机械制造、建材开发、石雕加工、建筑安装、纺织六大门类，民营企业达300多家。果品资源丰富，是有名的蜜桃之乡，是干鲜果品生产加工集散地，青州蜜桃、青州柿干等土特产闻名海内外。境内旅游资源丰富，有著名的玲珑山、牛角岭、井塘古山寨、驼山滑雪场等景点，每年吸引众多海内外朋友前来旅游观光。

党委书记　丁爱辉

镇　　长　季太平

庙子镇　位于青州市区西南部，面积195.3平方公里，辖68个行政村，1.22万户，人口4.088万，耕地面积3.4845万亩。2006年，全镇完成地区生产总值5.7亿元，比上年增长39%；地方财政收入620万元，比上年增长29.7%；工业实现销售收入26.7亿元，利税1.8亿元，分别增长27.5%和27.7%，第三产业增加值达4133万元；农民人均纯收入4504元。

庙子镇矿产资源丰富。已探明铁矿石储量1亿多吨，石灰石储量50亿吨以上，红粘土储量10亿多吨，碱石储量丰富，天然矿泉水取之不竭。小城镇建设日新月异。建成区面积2.4平方公里，常住人口1.5万余人。2004年被国家建设部等六部委联合命名为“国家级重点小城镇”。特色农业优势突出。桑蚕、黄烟、土豆三大特色产业实现了区域化、规模化、专业化生产。庙子全羊、仰天山牌肴驴肉、雪山牌山鸡蛋等特色品牌闻名省内外。观光旅游业方兴未艾。境内有仰天山国家级森林公园、仁河水库、牛角岭盘山公路、朝阳洞、仙人桥、唐赛儿寨等名胜古迹30多处，是中国优秀旅游城市青州市的重点旅游景区。

党委书记　刘务军

镇　　长　刘文革

邵庄镇　位于青州市西部山区，面积99.8平方公里，辖41个行政村，1.15万户，人口3.96万，耕地面积2998公顷。2006年，全镇完成地区生产总值6亿元，比上年增长27%，地方财政收入430万元，比上年增长65.4%；工业实现销售收入12.1亿元，利税8665万元，分别增长36%和47%。第三产业增加值达19112万元，农民人均收入4167元。

邵庄镇与齐鲁石化总公司毗邻，具有较强的地理区位优势，境内石灰石、铁矿石资源丰富。全镇现有工业小区两处，总面积1500亩，区内个体、私营企业达530余家，其中规模以上企业20家，逐渐形成了以化工、钢铁铸造、建材加工等为主导的工业体系。邵庄镇是有名的“柿子之乡”，柿子基地建设初具规模。豆腐干制作工艺流传至今已有2000多年的历史，“东台头”牌豆腐干以其纯熟的工艺、优良的品质、良好的口感赢得了消费者的青睐，产品畅销全国各地。邵庄镇环境优美、景色旖旎，有著名的黑山、雀山等旅游风景区。

党委书记　王万信

镇　　长　张晓杰

普通镇　位于青州市西郊，面积65平方公里，辖51个行政村，9404户，人口2.91万，耕地面积3.4万亩。2006年，全镇完成地区生产总值41876万元，比上年增长22%；地方财政收入294万，比上年增长69.9%；工业实现销售收入13.36亿元，利税7255万元，分别增长26.6%和12.3%；第三产业增加值达3973万元；农民人均纯收入4268元。

普通镇交通条件优越，基础设施完善，区位优势明显。青州市西环路、胶济铁路、济青公路贯穿镇境内，309国道经过镇区北部，实现了村村通柏油路。镇内有变电站3座，青州市自来水水源地一处，水电供应充足，通讯设施先进。全镇果品资源丰富，有冬雪蜜桃、红香椿、柿干等特色农产品生产基地，是冬雪蜜桃的原产地，绿色食品“古州”牌冬雪蜜桃1.5万亩，年产量3000万公斤。工业以建材、机械、化工、雕刻为主。建材工业发展较快，明祖山水泥厂生产的“明祖山”牌水泥是山东省名牌产品和质量免检产品。中国星火计划推广的轻体板制品已初具生产规模。总投资15亿元的12000t/d大型水泥项目正在紧张建设，第一条生产线已建成投产。

党委书记　王同章

镇　　长　宋　玉

东高镇　位于青州市西部，面积41.6平方公里，辖39个行政村，8600户，人口3.1万，耕地面积3.9万亩。2006年，全镇完成地区生产总值4.9亿元，比上年增长53.3%；地方财政收入347.3万元，比上年增长91%；工业实现销售收入9.5亿元，利税6400万元，分别增长35%和38%；第三产业增加值达5000万元；农民人均纯收入4970元。

东高镇交通、区位优势明显。东接青州市区，西临淄博市，309国道、济青高速公路横贯东西，胶济铁路客运、货运均穿镇而过，设有普通货运车站。工业发展迅速。全镇现有企业60多家，规模以上企业16家，形成化工、机械、建材、农产品深加工四大优势产业。出口创汇工业发展迅速，产品出口美国、日本等国家，年创汇150万美元。现代农业发达。现有青州全成食品有限公司等6家农业龙头企业，带动形成畜牧、蔬菜、花卉、苗木四大农业生产基地，初具“企业连基地，基地带农户”的农业产业化新格局。

党委书记　许福山

镇　　长　郭文明

高柳镇　位于青州市北部，南距青州市区10公里，面积59.6平方公里，辖51个行政村，人口3.4万，耕地面积5.6万亩。2006年完成地区生产总值6.3亿元；完成财政总收入843.7万元，完成地方财政收入418.3万元；完成储蓄存款余额达2.4亿元；农民人均收入5397元。

高柳镇党委、政府突出发展民营经济，大力发展高产高效农业，加快第三产业发展步伐，全镇经济和社会诸项事业得到持续、快速、健康发展。工业强镇，大力发展民营经济。逐步形成了电力电缆、食品机械、建筑机械、副食品加工、化工、服装加工六大行业。农业富镇，全面提高农民收入。大力推广农业标准化生产，狠抓基地、市场和品牌建设。培育并注册了茄子、辣椒、西红柿等六个“高柳牌”无公害蔬菜品牌，高柳蔬菜成为山东省首批获北京销售的绿色农产品，高柳蔬菜市场是国家农业部定点市场。三产兴镇，高柳镇被评审为“潍坊市中心镇”、连续八年被青州市委、市政府授予“小城镇建设先进单位”称号。

党委书记　黄　芳（女）

镇　　长　刘　宏

朱良镇　位于青州市最北部，东邻寿光，西联淄博，北接东营，面积60.1平方公里，耕地面积6万亩，辖44个行政村，11300户，4万人。2006年全镇完成地区生产总值3.9亿元，比上年增长18%；地方财政收入228万元，比上年增长48.2%；工业实现销售收入10.7亿元，利税7025万元，分别增长8%和8.6%，第三产业增加值达4980万元，农民人均纯收入5300元。

朱良镇以大棚蔬菜种植、禽畜养殖为主的种养业发展迅速。建有1.2万亩“朱良牌”无公害蔬菜生产基地、4.5万亩优质小麦基地、千头肉牛和良种鸭养殖基地。工业发展形成一定规模，主要有石化、塑料、钢构等产业，阳河工业园成为招商引资的重要载体。小城镇建设步伐加快，已步入现代化小城镇发展轨道。2005年以来，被国家司法部授予“全国模范调解委员会”荣誉称号，先后被潍坊市委、市政府授予“平安潍坊建设先进单位”和“潍坊市老干部先进集体”等荣誉称号。

党委书记　宋执湖

镇　　长　赵建东

何官镇　位于青州市北部，面积63平方公里，辖29个行政村，9000户，人口3.4万，耕地面积5.6万亩。2006年，全镇完成地区生产总值4.9亿元，比上年增长26%；地方财政收入257万元，比上年增长21%；工业实现销售收入2.8亿元，利税2000万元，分别增长25%和30%。第三产业增加值达8000万元，农民人均纯收入5445元。

何官镇形成了机械、纺织、造纸等六大工业支柱行业；落户青州市开发区的企业达11家，总投资6.5亿元。农业蔬菜面积4.5万亩，胡萝卜种植远近驰名；蛋鸡、肉鸭、奶牛实现标准化养殖；注册有“何官”牌无公害鸡蛋和“满园红”绿色蔬菜商标；成立了奶牛、蔬菜保鲜等经济合作组织。村镇基础设施不断完善，第三产业繁荣昌盛，社会事业长足发展。被潍坊市委、市政府授予“先进基层党组织”、“平安潍坊建设先进乡镇”、“文明村镇”等荣誉称号；被潍坊市纪委、监察局、人事局授予“全市纪检监察系统先进集体”荣誉称号。

党委书记　陈同洲

镇　　长　赵宏伟

口埠镇　位于青州市东北部，面积70平方公里，辖53个行政村，11230户，人口4.2万，耕地面积7万亩。2006年，全镇完成地区生产总值25.7亿元，比上年增长136%；地方财政收入3151万元，比上年增长121.7%；工业实现销售收入78亿元，利税43205万元，分别增长36.8%和37%；第三产业增加值达到14012万元；农民人均纯收入达到5180元。

口埠镇交通便利，济（南）青（岛）高速公路、东（营）红（花埠）高速公路在镇内交汇，并设有两个出入口，羊（口）临（朐）公路穿境而过，益（都）羊（口）铁路横贯南北，镇内“六纵六横”120公里柏油道路建设全面完成。全镇农业产业化水平高，无公害蔬菜、优质小麦、畜牧养殖成为全镇

三大支柱产业，年产辣椒、茄子等各种优质蔬菜15万吨，畅销北京、上海、南京、哈尔滨等20多个省市。工业生产支柱强劲，全镇“一大六小”七个工业园区内落户企业百余家，已形成初具规模的石油化工、麦芽加工、纸品包装、机械制造、化肥生产等现代化工业格局。2006年，口埠镇相继被潍坊市委、市政府授予“文明单位”、“文明村镇”、“爱国卫生示范乡镇”、“食品药品工作先进单位”、“安全生产先进单位”、““科协工作先进单位”、“征兵工作先进单位”、“平安建设模范镇”等荣誉称号。

党委书记　韩其昌

镇　　长　陈　进

东夏镇　位于青州市东北部，地理位置优越，交通十分便捷。面积99平方公里，辖90个行政村，1.66万户，人口6.3万，耕地面积9.8万亩。2006年，全镇完成地区生产总值10.2亿元，比上年增长30.5%，地方财政收入498.6万元，比上年增长22%，工业实现销售收入20.6亿元，利税2.18亿元，分别增长30.8%和35.7%；第三产业增加值达到1.26亿元；农民人均纯收入5180元。

东夏镇农业结构合理，已形成了大姜、瓜菜、粮食、菜葫芦、果品、畜牧六大支柱行业，建有2万亩大姜、2万亩瓜菜、5000亩菜葫芦、4万亩国家级优质小麦四大生产基地。东夏镇工业发达。现有民营企业500余家，成为山东省最大的五金加工专业镇。尤其通过出台一系列招商引资优惠政策，吸引了一大批国内外客商落户东夏镇。已形成了农产品加工、五金加工、包装印刷、塑料编织、化工、食品六大支柱行业。开放的东夏镇，是投资者的乐园，列入省“十一五”规划的港天保税物流项目已进入工程的实施阶段。

党委书记　赵华章

镇　　长　高乐江

谭坊镇　位于青州市东部，面积84.1平方公里，辖74个行政村，1.3万户，人口5.4万，耕地面积8.3万亩。2006年，全镇完成地区生产总值12.5亿元，比上年增长25%；地方财政收入381万元，比上年增长56.8%；工业实现销售收入10.8亿元，利税1798万元，分别增长28%和43%；第三产业增加值达到13925万元；农民人均纯收入6905元。

瓜菜种植是谭坊镇的特色产业。全镇8.3万亩耕地有8万亩瓜菜，远销全国20多个省市自治区，是国家级无公害瓜菜生产基地。“谭坊”牌西瓜被评为首届北京国际农产品博览会名牌产品。农业生态旅游日渐升温，境内“香山看海”、“香山汉俑”“十里瓜廊”等景观每年吸引10余万名外地观光者。工业企业方兴未艾，有蔬菜加工、肉食品加工、冶炼、化工、塑料、机械、彩印等数十个门类，是山东省重要的蔬菜加工出口基地之一，被评为全国农产品加工示范基地。夹河驴肉是谭坊特产，被评为潍坊名吃。第三产业日益蓬勃，是山东省中心小城镇和辐射周边地区瓜菜、劳务、农资及生活必需品的配给中心和价格生成中心。

党委书记　赵明光

镇　　长　王鸿光

郑母镇　位于青州市东南部，面积78平方公里，辖45个行政村。人口4.5万，耕地面积6.5万亩。2006年，全镇完成地区生产总值6.5亿元，比上年增长41%；地方财政收入335万元，比上年增长48.7%；工业实现销售收入19.1亿元，利税1.1亿元，分别增长45.8%和36%。第三产业增加值达4936万元，农民人均纯收入5200元。

郑母镇历史悠久，名人辈出，文化氛围浓厚，被誉为状元之乡、丞相故里、将军摇篮。镇党委政府紧紧抓住经济建设这个中心不动摇，牢固树立建设新型工业城镇的总体发展思路，夯实农业基础，优化结构，形成了瓜菜、杂果、畜牧三大主导产业。全镇工商企业发展到150多家，其中，限额以上企业发展到21家，形成了机械、机电、金属、化工、食品等门类，民营经济发展势头强劲。第三产业以镇区为载体，形成了沿公路郑母至赵坡5公里的隆起带，集贸市场和瓜菜市场繁荣活跃，经济发展驶上了快车道。

党委书记　刘永福

镇　　长　杨福来

黄楼镇　位于青州市东部，面积52平方公里，辖50个行政村，10154户，人口4.1万，耕地面积4.6万亩。2006年，全镇完成地区生产总值6.94亿元，比上年增长23%；地方财政收入305.8万元，比上年增长58%；工业实现销售收入9.8亿元，利税5995万元，分别增长16.8%和11.6%。第三产业增加值达1.45亿元，农民人均纯收入5360元。

黄楼镇是全国知名的花卉种植区和集散地，素有“江北花卉第一镇”之美誉。截止2006年底全镇花卉种植面积2.1万亩，高档次室内花卉市场10万平方米，花卉专业户4000多户，花卉园区18个。自2001年以来，连续成功举办了六届省级以上规模的花卉博览交易会，从2003年起，在黄楼镇举办的花博会跻身国家级农展会之列。瓜菜、畜牧也是黄楼镇的特色产业，其中特产“弥银”牌银瓜为历代贡品，曾获全国农产品展销会名牌产品称号。黄楼镇的工业也富有特色，以屠宰加工、冷冻冷藏为主的农畜产品加工和以钢球生产、挖沙机械制造为龙头的机械工业不断发展壮大，已成为全镇经济的支柱。作为中国花木之乡和青州市重点建设的特色经济强镇，小城镇建设日新月异，商贸、餐饮、娱乐等花卉配套服务业兴旺繁荣。

党委书记　扈本溪

镇　　长　刘元德

（王立学　孟凡林　供稿）

诸 城 市

中共诸城市委、市人大、市政府、市政协领导成员名单

市委书记	邹庆忠
副书记	陈汝孝　张洪全
市人大常委会主任	邹庆忠
副主任	刘作光　李宁 温志莲（女） 王　金　宋瑞亮 杨中波 臧晋运　刘金杰
市政府市长	陈汝孝
副市长	尹凤来 刘峰梅（女） 李士来　孙利宝 高崇臻　杜建华 王洪伟
市政协主席	王纪亮
副主席	张海铁　吴建智 王敬娥（女） 许传平　徐恩聪

牢固树立科学发展观 努力建设富裕和谐现代化强市

2006年，诸城市在上级党委政府的坚强领导下，全市上下坚持以邓小平理论、“三个代表”重要思想为指导，牢固树立科学发展观，认真贯彻上级一系列方针政策，凝心聚力，创新实干，经济和社会事业实现了又好又快发展。全市完成地区生产总值245亿元，比上年增长18%；实现财政总收入20.8亿元，其中地方财政收入12.1亿元，分别增长31%和28.5%；综合发展实力跃居“全国百强县（市）”第65位，被省委、省政府表彰为“县域经济发展先进单位”、首批省级文明城市。

工业经济迅猛发展，运行质量明显提高。规模以上工业企业达到489家，比上年增加69家，实现销售收入590.6亿元，利税42亿元，分别增长23.5%和26.6%。汽车、食品、纺织服装三大支柱产业集群优势日益突出，继2005年创为“中国男装名城”、“山东省汽车工业产业集群”之后，2006年又被评为“全国食品工业强县”和“山东省商用车及零部件制造业基地”。医药化工、木器家具、建筑建材、装备制造、电子信息产业快速发展。骨干企业群体不断壮大，全市有77家企业销售收入过亿元，63家利税过千万元，有9家进入国家大型工业企业行列。品牌战略成效显著，新创国家级品牌9个，省级品牌24个。

新农村建设扎实推进，农村经济全面繁荣。2006年完成农村经济收入742亿元，增长19.3%。现代农业发展步伐明显加快，新增潍坊市级以上龙头企业24家，总量达到41家；新增绿色无公害农产品6个、基地6万亩，被评为“全国农业标准化示范先进单位”。农村生产生活条件明显改善，新修改造农村油路103.6公里；村庄自来水普及率达到88%，比年初提高55个百分点。诸城市新农村建设的经验多次被列为全国县（市、区）委书记、县（市、区）长“建设社会主义新农村”专题培训班授课内容。

招商引资成效显著，对外经贸日益扩大。坚持“三体招商”，招商引资在竞争中实现了新突破。全市共引进各类项目600多个，引进市外资金77.3亿元，其中外商直接投资5600万美元。克服诸多不利因素，对外经贸在逆境中取得新进展，实现进出口总额6亿美元，其中出口5亿美元，分别增长20.9%和20.1%。

城乡面貌日新月异，城市功能不断完善。加强基础设施建设，高标准完成了薛馆路诸城东段、人民东路中段、城区西南出入口拓宽改造等10多项重点工程。加大城区绿化力度，建成区绿化覆盖率达到36.3%。加快旧城改造步伐，开工建设了一批住宅小区。高度重视环境保护，舜河污水处理厂建成运营。扎实开展“两城一市”创建工作，顺利通过全国“两灭一控”工作先进城市验收。继续深化城市环境和路域综合整治，推行了城区主次干道精细化管理，城市管理水平不断提高，被评为“全省城市综合整治先进市”。城市化进程的加快，带动了现代化服务业的发展，完成服务业增加值61亿元，实现社会消费品零售总额62.2亿元，分别增长20%和16.2%。

各项事业协调发展，人民生活水平稳步提高。科技进步明显加快，科技对经济增长的贡献率达到56%。认真落实农村义务教育“两免一补”政策，资助贫困家庭学生1万余人。开工建设体育馆和游泳馆。积极推进新型农村合作医疗，农民参合率达到95.3%。城乡居民就业不断扩大，城镇登记失业率控制在1.93%；在潍坊市率先推行五项社会保险费“一票征缴”，全市参保人员达到19.2万人；健全完善社会救助体系。城乡居民收入持续增加，城镇居民人均可支配收入达到11177元，农民人均纯收入6060元，分别增长7.6%和12%；城乡居民储蓄余额达到89.2亿元，增加12.3亿元。精神文明建设成果丰硕，分别荣获1个国家级、20个省级和64个潍坊市级精神文明单位称号。“平安诸城”建设成效显著，被省委、省政府表彰为“平安山东建设模范县（市）。安全生产措施得力，被评为“全省安全生产先进单位”。

乡镇、街道办事处概况

密州街道办事处 地处诸城市区中东部，面积150平方公里，辖79个行政村，40个社区居委会，人口17.3万，是全市政治经济和文化的中心。2006年，全街道共完成经济总收入134.8亿元，比上年增长20.2%；财政总收入1.28亿元，增长20%，其中地方财政收入5000万元，增长22.3%；农民人均纯收入6007元，增长10.1%；工业企业共完成总产值129.6亿元，实现销售收入128.8亿元，利税10.4亿元，分别增长19.6%、19.4%和19.3%。

2006年街道招商引资和大项目建设实现了新突破。全年实际到位市外资

金10.2亿元，其中到位境外资金900万美元。引进过千万元的大项目33个，其中过亿元的7个。工业经济蓬勃发展，街道拥有民营企业1958户，限额以上工业企业114家，培植起了包括服装轻纺、机械制造、建筑建材等为主的六大支柱产业。城市建设日新月异，街道在狠抓环境综合整治的基础上，综合规划了密州花园小区和金屋小区等5个过亿元的建设项目，大大加快了整个街道的旧城改造步伐。现代服务业繁荣发展，特别是房地产开发、饮食服务、商流运输、休闲娱乐等行业发展迅速，街道拥有星级大酒店2处。社区服务网络健全，教育、医疗卫生体系完善，交通、邮电、电力等基础设施配套齐全，社会安定，政治稳定，具有良好的工作、生活条件和一流的投资环境。密州街道致力于经济社会的和谐发展，连续三年在全市乡镇（街道）综合经济指标考核中位居第一。先后被授予全国小城镇综合发展水平1000强（居122位）、山东省构建和谐社会示范街道、潍坊市先进基层党组织、潍坊市发展民营经济二十强、诸城市经济工作先进单位等荣誉称号。

党工委书记　蒋德华

办事处主任　管延贵

龙都街道办事处　位于诸城市区西部，面积110平方公里，辖86个行政村（社区），36852户，人口11.6万，耕地面积7.0万亩。2006年，全街道完成地区生产总值22.5亿元，比上年增长22%；地方财政收入3482万元，比上年增长53%；工业实现销售收入90亿元，利税6.8亿元，分别增长31%和34%；第三产业增加值达7.2亿元；农民人均纯收入6144元。

2006年，街道工业经济优势突出，形成了以机械、铸造、陶瓷、服装、针织、食品为主导产业的工业体系，一大批投资过千万元、过亿元的新项目纷纷落地投建，一大批带动力强的骨干企业竞相崛起，一大批名牌产品脱颖而出。强化城市管理职能，加大城市环境综合整治力度，脏乱差的现象得到了有效整治，进一步提升了城市形象。大力实施科技兴农战略，不断加大结构调整力度，随着一批农业龙头企业的建成，加快了农业标准化、规模化、产业化的发展。社会主义新农村建设扎实推进，社会各项事业全面发展，基本实现了村村通自来水，村村通柏油路、村村通有线电视，农村生产生活环境得到了进一步改善。

党工委书记　于明堂

办事处主任　王洪发

舜王街道办事处　位于诸城市北新区，面积166平方公里，辖8个社区，83个行政村，2.5万户，人口8.3万，耕地面积12.4万亩。2006年，全街道完成财政总收入3719.4万元，其中地方财政收入2428.6万元，分别增长35%和39.8%。限额以上工业企业完成工业总产值24.8亿元，实现销售收入23.9亿元，利税2.0亿元，分别增长28.4%、42.5%和55.3%。截至2006年年底，街道私营企业户数达到317家，从业人员5500人；个体户户数达到1244户，从业人员1692人。农民人均纯收入7038元。

区位优势明显，交通便捷。街道办事处驻地位于市区以北10公里，诸城火车站、青（岛）莱（芜）高速公路206国道出入口位于境内，处于青岛、潍坊1小时经济圈。工业基础雄厚，蓬勃发展。形成了机械制造、针织服装、化工建材、印刷包装、食品加工五大主导产业。服务业活力十足，商机无限。借助工业快速发展、城市化加快的东风，进一步整合资源，加大投入，服务业发展实现了新突破。投资兴建了舜王商贸城，全年实现交易额9200万元；投资1.2亿元的钢材市场已有206家业户入驻。

新农村建设扎实推进。特色农业规模扩张，加大了农业结构调整力度。加大农村基础设施投入力度，“村村通”工程进展顺利，各项工作走在了全市各乡镇（街道）前列。加大了农村环境治理力度，50%以上的村都进行了美化和绿化，农村环境卫生明显改观。

党工委书记　赵治国

办事处主任　李传岗

诸城经济开发区　位于诸城市北部，规划面积32平方公里，辖16个行政村，4646户，15660人。2006年，完成业务总收入122.2亿元，利税8.66亿元，增长53%和247%，完成进出口总额3.3亿美元，其中出口2.77亿美元，分别增长65%和72.1%，实现财政收入3.05亿元。开发区着力加快“动力、活力、靓丽、魅力、和谐、平安”六大园区建设，全区经济社会在新的起点上实现了又好又快地发展。综合发展实力跃居全省省级开发区第十位，并被表彰为“先进开发区”。

工业经济突飞猛进。投产企业91家，完成工业产值111.1亿元，利税7.8亿元，分别增长63.5%和64%。协议引进资金45.8亿元，签约项目47个，其中过亿元的8个。纺织服装、机械制造、食品加工三大支柱产业的产值和利税占全区的80%以上，生物医药、木器家具、能源化工等新兴产业日益崛起。服务业活力十足。已发展起服务业项目48个，总投资15亿元。基础设施逐步完善。全年完成配套资金1.1亿元，初步建成了一个规划科学、功能齐全、设施配套、环境优美、特色鲜明的现代化新城区。社会事业全面发展。区内群众安居乐业，农村人均纯收入7563元，实现了村村通自来水、柏油路。社会保障体制逐步健全，全年新安置农民就业1200人，对60岁以上的老人发放了720元到960元不等的养老金，农村合作医疗参保率达100%。集民生医院、老年公寓、文体馆、计生服务站、生活服务公司于一体的社区服务中心已全面规划建设，民生医院、计生服务站即将开业。新园、舜都、向阳、诸冯四所学校配置一流，全部楼层化，初中学生实行了寄宿制。

开发区管委会主任　李耀武

枳沟镇　位于诸城市西南部，面积85.2平方公里，辖55个行政村，

11855户，人口4.8万，耕地面积5.2万亩。2006年，全镇完成地区生产总值24.6亿元，比上年增长28.2%；地方财政收入279.2万元，比上年增长157.2%；工业实现销售收入18.3亿元，利税1.2亿元，分别增长2%和20%；农民人均纯收入6242元。

招商引资实现重大突破。引进高支羊绒、兴和食品、鲁通汽配等项目12个，合同利用外资3.6亿元，到位资金2.8亿元。村镇面貌发生明显变化。投资170多万元，栽植苗木15万株；新建花坛120个；安装路灯268盏；铺设人行道2.8万平方米，硬化主要街道12万平方米；新建二层以上楼房124栋，镇区主要街道基本实现了绿化、美化、亮化和楼房化。和谐村庄建设整体推进。全镇有31个村建成了连村路；有33个村新安装了自来水；有22个村成为“电视村”，有42个村成为了“电话村”。

党委书记　张汝华

镇　　长　丁洪美

贾悦镇　位于诸城市西25公里，面积106平方公里，辖64个行政村，1.15万户，人口4.3万，耕地面积9.3万亩。2006年，全镇实现农村经济总收入19.1亿元，比上年增长48%；完成地方财政收入307.3万元，比上年增长79.7%；农民人均纯收入5439元，比上年增加888元。工业实现销售收入16.6亿元，利税14470万元，分别增长18.6%和19.3%，第三产业增加值达6843万元。

工业经济发展迅速。2006年，全镇新开工工业项目17个，总投资3.65亿元，固定资产投资3亿元，已完成投资9360万元。重点利用镇域页岩资源优势，倾力打造“建筑建材之乡”。已有4个页岩砖厂落户镇区，总投资1亿多元。全部达产后，年可生产页岩砖4.2亿块，实现销售收入1.4亿元、利税1800万元。

农业经济快速增长。培强主导产业，力抓黄烟生产。2006年，全镇黄烟面积发展到7000亩，黄烟农场10个，黄烟投放额达1019万元，实现税收224万元，农民人均增收300元。对大桑、蔬菜、果品、苗木等产业，自始至终抓住不放松。桑园面积稳定在2500亩，年桑蚕收入513万元；新发展瓜菜大棚200多个，蔬菜总面积达1万多亩；香瓜大棚300个，平均收入6000元以上。畜牧业向规模化、标准化方向发展，全年新增特种动物养殖小区一处，标准化肉鸡养殖棚发展到80个，养殖小区36处，年出栏肉鸡120万只，全镇畜牧业收入完成5.1亿元。

镇村面貌日益改善。投资160多万元，铺设了从镇驻地至王门庄子双向10公里的地下排水系统；投资50万元，实施了同距离有线电视、移动、联通管线地埋；投资40万元，垫土4万方，为下步驻地绿化建设奠定了基础；以王门庄子路口为重点，投资60万元，栽植雪松2000多棵，平均高度4米以上，实施了镇驻地绿化一期工程；投资50万元，对规划建设的小项目区一纵两横三条道路进行打通修建；投入117万元，硬化5.3公里贾悦至徐家同“村村通”工程，工程已竣工通车。

党委书记　李跃志

镇　　长　王大鹏

孟疃镇　位于诸城市西部，面积92平方公里，辖65个行政村，8228户，人口3.5万，耕地面积7.4万亩。2006年，全镇完成地区生产总值5.34亿元，比上年增长16%；地方财政收入480多万元；工业实现销售收入9.4亿元，利税1.06亿元，分别增长12%和11%。第三产业增加值达1.4亿元，农民人均纯收入达到5202元。

孟疃处诸城、五莲、沂水、莒县、安丘5县市交界，省道泰薛公路横贯东西，青莱高速公路穿越镇北部，历有“五衢通商”之雅誉。2006年，全镇围绕市场，立足实际，不断深化产业结构调整，发展起以辣椒、药材、蔬菜、苗木为主的经济作物4.9万亩，特别是黄烟产业实现突破性发展，连创面积、投放额和税收三个全省第一，被评为“全省烟叶生产先进乡镇”。狠抓畜牧业标准化生产，各类养殖小区230余个，培植壮大三丰饲料公司、本明兔业公司等龙头企业，年实现畜牧业收入3.03亿元，被潍坊市评为“农业标准化先进乡镇”，本明兔业公司被评为潍坊市重点农业龙头企业。二、三产业发展迅速，形成了新型建筑建材、纺织服装、肉兔养殖宰杀、饲料加工、木器出口、药材加工、蔬菜加工等多元化发展格局。小城镇建设日新月异，镇区楼房面积达到3.5万平方米，主要街道全部硬化、绿化、亮化，水、电、路、讯、视等基础设施配套完善。

党委书记　柳永忠

镇　　长　李瑞堂

马庄镇　位于诸城市西北部，面积87.14平方公里，辖59个行政村，9043户，人口3.2万，耕地面积7.09万亩。2006年，全镇完成地区生产总值5.7亿元，比上年增长27.3%；地方财政收入246万元，比上年增长47.8%；工业实现销售收入7.2亿元，利税6600万元，分别增长57%和56.5%；第三产业增加值1.16亿元；农民人均纯收入5575元。

马庄镇特色农业优势明显。黄烟、蔬菜、草莓、大姜、林果等主导产业带动力较强。全镇基本实现了种植业的区域化布局和专业化、规模化生产，马庄草莓种植规模大、品质优，是远近闻名的“草莓之乡”。在逐步扩大农产品种植的同时，加大了对农产品生产基地及产品的认定力度，先后通过省农业厅认定无公害生产基地3.5万亩，向国家工商总局申请注册了“公冶长”牌水果、“龙宿”牌蔬菜，从而使产品有了绿色“通行证”，市场竞争力进一步增强。

工业经济发展迅速。包括山东年轮木业、泰源蔬菜、新盛纺织、杨春山水集团年产100万吨水泥粉末等项目正逐步发展壮大。社会各项事业整体推进。教育、卫生、计生等工作始终走在全市前列。连续两年被评为“山东省烟叶生产先进镇”，“诸城市农业农村工作先进单位”；先后在农业结构调整及标准化生产、农业基本建设、村村通自来水、

畜牧业生产、发展农民专业合作组织、安全生产等方面被诸城市评为先进乡镇，获得“诸城市人口计划生育目标管理责任制考核一等奖”。

党委书记　赵景忠

镇　　长　王淑贵

石桥子镇　位于诸城市西北部，面积120平方公里，辖75个行政村，13024户，人口4.96万，耕地面积10.6万亩。2006年，全镇实现农村经济总收入26.94亿元，比上年增长7.9%；地方财政收入295.6万元，按可比口径增长24%；工业实现销售收入14.36亿元，利税1.09亿元，分别比上年增长27%和13%；第三产业增加值达1.7亿元；农民人均纯收入5793元。

坚持狠抓工业立镇强镇，建起了出口木器、果菜加工、机械铸造、工艺品加工四大主导产业30多家企业，其中限额以上企业8家，发展壮大了年销售收入过亿元的贸发食品有限公司、松源木业有限公司等2家骨干企业，加工生产的蔬菜、罐头、木制品及工艺品等产品出口日本、韩国及西欧等多个国家和地区。狠抓结构调整增收富民，发挥镇内地肥水足的自然优势和群众有种菜传统的产业优势，大力发展蔬菜产业，全镇蔬菜面积已达4万多亩，其中获绿色认证的蔬菜基地达2万亩，成为远近闻名的绿色蔬菜之乡。

党委书记　徐小柱

镇　　长　李　磊

程戈庄镇　位于诸城市西北部，面积96平方公里，辖53个行政村，9450户，人口3.2万，耕地面积9.4万亩。2006年，全镇完成地区生产总值6.1亿元，比上年增长15.6%；地方财政收入1008.1万元，比上年增长13.5%；工业实现销售收入8.1亿元，利税9100万元，分别增长21%和47%。第三产业增加值达1.7亿元，农民人均纯收入5631元。

程戈庄镇地理位置优越，交通十分便利，青莱高速公路穿境而过。招商引资步伐加快，民营经济异军突起。全镇新上和扩建二三产业项目35个，总投资3亿元，其中，新建工业项目16个，扩建工业项目9个。全镇已初步形成了木器、食品、纺织、建筑、机械化工五大类项目群体，限额以上工业企业达到16家。木器产业形成集群优势，全镇拥有木器加工企业20多家，年加工能力达到4.5亿元，成为主导产业。对外开放水平明显提高，全镇拥有自营进出口权的企业达到8家，全年实现出口创汇1500万美元。种植业结构趋向合理，发展起经济作物5万亩，其中黄烟面积5000亩，实现总收入600多万元，创税135万元。畜牧业生产稳步发展，全镇各类养殖小区发展到50多处，规模养殖场发展到580多个，年出栏肥猪9.6万头，出栏肉牛2.6万头，特种动物存养量达到6万多只，实现畜牧业总收入5亿多元。

党委书记　鞠学涛

镇　　长　张焕新

相州镇　位于诸城市北部，面积154.8平方公里，辖79个行政村，1.9万户，人口7.9万，耕地面积12.1万亩。2006年，全镇完成地区生产总值14.5亿元，完成农村经济总收入78.9亿元，完成财政总收入2112万元。三次产业比例达到15∶45∶40，其中二、三产业占地区生产总值的比重达到85%。农民人均纯收入6178元。

民营经济总量进一步发展增加。年内有12家企业扩张发展为限额以上企业，使全镇限额以上企业总数达到47家。全镇个体工商业户和民营企业达到3930户。

主导产业和骨干重点企业支撑辐射带动作用日益明显。塑料化工，全年共实现销售收入3.7亿元、利税928万元；工艺绣品，全年共实现销售收入2亿、利税400万元；生活纸加工，全年共实现销售收入3亿、利税680万元；出口木器，全年共实现销售收入6000万元，利税200万元；农副产品加工，全年实现销售收入5.5亿元、税收480万元；油漆化工销售收入9亿元，利税4600万元。

党委书记　吴　森

镇　　长　于鹏展

昌城镇　位于诸城市东北部，面积118.4平方公里，辖78个行政村，1.6万户，人口6.5万，耕地面积10.78万亩。2006年，全镇完成地区生产总值16.8亿元，比上年增长32.2%；财政总收入6100万元，比上年增长18.9%；工业实现销售收入88.6亿元，利税5.6亿元，分别增长26.3%和19.5%；农民人均纯收入6824元。

工业经济快速发展。全年共落实招商引资项目78个，新上项目30个，实际到位资金7亿元，其中外资3000多万美元；限额以上企业发展到23家，完成销售收入71.9亿元，利税4.4亿元。农业经济不断提升。大力推广“五位一体”生态温室生产模式的同时，大搞标准化养殖业开发，年出栏生猪超过40万头，肉鸡出栏量居全市前列。镇村建设突飞猛进。采取市场化运作，投资2000多万元开发沿街、住宅楼房1.5万平方米。新农村建设成效显著，部分村庄达到了硬化、绿化、亮化、美化和自来水化“五化”目标。社会各项事业蓬勃发展。投资500万元的树一中学投入使用，办学布局和办学条件进一步改善。有线电视入户超过1万，在全市遥遥领先。

党委书记　臧运宁

镇　　长　王　勇

百尺河镇　位于诸城市东北部，面积125.2平方公里，辖79个行政村，1.34万户，人口5万，耕地面积11.2万亩。2006年，全镇完成地区生产总值40.4亿元，比上年增长15.9%；地方财政收入303万元，比上年增长80.4%（剔除农业税免除等政策性不可比因素）；工业实现销售收入25亿元、利税2.5亿元，分别增长56%和62%；第三产业增加值达7.4亿元；农民人均纯收入6027元。

铸造业是百尺河镇的经济支柱，产业链条上的企业达17家，其中自营进出口企业4家。2006年，日本独资企业石龙阀门有限公司完成出口交货值750万美元。各企业积极探索一方签单、多家生产，你无我有、我产你销的协作经营模式，实现了资源共享、技术共享、市场共享，促进了共同发展，年销售收入过亿元企业达5家。

发挥农副产品资源丰富的优势，积极推介肉牛、辣椒、花生三大品牌产业，引进和培育了10家“农字号”龙头企业，建有潍坊市最大的千头规模肉牛养殖场，嘉和源食品公司、泓鑫农产品公司成为潍坊市农业产业化龙头企业。积极推行“龙头建基地、基地变农场”的现代农业经营模式，已有7家市内外龙头企业建设自属基地或农场1.2万亩。

党委书记　齐光慧

镇　　长　杨连富

辛兴镇　位于诸城市东部，面积80.73平方公里，辖68个行政村，1.1万户，人口4.1万，耕地面积7.6万亩。2006年，全镇完成地区生产总值11.7亿元，比上年增长23%；地方财政收入1318万元，比上年增长26%；工业实现销售收入39.7亿元，利税4亿元，分别增长35.8%和34%；第三产业增加值达1.98亿元；农民人均纯收入6290元。

工业化水平有了新提高。投资过千万元的大项目18个，限额以上企业增加到29家，完成工业投入8.5亿元，实现工业增加值9.7亿元。招商引资到位资金7.3亿元，完成全年计划的2.8倍。中心镇环境有了新变化。实施了七条纵向道路的硬化工程，柏油硬化面积新增加5.2万平方米；投资300多万元，新铺设人行道花砖2万平方米，栽植法桐、百日红、蜀桧等苗木3.2万棵，新安路灯136盏。服务业发展呈现新格局。完善了兴中路和辛三路两条商业街；投资3100万元改造了辛兴商贸城；投资3000万元新建了高档住宅小区康宁小区。新农村建设有了新起色。突出黄烟规模化生产，实栽黄烟7500亩，其中规模化农场5000亩，是全省最大的黄烟农场，也是省烟草示范点，投资187万元，硬化了一条长9.8公里的黄烟农场路，被表彰为全省黄烟生产先进单位；投资60多万元，对现有的砂石连村路全部整平压砂；42个村新通了自来水，普及率达到了83%以上。精神文明建设和各项社会事业取得新成就。加强平安建设，维护了社会稳定，杜绝了集体上访、越级上访和重复上访；强化计生工作，稳定了低生育水平；全面推行新型农村合作医疗制度，农民参合率达到100%。荣获省级文明村镇、潍坊市爱国卫生示范乡镇等荣誉称号。

党委书记　颜廷忠

镇　　长　刘永军

瓦店镇　位于诸城市区东部，面积109.3平方公里，辖55个行政村，9352户，人口3.01万，耕地面积5.6万亩。2006年，全镇完成地区生产总值8.58亿元，比上年增长19.2%；地方财政收入96.1万元，比上年增长57.3%；工业实现销售收入5.2亿元，利税2800万元，分别增长36%和17.6%；第三产业增加值达2360万元；农民人均纯收入5878元。

山场面积宽广，旅游资源丰富。境内有竹山、障日山、黄牛山等八大山系。其中，竹山于2001年被评为省级森林公园，开发前景非常广阔。特色农业发展前景广阔。经过几年发展，形成了草莓、大桑、黄烟、蔬菜、林果、畜牧养殖六大特色农业基地。

民营经济蓬勃兴起，发展势头强劲。全镇共有个体工商业户3000户，民营企业120家，发展起龙祥钢业等四家限额企业，培植形成了机械、铸造、酿酒、食品、服装、工艺品等产业门类。城镇面貌日新月异，基础设施较为完备。镇驻地建有二层以上营业楼台120余栋、路灯100盏、绿化面积3600平方米。境内县乡道路也均已硬化，通车里程达30余公里，拉起了“二纵三横”的交通大框架。

党委书记　王金忠

镇　　长　张崇明

林家村镇　位于诸城市东部，面积83平方公里，辖58个行政村，9812户，人口3.6万，耕地面积7.5万亩。2006年，全镇完成地区生产总值5.4亿元，比上年增长10.3%；地方财政收入401.3万元，比上年增长119%；工业实现销售收入12.12亿元，利税9966万元，分别增长25.9%和17%；第三产业增加值达1.37亿元；农民人均纯收入5680元。

主导产业特色鲜明。林家村镇素有“辣椒之乡”、“工艺品之乡”的美誉。辣椒产业，拥有华东乃至江北最大的辣椒专业批发市场——皂户辣椒专业批发市场，年市场吞吐量达5万吨，交易额突破4亿元，带动全镇及周边地区辣椒种植面积10万亩。工艺品产业，拥有爱玲包袋服饰有限公司、富源工艺品有限公司等工艺品龙头企业16家，带动社会加工人员近两万人。产品涉及礼品、玩具、箱包、服饰、发制品5大系列200多个品种，年可完成出口交货值2亿元。

党委书记　赵　莉

镇　　长　王桂华

桃园乡　位于诸城市东南部，面积126.5平方公里，辖54个行政村，8885户，人口2.9万，耕地面积5.7万亩。2006年，全乡完成地区生产总值6.3亿元，比上年增长15%；地方财政收入88万元，比上年增长23.6%，农民人均纯收入5566元。

桃园乡地理位置优越，环境优美、山川秀丽、资源丰富，是青岛、潍坊、日照三地级市接壤之地。辖区内石英石、钾长石、金红石等矿产资源丰富。乡驻地建设规划已初具规模。2006年，全乡引进外商到位资金8000万元。花生、果品、黄烟、辣椒、林业几大主导产业优势明显，种植花生2.6万亩，总产量7500万公斤，花生购销批发市场已形成为全市最大花生集散地，当年花生交易量超过5000吨；辣椒、果品、黄烟、林业等2万亩。民营经济形成了旅游开发、农副产品购销、木材加工、

工艺品出口等主导产业，产品远销日本、欧盟、新加坡、台湾等国家和地区。境内旅游资源丰富，开发利用潜力巨大。

党委书记　胡善清
乡　　长　侯砚池

桃林乡　位于诸城市南部，地处青岛、潍坊、日照3市交界，面积142平方公里，辖72个行政村，9900户，人口3.8万，耕地面积6.2万亩。2006年，全乡完成地区生产总值18.8亿元，比上年增长30%；地方财政收入、工商税收分别达到96万元和68万元，比上年分别增长77%和86%；工业实现销售收入7.8亿元，利税8932万元，分别增长43%和41%。农民人均纯收入5604元。

桃林乡气候冬暖夏凉，湿润多雨，人文历史源远流长，拥有诸城最大的原始森林，齐长城等历史遗迹迄今犹存，是避暑、旅游胜地。独特的气候环境和土壤条件，使之成为国内纬度最高的绿茶种植地区，所产绿茶芬芳醇厚，香味独特，被誉为“江北第一绿茶”。已发展标准化种植基地8000亩，加工企业40余家，是江北最大的绿茶种植基地之一。通过产品认证的有绿色食品1个、无公害产品5个，山东省名牌商标1个、名牌产品1件，农业产业化水平不断升级。乡党委政府加大基础设施建设，优化投资环境，创新发展乡域经济，狠抓招商引资、民营经济，做大龙头，培植起食品加工、茶叶加工、饮食服务三大产业链条，工业产值和实现利税连续几年大幅度增长。一个融加工制造、商品流通、山水旅游于一体的新兴城镇正迅速崛起。

党委书记　赵光福
乡　　长　刘　烨

皇华镇　位于诸城市南部，面积220平方公里，辖113个行政村，19205户，人口7.2万，耕地面积11.5万亩。2006年，全镇实现农村经济总收入42亿元，增长17%；地方财政收入810万元，增长23%。限额以上工业实现销售收入12.2亿元，实现利税9337万元，分别增长17.8%和28.1%。农民人均纯收入5254元。

坚持“工业强镇”战略不动摇，项目建设成效显著。2006年，共引进项目29个，其中过千万元的项目19个，限额以上企业达到28家。新农村建设成效显著。自来水普及率达到了99.1%。村村通油路100多公里。113个村安装了无线广播喇叭和远程教育设备。有线电视入户率达到65%。旅游资源丰富。有马耳山、常山、卢山、九山、凤凰山、青墩水库、莎沟水库、倒漾河、扶河、淇河等名胜山水。生态建设成效显著。强化生态意识，绿化意识，对全镇的生态建设进行了全面规划，突出做好“造绿”工作。造林面积达2万多亩。积极发展朝阳产业——苗木业，在玉华、华青、青岛美林达等苗木龙头企业的带动下，已有43个村600多农户发展各种苗木8000多亩。

党委书记　王　伟
镇　　长　宋晓明

（张金强　供稿）
责任编辑　李长山

潍　城　区

中共潍城区委、区人大、区政府、区政协领导成员名单

区委书记　王秀河
副书记　张润国　王文俊
区人大常委会主任　王秀河
副主任　王永峰　袁文坤（女）　徐忠发　谢秀芳（女）　崔　刚　崔志明　袁义杰　陈德刚
区政府区长　张润国
副区长　刘泮英　张顺涛　徐金明　秦保荣（女）　王德明　李　伟
区政协主席　张金良
副主席　刘振德　刘　波　张光泽　潘　伟　王树乾　王栋梁　宋修华

以科学发展观统领全局　努力实现又好又快发展

潍城区辖4个镇、4个街道办事处，172个行政村，95个居委会，总面积272.3平方公里，耕地面积1.15万公顷。总人口35.8万人，其中非农业人口21.33万人。2006年全区完成地区生产总值（GDP）62.2亿元，比上年增长17.8%。第一、二、三产业增加值分别完成5.1亿元、35.9亿元、21.2亿元，分别比上年增长1%、19.6%、19.4%。三次产业比重为8.3∶57.7∶34。全社会完成固定资产投资42.9亿元，比上年增长21.6%。实现财政总收入7.92亿元，其中地方财政收入4.4亿元，比上年增长33.3%。城镇居民人均可支配收入11526元，比上年增长13%；农民人均纯收入5929元，增长8.1%。年末增长储蓄存款余额38.3亿元，年末金融机构各项贷款余额43.8亿元。

经济综合实力明显增强。全区地区生产总值完成62.2亿元，较上年增长17.8%。其中，第一产业增加值完成5.1亿元，增长1%；第二产业增加值完成35.9亿元，增长19.6%；第三产业增加值完成21.2亿元，增长19.4%。地方财政收入完成4.4亿元，增长33.3%。规模以上工业完成增加值29.2亿元、主营业务收入145亿元、利税7.5亿元、利润4.7亿元，分别增长24.7%、34.4%、42.1%和39.6%。社会消费品零售额完成34.3亿元，增长19.6%。全社会固定资产投资完成42.9亿元，增长21.6%。

经济健康持续协调发展。三次产业比例由上年的9.3∶57∶33.7调整为8.3∶57.7∶34。服务业发展速度加快。物流业重点突出，鲁东物流中心进区项目达46个，总投资80亿元，完成建设

面积107万平方米。商务经济、休闲娱乐业、文化旅游业逐步繁荣和启动，重点建设项目进展顺利。全区服务业实现营业收入120亿元，增长38.5%。工业经济运行质量提高。全区规模企业新增10家，发展到212家。企业改革不断深化，巨力重组基本完成。技改投入力度持续加大，全区55个技改项目完成投资24.8亿元。省以上高新技术企业发展到16家，高新技术产业产值占工业总产值的比重达到21.2%。新农村建设稳步推进。全区90%以上的村通了柏油路，80%以上的村用上了自来水，有线电视实现了村村通，农村生产生活环境明显改善。“三化、三带动、三变”战略深入实施，新增农业龙头企业28家，新培训转移农村富余劳动力4000余人。对外开放力度加大。招商引资质量和效果进一步提高，实际到位区外资金44.1亿元，其中实际利用外商直接投资3500万美元，增长40%；外贸出口1.15亿美元，增长46.7%。“三个平台”的载体作用更加突出。经济开发区，新增投入1.2亿元，继续完善大于河以西的基础设施，修建了豪德大桥以及东风西街等6条道路，建设了供排水、弱电等地下管网，实施了绿化、美化、亮化工程，医院、学校、商住生活区等服务设施逐步配套。至2006年年底，进区项目178个，总投资136亿元，155个项目已开工建设，93个项目投产运营，对全区经济的拉动作用不断增强。浮烟山开发区的引水工程、环山道路、排污管网等设施逐步配套，风筝放飞基地、职业教育基地等13个重点项目进展顺利，在建项目总投资达10亿元，建设规模不断扩大，全面启动浮烟山开发建设的基础已经具备。中心城区，旧城旧村改造力度进一步加大，华景新城、西城名都等40多个项目相继开工或建成，建筑面积160万平方米，新增商业面积18万平方米，为城市经济发展提供了广阔空间。

城市面貌发生较大变化。市政工程建设进展顺利，清平路新建工程拆迁全部完成；月河路北段基本打通；天坛市场顺利搬迁，为白浪河整治工程实施奠定了基础。城建重点项目稳步推进，十笏园商业文化广场、娱乐中心、新天地商贸城等旧城区片的开发项目，正按计划组织实施，全年完成拆迁面积30万平方米。城市绿化水平不断提升，城区绿化覆盖率达到35.2%，人均占有公共绿地由7平方米增加到8.47平方米。完成了长胜小区、城隍庙北区的改造提升工程和58条背街小巷的整治维护，改善了城区居民的生活居住环境。进一步理顺城管执法体制，充实日常保洁队伍，形成了“全覆盖、无缝隙”式的城市管理格局。全面开展市容环境综合整治，创建国家卫生城市工作取得阶段性成果。

各项社会事业全面发展。科技创新步伐加快，全区组织实施各级科技计划项目35个，申请专利213件。教育事业全面发展，新增投入1700万元，展开了实验小学、潍坊八中等学校的解困工程，办学条件进一步改善。教育教学质量稳步提高，高考本科上线人数继续保持市区第一。卫生服务水平进一步提高，市立医院、市立二院通过改革焕发了生机，新型农村合作医疗参合率达到92.3%。劳动和社会保障事业健康发展，新增就业再就业3409人，城镇登记失业率控制在3.2%以内；社会保险参保总人数达到11.3万人，基金征收达到1.45亿元。控制人口增长和提高人口素质取得新成绩，人口自然增长率控制在6.8‰以内。切实加强环境保护，认真落实环境目标责任制，环境污染得到较好控制，城市生态环境进一步改善。严格依法用地，土地保护和集约利用得到加强。文化、体育、统计、审计、民兵、地震、优抚和双拥共建、老龄等方面的工作都取得了新成绩。

人民生活水平显著提升。坚持发展为了群众，城乡居民收入稳步提高，生活质量不断提升。城镇居民人均可支配收入、农民人均纯收入分别达到11526元和5929元，分别增长13%和8.1%；城乡居民人均储蓄余额1.1万元，比上年增加1500元；城镇和农村居民人均住房建筑面积分别达到32.6平方米和34.5平方米，比上年有了较大增加；农村集体经济总收入达到5687万元，增长5.9%。养老、医疗、保障体系不断健全。建立完善了城乡低保和医疗救助制度，农村五保实现财政供养；社会福利事业得到加强，养老服务社会化水平进一步提高。群众文体娱乐活动丰富多彩，衣食住用行等生活条件得到较大改善。

精神文明和民主法制建设得到进一步加强。群众性精神文明创建活动深入开展，涌现出一批文明社区、文明村镇和文明单位，居民文明意识不断增强。加强政府自身建设，自觉接受人大及其常委会的监督，加强与人民政协的政治协商，广泛听取社会各界的意见和建议，积极办理人大代表建议和政协委员提案，办理效率和质量明显提高。深化全民普法教育，积极组织实施“五五”普法和“四五”依法治区规划，公民法律素质进一步增强，全社会法制化管理水平不断提高。深化行政审批制度改革，进一步提高了行政效率。扎实推进“平安潍城”建设，深入开展“严打”整治斗争，强化社会治安综合治理，创造了安全稳定的社会环境。积极做好信访工作，及时化解各种矛盾。高度重视安全生产，加强安全防范，杜绝了重特大事故发生。切实整顿规范市场经济秩序，严厉打击非法传销和变相传销，净化了市场环境。

【潍城区打造品牌教育探索出一条校企联合助学奖优新路子】 近年来，随着潍坊七中教学整体水平和社会知名度的不断提升，潍坊七中主动走出校门，与社会知名企业开展联合设立教育助学金活动，探索出了一条校企联合助学奖优新路子。该活动以不同的企业品牌和奖励主体设立不同的奖学金和荣誉称号，目前已联合三家企业设立助学金，每年颁发一次，用于奖励在校品学兼优的学生。

第三届“利源十佳学生、学习标兵奖”：由潍坊七中和潍坊利源公司于2004年联合设立，奖品由潍坊利源公司提供，奖励考试成绩居年级前列的七中优秀学生。81名同学获得第三届

"利源十佳学生、学习标兵奖"，28名同学被授予"利源十佳学生"称号，53名同学被授予"利源学习标兵"称号。

第二届"瑞福·春华奖学金"：由潍坊七中和潍坊瑞福油脂调料有限公司于2005年联合设立，奖金由潍坊瑞福油脂调料有限公司提供，用于奖励报考潍坊七中的中考成绩优异的学生，该奖每年颁发一次。有57名同学获得第二届"瑞福·春华奖学金"，其中一等奖7名，每人3000元；二等奖19名，每人2400元；三等奖32名，每人1600元。

第一届"百大·七中特优生奖"：由潍坊七中与潍坊百货大楼联合设立。本届奖品是由潍坊百货大楼提供的自行车。特优学生的推荐，由学校依据文、理、艺、体等方面在市级以上取得优异成绩的学生提名，再与潍坊百货大楼共同审核确定，该奖项每年发放一次。经过共同筛选，确定了5名学生获奖，每人各得自行车一辆。

【长胜小区成为旧城综合整治亮点】 长胜小区位于和平路以西，福寿街以南，建成于1992年，有居民楼22栋，人口3000余人，占地7.1万平方米。由于小区建成时间较长，且当时小区交付使用时基础配套设施不完善，小区内道路、楼前甬道破损严重，雨污合流，路灯陈旧，绿地、苗木缺损。小区为开放式，四通八达，自行车、污水井盖丢失现象时有发生，社区居委会加大了治安巡逻力度，但收效不大。在市区两级政府的关心下，通过街道党工委的积极争取，长胜小区被确定为首批旧城区"一区六路"综合整治工程之一，该工程共分二期。一期工程主要是小区车行道、人行道整修，雨污分流，墙体粉刷，管线入地、绿化补植等。共铺装荷兰砖4500平方米，甬道彩砖6000平方米，主要道路翻建5200平方米，甬道翻建4000平方米，楼体外墙清洗5万平方米，涂料粉刷6000平方米，弱电、管线下地，小区面貌较前大有改观。二期工程主要是设置大门和监控设施，自来水一户一表改造、安装路灯等。通过整治，达到道路平整亮洁，排水系统功能完善，照明效果亮化美观，绿化达标，小区面貌整治有序，全国各地纷纷前来参观学习改造经验，成为全市旧居住区整治亮点。

【潍坊三中顺利通过省级规范化学校验收】 2006年5月，省专家组对潍坊三中进行了规范化办学评估，顺利通过省级规范化学校验收。潍坊三中通过大力开展学校解困工程，新建了3138平方米的现代化教学楼和6600多平方米的高标准塑胶跑道，扩建了能同时容纳600多名师生就餐的学生餐厅，新建学生寝室28间，以及能同时容纳100人洗浴的澡堂一处，另建教学附属用房36间，学校占地面积由原来的1.4万余平方米增至3万平方米，建筑面积由原来的1万平方米增至1.6万平方米，顺利完成了现代化改造，办学条件得到极大改善。潍城区已有6处中小学校被评为省级规范化学校。

镇、街道办事处概况

于河镇 位于潍城区西北部，面积48平方公里，辖35个行政村，8200户，人口2.8万，耕地面积3.8万亩。2006年，全镇完成地区生产总值6.4亿元，比上年增长18%；地方财政收入1366万元，比上年增长28%；工业实现销售收入14.8亿元、利税9492万元，分别增长68%和40%；第三产业增加值达2.47亿元；农民人均纯收入5885元。

于河镇是省级小城镇建设中心镇，地理位置优越，南靠山东潍城经济开发区，东接潍坊市经济开发区，西与寿光毗邻，济青高速、潍高路、西环路贯穿辖区，济青高速13号路口座落镇区，交通优势明显。于河镇党委、政府始终坚持"工业立镇、招商强镇"思路，合理配置优势资源，努力营造发展环境，规划建设了于河工业园和杏埠工业园，配套完善了园区水、电、路、讯及绿化、排水等相关设施，工业园初具规模，入园项目已达30多个。于河镇工业发展历史悠久，辖区内工业企业达到86家，初步形成了农副产品加工、钢砂铸造、服装纺织、机械加工、造纸包装五大行业体系，工业经济实力明显增强。

党委书记　张建伟

镇　　长　殷玉萍

符山镇 位于潍城区西郊，北接鲁东物流中心—潍城经济开发区。总面积46平方公里，辖30个行政村，6400户，总人口2.7万，耕地面积2.3万亩。2006年，全镇完成地区生产总值24.9亿元，比上年增长42%；地方财政收入1306万元，比上年增长46%；工业实现销售收入21.2亿元，利税1.1亿元，分别增长38%和43%；第三产业增加值达1.4亿元；农民人均纯收入5979元。

符山镇交通便利，胶济铁路穿境而过，潍坊火车站在境内设有西货站、大圩河转运站，境内矿产资源丰富，素有"建材之乡"、"山东蓝宝聚符山"之美誉。潍坊山水水泥有限公司、山东海化华龙硝铵公司等市属企业和驻潍某部座落于镇区，人流、物流、商流集中。近年来，符山镇在区委、区政府的正确领导下，以科学发展观统领全局，以建设富强和谐新符山为目标，按照科学发展、和谐发展的要求，坚持工业立镇、工业强镇不动摇，解放思想、干事创业、加压奋进、争创一流，全镇经济和各项社会事业保持了稳步健康快速发展的良好势头。先后被授予山东省小康乡镇、山东省村民自治模范乡镇、山东省基层创安先进单位、潍坊市"文明镇"、全市先进基层党组织、全市平安建设先进乡镇等荣誉称号。

党委书记　李全玉

镇　　长　陈玉文

望留镇 位于潍城区西南部，面积30.1平方公里，辖26个行政村，5109户，人口2.03万，耕地面积2.4万亩。2006年，全镇完成地区生产总值5.2亿元，比上年增长41%；地方财政收入930万元，比上年增长31.6%；实

现销售收入8.1亿元，利税4700万元，分别增长23%和22%；第三产业增加值达1.8亿元；农民人均纯收入达到5874元。

望留镇培育形成了以拖拉机生产、机械铸造、机械加工、服装加工为主导的工业体系。骨干企业主要有海惠建筑、泰鸿拖拉机、爱普环保、盛瑞铸造等。佳美科技动力、浮烟山泉、东方机电等项目相继落户望留，且发展势头强劲。农业龙头企业主要有三农牧业、民欣食品、念康食品和开口香酿造等。近年来，镇党委、政府积极培训、引导农村剩余劳动力向二三产业转移，向小城镇和市区聚集，增加了农民收入。商贸购物、餐饮服务、休闲娱乐、物流配送、房地产开发等三产项目迅速崛起，人流物流资金流更加活跃。文化、教育、卫生、农村合作医疗、养老保险等各项社会事业蓬勃发展，全镇呈现出政治稳定，社会安定，经济持续快速健康发展的良好局面。

党委书记　徐记新

镇　　长　苏　宏

军埠口镇　位于潍城区南部，面积42平方公里，辖32个行政村，6300户，人口2.6万人，耕地面积2.1万亩。2006年，全镇社会固定资产投资10.9亿元，比上年增长62%；财政总收入和地方财政收入分别达到2362万元和1200万元，同比增长43%和46%；工业实现销售收入25.6亿元，利税1.57亿元，分别增长33%和31%；第三产业增加值达1.6亿元；农民人均纯收入6616元。先后被评为省先进基层党组织、省文明村镇、省花木强镇、省农经工作先进单位、省模范调解中心、山东省最具发展潜力的乡镇、潍坊市小城镇建设先进镇、市文明单位、市党管武装先进单位、市信访工作先进单位、区文明示范单位、区发展民营经济先进镇、区招商引资先进单位、区社会治安综合治理先进单位等荣誉称号。

军埠口镇党委、政府坚持以“三个代表”重要思想为指导，以科学发展观统领全局，紧紧围绕“工业立镇，招商强镇，商贸活镇”的总体思路，突出重点，强化措施，全镇经济和社会事业呈现了和谐、稳定、持续、快速的发展势头。2006年，合同利用外资10.2亿元，实际利用外资8.1亿元，新建、扩建、续建项目44个。工业科技园区落户工业企业121家，其中规模以上企业32家，形成了食品加工、机械配套、橡胶化工、纺织服装、出口玩具、建筑建材等六大主导产业，吸纳农村富余劳动力近万人。2004、2005、2006连续三年全区加快经济发展现场会的考核成绩均列镇、街办第一名。

党委书记　秦景岗

镇　　长　王成义

城关街道办事处　地处于潍城区中心，是潍城区唯一的纯城区街道，总面积4.2平方公里，辖16个社区居委会，1.6万余户，人口6.5万。2006年，全街道完成地区生产总值6494亿元，比上年增长15%；地方财政收入1303万元，比上年增长24%；工业实现销售收入1.2亿元，利税1577万元，利润1026万元，分别增长53%、46%和52%，第三产业增加值达2063亿元。

城关街道立足区域实际，突破地域狭小、土地受限、老城区基础设施陈旧、发展严重滞后“三大瓶颈”，发挥中心城区人流、物流、商流、信息流集中，潍城经济开发区招商平台和中心城区商住开发价值高“三大优势”，实现了服务业发展、经济效益、城市建设和管理“三大飞跃”。吸引了帝豪、泰和等一批餐饮业户的落户，扶持了交好运、碧中海等一批服务业户的发展，培植了帝豪大酒店、曼哈顿商务中心、中胜大厦－风尚100、巴黎假日商务公寓、东百购物广场、大富豪酒店等一批投资过亿元的项目，成功引进了阳光商城、鑫海洋国际广场等一批商贸物流项目的落户。规模以上工业企业已达9家。

党工委书记　刘　红

主　　　任　姜　伟

北关街道办事处　位于潍城区东部，面积19.1平方公里，辖27个行政村（居），15020户，5.2万人，耕地面积2000亩。2006年，全街道完成财政总收入3617万元，实现地方财政收入1937万元，同比分别增长49.6%、49.8%（考虑天坛市场减收因素）；规模企业销售收入、利税、利润三项指标分别达到333275万元、26040万元、17367万元，同比分别增长45%、52%和77%；固定资产投资完成8.82亿元，同比增长33%；引进项目96个，利用外资3.2亿元。

在区委、区政府的正确领导下，北关街道广大党员干部群众认真贯彻落实全区经济工作会议精神，用科学发展观统领全局，坚持科学发展、全面发展、和谐发展，经济及各项工作保持了又好又快发展的良好态势。北关街道先后荣获“山东省先进基层党组织”、“省级文明单位”和“平安山东建设先进基层单位”等荣誉称号。

党工委书记　武法栋

主　　　任　郄锡奎

西关街道办事处　位于潍城区中部，面积16.8平方公里，辖9个行政村，12个居委会，总人口6.4万，其中农村人口1.1万人，耕地面积万亩。2006年，全街道完成地区生产总值3.2亿元，比上年增长17%；地方财政收入1849万元，比上年增长22.4%；工业实现销售收入10.8亿元，利税1577万元，分别增长43%和40%；第三产业增加值达1.5亿元；农民人均纯收入5970元。

2006年，街道上下不断解放思想、开拓创新、扎实工作，各项工作实现了健康快速发展。商贸服务业蓬勃发展，辖区服务业实现主营业务收入16亿元，利税1.1亿元。民营经济发展迅速，全街道民营业户总量突破4000户，民营企业销售收入达到21亿元。城市建设开发不断加快，城区房地产在建面积达到100万平方米。社会主义新农村建设顺利推进，农村医疗卫生事业健康发展，新型农村合作医疗覆盖率达到

98%。和谐社会创建步伐进一步加快，社会各项事业健康发展。同时，党的先进性建设、精神文明建设和民主法制建设整体推进。2006年，街道被市委、市政府授予市级文明单位和先进基层党组织称号，被区委、区政府评为招商引资工作先进单位、外经工作先进单位和外贸出口先进单位。

党工委书记　陈明森

主　　任　杨效农

南关街道办事处　位于潍城区南部，面积14.2平方公里，辖10个行政村，13个居委会，1.8万户，人口6.8万，耕地面积0.3万亩。2006年，全街道完成地区生产总值4.7亿元，比上年增长10%；地方财政收入1761万元，比上年增长25.4%；规模以上工业企业完成销售收入9.6亿元，利税1914万元，分别增长11%和41%；第三产业增加值达8600万元；农民人均纯收入5813元。

南关街道坚持把抓招商增投入作为加快发展的关键措施来抓，重点围绕商贸服务业、旧城旧村改造项目扩大招商成效，全年引进招商引资项目140个，合同资金9亿元，到位资金1.8亿元。社会主义新农村建设不断加强。全面做好新型农村合作医疗工作，参合农民8698人，参合率94.3%。加大社会养老扩面征缴力度，完成保险金额480万元。加快"城中村"改造步伐，8个纳入"城中村"改造范围的村改造工作全面启动，两个村综合方案通过市里批复。社区管理明显改善和提高。完善社区服务保障功能，帮助389人实现就业和再就业。加强社区党建，推进和谐社区建设。加大扶贫帮困力度，帮助83人办理城市居民低保。扎实开展"八荣八耻"学习教育活动，广大党员干部的综合素质得到较大提高。荣获"省农村爱国卫生专项整治活动先进街道"、"市文明卫生街道"、"市安监系统先进集体"等多项荣誉称号。

党工委书记　刘焕成

主　　任　袁永富

（潍城区史志办公室　供稿）

奎文区

中共奎文区委、区人大、区政府、区政协领导成员名单

区委书记　张小梅（女）

副书记　李　辉　秦维强

区人大常委会主任　侯方恒

副主任　刘克志　杜延辉　王卫国　白连合　张厚全　董永安　刘海东

区长　李　辉

副区长　孙克森　冯天韬　陈立宝　陈民亭　王成喜　王有强

区政协主席　徐福生

副主席　张建国　郭文君　武际宝　陈　乐　王颖红（女）　陈春和　王春雷

全面落实科学发展观　大力发展城市经济　促进全区经济和社会事业　协调健康可持续发展

奎文区位于世界风筝都—潍坊，是潍坊市的政治、经济、教育、金融、信息、文化中心。平均海拔26米，地势平坦，属暖温带大陆性半湿润季风气候，气候温和，雨热同期，阳光充足，年平均气温12.3℃。奎文区因辖区内有奎文门而得名。全区总面积71平方公里。辖9个街道办事处，65个行政村，49个居委会。2006年末全区总人口35万，人口出生率7.82‰，死亡率3.11‰，自然增长率4.71‰。有少数民族22个，800人。

2006年，全区认真贯彻党的十六大、十六届六中全会精神，按照区委、区政府确定的工作思路，树立和落实科学发展观，积极推进全区小康建设进程，经济发展实现了新跨越，各项社会事业持续协调健康发展。2006年全区完成地区生产总值56.0亿元，按可比价格计算，比上年增长19.6%。其中第一产业增加值完成0.8亿元，降低6.2%；第二产业增加值完成34.6亿元，增长20.3%；第三产业增加值完成20.6亿元，增长19.7%。三次产业构成比为1.4：61.9：36.7。

农业　全区农业经济结构调整转移步伐进一步加快，农业和农村经济稳步增长。2006年，全区农村经济总收入71.9亿元，比上年增长15.4%。农林牧渔业总产值完成14492万元。其中农业产值完成2223万元；牧业产值完成11662万元。粮食总产量7996吨，蔬菜总产量13283吨。

畜牧业平稳发展，特种养殖业主导产业优势发挥较好。2006年，全区肉蛋奶总产量3244吨，全年生猪出栏8210头，生猪存栏5877头，羊存栏527只，家禽存栏10.5万只。大力发展水貂、狐狸特种养殖业，产业优势明显。水貂、狐狸特种养殖业完成产值9780万元，占畜牧业产值的比重达83.9%，占农业总产值的比重达67.5%；年末水貂、狐狸存栏8.7万只、出栏28.1万只。

科教兴农迈出新步伐。大力开展农业科技示范、推广、培训工作，2006年，共引进推广粮食、蔬菜、苗木新品种26个，新技术4项，引进芬兰狐3200只；多层次、多形式开展农业实用技术培训，全年共举办农业实用技术培训班13期，受训人员6200人次，开展绿证培训560人次；积极实施"阳光工程"，加快农村劳动力转移步伐，全年培训农村劳动力2200人，转移2000人。年末农业机械总动力2.28万千瓦，全年农村用电量6233万千瓦时，化肥施用量1260吨（按实物量计算）。

工业　全区围绕工业强区战略，通过加大技改投入，培强做大现有企业，工业经济发展快速，运行质量明显提高。2006年，全区工业总产值完成139.2亿元，比上年增长24.7%。其中规模以上工业企业68家，完成总产值131.2亿元，增长28.3%。

工业经济效益较好。2006年，全区规模以上工业实现产品销售收入1310879万元，增长23.5%；实现利税84304万元，增长21.1%；实现利润38506万元，增长22.6%。产品销售率为99.78%，提高3个百分点。固定资产投资增长趋缓。2006年，全社会固定资产投资完成413083万元，同比增长21.5%，其中规模以上固定资产投资412829万元，同比增长21.4%。在规模以上固定资产投资中，工业投资157943万元，房地产开发投资167445万元，其他投资87441万元。房地产开发施工面积153.7万平方米，增长59.0%；房屋竣工面积25.2万平方米，房屋销售面积26万平方米；商品房销售额53971万元。建筑业发展平稳。2006年，全区建安企业完成总产值4.6亿元，增长70.4%，实现利税1400万元，增长42.6%；施工面积73.5万平方米，增长32.8%，竣工面积29.3万平方米，增长53.6%；工程合格率100%。

城市建设与管理水平继续提高。2006年，全区投资1100万元，新建、扩建、改造、修复城市道路面积3.9万平方米。以创建园林城市为目标，加快城市园林绿化建设步伐，累计投资510万元，重点实施了双羊街、四平路北段等绿化工程。"城中村"改造步伐加快。2006年全区规定的35个"城中村"改造工作已有10个村开工建设，通过招商引资、合作开发等方式，全年完成投资达10.5亿元，改造开工面积70万平方米，竣工面积42万平方米；通过城中村改造，增加了居民经济收入、改善了居民居住环境，提升了城市化水平。环境保护越来越受到重视。2006年，全区环境保护总投资6296万元，其中废水治理投资898万元。工业废水处理率达到100%，燃料燃烧中废气处理率达100%，工业废气消烟除尘率达到100%，工业固体废物综合利用率达99.8%，烟尘控制区覆盖率达到100%，区域环境噪声达标区覆盖率达到80.9%。

交通运输业稳步发展。2006年，全区拥有客货营运车辆2626部，增长16.7%，其中出租车520部。全年共完成货运量302万吨，增长9%；货运周转量13057万吨公里，增长9%。完成客运量65万人，增长2%；完成客运周转量7360万人公里，增长8%。公路建设、养护、管理一齐抓。全年共完成公路建设工作量661万元；公路通车里程77.7公里，公里密度达每百平方公里109.4公里。公路养护质量不断提高，综合好路率国道、省道达到99.7%，县乡公路达到76.9%。

招商引资成效显著，全区把招商引资作为经济工作的重中之重，2006年共引进资金42.3亿元，比上年增长7.7%，为全区经济和社会事业的发展增添了活力和后劲。利用外资较快增长。2006年实际利用外资3506万美元。

国内贸易保持较快增长。2006年，全区社会消费品零售总额实现311266万元，比上年增长16%。分行业看，批发零售贸易业零售额275800万元，增长15.9%；餐饮业零售额28868万元，增长18.7%；其他行业零售额6598万元，增长10.6%。个体私营经济发展快速。2006年末，私营经济注册户数2681户，从业人员19400人，注册资金116154万元，纳税金额52800万元；个体经济注册户数6358户，从业人员12679人，注册资金16334万元，纳税金额8227万元。

市场建设发展较快。以金宝汽车城、恒易国际轻纺城、北王国际数码港为代表的大型专业市场发展到16处，年交易额达到138亿元，增长22%。

对外贸易保持持续增长。2006年全区进出口总额16777万美元，增长48.4%，其中出口总额13435万美元，增长46.8%，进口总额3342万美元，增长54.9%。出口当中，三资企业出口创汇5069万美元，增长24.9%；自营出口创汇8366万美元，增长64.3%。

财政、金融、地方财政收入快速增长。2006年，全区财政总收入完成125867万元（含市下划部分），比上年增长24.6%。其中地方财政收入完成68800万元，占预算的104%，比上年增长26%。财政总支出48126万元，比上年增长18.7%其中灶内支出44694万元，占预算的92.9%，增长18.2%。按现行财政体制计算，实现了当年财政收支平衡。2006年，全区全部税收完成114205万元（含市下划部分），比上年增长18.3%。其中国税收入完成64888万元，增长24.6%；地税收入完成49317万元，增长11%。金融业运行良好。2006年末，全区金融机构存款余额61.2亿元，增长9.1%；各项贷款余额50.1亿元，增长30.5%。

全区进一步加大科技投入，科技开发和科技成果推广应用步伐加快。2006年，全区共取得主要科技成果14项，达到国内先进水平和填补国内空白5项，达到省内先进水平9项。全年共安排和承担各类科技计划项目42项。其中市级以上项目13项，获省、市科技进步奖3项。全区申请专利累计达868件，其中当年新增219件。

不断深化教育改革，扎实推进素质教育，教育事业得到持续健康协调发展。2006年，全区共有普通小学24所，在校生25893人；普通中学10所，在校生9431人；职业中专1所，在校生348人；特殊教育学校1所，在校生80人。各类学校共拥有在职教职工3740人，其中专任教师2523人。有幼儿园49所，学前班55个，在园儿童7354人，3至6周岁儿童入园率达到85%。适龄儿童入学率达到100%，在校生巩固率小学为100%，初中为99.3%。毕业率小学为100%，初中为100%。全区市级以上规范化学校22所，占中小学总数的61.1%。成人教育、社会力量办学进一步发展。2006年全区举办成人教育培训班20期，培训4500人次。社会力量办学发展到96家，7大类，12个专业，在校生达到1100人。2006年，文化系统共发表各类文艺、美术作品43件。其中入选国家级奖16件，省级18件。组织举办了春节系列文化活动、"文明之夏——四进社区"广场文艺演出、奎文区第二届

社区群众文化展演等系列丰富多彩的文化活动，积极开展、巩固完善全省社会文化先进区的创建成果工作，丰富活跃了人民群众的精神文化生活。全年培训文艺人才1700余人，提高了文艺队伍整体素质。加强文化市场管理，坚持不懈地开展扫黄打非斗争，努力整治网络文化市场，净化音像市场，促进了全区文化市场的繁荣和有序发展。卫生事业健康发展，医疗条件进一步改善。充分利用现有卫生资源，努力完善疾病预防控制体系，提高预警和应急反应能力，疫情监测网络基本构成。医疗设施全面改善，2006年末，全区拥有医疗机构7处，床位519张，卫生技术人员611人。开设院外分支医疗机构11处，社区卫生服务中心3处，进一步健全了城市卫生服务网络。积极抓好疾病预防控制工作，全区儿童计划免疫“七苗”接种率达到98.9%，法定报告传染病总发病率130/10万。全区卫生系统引进新技术、新项目2项，交流和发表学术论文32篇，其中在国家级刊物发表17篇，在省级刊物发表10篇，在市级刊物发表5篇。体育事业成果丰硕，全民健身活动进一步普及。2006年，全区共参加市级以上比赛项目14个，获金牌45枚，银牌26枚，铜牌24枚；广泛开展丰富多彩的健身活动，全年举办群众性健身活动9余次，参加人数达3万余人次。

人民生活与社会福利事业。城乡居民收入稳步增长，生活水平不断提高。2006年末，全区共有在岗职工31998人；全年发放工资总额47340万元；年平均工资15245元。全年农民人均纯收入5921元，增长8.2%；农民人均生活消费支出4093元，增长4.6%。城镇居民人均可支配收入11846元，增长14.8%；城镇居民人均消费性支出8816元，增长15.1%。城乡居民储蓄存款增长较快。2006年末，城乡居民储蓄余额达到35.0亿元，增长3.1%。社会保险扩面取得新进展，全区新增企业养老保险参保职工2081人，共有383家企业单位的19738名在职职工参加了养老保险，收缴企业养老保险费6174万元，为5910名企业离退休人员发放离退休费4909万元，社会化发放率达到100%。机关事业单位收缴养老保险金4013万元，收缴率达99%，为1617名离退休人员发放养老金3564万元，全部按时足额发放。农村社会养老保险当年收缴保险费111万元，为575名达到领取年龄的投保农民发放养老金47.7万元。失业保险当年收缴318万元，发放失业保险金175万元。千方百计做好就业再就业工作，全年组织参加劳动力市场120次，提供就业岗位4836个，办理求职登记4757人次，达成用工意向4584人次，城镇登记失业率为2.01%。2006年，全区共对112名五保对象实行了供养，其中2处敬老院集中供养了80名五保对象，集中供养率70%；集中供养标准年人均2500元，分散供养标准年人均1500元。对全区2498户、4985名城市居民实施了最低生活保障制度，发放保障金466万元；对223个农村贫困户、525人发放救济款19.5万元。全区福利企业6处，安置残疾人员52人。

人口与计划生育。根据公安人口年报统计，2006年末，全区总人口（不含高新区和经济开发区）352657人。其中有少数民族22个，800人。在全区总人口中，男性176444人，女性176213人，性别比例为100.2：100（女性为100）。计划生育工作严格落实人口与计划生育目标管理责任制，继续保持低生育水平。据计划生育部门统计，2006年，全区人口出生率7.82‰，死亡率3.11‰，自然增长率4.71‰。合法生育率为98.9%，女性初婚、晚婚率为91.9%，一孩晚婚率为96.1%。

街道办事处概况

大虞街道办事处 大虞街道办事处位于奎文区东北部，面积10.22平方公里，辖7个行政村，10个社区居委会，总人口6.3万人，2006年完成全社会固定资产投资39000万元，实现规模以上工业销售收入79000万元，规模以上企业利税9053万元，完成技改投入32000万元，分别增长56%、18.6%、170.3%和59.9%；完成招商引资额28000万元，增长27.3%，实际利用外资400万美元，出口创汇1700万元，分别完成年度计划的133%和103%；服务业建设总投入36000万元，增长50%，实现服务业税收1560万元，完成全年任务的128%；农民人均纯收入达到6875元，增长8.17%；财政总收入完成6100万元，其中，地方财政收入3806万元，按可比口径计算增长35%。

街道党工委、办事处以科学发展观统领全局，确定了突出抓好楼宇经济、市场建设、服务业“三篇文章”，着重做好工业运行、招商引资、新农村建设、城市建设与管理、地方财政收入“五项重点”的工作思路，坚持解放思想谋跨越、集中精力促发展，推进了街道经济和社会各项事业的快速发展。街道坚持以经营土地为主题，大力发展“楼宇经济”、“总部经济”。以特色街服务业发展为抓手，大力发展现代物流、现代休闲服务业。牢固树立不重个数重个头的思想，大力发展现有工业和民营经济。民营经济发展快速，达到1480家。街办特种动物养殖取得新进展，成为国内较大的水貂、狐狸养殖基地。改良提高的国产北极狐产业化项目通过了省科技厅鉴定，狐狸人工授精技术、埋植褪黑激素促使毛皮早熟两项科研成果被确定为国家重点推广计划项目，国家级业内会议在街办召开。街办大力加快社会主义新农村建设，先后投资建设了锦绣苑、吉祥家园、东泰花园、名门世家、虞新花园等一批住宅小区，农民住宅楼房化比例达到80%以上。村级民主政治建设和规范化管理取得新成效，多次迎接中央、省、市、区领导视察。建立了劳动就业、福利待遇发放和社会救助三个机制，及时将发展的成果反哺于群众，在逐年提高村民福利待遇的基础上，2006年，全街道有6个村为村民办理了各种社会保险，年保险支出总计550万元，受益村民1600余人。本着一居一品的工作思路，大力推进和谐社区品牌化建设，先后推出了早春园社区“志愿联动服务”品牌、名门世家小区“名门一家人”品牌等四个品牌社区和几十个品牌服务项目，涌现出了一批国家、省、市级典型。

党工委书记　于　波
主　　　任　李良军

梨园街道办事处　梨园街道办事处位于奎文区东南部，面积5.6平方公里，辖10个行政村，4个居委会，9432户，人口2.69万，耕地面积223亩。2006年，全街办完成地区生产总值3.95亿元，比上年增长34.6%；地方财政收入1776万元，比上年增长80%；工业实现销售收入5.94亿元，利税3405万元，分别增长65%和64%；第三产业增加值达15000万元；农民人均纯收入5760元。

梨园街道地理位置十分优越。北海路、新华路、文化路、鸢飞路、虞河路纵贯南北，健康东街、樱前街、宝通街横贯东西，随着虞河的整治、树木园的建设，辖区已形成了“三横五纵一园一河”的城市格局，区位价值日益提高，辖区内的土地已是寸土寸金，发展潜力巨大。

梨园街道动员辖区广大干部群众，按照“以‘城中村’改造为主攻方向，以发展现代服务业为重点，以营造良好的发展环境为保障，实现街道经济和各项社会事业新突破”的工作思路，突出“城中村”改造、重点项目建设、和谐社区创建三个重点，落实领导带头、基层管理、维护稳定和工作督查四套机制，凝心聚力，自我加压，埋头苦干，努力实现经济和各项社会事业又好又快的发展。

党工委书记　王秀刚
主　　　任　沃付贤

廿里堡街道办事处　廿里堡街道办事处地处潍坊城郊，206国道贯穿南北，西临潍坊飞机场，南临潍莱高速，地理位置十分优越。辖区总面积17.8平方公里，辖15个行政村，4个居委会，人口5万人。2006年全街道实现财政总收入和地方财政收入7000万元和2800万元，分别同比增长27%和30%，全街道农民人均纯收入突破6000元，财政总收入和地方财政收入比2004年翻了一番；完成三产增加值4.9亿元；三次产业比为1∶55∶44，经济社会实现了又好又快发展。

街道党工委、办事处曾连续多年被潍坊市委、市政府授予文明单位和先进基层党组织等荣誉称号，在全国千强镇的排名中名列第929位，全省第49位，全市第7位。总规划占地面积6000多亩的城南工业区坐落于此，进区工业项目47个。辖区拥有中小企业300多家，有山东金宝集团公司、广潍集团公司两大骨干企业集团和浩泰机械、高佃纤维等21家规模以上工业企业。热电产业、机械加工制造业、医药物流业、纺织业及食品加工业成为街道的5大主导产业。潍州路“十里汽车长廊”已初步成为全市的汽车销售服务中心和行业龙头。北王数码港建成投入使用后，将成为面向全省、辐射全国的融高科技数码电器、电子产品集散交易、博览展示、研发孵化、科技服务于一体的综合性商贸中心。北王国际车城正式投入运营后，将成为潍坊市最大的集整车销售、配件供应、养护快修、商贸信息于一体的汽车、汽配批发零售市场。另外，东王八达商城、北王国际商城已签约。农村集体经济和各项社会事业发展迅速，农民生活水平日益提高，教育教学条件不断改善，农村医疗、保险等保障体系逐步完善，村民参加新型合作医疗的参合率达到85%以上。

党工委书记　张仁科
主　　　任　陈玉刚

潍州路街道办事处　潍州路街道办事处位于潍坊市奎文区中部，面积3.65平方公里。辖7个社区、4个行政村，人口6.9万（注：街道位于中心城区，一产、二产空白，无可用耕地和工业企业）。2006年，全街办完成地区生产总值1.87亿元，比上年增长16%；地方财政收入2523万元，按原口径统计同比增长27%；第三产业增加值达1.04亿元；农民人均纯收入6198元。

潍州路街道位于中心城区，辖区内有潍坊柴油机厂、潍坊棉纺织厂等80多个单位，街路纵横，交通发达，是全区政治、经济、科技、金融、文化、商贸中心。近年来，街道党工委、办事处坚持以科学发展观统揽经济社会发展全局，逐步确立了以服务业为主的经济增长方式，培强做大龙头市场，配套完善服务设施，推动街道经济总量不断扩大，产业结构进一步优化。“总部经济”、“楼宇经济”发展特色鲜明，“城中村”改造跨入了全区前列，各项社会事业健康发展，全街道呈现出政治安宁、社会稳定、经济快速发展、人民安居乐业的喜人局面，在全区综合指标考核中，固定资产投资、市场建设和“城中村”改造等3项指标获得第一名，招商引资、城市管理等项指标获得第二名，总体成绩位居全区前列。

党工委书记　臧洪升
主　　　任　甄延亮

东关街道办事处　东关街道办事处位于潍坊市奎文区中部，东起虞河，西到白浪河，北至北宫东街，南接胜利东街，面积3.65平方公里。辖11个居委会，37417户，人口7.7万。2006年，全街道完成地区生产总值1.86亿元，比上年增长63.8%；地方财政收入1919.82万元，比上年增长35.58%；第三产业增加值达1.75亿元。

近年来，街道结合中心城区发展趋势，把发展城市经济和创建和谐社区作为街道的两大重点。立足区位优势，积极优化发展环境，培植做强服务业。金融街、泰华三期等现代服务业大项目落户辖区，中央丽景、宝丽尚都等房地产开发项目投入建设，银海恒基、泰华商务大厦等商务楼宇建成使用，形成了四平路餐饮区、世纪泰华商贸区、电子一条街和潍州路商业区等各具特色的服务业经营区。同时，街道坚持以人为本，从满足群众需求出发，分别建起街道、奎文门和苇湾社区服务中心3处，创办“慈善超市”3处，建成“零失业”社区9个，引进社区托老、社区门诊、家政服务等服务网点150多处。街道还积极绿化美化社区，加强平安建设，开展

丰富多彩的群众性精神文明创建活动，先后荣获“中国街道之星”、“全国和谐社区示范街道”等荣誉称号。

党工委书记　李顺廷

主　　任　刘金国

北苑街道办事处　位于奎文区西北部，面积4.6平方公里，辖区3个行政村，5个居委会，8571户，人口3万。2006年，全街办完成地区生产总值34225万元，比上年增长27.6%；地方财政收入1217.11万元，比上年增长22.73%；工业实现销售收入87147万元，利税3546万元，分别增长22%和29%；第三产业增加值达11041万元；农民人均纯收入6134元。

街办以“三个代表”重要思想和科学发展观为指导，以项目建设为总抓手，突出抓好招商引资、城中村改造和现有企业做强做大，全面加强新农村建设、和谐社区建设，推动了辖区经济社会又好又快发展和社会事业全面繁荣进步。工业经济向科技化迈进。辖区共有规模以上企业7家，高新技术企业4家，民营科技企业6家，高新技术产值占工业总产值比重为40%。辖区企业每年开发新产品20项以上，获国家专利30多项。农业实现了由传统种植向特色养殖的转变。特种动物养殖面积近400亩，丁家村发展成为名符其实的特色养殖村。兴建一处城区内档次最高、规模最大的兽药饲料专业批发市场。服务业产业地位不断提升。全线贯通四平路北段，以城中村改造和退城进园为契机，沿辖区主干道新上东昊商务中心、商鼎·雍和家园、东昊商住楼、祥基花园等服务业项目，以此聚集人气，提升商气，实现城区产业功能转换。社区建设进一步加强。2006年面向全社会成功公开招考了25名社区居委会工作人员，社区班子力量大大加强。生态环境明显改善。成功搬迁了潍坊大集，改变了“逢集必堵”、“逢集必脏”的局面。建设绿地10多处，新增绿化面积20万平方米。群众利益得到保障。各村自己出资为村民办理社会养老保险和新型农村合作医疗，参合率达到90%以上。

党工委书记　刘四海

办事处主任　王庆汉

广文街道办事处　广文街道办事处位于市区中心，虞河、张面河横贯东西，环境优美，交通便捷，信息畅通，地理位置优越。所辖区域东至北海路，西至鸢飞路，南至健康街，北至东风大街，辖三个自然村，七个居民委员会，总面积4.22平方公里，人口6.7万人。

街道在区委、区政府的正确领导下，在广大干部群众的共同努力下，经济建设和各项社会事业蓬勃发展。2006年，街道以加快发展为主题，以繁荣三产服务业为重点，以项目建设为抓手，努力克服困难，坚定不移谋求发展，街道经济社会呈现良好的发展态势，街道全年实现地区生产总值4.4亿元，同比增长34.8%，实现地方财政收入1700万元，增长47.6%；完成固定资产投资5.7亿元，增长130%；实现工业增加值、销售收入、利税和利润分别为3.6亿元、12.01亿元、9920万元、5910万元，分别增长11.8%、26.5%、25.3%、47.5%。工业、服务业、招商引资取得新突破，和谐社会建设、文明城区创建、新农村建设迈出新步伐。

党工委书记　王万堂

主　　任　蔺荣华

南苑街道办事处　南苑街道办事处成立于1994年12月，位于奎文区最南端，东、北两侧与廿里堡街道相邻，南与坊子区长宁街道接壤，西临白浪河水库及河道，地理环境优越，交通便利。街道南北长7.7公里，东西宽2.6公里，面积12.6平方公里。街道辖11个行政村，共10320人，耕地4730亩。2006年，全街道地方财政收入834.73万元，比上年增长124.1%；工业实现销售收入11.6亿元，利税5842万元，分别增长45.6%和83%；农民人均纯收入5366元。

南苑街道地势平坦，原以农业为主，2002年以来，在区委、区政府的正确领导下，街道积极转变思路，坚持以招商引资为总抓手，立足实际，合理规划，引进项目，加快结构调整，经济步入了健康发展的轨道。规划建设了城南工业园，一批工业项目相继落户。辖区企业由最初的8家发展到116家，其中工业企业35家（限额以上企业5家），商业企业81家；个体工商户发展到104家。工业企业已初步形成了纺织服装、机械加工、外贸食品出口、包装材料四大产业。在抓好工业企业的同时，街道积极调整农业产业结构，大力发展经济作物种植和畜禽养殖，推动农业由传统种植业向高效农业转变。随着经济的发展，街道三次产业比例发生了巨大变化，由原先的80∶15∶5发展到现在的5∶80∶15。工业是街道经济的主导产业。

党工委书记　华晓梅

主　　任　赵立果

钢城街道办事处　钢城街道办事处位于潍坊市奎文区东南部，西临潍安路，北依胶济铁路，南部和东部与坊子区接壤，面积16.05平方公里。辖12个行政村，2134户，人口0.7165万，耕地面积1.1465万亩。2006年，全街道完成地区生产总值0.35亿元，比上年增长30%；地方财政收入204万元，比上年增长35%；工业实现销售收入0.8492亿元，利税503万元，分别增长25%和17%；第三产业增加值达700万元；农民人均纯收入4930元。

钢城街道在区委、区政府的正确领导下，坚持以邓小平理论、“三个代表”重要思想和科学发展观为指导，紧紧围绕全区工作重心，按照“全力抓稳定，重点抓服务，突出抓发展，努力争一流”的工作思路，正确处理稳定、服务、发展的关系，抢抓机遇，开拓进取，扎实工作，艰苦创业。牢固树立为钢厂服务就是为全区服务、为钢厂做贡献就是为全区人民做贡献的责任意识。拉长钢厂下游产业链条，利用钢厂矿渣、钢渣等合作开发新型节能环保建材项目。街道基本形成机械加工、新型建材、建筑安装三个支柱产业。全街道经济和各项社会事业持续快速健康发展。

党工委书记　谭小平

主　　任 郑　海

坊　子　区

中共坊子区委、区人大、区政府、区政协领导成员名单

区委书记　丁志伟
副 书 记　马清民　张金玉
区人大主任　丁志伟
副 主 任　赵　伟　陈　英
　　　　　马学军　武际信
　　　　　常庆科　于德芹
　　　　　郑广华
区政府区长　马清民
副 区 长　刘升勤　潘振东
　　　　　于仁之　徐明军
　　　　　王希慧　田立胜
区政协主席　张钢星
副 主 席　庄绍文　董以森
　　　　　蔡志敏　李子木
　　　　　王以霜　孙桂香
　　　　　马永廷

坊子区辖8个镇（街道办事处），244个行政村（居委会）。全区总面积345.55平方公里，其中，耕地面积24.3万亩。2006年，全区完成地区生产总值48.21亿元，比上年增长17%。其中：第一产业增加值3.06亿元，增长1.5%；第二产业增加值30.93亿元，增长20.5%；第三产业增加值14.22亿元，增长13.5%。三次产业比重为6.4∶64.1∶29.5。

农业和农村经济　2006年，全区完成农林牧渔业总产值5.91亿元，比上年增长4%。全区粮食总产量12.94万吨，比上年增长－5.3%；奶类总产量0.42万吨，增长11.7%；禽蛋总产量0.38万吨，增长－2.6%；肉类总产量1.35万吨，增长－10.5%。全区实有林地面积2983.6公顷，当年造林68公顷，森林覆盖率13.6%。全区农业机械总动力17.4万千瓦，比上年增长6%。农业龙头企业发展到72家，新增20家，其中22家列入市级重点，1家列入省级重点。落实支农惠农政策，兑现补贴资金714万元。深化村居事务契约化管理，被评为全面小康与新农村建设“中国十大政府创新典型”。

工业　2006年，全区完成工业增加值28.72亿元，比上年增长21%，占全区生产总值的比重达到59.59%。其中，规模以上工业完成工业增加值21.73亿元，增长24%，占全区生产总值的比重达到45.08%。高新技术产业保持快速发展，其中，国家级高新技术企业发展到2家，省级17家。全区共有省级以上名牌产品和著名商标19个，其中，北汽福田的欧豹拖拉机被评为中国名牌产品。全区规模以上工业实现主营业务收入122.74亿元，比上年增30.26%；实现利税7.41亿元，比上年增长56.1%；实现利润总额5.55亿元，比上年增长55.58%。全区主营业务过亿元的企业发展到15家；利税过千万的企业发展到11家；实缴税金过千万元的企业发展到10家。

交通运输业　2006年，全区营运汽车1308部，营运出租（客）车78部。完成货运量314万吨，比上年增长22%；货运周转量18086万吨公里，比上年增长31%；完成客运量148万人，比上年增长9%；客运周转量12414万人公里，比上年增长14%。年末，全区公路通车里程达到522.9公里，好路率87.1%。

邮电通讯业　全区完成邮政业务总量1717万元，比上年增长20.98%。邮政储蓄年末余额46522万元，比上年下降0.2%。全区电话机交换总容量138248门，完成电话放号107291部，电话装机总数107291部。其中，固定电话装机数80002部、小灵通27289部，移动电话放号108135户。电话普及率88.7部/百人。其中，固定电话普及率33部/百人。

贸易　全区集市贸易市场42个，共实现社会消费品零售总额14.49亿元，比上年增长16%。有限额以上贸易业15家，全年共实现社会消费品零售额1.017亿元，增长62.3%，占全社会消费品零售总额的比重为7.4%。全区完成外贸进出口总额2.05亿美元，比上年增长71.5%，其中，出口总额1.50亿美元，增长79.9%。对外承包劳务营业额469万美元，增长31%。

财政、金融　全区实现财政总收入5.87亿元，比上年增长30.5%。其中，地方财政收入3.03亿元，增长26.3%；中央财政2.57亿元，增长34.1%；省财政0.26亿元，增长47.9%；地方财政支出3.68亿元，比上年增长18.1%。全区各类金融机构存款余额37.70亿元，比年初增加7.00亿元；城乡居民储蓄余额24.10亿元，比年初增加3.50亿元。贷款余额21.77亿元，比年初增加4.17亿元。

固定资产投资　全社会完成固定资产投资32.36亿元，比上年增长16.3%。其中，规模以上项目投资32.09亿元，增长16.4%；城镇建设及房地产投资19.61亿元，增长48.6%；农村投资12.48亿元，下降13.2%；工业性投资17.53亿元，下降15.6%。全年新增固定资产30.15亿元，增长26.1%。

科技、教育、文化、卫生、体育　区科技、知识产权工作分别获得全市目标考核一等奖。全区共有2项科技成果获省科学技术进步奖，5项获市科学技术进步奖。全年组织实施各类科技计划项目34项。全区经省级认定的高新技术企业19家。山东省专利明星企业13家。全区累计申请专利724项，新增专利142项。全区拥有各类专业技术人员9928人，其中，高级职称506人，中级职称2390人，初级职称7032人。全区拥有各类学校73处，在校生29100人。其中：普通中学11处，在校生13300人；职业中专1处；小学61处，在校生15800人。全区共有教职工2785人。适龄儿童入学率100%。全区幼儿园106处，在园幼儿6800人。全区普通高考录取人数1519人，普通高考本科上线率位居全市前列。全区在省级以上发表各类文艺作品8件，其中，国家级刊物3件。创作美术作品8件。区级文艺活动20场次，镇级文艺活动

50场次。全区拥有医疗卫生机构9处，床位664张，卫生技术人员835人。其中：医院卫生院7处，床位659张，卫生技术人员762人。村级医疗点310个，拥有乡村医生和卫生员390人。全区参加市级以上体育比赛14次，获金牌51枚、银牌41枚、铜牌56枚；荣获体育道德风尚奖6个。

城市建设与环境保护 全区完成道路、桥梁及城市改造等基础设施建设投资2.25亿元。年末，全区供水管道总长度100公里，供水总量704.6万平方米；集中供热管道长8.95公里，供热面积173.13万平方米；天然气安装管道15公里，用户3220户；城市道路长180公里，面积331平方米；排水管道61公里；路灯2706盏。全区拥有废水处理设施10套，设施运行率100%。工业废水处理率100%，处理工业废水达标量83万吨，排放达标率100%。

人民生活 全区在岗职工平均工资14623元/人，比上年增长6.8%。农民人均收入5671元，比上年增长10.1%。城乡居民人均储蓄余额9928元，比上年增长15.24%。城镇人均可支配收入10176元/人。

人口与计划生育 2006年末，全区总人口243624人，其中：男125392人，占总人口比例51.5%；女118232人，占总人口比例48.5%；农业人口118384人，占总人口比例48.6%；非农业人口125240人，占总人口比例51.4%。全区人口出生率10.03‰，死亡率3.65‰，人口自然增长率6.38‰，育龄妇女晚婚率70.2%，晚育率84.9%。

镇、街道办事处概况

凤凰街道办事处 与山东潍坊凤凰山高新技术产业园区合署办公，位于潍坊市区东南部，是坊子区政府所在地。辖区行政面积32平方公里，辖25个村(居)，共有12161户，人口3.87万，耕地面积1.18万亩。2006年园区共实现工业总产值93.1亿元，销售收入97.2亿元，利税5.2亿元，分别较上年同期增长了34%、36%和31%。地方财政收入1635万元，较上年增长8%，农民人均收入5768元。

园区不断适应发展需求，2006年对凤凰东街、龙泉街进行了改造完善，实施了凤山路绿化提升工程，启动西白羊埠进入了实质性城中村改造阶段，进一步提升园区的档次和承载力。科学发展工业经济，成功引进和落实了三鹿乳业、华荣电子等辐射力、带动力强的大项目、好项目，进一步发展壮大了机械制造、电子信息、生活用纸、纺织服装、生物制药、农副产品深加工等6大支柱产业。加快了社会主义新农村建设，规范农村工作管理，加快农村劳动力培训转移，启动新型农村合作医疗，提高了农村综合保障能力，促进了农村社会和谐发展。

党工委书记　王金莲

办事处主任　陈兆启

长宁街道办事处 位于坊子区西南部，面积27.5平方公里，辖23个行政村，7000户，人口2.2万，耕地面积1.3万亩。2006年，全街道完成地方财政收入2443万元，比上年增长41.9%；工业实现销售收入22.4亿元，利税1.5亿元，同比分别增长40%和36%；农民人均纯收入达到5750元，比上年增加622.2元。

该街道面向国内外市场，积极搞好农业结构调整，大力实施标准化生产，围绕优势产业，不断优化品种结构，扩大种养规模，加快发展速度，提高发展质量，稳步发展优质高效农业。通过坚持不懈地抓发展、抓提高，全街道以芦笋、花卉、中药材、优质果品苗木种植，以奶牛、肉牛、蛋鸡、淡水鱼类、特种动物养殖为主的城效农业发展框架基本形成，农业增效、农民增收的活力和后劲有了明显增强。

在巩固原来传统产业的基础上，街道利用招商引资和原有企业技改扩建，积极推动产业向多元化发展，发展起各类企业312处，形成了以路路通管业、恒建新材料为主的新型建材业，以裕川、迪尔、宝龙、盛龙为主的铸造业，以运通方向机、天伦机械为主的机械加工业，以五棉、信达、雨佳为主的纺织服装业，以北方汽车、顺达物流、陇鑫煤炭、乾和商贸为主的现代商贸物流业等五大产业集群，初步构建起了街道新型产业发展框架。

党工委书记　丛兴军

办事处主任　杨坤年

恒安街道办事处 位于坊子老城区，面积31.2平方公里，辖10个居委会、6个行政村，人口4.9万，其中农村人口3000人，耕地面积2400亩。2006年全街道完成地区生产总值7.8亿元，比上年增长26%；地方财政收入823万元，比上年增长29%；工业实现销售收入4.2亿元，利税2749万元，分别比上年增长22.3%和34.7%。第三产业增加值达9383万元，农民人均收入5761元。

2006年，恒安街道紧紧抓住新一轮城市建设规划的机遇，积极实施城市化战略，一批城市开发项目如：投资2120万元的恒安小区开发、1.2亿元的凤栖墅1号、1200万元的东王佳元小区工程已完工；投资9000万元的天同绿城和6400万元的新南苑商城改造项目相继开工建设；西岭旧城改造、原铁中开发、民生片区开发等项目已进入拆迁阶段。这几个项目连片、成片开发，三年内老城区中心地带将建成集商贸、休闲、餐饮、居住为一体、设施配套完善、功能齐全、环境优美和富有特色的新城区，全面提升城市品位。

早在1902年胶济铁路建成设坊子站即形成坊子（现恒安街道），英、美等国曾在此设使馆、建教堂、辟商埠，传教经商，德日等国曾在此开煤矿、筑铁路，办电厂。百年商埠，百年沧桑，今天的恒安街道以其独特的和谐环境、丰富的电热资源、优质高效的服务吸引着越来越多的目光，展现出了美好的发展前景。

党工委书记　李　玉

办事处主任　赵祥永

坊安街道办事处 位于坊子区中南

部，面积26.5平方公里，辖23个行政村，4214户，人口1.4万，耕地面积2.9万亩。2006年，全街道地区生产总值1.11亿元，比上年增长30%，地方财政收入1085.5万元，比上年增长32.6%，农民人均纯收入5366元。

位置优越，交通便利。距市中心仅15公里，近靠潍坊民航机场，北到潍坊港50公里，东到青岛1.5小时车程。紧邻国家级潍坊高新技术开发区及其辐射区潍坊凤凰山高新技术产业园，西邻206国道，北靠潍莱高速公路，潍胶路、潍安路贯穿该街道，形成了四通八达的交通网络体系，是进入潍坊市区的南大门。

按照农业增效、农民增收、发展农村经济的工作思路，加大农业龙头企业建设力度，突出发展蔬菜种植业，奶牛、肉鸡、肉鸭养殖业。潍坊紫鸢牧业发展有限公司、潍坊昌顺食品有限公司已建成投产，潍坊阳春乳业有限公司、东村肉鸡标准化生产基地的厂房等基础设施已基本建设完毕。“一村一品”工程实施顺利，形成于家石埠黄金梨、李家水坡肉鸭、高陵香油、沙埠豆腐、张疃蜜桃、罗家宅子桑蚕等6大特色农业品牌，成为当地农民增收的特色产业。

党工委书记　王佰刚

办事处主任　冯　涛

荆山洼镇　位于坊子区南端，安丘、昌乐、坊子三县区交界处，交通四通八达，206国道纵贯全镇。辖45个行政村，3.1万人，总面积62平方公里，耕地面积4.4万亩。2006年，全镇实现工业总产值6.6亿元、销售收入6亿元、利税3900万元，同比分别增长24%、25%和11%；农民人均纯收入达到5680元，同比增长11%；地方财政总收入实现1167.9万元。

全镇地形属于丘陵地带，镇域内有蟠龙山、荆山、灵山等山脉，有丰富的石材、粘土等矿产资源，有白浪河、范家沟等水库3处，山清水秀，环境优美。

该镇是潍坊市重要的建材基地，以建材为主，多业并进，是本镇经济发展特点，北新建材集团潍坊产业园和方正建材集团两大企业座落该镇。此外，该镇历史渊源有白石飞花、槐抱松、塔山观日等名胜及范家庄原始社会遗址、龙山文化层、鞠家庄商周文化遗址等古迹。

农业主要经济作物有芦笋、草莓、花生、中草药等，其中有花生10000亩、芦笋4000亩、6000亩省级无公害草莓示范基地；林果主要有苹果、桃、大樱桃、布朗李等共5000亩；畜牧业已形成专业村20个，30亩以上养殖小区43个，有各类养殖大棚356个，主要养殖肉鸡、蛋鸡、樱桃谷鸭、肉牛、奶牛、山羊等。

党委书记　潘锡才

镇　　长　高凤金

穆村镇　位于潍坊市以东20公里处，东西最大横距13.5公里，南北最大纵距11公里，面积74.2平方公里。辖42个行政村，9275户，人口3.3993万，耕地5.6万亩。2006年，全镇完成地区生产总值4.7亿元，比上年增长20%；地方财政收入1375.3万元，比上年增长23.6%；工业实现销售收入12亿元，利税7000万元，分别增长18%和18%；第三产业增加值达到4386.89万元；农民人均纯收入5600元。

穆村镇拥有优美的自然环境，辖区内九龙涧风景区占地9000余亩，景区内峭壁林立，沟壑纵横，湖泊星罗棋布，植被茂密，水域宽广，林木覆盖率达40%以上。2001年11月，九龙涧自然风景区被山东省列为重点开发项目，并被列入潍坊市市级综合规划。

穆村镇工业基础雄厚，尤其是机械铸造业。作为支柱产业，共有企业122家，从业人员5156人，铸造加工能力为20万吨，2006年完成工业产值50723万元，实现销售收入45295万元，实现利税592万元，其产品远销美国、英国、日本、韩国、新加坡等国家和地区，是远近闻名的“铸造之乡”。

党委书记　李夕勇

镇　　长　戴德彩

眉村镇　位于坊子区东北部，潍坊市区东24公里处，总面积49.4平方公里，辖34个行政村，8835户，人口31475人，耕地面积3.2万亩。2006年，全镇完成地区生产总值34.26亿元，比上年增长35%；地方财政收入1804.7万元，比上年增长39.4%；工业实现销售收入31.63亿元，利税2.42亿元，分别增长36%和21%；第三产业增加值达2114万元；农民人均纯收入5948元。

眉村镇认真贯彻落实中央和上级党委指示精神，全面落实科学发展观，构建和谐新眉村，实现经济和社会各项事业又快又好发展。全镇民营企业发展到1863家，其中限额以上企业达到35家，形成了纺织、铸造、塑编、膨润土等四大支柱产业。完成了育才商业街一期改造工程，为第三产业发展打造了新的平台。完成15个村的自来水入户安装工程，自来水使用率达到82%。硬化镇级道路5条，村庄道路96条，镇级道路硬化率达95%，村庄道路硬化率达到70%。规划建设了10处村民活动中心，进一步丰富了群众的文化生活。不断完善村级事务契约化，民主法制进程明显加快。与上年同期相比，群众纠纷和上访事件分别下降60%和71%。率先成立了镇级慈善会和慈善救助超市，有力地推动了慈善事业发展。农村低保实现了应保尽保，全镇有330户困难家庭、180名贫困学生受益。新型农村合作医疗覆盖率达到100%，群众参合率达到95%。

党委书记　李光明

镇　　长　陈其云

南流镇　位于潍坊市东南20公里处，辖36个行政村，人口3.5万，面积61平方公里，总耕地面积5.3万亩。2006年全镇共实现地方财政收入498万元，引进外资2.8亿元，实现固定资产投资1.059亿元，农民人均收入达到5864元，分别比2005年增长36%、17%、12%和11%。

工业规模迅速膨胀。以招商引资为

总抓手，先后发展起规模以上企业10多家。大力实施“一村一品”战略，先后发展起南王皋马扎、前苏铸造、曹村扫帚、东埠粉皮等10多个专业村，从事加工的农户达700多家。农业产业结构不断优化。全镇芦笋发展到1.2万亩，专业村16个，年实现收入6000万元，年创外汇1000多万美元。发展林果基地6000多亩。另外，大姜、大葱、牛蒡等高效作物面积达到3000多亩。基础设施投入不断加大。投资300多万元，实施了尚庄流域7000亩土地整理和镇区东南部5000亩节水灌溉工程，改善了生产生活条件。实施了李家流域2500亩农业综合开发工程。村容村貌整治效果明显。全镇有6个村实施了水泥硬化道路；有12个村实施了沙石硬化；浆砌路边沟2万多米，累计投资300多万元。小城镇建设日新月异。新建沿街商品楼20多套。投资160万元，对镇区用电线路进行全面改造，新树线杆110基，架线6000米，新安装变压器4台、路灯60盏。镇区工商业户已达220多家，初步形成了交通发达、环境优美、商贸繁荣、和谐稳定的现代化小城镇。

党委书记　张　波
镇　　长　段效顺

（李学江　供稿）

寒亭区

中共寒亭区委、区人大、区政府、区政协领导成员名单

区委书记　李世光
副书记　陈　平　贾有余
区人大常委会主任　崔守国
副主任　徐志娟（女）　徐淑华（女）　朱明敬　李洪平　管清源　魏常禄　赵泽庆
区政府区长　陈　平
副区长　韩国礼　王文琦　张辉忠　于伟平　葛凤春（女）　范连军
区政协主席　玄克胜
副主席　郑立琦　王乐堂　刘庆有　孙建秋（女）　姜桂兰（女）　刘伟宏　刘志明　韩希明

寒亭区辖2乡、6镇、2个街道办事处，375个行政村。面积872平方公里，人口34万人。2006年实现地区生产总值60.5亿元，比上年增长22.5%，其中一、二、三产业增加值分别为7.6亿元、34.6亿元和18.3亿元，分别增长5%、27.2%和22.5%；完成财政总收入7.84亿元，其中地方财政收入4.64亿元，分别增长29.1%和36.8%；金融机构各项存款余额46.7亿元，增长17.4%；城乡居民人均储蓄10400元、农民人均纯收入5932元，分别增长11.7%。

工业经济快速膨胀。新增工业投入34亿元，规模以上工业企业发展到178家，实现主营业务收入110.8亿元、利税11.9亿元，分别增长49%和58.5%。主导产业和骨干企业支撑作用进一步增强，盐溴化工、食品加工、轻工纺织、机械制造四大主导产业主营业务收入、利税占规模以上企业的比重分别达到83.7%和89.2%，海王化工、圆友建机、昱合食品等30家重点包靠企业主营业务收入、利税占规模以上企业的比重分别达到38%和30%。企业自主创新能力进一步提高，市级以上企业技术中心达到6家，省级高新技术企业发展到10家，高新技术产业产值占规模以上工业企业总产值的比重达到30.07%（不含市属下划企业），比上年底增长2.85个百分点。“海王”工业盐等3个产品获山东名牌产品称号，“昱合”、“玉”牌等4件商标被评为山东省著名商标，全区山东名牌产品和山东省著名商标均达到6个。民营经济发展步伐加快，上缴税金占全部税收的比重达到80.1%。

社会主义新农村建设扎实推进。新增农业龙头企业2家，总数发展到97家；新增农民专业合作经济组织12个，总数发展到35个；无公害农产品基地、绿色食品基地分别达到5.65万亩和4.56万亩；无公害农产品和绿色食品达到34个。畜牧业产值7.1亿元，占农业总产值的比重达到39%；渔业总产值1.9亿元。健全完善动物疫病防控体系，严格防控高致病性禽流感。启动了新一轮镇村规划编制，集中开展了以“四清、六化、六通、两改”为重点的镇村环境综合整治，126个村成为区级文明生态村，其中30个村达到示范村标准。开工了央赣路大修工程，完成了泊南路、杨瓦路、武岭路、仲南路共37.1公里区级道路大修改造工程，新建、改建乡村道路105.1公里，柏油路通村率达到83%；有线电视在村村通的基础上入户率达77%；自来水通村率达到86%，提前一年超额完成了省、市政府下达的任务目标；高标准完成了1万亩农业综合开发项目，改善了农业生产条件。继续深化农村税费改革，全面停征农业税，认真落实粮食直补、成品油价格补贴等各项涉农补贴。深化村务公开民主管理，建成开通了寒亭区村务公开民主管理信息网站，全区375个建制村全部实现村级政务、财务网上公开，得到了全国村务公开民主管理领导小组的充分肯定。

服务业日趋繁荣活跃。深度开发民俗文化旅游资源，成功举办了第三届杨家埠风筝年画艺术节，杨家埠民间艺术大观园被评定为国家AAA级旅游景区。在膨胀原有专业市场的同时，加快百老汇家世界、汽车贸易服务园等商贸物流项目建设步伐，组织实施了“万村千乡”市场工程，城乡商贸经济趋向繁荣。引导和支持房地产业健康发展，积极发展餐饮娱乐业和新兴服务业。全区实现社会消费品零售总额18.6亿元，增长16.1%。

城乡面貌明显改观。组织实施了南部新区建设、滨海项目区基础设施建设、城区道路综合改造、老城区拆旧改

丑等一批重点工程，启动了北平旺村、赵家埠村等6个“城中村”改造，建设了体育广场。完成了北海路绿化、亮化等后续工程，建设沿途通村柏油路34条。加快小城镇建设步伐，推进城乡协调发展。抓好潍坊半小时生态圈及白浪河等沿海防护林带建设，开展了“绿色家园”建设活动，全区森林覆盖率达到15.6%，城区绿化覆盖率达到37.5%，人均绿地面积9平方米。投资2700余万元，对城乡电网进行了改造提升，全区年供电量达8.38亿千瓦时，比上年增长29.07%，增幅居全市首位，区供电公司创建为全国一流县级供电企业。进一步加大城市环境综合整治力度，创建国家卫生城市取得阶段性成果。健全完善城市管理长效机制，并在各乡镇、街道设立了城管中队，扩展了城管执法范围，城乡面貌得到进一步改观。

社会事业加快发展。申报专利84件，授权39件，科技进步对经济增长的贡献率达到55%。深化中小学人事制度改革，全面实施素质教育，支持发展职业教育和民办教育，教育教学质量不断提高，高考本科上线率达到35%。深入挖掘、保护、传承民间民俗文化，杨家埠风筝和木版年画列入了第一批国家非物质文化遗产名录。建成了区影剧院，拆迁建设了区图书馆，文化基础设施进一步完善。广泛开展全民健身活动，积极培养选拔输送优秀体育人才。加强公共卫生体系建设，积极推进疾病预防控制和传染病防治工作。加大区乡卫生基础设施投入，开工建设了区医院综合门诊楼和央子分院病房楼。积极开展食品药品安全专项整治，保证人民群众饮食用药安全。深入推行“两化一优三推动”计生管理新机制，全面落实农村部分计生家庭奖励扶助等制度和政策。人口自然增长率控制在3.24‰以内，符合政策生育率达到98.5%，全区被授予“全省计划生育优质服务先进县（市区）”称号。积极推进国库集中支付、部门预算等财政管理制度改革，强化税收和政府非税收入征管，进一步规范了财经秩序。企业改革改制不断深化，各类事业单位改革稳步推进。完成了国有粮食购销企业改革。认真组织循环经济试点及推广工作，大力推进节地、节水、节材、节能、节矿，深入开展节约型园区、节约型企业、节约型机关等创建活动，万元GDP能耗比上年下降4.5%。深化国有土地和矿业权有偿使用制度改革，严格执行经营性用地“招拍挂”制度，对潍河寒亭段采砂权依法进行了公开拍卖，推进了土地市场和矿业权市场的规范完善。加大土地开发整理复垦力度，新增耕地1万余亩。强化水和大气污染防治，依法加强环境监管，环境质量明显改善，区污水处理厂顺利通过省市环保验收。深入开展安全生产专项整治活动，杜绝了重特大事故的发生。以建设“平安寒亭”为抓手，建立了治安防控和矛盾纠纷排查调处两大体系，深入开展“打黑除恶、打霸治邪”专项斗争，社会治安形势更加稳定。制定并实施了“五五”普法和“四五”依法治区规划。认真受理群众来信来访，及时排查化解各类矛盾纠纷，群众来信来访下降43.6%，维护了全区和谐稳定的大局。审计、房管、物价、邮政、通讯、民族宗教、气象、地震、档案、史志、人防、民兵、外事侨务、对台事务等其他各项工作和事业也取得了新的进展。

【招商引资】 不断创新招商方式，优化招商环境，突出招商重点，着力引进“大高外”项目，利用外资的规模和水平得到进一步提高。全区共认定到位资金项目236个，引资额38.9亿元；合同利用外资7083万美元，实际利用外商直接投资3800万美元，出口创汇9000万美元。全力抓好滨海项目区和经济开发区两大招商载体建设，进一步增强项目承载能力。滨海项目区，加快配套50平方公里起步区的基础设施，严把项目立项、环评、安评、用能、用地、规划“六关”，规范项目预审程序，进区项目质量进一步提高。累计引进项目60个，实际到位资金10亿元，其中投资过10亿元的项目4个，外资项目3个。寒亭经济开发区，突出抓好环境优化和企业管理，进一步配套完善基础设施，全年新引进项目16个，完成投资5.5亿元，区内企业实现主营业务收入38亿元，利税2.5亿元，分别增长56%和33%。

【社会保障】 巩固扩大城镇职工各种保险覆盖面，企业离退休人员养老金拨付率达100%；农村养老保险乡镇投保启动面达到100%；拨出专款对农村70岁以上老人进行了走访慰问；城乡低保户实现了应保尽保；农村五保对象供养率达到100%，集中供养率达到70%；积极做好失地农民社会保障工作，逐步将失地农民纳入城镇统一保障体系。拨付救助资金30.9万元，对城乡困难户进行了医疗救助。积极实施残疾人救助，组织向残疾人捐赠轮椅100辆。落实“两免一补”政策，为义务教育阶段贫困家庭学生减免杂费和书本费35.5万元。认真做好就业再就业工作，城镇新增就业人员4356人，城镇登记失业率控制在2.1%以内；积极推进农村劳动力转移培训阳光工程，转移输出农村富余劳动力4.3万人。扩大新型农村合作医疗覆盖面，农村人口参合率达到93%，发放医疗补偿金273.2万元。由区财政统一拨付村“两委”干部和计生专职主任固定补贴、村级办公经费、乡村治安联防队员和各村专职民事调解员的报酬，有效保障了农村基层政权的正常运转。

乡镇、街道办事处概况

寒亭街道办事处 位于寒亭区中部，面积71.9平方公里，辖杨家埠旅游开发区、46个行政村、8个社区居委会，共25200户，总人口8.9万，耕地51549万亩。2006年，全街道完成地区生产总值9.13亿元，比上年增长23.2%；地方财政收入1463.98万元，比上年增长74%；工业实现销售收入46.9亿元，利税58100万元，分别增长74.35%和74.46%；第三产业增加值达3.74亿元；农民人均纯收入6029元。

2006年，在寒亭区委、区政府的

坚强领导下，在上级有关部门、单位的大力支持下，认真落实科学发展观，围绕发展这个主题，突出抓好招商引资，着力发展民营经济；全力搞好城市建设及管理，繁荣搞活服务产业；积极开展新农村建设，加快产业结构调整；努力搞好平安建设，维护社会稳定，全街道保持了经济增长、社会稳定、各项事业全面进步的良好局面。

党工委书记　王龙堂

办事处主任　吴尧新

开元街道办事处　位于寒亭区南部，面积48.9平方公里，辖36个行政村，1个居委会，8842户，人口3.1万人。耕地面积3.7万亩。2006年，全街道实现地方财政收入750万元。

2006年，招商引资完成1.6亿元，实际利用外资完成134万美元，出口创汇完成751万美元，民营企业发展到230多家。2006年，全街道有20多家企业产品取得了国际认证。充分发挥地处潍坊高新技术开发区、潍坊经济开发区、寒亭经济开发区的区位优势，形成了现代物流、房地产开发、汽车销售、餐饮商贸服务等四大服务产业。

2006年，组织成立了开元果业协会、禽业协会、养猪协会三大协会，为群众申办了嘎啦、新红星、红富士三大果品绿色食品认证，开元绿色果品出口俄罗斯等国家的额度不断扩大，进一步增加了群众的收入。

党工委书记　李良华

办事处主任　王永亮

固堤镇　位于寒亭区北部，面积58平方公里，辖46个行政村，9240户，人口2.9万人，耕地面积5.1万亩。2006年全镇完成地方生产总值10亿元，比上年增长11%；地方财政收入332万元，比上年增长20%；工业实现销售收入9.26亿元，利税7842万元，分别增长12.8%和22.8%，第三产业增加值达5808万元，全镇农民人均纯收入5700元。

2006年，全镇共引进项目35个，其中投资过5000万元的5个，协议利用外资10.2亿元，实际到位资金3.629亿元。农业方面，进一步健全完善各类协会组织，采取“协会加农户、大户带小户、协会联基地”的经营方式，新建标准化种植小区8个，西瓜种植面积扩大了3000亩，达到9600亩，全年西瓜总产量达4500万斤，总收入达2700万元。小城镇建设方面，加速镇区西进步伐。按照新一轮小城镇建设的总体规划，2006年共投入300多万元打通了连接北海路至央赣路的5条道路，全长7公里，形成了东至央赣路、西至北海路、南至南环路、北至固高路两纵五横的新小城镇基本框架。

党委书记　宿光会

镇　　长　李中强

央子镇　位于寒亭区最北部，面积278平方公里，辖13个行政村，3075户，人口1.15万，耕地面积1.45万亩。2006年，实现地区生产总值16.5亿元，比上年增长23%；上缴税金2.44亿元，地方财政收入1.06亿元，分别比上年增长30%、17.6%；农民人均纯收入达到6668元，比上年增长20%。新增限额以上企业6家。工业企业完成增加值6.7亿元，实现销售收入27.1亿元，利税6.1亿元，分别比上年增长64.3%、64.7%、66.9%。第三产业增加值3.38亿元，比上年增长27.1%。

央子镇境内省道央赣路纵贯南北，新海公路横穿东西，大莱龙铁路从境内通过，并设有寒亭和潍北两站，潍坊森达美港位于境内北部，万吨级泊位即将建成。正在建设中的荣乌高速公路穿境而过。海岸线长46.6公里，是山东“六大天然渔场”之一。地下卤水存量达13亿立方米，可开采量达11亿立方米，是全省著名的原盐和溴素生产基地。

党委书记　张　文

镇　　长　李　冰

高里镇　位于潍坊市寒亭区西部，面积58.07平方公里。南距潍坊市中心10公里，北距潍坊港口30公里，省级公路冯横路南北穿越镇区，昌寿公路贯通东西。全镇辖42个行政村，总人口30794人，耕地面积6.1万亩。2006年全镇农民人均纯收入达5903元，完成地区生产总值5.49亿元。

高里镇农业基础雄厚，素有“潍北粮仓”之美称。2006年，全镇高效作物种植面积2万余亩，无公害瓜菜基地面积达7000余亩。“鸢伊红”牌洋香瓜和“高里”牌山药在国际、国内市场上名声远扬，2006年，“鸢伊红”牌洋香瓜荣获“山东名牌”。2006年，新引进投资2.4亿元。机械、化工、纺织、橡胶、服装、建材等行业已初具规模，全镇民营企业达到20余家，其中限额以上企业14家。个体工商户达190余家，是全国著名的猪鬃生产基地。

党委书记　史云锦

镇　　长　于建云

双杨店镇　位于寒亭区西南部，面积40平方公里，辖31个行政村，7000户，2.2万人口，耕地面积4万多亩。2006年全镇完成地区生产总值5亿元，同比增长30%；地方财政收入218万元，比上年增长21%；工业实现销售收入4亿元，利税1720万元，分别增长36.6%和38.9%；第三产业增加值达1200万元，农民人均收入4872元。

双杨店镇素有“江北鬃业发祥地”和“胶东半岛铁丝业制造基地”之美誉，是江北猪鬃著名加工基地，具有一百多年的猪鬃加工历史。全镇从事猪鬃加工生产的业户已达300余家，全镇猪鬃制品年产量超过5000吨，产品远销韩国、日本、美国、俄罗斯、香港等国家和地区。全镇从事铁丝和铁钉加工的企业6家，年加工铁丝近50万吨，制钉12万余吨，产品占整个山东半岛市场的60%以上。

在农业方面，不断调整产业结构，改善种植品种，大力引进名优稀特品种。形成了东部优质果品、中部芦笋、西部大棚蔬菜的种植格局。“亦禾”牌芦笋，成为潍坊市首个通过国家农业部绿色食品发展中心质量认证的知名品牌。产品出口东南亚、欧洲各国和地

区。2006年，全镇芦笋种植面积达6000亩，优质套袋苹果面积达8000亩，小麦等粮食作物种植2.9万亩，成为潍坊市重要的绿色食品生产基地。

党委书记 朱金明

镇　　长 郭宏光

朱里镇 位于寒亭区东南部，全镇面积46平方公里，辖31个行政村，8468户，人口3.1万，耕地面积3.9万亩。2006年地方财政收入248万元，比上年增长19%；工业实现销售收入10.5亿元，利税11422万元，分别增长40%和44.6%；第三产业增加值达251万元，农民人均纯收入8816元。

2006年，朱里镇突出抓招商引资，大力扶持民营经济，形成了以机械加工和纺织为主体的两大支柱产业。培育了以华源内燃机、前周喷胶棉、新光纺织、非凡纺织为代表的企业群体，带动发展私营业户700余家。农业方面，以重点培育蔬菜种植为主。2006年，蔬菜种植面积突破3万亩，年产各类蔬菜2．4亿公斤。其中，大姜、圆葱、土豆、萝卜、草莓等5个品种通过了国家无公害认证。

党委书记 周宝勇

镇　　长 李学智

河滩镇 位于寒亭区东南部，面积64.42平方公里，辖57个行政村，人口3.05万。农耕面积5.7万亩，粮食作物以种植小麦、玉米为主，全年粮食总产量53万担。2006年全镇财政总收入完成1100余万元，其中地方财政总收入317.7万元，人均收入达到5335元，年末储蓄余额1.58亿元。

2006年，全镇高效农业发展迅速，共发展大棚西瓜6800亩，优质林果1800亩，大棚菜9000亩。潍县萝卜于1999年被确认为中国农业博览会名牌产品，2004年通过了国家绿色食品认证，2006年种植面积达到了10000亩。养殖业发展到800余户，其中鸡鸭养殖专业户600余户，年出栏450万只；猪牛羊养殖专业户200余户，年出栏量2万头，仅养殖一项收入，可占农村经济总收入的42%。

工业已形成以造纸及农副产品加工为主，铸造、纺织、化工、机械加工、建材等产业齐头并进的局面。通过工业园区招商引资吸引更多的工业项目进入园区投资建设。2006年，工业园区已有产值过500万元的企业18家，过千万元的私营企业12家，全年工业产值达10亿，销售收入9.5亿元。

党委书记 徐建春

镇　　长 王秀刚

泊子乡 位于寒亭区北部，面积101平方公里，辖32个行政村，8600户，人口2.7万，耕地面积5.8万亩。2006年，全乡完成地区生产总值9.01亿元，比上年增长16%，地方财政收入683.5万元，比上年增长4.1%；工业实现销售收入7.4亿元，利税8100万元，分别增长36%和41%，第三产业增加值达9600万元，农民人均纯收入5268元。

2006年，乡党委、政府坚持以科学发展观为指导，把发展作为第一要务，通过积极开展招商引资，形成以化工、纺织、铸造等产业为主体的新型工业体系。农业以粮棉、瓜果、水产养殖等为主，尤以南美白对虾和大菱鲆远近弛名，全乡总养殖面积已达6000余亩，产品远销青岛、烟台、淄博、莱州等地。2006年，与寿光三元朱村达成了合作建设高温大棚蔬菜基地的协议，已建设高温大棚150亩。

党委书记 王贵祥

乡　　长 李善光

南孙乡 位于寒亭区西北部，面积87.03平方公里，辖41个行政村，人口3.1万，耕地面积6.1万亩。2006年，全乡完成地区生产总值10.7亿元；财政收入总值670万元，比上年增长20%；工业实现销售收入97517万元，利税17122万元。第三产业增值552万元，农民人均纯收入5018元。

2006年，全乡共引进22个项目，总投资9.3亿元，实际到位资金8500万元。民营经济得到长足发展，盐业生产、畜牧企业、草柳编加工、农产品加工等行业，发挥出越来越大的作用，上交税金占全乡财税收入的70%以上。

在农业方面，2006年全乡新发展冬枣1500亩、瓜菜1600亩、卤淡水养殖400亩，新增养殖户102个。在龙头企业建设方面，昱合集团、金龙涂布纸、齐富化工等重点龙头企业的带动能力进一步增强，龙头企业的规模和档次有了新的提高。

在社会事业方面，2006年，筹措资金50万元新建了高标准病房28间，进一步改善了全乡人民医疗卫生条件；投资40万元对乡敬老院进行扩建，新建标准住房31间。

党委书记 李忠强

乡　　长 张金海

（孙建松 李云泉 供稿）

责任编辑 李 光

开发区

潍坊高新技术产业开发区

【概况】 潍坊高新技术产业开发区（以下简称高新区）行政辖区面积116平方公里，下辖2个街道，共108个自然村、7个居委会，人口16万人。2006年，高新区在市委、市政府的正确领导下，坚持以科学发展观总揽全局，围绕提高自主创新能力，狠抓高新技术产业发展，实现了“一年大突破”的奋斗目标。全年完成技工贸总收入620亿元，同比增长26%；工业总产值527亿元，增长26.7%；工业增加值141.8亿元，增长27.2%。实现财政总收入29.1亿元，增长40%，其中地方财政收入7.03亿元，增长18.3%。完成进出口额3.8亿美元，增长35%。

【自主创新】 坚持以提高孵化、吸纳、研发、服务四种能力激发创新活力，积极搞好与市里部门的对接，研究制定了《高新区高新技术产业发展基金管理使用办法》，完成了对公共研发中心和5个企业研发中心进行重点扶持材料的提报、初审，通过了市高新技术产业发展基金管理委员会审批，首批2亿元的市高新技术产业发展基金已全部到位，并发挥出重要作用。重点扶持的六大研发中心中，歌尔电声研究院已正式挂牌启用，研发档次达到国际一流水平；生物医药、3V生物等研发中心基本建成。新引进的美诺科技、中科生物工程、康佰瑞生物医药等企业研发中心建设进展顺利。全年新批复省级以上工程技术研究中心11家，占全省新批数量的五分之一，累计达到15家；认定省高新技术企业12家，其中国家高新技术企业2家，累计达到90家；申报各类计划94项，申请专利95项，授权率达到62%以上，是历年来授权成果最多的一年；潍柴动力被认定为“中国驰名商标”，东航精密机械等6家企业被认定为“山东省著名商标”；实现高新技术产业产值108.5亿元，占规模以上工业产值的比重达到76.1%，高出全市50多个百分点。

【招商引资】 突出节会招商、走出去招商、小分队招商和代理招商，先后组织了欧、美、日、韩等招商活动，参加了潍坊国际风筝会、上海招商会及京津地区招商会，取得明显成效，其中欧洲招商先后赴5个国家，成功举办了5次大规模、高规格的投资推介会。同时，分别与欧洲、加拿大、美国等国家和地区的招商引资代理人建立了较为稳定的联系，形成了比较完备的境外招商网络，促进了招商引资工作的开展。全年引进过亿元项目45个、总投资103亿元；实际到位资金37亿元，其中外商直接投资5865万美元，分别完成全年计划的123%、146.6%。

【项目建设】 2006年，全区在建项目78个，累计完成固定资产总投资77.7亿元。通过全面落实领导班子成员和部门包靠项目建设责任制，强化调度，跟上服务，促进了项目的全面开工建设。华潍热电、娃哈哈二期、汽车装饰商城、家具商城、日科新材料等项目建设进展迅速，基本完工；光信息产业园、生物医药科技园、新材料工业园、第一中小科技项目工业园等十大园区初具规模。在全市第六次加快发展现场会项目点评中总排序名列前茅，进一步展现了高新区的综合实力和发展后劲。

【城市建设管理】 按高标准规划、高水平建设、高效能管理的要求，铺开了总投资12亿元的建设工程，实际完成投资6亿元。顺利完成了金马路、潍安路、创新大厦、人民广场等8大拆迁工作，共计拆迁627户、26万平方米；开工建设了金马路、惠贤路、潍安路、樱前街等五纵五横10条主要道路；实施了济青高速15号路口、东风东街等近20项绿化工程；加大城市管理整治力度，在国家爱卫会和省市历次创城检查中，成绩均名列前茅。随着这些基础设施工程的逐步完工，高新区城市建设管理档次得以大幅提升，城市面貌焕然一新。

【现代服务业】 2006年，加大与高新技术产业相配套的现代服务业发展力度，全年现代服务业领域总投资达到

29亿元，总建筑面积达到107.8万平方米，是发展最快的一年。以健康街四大板块为主要内容，狠抓了汽车装饰商城、现代家具商城、创新大厦、金融服务中心和新生活购物广场、财富广场、金贸大厦等重点项目的建设，完成总建筑面积75万平方米。同时，以“创名校、争第一”为目标，投资8000万元，优先发展教育事业，按照国内一流名校标准，规划建设北海学校、高新双语小学，工程建设进展顺利，2007年秋季将如期开学。

【和谐社会建设】 以构建和谐高新区为总抓手，以最大限度地维护、实现和发展好农民利益为切入点，继续深化落实破解农民“三忧”、搞好“四个置换”的富民政策，农村城市化建设步伐不断加快。全区已有40多个村实施了旧村改造，建成居民楼近70万平方米，标准厂房、商业房27.6万平方米，第三产业经营业户达到2347户；努力拓展农村富余劳力培训安置、保障体系建设覆盖面，全年培训农民2000多人次，累计安置就业2万多人；7.15万人加入新型农村合作医疗，占农村总人口的95.3%；失地农民养老保险覆盖面达到100%，病贫户、困难户等弱势群体都纳入了最低生活保障；农村民主管理进程逐步加快，有71个村开展了“三化”管理的推广工作，有力地促进了全区农村经济社会的健康快速发展。同时，抓基层、强基础，各项计生指标均达到或超过《责任书》要求，得到市委、市政府嘉奖；坚持重心下移，防范为主、综合整治，有力地维护了社会稳定；不断加大检查、整顿力度，全区安全生产形势平稳有序。

街道办事处概况

【新城街道办事处】 位于高新区西部，是市委、市政府和高新区党工委、管委会所在地，也是潍坊市的政治、经济、科技、金融、文化中心，面积32.53平方公里，辖23个行政村和7个居民委员会，其中农村8308户、2.76万人，城市居民28003户、7.83万人。

2006年，街道依托高新区的产业带动和区位优势，在积极支持高新技术产业建设发展的同时，狠抓社会事业发展，取得了重大突破。特别是在农村城市化方面，全面落实破解农民“三忧”、搞好“四个置换”政策，街道各村旧村改造全面启动，其中胡东、胡南、涝洼3个村已基本完成，建成或在建住宅楼196栋、90.9万平方米，标准厂房8.7万平方米，商业楼6.2万余平方米。在精神文明建设方面，国税、地税、胡南等单位被评为省级文明单位，街道、胡东村分别被评为省级卫生示范镇、村，涝洼、胡南和富华、赋海、圣荣、福海小区分别被评为市级卫生示范村和小区。

党工委书记 时 杰

办事处主任 董志孟

【清池街道办事处】 位于高新区东部，面积84平方公里，辖85个行政村，1.7万户，人口5.3万，耕地面积6.26万亩。2006年，全街道完成地区生产总值28.7亿元，比去年增长19.8%。

2006年，街道围绕高新区“一年大突破”的奋斗目标，狠抓项目建设，为高新技术产业发展打好基础。以沙发家具、汽车装饰、餐饮服务业为主的传统优势项目发展后劲十足，建成占地410亩、总投资5.8亿元、建筑面积28万平方米的现代家具和汽车装饰两座商城。有10多个村借助项目落户的有利时机，成立物流、物业公司，从业人数达到2000多人，年纯收入近亿元。西部地区积极配合市土地储备和项目进地、道路建设，有6个村启动了旧村改造。东部各村基本完成了新的农村规划，正在探索集中居住、社区管理的新模式。

党工委书记 傅恩波

办事处主任 许 勇

（潍坊高新技术产业开发区 供稿）

潍坊经济开发区

【概况】 2006年，潍坊经济开发区（以下简称经济区）坚持以“三个代表”重要思想和科学发展观为指导，认真贯彻党的十六届四中、五中、六中全会精神，按照市委、市政府实现“一个目标”、“两个确保”、“五个新突破”的要求，突出“四个重点”，狠抓“五项关键措施”，切实转变经济增长方式，努力提高发展质量，全区经济社会保持了持续快速健康发展的良好势头。全年完成地区生产总值14亿元，增长28.4%；规模以上工业主营业务收入实现29亿元，增长52.6%；规模以上工业利润完成1.2亿元、利税2.3亿元，分别增长35%和64.3%；完成规模以上固定资产投资27.2亿元，增长25.4%；完成财政总收入13636万元，其中地方财政收入实现7373万元，分别增长57.5%和44%。

【工业经济】 按照国家政策法规，严格把好项目立项、环评、安评、供地、用能“五个关口”，切实提高投资强度、质量和效益。抓好已批复立项的17个新引进项目的开工建设，增强了发展后劲。鼓励现有企业通过招商引资，充分利用已有的生产资源，加快节能降耗和高新技术的引进与改造，推动了企业由传统产业向高新技术产业、由高耗能向低耗能、由单一国内市场向国际、国内两个市场的转变。全区新增高新技术企业3家，新增规模以上企业5家，规模以上企业达到70家。加大对企业扶持力度，制定出台了《加快企业发展的若干规定》，对骨干企业在土地、资金、政策等方面实行重点倾斜，企业效益明显提高，出口创汇不断增加。深入实施“卓越企业”培训工程，强化企业内部管理，健全资本运营机制，完善市场营销体系，切实提高了企业的管理和营销水平。全年共举办培训班7期，参训人数达到2000多人次。

【服务业发展】 按照布局合理、相对集中、拉动力强的原则，对高速公路以南近3平方公里适宜发展三产服务业的区域，积极实施“退二进三”工程，重点引进培育一批投资规模大、建设水平高、具有较强辐射带动作用的服务业项目。着重抓了以兴鲁农资为主体的农资批发、销售、物流配送市场，以润达别克、玄武丰田、晟兴现代三大汽车品牌为主体的汽车交易市场发展。兴鲁农资实现营业额4.2亿元，销售网络点达到1200多个，遍布全国30多个省市。润达别克、玄武丰田、晟兴现代企业实现营业额5.3亿元。进一步加快以美丽华酒店、海信顺峰酒店为主的餐饮、休闲娱乐、商住等项目的膨胀发展。2006年6月，美丽华国际高尔夫健身俱乐部投入运营。海信顺峰酒店将于2007年8月正式投入运营。

【新农村建设】 积极实施“村村通”工程，投资350多万元，完成村村通柏油路工程；投资1000万元，实施村村通自来水工程，解决了农村居民吃水难问题。狠抓村内道路的整修、排水配套、垃圾处理等，切实改善了农民居住环境，并对具备旧村改造条件的村，给予政策、资金扶持。着力解决关系群众切身利益的问题。在投资4000多万元建设锦程中学的基础上，又投资近1000万元扩大学校教学规模，解决部分村上学难的问题。投资1000万元建设了医院、敬老院。实行农村新型合作医疗，积极开展农村养老保险。全区参保农民达到1.1万人，参保率达到32%。所有项目进地都进行依法补偿，维护了群众的切身利益。加快农业龙头企业扩张，带动农业结构调整和农村劳动力的转移。抓好农村劳动力的培训，特别是失地农民的岗前培训，大力培育有文化、有技术、懂经营、会管理、遵纪守法的新型农民。全年共培训劳动力2000余人，70%以上的失地农民得到就业安置。

【投资环境】 硬环境方面，投资2000万元，修建了民主街友谊路至北海路段和规划支路两条区内道路，完善了城市道路网络。投资4000多万元，完善了区内的水、电、热力、通讯等配套设施，切实满足了企业生产生活需要。着力加强社区管理，加大领导、资金和机制投入，投入285万元，完善了医疗、教育、健身等设施，增强了社区的服务功能。加强软环境治理，着力强化机关工作人员的大局意识、责任意识和服务意识，进一步提高办事效率和服务质量。对“三乱”行为做到快受理、严查处，切实维护了客商的合法权益。

【社会事业】 全区各级各部门认真贯彻落实上级部门的各项政策决定，科技、教育、文化、卫生、计划生育、民政等工作全面进步。狠抓安全生产基层基础工作，严格推进安全生产责任制的落实，有效杜绝了各种安全生产事故的发生。深入开展了“严打”整治斗争，积极排查、妥善处理影响社会治安的不利因素，严厉打击各类犯罪分子，确保了社会稳定。在农村建立治安防范体系，城乡社会治安状况明显好转。积极配合开展“文明城市”和“国家卫生城市”争创活动，城区文明程度和居民素质有了明显提高。教育事业有了很大进步，特别是锦程中学的重点高中录取率达到71.8%，取得城区第一名的好成绩。妥善做好来信来访工作。共受理人民来信、来访162件次，承办处理市长公开电话142件，处结率达到95%，满意率达到100%，实现了无进京上访，无恶性群体越级上访，无重复上访的工作目标，促进了社会的和谐发展。

（解小辉　郑　虎　供稿）

滨海经济开发区

【概况】 2006年，滨海经济区以科学发展观统领全局，坚持科学发展、和谐发展、率先发展，经济社会各项事业实现了又好又快发展。无论从指标进度上，还是从发展质量上，都圆满完成了全年的任务目标。在上年各项主要经济指标增幅50%以上高速增长的基础上，2006年全区实现地区生产总值45亿元，同比增长27.2%；规模以上企业实现工业增加值35亿元，产品销售收入122亿元，同比分别增长29%和31%。完成财政总收入9.27亿元，其中地方财政收入3.87亿元，同比分别增长26.6%和28.2%，提前实现了主要经济指标在2004年基础上两年翻一番的目标。

【招商引资质量提升】 始终把提升招商引资档次和水平作为又好又快发展的关键措施，重点引进和开工建设了一批科技含量高、经济拉动力强、符合产业政策、节能环保的大项目、好项目。全年共引进区外项目95个，其中过5000万元的项目69个，过亿元的项目36个。引进市外资金31.6亿元，其中境外资金1615万美元。

【现有企业做大做强】 把科学投入作为做大做强现有企业的关键措施，引导企业新上了一批大项目、好项目，骨干企业和支柱产业进一步培强做大，发展后劲不断增强。2006年，海化集团实现营业收入186.6亿元，利税14.4亿元，其中利润7.8亿元。规模以上民营企业完成销售收入43亿元，实现利税4.5亿元，同比分别增长47%和85%。

【城市承载功能完善】 围绕加快建设现代化滨海新区，2006年重点实施了一街、三园、三网、五中心、九路“13359”工程，配套完善了临港化工园、科技项目园等5个专业园区。实施拆迁3.3万平方米，是近年来力度最大的。大力实施绿化美化亮化工程，安装路灯1440盏，种植苗木330万株，草坪30万平方米，新增绿地面积80万平方米，城区绿化覆盖率达到了36.5%。积极稳妥地实施了城市综合执法、园林管理市场化运作、环卫城乡一体化管理等改革措施，市容环境面貌有了较大改观。

【服务业发展】 重点建设了滨海大酒

店、鑫海源酒店、商贸城、金融大厦、中百大型超市、隆源商厦扩建等一批重点服务业项目，推动了全区服务业发展。第三产业全年完成地区生产总值6.3亿元，同比增长26.3%。

【新农村建设扎实推进】 按照中央、省市关于新农村建设的要求，出台了新农村建设实施方案，制定了具体扶持政策，从增加农民收入、村庄规划建设、农村社会保障等10件大事入手，扎实推进新农村建设。全年实现村级经济收入7.86亿元，农民人均纯收入8060元。农村新型合作医疗、失地农民保障、养老、低保及社会救助等社会保障措施落实到位，农村路、水、电等基础条件有较大改善，村容村貌有较大改观，民主管理得到加强，农村社会保持和谐稳定。

【和谐社会建设】 加大了对教育事业的投入，2006年区财政投资2000万元，用于教育基础设施建设和教师激励机制投入，教育事业得到快速健康发展。2006年高考本科上线人数451人，上线率达46%，再创历史新高，滨海中学在全国机器人大赛中蝉联冠军。提高了农村新型合作医疗财政补助标准，农民参合率达到99%以上，补助标准是全市最高的。农村“五保户”集中供养率高出市标准20个百分点，年人均供养标准高出市标准700元；农村低保户生活救助标准高出市标准200元，农村医疗救助标准高出市里5个百分点。出资1000万元，对9个无地或少地的村居推行了失地农民保障措施，区财政出资比例最高达到70%。深入开展“平安滨海”建设，全面加强社会治安综合治理，严格落实安全生产责任制，集中开展了危险化学品生产使用企业和重点防火单位安全大检查，保持了社会稳定。扎实开展“生态滨海”建设，加大以污染防治为重点的环保工作力度，投资300多万元购置了环境监测设备，采取BOT方式建设的污水处理厂投产运营，实现了污水达标排放；开展了开发区区域环评，抬高项目引进的“绿色门槛”，环境质量明显改善。省、市在开发区海域设立了全国唯一的莱州湾近江牡蛎原种自然保护区，国家生态工业示范园区建设进展顺利。

山东潍坊经济开发区道路建设

（朱培泉 供稿）

责任编辑 李 光

人　物

中共潍坊市第十届委员会书记、副书记、常委简历

张新起　男，汉族，1956年8月生，山东荣成人，1977年3月入党，1974年7月参加工作，省委党校研究生学历，现任中共潍坊市委书记兼市人大主任、党组书记，市委党校校长。

1974.07～1975.11荣成县东山公社下乡知青。1975.11～1978.11荣成县水产供销公司统计员。1978.11～1980.07烟台师专中文系学生。1980.07～1985.12烟台地区建筑公司宣传干事、党办秘书、副主任、直属二队党支部书记。1985.12～1989.02烟台地区建筑公司党委副书记、副经理。1989.02～1992.10烟台市建委副主任。1992.10～1994.09烟台市规划局局长、党组书记。1994.09～1997.12莱州市委副书记、代市长，市长。1997.12～2001.01烟台市委常委、莱州市委书记。（1997.08～1999.12在中央党校函授学院经济管理专业学习）。2001.01～2002.12潍坊市委副书记、市政府副市长、党组副书记。2002.12～2003.02潍坊市委副书记、市政府代市长、党组书记。2003.02～2006.09潍坊市委副书记、市政府市长、党组书记。（2000.09～2003.06在省委党校经济管理专业学习）。2006.09～2007.03潍坊市委书记、党校校长、市人大党组书记。2007.03潍坊市委书记兼市人大主任、党组书记、市委党校校长。

十届全国人大代表，省七、八次党代会代表，十届省人大代表，八、九、十届市委委员，市九、十次党代会代表，市十四届人大代表。

许立全　男，汉族，1955年5月生，山东聊城人，1982年1月入党，1972年6月参加工作，研究生学历，工学博士，现任潍坊市委副书记，市政府市长、党组书记。

1972.06～1978.03聊城市斗虎屯公社农业技术员，聊城地区水利局工人。1978.03～1982.01华东石油学院勘探系地球物理测井专业学习。1982.01～1989.07华东石油学院教师、团委副书记、书记。1989.07～1990.02聊城地委组织部帮助工作。1990.02～1993.12聊城团地委书记。（其间：曾挂职莘县县委副书记，阳谷县委副书记、副县长）。1993.12～1995.03聊城地委副秘书长。1995.03～1997.12茌平县委副书记、县长。（1994.09～1996.12在省委党校在职研究生班政治学专业学习）。1997.12～1998.03聊城地委委员、茌平县委书记。1998.03～1999.08聊城市委常委、茌平县委书记。1999.08～2001.01长清县委书记（原副厅级不变）。2001.01～2002.04济南市委常委、长清县委书记。2002.04～2002.12济南市委常委、长清区委书记。2002.12～2006.09济南市委常委、秘书长。（1999.09～2006.01在中国石油大学油气田开发工程专业学习，获工学博士学位）。2006.09～2007.03潍坊市委副书记，市政府代市长、党组书记。2007.03潍坊市委副书记，市政府市长、党组书记。

省七、八次党代会代表，十届省人大代表，济南市七、八届市委委员，市八次党代会代表、市十三届人大代表，潍坊市九、十届市委委员、市十次党代会代表，市十四届人大代表。

崔建平　男，汉族，1957年11月生，山东淄博人，1981年10月入党，1975年8月参加工作，中央党校研究

生学历，经济学学士，现任潍坊市委副书记。

1975.08～1976.12博兴县椒元大队下乡知青。1976.12～1978.02惠民地区商业局办事员。1978.02～1982.02山东大学经济系经济学专业学生。1982.02～1984.04惠民地区商业职工培训学校教师、商业局政工科科员、团委副书记。1984.04～1985.04惠民地委组织部干事、副科长。1985.04～1989.03惠民地委组织部干训科科长。1989.03～1989.12沾化县政府副县长。（1986.08～1989.07在中央党校党政干部研究生班学习）。1989.12～1992.12滨州地区计委副主任、党组副书记。1992.12～1993.01无棣县委副书记。1993.01～1993.02无棣县委副书记、县政府代县长。1993.02～1996.11无棣县委副书记、县政府县长。1996.11～1997.12无棣县委书记。1997.12～1998.01邹平县委书记兼县政协主席。1998.01～2000.01邹平县委书记兼县政协主席、县人武部党委第一书记。2000.01～2000.05菏泽地区行署副专员，邹平县委书记兼县政协主席、县人武部党委第一书记。2000.05～2000.11菏泽地区行署副专员。2000.11～2002.12菏泽市委常委、政法委书记。2002.12～2005.12菏泽市委副书记、纪委书记。2005.12～2006.02潍坊市委副书记。2006.02—2007.03潍坊市委副书记、纪委书记。2007.03潍坊市委副书记。

共青团惠民地区第一届代表大会代表，共青团山东省第五届代表大会代表，省七次党代会代表，十届菏泽市委委员，菏泽市十次党代会代表，菏泽市十五、十六届人大代表，九、十届潍坊市委委员，市十次党代会代表，市十四届人大代表。

胡岗　男，汉族，1956年6月生，山东高密人，1982年6月入党，1972年12月参加工作，中央党校大学学历，现任潍坊市委常委、市政府副市长、党组副书记。

1972.12～1973.07高密县店子小学教师。1973.07～1975.09胶县师范学生。1975.09～1976.09高密县阚家中学教师。1976.09～1981.04高密师范教师、团委副书记。1981.04～1984.06高密团县委干部。1984.06～1986.03潍坊团市委办公室主任。1986.03～1990.09潍坊市委办公室正科级秘书。（1985.04～1987.10参加高教自学考试党政干部基础科学习）。1990.09～1993.01潍坊市委办公室副主任。1993.01～1995.03寒亭区委副书记、区政府区长。（1992.09～1994.12在中央党校函授学院经济管理专业学习）。1995.03～1996.02寒亭区委书记、区人大主任。1996.02～1997.12寒亭区委书记。1997.12～1998.02潍坊市政府党组成员、市长助理。1998.02～2003.02潍坊市政府副市长、党组成员。（1996.09～1998.06在中国社会科学院研究生院在职硕士研究生课程班财贸经济系货币银行专业学习）。2003.02～2006.12潍坊市委常委、秘书长、市直机关工委书记。2006.12～2007.01潍坊市委常委、秘书长。2007.01潍坊市委常委，市政府副市长、党组副书记。

九、十届市委委员，市八、九、十次党代会代表，市十四届人大代表。

蒋文彩　男，汉族，1956年11月生，山东济南人，1976年7月入党，1974年6月参加工作，研究生学历，哲学硕士，现任潍坊市委常委，市纪委书记。

1974.06～1976.01长清县城关公社杨庄下乡知青。1976.01～1978.02长清县张夏公社修配厂工人、公社党委秘书。1978.02～1982.01山东师范学院政治系学生。1982.01～1984.08山东师范大学政治系教师。1984.08～1987.07南京大学哲学系研究生。1987.07～1991.07省委研究室科教处干事、正科级研究员，综合处正科级、副处级研究员。1991.07～1993.09省委统战部办公室副主任。1993.09～2000.06省海外联谊会办公室主任。2000.06～2007.03潍坊市政府副市长、党组成员。2007.03潍坊市委常委、市纪委书记。

九、十届市委委员，市九、十次党代会代表，市十四届人大代表。

刘明珂　男，汉族，1957年7月生，山东平度人，1976年10月入党，1980年1月参加工作，大学学历，现任潍坊市委常委、宣传部部长。

1975.03～1978.02平度县委农业学大寨工作队队员、副组长、组长（计算连续工龄）。1978.02～1980.01潍坊教师进修学院文史专业学生。1980.01～1984.06潍坊二中教师、团委书记。1984.06～1986.01共青团潍坊市委学少部副部长、部长。1986.01～1988.08共青团潍坊市委办公室主任。（1981.06～1986.06在华东师范大学中文系中文

专业学习)。1988.08～1989.12潍坊市文化局副局长、党组成员。1989.12～1992.03共青团潍坊市委副书记，曾挂职五莲县副县长。1992.03～1993.11共青团潍坊市委书记。1993.11～1997.12昌乐县委副书记、县政府县长。1997.12～2001.01昌乐县委书记、武装部党委第一书记、县委党校校长。2001.01潍坊市委常委、宣传部部长。

省七次党代会代表，八、九、十届市委委员，市八、九、十次党代会代表，市十二届人大代表、常委，市十三、十四届人大代表。

钟少林

男，汉族，1956年8月生，山东乳山人，1976年8月入党，1974年2月参加工作,大学学历，教育学学士，现任潍坊市委常委、组织部部长。

1974.02～1976.08乳山县诸往税务所工作。1976.08～1978.03乳山县财政局会计。1978.03～1982.01曲阜师范学院政治系政治专业学生。1982.01～1983.03乳山县总工会教师。1983.03～1984.10乳山县纪委秘书。1984.10～1986.07烟台市委老干部局秘书。1986.07～1987.10烟台市委组织部干事。1987.10～1989.03威海市委组织部组织科副科长。1989.03～1990.08威海市委组织部正科级组织员。1990.08～1991.07威海市委组织部组织科科长。1991.07～1993.03威海市委组织员办公室副主任、市委组织部组织科科长。1993.03～1998.03威海市委组织部副部长。(其间：1993.09～1996.07在山东经济学院国际贸易专业学习)。1998.03～2001.01威海市委组织部常务副部长(正县级)。2001.01～2001.03威海火炬高技术产业开发区管委会主任(副厅级)。2001.03～2002.12威海火炬高技术产业开发区管委会主任、党工委书记(副厅级)。2002.12潍坊市委常委、组织部部长。

省八次党代会代表，八、九、十届市委委员，市九、十次党代会代表，市十四届人大代表。

徐振溪

男，汉族，1955年10月生，山东昌乐人，1976年6月入党，1976年8月参加工作，大专学历，现任潍坊市委常委、市政府副市长、党组副书记。

1976.08～1978.04昌乐县高崖公社党委常委、团委副书记。1978.04～1980.02昌乐县高崖公社党委常委、革委会副主任。1980.02～1983.08共青团昌乐县委副书记。1983.08～1985.06昌潍师专干部专修科中文专业学员。1985.06～1985.09共青团昌乐县委副书记。1985.09～1986.01共青团昌乐县委书记。1986.01～1990.02昌乐县红河镇党委书记。1990.02～1993.01昌乐县委常委、办公室主任。1993.01～1994.09青州市政府副市长。1994.09～1995.08青州市委常委、市政府副市长。(1992.07～1995.07在对外贸易大学研究生班国际贸易专业学习)。1995.08～1998.04潍坊市农委(农办)副主任、农副产品进出口公司经理(正处级)。1998.04～2001.01潍坊市公路局局长、党委书记，路桥开发中心党委书记。2001.01～2001.03寿光市委书记。2001.03～2004.11寿光市委书记、市人大主任、党校校长。2004.11～2005.01潍坊市副市级干部，寿光市委书记、市人大主任、党校校长。2005.01～2005.12潍坊市副市级干部，寿光市委书记、党校校长。2005.12～2006.12潍坊市委常委，寿光市委书记、党校校长。2006.12～2007.01潍坊市委常委。2007.01潍坊市委常委，市政府副市长、党组副书记。

省八次党代会代表，九、十届市委委员，市九、十次党代会代表，市十四届人大代表。

曲新佩

男，汉族，1955年2月生，山东青岛人，1976年5月入党，1973年12月参加工作，大学学历，现任潍坊市委常委、军分区政委。

1973.12～1978.04山东省军区独立二师五团放映员。1978.04～1978.12山东省军区独立师二团政治处书记。1978.12～1979.12山东省军区独立师政治部保卫科副连职干事。1979.12～1981.05山东省军区军事法院副连职书记员。1981.05～1983.05山东省军区军事法院副连职审判员。1983.05～1985.05济南军区第一直属军事法院正连职审判员。1985.05～1986.06济南军区济南军事法院副营职审判员。1986.06～1991.06济南军区军事法院正营职审判员。1991.06～1994.06济南军区军事法院副团职审判员。1994.06～1995.01济南军区军事法院代庭长(正团职)。1995.01～1999.12济南军区军事法院第二审判庭庭长。(1993.09～1996.09在西安政治学院政治工作专业学习)。1999.12～2006.03潍坊军分区政治部主任。2006.03～2006.05潍坊军分区政委、党委书记。2006.05潍坊市委常委、军分区政委。

省军区党委委员，九、十届市委委员，市十次党代会代表，市十四届人大代表。

解维俊　男，汉族，1963年1月生，山东淄博人，1984年9月入党，1982年7月参加工作，省委党校大学学历，现任潍坊市委常委、政法委书记。

1979.09～1982.07 山东省益都卫生学校药剂专业学生。1982.07～1984.11 昌潍地区（潍坊市）卫生局政工科科员。1984.11～1985.06 共青团淄博市委办公室秘书。1985.06～1986.08 共青团淄博市委办公室副主任。1986.08～1988.07 淄博市委办公室副科级秘书。1988.07～1991.03 淄博市委办公厅正科级秘书。1991.03～1995.02 淄博市委研究室副主任。（其间：1992.08～1994.06 在北京对外经济贸易大学研究生班国际贸易专业学习）。1995.02～1996.04 淄博市委副秘书长、市委研究室副主任。1996.04～2001.01 淄博市委副秘书长兼市委研究室主任。2001.01～2001.02 淄博市临淄区委副书记。2001.02～2001.03 淄博市临淄区委副书记、副区长、代区长。2001.03～2002.12 淄博市临淄区委副书记、区长。2002.12～2003.01 淄博市临淄区委书记。2003.01～2004.08 淄博市临淄区委书记、区人大主任、区委党校校长、齐鲁化学工业区党工委副书记、管委会主任。2004.08～2006.11 淄博市临淄区委书记、区人大主任、区委党校校长、齐鲁化学工业区党工委书记。（2002.09～2005.06 在省委党校业余专科班经济管理专业学习；2003.09～2005.12 在省委党校业余本科班经济管理专业学习）。2006.11～2007.01 潍坊市委常委。2007.01 潍坊市委常委、政法委书记。

淄博市八、九次党代会代表，淄博市九届市委委员，淄博市十二届人大代表，潍坊市九、十届市委委员，潍坊市十次党代会代表，潍坊市十四届人大代表。

刘德成　男，汉族，1955年6月生，山东安丘人，1981年12月入党，1977年7月参加工作，省委党校大学学历，现任潍坊市委常委、秘书长、市直机关工委书记。1975.09～1977.07 山东财政学校财政专业学生。1977.07～1984.09 昌潍（潍坊）地区（市）财政局预算科办事员。1984.09～1986.09 山东经济学院干部专修科财经专业学员。1986.09～1988.08 潍坊市财政局预算科副科长。1988.08～1989.05 潍坊市财政局预算科科长。1989.05～1993.07 潍坊市财政局国资处主任、国资局局长（副县级）。1993.07～1996.05 潍坊市财政局副局长。1996.05～1997.05 昌邑市委常委、市政府副市长。1997.05～1998.01 昌邑市委副书记、市政府副市长。1998.01～2001.02 寿光市委副书记、市政府市长。（1996.09～1998.12 在省委党校经济管理专业学习）。2001.02～2002.12 诸城市委副书记、市政府市长。2002.12～2003.01 诸城市委书记、党校校长。2003.01～2006.12 诸城市委书记、市人大主任、市委党校校长。2006.12～2007.01 潍坊市委市直机关工委书记。2007.01－2007.03 潍坊市委秘书长、市直机关工委书记。2007.03～潍坊市委常委、秘书长、市直机关工委书记。

九、十届市委委员，市九、十次党代会代表，市十四届人大代表。

苏立科　男，汉族，1962年9月生，山东安丘人，1983年12月入党，1981年7月参加工作，研究生学历，法学硕士，现任潍坊市委常委、山东潍坊滨海经济开发区党工委书记、管委会主任。1979.09～1981.07 昌潍师专中文系学生。1981.07～1985.10 安丘二中教师、副校长。1985.10～1990.10 安丘团县委副书记。1990.10～1992.09 安丘团县委书记。1992.09～1992.12 潍坊团市委宣传部部长。1992.12～1998.01 潍坊团市委副书记。（其间：1994.09～1997.01 在上海交通大学思想政治专业学习，1997.03 获法学硕士学位；1995.12～1997.05 挂职担任青州市政府副市长）。1998.01～2001.02 坊子区委常委、区政府副区长。2001.02～2002.08 坊子区委副书记、区政府副区长。2002.08～2004.06 坊子区委书记、西藏自治区南木林县委书记。2004.06～2005.06 潍坊海化开发区党工委书记。2005.06～2006.01 潍坊海化开发区党工委书记、管委会主任。2006.01—2007.03 山东潍坊滨海经济开发区党工委书记、管委会主任。2007.03～市委常委、山东潍坊滨海经济开发区党工委书记、管委会主任。

市十届市委委员，市十次党代会代表，市十四届人大代表。

张小梅　女，汉族，1964年1月生，山东龙口人，1987年1月入党，1984年7月参加工作，省委党校研究生学历，现任潍坊市委常委、奎文

区委书记、区委党校校长。

1981.08～1984.07 济宁医学专科学校医疗专业学生。1984.07～1985.05 省计划生育委员会宣教处干部。1985.05～1988.08 省计划生育委员会人事处干部。1988.08～1992.04 省计划生育委员会人事处副主任科员。1992.04～1996.12 省计划生育委员会人事处主任科员。1996.12～2000.09 省计划生育委员会人事处副处长。（其间：1997.09～2000.06 在省委党校在职研究生政治学专业学习）。2000.09～2002.09 省计划生育委员会人事处调研员。（2000.06～2002.09 挂职潍城区委副书记）。2002.09～2002.12 潍城区委副书记。2002.12～2003.01 寒亭区委副书记。2003.01～2003.09 寒亭区委副书记、区政府代区长，区长、区政府党组书记。2003.09～2006.12 寒亭区委副书记、区政府区长、寒亭经济技术开发区党组书记。2006.12－2007.03 奎文区委书记、党校校长。2007.03 市委常委、奎文区委书记、党校校长。

十届省人大代表，十届市委委员，市九、十次党代会代表，市十四届人大代表。

新任市人大常委会副主任、秘书长

李守玉

男，汉族，1952 年 2 月出生，山东省莒南县人，1971 年 3 月参加工作，1976 年 4 月入党，大学学历，现任潍坊市人大常委会党组书记、第一副主任。1971.03～1973.09 莒南县官坊乡三义联中教师；1973.09～1976.08 山东矿业学院金属采矿专业学生；1976.08～1976.10 临沂钢铁厂生产科科员；1976.10～1977.10 临沂地委驻国棉厂“学大庆”工作队队员；1977.10～1978.09 临沂国棉厂团委负责人；1978.09～1980.12 临沂地区工会办事处干事；1980.12～1984.04 临沂地委组织部干事；1984.04～1986.08 临沂地区建委副主任（其间：1985.08～1986.08 在沂南县扶贫）；1986.08～1987.08 借调省委办公厅任联络员；1987.08～1987.10 临沂地区建委副主任；1987.10～1988.12 临沂地委副秘书长；1988.12～1992.08 临沂地委副秘书长．办公室主任（其间：1990.9～1991.07 在山东省委党校中青班学习）；1992.08～1995.02 临沂地委委员、组织部部长；1995.02～1997.12 临沂市委常委、组织部部长（其间：1993.09～1995.07 在首都师范大学思想政治专业函授学习）；1997.12～2001.01 潍坊市政府副市长；2001.01～2003.2 潍坊市政府副市长，党组副书记；2003.02～2007.01 潍坊市委常委、政法委书记；2007.01～2007.03 潍坊市委常委、市人大常委会党组书记；2007.03 任潍坊市人大常委会党组书记、第一副主任。

程茂仁

男，汉族，1948 年 5 月出生，山东省胶南县人，1969 年 7 月参加工作，1971 年 12 月入党，大学学历，现任潍坊市人大常委会党组副书记、副主任。1965.09～1970.01 济南交通学校学员（其间：1969.07～1970.01 留校待分配）；1970.01～1976.10 昌潍地区汽车运输公司团委干事、副书记；1976.10～1978.05 昌潍地区汽车运输公司党委常委、革委会副主任；1978.05～1979.11 昌潍地区交通局政工科副科长；1979.11～1984.02 昌潍地区（潍坊市）中级人民法院刑一庭副庭长、刑二庭负责人；1984.02～1986.08 潍坊市中级人民法院副院长、党组成员；1986.08～1996.03 潍坊市中级人民法院副院长、党组副书记（其间：1985.09～1988.09 在全国法院法律业大法律专业学习）；1996.03～2007.01 潍坊市中级人民法院院长、党组书记（其间：1998.09～2001.07 在山东省政法管理干部学院法学专业学习）；2007.01～2007.03 潍坊市中级人民法院院长；2007.03 任潍坊市人大常委会党组副书记、副主任。

张军

男，汉族，1956 年 12 月出生，河南省濮阳市人，1976 年 12 月参加工作，1979 年 12 月入党，省委党校大学学历，现任潍坊市人大常委会党组成员、秘书长。1973.10～1976.12 山东省艺术学校音乐专业学生；1976.12～1979.05 昌潍地区吕剧团团支部副书记；1979.05～1982.12 昌潍地区文化局干事；1982.12～1984.05 昌潍地委宣传部文书；1984.05～1991.05 潍坊市委宣传部副科级秘书、副科长、科长；1991.05～1994.04 潍坊市纪委第二纪检监察室主任、干部室主任；1994.04～1996.10 潍坊市纪委常委、秘书长（其间：1993.09～1994.12 在山东省委党校党政管理专业学习）；1996.10～2001.05 潍坊市纪委副书记（其间：1995.09～1997.12 在山东省委党校经济管理专业学习，1997.09～1998.07 在山东省委党校第八期中青干部培训班学习）；2001.05～2003.05 潍坊市纪委常务副书记、监察局局长；2003.05～2006.12 潍坊市纪委常务副书记、监察局局长，机关效能监察中心、经济发展软环境投诉中心主

任；2006.12～2007.02 潍坊市纪委常务副书记、监察局局长；2007.02～2007.03 潍坊市纪委常务副书记、监察局局长，潍坊市人大常委会党组成员；2007.03 至今任潍坊市人大常委会党组成员、秘书长。

（刘月甫　供稿）

新任市政府领导人

许立全（见 256 页）

花兆贤　男，汉族，山东潍坊人，1955 年 2 月生，1976 年 4 月加入中国共产党，1978 年 12 月参加工作，省委党校大学学历，现任潍坊市政府党组成员、市长助理。1978.12～1980.09 潍县望留公社团委书记、党委秘书；1980.09～1980.11 潍县望留公社官委副主任；1980.11～1984.05 潍县成章公社党委副书记；1984.05～1985.09 潍坊市潍城区符山镇党委书记；1985.09～1987.07 潍坊市市委党校学员；1987.07～1991.05 潍坊市潍城区望留镇党委书记；1991.05～1993.04 潍坊市纪委检查室主任（副县级）；1993.04～1994.06 潍坊市纪委纪检监察一室主任；1994.06～1994.09 潍坊市纪委常委、纪检监察一室主任；1994.09～1996.10 潍坊市纪委常委；1996.10～1998.01 潍坊市纪委副书记；1998.01～2001.01 昌乐县委副书记、县长、县政府党组书记；2001.01～2001.03 昌乐县委书记；2001.03～2006.12 昌乐县委书记、县委党校校长；2006.12 任潍坊市市长助理、市政府党组成员（副市级干部）。

新任市政协主席

赵兴涛　男，汉族，山东泰安人，1953 年 2 月生，1971 年 4 月参加工作，1977 年 6 月加入中国共产党，大学学历，现任潍坊市政协主席、党组书记。1971.04～1972.05 泰安县山口公社兽医站职工；1972.05～1974.08 山东省畜牧兽医学校学员；1974.08～1980.12 山东省畜牧兽医学校教师（其间：1976.09～1977.10 昌潍地委驻平度县工作队队员；1978.03～1979.07 在安徽农学院、甘肃农业大学学员）；1980.12～1983.09 省农业委员会干部处干事；1983.09～1986.09 省委农村工作部干部处正科级巡视员（其间：1984.09～1986.09 省电大党政干部专修科学员）；1986.09～1989.01 省委组织部经济宣教干部处正科级巡视员；1989.01～1991.02 省委组织部经济宣教干部处副处级巡视员（1989.10～1991.02 省委组织部驻邹平工作组组长）；1991.02～1994.01 省委组织部干训处副处长（其间：1993.09～1996.07 在省经济干部管理学院经济管理专业在职学习）；1994.01～1995.07 省干部培训中心主任、省委组织部干训处副处长（正处级）；1995.07～1997.12 高青县委书记、县人武部党委第一书记兼县委党校校长；1997.12～1998.02 淄博市政府市长助理、党组成员；1998.02～2002.12 淄博市政府副市长、党组成员；2002.12～2007.03 潍坊市委副书记；2007.03 任潍坊市政协主席、党组书记．

新任市中级人民法院院长

张爱云　女，汉族，河北邯郸人，1963 年 3 月生，1985 年 7 月参加工作，1984 年 6 月加入中国共产党，省委党校研究生学历，现任市中级人民法院院长、党组书记。1981.09～1985.07 山东大学法律系法学专业学生；1985.07～2000.08 任山东省高级人民法院书记员、副科级书记员、副科级助理审判员、正科级助理审判员（1994.09～1996.07 在山东省委党校党政研究生班脱产学习）；2000.08～2001.09 任山东省高级人民法院经济审判第二庭副庭长、审判员；2001.09～2002.06 任山东省高级人民法院民事审判第二庭副庭长、正处级审判员；2002.07～2004.03 任山东省高级人民法院民事审判第四庭庭长、审判员；2004.04～2006.12 任山东省高级人民法院民事审判第二庭庭长、审判委员会委员、审判员；2006 年 12 月 11 日，山东省委提名为潍坊中级法院院长候选人；2007.01 任潍坊市中级人民法院党组书记；2007.03 任潍坊市中级人民法院党组书记、院长。

中共潍坊市第十次党代会代表，中共潍坊市第十届委员会委员，山东省第九次党代会代表，潍坊市第十四届人大代表，第九届全国妇联执行委员，山东省女法官协会副会长。

2006年全国五一劳动奖章获得者（5名）

肖庆周　山东海化集团股份有限公司董事长

肖庆周，男，1949年出生，大学文化，中共党员，山东海化集团股份有限公司董事长，2003年山东省劳动模范。

2000年担任董事长以来，带领全体干部职工，干事创业，企业保持了强劲的发展势头。2005年全集团完成营业收入155.7亿元，实现利税14亿元，其中利润7.85亿元，分别比上年增长41%、17%和14%，均创历史最好水平。特别是营业收入突破150亿元大关，与2000年相比，营业收入、利税、利润分别增长5.5倍、3.9倍和8.8倍。调整优化产业结构，投入70多亿元，重点建设了60万吨纯碱、10万吨氯碱及PVC、热电扩建、30万吨氯化钙扩建、10万吨醋酸乙酯及5万吨苯胺等十几个投资过亿元的大项目。经过扩产改造，纯碱产量达200万吨，两种产品居世界第一，三个亚洲第一，八个全国第一，形成了三大主业、五大辅助业共同发展的产业新格局。大力发展循环经济，打造节约型企业。发挥当地地下卤水资源的优势，实现了“一水五用”。利用制碱废液生产氯化钙，开创了制碱废液不排海的先例。开展节水、节电等工作，完成加大技术进步项目20余项，有90项（次）消耗指标打破纪录。引入竞争机制，形成了充满活力的用人机制和分配机制。以“三压一降”为重点，大力实施成本控制工程，五年来因成本降低增效2亿元。积极搞好资本运营，不断壮大企业实力。公司通过上市、配股从资本市场融资20亿元，为企业发展提供了资金保障。收购企业通过输入海化企业文化，移植先进管理经验，迅速扭亏为盈。全心全意依靠职工办企业，对企业重大投资、年度预决算、内部改革等涉及企业发展和职工利益的重大事项，都经职代会审议通过后组织实施。

李国庆　潍坊市人民医院党委书记、副院长兼消化内科主任

李国庆，男，1951年出生，大学文化，中共党员，潍坊市人民医院党委书记、副院长兼消化内科主任，2004年山东省富民兴鲁劳动奖章获得者。

从医20多年来，潜心研究临床医疗，他主持开展的“胃癌中幽门螺杆菌和抑癌基因P53P16表达的研究”、“活动性溃疡性结肠炎实验指标的临床研究”、“乙型肝炎病毒DNA与血清学标志模式相关性及其传播方式再研究”、“急性上消化道大出血病因变迁及其与气象关系的研究”等近10项科研课题，经专家鉴定均达到国内领先水平，先后获得山东省和潍坊市科学技术进步奖。带领科室人员开展了“质子泵抑制剂治疗难治性溃疡及上消化道大出血”、“腹水会输治疗难治性肝硬化腹水”等十几项新治疗法均取得满意疗效。由他组织在全省率先开展的“24小时胃酸检测”和“胃肠动力检测”技术，为胃酸相关性疾病和胃肠动力障碍性疾病的诊治带来了根本性的改变。他主张并率先将内窥镜技术应用临床，首次将“内镜介入治疗”的概念引入临床，拓宽了消化道疾病的治疗视野，降低了病人的痛苦和风险。结合临床实践撰写了大量学术论文，在省级以上学术刊物发表专业文章40多篇。积极推行“以病人为中心”医疗服务模式和管理理念，使医院的技术水平、服务质量和就医环境发生显著变化，固定资产增长了近20倍，综合实力跃居全省同类医院前列。

杨冬云　颐中烟草公司青州卷烟厂工人技师

杨冬云，男，1956年出生，大专文化，中共党员，颐中烟草公司青州卷烟厂工人技师，轻工部劳动模范。

从事车间设备管理和技术革新工作以来，潜心钻研技术，先后完成了各类技术革新和改造项目30余项，创造经济效益3000余万元，其中，3项填补行业空白。他设计制造的卷烟机自动打跑条装置，填补了该项目的国内空白，被轻工部授予科技成果四等奖；他主持设计的“合理筛除、掺兑6mm以下碎片在线搀兑”项目年可节约烟叶10多万公斤，研制开发的薄片丝梳松机和单管喂丝机填补了卷烟行业的空白，获全国烟草行业QC成果二等奖；他主持设计的高温凝结水及水蒸气回收系统，从根本上解决了冷凝水站蒸气回收重复利用问题，年节约成本100多万元，被评为烟草行业QC成果三等奖。在“条烟、烟箱输送及集中装封箱系统”项目中，他精心设计，采用了国内首台条烟暂存机和烟箱螺旋提升机和自动连续翻箱机，解决了烟厂普遍存在的装封箱故障停机与条包不间断输送之间的冲突问题，一改过去烟厂普遍采用的气动翻箱多台联动的落后形式。

孙学军　山东小康机械有限公司总经理

孙学军，男，1961年出生，大专文化，中共党员，山东小康机械有限公司总经理，2002年山东省下岗再就业劳动模范。

1997年企业破产下岗后，他不等不靠，当年争取台湾的亲戚投资5.6万美元，建起了诸城市小康食品包装机械有限公司。企业主要产品有真空包装机、自动封口机、油墨打印机等五大系列19个品种，2005年实现销售收入450余万元，利税30余万元。公司成立8年来，坚持走“科技强企”的路子，主持设计制造的全自动拉伸连续真空包装机达到国际先进水平，填补国办空白，获得国家专利，结束了全国全自动拉伸连续真空包装机全靠进口的历史，三种产品获北京国际食品包装博览会金奖，他主持起草的真空包装机《国家行业标准》获国家科技进步三等奖。他不仅自己实现了再就业，还安置了57名下岗职工，带领大家共同致富。

张建萍　山东海龙股份有限公司长丝分厂加工车间班长

张建萍，女，1973年出生，中共党员，山东海龙股份有限公司长丝分厂加工车间班长，2000年全国纺织工业

系统劳动模范。

她1991年7分配到山东海龙股份有限公司长丝分厂加工车间成筒岗位任挡车工，在这个最艰苦的岗位上，张建萍一干就是15年。她凭着一股韧劲，在挡车这个平凡的岗位上取得了不平凡的成绩。她先后23次获得公司先进工作者、十佳青年、十佳女职工、三八红旗手、公司标兵、明星员工、优秀党员等称号。1995年被潍坊市总工会评为“先进女职工”；1996年被山东省总工会评为“山东省先进女职工”；1996年被山东省纺织工会评为“八五期间山东省纺织系统操作能手”；1997年被中国纺织总会评为“全国纺织工业巾帼建功标兵”；2000年被国家纺织工业局评为“全国纺织工业系统劳动模范”，得到了各级领导和广大员工的认可与尊敬，成为山东海龙全体职工学习的榜样。

2006年山东省富民兴鲁劳动奖章获得者名单（36名）

张德庆　诸城市网通公司城西电话局线路维护中心主任
金炳仓　山东省青州市供电公司配电运行班班长
颜　棠　孚日集团毛巾一厂值班长
郭凤玉　山东华发丝织服装有限公司缝纫班长
王晓平（女）　帛方纺织有限公司细纱车间值车工
刘连刚　潍坊昌大建设集团有限公司第四分公司吊装项目部吊装工
王　剑　潍坊山水水泥有限公司旋窑分厂技术员
陈秀军　潍坊市五井煤矿有限公司采煤二队四班班长
刘德秀（女）　潍坊百货集团股份有限公司中百佳乐佳超市收银员
李承禄　潍坊供电公司修验场保护班班长
韦统海　潍坊市路通公路工程公司筑路工
赵丽萍（女）　潍坊市网通公司设备维护中心数字传输室班长
冯义亮　潍坊市邮政投递局卧龙邮政社区服务中心主任
程静川　潍坊亚星集团化学公司离子膜烧碱车间主任
庞志红（女）　潍坊移动公司网络维护中心交换技术班班长
于增光　潍坊东方钢管有限公司业务员
王慧霞（女）　安丘市刘家尧镇初级中学教师
卢兆德　临朐县人民医院特检科医生
高维顺　潍坊市奎文区东关街道苇湾社区居委会书记
胡东文　潍坊三中校长
刘恩来　潍坊富源增压器有限公司技术科科长
李进芳　诸城市繁华中学校长
赵良田　中央储备粮青州直属库主任
崔金亭　寿光市百货大楼有限公司副总经理
王建勇　潍坊广播电视网络中心主任
曹桂先（女）　潍坊市三产办主任
孙　健　潍柴动力股份有限公司项目工程师
鞠立坤　中国工商银行寿光支行行长
迟玉斋　潍坊市体育运动学校教练
武际宝　潍坊钢铁集团公司总经理
王明峰　山东新方矿业集团有限公司董事长
杨维国　寿光富康制药有限公司董事长
李顺利　高密市路通路桥工程有限公司董事长
秦洪升　潍坊华翎羽绒制品有限公司董事长
金英军　华电潍坊发电有限公司总经理
孙晓波　潍坊交运汽车运输有限公司董事长

山东省富民兴鲁劳动奖状获得单位名单（5个）

潍坊市寒亭区供电公司
北汽福田汽车股份有限公司诸城汽车厂
山东省潍坊市益都中心医院
山东昌邑石化有限公司
潍坊市投资公司办公室

第十届潍坊市优秀民营企业家名单

韩立新　潍坊天宝实业总公司董事长
武际玉　潍坊钢铁集团总公司经理
孙俊峰（女）　潍坊潍鹰经贸有限公司总经理
王俊仁　潍坊方大集团公司总经理
王世保　潍坊华港包装材料有限公司经理
王昆之　潍坊宏伟集团公司总经理
李仁章　潍坊广潍集团有限公司总经理
徐寿祥　山东广潍汽车销售服务有限公司总经理
吴敬富　潍坊金宏泰置业有限公司总经理
吴敬友　潍坊市旧机动车交易中心董事长
刘秋林　潍坊建工集团有限公司总经理
任　佳（女）　潍坊佳美印刷包装有限公司董事长
杨　增　潍坊市中大纺织服装有限公司总经理
陈金友　潍坊圣马利石油公司董事长
亓良树　潍坊市大元实业有限公司经理
于洪营　潍坊饮食机械有限公司总经理
刘洪何　潍坊恒昌纺织服装有限公司总经理
庄树孔　潍坊鑫汇粉末涂料有限公司董事长
周书堂　潍坊万力机械有限公司董事长
谢俊德　山东省圆友建筑机械有限公司董事长
李献礼　潍坊市三维机器制造有限公司董事长
王连溪　潍坊市三建集团党委书记理事长
于成庆　潍坊恒德纸业有限公司总经理
栾玉华　潍坊市金河食品有限公司总经理
王正之　潍坊正大纺织有限公司董事长
程锡运　潍坊市坊子区荆山洼镇福利纸箱厂厂长
田文庆　潍坊康家阳光太阳能科技有限公司董事长

魏忠仁　潍坊信达纺织有限公司经理
刘新政　潍坊北方车辆销售有限公司经理
刘东升　潍坊彤帅经贸有限公司总经理
韩洪俊　潍坊巨丰工贸有限公司总经理
王延孝　潍坊共达电讯有限公司经理
王传贵　潍坊聚德商贸有限公司董事长
王西朋　潍坊通宝铸造有限公司厂长
李建之　潍坊建银织业有限公司董事长
刘连德　潍坊裕川内燃机配件有限公司经理
桑国德　蔡伦申兴精细化工有限公司董事长
杨恒兴　寿光市康跃增压器有限公司总经理
杨树仁　山东默锐化学有限公司董事长
吴俊喜　山东鸿泰建设集团有限公司董事长
马桂根　东宇鸿翔木业有限公司董事长
李守峰　寿光市圣龙钢结构工程有限公司董事长
杨法忠　寿光市羊口镇杨庄村盐场场长
刘银山　寿光市黄河木业有限公司总经理
郑卫东　寿光天福食品有限公司董事长
王连伟　圣海集团第三捕捞集团有限公司总经理
赵财元　山东寿光菜都集团公司董事长
袁　宏（女）　寿光坤冠经贸有限公司董事长
万　莉（女）　寿光市金粮油脂有限公司总经理
戴　杰　青州市开关有限公司董事长
邱方舜　青州市兴旺水泥有限公司总经理
吕长友　青州市庙子福利化工厂厂长
谭树奎　青州市德昌化工有限公司董事长
段忠伟　青州市中文机械有限公司总经理
魏先俊　青州市豪章铸造有限公司总经理
王　冬　山东振兴化工有限公司总经理
段会强　青州市精益液压机械有限公司总经理
孟宪伟　青州市北联淀粉有限公司董事长
李松年　青州弘大棉业有限公司经理
李增顺　青州增鑫工程机械有限公司董事长
张文军　潍坊中晨集团总公司总裁
汲英民　山东云门酒业（集团）有限公司董事长
王志利　青州高丽食品有限公司董事长
陈胜绪　青州市中远化工有限公司董事长
韩培忠　诸城市恒力机械厂经理
徐　波　诸城市万家庄建筑公司经理
钱玉江　诸城市国合纺织有限责任公司经理
王瑞发　山东大源建筑公司经理
朱清见　诸城市海得威机械有限公司经理
刘玉贞　诸城市兆丰机械有限公司经理
赵金随　诸城市南郊机械厂厂长
周升江　诸城市日发包装纸品有限公司董事长
徐焕东　诸城市东发机械制造有限公司总经理
赵绪阳　山东贸发食品有限公司总经理
李建东　诸城市和盛金属制造有限公司经理
于凤相　山东三工橡胶有限公司经理
邱兆青（女）　刘罗锅餐饮有限责任公司经理
王树松　诸城市松源木业有限责任公司总经理
郭东茂　诸城市万茂汽车桥箱有限公司董事长
宋洪德　诸城市超然食品有限公司经理
李　勇　诸城市田园农牧发展有限公司董事长
徐建全　诸城市舜王建筑有限公司董事长
李全忠　潍坊通用机械有限公司董事长
刘松立　安丘市供销大厦有限公司总经理
王　军　安丘市鲁安药业有限公司董事长
孙业厚　安丘市同力服装有限公司总经理
辛茂岗　安丘市兴华汽缸盖有限公司董事长
韩相元　安丘市汶河食品有限公司董事长
董金堂　安丘市三合实业有限公司总经理
钟希刚　安丘市海洋机械制造有限公司董事长
王丰海　安丘市盛宝塑钢有限公司董事长
王克学　安丘市外贸食品有限公司董事长
任学礼　安丘市新凌农工贸企业集团公司董事长
单宝成　高密市盛宝纺织有限公司经理
孙延民　高密市鲁源纺织有限公司经理
王德彬　山东金达双鹏集团公司经理
张振鑫　高密市瑞源纺织有限公司经理
刘为润　高密市华夏建筑安装公司经理
刘爱民　高密市兴华房地产开发公司经理
徐庆涛　山东伟丽纺织有限公司经理
袁泽友　高密市华源建筑工程公司经理
孙承礼　高密市恒昌制钉有限公司经理
刘永坤　高密市瑞云纺织有限公司经理
单文义　潍坊凤城园林工程有限公司经理
邱兆祥　高密市兰祥纺织厂厂长
孙培福　高密市恒信卫生纸厂经理
王连荣　山东畅通路桥工程有限公司经理
褚翠英（女）　高密市广源纺织有限公司经理
刘海燕（女）　山东华燕制衣有限公司经理
王洪山　高密市宏正纺织有限公司经理
刘晓雷　高密市兴华新型管材有限公司经理
刘　鹏　高密市天和置业有限公司总经理
董玉德　山东联华集团公司经理
聂西春　潍坊华星铸造机械公司董事长
李宪修　临朐腾越化纤纺织公司董事长
徐元宝　临朐县诚信食品厂厂长
刘水池　临朐县沂山缫丝厂厂长
颜　雷　潍坊开翔机械有限公司董事长
张德华（女）　潍坊市临朐焦化热力集团经理
刘玉芝　临朐县富源实业总公司总经理
滕树友　潍坊华盛塑料制品有限公司总

经理
程寿登　潍坊程氏摩托车实业有限公司总经理
孟凡勇　潍坊康乐塑料制品有限公司总经理
刘志江　潍坊惠好乐器有限公司董事长
王玉英（女）　昌乐宝都塑料有限公司总经理
田海燕（女）　潍坊宏源塑料制品有限公司总经理
王滨亭　山东潍坊龙威实业有限公司厂长
秦洪升　潍坊华翎羽绒制品有限公司董事长
陈新生　昌乐山水水泥有限公司总经理
袁　明　潍坊龙威实业有限公司进口分公司经理
刘文先　山东万山集团有限公司董事长
张公田　潍坊高新区华利实业有限公司总经理
杨怀忠　山东裕源集团有限公司经理
杨光俊　潍坊高新区银枫投资公司董事长
潘东礼　潍坊高新区南胡工贸总公司董事长
王金之　潍坊天昊物业管理有限公司董事长
张凤杰　潍坊泰泽化工有限公司经理
高学德　潍坊宏安建筑安装工程有限公司经理
王志宝　潍坊金辉城镇建设综合开发公司经理
李学泽　潍坊重振建筑工程有限公司经理
牟兰亭　潍坊龙威实业有限公司明帅化工厂厂长
袁立明　山东龙威集团寿光制盐厂厂长
袁　勇　山东潍坊银滩实业有限公司总经理
杨　东　山东裕源集团有限公司经理
袁希凤　潍坊市聚玺化工有限公司总经理
丁荣玉　寿光市圣海第七捕捞有限公司总经理
马青春　寿光大地龙化工有限公司总经理

（潍政发〔2006〕53号2006年8月7日）

逝世人物

于成凤（1924年12月—2006年5月）

1938年2月参加工作，1940年8月加入中国共产党。历任三军政治部少先队员，胶东青年干部训练班队长，莒北县青救会会长，莒北县管帅区委副书记、书记，莒北县委武装部部长、组织部部长，胶河县委副书记、书记，武装部政委，胶南县委书记、武装部政委，胶州地委宣传部副部长，昌潍地委宣传部副部长、财贸部部长，山东省财贸部处长，山东省供销社副主任、党组副书记，原潍坊市委书记、武装部政委，昌潍地革委财办主任，昌潍地革委副主任，昌潍行政公署副专员，昌潍（潍坊）地委副书记，潍坊市人大常委会主任。2006年5月11日因病去世。

（刘月甫　供稿）

责任编辑　刘　敏

附 录

2006年市委重要文件目录

文 号	文 件 名 称
潍发1号	中共潍坊市委、潍坊市人民政府关于印发《潍坊市2006年经济工作要点》的通知
潍发2号	中共潍坊市委、潍坊市人民政府关于2006年全市党风廉政建设和反腐败工作实施意见
潍发3号	中共潍坊市委、潍坊市人民政府关于印发《2006年全市重点工作立项督查意见》的通知
潍发4号	中共潍坊市委、潍坊市人民政府关于推进社会主义新农村建设的实施意见
潍发5号	中共潍坊市委、潍坊市人民政府关于对重点利用外商投资项目实行领导包靠的通知
潍发6号	中共潍坊市委、潍坊市人民政府关于县市区、市属开发区经济工作综合考核意见
潍发7号	中共潍坊市委关于认真学习贯彻胡锦涛总书记在庆祝中国共产党成立85周年暨总结保持共产党员先进性教育活动大会上的重要讲话的通知
潍发8号	中共潍坊市委关于认真学习贯彻胡锦涛总书记重要批示的通知
潍发9号	中共潍坊市委关于认真学习贯彻吴官正同志重要讲话的通知
潍发10号	中共潍坊市委关于深入学习实践社会主义荣辱观切实加强思想道德建设的实施意见
潍发11号	中共潍坊市委关于进一步加强人民政协工作的意见
潍发12号	中共潍坊市委关于贯彻落实中央、省委两个《意见》精神进一步加强中国共产党领导的多党合作和政治协商制度建设的实施意见
潍发13号	中共潍坊市委关于印发《潍坊市2006－2010年依法治市规划》的通知
潍发14号	中共潍坊市委、潍坊市人民政府关于做好当前经济工作的意见
潍发15号	中共潍坊市委关于认真做好2007年县(市、区)党委换届工作的通知
潍发16号	中共潍坊市委、潍坊市人民政府关于深入贯彻落实全市领导干部会议精神的通知
潍发17号	中共潍坊市委关于认真学习贯彻党的十六届六中全会精神的通知
潍发18号	中共潍坊市委关于贯彻党的十六届六中全会和省八届十三次全委会精神努力构建社会主义和谐社会的决定
潍发19号	中共潍坊市委、潍坊市人民政府关于进一步加强民族工作促进民族团结进步事业发展的意见

2006年市委办公室文件目录

文　号	文　件　名　称
潍办发1号	中共潍坊市委办公室、潍坊市人民政府办公室关于进一步加强互联网管理工作的意见
潍办发2号	中共潍坊市委办公室关于转发《中共潍坊市委宣传部2006年宣传思想工作要点》的通知
潍办发3号	中共潍坊市委办公室、潍坊市人民政府办公室关于转发市委组织部等六部门《关于做好改制重组以及关停破产国有企业离休干部工作的意见》的通知
潍办发4号	中共潍坊市委办公室、潍坊市人民政府办公室关于转发《中共潍坊市委政法委员会、潍坊市社会治安综合治理委员会关于贯彻落实鲁办发[2005]29号文件精神深入开展平安潍坊建设的意见》的通知
潍办发5号	中共潍坊市委办公室、潍坊市人民政府办公室关于充分整合资源切实发挥农村党员干部现代远程教育网络体系在建设社会主义新农村中作用的实施意见
潍办发6号	中共潍坊市委办公室关于转发《潍坊市总工会关于开展创建"劳动关系和谐企业"活动的意见》的通知
潍办发7号	中共潍坊市委办公室关于在全市开展社会主义荣辱观教育活动的通知
潍办发8号	中共潍坊市委办公室关于开展建党85周年纪念活动的通知
潍办发9号	中共潍坊市委办公室、潍坊市人民政府办公室关于转发《市委台办关于进一步做好台湾重要人士来访接待工作的意见》的通知
潍办发10号	中共潍坊市委办公室、潍坊市人民政府办公室关于进一步改进机关工作作风的意见
潍办发11号	中共潍坊市委办公室关于印发《张传林同志在市委常委会议上的讲话》的通知
潍办发12号	中共潍坊市委办公室、潍坊市人民政府办公室关于严格落实人口和计划生育追踪奖惩一票否决制度的意见
潍办发13号	中共潍坊市委办公室、潍坊市人民政府办公室关于印发《潍坊市2006年度落实党风廉政建设责任制百分考核实施细则》的通知
潍办发14号	中共潍坊市委办公室关于转发《市委统战部关于协助各民主党派市委做好2007年换届工作的意见》的通知
潍办发15号	中共潍坊市委办公室关于转发《市委统战部关于工商联(民间商会)2007年换届工作的实施意见》的通知
潍办发16号	中共潍坊市委办公室、潍坊市人民政府办公室关于转发《市委宣传部、市司法局关于在全市公民中开展法制宣传教育的第五个五年规划》的通知
潍办发17号	中共潍坊市委办公室、潍坊市人民政府办公室转发《中共潍坊市纪委、潍坊市监察局关于充分发挥职能作用为扎实推进社会主义新农村建设提供有力保证的意见》的通知
潍办发18号	中共潍坊市委办公室、潍坊市人民政府办公室关于转发《市城考办等十部门关于进一步加强和完善城市管理工作监督考核的实施意见》的通知
潍办发19号	中共潍坊市委办公室、潍坊市人民政府办公室关于印发张高丽同志《在省直宣传文化部门负责人座谈会上的讲话要点》的通知
潍办发20号	中共潍坊市委办公室关于建立健全县市区、市属开发区党(工)委、市直部门党组(党委)抓基层党建工作责任制的意见
潍办发21号	中共潍坊市委办公室、潍坊市人民政府办公室关于转发《潍坊市公安局关于进一步加强国内安全保卫工作的意见》的通知
潍办发22号	中共潍坊市委办公室关于印发《张新起同志在科学发展城市经济座谈会上的讲话要点》的通知
潍办发23号	中共潍坊市委办公室、潍坊市人民政府办公室关于进一步抓好中发[2006]14号文件和省、市委常委扩大会议精神贯彻落实的通知
潍办发24号	中共潍坊市委办公室关于认真做好乡镇党委换届工作的意见
潍办发25号	中共潍坊市委办公室关于印发《张新起同志在科学发展工业经济座谈会上的讲话要点》的通知
潍办发26号	中共潍坊市委办公室、潍坊市人民政府办公室关于印发《科学发展城市经济立项督查意见》的通知
潍办发27号	中共潍坊市委办公室关于印发《张新起同志在科学发展县域经济座谈会上的讲话》的通知

（续表）

文　号	文　件　名　称
潍办发 28 号	中共潍坊市委办公室关于印发《张新起同志在寿光市委常委（扩大）会议上的讲话》的通知
潍办发 29 号	中共潍坊市委办公室、潍坊市人民政府办公室关于印发《全市领导干部会议精神立项督查要点》的通知
潍办发 30 号	中共潍坊市委办公室关于印发《关于市直部门、企事业单位领导班子和领导干部 2006 年度工作考核考察及党风廉政建设责任制考核的意见》的通知
潍办发 31 号	中共潍坊市委办公室、潍坊市人民政府办公室印发《关于贯彻实施市九届九次全委会〈决定〉分工方案》的通知
潍办发 32 号	中共潍坊市委办公室转发《市委宣传部关于深入开展全面落实科学发展观努力构建社会主义和谐社会宣传教育活动的意见》的通知
潍办发 33 号	中共潍坊市委办公室、潍坊市人民政府办公室关于实行节能目标责任考核的意见
潍办发 34 号	中共潍坊市委办公室、潍坊市人民政府办公室印发《关于贯彻党的十六届六中全会、省八届十三次全委会和市九届九次全委会精神督查要点》的通知
潍办发 35 号	中共潍坊市委办公室、潍坊市人民政府办公室关于加强农村基层党风廉政建设的实施意见

（市委办公室秘书科　供稿）

2006年市政府重要文件目录

文　号	文　件　名　称
潍政发[2006]19号	潍坊市人民政府关于调整完善市区财政体制的意见
潍政发[2006]21号	潍坊市人民政府关于村村通自来水工程的实施意见
潍政发[2006]22号	潍坊市人民政府关于农产品出口质量工作的意见
潍政发[2006]23号	潍坊市人民政府关于印发潍坊市艾滋病防治有关方案的通知
潍政发[2006]25号	潍坊市人民政府关于加快中心市区“城中村”改造的补充意见
潍政发[2006]26号	潍坊市人民政府关于印发潍坊市“十一五”科学技术发展规划纲要的通知
潍政发[2006]31号	潍坊市人民政府关于表彰全市企业技术进步工作先进集体的通报
潍政发[2006]32号	潍坊市人民政府关于对青岛啤酒(寿光)有限公司等19家环境违法企业单位依法查处情况的通报
潍政发[2006]34号	潍坊市人民政府关于规范市属国有企业改制工作的实施意见
潍政发[2006]35号	潍坊市人民政府关于组织实施潍坊市地质灾害防治规划(2006－2020)的通知
潍政发[2006]36号	潍坊市人民政府关于颁发2005年度潍坊市科学技术进步奖的决定
潍政发[2006]40号	潍坊市人民政府关于贯彻鲁政发〔2006〕66号文件切实加强安全生产工作的通知
潍政发[2006]41号	潍坊市人民政府关于切实加快地方储备粮充实进度的通知
潍政发[2006]42号	潍坊市人民政府关于市区公用事业特许经营权授予程序和权限的通知
潍政发[2006]43号	潍坊市人民政府关于进一步加强房地产税收管理的通知
潍政发[2006]45号	潍坊市人民政府关于做好2005年冬季退役士兵接收安置工作的通知
潍政发[2006]47号	潍坊市人民政府关于表彰第八批潍坊市专业技术拔尖人才的通报
潍政发[2006]48号	潍坊市人民政府关于批转《潍坊市申报中国人居环境奖(水环境治理优秀范例城市)实施方案》的通知
潍政发[2006]49号	潍坊市人民政府关于支持人民政协工作的意见
潍政发[2006]51号	潍坊市人民政府关于进一步促进现代物流业发展的实施意见
潍政发[2006]53号	潍坊市人民政府关于表彰第十届潍坊市优秀民营企业家的通报
潍政发[2006]58号	潍坊市人民政府关于印发《潍坊市企业国有资本收益管理暂行办法》的通知
潍政发[2006]60号	潍坊市人民政府关于下达潍坊市2006年节能降耗计划的通知
潍政发[2006]61号	潍坊市人民政府关于公布《在食品农产品生产中禁止销售使用的农兽药目录》的通告
潍政发[2006]62号	潍坊市人民政府关于进一步推进企业技术创新工作的意见
潍政发[2006]63号	潍坊市人民政府关于禁止焚烧农作物秸秆的通告
潍政发[2006]64号	潍坊市人民政府关于印发《潍坊市“十一五”城市环境综合整治定量考核和国家环保模范城市管理工作方案》的通知
潍政发[2006]65号	潍坊市人民政府关于印发《潍坊市依法行政“四五”规划(2006－2010年)》的通知
潍政发[2006]66号	潍坊市人民政府关于印发潍坊市高毒剧毒农药管理办法的通知
潍政发[2006]67号	潍坊市人民政府关于印发潍坊市森林防火管理办法的通知
潍政发[2006]68号	潍坊市人民政府关于印发潍坊市防控重大动物疫病责任追究办法的通知
潍政发[2006]71号	潍坊市人民政府关于公布全市最低工资标准的通知
潍政发[2006]72号	潍坊市人民政府关于开展潍坊出口食品农产品诚信企业创建活动的意见
潍政发[2006]76号	潍坊市人民政府关于调整完善市以下财政体制的意见
潍政发[2006]80号	潍坊市人民政府关于实施农村义务教育经费保障机制改革的通知
潍政发[2006]81号	潍坊市人民政府关于表彰全市实施名牌战略质量兴市工作先进单位的通报
潍政发[2006]84号	潍坊市人民政府关于表彰全市反走私工作先进集体的通报
潍政发[2006]85号	潍坊市人民政府关于贯彻全民科学素质行动计划纲要的实施意见

（市政府办公室　供稿）

地方性法规和规范性文件选辑

潍坊市人民政府关于印发潍坊市“十一五”科学技术发展规划纲要的通知

潍政发〔2006〕26号

各县市区人民政府，市属各开发区管委会，市直各部门，各大企业，各高等院校：

现将《潍坊市“十一五”科学技术发展规划纲要》印发给你们，请认真贯彻执行。

二OO六年五月九日

潍坊市“十一五”科学技术发展规划纲要

“十一五”时期是我市落实科学发展观，全面建设小康社会，实现经济又快又好发展的重要历史时期，也是科学技术发展的重要阶段。根据市政府关于编制“十一五”规划的总体部署，结合我市科技进步现状，提出我市“十一五”期间科技发展的总体思路、重点发展领域和主要政策措施。

一、“十五”期间科技发展基本情况

“十五”期间，我市全面实施“科教兴潍”战略，大力推进科技进步和创新，实现了科技事业的快速发展，基本完成了“十五”科技发展的预期目标。

（一）高新技术产业发展迅速。全市高新技术企业发展到270家，其中国家火炬计划重点企业13家，年销售收入过亿元的49家。全市高新技术产业产值由40亿元增加到420亿元，占全市规模以上工业总产值比重达到15.88%。潍坊高新技术开发区发展迅速，2005年完成技工贸总收入492亿元，同比增长38%，高新技术产业产值占总产值的比重达到43%，已初步搭建起电子信息、机电一体化、生物工程及医药、新材料四大高新技术产业集群的发展框架。

（二）科技创新能力显著增强。研发投入总量稳定增长。“十五”期间，全市研发经费（R&D）支出额度以年平均15%的速度增长，2005年达到16.8亿元，占GDP的比重从0.4%提高到1.2%。以企业为主体的科技创新体系初步建立。全市企业研发中心发展到430多处，拥有省级以上工程技术研究中心15处，每年研发新技术、新工艺、新产品1000多项。以“产学研”为重点的科技合作平台初步形成，建立了与中科院、工程院长期性的合作关系，建立产学研基地35处。

（三）取得了一大批高水平的科技成果。“十五”以来，全市先后配套实施科研攻关、火炬、星火、成果推广等各类科技计划项目1260项，其中列入国家、省各类科技计划项目569项，攻克了一批我市经济发展中急需解决的关键技术难题。全市先后取得重要科技成果647项，有372项获市级以上科技进步奖，其中2项获国家科技进步奖，96项获省科技进步奖。获得专利授权3842项。

（四）科技中介服务体系健康发展。建设了高新技术创业服务中心、民营科技促进会、技术市场服务中心、生产力促进中心、科技咨询服务中心等400多家科技中介机构，每年为社会提供成果、技术、人才等信息一万多条，中介科技成果500多项，实现技术交易额5亿元。

（五）民营科技企业快速壮大。全市现有民营科技企业1526家，民营科技企业从业人员14万人，资产总额320多亿元，技工贸总收入250亿元，利税总额36亿元。其中技工贸总收入过千万元的122家，过亿元的31家。

（六）科技队伍不断壮大、人员素质提高。全市科技人力资源总量居全省前列，2005年末从事科技活动人员达到1.63万人，比2000年增长16.2%，其中研究与实验发展活动人员0.37万人，同比增长23.1%，占从事科技活动人员的22.5%，比2000年提高3.3个百分点。科技活动人员中，科学家和工程师8735人，比2000年增加了4000人，科学家和工程师占全部科技活动人员的比例达到53.6%，比2000年提高16.2个百分点。

“十五”期间，全市科技工作的总体水平虽然有了很大提高，但与先进市地相比还有较大差距，科技工作也面临着一些问题和困难。主要是：科技与经济有机紧密结合的新型运行机制还没有真正建立起来，科技新成果转化率及其规模效益仍然较低；国民经济重点领域的科技水平还不高，特别是具有自主知识产权的技术储备不足；全社会科技投入不足，企业尚未成为技术投入和创新的主体，制约了产业技术水平的提高和经济结构的调整；科技对外开放的力度还不够等等。所有这些问题，依然制约着我市科技事业的发展，必须在“十一五”期间认真加以解决，以适应我市经济社会全面发展对科技进步的新要求。

二、“十一五”科技发展的总体思路与发展目标

（一）指导思想。

“十一五”期间，我市的科技工作要按照“强化自主创新、完善支撑体系、加强对外合作、实现重点跨越”的总体思路，全面落实科学发展观，大力实施“科教兴潍”战略。以提高科技创新能力为中心，以发展高新技术产业为首要任务，以实现优势领域的技术突破和重点领域的技术跨越为重点，努力提高原始创新、集成创新和引进消化吸收再创新能力，完善科技运行机制，培植科技资源，加速高新技术成果转化，充分发挥科学技术的引领和支撑作用，形成经济、科技、社会互相促进、协调发展的新格局。

（二）基本原则。

——坚持统筹规划，突出重点的原则。正确处理长远与近期、全局与局部的关系，按照有所为有所不为的要求，科学合理地确定科技发展的重点领域和重大项目，统筹各方面力量，集中抓一批带动性强、关联度大、作用突出的关键共性技术、储备性技术的研发。

——坚持以高新技术产业化为主线的原则。积极运用高新技术和先进适用技术改造提升传统产业，以技术结构的调整推进产业结构的调整；有重点地发展高新技术，培育新兴产业；着重加强区域支柱产业的科技进步，大力推广高新技术和先进适用技术，推动经济增长方式从量的扩张向质的提高转变。

——坚持市场导向，优化资源配置的原则。充分发挥市场在配置科技资源中的基础性作用，引导企业加大科技投入，逐步成为技术创新的主体。进一步培育和繁荣技术市场，大力推进科技成果的商品化，科技资源配置的市场化，知识产权保护和技术市场管理的法制化。实行产学研结合，推进不同科研主体间的交叉、融合，提高科技活动的效率和效益。

——坚持自主创新与引进技术相结合的原则。把提高自主创新能力放在科技工作的中心位置，大力加强拥有自主知识产权的技术创新；广泛开展国内外科技合作与交流，积极引进先进适用技术，进行消化、吸收和再创新。

（三）奋斗目标。

“十一五”期间我市科技发展总的奋斗目标是：大力加强自主创新、集成创新和在引进基础上的消化、吸收、再创新，全面提高科技持续创新能力，建设科技创新型城市；加快高新技术产业化和传统产业高新化进程，全面提高我市产业竞争力；着力优化科技发展环境，为促进经济、科技加快发展创造条件。到2010年，力争科技综合实力达到国内同等城市领先水平，使科技真正成为推动经济、社会发展的强大动力。基本建立起社会主义新农村科技支撑体系。

——完善科技创新体系。进一步深化科技体制改革，调整优化科技结构，整合科技资源，完善以企业为主体、市场为导向、产学研相结合的技术创新体系，以社会化科技中介机构为纽带的科技创新中介服务体系。全市市级以上工程技术研究中心发展到60家，每年取得具有自主知识产权的重大科技成果150项，年专利申请量达到2000件，年实施专利技术1000件以上。

——高新技术及其产业有较大发展。省级以上高新技术企业达到500家，到2010年，实现高新技术产业产值占规模以上工业总产值的比重达到40%以上，形成高新技术产业与传统产业并驾齐驱的发展格局。培植形成一批拥有自主知识产权和知名品牌的优势企业。加快潍坊高新技术产业开发区发展速度，在“十一五”末达到国内一流水平。——全社会科技投入有较大增加。全社会研发（R&D）经费总额占国内生产总值的比重达到2.5%；市级财政科技拨款占同级财政支出的比重达到3%；投入10－15亿元重点支持20—50家高新技术企业进行高新技术产品的研制与开发。企业技术开发经费占总销售额的比例不低于3%，其中高新技术企业研究开发经费占年销售额的比例要达到5%以上。

三、“十一五”科技创新的重点内容

（一）农业高新技术。

围绕建设农业强市，充分发挥潍坊农业区位优势、产业优势，以增强农业原始创新能力为核心，以农业生产标准化、食品安全生产示范为重点，加大在农业标准化、食品安全、农产品精深加工等关键技术方面研究和示范力度，带动区域高效农业的快速发展，促进社会主义新农村建设。

——优良品种繁育及产业化。实施农业良种产业化开发工程，重点实施主要农作物的新品种选育、良种繁育、高产示范。突出品种资源的保护和创新利用，重点加强地方名特优动植物新品种种质资源搜集、保存、分类、整理和创新利用。重点支持植物转基因育种，名优特稀植物脱毒快繁技术研究，名优蔬菜、果品品质改良、名优花卉等基因工程技术研究开发，家畜胚胎移植及产业化技术，畜禽基因工程疫苗研制。开展绿色良种良法配套技术研究，建设绿色安全优质高效示范区。

——食品安全与标准化技术。围绕建立农产品质量安全检测技术研发平台，研究出口农产品和无公害农产品检测技术、动物性食品安全及残留检测技术、食品标准化生产技术，解决农产品生产过程中控制技术及标准，减少农产品生产过程中的污染。重点支持新型安全、缓释、高效生物肥料的研究与开发；支持选择性强、高效、成本低、无污染的生物化学农药及植物生长调节剂的研究与开发；支持新型安全、高效生物饲料及添加剂、兽药与疫苗的研究与开发。

——现代化设施农业技术研究。以国家和省农业科技园区为依托，研究果蔬、花卉、林木、畜禽、水产等高效设施化栽培、种植、养殖、无土栽培、工厂化生产及自动化控制设施及技术；围绕名优稀特农产品工厂化生产与加工增值，研究开发脱毒、无菌培养、试管苗培育工厂化生产技术，设施化栽培、养殖技术，以及自动化、智能化设施，储藏保鲜和高档产品加工技术。研究饲料安全生产技术与营养调控技术，非常规饲料资源可利用性技术，规模化畜禽粪污、淡水养殖废水无害化处理与利用技术，高档畜禽、淡水渔业良种繁育体系与产品质量提升技术等。

——农产品精细加工技术。围绕提高农产品附加值、增加农民收入，以食品加工和储藏工艺与技术研究为重点，开展粮油、蔬菜、果品、畜产品和水产品等大宗农产品的加工技术创新，提高农产品资源的利用效率。研究小麦、玉米深加工及综合利用技术，淀粉提取及深加工技术，粮食生物转化技术，蔬菜、水果、水产品深加工工艺和农作物废弃物综合利用技术。——农业信息化技术。围绕建设农业信息网络体系及农业技术咨询服务系统，研究开发引种与良种推荐、合理施肥、节水灌溉、病虫害综合防治等专家系统。构建网络化、数字化的农业科技信息共享平台。研究3S技术、智能化控制系统、农产品电子商务技术。

（二）生物技术与创新药物。

围绕生命科学基础研究和重大生物技术攻关研究，开展生物信息学、酶工程、细胞工程、发酵工程等生物技术的研究，重点在中药现代化、创新药物与生物制品、资源高效利用、生物材料等领域提高研究开发水平。

——中药现代化技术。重点开展野生与栽培药材的资源调查利用与种质保

藏技术研究，利用细胞融合、组培快繁选育和繁育中药材优良品种的技术研究，加强中药材种植、加工技术研究，提高产品质量。

——创新药物研究。围绕人体用药、生物农药、新型兽药产业化，研制治疗肿瘤、心脑血管疾病的多糖类、蛋白质多肽类、天然产物、合成化合物等创新药物，提升原始创新药物的研究能力。

（三）电子信息技术。

围绕推进国民经济信息化建设，重点加强软件技术、数字化电子产品及配件的研究开发与产业化，加快运用信息技术改造提升服务业和传统产业。

——网络技术及软件开发。开展数据库管理软件、嵌入式软件系统、面向网络公共系统的支撑服务平台、资源管理平台，以及电子政务、电子商务、企业信息化和应用信息服务平台软件等研究开发。

——电子元器件及材料。重点开发高性能光电子器件、硅微传声器和蓝牙耳机、高能锂电池和其他新型元器件。加强硅基、镓基材料外延及激光晶体生长技术研究，开发全系列高亮度、超高亮度发光二极管。

——以信息技术提升新兴服务业。以金融、商贸等企业为主体，运用现代信息技术提升改造信息服务、咨询、金融、医疗卫生和商贸业，发展电子商务、远程教育、信息咨询等新兴服务业，提高第三产业的科技含量和经济社会效益。

（四）新材料技术。

充分利用我市资源优势和化学工业优势，跟踪国际先进水平，重点开展石油化工、精细化工、新型建材、新型金属材料与非金属材料、高分子材料、医药、农药、染料中间体等领域关键技术的研究与开发。

——以氯化聚乙烯聚合物为龙头，建设世界一流的 c

PE、抗冲型 a

c

R生产企业，带动 a

c

S共聚树脂、可降解塑料等合成高分子材料研究、开发生产基地。

——研究开发超细高纯陶瓷微粉、磁性材料、陶瓷导电膜等非金属新材料技术，开发航天、电子、机械用配套器件和基础原材料。加强金属表面改性技术、复合材料技术的研究，开发超硬、高强度、耐高温、耐磨、耐蚀金属材料及制品。

——研究各类高效、节能型化工催化剂，开发新型食用品添加剂、非离子型和阴离子型表面活性剂等各种纺织印染助剂，研制开发节能、隔热、防火、防水等轻质多功能新型建筑材料和高档装饰材料。

——集中开发特种水泥、隔热轻质墙板、高档建筑卫生陶瓷及洁具配套件、非金属矿制品及非金属新材料。研究开发非金属矿产业低耗高效加工技术，新型建筑材料及防热、防水、轻质等功能技术。

——加强合成纤维技术的研究和开发利用，建成全省最大的粘胶生产基地。研究开发复合型、高强度、耐热、保鲜等各种新型包装材料和设备。研制开发生物降解塑料、水溶性塑料和以塑代钢、以塑代木的工程塑料制品。研究开发国际上最先进的乙烯一醋酸乙烯共聚物材。研究表面活性剂、助剂、酶制剂制造和应用技术。

——研究开发高性能新型纺织材料。主要研究 PTT 纤维新材料和纺织品的研制开发，新型绿色环保聚乳酸（玉米）纤维染整及制备技术，等离子清洁生产技术在纺织工业中的应用攻关，纳米颜料制造及在纺织工业上的应用。

（五）先进制造技术。

大力实施制造业信息化工程，重点研究现代设计技术、先进加工技术、先进制造模式等先进制造技术，加强大型成套设备生产能力。

——实施制造业信息化。重点实施以 ERP（企业资源规划）、Oa

（办公自动化）、c

RM（客户关系管理）、财务等为主的管理信息化；以 c

a

X（计算机辅助设计、制造、工艺优化等）、PDM（产品数据管理）等为主的设计与制造信息化；以 Dc

S（生产工程控制系统）、MES（生产执行系统）等为主的生产过程控制自动化。到 2010 年，全市制造业的信息化普及率达到 90%以上。

——先进制造模式研究。以制造业企业为依托，研究不同行业的先进制造模式，改造传统生产、流通方式，重点研究绿色制造、虚拟制造、可重组制造、微纳制造、现代物流等先进制造模式。

——工业流程设计研究。利用先进制造技术，优化机械、造纸、纺织、化工等传统支柱产业流程，提高装备的协调控制水平。

——开展成套装备、产品研究开发。建成柴油机、工程机械、造纸机械等国家级企业技术中心和试验基地。重点巩固提高内燃机、工程机械、石油机械等支柱产品，研制新型欧Ⅲ系列柴油机和小型汽油机动力产品，促进我市机械工业产品升级换代。

工程机械重点研究自动化控制技术、预警技术和喷漆机器人技术，开发数显、自动化程度高的大型集装箱吊运设备、起重设备和装卸运输工具，形成全省的大型工程机械开发生产基础。

石油机械重点研究促进传统作业机械更新换代的应用电子技术，开发机电一体化的大型修井机等设备，逐步实现石油机械的自动化和半自动化。

塑料机械重点研究柔性技术、参数反馈控制技术、多点薄厚连续控制技术，开发大容量程控塑料注射设备和中空吹塑成型设备。农业机械重点研究静液压驱动技术、动力换档技术、微电脑控制技术和应用 GPS 技术，开发 200 马力以上高性能拖拉机、喂入式 5 公斤燉秒的小麦联合收割机、自走式玉米机、半喂入水稻收割机、插秧机、牧草机等，形成全国的大型农业机械开发研究生产基地。

印刷机械重点研究光电信息处理和自动控制等技术，开发数码速印机和微

型打印机芯。

（六）海洋技术。

充分发挥我市海洋资源优势，重点开展海洋资源深度开发及可持续利用研究，培育新兴海洋产业。

——海水养殖与加工。重点开展海水养殖重要动物食源性危害及其检测与快速评定技术研究，海水健康养殖配套化技术研究与开发，海水养殖种苗繁殖发育生物学及人工调控技术研究，海岸带环境资源利用关键技术，重要养殖生物的流行性病害的早期快速诊断及防治技术研究，海水工厂化养殖工程配套技术开发示范，海水养殖新方法、新技术和养殖模式研究与开发，海水养殖动物高效饲料、添加剂及低毒、低残留养殖药物研究与开发，海洋渔业资源的增殖及保护技术，渔业资源增殖保护技术研究开发等十大海水健康养殖技术研究。开展海洋风味食品、调味品和健康食品研制与开发；海洋水产品保鲜、保活技术，低值水产品的高值化加工技术研究与开发。

——海洋生物天然产物的提取利用技术研究。开展海洋生物天然产物的提取、药源生物培育、海洋生物天然产物利用、海洋药物、海洋生物材料、生物酶及其他海洋生物制品研制与产业化技术研究。重点开展利用生物、纳米等高新技术提取、制备海洋生物天然产物，以及提取物的分子修饰及其衍生物的功能功效研究。

——海水化学资源开发技术研究。以省海洋化工研究院等为技术依托，研制海盐生产工艺及系列盐品、研究苦卤综合利用技术及海水提取钾、溴、镁等化学元素新技术，开发以镁、溴为主的精细化工系列产品；加强海水淡化、循环冷却废弃浓海水制盐、元素提取和深加工技术的研究。海洋精细化工品种达到70种以上，建立大规模海水化学资源提取、深加工的循环节能模式示范工程。

——溴系列产品开发。以省海洋化工研究院等为技术依托，进行医药中间体、燃料中间体和阻燃剂三大系列溴化物产品的研制。

——围绕苦卤可持续开发利用、纯碱生产过程中的大量“白泥”再利用、化工企业的工业废水处理三大问题进行攻关。

（七）新能源技术。

重点支持研究生物质能、太阳能、风能、地热能等可再生能源的开发利用。培植可再生能源及清洁能源的生产基地。

——生物质能。主要开展应用农林废弃物气化技术的研究与开发，生物质制取合成燃料的研究与开发，使农林废弃物“无害化、绿色化、资源化”。

——太阳能。研究新型光伏电池材料及技术，开发新型太阳能电池。研究太阳能热发电技术、太阳能与民用建筑密切结合的综合利用太阳能技术。

——风能。研究经济的风力发电资源，研究开发风力发电技术和装备，在沿海地区建设风力发电示范基地。

——低温地热能源。研究低温地热能源在冬季采暖和夏季制冷的应用技术，重点开发闭式热泵空调技术及其装备，合理开发利用地热这一绿色能源。

（八）资源与环境。

以资源的可持续发展为目标，集中突破一批节能、节水、节材、节地的关键共性技术，为建设节约型社会提供支撑。

——水资源管理与高效利用。研究水资源优化配置与调度技术；开发安全饮用水保障供给技术、工业和农业节水技术、空中水资源人工调控技术、污水资源化利用技术、雨洪利用技术等。

——环境保护与生态综合治理。重点开展环境污染监测与控制、清洁生产、生态环境整治，城市生活垃圾处理处置及资源化利用，低能耗高性能环境友好材料开发，化工、轻工等行业清洁生产工艺，生态环境监测等技术研究；开展水土保持、受污染土壤修复、脆弱生态地区的综合整治等技术研究。

——大力发展生态种植和有机农业，加快无公害食品、绿色食品、有机食品基地建设。

——节能与循环生产技术。开展能源节约和替代、可再生能源开发利用等技术的研究与开发，加强秸秆、粪便等农业废弃物和塑料、垃圾以及工矿业废弃物利用技术和设备的开发，大力推广节能技术、循环生产技术。

（九）社会发展。

以人民健康、社会事业发展为目标，在医疗卫生、人口与健康、公共安全等社会发展领域，实现技术突破。

——开展健康与重大疾病的防治技术研究。围绕对人口健康有重大影响的关键技术，重点开展生殖健康与节育、重大疾病控制、环境与健康、心脑血管病、恶性肿瘤、糖尿病、传染性疾病等重大疾病的综合防治技术研究与中医药物开发研究；开展制药关键技术、新剂型及相关标准研究，建设创新药物研究开发技术平台，加快自主知识产权的创新药物的开发；提高中药质量控制水平，加快中医药现代化、国际化进程。

——公共安全。围绕安全生产，重点开展消防的火灾预防控制、应急救灾、抢险救援技术体系的研究。围绕自然灾害防治，重点开展暴雨、干旱、冰雹等气象灾害的准确预测技术及地面监测台网体系建设技术，新型气象防灾关键技术关键装备生产技术等研究。

——现代交通与物流技术。研究新材料、新技术在道路建设中的应用，提高路面质量与建设速度；研究先进的智能交通技术，提高道路通行的速度与通行量；研究无线射频技术、条码技术等自动识别技术在现代物流中的应用，提高物流业的信息化水平。

四、实现我市“十一五”科技发展目标的政策措施与支撑条件

完成“十一五”科技发展规划的重点任务和目标，必须加强各级政府的组织领导，充分发挥政府、社会、企业、个人各方面的力量，构建以科技创新、科技投入、科技人才、科技交流与合作等为主要内容的保障体系。

（一）加快建立全市科技创新体系。

一是建立以企业为主的技术创新体系。调整优化科技力量布局和资源的有效配置，加强重点实验室、工程技术研究中心、中试基地等科技创新基地的建设。引导、鼓励国有大中型企业和大型

民营企业建立技术开发中心；鼓励、扶持企业加强与高校、科研院所的合作，建立利益共享、风险共担、产权明晰的双边、多边协作机制；积极探索建立有利于中小企业发展的风险投资、贷款担保、知识产权保护和知识要素资本化等机制，大力发展科技型中小企业特别是民营科技企业，引导民营科技企业向高新技术产业发展。

二是加强科技中介服务体系建设。制定和完善鼓励科技中介服务机构发展的有关政策，引导和支持生产力促进中心、科技成果推广中心、科技企业孵化器、大学科技园、农业科技示范园以及科技咨询服务中心、科技成果转化中心、知识产权交易中心等科技中介机构建设。重点加强市、县两级生产力促进中心建设，充分发挥其中介效能，多层面为民营科技企业提供科技成果、技术信息、政策咨询、项目申报等科技服务。

三是深化科技计划管理体制改革。坚持以市场为导向，把产业发展的需求、成果应用的前景和企业参与作为科技立项的重要条件。重点抓好资源的有效配置和技术的自主创新，建立、健全竞争、监督、制约机制，实现计划决策、管理和评价分离，重大项目实行评估招投标和课题制管理；进一步完善科技计划支撑条件和法规体系建设，保证科技计划的实施。加强科技发展战略性研究和技术预测工作，为产业发展提供决策依据。

（二）努力增加全社会科技投入。

“十一五”期间，要充分利用市场机制，调动各方面的积极因素，形成以政府投入为引导，企业投入为主体，风险投资为支撑，银行贷款、上市融资、利用外资并举的科技投资主体多元化格局，大幅度增加全社会科技投入。

一是要加大政府对科技工作的投入。进一步提高各级应用技术研究开发经费占同级财政支出的比例，确保科技投入的增长高于经常性财政收入的增长。设立农业良种产业化开发、中小企业技术创新和科技成果转化专项资金，重点扶持农业良种的引进、选育、繁育和示范；支持技术含量高、市场前景好的高新技术产业化前期项目，培育成长性好、创新能力强、竞争优势明显的科技型企业群体；支持具有自主知识产权的科技成果转化和高新技术的产业开发。

二是推动企业成为科技投入的主体。完善有关科技税收激励政策，引导企业不断加大技术创新投入，增强科研攻关创新能力。规模以上企业每年用于研究开发的经费要达到年销售收入的3%以上，高新技术企业达到5%以上；按政策返还和补助的经费要全部用于研究开发和引进技术的消化、吸收、创新。支持和鼓励企业投资或联合高等学校、科研院所共建工程技术研究中心、中试基地等技术创新机构。

三是建立风险投资机制。鼓励和引导金融、保险机构或上市公司牵头组建风险投资机构，吸引民间资金进入风险投资领域。积极寻求国际风险投资机构涉足我市高新技术产业，促进我市风险投资业按照国际标准规范运作。建立相应的授权授信制度，探索知识产权抵押贷款，促进金融资本、知识资本与产业资本的融合，推动资产重组和高新技术企业的低成本扩张。加大科技招商引资力度，鼓励国外、境外组织和个人，采取独资、合资、捐赠等形式兴办高新技术企业，加快发展我市的高科技产业。

（三）着力加强科技人才队伍建设。

在全面提高科技人才队伍整体素质、优化科技队伍结构的基础上，重点建设好技术创新、科学研究、科技企业家、科技中介服务四支队伍。要采取扩大人才总量与盘活人才存量相结合，优化人才结构与提高人才素质相结合，实行人才开发与激活人才创新相结合，自主培养人才与大力引进人才相结合，造就一支开拓创新、敬业奉献、勇攀高峰的高科技人才队伍。

要加快高科技人才的培养引进步伐。支持企业与高校、科研院所联合定向培养硕士、博士生，建立博士后流动站。实施科技人员继续教育工程，鼓励科技人员通过自修、培养、客座研究、攻读高级学位、出国学习、选派中青年科技骨干参加国际学术研讨、国际科技合作以及出国培训深造等途径，更新丰富知识。建立潍坊市科技人才引进资金，重点支持海外智力和高科技人才、高级管理人才的引进。

要营造尊重知识、尊重人才、尊重创新的良好氛围，努力创造人尽其才、才尽其用的社会环境。完善以能力和业绩为导向，科学化、社会化的人才评价机制；鼓励和支持企事业单位的科技人员在完成本职工作、不侵害原单位合法权益的前提下，通过参与项目研发、技术攻关和提供科技咨询、技术服务等多种方式，在不同地区、不同企事业单位兼职兼薪；落实知识、技术、管理等生产要素参与分配的相关政策，实行“一流人才、一流报酬”，使人才的收入和社会地位符合其劳动创造的价值和贡献；加强知识产权保护，切实维护广大科技人员的合法权益，营造人才辈出、人尽其才、才尽其用的社会环境。

（四）积极推进科技合作与交流。

要按照“平等互利、成果共享、尊重知识产权”的原则，多层次全方位推进对外开放，开拓国际国内两大市场，形成国际与国内合作并举，技术和人才引进并重，引进与输出并存的科技合作与交流的格局。

一是深化国内科技合作，构筑科技创新平台。鼓励市内高校、科研单位、企业开展与中国科学院、中国工程院、首都高校科技信息网、山东大学等的科技合作，通过举办科技成果交流会、高校院所项目对接会、科技招商等多种方式，强力推进产学研结合，引导企业与国内高校、院所共建一批研发中心、中试基地，搭建以企业为主体、产学研结合的技术创新平台，充分利用高校、院所科技资源，实现高新产品联合研发和科技成果产业化的新突破。

二是不断拓展国际科技合作空间。努力争取并组织实施国家级政府间合作项目，重点加强与日本、韩国、印度、独联体及欧美等国家的科技交流与合作。鼓励市内高校、科研单位、企业积极参与国际科技交流与合作，支持科技人员，尤其是中青年专家赴国外深造。

加快国际合作的载体建设，依托“乌克兰卢甘斯克中国农业高科技示范园”、“中国—匈牙利科技合作试验基地”、“中国圣园·思麦科蔬菜杂交种研究中心”、“中印信息软件合作基地（潍坊）”等对外科技合作平台，鼓励我市高新技术企业“走出去”，寻求更大的发展空间。三是实施科技兴贸计划，促进高新技术产品出口。研究制定扩大高新技术产品出口的政策措施，提高高新技术产业的创新水平与国际竞争力。组织实施科技兴贸计划，重点支持一批出口企业、产品，并选择一批技术创新能力强、产品附加值高、出口前景好的高新技术企业建立出口产业基地。

（五）加强对科技工作的领导与考核。

一是进一步落实“一把手”抓第一生产力。要从战略高度充分认识加强科技创新、提高自主创新能力的重要性和紧迫性，真正作为调整经济结构、转变增长方式的中心环节，摆到各级党委、政府的重要议事日程，纳入经济社会发展的总体规划和考核体系。要认真抓好对县市区、市属开发区党政一把手科技进步目标责任制的考核工作，推动“一把手”抓第一生产力，切实加强对科技工作的领导。

二是要进一步优化政策环境。重点抓好国家和地方一系列政策法规的落实，真正发挥政策的作用和威力，调动全社会特别是企业创新的积极性。加大科技行政执法力度，促进依法行政、依法管理，推进技术创新和高新技术产业发展。

三是加强科普宣传，提高全民科学素质。加强科普组织体系和科普队伍建设，增强科普工作活力。加强科普基础设施体系和信息网络平台建设，研究流动科普宣传技术和信息网络科普技术。组织实施全民科学普及行动，增强全民科技意识，提高科技应用能力，营造良好创新氛围。

四是搞好衔接和考核，实现规划目标。要加强规划实施各环节的衔接与配合，要充分发挥年度计划、专项规划在落实总体规划方面的作用，年度计划要具体分解纲要提出的任务目标，分步实施。各县市区、各行业的科技发展规划和专项规划要搞好与潍坊市科技发展规划纲要的衔接，保证重点领域目标的实现。进一步搞好科技进步责任制考核工作，落实工作责任，保证科技规划目标的实现。

潍坊市人民政府关于公布全市最低工资标准的通知

潍政发〔2006〕71号

各县市区人民政府，市属各开发区管委会，市政府各部门、单位，上属驻潍各单位，各大企业，各高等院校：

按照劳动和社会保障部令第21号和省政府《关于公布全省最低工资标准的通知》（鲁政字〔2006〕216号）的规定和要求，根据我市经济社会发展情况，对全市小时最低工资标准进行了调整，已经省劳动和社会保障厅审核同意。前段，省政府在鲁政字〔2006〕216号文件中公布了各市县市区的月最低工资标准，经市政府研究同意，现将我市各县市区月最低工资标准和小时最低工资标准公布如下，望认真贯彻执行。

一、省政府公布的我市各县市区月最低工资标准为：潍城区、奎文区、寿光市540元，其他县市区480元。

二、根据劳动和社会保障部令第21号的规定，并综合考虑非全日制工作的职业稳定、福利待遇等因素，确定我市潍城区、奎文区、寿光市小时最低工资标准为4.8元，其他县市区为4.2元。

三、月最低工资标准适用于全日制就业劳动者；小时最低工资标准适用于非全日制就业劳动者。

四、中央和省驻潍企业（含驻潍部队企业）和外地驻潍企业执行本通知公布的最低工资标准。

全市月最低工资标准和小时最低工资标准自2006年10月1日起执行。潍政发〔2005〕12号文件同时废止。

二〇〇六年十一月十二日

责任编辑　李　光

索　　引

说明：

1. 本索引按汉语拼音字母顺序排列。同音字按声调，首字相同者按第二个字的音序排列，以此类推。
2. 索引主题词后面的数字表示索引内容所在的页码，拉丁字母a表示所在页码的左栏，b表示中栏，c表示右栏。

A

阿陀镇　198c
艾滋病疫情监测　178a
安全生产　125a

B

白浪河水库　97b
白浪河水系联网　97b
白塔镇　200a
百尺河镇　234c
版权工作　172a
宝城街道办事处　196c
宝通街　117c
保密工作　45b
保密管理　45b
保密教育　45b
保险　150a
保险概况　150a
北部沿海规划　121a
北岩镇　197c
毕业生就业　58a
标准定额　124c
滨海经济开发区　254b
滨海项目区　118b
滨海项目区招商引资　138c

C

财政税务　140
财政　140
财政队伍建设　142a
财政概况　140a
财政公共服务　140b
财政社会保障　140c
财政收入　140a
财政体制创新　141b
财政支持发展　141a
财政资金监管　141c
参与经济中心工作　66c
参与精神文明建设　67b
参与物质文明建设　67a
参政议政　62c　63c　64a　64b　68a
餐饮休闲服务业　128a
策划调研　121a
查办和预防职务犯罪工作　75a
查处违纪违法案件　62a
拆迁规范化　123b
昌乐县　194c
昌乐县镇、街道办事处概况　196b
昌城镇　234c
厂务公开民主管理　65b
陈至立　157a
成绩和荣誉　167b
城关街道办事处　190b　196b
城建档案　118c
城建管理　118c
城南街道办事处　197a
城市承载功能完善　254c
城市规划概况　119c
城市建设概况　117a
城市建设管理　252c
城市品牌创建　121b
“城市应急联动与社会综合服务系统”　112c
城乡市场体系建设　127a
城镇住宅楼房通邮　114a
程戈庄镇　234a
程茂仁　260b
出版物市场监管　172a
出入境检验检疫　136b
“创富裕新村建绿色家园”活动　93a
创建“劳动关系和谐企业”活动　65c
创新体系　164a
崔家庄镇　198c
崔建平　256c
村村通自来水　97c
村级动物防疫员队伍建设　94c
村镇规划编制　121b
村镇建设　123c
村庄整治　124a

D

打击刑事犯罪、维护社会稳定工作　75c
大事记　16
大关镇　193b
大企业发展　102a
大型灌区节水改造项目　97b
大中型水库除险加固工程　97a
党的建设和行业文明建设　111c
党风廉政建设　48c

党风廉政教育和党内监督　62b
党史概况　50a
党史工作　50a
党外干部和党外知识分子工作　47c
党委机关建设　69b
党校概况　49b
党校工作　49b
档案工作年度考核　175c
档案馆建设　175b
档案管理　175a
地方税务　144a
地税服务经济发展　144b
地税概况　144a
地税干部队伍建设　145a
地税税收执法　145a
地税税源管理　144b
地震监测预报　166b
地震应急工作　166c
地震综合防御　167a
第 23 届潍坊国际风筝会　174b
第三届中国（济南）国际信息技术博览会　113b
第十二届鲁台经贸洽谈会　50c
第十届潍坊市优秀民营企业家　263c
第十四次社科优秀成果评选　168c
典型案例
典型宣传　47a
电力安全生产　106b
电力概况　106a
电力工业　106a
电力经营管理　106c
电力优质服务　106c
电网建设　106b
调整食品产业结构　108c
东坝街道办事处　227a
东城街道办事处　190c
东高镇　229a
东夏镇　230a
队伍建设　47b
对兽药生产、经营企业实施监管制度　94c
对台工作　50b
对外交流　58b
对外经济技术合作　136a
对外经贸概况　135a
对外贸易　136a

E

2006 年全国五一劳动奖章获得者　262a
2006 年山东省富民兴鲁劳动奖章获得者　263a
2006 中国(青州)花卉博览交易会　93b　226b

F

发展农村公共事业　91c
法律服务工作　72a
坊子区　245a
防汛抗旱　96c
防震减灾　166b
防震减灾法制建设　167a
房地产开发　123a
纺织工业　102c
纺织业概况　102c
纺织业技改　102a
纺织业科技　103a
非公有制经济代表人士思想政治工作　64c
非物质文化遗产保护　169b
风筝文化　174b
服务科技工作者　166a
服务三农　114b
服务业发展　254a　254c
妇联工作　67a

G

概况　72c　76c　78a　91a　92a　93a　93c　95a　96c　98b　99b　251a　253c　254b
干部队伍建设　46a
高等教育　158c
高柳镇　229a
高新技术及其产业　162a
高崖镇　199c
高中课改　157c
搞好村庄规划建设　91b
歌尔蓝牙　113a
工程质量　124c
工会概况　65a
工会工作　65a
工会自身建设　65c
工商联概况　64b
工业　101
工业产业结构调整　101a
工业改革管理　102a
工业概况　101a
工业经济　253c
工业经济运行　101b
工业招商引资　102a
工业综述　101a
工资福利　58a
工作创新　136c
公共卫生服务中心　177c
公交　122c
公立医院改革　177a
公务员法实施　57c
公用事业监管　122b
供气　122c
供热　123a
供水　122c
供销合作商业　128a
供销商业概况　128a
共青团　66b
构建和谐社会法律服务百日行活动　79a
骨干企业发展　127b
关心下一代　67a
管理教育　69c
管理体制　174a
贯彻落实“两个《条例》”　55b
贯彻落实党风廉政建设责任制　62b
贯彻落实国务院《全面推进依法行政实施纲要》　54c
广播电视　173a
规范性文件制定　55b
“规划发展年”　171b
国家税务　142b
国际风筝联合会代表大会　174c
国家级县域经济信息化试点　113c
国家农村信息化综合信息服务试点　113c
国家农业综合开发项目　99b
国家知识产权试点　165b
国内贸易旅游　127
国税队伍建设　143c
国税服务经济发展　143c
国税概况　142b
国税税收征管　142c
国税税收执法　143a
国税信息化建设　143b

国税组织收入 142b
国土资源管理概况 118c
国土资源执法监察 119a
国有粮食购销企业改革 128c

H

海洋环境保护 95b
海洋科技 163b
海洋与渔业 95a
海洋与渔业执法 96b
海洋与渔业重点项目建设 96a
海洋预报台建设 96b
海域使用管理 95a
寒亭区 248a
何官镇 229c
和谐机关建设 48c
和谐社会建设 253a 255a
红河镇 200a
后勤建设 69c
后勤装备工作 68c
胡岗 257b
花兆贤 261a
华电潍坊发电有限公司 107a
“华光汇闻采编管理系统软件” 113a
“华光排版系统软件” 113b
化工业概况 104b
化工业固定资产投资 104c
化工业自主创新 104c
化学工业 104b
环境保护 125c
环境执法
环卫工作 121c
皇华镇 236a
黄楼镇 230c
货币政策 146a

J

机电工业 103a
机电业概况 103a
机电业经济运行 103b
机电业企业管理 103c
机电业市场营销 104a
机关作风建设 48b
基础教育 157c
基层党组织和党员队伍建设 46b
基层工会组织建设 65b
基层国土资源所 119c
基层基础工作进一步加强 78a
《基于ISO10646的维、哈、柯、傣文电子出版系统研发》 113b
技术检查工作 45c
加快农机装备的发展 98c
加强农村党风廉政建设 62b
贾悦镇 233a
坚持科学发展 56b
检测室 137b
检察队伍建设 76b
检察工作 75a
检务公开和人民监督员制度试点工作 76a
建材工业 105a
建材业概况 105a
建材业固定资产 105a
建设 117a
建设监理 125b
建设科技 125a
建设项目的环境管理 126a
建设新型文明工作 66c
建筑市场 124b
建筑业 124a
蒋文彩 257b
蒋峪镇 193a
交通 110a
交通安全生产 111c
交通法制建设 111c
交通概况 110a
交通基础设设施建 110b
交通行业管理 111b
交通银行潍坊分行 149a
交通邮电 110
交通综合经济运行 111a
教育 155
教育概况 155a
教育信息化工作 157a
教育综述 155a
秸秆生物气化技术 165b
街道办事处概况 253a
节能降耗 101c
节水 122a
解维俊 259a
金融 146
金融保险 146
金融概况 146a
金融良性协调发展 146a
经营创收 174b
精神文明建设 98b 107a
“警民共建” 170a
竞技体育 178b
纠风工作 61c
九三学社潍坊市委员会 64a
九山镇 192b
卷烟销售和网络建设 129c
军粮供应 129b
军事 68b
军转安置 57c

K

勘察设计 125c
科技成果 163a
科技工作 162a
科技计划 162b
科技交流与合作 163c
科技政策与法规 163c
科普村村通 165c
科普宣传 166a
科协工作 165b
科学 162a
科学技术普及 164a
科研成果 137b
口埠镇 229c
矿产资源开发 119b
困难职工帮扶救助工作 65b

L

劳动竞赛 65b
老干部工作 49c
乐得家花园 125c
李国庆 262b
李守玉 260a
理论工作 46c
“砺剑—防空2006”军事演练 57a
联通 115c
联通概况 115c
联通客户服务 116a
联通网络建设 115c
联通业务发展 116a
良种产业化工程建设 95c
粮食产业化经营 129a
粮食工作概况 128c
粮食宏观调控 128c
粮食流通 128c

粮食行政执法　129a
林家村镇　235c
林业　93a
林业产业　93b
临朐县　187a
临朐县概况　188a
临朐县域文化产业　189c
临朐乡镇、街道办事处概况　190b
临朐新农村建设　189b
领导班子建设　45c
领导班子建设和企业管理水平　129c
领导出访　58a
领导干部廉洁自律工作　62a
刘德成　259b
刘明珂　257c
柳山镇　193b
龙都街道办事处　232a
龙岗镇　194b
旅游　130a
旅游概况　130a
旅游教育培训　131a
旅游行业管理工作　130c
旅游宣传促销　130a
旅游资源开发建设　130b
绿色节能夜景照明　121c
落实“五项措施”促进畜产品外销　94a
落实科学发展观现场观摩点评会议　45a
落实支农惠农政策　92a

M

马宋镇　198b
马庄镇　233c
“满意在卫生”　178a
矛盾纠纷排查调处　71c
煤炭冶金安全生产　105c
煤炭冶金概况　105c
煤炭冶金工业　105c
孟疃镇　233b
弥河镇　227c
密州街道办事处　231c
庙子镇　228b
民办教育　158c
民办教育概况　158b
民办教育发展　158c
民兵预备役建设工作　69a
民革概况　62b
民盟概况　62c
民主党派工作　47b
民主党派和工商联　62b
民主法制建设　72b
民族宗教工作　48a

N

年度征兵工作　69a
农业　91a
农业机械　98b
农村合作经济组织　128b
农村现代流通服务体系建设　128b
农村新居建设　124a
农电管理　106c
农工党概况　63c
农机博览会　99a
农机购置补贴　99a
农机科技创新　98c
农机培训　99b
农机行政执法　99a
农机作业　99a
农民职业技能培训　165c
农业农村档案　175a
农业与社会发展　162c
农业综合开发　99b
女职工“权益维护”　66a

P

培育一代新型农民　92a
培植名牌企业　108b
“平安山东”建设模范县　196b
平安潍坊建设　71a
普通高考各项指标　156c
普通镇　228c

Q

七贤镇　192c
企业基础信息共享应用系统”　112c
企业技术进步　103c
企业科普　166a
企业专利　165a
企业自检自控体系　136b
企业自主创新　101c
气象测报　167b
气象服务　168a
气象现代化　168a
钱伟长　113b
墙改与建筑节能　125b
乔官镇　198a
侨联概况　67c
侨务工作　58b
青年路　118a
青少年思想政治工作　66b
青州市　225b
青州市概况　225b
青州香山汉墓　171b
青州镇、街道办事处概况　226b
轻工业　102b
轻工业概况　102b
轻工业管理创新　102c
轻工业技术投入　102b
清平路　118b
曲新佩　258c
全国及省政协领导来潍考察视察　60c
全国素质教育先进典型　156c
全面深化治安防控体系建设　74c
全面推进农业和农村经济发展　91a
全面推进史志工作　55c
全民义务植树活动　93a
全市第六次加快发展现场会议　44a
全市对外开放工作会议　43a
全市固定电话实现村村通　112c
全市纪委书记座谈会　61b
全市科学技术大会　44a
全市领导干部会议　44b
全市旅游发展大会　131c
全市民营经济工作会议　43c
全市农村工作会议　43a
全市信息化推进大会　113c
群团组织建设　49a
群众体育　178b
群众文化　170b

R

人才资源开发工作　57b
人防概况　70a
人防工作　70a
人防宣传教育　70c
人工增雨防雹　167c
人民团体　65a
人事编制服务　57b
人事工作　57b
人事任免　53a

人物 256

S

“三大记录工程” 175a
“三基”工程建设深入开展 74a
“扫黄”“打非” 171c
山东杰富意振兴化工公司 196a
山东省富民兴鲁劳动奖状获得单位 263b
山区开发 99c
商品交易市场 127b
商业贸易 127a
商业贸易概况 127a
上林镇 194a
邵庄镇 228c
社会保障 249b
社会服务工作 62c 63a 63b 64a 64c
社会管理 173c
社会科学 168a
社会科学普及 168a
社会事业 254b
社会文化 169b
社会文化活动 169c
社会治安 72c
社会主义法治理念教育 77c
社区档案 175b
审判工作 76c
生态市建设 126c
石家河乡 191c
石桥子镇 234a
食品安全 109b
食品概况 108b
食品工业 108b
食品企业宣传 108c
食盐流现代化建设 108a
史志工作 55b
世界风筝都纪念广场 117b
市公共行政审批服务中心工作 55a
市纪委第六次全会 61b
市区基础教育资源 157a
市人大常委会会议 51a
市人民代表大会会议 50c
市政服务 122a
市政府常务会议纪要摘编 54a
市政工程建设养护 122a
市政公用事业 122b
市政管理 121b
市政稽查 122b
市政协常委会议 58c
市政协其它重要会议 59a
市政协十届四次会议 58c
市直机关党建工作 48a
事业单位改革 57c 93c
事业建设 173c
逝世人物 265c
守法诚信 136b
寿光蔬菜交易 114a
书画家联谊会 170b
水利 96c
水产品质量安全 95c
水利执法 97c
水土保持 98a
水资源管理 97c
舜王街道办事处 232b

S

司法改革和机制创新 77c
司法行政 78a
思想道德建设 47a
思想建设 48a
思想政治建设 69b
思想政治建设工作 68b
四平路 117c
寺头镇 192a
苏立科 259b
苏泽林 77b
诉讼监督工作 75c
孙学军 262c

T

泰康人寿保险股份有限公司潍坊中心支公司 153a
谭坊镇 230a
郚部镇 199b
桃林乡 236a
桃园乡 235c
淘汰关闭小煤矿 106c
特载 1
特殊教育 158a
特种动物迅猛发展 94b
体育 178b
体育产业 178c
体育设施 178c
天安保险股份有限公司潍坊中心支公司 153b
铁通 116b
铁通概况 116b
铁通企业管理 116b
铁通网络通信 116c
同业对标综合管理 106b
统一战线工作 47b
统战理论调研、宣传和信息 48a
投资环境 254a
土地开发整理 119b
土地利用现状 119b
团的自身建设 66c
推进队伍正规化建设 75a
推行《劳动安全卫生协议书》 66a
推行行政执法责任制 55a

W

瓦店镇 235b
外事接待 58a
外事侨务 58a
完善各项规划 56b
王坟镇 228a
王府街道办事处 226b
王母宫街道办事处 227b
网通 115a
网通通信能力 115b
网通网络运行 115b
网通信息化 115a
为经济建设服务 68a
为经济社会发展服务 47c
为侨服务 68a
维护妇女儿童权益 67c
潍坊高新技术产业开发区 251a
潍坊海关 137b
潍坊航空速递物流中心 114c
潍坊监狱原监狱长邵宗水受贿案 80a
潍坊经济开发区 253c
潍坊军分区 68b
潍坊军分区新营区落成 69a
潍坊日报社 172b
潍坊—上海航空邮路 114b
潍坊市“十一五”国民经济和社会信息化发展规划》 112b
潍坊市工商业联合会 64b
潍坊市归国华侨联合会 67c
潍坊市农村信用合作社联合社 149c

潍坊市人民代表大会常务委员会　50c
潍坊市人民政府　54a
潍坊市商业银行　149b
《潍坊市邮电职工书画作品撷选集》　114b
潍坊市职工技术协会第三次代表大会召开　66a
潍坊市中医院　125c
《潍坊文化三百年》　171a
潍坊学院　159c
潍坊医学院　158c
潍坊职业学院　160c
潍河采砂管理　98a
卫生　176a
卫生部课题研究　177c
卫生工作考核　177b
卫生监督体制改革　177c
文化　169a
文化事业和文化产业　47b
文化下乡　170a
文化信息资源共享　169b
文物保护单位　171b
文物保护管理　170c
文物管理　170c
文学艺术　169a
卧龙镇　193c
污水处理厂　126b
无线电概况　56c
无线电管理工作　56c
无线电频率台站管理工作　56c
五井煤矿跨区经营　106a
五井镇　191a
五里镇　228a
五图镇　198a
“五项机制”　190a

X

西环路　117c
希望工程救助工作　67a
县市区概况　187
现代服务业　252c
现代物流业　127c
现有企业做大做强　254c
相州镇　234b
项目建设　252c
肖庆周　262a
辛兴镇　235a
辛寨镇　192c
新农村建设　254a
新农村建设示范区项目　99c
新农村建设扎实推进　255a
新任市人大常委会副主任、秘书长　260a
新任市政府领导人　261a
新任市政协主席　261b
新任市中级人民法院院长　261c
新闻出版　171b
新闻出版产业　172a
新闻宣传　46c
信访概况　49a
信访工作　49a
信访工作长效机制建设　49b
信访工作法制化建设　49a
信息产业　112b
信息产业发展专项资金　113c
信息产业概况　112b
行业管理　123a
行政复议应诉　55b
行政审批制度改革　55a
行政行政工作　70b
行政执法监督　55b
徐振溪　258b
许立全　256b
畜产品检测　94b
畜牧协会成立　94a
畜牧业　93c
宣传思想工作　46c
宣传工作　173a
学前教育　157b
学前教育概况　157b
学会、协会、研究会　168c
学校体育卫生　158a
循环经济　126c

Y

烟草　129b
烟草概况　129b
烟叶生产经营　129b
“严打”整治斗争　71a
沿海经济开发工作　56b
盐化概况　107c
盐化企业结构调整　108a
盐及盐化工　107c
盐政管理　108a
阳光财产保险股份有限公司潍坊中心支公司　154b
杨冬云　262b
杨善镇　191b
尧沟镇　197b
冶源镇　191c
业务建设　137b
医药概况　105a
医药工业　105a
医药业治理商业贿赂　105b
依法从严治军　68b
移民工作　98a
艺术创作　169a
艺术教育　158a
益都街道办事处　226c
因公出国（境）和涉外管理　58a
永安财产保险股份有限公司潍坊中心支公司　153c
优化经济发展软环境工作　61c
邮政　114a
邮政EMS开办十五周年客户联谊会　114b
邮政储蓄定期小额质押货款业务　115a
邮政服务三农协会　114c
邮政概况　114a
有形市场　124c
幼儿教育管理　157b
于成凤　265c
渔业船舶水上安全突发事件救生演习　96b
渔业经济　95b
渔业科技　96a
虞河路　117c
虞河整治　117b
虞河综合整治　120c
玉清街　118b
鸢飞路　118a
园林事业　121c
原告昌乐县城关街道办事处田老庄村委员会（下称田老庄村委）与被告昌乐县人民政府、第三人田开瑞、田敬爱，田法利、田怀敬、田法忠、昌乐县城关街道办事处五闫村委（下称五闫村委）土地行政确认案　80c
原告诸城市新郎服饰有限责任公司诉被告诸城市精益眼镜商行、毛

周清、上海视必康光学眼镜有限公司侵犯商标专用权纠纷一案 80a
源头治理腐败工作 62a
月河路 118a
云门山街道办事处 227b
运行机制 174a

Z

战备训练工作 68b
张爱云 261c
张国晓、张光和、王建新、蒋宪安、贾卫绪破坏易燃易爆设备、故意杀人案 79a
张建萍 262c
张军 260c
张梅颖 177b
张小梅 259c
张新起 1
张新起 256a
招标投标 124b
招商活动 138b
招商引资 56c 138a 249b 252b
招商引资质量提升 254c
昭德街道办事处 227a
召开军分区军事志工作会议 69a
赵兴涛 261b
镇、街道办事处概况 246a
郑母镇 230b
政法 71a
政治 43
政法队伍建设 72c
政府法制 54c
政府工作报告 8
政协概况 58c
知识产权工作 164b
知识产权机构 164c
执勤和军事训练工作 69b
职工互助保险工作 66b
职能发挥 105b
职业教育“2431”工程 158b
职业教育教学改革 158b
职业教育与成人教育 158a
职业与成人教育 158a
纸坊镇 190c
指挥通信建设 70b
枳沟镇 232c
治安防控工作 71a
中共坊子区委、区人大、区政府、区政协领导成员名单 245a
中共寒亭区委、区人大、区政府、区政协领导 248a
中共临朐县委、县人大、县政府、县政协领导成员名单 188a
中共昌乐县委、县人大、县政府、县政协领导成员名单 194c
昌乐县概况 194c
中共青州市委、县人大、县政府、县政协领导成员名单 225b
中共潍坊市第十届委员会书记、副书记、常委简历 256a
中共潍坊市纪律检查委员会 61b
中共潍坊市九届九次全委会议 44c
中共诸城市委、县人大、县政府、县政协领导成员名单 231a
中国（昌邑）北方绿化苗木博览会 93b
中国大地保险股份有限公司潍坊中心支公司 153c
中国工商银行股份有限公司潍坊分行 147b
中国共产党潍坊市委员会 43a
中国国民党革命委员会潍坊市委员会 62b
中国建设银行股份有限公司潍坊分行 148c
中国民主促进会潍坊市委员会 63b
中国民主建国会潍坊市委员会 63a
中国民主同盟潍坊市委员会 62c
中国农工民主党潍坊市委员会 63c
中国农业发展银行潍坊分行 146c
中国农业银行股份有限公司潍坊分行 147c
中国平安财产保险股份有限公司潍坊中心支公司 152c
中国平安人寿保险股份有限公司潍坊中心支公司 152c
中国人民财产保险股份有限公司潍坊市分公司 151b
中国人民武装警察部队潍坊市支队 69b
中国人民政治协商会议潍坊市委员会 58c
中国人寿保险股份有限公司潍坊市分公司 151c
中国太平洋财产保险股份有限公司潍坊中心支公司 152a
中国太平洋人寿保险股份有限公司潍坊中心支公司 152b
中国银行股份有限公司潍坊分行 148a
中国银行业监督管理委员会潍坊监管分局 146c
中国致公党山东省潍坊支部 64b
“中国珠宝玉石首饰特色产业基地” 196a
中考改革 157a
中小学校管理工作 157c
中心镇建设 123c
钟少林 258a
种植业 92a
重点建筑 125c
重点流域、区域 126a
重点污染源 126a
重点项目规划建设 121a
重要工作 52a
重要活动 59c
周永康 70a 73c
朱汉镇 199a
朱良镇 229b
朱刘街道办事处 196c
诸城经济技术开发区 232c
诸城市 231a
诸城市概况 231a
诸城市乡镇、街道办事处概况 231c
住宅产业化 123a
专利管理 164c
专利行政执法 164c
专卖管理和市场控制 129c
专业招商 139b
装饰装修 125b
资源保护 93b
自然灾害 167b
自主创新 252a
综述 71a 91a
组织工作 45c
组织建设 48b
组织民兵对口专业分队按新大纲试训 68c
组织网络 165b
“最佳城市环境建设奖” 174c

潍坊市人民防空办公室

潍坊市人民防空办公室主任、党组书记　王玉春

潍坊市人民防空办公室是市国防动员委员会的常设办事机构，也是市政府人民防空工作主管部门。办公室内设4个职能科室：综合科、工程管理科、指挥通信科、规划财务科。下设5个事业单位：人民防空通信站、地下空间开发中心、人民防空监察站、0301工程管理中心、世界风筝都纪念广场管理中心。主要职责是组织编制和实施全市人民防空建设规划和计划；会同有关部门审批人民防空建设于城市建设相结合规划，担负人民防空组织指挥工作，组织管理人民防空通信警报建设，组织管理人民防空工程建设；组织开展人民防空宣传教育；管理人民防空经费和资产；战时组织开展城市防空袭斗争；平时组织开发利用人防工程和设施为经济建设和人民生活服务。潍坊市人民防空办公室认真贯彻长期准备、重点建设、平战结合的方针，贯彻与经济建设协调发展，与城市建设相结合的原则，坚持与时俱进，开拓创新，人防工程建设、组织指挥、通信警报、平战结合等项工作都取得了好成绩，开创了全市人民防空工作新局面，潍坊市获全国人民防空先进城市。市人防办先后被评为全省人民防空先进单位，省级、市级文明单位，全国人防宣传教育先进单位。

济南军区副司令员李洪程来潍检查指导人防工作

省人防办主任张兆启视察世界风筝都纪念广场地下人防工程

昌乐县举行假日广场暨人防工程落成庆典

潍坊市召开纪念《人民防空法》颁布十周年座谈会

发展中的潍坊出口加工区

潍坊出口加工区于2003年12月经国务院批准设立，2005年8月通过国家九部委联合验收，并封关运行，总规划面积3平方公里，同时规划了3.8平方公里的产业辐射及生活配套区。目前，一期1.7平方公里，全部达到“七通一平”建设标准。2006年4月，潍坊市委、市政府为加快出口加工区的发展，促进机制、体制创新，将加工区从潍坊高新区划出，单独设立潍坊出口加工区党工委、管委会，享有市级经济管理权限，实行“特区特管”，使加工区真正成为促进加工贸易转型升级的示范区。

潍坊出口加工区实行“四不、四免、二退、一保”等进出口优惠政策：

四不：一是开展加工贸易业务不实行加工贸易银行保证金台帐制度；二是海关不实行《登记手册》管理；三是国家对出口加工产品不征收增值税、消费税；四是与境外之间进出的货物，不实行进出口配额、许可证管理。

四免：对生产所需进境的机器、设备、模具及其维修零配件，予以免税；对生产性基础设施建设项目所需进境的机器、设备和建设生产厂房、仓库设施所需进境的基建物资，予以免税；对企业和行政管理机构进境的自用合理数量的办公用品，予以免税；对区内企业加工的制成品及其在加工生产过程中的边角料、余料、残次品、废品等销往境外的，免征出口关税。

二退：从区外进入加工区的货物视同出口，可办理出口退税；区内企业使用水、电、气实行退税政策。

一保：为加工出口产品所需进境的原材料、包装物件及消耗材料，予以全额保税。

所得税：区内生产性外商投资企业按15%的税率征收企业所得税，其中，经营期在十年以上的，从开始获利的年度算起，第一年和第二年免征企业所得税，第三年和第五年减半征收。凡当年企业出口产品产值达到70%以上的，按10%的税率缴纳当年企业所得税。外商投资建立的先进技术企业，在减免企业所得税期满后仍为先进技术企业的，可延长三年按10%的税率缴纳企业所得税。

外汇管理：区内货物销往境外不须办理出口收汇核销手续；向境外支付，不须办理进口付汇核销手续。

配额许可证：货物可以在加工区和其他国家之间自由进出，除国家另有规定外，不需配额和许可证。

潍坊出口加工区始终把招商引资作为加快发展的生命线，利用国家赋予的优惠政策，按照市委、市政府提出的“高起点规划、高标准建设、高水平运作、高效益开发”的原则，重点引进机电一体化、精密机械制造、电子信息、新材料、精细化工及生物医药、农副产品深加工等高科技、高附加值、无污染、低耗能和投资强度高于300万元/亩、容积率不低于1.2的项目。截止2007年6月，已有美国、葡萄牙、西班牙、韩国、日本、台湾等国家和地区的竣工投产、在建和拟落地项目12个，总投资额20多亿元，达产后年进出口额可达13亿美元。

潍坊出口加工区突出打造“三大优势”：一是政策优势。在出口加工区投资，既可以享受在国家经济开发区投资的优惠政策，还可以享受出口加工区的特殊优惠政策，即进口免税、进料保税、入区退税、出口免税等一系列的特殊优惠政策。同时，为进一步完善出口加工区功能，根据国家在出口加工区开展保税物流功能试点的实际，利用青岛保税区在潍坊出口加工区建设的宝泰科技产业园，拟建设开发占地110亩的保税物流中心，争取利用2-3年时间完成8万平房米的保税物流项目。该项目的建成，能使入区企业的经营范围相应扩大，推动潍坊加工制造产业链向两头延伸，提高加工贸易增值率，使出口加工区成为以加工制造为主、保税物流为辅的先进制造业集聚区，对带动潍坊外向型经济的发展具有重大意义。二是通关优势。出口加工区由海关实行“境内关外”全封闭监管，实行“一次申报，一次审查，一次查验”。区内海关、检验检疫、工商、税务、国土等驻区部门一应俱全，为企业提供“一站式”服务，在区内即可办理一切报批手续。三是环境优势。区内建有一流的对外招租高标准厂房，正在建设的蓝、白领公寓和商务办公楼等生活配套设施，将入区企业职工纳入社会化管理的范畴，为企业提供全方位服务。

潍坊出口加工区将充分发挥政策优势、通关优势和环境优势，进一步创新发展思路，强化措施落实，努力将其建设成为承接跨国公司转移高科技、高附加值加工制造环节、研发中心的重要基地；成为承接国际现代服务业转移、开展保税物流业务的重要节点；成为面向国际市场，汇集大型下游高新技术龙头企业的聚集区；成为率先实现加工贸易转型升级的先导区、示范区。

电话（Tel）：86－536－2118002 2118000
传真：（Fax）86－536－2118001
网站：www.weifangepz.com 邮编：261205

潍坊市地震局

潍坊市地震局局长　朱乐凯

潍坊市地震局是市政府主管全市防震减灾工作的职能部门，属正县级行政事业单位。

主要职能为：

（一）负责贯彻执行《中华人民共和国防震减灾法》和国家及省、市制定的防震减灾工作方针、政策、法规及省有关规定，依法管理全市防震减灾工作。

（二）编制并组织实施全市防震减灾事业中长期发展规划和年度计划，管理监督防震减灾业务经费和专项资金的使用。

（三）承担全市的地震监测预报工作；协助政府和会同有关部门拟定全市地震应急预案与综合防御措施。并负责检查、落实，负责震情速报和地震灾情速报，保证地震观测资料、观测数据的及时上报，并负责向上级主管部门提供全市的地震分析预报意见；管理地震灾害损失评估工作，参加制定地震灾区重建计划。

潍坊市地震监测台网中心

（四）依法监督管理全市地震烈度区划、震害预测以及重要城镇和重大工程、有严重次生灾害工程建设场地的地震安全性评价工作；会同有关部门管理地震次生灾害和防灾工作。

（五）依法管理和执行以地震动参数和地震烈度表述的抗震设防标准；审定地市级以下重点项目建设场地地震安全性评价和抗震设防标准。

（六）推进地震科技现代化，管理和组织地震科学技术研究与攻关及科技成果的推广和应用。

（七）会同有关部门开展防震减灾宣传教育工作，普及防震减灾知识，提高全社会的防震减灾意识；负责调查当地有感地震和落实地震异常、破坏性地震考察及应急工作；及时平息地震谣言、地震误传等突发事件，做好稳定社会的工作。

（八）指导、协调各县市区的防震减灾工作。

（九）承担市政府和省地震局交办的其它事宜。

近年来，坚持“经济建设同减灾一起抓”的指导思想，认真实施防震减灾规划，全面落实防震减灾各项方针、政策。在“预防为主，防御与救助相结合”的方针指导下，坚持地震监测预报与抗震设防“两条腿”走路，大力推进地震监测预报与地震台网现代化建设，地震监测现代化水平不断提高，地震监测精度在有效范围内达到里氏2.0级。高度重视建设工程抗震设防的管理，按照《防震减灾法》和《地震安全性评价管理条例》，不断加大执法力度，严格建设工程抗震设防标准审核，全面开展了建设工程地震安全性评价、地震小区划及城区地下活断层探测工作，开展了农村民居抗震设防试点工作，加强地震应急工作准备，建立了地震应急疏散避难场所，为全市经济又好又快发展和建设和谐社会做出了应有贡献。

潍坊市交通培训中心

——交通人才的摇篮

团结奋斗的领导班子

潍坊市交通培训中心成立于1997年8月，为市交通局直属正科级事业单位。中心占地面积38000平方米，交通方便，设施完善，教室、宿舍、球场、停车场、练车场、汽车模拟驾驶室一应俱全，院内树绿花红、凉亭流水、空气清新，是进行各类培训的理想场所。单位设五科一室：办公室、教务科、教练科、管理科、总务科、财务科。现有干部职工36人，其中高级职称3人，中级职称4人，师资力量雄厚。其主要职责：负责全市交通行业培训工作，包括路政、运政、航政、交通稽查等交通执法人员的培训和全市营运汽车驾驶、汽车维修、搬运装卸等运输服务人员的上岗资格培训。

潍坊市交通培训中心始终秉承“追求卓越，服务真诚”的宗旨，全心全意为学员着想，全体职工团结拼搏、锐意进取，为广大营运车辆驾驶员提供优良的培训和生活环境。2006年举办各类培训班69期，培训学员16000余人次，受到了社会各界的好评。连续多年被市交通局评为“先进单位”，2001年以来保持市级“文明单位”称号。

雄厚的教学设备

充分发挥海事职能　服务地方经济发展

中华人民共和国潍坊海事处

潍坊海事处与森达美港领导班子共商港口建设和安全生产大计（中为潍坊海事处处长李惠堂、右三为潍坊海事处副处长马新波、左三为森达美港总经理翟先玉、左二为森达美港副总经理刘廷恒）

交通部海事局领导到潍坊视察

潍坊海事处召开辖区港航企业座谈会

一、潍坊辖区基本情况

潍坊辖区海岸线113公里，辖区内现有潍坊森达美港、羊口港等三个港口，峡山、牟山、冶源、高崖、白浪河、青云湖等水库和潍河、白浪河、小清河等内河水域，大洋船务公司、瑞盛航运公司等34家航运企业。辖区现有通达国际海运学校、华洋水运学校等3家船员培训机构，可开展中专学历教育和航海职业教育，年培训能力可达8000人次。

二、潍坊海事处基本工作情况

中华人民共和国潍坊海事处是交通部垂直管理的海事机构，主要负责潍坊行政区域内沿海及内陆通航水域的水上交通安全监督管理、防止船舶污染水域监督管理、海上搜寻救助及船员培训、考试、发证的有关工作。

近年来，在上级海事局和潍坊市委、市政府的坚强领导下，潍坊海事处多次荣获海事系统先进单位和“山东省口岸共建先进单位”、“潍坊市市级文明单位”等荣誉称号。

2007年以来，潍坊海事处实施有效监管，主动搞好服务，为辖区港航事业的健康有序发展做出了积极的贡献。

一、实施有效监管，海事执法工作硕果累累。认真履行海事执法职能，组织开展了“雾季百日安全会战”、“沿海小型船舶专项治理”和“船舶防污染专项检查”等活动，抓好现场监管、海域巡航、船舶签证、行政处罚等工作，船舶签证合格率达到100%，确保了辖区海域安全形势稳定，为潍坊沿海经济发展和船舶、船员的生命财产安全创造了安全稳定的环境和氛围。全年辖区港口货物吞吐量达900多万吨，进出港船舶达6000多艘次。

二、支持船员培训，服务于社会主义新农村建设。认真履行监管职能，提高船员培训质量，从源头上促进安全工作的落实。积极指导和促进潍坊通达国际海运学校与日本企业联合办学，大力支持潍坊华洋水运学校首届中专班顺利开班，为初高中毕业生和社会人员提供了一条良好的学习、就业渠道，在缓解社会就业压力、服务社会主义新农村建设方面取得了实质性成效。

三、发挥公共服务职能，海上搜救工作成绩显著。认真履行市海上搜救中心办公室职责，值班人员24小时值守，保持“12395”海上遇险报警电话和VHF高频电话联络畅通，遇有险情及时实施搜寻救助。本年度在“金圣18”油轮进水、“鲁莱渔1319”遇及3月初特大风暴潮等险情面前，我处上报及时，措施得当，组织了成功救助，得到市政府的肯定和船员、船东的感谢。

四、开展主题实践活动，树立良好的海事执法形象。组织开展了“牢记党的宗旨，主动做好服务”主题实践活动，提高了全处执法人员为人民服务的宗旨意识，受到了市委、市政府的肯定。市委、市政府主要领导多次对潍坊海事处的工作给予了表扬和批示，并指定我处在全市沿海经济工作会议上作了典型交流发言。海事工作同时也得到了管理相对人和社会的肯定和认可。

潍坊海事处执法人员在监考

潍坊海事处现场检查船舶应急消防设备

中国农业银行潍坊市分行

努力打造高效平安和谐农行　支持全市经济又好又快发展

中国农业银行潍坊市分行下辖15个支行级单位，设有177个营业机构，员工2725人。具有服务功能齐全、科技网络先进、网点覆盖城乡的独特优势，是城乡经济发展和服务广大客户的坚强后盾。

2006年，该行紧紧围绕“一个目标、两个确保、三个突破、四个完善、五个防范、六个建设”的总体发展思路，加快经营战略转型步伐，加大市场营销力度，大力支持社会主义新农村建设，积极构建高效平安和谐农行，为全市经济又好又快发展起到了有力的助推作用。贷款增量、国际结算增量和利润增盈额等多项指标挤身山东农行系统前列。年末，各项存款余额233亿元，比年初增加22.3亿元，各项贷款余额171亿元，比年初增加23亿元，比上年多增5亿元；国际结算首次突破10亿美元，增幅高达71%；实现经营利润3.6亿元，人均创利13万元，中间业务收入、经营利润指标进入全国农行系统二级分行前“50强”。

中国农业银行与山东晨鸣纸业集团签订80亿元综合授信协议

中国农业银行寿光市支行隆重举行“全国精神文明建设工作先进单位”揭牌仪式

中国农业银行山东省分行党委书记、行长刁钦义（左二）在福田诸城车辆厂调查研究

为答谢社会各界和优良客户的支持与厚爱，潍坊市农行举办了“迎春晚会”

中国农业银行潍坊市分行党委书记、行长李新民（右二）在潍柴动力调查研究

中信万通证券有限责任公司

中信万通证券有限责任公司潍坊四平路证券营业部2007年7月9日正式开业，是中信万通证券于潍坊地区设立的第一家营业部。中信万通证券有限责任公司是由中信证券控股成立，注册资本8亿元，在全省拥有25家营业网点。在中国证券业协会组织的规范类券商评审中，公司以先进的管理水平、完善的业务流程、健全的风险防范体系赢得了专家的一致好评，一次性通过了评审，成为全国第9家规范类券商，在山东省内为第1家。由于经营规范、业绩突出，公司被山东省人民政府评为“服务业先进单位”。

潍坊营业部位于潍坊市四平路齐力大厦，面积1000多平米，地处潍坊市金融商业中心，交通方便，地理位置优越，拥有安全快捷的交易网络和优质全面的服务平台，采用目前业内最先进的交易电子设备，发达的网络咨询系统，随时为客户提供最新的证券财经信息，致力于为潍坊投资者提供全方位知识化的特色服务。选择中信万通证券，不仅仅是选择了一家证券公司，而是选择了中信集团的综合金融服务和全部资源，选择了一个值得长期信赖的战略合作伙伴。

勇于創新
多作貢獻
鄧小平 一九八六年一月

開拓創新
勤勉奋发
辦好中信
江澤民
一九九九年九月一日

潍坊市市级机关综合办公大楼管理处

潍坊市市级机关综合办公大楼管理处（以下简称管理处）成立于1998年7月，正县级事业单位，下设办公室(内设会议接待科)、生活财务科、房产设备维修科、消防监控中心四个科室。主要负责市级机关综合办公大楼房产、设备的维修保养和安全运行，为楼内各机关单位的办公生活提供后勤保障；协调保卫处做好办公大楼的安全保卫；协调有关部门搞好楼内外环境美化、绿化；制定并监督落实办公大楼管理方面的各项规章制度等。

2007年，管理处深入开展了“讲正气、树新风”和谐机关创建活动，转变工作作风，创新服务机制，积极探索现代化服务模式，以“爱岗敬业、甘于奉献”为部门精神，以“服务至诚、和谐发展”为部门理念，以“团结、高效、清廉、务实”为部门作风，努力打造市直机关“一保三满意”优质服务项目，全面提升管理处的服务质量和水平，高标准完成了各项服务保障工作。全年共完成会议接待任务600多场次；提供餐饮服务60万人次；24小时动态跟踪设备运行状况，确保了办公大楼水、电、空调等系统的正常运转和消防安全；保洁公司实行“星级”标准的卫生保洁服务，营造了一个三季有花、四季常绿、优美舒适的办公环境。

市级机关综合办公大楼被评为“山东省优秀物业管理大厦”，管理处被评为“省级花园式单位”，机关党支部被评为2007年度“市直机关先进基层党组织”。

市级机关综合办公大楼全景

山东科技职业学院

山东科技职业学院的前身是山东纺织职业学院，始建于1978年，是潍坊地区建校最早的工科学校。2001年8月独立升格为高职学院，2006年4月更为现校名，隶属省经贸委、省教育厅双重领导，以省经贸委管理为主。

山东科技职业学院党委书记　夏志林

山东科技职业学院院长　徐建明

学院主动服务区域经济发展，根据社会需求办学，走自我发展为主的路子，实施"产学一体、开门办学"育人模式，以"成银工程"培养学生综合素质。大力开拓国际交流与合作，不断深化人事分配制度改革，建立起以"职能包干、劳酬融促"为核心内容的内部运行和分配新机制，从而实现了学院又好又快的发展。学院现有固定资产3.9亿元，占地面积2000亩，建筑面积26.7万平方米，图书藏量54万册，仪器设备总值4700余万元，专业40个，在校生12000余名，教职工600余人，建有13个生产性实习实训基地，10个专业研究所，形成校内"专业群+生产性实习实训基地+研究所"的办学格局。成为山东省纺织服装职业教育集团牵头单位、"山东省制造业技能型紧缺人才培训基地"。学院从1997年开始探索国际交流与合作，已与13个国家38所高校建立合作关系。

山东科技职业学院教学楼群

山东科技职业学院大门

近30年来，学院为国家培养了各类人才3万多人，毕业生就业率连续五年保持在98%以上，连续三年位居全省同类院校第一名。

学院先后获得"全国纺织教育德育先进集体"、"教育质量奖"、"山东省职业教育先进集体"、"省级文明单位"、"山东省就业先进单位"，2007年7月被山东大众报业集团评为"2007山东最具就业推动力特色院校"等几十项荣誉称号。学院在山东省高职高专人才培养工作评估中获得优秀等级，"产学结合"、"国际交流与合作"被确定为学院的两个办学特色。

学院主办的国际友好学校校长论坛

潍坊市邮政局

潍坊市邮政局于1998年10月12日独立运营，下辖10个县市区邮政局和市局30个职能部室和生产单位，全市现有在岗职工1344名，城乡邮政支局所300处，村级邮政所7000多处，邮路总长度4000多公里，服务范围遍及潍坊所有县市区。

分营以来，潍坊市邮政局在市局党委的正确领导下，大力弘扬"改革务实、艰苦奋斗、拼搏进取、争创一流"的潍坊邮政企业精神，不断加快企业发展步伐，全市邮政经济运行质量和经营效益实现大幅提高。1998年分营时全市邮政部门亏损高达4800多万元，独立运营的第一年即1999年全市就实现了扭亏为盈。到2006年底达收入到38135万元，是1998年的2.97倍。

邮政基础设施不断完善。分营以来，全市邮政设备和技术项目投资累计达到8000多万元；累计新建、购置、租赁支局房屋182处，房屋总面积达88625平方米，合计投资达8900多万元，支局恢复率达到100%；新建潍坊航空速递物流中心已于2006年12月投产运行，进一步巩固了潍坊作为全省物流交换中心的优势地位。

邮政航空飞机落户潍坊

宽敞明亮的营业大厅

邮政业务领域和规模不断拓展。目前全市已开办的业务有邮政储蓄、小额质押贷款、特快专递、报刊发行、集邮、物流、邮资信封、商业信函、邮资明信片、包裹、电子汇兑、中邮专送广告、户外广告、鲜花礼仪以及代办保险、代发工资、代发养老金、代收各类电信资费、代办电信业务、金融中间业务等11大类，200多种业务。

邮政综合通信能力明显增强。邮政储蓄实现全国联网和与银行联网，邮政绿卡或邮政储蓄活期存折可在全国任何一个邮政储蓄或其他银行的网点和ATM自动取款机上取款，也可在约定商户的POS机上进行消费。建成邮政综合计算机网，开通了潍坊邮政11185热线和在线网站。邮政电子汇兑实现全国联网，全国异地汇款可实时到达。2002年底，沈阳—潍坊—上海—深圳航空邮路开通，2004年8月，国家邮政局又开通了沈阳—潍坊—上海的"全夜航"航空邮路，使潍坊成为北京、上海等7个骨干节点城市之一 2006年7月18日，我们又开通了潍坊至上海的货运专机，2007年7月17日改飞南京，我省17地市和江苏连云港到全国27个省136个大中城市的EMS邮件全部实现次日递，潍坊已经成为全省航空EMS邮件集散中心。

先进的绿卡机房

服务和精神文明建设成果丰硕。市局和所辖高密市邮政局、坊子区邮政局在1999年就建成了省级文明单位，其它县市区局在2000年全部建成了潍坊市级文明单位，全市建成了文明行业。市局在连续获得省级消费者满意单位、潍坊市五星级消费者满意单位等荣誉称号的基础上，2001年被中消协授予全国诚信单位称号，2002年市局和所属青州局又被潍坊市消协评为诚信服务单位。2004年，市局被中国企业联合会和中国企业家协会联合授予"全国优秀企业"称号。所属的昌邑、寒亭、诸城、临朐、青州又被授予"省级文明单位称号"。2006年，市局又被评为山东省第六届消费者满意单位、潍坊市五星级消费者满意单位和十佳名优服务单位，市局和昌邑、寒亭、诸城、临朐、青州蝉联"省级文明单位"荣誉称号。

整装待发的邮政速递车辆

勇当信息化排头兵

——前进中的潍坊网通

中国网通（集团）有限公司副总裁裴爱华在潍坊市副市长辛丕宏、山东网通副总经理刘德森、山东网通副巡视员兼潍坊网通党委书记肖振峰培同下视察潍坊网通

近年来潍坊网通自觉实践“三个代表”重要思想，不遗余力加快建设步伐，为社会各界提供了优质高效的通信服务，企业发展也实现了飞跃。固定电话总数突破200万部，高居全省第二位；小灵通以其低廉的资费，绿色环保的独有特点倍受青睐，在网用户近60万户；高度重视信息化推广，互联网业务发展迅猛，2007年净增宽带用户13万户，累计达到36万余户。企业建站总数达到4075个，农村党员教育网共接入8272户，农村合作医疗网接入151户，2098多个视频监控点进入商用。从2004年起风筝会、菜博会成功实施了网上直播，使世界各地更多的人了解了潍坊。

潍坊网通始终坚持以客户满意为目标，以服务创新促发展，以品牌建设树形象，大力推广“情传万家”服务品牌，不断提升服务水平，行风建设和文明单位创建活动取得了重大突破。在被全国质量管理协会授予“全国用户满意服务”称号、全市11个通信部门有8个创建成省级文明单位的基础上，创建成国家级“青年文明号”1个，省级“青年文明号”8个，市级“青年文明号”5个，省通信行业文明集体3个。持续开展“四好班子”创建活动，结合企业工作实际组织开展党的“十七大”精神学习活动，企业党建工作得到加强。员工培训活动扎实开展，2007年共举办37期业务培训班，培训员工1177人次，员工服务水平和业务技术素质明显提高。

面对当今世界汹涌澎拜的信息化浪潮，夺取信息化优势已成为提升国家综合竞争力的重大战略。潍坊网通将以“十七大”精神为动力，以更快的发展步伐，更优的网络技术，更好的服务质量，更高的运营效率服务社会，创造出潍坊通信行业更加光辉灿烂的明天。

潍坊网通总经理陈家华现场部署“十七大”保障工作

10060客户服务热线

营业员在宽带演示新区培训

风筝会放飞场小灵通流动基站

网上“菜医生”

国家级重点学校　卫生部职业技能鉴定培训基地

山东省益都卫生学校

全国优秀教师、校长、党委书记　郑树平教授

校长、党委书记郑树平（右二）陪同省部领导视察学校（左起：省政协副主席王志民，中国职业教育学会会长、原国家教委副主任王明达，中国医院管理学会会长、原卫生部副部长曹荣桂）

山东省益都卫生学校的前身是建于1885年的青州医学堂，具有120多年的办学历史。学校是教育部首批命名的国家级重点学校、是卫生部确定的职业技能鉴定培训基地、山东省教育厅批准设立的"三范连读"大专招生学校和全省骨干示范性学校，通过了ISO9001：2000质量管理体系认证，2006年学校党委被山东省委表彰为先进基层党组织，已连续十几年保持潍坊市文明单位荣誉称号。

学校座落在风景秀丽的历史文化名城青州市，校园内绿树成荫、花草飘香、环境幽雅，位于云门山风景区内占地1130亩的新校区正在规划建设中。学校教学实验设备先进，有现代化的综合楼、实验大楼及图书馆，设有多个高标准医学实验室、示教室、电教室、语音室、多功能报告厅、电子阅览室、多媒体教室等。学校师资力量雄厚，有专兼职教师300多人，在职教职工80%以上具有中高级专业技术职称，专任教师全部达到本科以上学历。近年来，学校实施"名师兴校"工程，聘请了以中国工程院院士樊代明教授、日本昭和大学栗原稔教授为代表的79名知名专家学者担任学校兼职教授，并常年聘用外教授课。

学校专业门类齐全，集高教、中教、成教于一体，开设高等护理、口腔医学、康复医学、药学、军护等近20个大、中专专业，生源遍及全国各地，全日制在校生15000多人，是全国同类学校中规模最大的学校。

在长期的办学实践中，学校形成了"笃志博学、医精德诚"的校训，确定了"办好中专保稳定，争上高职促发展"的办学定位和"成人、成才、成功"的教育理念。学校重视毕业生就业工作，提出了"小城市培养、大都市就业"的工作思路，在北京、上海、天津、深圳等大都市建立稳固的实习就业基地近百家，其中仅部队医院就达60家。近年来，已推荐3000多人到京、津、沪以及济南、青岛等大中城市成功就业，并开辟了出国培训、留学和就业的新渠道。2006年10月，学校成立了京、津就业学生联谊会，设立固定办公场所，派出专门工作人员常驻京、津地区，及时为毕业生提供后续服务。

目前，学校牢固树立和落实科学发展观，努力实施2006—2008年事业发展规划，积极争创全国职业教育示范校和高职学院，努力推动学校实现又好又快发展。

卫生部原副部长孙隆椿来校视察

空军总医院来校选拔护士

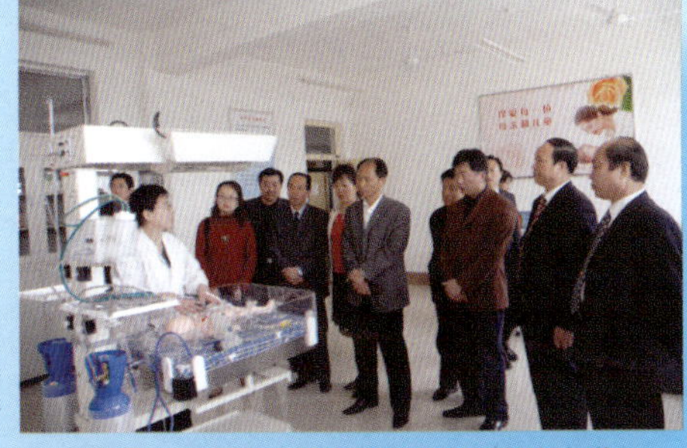

宁夏、山西职业教育考察团来校考察办学

教育部职成教司黄尧司长（右）视察学校

SHANDONGSHENGYIDUWEISHENGXUEXIAO

山东省潍坊商业学校

——从成功走向辉煌

校长　于建平

山东省潍坊商业学校于1974年恢复建校，是隶属于潍坊市教育局的一所国办全日制普通中专学校。现有在校生7000余人。2001年经省教育厅批准招收“三、二连读”大专生。在几十年的办学历程中，潍坊商校以管理严明、治学严谨在社会上享有极高的办学声誉。学校先后被教育部及省政府授予国家级重点普通中专、全国职业技术学校职业指导先进学校、山东省教育教学示范学校、山东省职业教育先进单位、省级学生管理先进单位、山东省校务公开先进单位等荣誉称号。

学校坐落在风景宜人的沿海城市、国际风筝都——潍坊市，占地面积200亩，建筑面积9万余平方米，拥有全国一流的现代物流管理实训基地，建有42个与专业相配套的实验实训室，拥有800多台教学用微机，配备校园网络中心等现代化的教学设备，实现了每个教室的多媒体教学。

专业设置合理，毕业生就业率高。学校设有财会系、经贸系、旅游系、理工系、信息技术系，设有会计、电子商务、现代物流管理、计算机软件4个大专专业和会计、电子商务、物流管理、市场营销、汽车、家电、制冷、烹饪与餐饮管理、形象设计、旅游、航空服务、环艺设计、行政助理、商务日语等16个中专专业，涉及财经、理工、艺术三大类，专业设置符合当前社会对人才的需求，重点突出、全面、合理。我校的毕业生以专业对口、综合素质高、实用性强等特点普遍受到用人单位的一致好评，综合就业率一直保持在90%以上；形象设计、烹饪与餐饮管理、市场营销等专业的毕业生，其就业率一直保持在100%。

办学历史悠久，师资力量雄厚。学校现有专兼职教师141人，其中已经取得硕士学位和在读研究生28人，高级讲师52人，讲师65人，其他中级专业技术人员15人，另外，还聘有30名客座教师。学校重视师资力量的配备、培养和提高，使教师不断进行知识更新，“双师型”教师占较大比例，既能对学生传授文化、理论知识，又能培养学生的动手能力，满足学校“双证制”教学的需要。

学校坚持“以服务为宗旨，以就业为目标、以技能为本位、培养实用人才”的办学指导方针，坚持培养企业生产、服务、管理一线需要的高素质技能型人才的办学目标。突出职业教育特色。学校实行封闭式管理，每天学校领导、班主任和教师进行全日制值班，保证学生在校的安全。造就了一支责任心强，工作负责，热爱学生的班主任队伍，负责学生的学习、生活和日常行为规范教育和考核。学校积极创造条件，优化育人环境，开展形式多样的职业技能竞赛和丰富多彩的校园文化活动。把“培养有社会责任、有道德修养、有岗位技能、有健康情趣的新型劳动者”作为学校的培养目标，不断深化教育教学改革，实行“三三制”模块化教学模式，突出理论教学与技能操作的结合，实行学分制度，保证了教育教学质量。目前有四十多家企业与我校建立了长期定向就业安置的合作关系，通过“定单培养”、“半工半读”、“捐资助学”等合作方式，确保学生就业稳定。鉴于毕业生专业知识扎实，操作能力强，具有一定的技术研发和创新能力，有些毕业生在较短时间内先后成为公司的技术骨干，有的走上了生产管理和技术管理岗位。近年来毕业生就业率达98%，就业稳定率达95%以上。

三十多年来共培养学生二万余名，各类社会培训班3万人次，已有500余人走上县级及以上领导岗位，有2000余人成为机关、企事业单位的中层以上骨干力量，为社会经济的发展做出了巨大的贡献。

2007年4月22日于建平校长与台湾汉鑫国际资讯有限公司董事长在潍坊市经贸暨旅游合作项目签约仪式上进行签约

2006年9月学校与北大青鸟集团APTECH联合办学举行新闻发布会

于建平校长陪同加拿大教育考察团参观学校

学校全貌

2007年5月13日春季校园双选会火爆的招聘现场

2007年9月竣工并投入使用建筑面积1.4万平方米的综合实训大楼

昌乐县国土资源局

党委书记、局长　高立德

昌乐县国土资源局以科学发展观为统领，认真贯彻学习党的十七大会议精神，严格执行中央宏观调控政策和上级业务部门部署，大力加强班子队伍建设和党风廉政建设，依法行政，严格管理，创新思路，服务发展，维护大局，各项工作取得了显著成绩，被授予“先进基层党组织”、“潍坊市级文明单位”、“全市国土资源系统先进单位”、”潍坊市国土资源系统优秀办文窗口”等荣誉称号。**一、加强耕地保护，落实最严格的土地管理制度。**强化耕地特别是基本农田保护，不断加大对基本农田保护区的巡查力度，健全完善保护责任和各项规章制度，连续六年实现了耕地总量动态平衡。通过科学论证、实地调查和代表听证，制定了征地统一年产值标准和征地区片综合地价标准草案。大力开展土地开发整理，实现新增耕地2236亩。**二、加强用地管理，维护土地市场秩序。**严格执行土地利用年度计划，依法报批建设用地575亩。组织开展了存量建设用地情况调查。招标拍卖和挂牌出让土地13宗，实现土地收益2.6亿元。**三、加强地籍管理，夯实业务工作基础。**全县农村土地利用现状更新调查及数据库建没，顺利通过国家预检；城镇地籍调查工作扎实推进，其中控制测量、细部测量及权属调查全部完成。扎实做好土地统计、年度变更调查和土地权属争议调处工作。强化日常地籍管理，搞好土地登记发证，共颁发各类土地证书1161宗，办理土地资产评估264宗，为企业融资5亿多元。**四、加强矿政管理，整顿规范矿产资源开发秩序。**圆满完成了全县矿产资源开发秩序整规工作，全市检查评比名列第一。全面实行采矿权“招拍挂”出让，实现矿产资源收益375万元，矿产资源补偿费收益109万元。从完善基础台帐入手，摸清了全县矿产资源的底子，修订完善了矿产资源开发利用总体规划。**五、加强测绘保障，服务经济社会发展。六、加强执法监察信访工作，全力维护社会稳定。七、加强队伍建设，努力构建和谐机关。**

昌乐县委书记王树华（左二）陪同国土资源部及省市国土资源部门领导考察工作

省国土资源厅在昌乐召开现场会议

昌乐县人防办

昌乐县人民防空办公室党组书记 主任 张 雷

2007年10月29日，昌乐县人民防空办公室加挂县民防局牌子。11年前的这天，第八届全国人民代表大会常务委员会第二十二次会议审议通过《中华人民共和国人民防空法》，1997年1月1日起施行。选择这一天加挂民防局牌子，也是纪念这个不同寻常的日子。民防起源于战争，主要担负战时防空袭职能，在组织动员民众开展战时防护、减轻战争造成的损害中一直发挥着重要作用。北京、上海、天津、辽宁、吉林等省市都已将人防体制逐渐过渡为民防体制，截止2007年9月，我省先后有10个市和12个县（市）加挂了民防局牌子。实践证明，实施民防体制，更有利于广泛动员和组织民众落实防空袭、抗灾救灾和救援等措施，对于进一步有效防范和应对各种灾害事故及公共突发事件，维护人民群众生命财产安全，保障城市和国家安全稳定，都具有十分重要的意义。昌乐县是济南军区人民防空工作先进城市，2002年恢复人防办事机构以来，人民防空工作在县委、县政府的正确领导和全县人民的关心支持下，从小到大，由弱到强，各项人防事业蓬勃发展，方兴未艾，经历了一个不断探索实践、完善提高的过程，在此建设过程中，我们的工作定位逐渐清晰，思路基本明确，坚持民防建设与城市建设发展相融合，实行长期规划与平时建设相结合，重视发挥组织和群众在民防工作中的作用，为实现民防事业的又好又快发展，奠定了坚实的基础。

2006年国家人防办调研

2007年省人防办主任视察昌乐人防工作

2007年省人防现场会在昌乐召开

昌乐县人防办加挂民防局牌仪式

和谐发展的昌乐县教育局

局党委书记、局长　陈绍奎

团结奋进的局领导班子：局党委书记、局长陈绍奎（中），副局长赵修礼（左三）、副局长孟令华（右四）、副局长麻德志（右三）、副局长傅喜明（左二）、纪委书记张建芬（右二）、教研室主任张迎之（左一）、督导室主任魏礼国（右一）

以人为本和谐发展　办好人民满意教育

近年来，昌乐县教育局以科学发展观为统领，以办好人民满意的教育为总目标，不断深化教育改革，大力实施素质教育，教育教学质量和管理水平不断提高，各类教育持续均衡和谐发展。被评为省、市“文明机关”，省“教育科研工作先进单位”，潍坊市“先进基层党组织”。昌乐县委、县政府连续5年授予县教育局“振兴教育特别贡献奖”，并荣记“集体三等功”。

一是坚持以人为本，素质教育成果显著。坚持“质量立教，创新兴教”，全面实施素质教育。普通高考成绩连续10年位居全市前列。2007年，在全县考生总数及因学制改革优秀生源明显减少的情况下，高考再创佳绩，文理本科上线人数、五大类本科资格上线人数和万人比继续保持全市领先。优质教育品牌进一步形成，吸引了县外5000多名学生前来就读。在历届全国、省、市电脑制作大赛和青少年科技创新大赛上获奖人数和等次名列前茅；2006年全省中学生运动会夺得团体第三名，连续八年夺得潍坊市中学生运动会团体第二名。

二是优化资源配置，城乡教育均衡发展。优化中小学校布局调整，不断改善办学条件。逐步完善农村义务教育经费保障机制和校舍维修改造长效机制，建立县直部门与农村基础薄弱学校结对帮扶制度，被评为省危房改造、薄弱学校改造先进单位。大力实施“高中进城计划”，城区高中在校生达到了高中在校生总数的85％以上；全县高中段学生入学率达到90%以上。依法保障进城务工农民子女接受义务教育权利。今年5月，我县作为全省唯一代表参加全国“农民工子女义务教育项目研究成果与工作促进研讨会”并作了典型发言。建立帮扶弱势群体长效机制，大力实施城区学校解困工程，加快规范化学校建设进程，全县省级规范化学校达到7处，市规范化学校达到56处，整体办学水平有了大幅提升。

三是坚持统筹兼顾，各类教育协调发展。以就业为导向，加强重点专业建设，大力提升职业学校办学档次和服务经济社会发展的能力，规划投资8000万元，按照“2431”（占地200亩、建筑面积40000平方米、在校生3000人规模，实验实训设施1000万元）标准，在新城区建设昌乐县职业教育中心。依法保障残疾儿童受教育权利，特殊教育走在全省前列，被教育部确定为智残儿童随班就读重点实验区。

四是加强教师队伍和行风建设，办好人民满意教育。以和谐教育创建活动为契机，加强师德建设，加大教师培训力度。深化中小学人事制度改革，全面推行校长职级制管理，实行教师全员聘任制、结构工资制和专业技术职务竞争上岗。加大城乡教师统筹力度，考选招聘师范类优秀毕业生和推选城镇优秀教师到偏远山区、库区学校任教。规范办学行为，制定规范办学行为“十项规定”，严格执行“一费制”收费办法和收费公示制度，树立了教育良好形象。

山东省重点中学　山东省规范化学校

山东省昌乐一中

中国西部教育顾问、山东省特级教师
潍坊市人大代表、潍坊市十佳校长

昌乐一中校长　秦汶民

美丽的校园

绿树掩映的科技实验楼

外教和同学们交流

运动会开幕式

山东省昌乐一中创办于1938年，坐落在城区东南部风景秀丽的万松山西麓，是山东省重点中学、山东省规范化学校、教育部重点课题实验学校、全国百家特色学校。69载春秋，孕育和积淀了一中优良的办学传统、淳朴的校风和深厚的文化底蕴，培养了数以万计的优秀学子。他们当中有著名空间物理学家、双星计划首席科学家刘振兴，著名生殖生物学家刘以训等为科学发展作出突出贡献的中科院院士；有冯永生、李长顺、张仁忠、王锡友、李宗玉、赵禄年等军界将领；有王天普、张秀夫、王国华等政界要员；有邱勋、刘锡诚、肖云星等著名作家，在社会上产生了广泛的影响，无数人皆以曾就读于昌乐一中为荣。

古韵今风，文脉秉承。近几年，这所历史名校，全面贯彻党的教育方针，实施“质量立校、依法治校、改革兴校、名师强校”的治校方略，坚持“让更多的孩子享受优质高中教育，让每一个孩子都走向成功”的办学理念，顺时应势，抢抓机遇，以惊人的高速度，实现了超常规跨越式大发展，发生了翻天覆地的变化：环境优美，设施先进，班子坚强，队伍精良，质量一流。校园真正成为大学生的摇篮，创新人才的基地，一所崭新的现代化一流中学矗立在世人面前，教育教学质量大幅提高，高考本科上线率连续7年在全市乃至全省名列前茅。有300多名同学被北京大学、清华大学、中国科技大学、中国人民大学、复旦大学、中央美院、中国美院等全国名牌大学录取。各项竞赛成绩斐然，有200多名同学在全国省市学科竞赛中获奖，有16名同学取得高校招生保送资格。在省市体育竞赛中，昌乐一中荣获多项殊荣：有80多人次获奖，向省市体育运动队输送队员46名，昌乐县中学生田径运动会昌乐一中代表队连续七年蝉联冠军。代表昌乐县参加市运会，连续七年稳居亚军。参加山东省中学生运动会，夺得3金3银6铜，名列全省第3名。在山东省20届运动会田径比赛中，昌乐一中张学军同学夺得男子5000米，1000米两块金牌，李丽华夺得女子1500米金牌，韩振瑛同学代表我国参加韩国第二届国际马拉松比赛，夺得冠军。学校先后荣获全国百家特色学校、全国英语竞赛优胜学校、山东省规范化学校、山东省奥林匹克生物竞赛优胜学校、山东省综治创安先进单位、潍坊市向家长和社会推荐的金牌学校等60多种荣誉称号，获潍坊市政府教学成果奖，受到昌乐县委县政府通报嘉奖并荣记集体三等功。学校被定为教育部重点课题实验学校、山东省校本培训示范学校、山东省科研型重点实验学校。《人民教育》、《中国青年报》、《中国教育报》、《中国教师报》、《大众日报》、《潍坊日报》等十多家新闻单位先后报道昌乐一中的办学经验和成功做法。

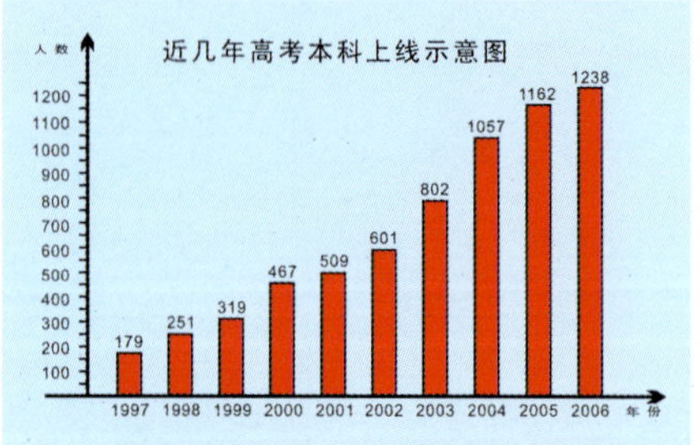

近几年高考本科上线示意图

电话：（0536）6297418　6297296　网址：http://www.sdclyz.cn

昌乐县第四中学

山东省昌乐县第四中学书记、校长　滕祖伟

昌乐县第四中学创建于1958年，是建国后昌乐县最早创办的中学之一，学校现为中国创新教育重点调研基地、全国和谐教育示范学校、全国优质品牌学校、山东省规范化学校、潍坊市规范化学校、潍坊市校园开发绿化美化先进单位、省招飞工作先进单位、全国中学生物奥林匹克竞赛优胜单位、潍坊市文明单位、昌乐县文明单位、昌乐县高中教学先进单位。学校占地110亩，建筑面积1.8万平米，现有教职工142人，拥有24个教学班，在校生1800多人。近年来学校发展日新月异，固定资产从310万元迅速增加到1800万元。

近年来，学校坚持“依法治校、以德立校、文化兴校、科研强校”的策略，践行“以人为本”的思想，认真贯彻全心全意依靠教职工办学的指导方针，多方筹集资金，不断为广大师生创造良好的工作和学习条件，同时，不断健全各项机制，强调规范操作，讲求和谐运作，有效调动了全校教职工的积极性。学校配齐了各种先进的教育教学设施，校内教学区、活动区、生活区布局合理，规划整齐，环境幽雅。校园内银杏、石楠、桂花等珍贵树木与体现“奋发有为”时代精神的“升华”雕塑相映成趣，慧泉河流水淙淙，凤翔广场绿草青青，多媒体教室、网络系统、理化生实验室、图书室、阅览室按高规格建成。学校先后被评为全国和谐教育示范学校、全国优质品牌学校，这些都充分证明了学校办学层次的巨大提高。

学校围绕“真本事立身，高素质报国”的育人目标，革故鼎新，确立全新的教育理念，不断探索“人的教育”，坚持“对学生一生发展负责，让每一个学生都成功”的办学宗旨，给学生个性发展和潜能开发以充分的发展空间，既让学生考上大学，又让学生掌握求知和创造，学会做人和办事，学会合作和生存，培养人格健全、信念坚定、学业优秀、有发展潜能的各类优秀和杰出人才，努力探索符合农村高中办学实际的素质教育模式。新华社《山东内参》以《加强人的教育才能改变薄弱学校》为题，对该校的“人的教育”理念进行过专题报道。学校先后聘请了山东教育社总编陶继新先生以及孙明霞女士、周永清先生、苏静女士、王立华等教育专家来该校作学术报告，并走进课堂听课、评课，对该校中青年教师进行了深入的指导。同时不断外出学习，学校先后到昆明一中、杜郎口中学等学校实地考察，对于学校管理和教育教学的发展起到了很好的借鉴作用。在教育专家的指导下，在杜郎口中学的理念推动下，我们积极倡导学校听课、评课活动。开展领导推门听课，教师间相互听课及观摩课、汇报课、示范课、公开课、诊断课、提高课、研讨课等多种形式，不断开发教师潜能。中国教育电视台、山东省电视台、潍坊电视台、《中国青年报》、《山东青年报》、《中国现代教育》杂志、省《领导与决策》杂志、《现代教育导报》、《潍坊日报》、《新教育报》等十多家新闻单位多次对该校的办学经验进行了广泛报道。

书记、校长滕祖伟，北师大研究生学历，中学高级教师，国家级骨干教师，先后被评为全国优秀教师，全国奥林匹克物理竞赛优秀指导教师。被聘为中国教育学会物理教学研究会会员、中国创新教育发展研究中心研究员、西部教育顾问，在国家级物理学术报刊发表论文多篇，还主编了多部学术著作，为学者型的学校管理人才。

地址：山东省昌乐县马宋镇政府驻地
电话：0536-6921118　邮编：262415
网址：www.cl001.com
邮箱：sdchanglesizhong@163.com

办公楼

学校主题雕塑——物理学家、两弹一星元勋　钱学森

教学楼

山东鲁能泰山足球学校、山东鲁能乒乓球学校

——建设“世界足球名校和世界一流乒乓球学校”

国际乒联主席沙拉拉、中国乒协主席徐寅生来校视察

国家电网公司党组书记、总经理刘振亚（左三）来校检查工作

学校领导合影

2006年中国“潍坊杯”国际青少年足球邀请赛开幕式

山东鲁能泰山足球学校与山东鲁能乒乓球学校分别创建于1999年7月和2000年12月，是山东鲁能泰山足球俱乐部和山东鲁能乒乓球俱乐部的后备人才培养基地。学校位于世界风筝之都潍坊市，交通便利，环境优美，是一所集九年义务教育、中等教育和足球、乒乓球训练于一体的全日制、寄宿制学校。

学校占地34万平方米，各类教学、训练设施齐全，拥有足球场地24块（其中一号体育场建有可容纳5000人的看台），拥有乒乓球馆两座，分别放置了20张和80张球台。在校生600余人。各类文化教学设施达到了国家一类标准。接待区配套设施完备，具备了承办800人职业球队训练、比赛或培训班的能力。中国女足“双十佳”颁奖典礼、亚洲青少年足球锦标赛、中国“潍坊杯”国际青年足球邀请赛、中国乒乓球俱乐部超级联赛、全国大学生乒乓球锦标赛等大型赛事先后在学校举办。

学校注重对世界先进足球理念和训练方法的吸收，聘请了欧洲青少年足球专家担任总教练。学校建立了较为完善的训练体系和人才选拔体系，按照国家教育部颁布的教学计划和大纲实施文化课教学，圆满完成九年义务教育。

建校以来，学校人才培养成果显著。在全国性足球比赛中夺得冠军35项，韩鹏、王永珀等50余人入选了鲁能泰山一线队及其他职业俱乐部一线队。鲁能泰山一线队60%以上队员由学校输送。韩鹏、周海滨、崔鹏等50名队员入选了各级国家队。培养输送了宿茂臻等5名国字号教练。乒乓球队有11人入选了鲁能俱乐部一线队，4人入选了国家青年队。获得乒乓球全国重点单位男女甲组团体冠军；2007年，男队在全国乙B联赛158个参赛队中获得第四名，顺利升入2008年全国乙A联赛。学校办学工作得到了各级领导和社会各界的高度关注。国际乒联主席沙拉拉、中国乒协主席徐寅生、中国足协专职副主席谢亚龙等多次来校视察，对学校工作给予了充分肯定和高度评价，并寄予了殷切期望。

今后，学校将继续坚持“文体并进”的育人方针和“科教兴球”战略，培养出国内一流和具有国际水平的足球、乒乓球人才。

奥运会冠军王楠来校参加乒超联赛

周海滨在国家队比赛中

承办“鲁能杯”中国乒乓球俱乐部超级联赛

澳大利亚队获得2007年中国“潍坊杯”国际青年足球邀请赛冠军

韩鹏在“亚洲杯”比赛中

潍坊龙海民爆有限公司

潍坊龙海民爆有限公司董事长、总经理 钟砚录

膨化硝铵炸药生产车间

自动化监控操作室

潍坊龙海民爆有限公司是由原潍坊市八四六厂改制建立的民营企业，位于"世界风筝都"潍坊市昌乐县鄌郚镇。始建于1973年8月，属"全国中型一档企业"，是国家民用爆破器材定点生产企业，拥有年产13000吨铵油炸药和铵松腊炸药生产线一条，年产12000吨岩石乳化炸药和岩石粉状乳化炸药生产线一条。主要产品有：铵松腊炸药、铵油炸药、岩石膨化硝铵炸药、岩石乳化炸药、粉状乳化炸药、煤矿乳化炸药。产品均已通过ISO9001质量管理体系认证。公司占地面积22万平方米，总资产6800万元，现有职工200多人，其中各类专业技术人员98人。先后被潍坊市人民政府授予"市级先进企业"、"明星企业"、"百强民营工业企业"，山东省工商局授予"重合同守信用企业"等称号。

公司办公大楼

山东墨龙石油机械股份有限公司

步入联交所大厅

山东墨龙石油机械股份有限公司是一家专业从事石油机械研发设计、加工制造、销售服务和出口贸易为一体的国家大二型企业，主导产品有抽油杆、抽油泵、抽油机、潜油电泵、注液泵、油管、套管、石油专用无缝管及各种井下工具等。公司较早通过了ISO9001国际质量体系认证，主导产品获准使用美国石油学会API会标。所产阀门、泥浆泵缸套、不锈钢精密铸件、石油“三抽”设备及配件畅销欧洲、美洲、中东、俄罗斯等世界主产油区。公司连年被评为“山东省高新技术企业”，“省守合同重信用企业”、山东省银行业“最佳信贷诚信客户”、“A级诚信纳税企业”、“中国农行AAA级信用企业”。

公司积极推行薪酬改革和信息化管理，通过上项目、扩规模，调整产品结构，不断向高端市场进军。近年来，公司资本运作成效显著，2004年公司在香港联交所创业板H股成功上市，2006年初，公司启动了H股由香港创业板转往主板的工作，2007年2月企业成功完成由创业板转主板上市（股票代号：568），完成了山东墨龙资本市场的又一次历史性跨越。

2006年公司实现销售收入16亿元，利税2.4亿元，上缴税金超过1个亿，出口创汇5500万美元。2007年1－7月份公司实现销售收入15.7亿元，利税2.2亿元，上缴税金5668万元，出口创汇6672万美元，同比分别增长110%、12%、26%和197%，企业继续保持了稳健快速发展的良好势头。

山东墨龙的未来目标将凭借公司多年在石油机械市场的良好信誉和领先地位，不断提升产品的研发和制造能力，加快新产品的开发力度，积极拓展销售网络，进一步进军国际市场，矢志成为国际知名石油机械制造服务商。

总部地址：山东省寿光市北海路99号
邮　　编：262703
电　　话：(0536) 5101565 5103360
传　　真：(0536) 5100888
网　　址：Http://www.molonggroup.com
电　　邮：sdml@molonggroup.com

山东联盟化工集团有限公司

市领导视察集团公司

吴官正视察公司

山东联盟化工集团有限公司坐落于美丽的蔬菜之乡——寿光，是一个集煤化工、石油化工、生物化工于一体的大型企业集团，中国化工百强、中国企业千强、全国肥料制造业效益十佳企业之一。公司占地100多万平方米，员工5000余人，总资产25亿元，现有五个生产公司和一个销售公司，主要产品及年生产能力为合成氨70万吨、尿素100万吨、复合（混）肥50万吨、甲醇30万吨、山梨醇20万吨、原油加工30万吨；另外还有葡萄糖、硫酸、盐酸、AMPS等，产品种类达到20多种。

近几年来，特别是2002年底企业改制以来，联盟集团秉承“发展企业，奉献社会，富裕员工”的企业宗旨，不断推行管理创新、技术创新和经营创新，注重发展循环经济，培育具有联盟特色的企业文化，企业得到了快速、稳定、持续发展。“联盟”牌尿素被列为全国首批免检产品，“联盟”、“占峰”被评为山东省著名商标。企业也先后获得“全国化肥生产先进企业”、“全国守合同重信用企业”、“国家技术进步先进企业”、“国家节能先进企业”、“全国双爱双评先进企业”等多项荣誉称号。同时坚持走滚动式发展之路，持续加大投入，不断扩大生产规模，积极调整产品结构，企业竞争实力也得到了空前增强。2006年，企业实现销售收入27.5亿元、利税4.3亿元、利润3.6亿元，同比都大幅增长。

“十一五”期间，联盟集团将全面树立科学发展观，坚持以人为本，大力实施科技兴企、品牌兴企和人才兴企战略，加大招商引资力度，继续深化企业管理。大力发展煤化工、石油化工和生物化工等优势产业，争取到“十一五”末，企业实现年销售收入100亿元以上、利税15亿元以上，进入中国化工50强。

昌邑市利渔盐化有限公司

潍坊市优秀企业家、公司董事长、总经理　王京海

团结奋进的领导班子

利渔盐化有限公司位于龙池镇利渔村北昌邑盐区最西部。东临堤河西靠虞河，南有辛沙路和大莱龙铁路。全场占地3.5平方公里，盐田总面积12300公亩，房屋建筑面积5000平方米。公司设有七个制盐班组、一个化工厂和八个职能科室，从业人员126人，资产总值1800万元。

公司系民营企业，隶属昌邑市经济贸易局领导。1995年8月前称昌邑市利渔盐场，1995年8月3日后称为山东昌邑盐化（集团）有限公司利渔盐场。2003年9月由集团公司进行民营化改制，名称为昌邑市银海盐化有限公司，2005年10月，更名为昌邑市利渔盐化有限公司。

公司制盐历史悠久，距今已有438年历史。1988年夺得全省制盐单位单产第一名，1989年被潍坊市盐务局授予原盐地产地销企业，1999年3月试产天日盐，所产2800吨，全部出口南韩。2001年被山东昌邑盐化（集团）有限公司定为小工业盐生产企业。2003年9月改制后，公司确定了“依托资源优势，发展盐化工项目，实行盐溴联产，提高综合效益”的新的发展思路，于2000年1月，自筹资金400万元，新上年产能力为500吨的溴素生产线一套。项目10月建成，实现了当年建设当年投产见效。2004年10月公司又筹措资金350万元扩建溴素生产线一套，企业效益有了明显提高。至2006年，公司完成工业总产值2154万元，比改制前增加1800万元，实现利润480万元，比改制前的负3.7万元净增483.7万元。

公司坚持贯彻依靠职工办企业的思想，注重发挥全体员工的合力和优势，并坚持以人为本，关心爱护职工，自2004年以来，每年用于改善职工生活工作设施投入超10万元，场容场貌有了较大的改观。2004年被昌邑市总工会授予先进职工之家，2005年被潍坊市盐务局评为全市盐业系统先进单位。2006年被评为潍坊市诚信民营企业、消费者满意单位、潍坊市安全生产先进企业、劳动和社会保障工作诚信单位等荣誉称号。

公司大门

寿光市圣海渔业网具有限公司

SHENGHAI FISHNET

SHOUGUANG SHENGHAI FISHERY&FISHNET CO.,ITD

总经理、董事长　任立新

寿光市圣海渔业网具有限公司是1999年改制成立的股份制企业，是一家集现代化网具、线、绳生产、海洋捕捞、再生胶厂为一体的综合性企业。公司目前拥有固定资产2000多万元，现有塑料挤出机十套，各种织网机、捻线机、合绳机、压碾机、粉碎机等三十多台，并配有网片热处理机、定型机。年生产能力2000多吨，公司所属的海洋捕捞公司有大马力钢壳带冷冻舱捕捞冷冻渔船二艘。所属的再生胶公司，年产胶粉胶块5000多吨。

公司生产的产品有"羊口"、"双余"、"新圣海"牌低压聚乙烯单丝；各类型合股线、绳、网片、渔网等。生产的产品都达到国家标准，特别是蔬菜大棚用的大棚线、绳，具有耐用、耐磨、抗晒、拉力强、使用时间长等特点，销往全国十几个省、市、自治区，深受菜农的好评；生产的各种捕捞渔船用的成品网达70多种，产品性能优良，有优异的抗晒、抗磨、抗拉和耐腐蚀性，具有国内同类产品的先进水平，是国家渔具质量监督检验中心"产品质量认可单位"，在1999——2007年经全国质量抽查检验连续九年产品质量抽查检验合格，被中国质量检验协会评选为"打假扶优重点保护企业"，连续七年被潍坊市消费者协会评为"消费者满意单位"，是全国科教兴村计划"省级示范单位"，于2005年12月被潍坊市科学技术局授予"潍坊市民营科技企业"，并荣获第十六届潍坊国际风筝会农副产品金奖，于2006年2月被潍坊市评为"潍坊市农业产业化重点龙头企业"，经全国社会评价调查被确认为"中国名牌产品"，销售市场遍及全国各地，使用"羊口"、"双余"、"新圣海"牌渔网、线、绳、胶粉、胶块的用户，真正体验到"一网金、一网银，"羊口"、"双余"、"新圣海"牌渔网是聚宝盆的好处。

公司董事长、总经理任立新携全体员工热诚欢迎各界朋友光临指导，并愿与大家真诚合作，共展宏图。

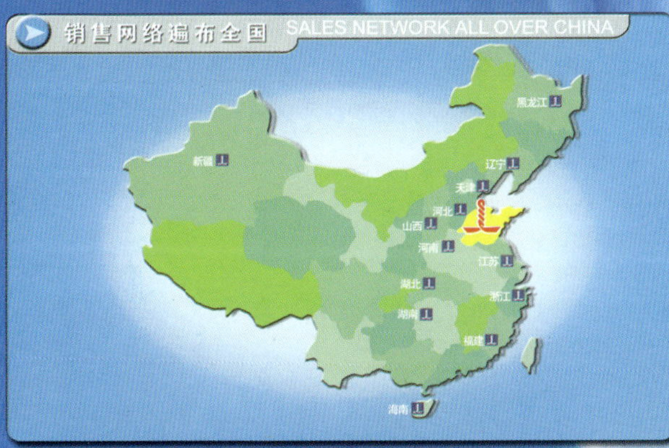

国际质量体系认证ISO9002证书

一网金、一网银"羊口"
"双余"牌、渔网聚宝盆

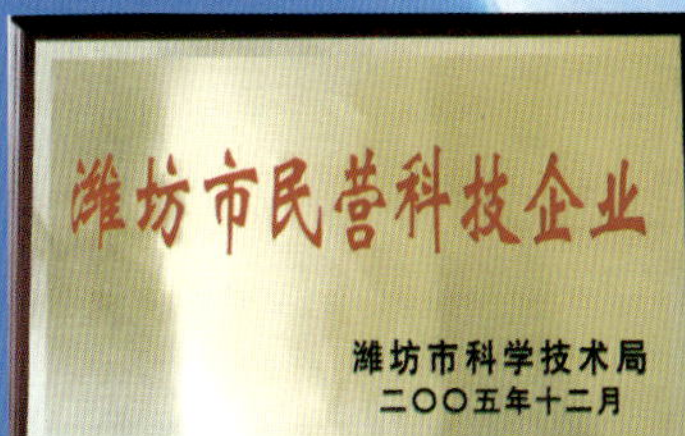

聚乙烯单丝
ϕ 0.20 ± 0.02mm
聚乙烯线
3 × 1-3 × 40 股
三股聚乙烯绳
150 股—780 股缆绳
ϕ 5mm - ϕ 65mm

地址：山东省寿光市羊口镇和平街53号
电话：0536-5349033
传真：0536-5349620
http：//www.syfishnet.com
e-mail：syfishnet@163.com
驻寿光市办事处：0536-5258608
驻福建办事处：013806470929
驻浙江办事处：013616469955
驻威海荣成办事处：0631-7376432
驻莱州胶州办事处：013805362210

昌乐高崖水库管理局

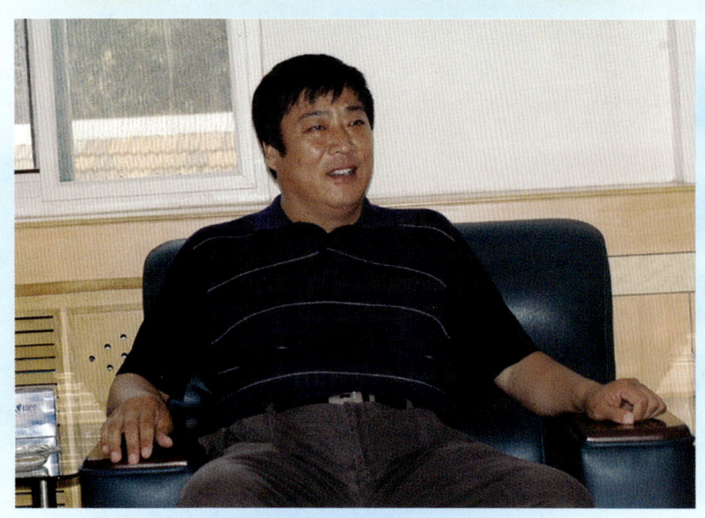

局长　阎光耀

办公楼

高崖水库，一颗镶嵌在潍坊大地的璀璨明珠。该水库为国家大二型水库，最大储水量1.5亿立方。高崖水库建成于上世纪五十年代末三年困难时期，广大人民群众在党的领导下，在设备落后、物资匮乏的年代，创造了水库建设的奇迹，创造了不畏艰难、甘于奉献、奋勇拼搏、争创一流的高崖水库精神。水库建成40多年来，在防洪、灌溉、工业及生活供水各方面发挥了巨大的作用。因水源来自无污染、水土保持良好的沂山，水质达到地表二类水标准，是潍坊市六座大规模水库中唯一达到二类水质标准的水库。近年来，高崖水库在生态环境保护方面做了大量工作，建成了环水库绿化带，保护了水源地生态。大坝防渗工程顺利完工，达到了国家标准，走在了全国水库安全建设工作的前列。

防渗处理后达到国家标准的大坝

白鹭自然生态保护区

现代化控制的溢洪闸

现代商务

生态公寓

商业街

融景苑

润扬新城

HUNDRED YEARS INHERITANCE WEALTH NEW TOWN

百年传承 财富新城

润扬商业街、润扬生态公寓、润扬现代商务、润扬融景苑

润扬新城系潍坊标志性建设项目，
由润扬置业携巨资倾力打造，项目集"**商业街、**
生态公寓、现代商务、景观住宅"以**16**万平米恢弘气势，
谱写城市巅峰力作。

润扬新城上风上水，天生尊贵，雄踞潍坊铂金地段青年路与健康街交汇处，东邻白浪河、人民公园**300**亩城市绿地，西靠和平路，南临火车站、长途汽车总站，人潮如涌；北接潍坊第一商贸城，富商云集，润扬新城交通便捷，区域配套完善，其成熟的商业氛围已经有近百年的历史。

润扬新城项目经潍坊日报、晚报民意测评荣获：
"潍坊最具投资价值楼盘、潍坊标志性楼盘"

VIP/0536-8383999

开发商/潍坊润扬置业有限公司 地址/健康街与青年路交汇处

昌乐山水水泥有限公司

总经理 陈新生

昌乐山水水泥有限公司是山东山水水泥集团下属的子公司之一，是山水集团“做大水泥主业、跻身世界十强”发展战略的重要组成部分。公司拥有完善的质量管理体系并通过了ISO9001-2000认证，环境管理体系亦通过了GB/T24001-2004认证，所生产的“山水东岳”牌水泥为国家质量免检产品。公司环境优美，生产工艺先进，技术力量雄厚，生产过程全部实行DCS系统集中监控，实现了生产的现代化、集约化、规模化和自动化。

2002年至2005年，公司共投资1.8亿元，先后建设日产2500吨新型干法旋窑熟料生产线和年产100万吨旋窑水泥粉磨站。2005年公司实现利税1825万元，其中上缴税金1484万元，销售收入16428万元。

自2004年以来，公司先后荣获“昌乐县50强民营企业”、“昌乐县十佳文明诚信企业”、“昌乐县首届信用民营企业”、“潍坊市诚信民营企业”、“潍坊市百强民营企业”和“潍坊市民营企业党建工作示范点”、“山东省散装水泥先进单位”等称号。

山水水泥集团党委书记、董事长、总经理张才奎（左二）到公司视察

昌乐县委书记王树华（右二）到公司视察

青岛市胶州建设集团潍坊分公司

集团总经理助理、潍坊分公司经理　况成胜

青岛市胶州建设集团潍坊分公司成立于2002年3月，现在潍坊市坊子新区拥有集办公、生产、经营于一体的1万余平方米的潍坊基地，公司下设8个管理科室，30个项目部及安装处、装饰处、设备租赁站、胶建（潍坊）新型建材有限公司四个单位，年施工能力3亿元，公司自进驻潍坊建筑市场以来，充分发挥集团特级企业的品牌优势、区位优势、资金优势、人才优势、设备优势，大力开拓潍坊建筑市场，先后承建了7.5万平方米24层舜之都商务广场，10万平方米21层圣凯商务广场，6万平方米潍柴工业园1#铸造车间，5万平方米恒安纸业主厂区工业厂房，12万平方米华鹏·城市嘉园整个小区、银联大厦、吉祥大厦、圣基大厦、山东煤田地质四队综合楼、山东海龙计量检验中心、华丽山庄小区、华丽世家小区、怡新苑小区1#、2#综合楼、东泰花园、开元小区、润地凤凰城17层高层住宅、坊子实验小学教学楼、眉村中学教工住宅、昌乐假日广场3万平方米地下人防工程等一大批大中型建筑工程项目，创出优质工程20个，安全文明示范工地10个，得到了业主监理单位及社会各界的充分肯定，在竞争激烈的潍坊市建筑市场牢牢站稳了脚跟，用短短五年时间发展成为潍坊市建筑市场主流骨干施工企业，进入潍坊市建筑业前十强。

潍坊市圣基商务大厦

潍坊市圣凯商务广场（建筑面积10万平方米）

潍坊市银联大厦（建筑面积2万平方米，潍坊市安全文明示范工程）

地质大酒店

舜之都商务公寓（建筑面积7.5万平方米）

华鹏－城市嘉园

青岛市胶州建设集团潍坊工程公司

山东煤田地质四队综合楼

恒安纸业主厂区工业厂房

高密市海建建筑工程有限公司

山东省高密市海建建筑工程有限公司（原高密市建筑工程公司），国家级建筑施工（中型）二级企业，注册资本2300万元，现有专业技术人员330人，年施工能力20万平方米，年完成企业总产值逾亿元。是以建筑施工为主，集房地产开发、燃气热力安装、海洋石油工程建设、花岗石超薄板进出口经营、建筑构配件制造、钢结构制作安装于一体的多元化、综合性企业。

公司始终以“质量兴业”为永恒的主题，坚持以过硬的质量争市场，增信誉，求发展，工程质量合格率历年保持100%。2003年通过ISO9001质量管理体系认证。曾连获山东省“泰山杯”工程奖，国家建设部、中国建筑业协会联合颁发的“施工质量一等奖”和国家级工程质量最高奖——“中国建筑工程鲁班奖”。企业先后被评为潍坊市建筑施工质量信得过企业、潍坊市建筑施工安全管理先进单位、潍坊市文明诚信经营企业、潍坊市劳动保障诚信示范企业、山东省守信用重合同企业。

风顺两岸阔，扬帆正逢时。公司董事长兼总经理张波偕全体员工愿与社会各界朋友真诚合作，共创美好明天。

潍坊市优秀企业家、公司董事长、总经理　张　波

荣　誉

质量管理体系认证证书

公司办公楼外景

山东沃华医药科技股份有限公司

成功上市： 2007年1月24日在深圳证券交易所挂牌上市，成为潍坊市首家上市的医药企业。

心脑血管中成药领导者： 主导产品“心可舒片”稳居全国纯天然植物类中药成方制剂销量第一名，是最安全的冠心病长期治疗用药，为中国中药名牌产品、国家中药保护品种、国家医保目录品种。

高新技术企业： 被认定为“国家级高新技术企业”，“心可舒滴丸的研制”项目，被国家科技部列为“国家863攻关计划”。

历史悠久： 历史可追溯至清乾隆年间的万和堂药庄，200多年历史打造地道中药。

品质优良： 所有剂型全面通过国家GMP认证，被省、市药品食品监督管理局授予“质量明星企业”、“放心药厂”等荣誉称号。

发展战略： 长期专注于心脑血管中成药领域，持续开发预防、治疗、康复相关产品，搭建一流服务平台，以产品经营为主，资本运营为辅，坚持做实、做专、做强、做大，提升核心竞争力，满足心脑血管医生和患者多样化需求，建立起可盈利可持续发展的营运模式，打造成为中国心脑血管中成药领域最受专家、医生和患者尊重的企业。

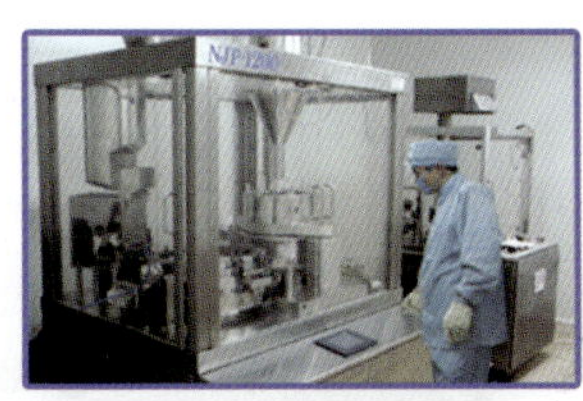

<<沃华心可舒片

一品香贵王府大酒店

董事长、总经理　徐培志

秉承千百年丰厚餐饮文化底蕴，结合现代厨艺科技及营养学知识，一品香贵王府酒店以其别具特色的风格在餐饮业异军突起。经十余年的不懈努力，凭过硬的服务质量及管理上的硬功夫，一品香贵王府叫响了一个餐饮服务的名牌。成功源自于细节。公司董事长、总经理徐培志以孔子“食不厌精，脍不厌细”古训为经营宗旨，用料精益求精，制作考究，比如采购海鲜，即使普通花蛤、海蟹，也力求正宗北海产品，普通的潍县萝卜，也要请北宫附近老农专人种植无公害产品。他们对海鲜的加工，要求之严、学问之丰富令人叹为观止，对潍坊本埠菜的研究也不断创新，独树一帜。对顾客的精诚换来的是高度的赞誉与信赖。大家每逢婚礼 寿宴、生子升迁、老友相聚、旅行品味，无不愿来一品香贵王府体味精美的饮食享受！

一品香贵王府大酒店董事长、总经理，特一级厨师、高级营养师徐培志偕全体员工热诚欢迎您的光临！

一品香贵王府大酒店
地址：山东潍坊经济技术开发区玄武东街与文化路口
订餐电话：8669599　2259399
客房电话：8665388　2255388
一品香酒楼
地址：山东潍坊奎文区健康东街与文化路口
电话：8275360　8271675

世纪美联广场

世纪美联广场座落在素有“宝石城”之称的山东省昌乐县，位于城区商业繁华地段黄金位置，是集休闲、娱乐、餐饮、购物于一体的大型购物广场。

昌乐世纪美联百货有限公司连续两年被国家商务部授予“万村千乡”市场工程依托企业。拥有红河购物广场等乡镇级连锁超市6家，村级加盟便民店60家。世纪美联广场拥有员工四百余人，营业面积三万多平方米。自2004年开始营业以来，积极开拓，锐意进取，得到了昌乐人民的信赖和厚爱，先进的管理理念，严格的规章制度，雄厚的周转资金，时尚的经营策略，优秀的企业人才，超前的经营思路为美联的发展注入了生机和活力，使美联成为领导昌乐商界潮流的生力军。

总经理　李好友

依托得天独厚的地理环境及政府优惠政策支持，世纪美联建立之初就确立了“高定位，高起点”的企业发展战略。

世纪美联广场借鉴国际化管理模式，贯彻全新的经营理念和全新的运作思路，以“引领都市新生活”为宗旨，以“真诚、温暖、细致、时尚”为企业理念，深受消费者的热爱，历年被潍坊市消费者协会评为“消费者满意单位”，被潍坊市人民政府授予潍坊市食品信用体系建设A级信用单位和潍坊市食品行业优秀企业。

世纪美联总经理李好友被昌乐县人民政府授予“十大杰出青年企业家”荣誉称号。

购物广场一角

升旗仪式

绚烂的转载与呈现

世间本是绚烂，转载于平整的纸面，
那婀娜多姿的美艳，百转千回，谁来呈现……
流金的岁月，品牌新华打造了行业典范，
浪沙淘尽，蓦回首，依然璀璨……

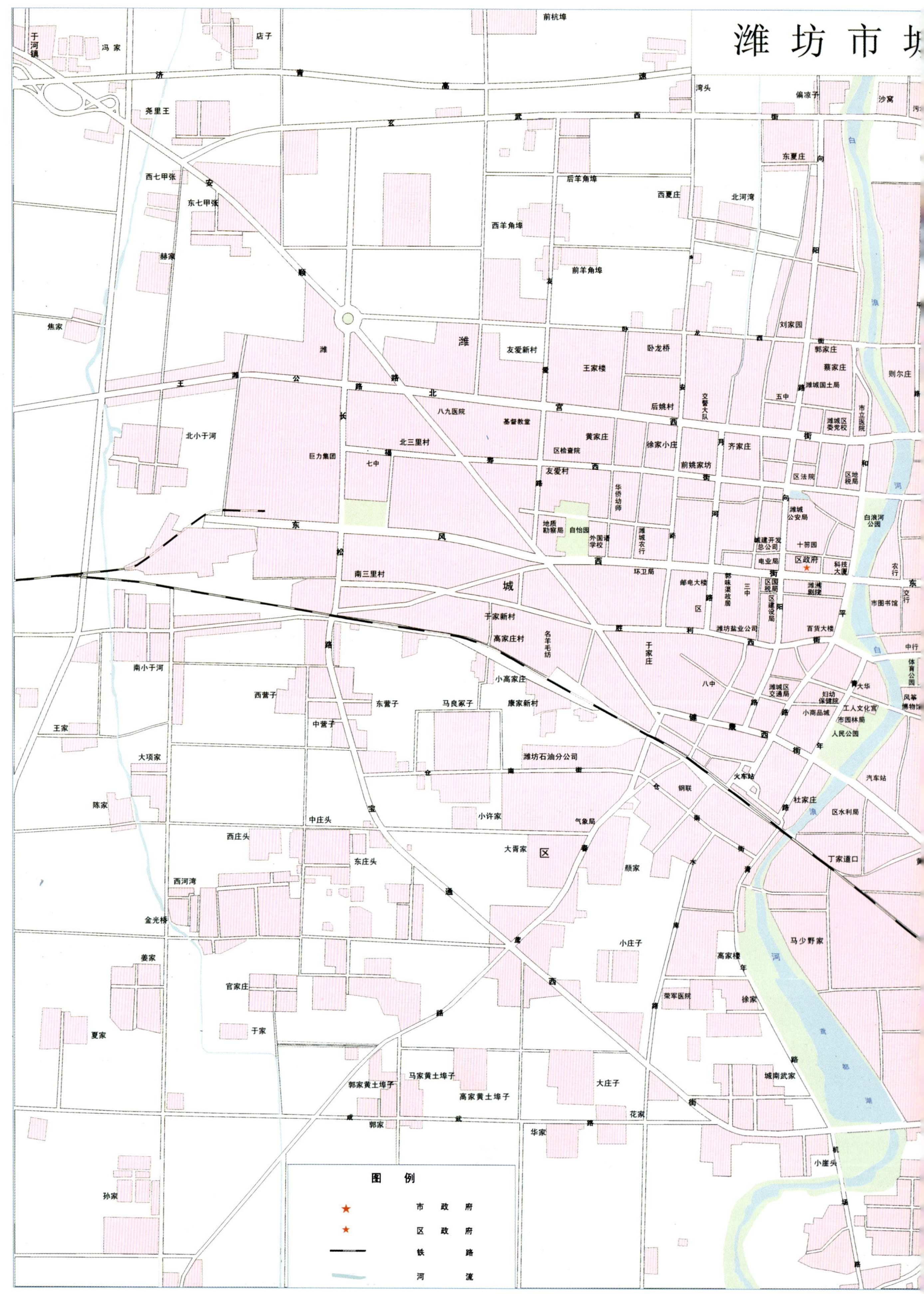
潍 坊 市 城
于河镇
冯家
店子
前杭埠
济
青
高
速
湾头
偏凉子
沙窝
尧里王
玄
武
西
街
东夏庄
向
西七甲张
安
东七甲张
后羊角埠
西夏庄
北河湾
西羊角埠
赫家
顺
前羊角埠
阳
友
焦家
潍
卧
龙
西
刘家园
友爱新村
卧龙桥
郭家庄
街
蔡家庄
则尔庄
王
潍
公
路
北
王家楼
安
交警大队
潍城国土局
路
五中
长
八九医院
基督教堂
宫
后姚村
西
潍城区委党校
市立医院
北小于河
北三里村
黄家庄
徐家小庄
月
齐家庄
街
巨力集团
福
区检查院
七中
寿
西
前姚家坊
区法院
区地税局
和
友爱村
路
街
河
华侨幼师
向
潍城公安局
白浪河公园
东
地质勘察局
自怡园
外国语学校
潍城农行
城建开发总公司
十笏园
风
松
西
电业局
区政府
科技大厦
农行
南三里村
城
环卫局
邮电大楼
郭味渠故居
三中
区国税局
潍洲剧院
东
区建设局
市图书馆
于家新村
路
区
平
高家庄村
名羊毛纺
胜
利
潍坊盐业公司
百货大楼
西
街
中行
路
于家庄
白
南小于河
体育公园
八中
大华
潍城区交通局
妇幼保健院
风筝博物馆
西营子
东营子
马良家子
小高家庄
康家新村
路
小商品城
工人文化宫
市园林局
中营子
健
康
西
人民公园
王家
街
年
大项家
潍坊石油分公司
仓
南
街
火车站
汽车站
陈家
仓
钢联
杜家庄
宝
路
浪
区水利局
中庄头
小许家
气象局
西庄头
大胥家
区
街
东庄头
颜家
水
青
丁家道口
西河湾
通
寿
金光桥
光
南
马少野家
小庄子
高家楼
河
姜家
年
西
官家庄
荣军医院
徐家
夏家
路
路
于家
路
郭家黄土埠子
马家黄土埠子
城南武家
高家黄土埠子
大庄子
鸢
都
湖
街
成
武
路
花家
郭家
华家
机
小崖头
孙家
场
路
图例
市政府
区政府
铁路
河流